谨以此书纪念业师李文海先生(1932—2013)

本书获得国家社科基金青年项目“清代田赋积欠与治理研究”

(18CZS033)

教育部人文社会科学重点研究基地重大项目 “清代灾赈机制研究”

(22JJD770063) 资助

清代田賦積欠與國家財政治理

李光伟　著

QINGDAI TIANFU JIQIAN YU GUOJIA CAIZHENG ZHILI

人民出版社

责任编辑:邵永忠
封面设计:胡欣欣
书名题签:冯墨白

图书在版编目(CIP)数据

清代田赋积欠与国家财政治理/李光伟 著. —北京:人民出版社,2024.6
ISBN 978-7-01-026619-0

Ⅰ.①清… Ⅱ.①李… Ⅲ.①土地税-赋税制度-研究-中国-清代②国家财政-研究-中国-清代 Ⅳ.①F812.949

中国国家版本馆 CIP 数据核字(2024)第 110286 号

清代田赋积欠与国家财政治理

QINGDAI TIANFU JIQIAN YU GUOJIA CAIZHENG ZHILI

李光伟 著

人民出版社 出版发行
(100706 北京市东城区隆福寺街 99 号)

北京中科印刷有限公司印刷 新华书店经销

2024 年 6 月第 1 版 2024 年 6 月北京第 1 次印刷
开本:710 毫米×1000 毫米 1/16 印张:33.75 字数:510 千字

ISBN 978-7-01-026619-0 定价:140.00 元

邮购地址 100706 北京市东城区隆福寺街 99 号
人民东方图书销售中心 电话 (010)65250042 65289539

李光伟

山东青州人，中国人民大学历史学博士，北京大学中国史博士后。现为中国人民大学清史研究所副教授，兼任副所长。专业方向为清史、中国近代史，主要从事清代民国灾荒史的教学与研究。主持国家社科基金青年项目、国家社科基金重大项目子课题、中国博士后科学基金特别资助项目。出版专著《世界红卍字会及其慈善事业研究》《老安少怀：烟台恤养院研究》，在《历史研究》《中国经济史研究》《清史研究》等发表论文多篇，参编教材与论著数种。近年侧重从制度、财政与政治等维度研究灾害与国家治理。

目　　录

绪　论 …… 001

第一章　清代灾蠲制度之演变 …… 023

一、勘报灾期限 …… 023

二、灾蠲分数 …… 031

三、特殊灾蠲 …… 045

四、灾蠲流抵 …… 048

五、灾害与恩蠲变相 …… 052

六、惩处与防弊 …… 064

第二章　清代缓征制度与田赋蠲缓 …… 071

一、清代缓征制度因革 …… 072

二、清代蠲缓州县统计 …… 079

三、灾蠲计量研究的成绩与不足 …… 089

四、清中后期田赋蠲缓统计 …… 093

第三章　蠲免积欠的演进与普免积欠 …… 127

一、清前期的积欠及其蠲免 …… 128

二、清中后期周期性普免积欠形成 …………………………………………… 137
三、清中后期普免积欠统计 …………………………………………………… 142
四、清代田赋蠲缓与荒政绩效 ………………………………………………… 151

第四章 田赋缓征与积欠衍生 ………………………………………………… 161
一、新旧田赋连年展缓 …………………………………………………………… 161
二、因灾缓征与积欠激增 ………………………………………………………… 177
三、积欠衍生的过程与特征 ……………………………………………………… 194

第五章 田赋蠲缓之基层舞弊 ………………………………………………… 208
一、冒蠲匿灾 ……………………………………………………………………… 208
二、延搁誊黄 ……………………………………………………………………… 213
三、重征钱粮 ……………………………………………………………………… 220
四、题报迟延 ……………………………………………………………………… 226
五、注荒之弊 ……………………………………………………………………… 228

第六章 田赋蠲缓与弥缝亏空 ………………………………………………… 234
一、清中后期亏空的蔓延与恶化 ………………………………………………… 235
二、亏空治理失效之原因 ………………………………………………………… 245
三、田赋蠲缓与弥缝亏空的关联 ………………………………………………… 263

第七章 晚清赋税征缴征信系统的建设 ……………………………………… 284
一、创制缘起 ……………………………………………………………………… 287
二、历史渊源 ……………………………………………………………………… 301
三、规章册式 ……………………………………………………………………… 314
四、议复讨论 ……………………………………………………………………… 324
五、变通实施 ……………………………………………………………………… 332

六、停续之议 …… 362
七、失败原因 …… 382

结　语 …… 408

附　录 …… 437
参考文献 …… 497
跋　往事历历在心头——怀念恩师李文海先生 …… 516

图目录

图 2-1　清代蠲免、缓征、蠲缓州县次（每 10 年）变动趋势 ………… 082
图 2-2　清代各朝灾蠲州县卫所次 ………………………………………… 082
图 2-3　清代各省区灾蠲州县卫所次 ……………………………………… 082
图 2-4　清代各朝灾缓州县卫所次 ………………………………………… 083
图 2-5　清代各省区灾缓州县卫所次 ……………………………………… 084
图 2-6　清代各朝蠲缓州县卫所次 ………………………………………… 084
图 2-7　清代各省区蠲缓州县卫所次 ……………………………………… 084
图 2-8　1796—1911 年山东省蠲缓银粮额（每 5 年平均）
变动趋势 ……………………………………………………………… 099
图 2-9　1796—1911 年苏州藩司所属蠲缓银粮额（每 5 年平均）
变动趋势 ……………………………………………………………… 109
图 2-10　1796—1911 年江宁藩司所属蠲缓银粮额（每 5 年平均）
变动趋势 …………………………………………………………… 109
图 2-11　1796—1911 年江苏省蠲缓银粮额（每 5 年平均）
变动趋势 …………………………………………………………… 110
图 2-12　1799—1911 年云南省蠲缓州县次变动趋势 …………………… 114
图 2-13　1799—1911 年云南省蠲缓银粮额（每 5 年平均）
变动趋势 …………………………………………………………… 120
图 2-14　1796—1911 年各省区蠲缓银额 ………………………………… 121

图 2-15　1796—1911 年各省区蠲缓粮额 …………………………… 121
图 2-16　1796—1911 年各省蠲缓田赋额 …………………………… 124
图 2-17　1796—1911 年全国蠲缓银粮额（每 5 年平均）
变动趋势 ………………………………………………… 125
图 3-1　清中后期山东省历届蠲免积欠之年均额变动趋势 ………… 144
图 3-2　清中后期江苏省历届蠲免积欠之年均额变动趋势 ………… 146
图 3-3　清中后期各省蠲免积欠银额 …………………………… 152
图 3-4　清中后期各省蠲免积欠粮额 …………………………… 152
图 3-5　清中后期各省蠲免积欠额 ……………………………… 153
图 3-6　清中后期各省蠲缓与积欠额 …………………………… 154
图 3-7　清中后期历届普免积欠之年均额变动趋势 ……………… 155
图 4-1　乾隆朝山东省灾蠲、缓征州县卫所次变动趋势 ………… 162
图 4-2　清中后期各届普免积欠之年均额 ……………………… 193

表目录

表 2-1　清代历朝各省区灾蠲州县卫所次 …………………………………… 086
表 2-2　清代历朝各省区灾缓州县卫所次 …………………………………… 087
表 2-3　清代历朝各省区蠲缓州县卫所次 …………………………………… 088
表 2-4　清代各省州县平均灾蠲银额 ………………………………………… 091
表 2-5　1796—1814 年山东省蠲缓州县次 ………………………………… 097
表 2-6　1886—1910 年山东省秋案蠲缓村庄数与银粮额 ………………… 098
表 2-7　1888—1900 年江宁藩司所属蠲缓州县数、灾歉面积与
　　　　蠲缓银粮额 ………………………………………………………………… 105
表 2-8　1876—1889 年江宁藩司有漕州县灾歉面积 ……………………… 105
表 2-9　1903—1908 年苏松等属蠲缓州县数与漕粮额 …………………… 106
表 2-10　1851—1867 年江苏省有漕州县灾歉面积 ………………………… 107
表 2-11　嘉庆朝至宣统朝苏州藩司、江宁藩司州县平均蠲缓银粮额 … 108
表 2-12　1799—1911 年云南省田赋蠲缓额 ………………………………… 117
表 2-13　嘉庆朝至宣统朝各省蠲缓银额 …………………………………… 122
表 2-14　嘉庆朝至宣统朝各省蠲缓粮额 …………………………………… 123
表 2-15　1796—1911 年田赋蠲缓指数 ……………………………………… 125
表 3-1　乾隆朝年均蠲免江南积欠银 ………………………………………… 135
表 3-2　清中后期山东省历届蠲免积欠额 …………………………………… 143
表 3-3　清中后期江苏省历届蠲免积欠额 …………………………………… 145

表 3-4 清中后期云南省历届蠲免积欠额 …… 148
表 3-5 清中后期历届普免积欠额 …… 151
表 3-6 清中后期各省田赋额征、蠲缓、积欠位次 …… 153
表 3-7 清中后期年均普免积欠指数 …… 155
表 3-8 清代灾蠲、恩蠲总额 …… 157
表 4-1 1796—1817 年江苏等三省积欠构成 …… 179
表 4-2 1818—1830 年江苏等三省积欠构成 …… 182
表 4-3 1831—1840 年江苏等五省积欠构成 …… 184
表 4-4 1841—1847 年各省未完与缓征地丁银额 …… 185
表 4-5 1851—1859 年江苏等四省积欠构成 …… 188
表 4-6 1860—1867 年江苏、河南省积欠构成 …… 189
表 4-7 1868—1871 年江苏、河南省积欠构成 …… 190
表 4-8 1872—1879 年江苏等五省积欠构成 …… 191
表 4-9 1880—1887 年江苏等五省积欠构成 …… 192
表 4-10 1888—1907 年江苏等七省积欠构成 …… 192
表 4-11 1818—1822 年山东省积欠银续完额 …… 194
表 4-12 嘉道之际江苏省应征旧欠地丁银完欠额 …… 195
表 4-13 1886—1910 年山东省蠲缓银粮额 …… 197
表 4-14 光绪朝江苏省历年积欠地丁银完欠额 …… 199
表 4-15 1899—1902 年江安粮道奏销旧欠漕项完欠额 …… 200
表 6-1 道光朝后期广东省追补亏空钱粮已未完额 …… 259
表 7-1 当税征信册与钱粮征信册比较 …… 323
表 7-2 各省区钱粮征信册底本截止期限调整 …… 341
表 7-3 各省区造办 1886—1901 年钱粮征信册统计 …… 357
表 7-4 云南省造办 1887—1895 年钱粮征信册统计 …… 358
表 7-5 贵州省造办 1886—1889 年钱粮征信册统计 …… 360
附表 1 清代各省区灾蠲州县次 …… 437
附表 2 清代各省区灾缓州县次 …… 450

附表 3　清代各省区蠲缓州县次 …… 459
附表 4　1815—1911 年山东省秋案蠲缓州县数与村庄数 …… 468
附表 5　1796—1911 年江苏省蠲缓地丁与漕粮州县次 …… 473
附表 6　1888—1908 年江苏省蠲缓地丁等银额 …… 481
附表 7　光绪朝江宁藩司所属灾歉面积与蠲缓银粮额 …… 483
附表 8　1799—1911 年云南省蠲缓州县次 …… 485
附表 9　1801—1907 年云南省蠲缓州县数与银粮额 …… 488
附表 10　1796—1911 年山东、江苏、云南三省田赋蠲缓额 …… 490

绪　论

一、清代田赋积欠及其问题

田赋即土地税，是传统中国财政收入的重要支撑，以田赋为核心的赋税政策也是国家宏观经济管理与财政治理的重要手段，历代政府对其高度重视。清代田赋主要包括地丁和漕粮，银、粮并征，是国家财政的最重要来源，号称“维正之供”。

田赋征收时由于人为拖欠与因灾缓征而产生积欠，导致国家财政收入锐减。中国历代王朝不同程度地存在赋税逋欠，但没有一个朝代的田赋积欠像清代这样频率高、数额大，田赋积欠问题从未如此严重，在世界史上亦属罕见。这主要是因为它与清朝统治者对薄赋“仁政”和“养民”宗旨的强调，以及清代荒政之蠲免和缓征制度的完善密切相关。若将田赋蠲免、缓征与积欠统合来看，上述判断依然成立。

中国荒政的最早记载见于《周礼》，以荒政十二聚万民：一曰散利，二曰薄征，三曰缓刑，四曰弛力，五曰舍禁，六曰去几，七曰眚礼，八曰杀哀，九曰蕃乐，十曰多昏，十一曰索鬼神，十二曰除盗贼。[①]“薄征”虽排序第二，但“荒政十二，首重薄征”，至宋代发展至一高峰。宋元之际的马端临曾言，“宋以仁立国，蠲租已责之事，视前代为过之，而中兴后尤多”，各类蠲免

① 杨天宇：《周礼译注》，上海古籍出版社 2004 年版，第 153 页。

“无岁无之，殆不胜书”。[①] 此后历经因革，至清代，除《周礼》“荒政十二”的思想与实践，还形成了一个涵括灾前、灾中、灾后的系统且全面实施的“荒政十二”，具体有：一曰备祲，二曰除孽，三曰救灾，四曰发赈，五曰减粜，六曰出贷，七曰蠲赋，八曰缓征，九曰通商，十曰劝输，十一曰兴工筑，十二曰集流亡。[②] 本书研究的蠲免与缓征，即属于《周礼》“荒政十二”中的第二项与清代“荒政十二”中的第七和第八项。

清代田赋积欠不仅是突出的经济问题，也是严峻的社会问题，关乎国计民生。系统研究清代灾蠲与缓征制度的演变、积欠的构成和发展、田赋蠲缓和积欠量变与荒政绩效、积欠衍生过程及特征、蠲缓弊端与灾情奏报真伪、巨额积欠和外省亏空的隐秘关联，以及清政府在赋税积欠上表现出的财政治理能力，评估清代“惠爱黎元”“蠲赋养民”的实践效果，不仅有助于从整体上推进清代灾荒史、财政史和政治史研究，还可为当下发挥好财政在国家治理中的基础性和支撑性作用，推动灾害治理体系和治理能力现代化，处理好中央与地方的财政关系，化解地方财政危机，整治财政违纪等提供历史镜鉴。

清代田赋积欠与蠲免、缓征制度自成一体，全面探讨积欠问题，需从蠲免与缓征制度及其实践谈起。传统中国以农业立国，在抵御自然灾害能力相对较弱的时代，政府于凶荒之年常对田赋实施蠲免和缓征，以减轻灾民的赋税负担，保护其再生产能力。这也是儒家学说中“仁政”的重要内容，“论仁政，此实第一义”[③]。

田赋蠲免自汉代逐渐制度化，马端临曰：“除田租，始于汉文……汉以来始有蠲贷之事，其所蠲贷者有二：田赋一也，逋债二也。”[④] 据邓拓研究，唐

---

① （元）马端临：《文献通考》卷二七《国用考五·蠲贷》，中华书局 1986 年版，第 261 页。

② （清）托津等：《（嘉庆）大清会典》卷一二《户部》。

③ （明）何淳之编辑：《荒政汇编》，载李文海、夏明方、朱浒主编《中国荒政书集成》第 1 册，天津古籍出版社 2010 年版，第 121 页。

④ （元）马端临：《文献通考》卷二七《国用考五·蠲贷》，第 257 页。按：王灼质疑蠲免惠政“自汉以来，代有之，周官无闻”之成说，认为周代、春秋时期均有蠲免赋役之举，而马端临“亦考之未核”，指出周官不言蠲免的原因在于“周官所书，皆法之常行者也。蠲赋非常法也。非常法，则不书”。参见（清）王灼《周官无蠲赋说》，载（清）贺长龄辑《皇朝经世文编》卷四四《户政十九·荒政四》，台联国风出版社 1989 年版，第 1098 页。

代韩昌黎“遇旱停征”的主张、宋代的“倚阁”之议均属停缓。唐代以后，缓征主张颇多。[①] 汉唐以降，蠲缓制度发展完善，以清代实施的规模与力度最大。康熙帝读到汉文帝赐民田租诏书时感叹：“蠲租乃古今第一仁政，下至穷谷荒陬，皆沾实惠。”[②] 尤其是包含蠲免积欠、普免新赋，以及蠲免一省或数省田赋在内的恩蠲，“自康熙四十五年至嘉庆二十三年，其间蠲免民欠者六次。自康熙四十九年至乾隆六十年，其间蠲免地漕正赋者十次。煌煌成宪，超越前古”[③]。王庆云对清代蠲缓制度赞誉有加：“本朝丁田赋役素轻，二百余年以来，未尝增及铢黍。而诏书停放，动至数千百万。敛从其薄，施从其厚，所以上培国脉，下恤民依。岂唐宋以来所可同年而语者哉！”[④] 故此，从“薄征”“厚施”来看，唐宋是一高峰，清代达至顶峰。

虽然超迈前代的田赋蠲缓成为清朝君臣津津乐道的惠民大政，但清中后期因缓征引发的田赋积欠问题渐趋凸显，严重影响国家财政收入，成为清代财政经济上的顽瘴痼疾。兹以乾隆朝前期、嘉道之际君臣围绕普免新赋与积欠（或缓征逋赋）的不同处理态度为例，先对田赋积欠在18—19世纪前期的演变情况有一个大致了解。

乾隆十年（1745）六月初六日，清廷颁发普免全国钱粮谕旨，指出“持盈保泰，莫先于足民。况天下之财止有此数，不聚于上，即散于下”，提到康熙帝在位期间，“蠲租赐复之诏，史不绝书。又曾特颁恩旨，将天下钱粮普免一次”；乾隆帝强调自己效法皇祖，“以继志述事之心，际重熙累洽之候”，将乾隆十一年各省钱粮全免，命户部将如何办理之处“即速定拟具奏”。[⑤] 稍后，御史赫泰表达不同意见，奏称：“国家经费有备无患。今当无事之时，不应蠲免一年钱粮。若云恩纶已沛，成命难收，则请将缓征、带征之逋赋通行豁

① 邓拓：《中国救荒史》，北京出版社1998年版，第227页。

② （清）王庆云：《石渠余纪》，北京古籍出版社1985年版，第14页。

③ 中国第一历史档案馆编：《嘉庆道光两朝上谕档》第27册，广西师范大学出版社2000年版，第664页。

④ （清）王庆云：《石渠余纪》，第12页。

⑤ 《清高宗实录》卷二四二“乾隆十年六月丁未”条，《清实录》第12册，中华书局1985年版，第120—121页。

免。”乾隆帝阅此十分不怿，“朕之溥施惠泽，亦岂全不计及国家之用度而为是举?”斥责赫泰“逞其私智小慧，妄议朝廷重大政务”，具体而言：

劝朕收回成命，不知其出于何心。又称成命难收，则宁宽缓征、带征之项以塞明诏。是将普遍之恩赉靳而不施，徒为是煦煦之仁，以示惠养。其多寡广狭，何啻霄壤。况逋欠钱粮，固有一时水旱无力输将者，亦有刁民抗玩有意拖延者，若一体加恩，则良顽更无区别矣。凡为臣者，苟存利民之心，即所言失当，朕亦必鉴察其隐而优容之，所谓观过知仁。今朕抚育蒸黎，行庆施惠于常格之外，天下臣民谅皆色喜，而赫泰独为是屯膏反汗之奏，性与人殊，悖谬已极，不能体朕爱民之心而反生异议。为国为民者，固如是乎?

命吏部将其“严加议处”。未几，吏部议奏“照溺职例革职”，乾隆帝下旨“赫泰着降二级调用”。[①] 乾隆帝十分看重普免钱粮，决不收回成命或以蠲免为数不多的逋赋代替普免，而使民众不能得沾“普遍之恩赉”，自己背负“屯膏反汗”的骂名。在他看来，赫泰此奏不啻“亏污圣德”，非为国为民着想。赫泰因言获罪，被降级惩处。此时的清朝处于18世纪中叶，正是财政储备和国力不断上升的时期，乾隆帝有底气、有能力普免全国一年钱粮，并且在此后四次普免地丁钱粮，三次普免漕粮。

70余年后，清统治者引以为豪的蠲缓制度在嘉道之际遭遇两难困境。与乾隆朝前期的情况迥异，此时的国库储备与财政实力已大为减弱，各项支出有增无减，而各项收入却有减无增。嘉道之际，君臣围绕蠲缓制度的变与不变展开讨论。

嘉庆朝及以后，清廷未再普免地丁钱粮和漕粮。嘉庆二十三年十二月十二日（1819年1月7日），清廷颁发上谕，宣布次年嘉庆帝“六旬正寿”时普免积欠，以行庆惠民。之所以普免积欠而非普免新赋，是由于嘉庆帝即位后镇压白莲教起义，“军兴孔棘”，加以黄河泛滥，“屡举大工”，支出巨额帑金，当然还有他未明言的积欠问题，致使国家财赋“实有入不敷出之势”。这也是

① 《清高宗实录》卷二四三“乾隆十年六月壬戌”条，《清实录》第12册，第135页。

嘉庆十四年他“五旬正庆，虽恩纶载锡而未能普惠闾阎”的主要原因。[①] 普免积欠谕旨颁布后，御史盛惇大鉴于积欠中多有官亏吏蚀，奏请“免正赋十之一二，将各省积欠仅免远年少许，余仍照旧着追”。嘉庆帝断然否决，认为虽然因灾缓带征占积欠多数，“官亏吏蚀诚不能保其必无，然岂能因此反汗屯膏，不行惠民之政？即如赈恤灾民，从前亦屡有捏冒侵欺之案，讵以此遂疑直省水旱偏灾尽成虚妄，将救荒之政概行停止乎？”斥责曰：“请蠲正赋，尤非该御史所当言。所奏纰缪不可行。”[②] 如同乾隆帝，嘉庆帝亦绝不肯背负“反汗屯膏”的恶名，坚持以普免积欠弥补无力普免新赋之不足，继续实施“惠民之政”。嘉庆帝对这次普免积欠尤为重视，二十四年九月十三日上谕：“此次蠲除夙逋，系自嘉庆元年以来朕大赉寰区第一恩旨。原期普惠群黎，共臻乐利。”[③] 如果说此时廷臣的建议尚未触及蠲缓制度的深层变革，那么道光初期，御史袁铣关于蠲免、缓征与积欠问题的奏疏内容则更加深入。

袁铣在道光初年“以部曹入谏垣，以才能直言称”，曾蒙道光帝一日六次召见。[④] 道光帝即位之初，尚未改元，袁铣针对各省亏空太多，亏空之外又有积欠，奏陈赋课宜蠲不宜缓：

> 积欠之弊多始于缓征。窃谓征宜蠲而不宜缓。蠲征者，仍是年清年款，虽有贪官蠹役，技无所施。缓征者，诏旨方下，愚民未闻，州县上紧催科，饱其囊橐，然后出示。及次年带征，愚民已完者或有重征之苦，黠民未完者反有推脱之词。贪官蠹役既设计冒收，劣绅棍豪复藉端讹赖，官民轇轕，前后混牵，解销不清，遂成积欠。日久官则屡易其任，民则屡易其户，遂成无着。惟冀幸覃恩之年豁免积欠，则以所有官亏之项归入民欠报销，积弊丛生。……请嗣后偶遇偏灾，重则全行蠲免，最重者赈之，最轻则照常征收，其缓征之

① 中国第一历史档案馆编：《嘉庆道光两朝上谕档》第 23 册，第 590 页。

② 中国第一历史档案馆编：《嘉庆道光两朝上谕档》第 23 册，第 603 页。

③ 中国第一历史档案馆编：《嘉庆道光两朝上谕档》第 24 册，第 454 页。

④ （清）赵烈文撰，廖承良标点整理：《能静居日记》“同治元年五月二十八日”条，岳麓书社 2013 年版，第 516 页。

例及豁免积欠之举，均永远停止。①

明确指出缓征易滋生官吏中饱，灾民不沾实惠，反有重征之苦。“刁顽”之民更以此为口实拖欠不交。缓征之田赋辗转牵混，终成积欠。待清廷普免积欠时，官亏被混入民欠一同蠲免。虽然袁铣所言已切中缓征与积欠弊端之要害，但奏请永远停止缓征与豁免积欠之举，极大地挑战了被清帝奉为“列圣成法”的蠲缓制度。

袁铣的奏疏被批发户部议奏，户部尚书“复发诸司各抒已见，将择其善者据以覆奏”。户部云南司张子畏表达异见，认为“旧欠拖延已久，虽不蠲亦不能追，而新漕一免，则州县尽皆枵腹，势不能守死，必将巧取于民，其伎俩百出，禁不胜禁，不如仍旧为便”。户部尚书“即以作奏旨，是其说而罢袁之议”。② 这是当事人张子畏时隔41年后，于同治元年（1862）五月二十八日向赵烈文回忆诉说并被后者写入日记之内容，大致符合实情。回到历史现场，嘉庆二十五年九月初二日，军机大臣会同户部、刑部议复袁铣奏疏：

直省积欠，有实欠在民者，亦有不肖官役侵吞挪掩、以完捏欠者。缓征之数虽在其内，而弊混实不尽由于此。缓征者，渐完渐少……则积欠在民亦非竟归无着。其蠲除积欠乃殊恩旷典，数十年间一举行，或有以官亏混入民欠者，此在大吏临时查核，非能预设科条。至于缓征，与蠲赈同为恤灾之政……各项缓征系百余年来列圣深仁厚泽相沿之成法。设遇灾歉之年将缓征之例停止，当灾黎口食维艰、流离转徙之时重与追呼，实势所不能行。若一切改缓为蠲，则国家赋税有常，亦恐难以为继。钱粮出纳无弊蔑有，蠲赈借贷亦复弊端百出，岂独在乎缓征？③

议复得到道光帝赞同，“应蠲应缓则视其成灾分数以为区别，成灾有轻重之分，故赋课有蠲缓之异。若如该御史所奏，谓积欠之弊多在缓征，灾重则全

① 中国第一历史档案馆编：《嘉庆道光两朝上谕档》第25册，第386页。

② （清）赵烈文撰，廖承良标点整理：《能静居日记》“同治元年五月二十八日”条，第516—517页。

③ 中国第一历史档案馆编：《嘉庆道光两朝上谕档》第25册，第386—387页。

行蠲免，灾轻则照常征收，无论国课常蠲难以为继，当旱涝为患之时即薄有所收，复比户追呼，小民其何以糊口乎？是弊未去而所伤实多”。君臣均未提出针对缓征弊端的任何改进措施，只是重申“嗣后遇有缓征之处，责成地方官实力办理，务使小民得沾实惠”。[①]

道光二年十二月初一日，袁铣又奏陈，凡遇庆典，不应蠲免田赋，“无灾而蠲，有灾必窘。有着之款当追之以清现在，无着之款当存之以塞后来。积欠不可免，正供更不可免。蠲之一事，断非因灾不可”[②]。十四日，大学士、军机大臣等议复：“恩蠲与灾缓原属并行不悖，断不至无灾而蠲，有灾必窘。”针对积欠问题，军机大臣等认为“有着之款，屡经部臣请旨饬催，无任拖欠延宕。其无着之款，多系逃亡故绝，此等款项即严催州县追比，吏胥不过仍归具文。就令分赔、代赔，迨查系家产尽绝，例应豁免，存之亦属无益……且钱粮亏缺弊端百出，总在各督抚截清旧亏，杜绝新亏，方为正本清源之道，正不必存无着之款转滋轇轕不清”。针对“蠲之一事，断非因灾不可”，议奏：“常年春秋跸路所经地方，或蠲免十分之五，或蠲免十分之三，蠲固有不尽因灾者。若遇灾始蠲，殊非翠华临莅广沛仁恩至意”，最终意见是：“该给事中所奏，应无庸议。”[③]

道光帝同意上述议复，坚定地认为：“我朝列圣相承，深仁厚泽，培养元元，恤灾减赋，不惜数千万帑金，随时举行。至遇庆典之年，复将各省地漕、民欠分别蠲除，广沛恩膏，有加无已。煌煌令典，允宜遵循勿替。”与上次不同，袁铣此次上奏引来贬官之祸。道光帝斥责他：“辄云遇有庆典总无议蠲，是欲改变旧章，使朝廷之膏泽不下逮于闾阎，大乖行庆施惠之义。……言利乱政，妄更祖宗成宪，致朕于不仁不惠，是诚何心，岂可复任言官？”将其以六部主事降补。[④] 据张子畏回忆，曹振镛忌惮袁铣的才能和直言，借此事件

① 中国第一历史档案馆编：《嘉庆道光两朝上谕档》第25册，第385页。

② 中国第一历史档案馆编：《嘉庆道光两朝上谕档》第27册，第663页。

③ 《大学士托津等奏为遵旨会议给事中袁铣奏嗣后遇有庆典无庸议蠲等一案事》（道光二年十二月十四日），中国第一历史档案馆藏，录副奏折，档号：03-3288-004。以下径书“录副”与档号。

④ 中国第一历史档案馆编：《嘉庆道光两朝上谕档》第27册，第663页。

“因以下石，拟袁擅议祖宗成法，逐出谏垣，归原衙门行走”。[①] 终清之世，再无人议及变更“煌煌令典”。

既然蠲缓制度存在弊端并导致巨额积欠，而清帝又“恪守祖训”，断然拒绝变更成法，必对清中后期的国家与社会产生重要影响。本书主要解决以下问题。

第一，清代田赋灾蠲与缓征制度发展完善的过程，实施时遇到什么样的问题，清政府如何因应并做出调整。

第二，基于清代蠲缓制度演变，对田赋蠲缓进行计量研究，展示其在时间和地域上的变动态势。

第三，清政府处理积欠问题在前期与中后期的重大变化，统计清代普免积欠数额并揭示其时空变化趋势，结合田赋蠲缓与积欠量变，评估清政府的荒政绩效和国家财政能力演变。

第四，清代积欠问题是如何出现并日趋严重的，其衍生过程与特征是何样态，对荒政、财政和社会产生了什么影响。

第五，以“惠爱黎元”为宗旨的蠲缓制度是否能实惠及民，官吏在蠲缓制度实施期间为何攘夺蠲缓实惠，以何种方式或渠道运作，导致蠲缓制度名实不副，荒政与财政之间有何复杂而隐秘的关联。

第六，面对田赋蠲缓与积欠痼弊引发的严重财政危机，清廷在未根本改变蠲缓制度的前提下，采取何种措施应对，其财政治理过程与成效如何。

二、先行研究述评

（一）清代蠲缓制度研究

蠲免分为针对自然灾害实施的灾蠲和因重大庆典、皇帝出行等活动而实施的恩蠲。

灾蠲与缓征是清代荒政体系的重要组成部分。荒政史论著多将因灾蠲缓

① （清）赵烈文撰，廖承良标点整理：《能静居日记》“同治元年五月二十八日”条，第517页。

作为救荒措施之一予以关注。

20世纪30年代，邓拓《中国救荒史》作为第一部较为系统、科学地研究中国历代灾荒的著作，将田赋蠲缓作为灾后补救措施，追溯其思想来源，举例说明蠲缓制度的实施与利弊，认为灾民终难得到蠲免实惠，停缓制度实际上对灾民益处也不大。① 同一时期，冯柳堂研究历代民食政策，简述灾蠲分数、灾后业佃蠲免分数、缓征制度、蠲缓程序、蠲缓弊端及惩罚措施等。②

1978年以后，李文海、周源研究近代灾荒，将蠲缓作为救荒措施的一个环节，论及灾蠲分数规制的变动，灾蠲地丁、耗羡、官庄、旗地，缓征定制，蠲缓违规的惩处，以及对业佃蠲免的规定等内容。③ 循此理路研究的还有康沛竹、陈桦、刘宗志、倪玉平、林正成。④ 谷文峰等认为社会政治因素、蠲缓政策的繁琐和分数划分的不确定性导致蠲缓弊端，清前期的救荒政策执行较认真，道光朝以后荒政弊端丛生，有名无实。⑤ 与此观点不同，吴晓玲等认为蠲缓制度是清代赈灾体系中最值得称道、最成功的部分之一。⑥ 李明珠利用《钦定户部则例》等资料，列举盛清时期直隶省个别年份的普蠲、永蠲、蠲逋、灾蠲。⑦ 阿利娅考察清代新疆灾后蠲缓情况，指出清后期的蠲免比前期多，钱粮缓征逐渐走向细致化、规范化，缓征次数越来越多，出现一缓再缓，措施也有放宽的趋势。⑧ 王明东根据《清实录》有关云南史料，简略分析云南赋税

---

① 邓拓：《中国救荒史》，北京出版社1998年版。

② 冯柳堂：《中国历代民食政策史》，商务印书馆1993年版，第283—286页。

③ 李文海、周源：《灾荒与饥馑（1840—1919）》，高等教育出版社1991年版，第292—298页。

④ 康沛竹：《灾荒与晚清政治》，北京大学出版社2002年版，第60—65页；陈桦、刘宗志：《救灾与济贫——中国封建时代的社会救助活动（1750—1911）》，中国人民大学出版社2005年版，第67—77页；倪玉平：《试论清代的荒政》，《东方论坛》2002年第4期；林正成：《清代荒政之研究——救荒政策与备荒措施》，《东海学报》（35），1994年7月。

⑤ 谷文峰、郭文佳：《清代荒政弊端初探》，《黄淮学刊》（社会科学版）1992年第4期。

⑥ 吴晓玲、张杨：《论清代灾后赈济制度及其成效》，《南昌大学学报》（人文社会科学版）2010年第5期。

⑦ ［美］李明珠著：《华北的饥荒：国家、市场与环境退化（1690—1949）》，石涛、李军、马国英译，人民出版社2016年版，第309—312页。

⑧ 阿利娅：《清代新疆自然灾害研究（1759—1911）》，北京师范大学博士学位论文，2010年。

蠲免的分类与原因。[①] 赵晓华研究清代法律法规，专门梳理蠲缓舞弊的惩罚规定。[②] 周琼根据《清实录》《大清会典事例》及荒政书等资料，论述顺治朝至乾隆朝蠲免与缓征制度的调整和完善过程。[③]

灾荒史研究之外，亦有学人探讨包括灾蠲、恩蠲在内的蠲缓制度。中国田赋的通史性著作介绍清前期恩蠲、灾蠲、缓征等内容，指出康雍乾三朝田赋舞弊者甚少，嘉道以降滋弊日甚。[④]

鲍晓娜统计康雍乾时期普免地丁、漕粮，通省全免地丁、蠲免积欠数额，认为清代灾蠲政策整体上比恩蠲更有节制，不以国家财政经济状况为转移，灾蠲实施常有变通。清前期，政府以恩蠲为主、灾蠲为辅，主动调节经济发展；嘉庆朝以后，恩蠲减少，灾免恢复按灾情定等级，蠲免进入以灾缓为主、免积欠为辅的阶段，直至清末。[⑤]

付庆芬考察清前期蠲免制度与实施，亦涉及灾蠲程序、灾蠲分数等内容。[⑥] 杨振姣从社会形势、蠲免规模与效果比较康雍乾时期蠲免政策异同，论述蠲免政策对康乾盛世的作用及蠲免政策的局限性。[⑦] 李汾阳描述清代恩蠲与灾蠲的实施情况，阐述蠲恤思想源流，将蠲恤制度置于国家政略框架下审视，认为蠲恤制度是促进清前期经济增长的有力工具，嘉庆以后蠲恤制度逐渐废弛，自咸丰朝始因战乱而崩解，同治、光绪年间因国力短绌而更加僵化。[⑧] 华桂玲从制度层面认为蠲赋最利民，缓征不但没有减少国家收入，而且减轻民众负担，是双赢措施；但蠲恤则例的规定与实施之间存在脱节现象。[⑨] 吕长军论述了光绪朝顺天府、直隶的蠲缓实施情况。[⑩]

---

① 王明东：《清代云南赋税蠲免初探》，《思想战线》2010 年第 3 期。
② 赵晓华：《救灾法律与清代社会》，社会科学文献出版社 2011 年版。
③ 周琼：《清前期重大自然灾害与救灾机制研究》，科学出版社 2021 年版。
④ 马大英、汪士杰、刘国明、王延超编：《田赋史》下册，正中书局 1944 年版，第 332 页。
⑤ 鲍晓娜：《清代的蠲复》，载《耕耘集》，中共中央党校出版社 1998 年版，第 202—281 页。
⑥ 付庆芬：《清代蠲免制度研究》，北京大学博士学位论文，2004 年。
⑦ 杨振姣：《康雍乾蠲免政策研究》，山东大学博士学位论文，2004 年。
⑧ 李汾阳：《清代蠲恤制度研究》，文海出版社 2006 年版。
⑨ 华桂玲：《清代蠲恤则例研究》，福建师范大学硕士学位论文，2007 年。
⑩ 吕长军：《光绪朝顺直地区蠲恤状况述论》，河北师范大学硕士学位论文，2005 年。

漕粮系“天庾正供”，例不蠲缓。由于特殊原因，清廷对漕粮征解进行灵活处理。俞玉储利用题本档案考察清前期漕粮蠲免分为荒蠲、灾蠲、民欠蠲、普蠲等形式，列举档案中缓征漕粮的记载，分析清前期漕粮的改征、改折。殷崇浩、吴琦也论及清代漕粮的蠲缓与改折。[①] 李文治、江太新利用《(光绪）漕运全书》整理各省州县历年缓征、蠲免漕粮表和各省漕欠蠲免表。[②]

（二）田赋蠲缓对清代社会经济发展的作用

有关田赋蠲缓对清代社会经济发展作用的观点，针对不同时期、不同蠲缓方式，可以分为三种。

第一，田赋蠲缓促进社会经济恢复和发展。刘翠溶统计顺治、康熙年间灾蠲州县数，考察顺治朝对荒地免赋、豁免积欠，康熙中期蠲免各省地丁及防止蠲赋弊端，认为虽有贪官污吏，也不能完全否认蠲免实惠；蠲免赋税是清初爱民要务，蠲免赋税频率高、范围广，有利于休养生息，更具仁政光彩。[③] 常建华总结乾隆朝蠲免钱粮概况、实施背景，统计灾蠲州县卫所数、蠲积欠、府以上大蠲等情况，认为乾隆朝的蠲免对维持简单再生产，解决民食问题，缓和社会矛盾，提高农民生产积极性，促进社会经济繁荣与乾隆盛世形成有积极作用。[④] 胡春帆等认为顺治朝至乾隆朝的蠲免政策超越单纯补救灾荒的范围，成为清政府恢复和发展经济的重要政策；康乾时期的普免钱粮具有扩大再生产的意义，是国家为巩固经济而对农业的一种间接投资。[⑤] 叶依能

---

① 俞玉储：《清代前期漕粮蠲缓改折概论》，《历史档案》1990 年第 2 期；殷崇浩：《叙乾隆时的漕粮宽免》，《中国社会经济史研究》1987 年第 3 期；殷崇浩：《乾隆时漕粮宽免的原因及其作用》，《武汉大学学报》（社会科学版）1988 年第 4 期；吴琦：《漕运与中国社会》，华中师范大学出版社 1999 年版，第 151—160 页。

② 李文治、江太新：《清代漕运》（修订版），社会科学文献出版社 2008 年版，第 100—106 页。

③ 刘翠溶：《清初顺治康熙年间减免赋税的过程》，载《“中央研究院”历史语言研究所集刊》第 37 本（下），1967 年，第 760—765 页。

④ 常建华：《乾隆朝蠲免钱粮问题试探》，载南开大学历史系编《南开史学》1984 年第 2 期；又载常建华《清代的国家与社会研究》，人民出版社 2006 年版，第 120—171 页。

⑤ 胡春帆、花瑜、黄十庆、温奇：《试论清前期的蠲免政策》，载中国人民大学清史研究所编《清史研究集》第 3 辑，四川人民出版社 1984 年版。

从农业政策角度论述蠲免政策对农业恢复和发展具有积极作用。[①] 张杰认为蠲荒推动农业生产恢复和发展，蠲灾避免大灾之年社会矛盾激化，蠲积欠对赋重问题起着积极调节作用；恩蠲有名有实，起到厚生裕民的作用；普蠲对地主、农民均有利。[②] 王良行、陈修平认为乾隆朝对台湾实施的灾蠲与恩蠲产生抑制米价上涨的效果。[③] 赵崔莉简述清代皖江圩区蠲缓情况，指出政府蠲赈目的在于上完国赋，下济民生。[④] 陈崇凯认为18世纪清廷在西藏实施的蠲免政策减轻了民众负担，符合西藏社会经济发展需要。[⑤] 乌仁其其格统计清代呼和浩特地区蠲缓次数，认为蠲缓促进灾后重建及生产力恢复，达到了扶弱济贫目的。[⑥] 杨继业考察乾隆朝频繁且突出地蠲免甘肃赋税与借贷，认为这极大减轻了甘肃社会经济负担，成为甘肃在乾隆朝发展到清代最兴盛阶段的推动力。[⑦]

第二，田赋蠲缓有利有弊。张海瀛认为清前期田赋蠲免促进农业恢复发展的同时，也壮大了地主阶级经济实力，随着满汉地主结盟与土地兼并，蠲免对贫苦农民失去积极意义，田赋蠲免发展到尽头。[⑧] 曹月堂认为康熙朝的钱粮蠲免对舒缓民力、缓和社会矛盾、恢复与发展生产有重要意义，但蠲免绝非轻赋薄敛，只是为维护封建剥削和政权稳固而采取只蠲不减、外宽内严的市恩政策，谓之政治上较为明智、剥削上有所节制则可，谓之“裕民”，实有勉强。[⑨] 施由民考察清前期江西钱粮蠲免，认为蠲免虽在一定程度上有利于农业生产和社会经济发展，但有很大局限性，表现在政府不轻易蠲免钱粮、佃

① 叶依能：《中国历代盛世农政史》，东南大学出版社1991年版。

② 张杰：《清代康熙朝蠲免政策浅析》，《古今农业》1999年第1期。

③ 王良行、陈修平：《清乾隆朝田赋蠲缓措施与米价的互动关系：以台湾为例（1738—1786）》，转引自谢美娥《近年来台湾的中国经济史研究概况（续）》，《中国经济史研究》1999年第4期。

④ 赵崔莉：《清代皖江圩区社会经济透视》，安徽人民出版社2006年版，第85—89页。

⑤ 陈崇凯：《简析乾隆时期整顿发展西藏经济的政策措施》，《西藏大学学报》（社会科学版）2002年第1期。

⑥ 乌仁其其格：《清代呼和浩特地区社会救济事业初探》，《内蒙古大学学报》（人文社会科学版）2007年第3期。

⑦ 杨继业：《乾隆时期甘肃通省蠲免的历史地位》，《农业考古》2016年第6期。

⑧ 张海瀛：《论清代前期的奖励垦荒与蠲免田赋》，《晋阳学刊》1980年第1期。

⑨ 曹月堂：《谈康熙朝的钱粮蠲免》，载南开大学历史系编《南开史学》1982年第1期。

农受益少、蠲免实效差。①

第三，田赋蠲缓对经济发展没有发挥积极作用。彭雨新探讨鸦片战争前苏松地区蠲免赋税与兴修水利的关系，认为苏松重赋难以豁减，灾蠲亦无济于实际，减赋政策有名无实；地方官之所以经常提出减赋要求，不过以此减轻考成压力，缓和官民矛盾。② 陈支平认为清初蠲免逋欠只起到安抚人心的效果，清前期虽然赋税蠲免次数很多，但只是虚额，不能将其作为政府轻徭薄征的依据；清中期的轻徭薄赋在丁田与钱粮比例的自然升降中得到体现，与清初蠲免没有直接联系。③ 李凤珍以乾隆六十年普蠲钱粮为例，认为蠲免政策在西藏的实施是为缓和封建农奴制生产关系的矛盾，维护封建农奴制度。④

（三）田赋蠲缓、积欠与清代财政

第一，通过对蠲缓数额和蠲缓（州县或年份）频次的计量研究，揭示蠲缓与财政之互动。

20 世纪 30 年代，王树林统计分析清代灾害种类、被灾州县频次，以及河北、湖北、安徽、云南蠲免和赈济银粮数额。⑤ 因资料所限，其统计或贯通清代但年份有较大缺失，或仅及光绪朝若干年。1940 年前后，百濑弘以康雍乾时期赋税蠲免频繁证明清朝财政趋于鼎盛，统计康雍乾三朝蠲免赋税额，认为康熙朝免税 1 亿两以上，乾隆朝免税至少是康熙朝的三倍，即 3 亿两。⑥

江南是明清财赋重地，区域财政经济研究也多聚焦于此。徐建青利用地方志估算康熙、乾隆朝对江苏地丁钱粮中折色银的蠲免量，普免、灾免与蠲免积欠总量占应纳赋税总额的 20%—30%，其中灾蠲约为 5%。和他省相比，

① 施由民：《清代江西的钱粮蠲免述论》，《农业考古》1993 年第 3 期。

② 彭雨新：《鸦片战争前清政府对苏松地区的减赋和治水》，《江汉论坛》1984 年第 6 期。

③ 陈支平：《清初地丁钱粮征收新探》，《中国社会经济史研究》1986 年第 4 期；又载陈支平《清代赋役制度演变新探》，厦门大学出版社 1988 年版，第 69—87 页。

④ 李凤珍：《试论清朝蠲免政策》，《西藏研究》1989 年特刊。

⑤ 王树林：《清代灾荒：一个统计的研究》，《社会学界》1932 年第 6 卷，第 123—227 页。

⑥ ［日］百濑弘：《清朝的财政经济政策》，《东亚研究所报》第 20 号，1943 年 2 月；后经郑永昌译，载“中央研究院”近代史研究所社会经济史组编《财政与近代历史论文集》下册，“中央研究院”近代史研究所 1999 年版，第 790—799 页。

江苏从积欠蠲免中受益最多；以蠲免方式调整收入分配，藏富于民，对江苏经济发展具有积极作用。[①] 罗仑、范金民主要根据《清实录》有关江南及苏松地区蠲免钱粮和积欠额、苏松地丁银定额，估算顺治朝至乾隆朝苏松的蠲免率，认为蠲免率变化与清廷财政密切相关，清前期苏松钱粮蠲免约占额定地丁银的20%或实际赋税额的15%，额定赋税超出民众纳税能力，蠲免赋税是对重赋的补偿。[②]

李向军的《清代荒政研究》统计1644—1839年清政府的蠲赈数额，编制此时段全国各省区灾况年表、灾蠲年表、灾赈年表，算取灾蠲、赈济州县银额之平均值，根据灾蠲、赈济州县总数计算灾蠲、赈济总额。1644—1839年的196年间，清政府灾蠲银1.2亿余两，加上蠲免积欠额，灾蠲银总额1.5亿两至2亿两；同时期平均每州县赈济用银约4万两，年均支出230万两，在清政府12项常支中居第3位。鸦片战争前，清政府救荒用银约4.5亿两。[③] 陈桦根据《清实录》估算17世纪末到19世纪初清政府蠲免赋税及赈灾救荒用银，康熙朝1.2亿两以上，雍正朝二三千万两，乾隆朝2.5亿两以上，嘉庆朝四五千万两，总数约4.5亿两。[④] 张祥稳参考李向军的《清代荒政研究》，统计乾隆朝蠲免积欠银5131万余两、米谷麦豆等2300万余石，估算年均蠲免积欠超过100万两。[⑤] 刘森文利用李向军统计的嘉庆元年至道光十九年（1796—1839）灾蠲州县数据，并根据《清仁宗实录》《清宣宗实录》编制嘉庆元年至道光三十年（1796—1850）全国主要省区灾蠲、缓征州县（次数）年表，分析其时空变动趋势；参考李向军估算的州县平均灾蠲银额，算取嘉道时期灾蠲银总额为3448万两。[⑥]

夏明方从灾害史角度探讨中国早期工业化阶段原始积累，涉及田赋蠲缓

---

① 徐建青：《清代康乾时期江苏省的蠲免》，《中国经济史研究》1990年第4期。

② 罗仑、范金民：《清前期苏松钱粮蠲免述论》，《中国农史》1991年第2期。

③ 李向军：《清代荒政研究》，中国农业出版社1995年版，第57—63页。是书以其博士学位论文《清代荒政研究》（北京师范学院，1991年）为基础修订而成。

④ 陈桦：《18世纪的中国与世界·经济卷》，辽海出版社1999年版，第233—240页。

⑤ 张祥稳：《清代乾隆时期自然灾害与荒政研究》，中国三峡出版社2010年版，第250—259页。

⑥ 刘森文：《清代嘉道时期的蠲免研究》，北京师范大学硕士学位论文，2011年。

对清廷财政收入短少之影响，利用方志、奏疏等估算个别省区的蠲缓数额。[1] 张小聪、黄志繁利用《清实录》统计清代江西水灾蠲免、缓征年次，计算年蠲率、年缓率、年蠲缓率，指出顺康雍三朝只有蠲免没有缓征，年蠲率的提高反映国家财政经济实力上升；乾隆朝达到顶点并开始有年缓率，清政府应对水灾乏力及危机开始；嘉庆朝始，政府应对灾荒能力下降，进入以“缓”为主的时期，频繁的缓征、展缓成为清政府既不愿放弃钱粮额赋、又因民力困乏而无法征收的无奈选择。[2] 仅以年次统计灾蠲、缓征频率印证清朝国家财政能力变化的精确度不高。

第二，结合清代财政制度及经济形势变化分析蠲缓绩效与弊端。

郭蕴静简述嘉庆朝之前的蠲免状况，指出道光朝已无普免，个别减免逐渐减少，咸丰朝以后几乎没有蠲免。[3] 陈锋对清前期田赋蠲免的对象与各时段的蠲免特征有精当概括，认为蠲免对象包括逋欠、缓带征、本年或来年钱粮。三藩之乱结束前主要是蠲免逋欠，此后至乾隆中后期以蠲免本年或来年钱粮为主，嘉道以后以蠲免逋欠和缓带征钱粮为主。这种变化，既和国家财政状况有关，也与社会经济兴衰吻合。他还探讨了康熙和乾隆朝地丁、漕粮、耗羡蠲免，以及蠲免佃户之租与蠲免制度的完善。[4] 何平以乾隆朝普蠲为例，指出清代赋税征收的基本目标是满足经常性财政支出，普免钱粮不影响原有库存银。他还讨论了康熙朝赋税减免及其制约因素，认为在不同时期和背景下蠲免政策的实施和效果不同，康熙前期的蠲免政策未对生产恢复和发展起作用，中期的蠲免政策对生产发展起积极作用，后期因人地矛盾加剧、土地集中及不完全财政的消极作用，社会矛盾突出，表面繁荣之下的基层民众生活

---

① 夏明方：《中国早期工业化阶段原始积累过程的灾害史分析——灾荒与洋务运动研究之二》，《清史研究》1999 年第 1 期。

② 张小聪、黄志繁：《清代江西水灾及社会应对》，载曹树基主编《田祖有神——明清以来的自然灾害及其社会应对机制》，上海交通大学出版社 2007 年版，第 126—129 页。

③ 郭蕴静：《清代经济史简编（1644—1840）》，河南人民出版社 1984 年版，第 28—33 页。

④ 陈锋：《清代军费研究》，武汉大学出版社 1992 年版，第 366—367 页；陈锋：《清代“康乾盛世”时期的田赋蠲免》，《中国史研究》2008 年第 4 期。

没有得到根本改善。①

在财政收入与蠲缓弊端的关系问题上，曾小萍从18世纪清代不稳定财政和非正式经费体系角度，剖析地方蠲缓弊端的肇因。② 彭雨新将灾蠲与蠲免积欠中的“捏灾”“冒荒”现象作为道光、咸丰年间田赋征收的弊端予以探讨，认为长期积累的缓征实质上也是欠额，是地方官故意为之，以期同归于蠲免。③ 清代长江下游是高赋税地区，欠赋问题严重。清中后期白银价格上涨与赋税货币化增加了该地区民众负担，使其无法全额完赋。省级官员被迫承认灾情严重，采用谎报天灾的办法希图清政府蠲免赋税。19世纪20年代这一办法已经使用，以后成为定例，导致田赋拖欠问题日趋严重。④ 太平天国运动对安徽的经济社会影响极大，该省“吃灾”“捏灾”“拖欠”等蠲缓弊端突出，田赋征收混乱，清廷旨在防止官员舞弊、增加政府收入的民欠征信册在安徽没有收到预期效果，田赋缺额、拖欠问题依然严重，导致政府财政危机和社会矛盾激化。⑤ 江苏、浙江是清代漕粮大省，周健剖析嘉道年间江南漕弊，指出道光朝前中期江南两次大水后，江苏、浙江各州县征收漕粮时多捏报荒歉以分肥，或应付各县大户短交。这也是同治初年江苏减赋的重要原因之一。但减赋之后，江苏仍以“荒歉”为由，持续、大量存在漕粮缺额。⑥

第三，亏空治理、钱粮考成与清代财政和政治问题的探讨也取得重要成果。

---

① 何平：《清代赋税政策研究：1644—1840年》，中国社会科学出版社1998年版，第41—46页；何平：《论康熙时代的赋税减免》，《中国人民大学学报》2003年第6期。

② ［美］曾小萍著：《州县官的银两——18世纪中国的合理化财政改革》，董建中译，中国人民大学出版社2005年版。

③ 彭雨新：《太平天国战争时期清王朝的财政措施》，载武汉大学历史系编《史学论文集》第一集，1978年，第187—188页；《清道咸年间田赋征收的严重弊端》，载北京太平天国历史研究会编《太平天国学刊》第二辑，中华书局1985年版，第196—209页。

④ ［美］费正清、刘广京编：《剑桥中国晚清史（1800—1911年）》上卷，中国社会科学院历史研究所编译室译，中国社会科学出版社1985年版，第122—123页。

⑤ 林齐模：《旧制度的危机——太平天国战争对安徽田赋征收的影响》，《安徽史学》2002年第3期；顾建娣：《19世纪中期安徽的田赋征收制度》，载中国社会科学院近代史研究所编《中国社会科学院近代史研究所青年学术论坛·2005年卷》，社会科学文献出版社2006年版，第37—59页。

⑥ 周健：《维正之供：清代田赋与国家财政（1730—1911）》，北京师范大学出版社2020年版，第130—132、302—303、323—326页。

庄吉发较早关注雍正帝整饬钱粮亏空问题。[①] 贾允河、李瑛、朱诚如分析嘉庆朝钱粮亏空的原因、吏治与钱粮亏空的关系、亏空整顿等。[②] 范金民详论雍正朝和乾隆初年清查江苏钱粮积欠的措施、过程与成效。[③] 龚浩研究清前期江苏省亏空原因、治理措施，估算田赋应征、实征及实得规模，认为康熙朝至嘉庆朝江苏实征田赋额基本保持不变，政府赋税汲取能力未明显下降，清前期亏空治理可有可无，国家运行未受太大影响。[④] 倪玉平依据中国社会科学院经济研究所藏抄档，编制道光朝各省地丁征收数额表；利用《嘉庆道光两朝上谕档》考察嘉道时期亏空概况、各省亏空数额及清查亏空失败的原因，统计嘉庆二十四年与道光十五年、二十五年普免积欠额。[⑤] 刘凤云研究康熙朝至嘉庆朝钱粮亏空案，呈现钱粮亏空实态、清查手段与方案、赔补亏空等史事的过程，从政治史与财政史结合的角度，揭示亏空治理中皇权与官僚、官僚与官僚之间的政治和利益关系。[⑥] 刘增合考察光绪前期清政府针对钱粮亏空与官员财政违纪采取的应对举措及其积极成效。[⑦] 郭永钦探讨嘉道迄晚清地丁数字、钱粮考成与钱粮灾蠲、缓征的核算方法，指出钱粮奏报与考成在制度层面存在较为系统的统计会计技术。[⑧]

此外，周藤吉之、森正夫、经君健、郭松义、张建民、陈锋等探讨了田赋蠲免制度中有关业主、佃户蠲免规定的演变及社会影响。[⑨]

---

① 庄吉发：《清世宗与钱粮亏空之弥补》，《食货月刊（复刊）》第7卷第12期，1978年3月。

② 贾允河：《嘉庆朝钱粮亏空的原因》，《西北师大学报》（社会科学版）1993年第5期；贾允河、李瑛：《清朝吏治与钱粮亏空》，《河北师范大学学报》（哲学社会科学版）1998年第2期；朱诚如：《嘉庆朝整顿钱粮亏空述论》，载《明清论丛》第1辑，紫禁城出版社2001年版。

③ 范金民：《清代雍正时期江苏赋税钱粮积欠之清查》，《中国经济史研究》2015年第2期；范金民：《清代乾隆初年江苏积欠钱粮清查之考察》，《苏州大学学报》（哲学社会科学版）2016年第1期。

④ 龚浩：《清前期地方财政亏空治理研究——以江苏为例》，上海社会科学院出版社2022年版。

⑤ 倪玉平：《清朝嘉道财政与社会》，商务印书馆2013年版。

⑥ 刘凤云：《钱粮亏空：清朝盛世的隐忧》，中国社会科学出版社2021年版。

⑦ 刘增合：《“财”与“政”：清季财政改制研究》，生活·读书·新知三联书店2014年版。

⑧ 郭永钦：《清嘉道时期地丁数字核算模式初探——兼论财政地丁类抄档使用问题》，《中国史研究》2018年第4期；郭永钦：《晚清地方蠲灾钱粮考成的常见术语及核算技术》，《近代史研究》2018年第6期。

⑨ 参见李光伟《清代田赋蠲缓研究之回顾与反思》，《历史档案》2011年第3期。

从研究时段看，先行研究多集中在康雍乾三朝，有的涉及嘉庆朝，有的延至鸦片战争之前，嘉庆朝以降（清中后期）的整体研究较少。尽管鸦片战争后晚清社会性质发生了根本变化，但研究清史不能割裂清前中期历史与晚清史的联系，忽视晚清史研究，会削弱清史研究的完整性；不了解清前中期历史，晚清史上的很多问题亦不能厘清来龙去脉。[①] 从研究对象看，多侧重对蠲缓制度、田赋积欠的静态研究，跨区域、长时段、详数据的动态研究较少。具体而言：

其一，对清代蠲缓制度演变的梳理多根据《清会典》《清会典事例》等典志类资料及《清实录》，较少利用制度形成过程中的奏疏、谕旨，因而对制度沿革的叙述稍显粗疏。虽然蠲缓制度在清前期特别是乾隆朝已发展完善，但中后期蠲缓制度的变化与调整未被充分关注。

其二，对蠲免制度中的恩蠲与灾蠲做硬性划分，有研究者虽然认识到灾蠲与恩蠲的互补性，但依然对灾蠲、恩蠲在实施期间的关联性与协同性关注不够。此外，对灾蠲与缓征在清前期、中后期的变化存在误解。清前期由于国家财政经济实力强大，普免、通省蠲免次数频繁，灾蠲时常增加分数执行；清中后期由于国家财政经济实力减弱，普免消失，灾缓与蠲免积欠成为主流。这是学界共识，本无问题，但据此认为灾蠲减少、灾缓与蠲免积欠增多，表明蠲缓制度衰落，易陷入误区。按照蠲缓制度，灾蠲、缓征均严格按照灾害等级确定，达到成灾标准必蠲免，蠲剩部分视灾害等级确定带征年限之远近；勘不成灾歉收部分须缓征。尽管清中后期国家财政经济实力下降，普免不复施行，但从未将应行灾蠲之处划入缓征。

其三，对田赋积欠、亏空治理的关注，或侧重清前期，对中后期田赋积欠的发展过程、治理措施及成效涉及较少；或多研究某一时期某一地域（如江苏）的田赋积欠、亏空与治理，较少展开长时段、广地域的研究；缺少对田赋积欠与财政亏空隐秘关联的整体性揭示，以及其与灾情奏报真伪关系的探讨，而这是破解清代荒政、财政与政治复杂交织问题的肯綮。

---

① 李文海：《清史研究八十年》，《清史研究》1999 年第 1 期。

其四，从研究方法和内容看，详于制度梳理，略于制度实践；定性研究偏多，定量研究偏少，屈指可数的代表性定量研究亦有较大继续掘进的空间。以蠲赈为例，李向军与陈桦均认为清政府蠲免与赈灾用银4.5亿两左右，对总量的估算几乎一致，但统计口径和实际包含的内容大不一样。前者仅对灾蠲和灾赈进行统计，范围比后者小，而后者除灾蠲与灾赈外，还包括康乾时期数额巨大的恩蠲。倪玉平依据中国社会科学院经济研究所藏道光朝各省地丁钱粮奏销抄档，从宏观角度统计分析道光朝地丁应征额与实征额变化，但正如他指出的，相关数据并未被充分利用，地丁征收统计表“还包含着丰富的信息，诸如当时的每个省及全国蠲免情况、田赋实征情况及与自然灾害、经济发展的互动关系等，尚可进一步深入挖掘”，而且“由于资料和统计上的难题”，嘉庆、道光朝的田赋“蠲免”与“蠲缓”数额仍不完整甚或阙如。[①] 他整理的道光朝各省地丁征收数额统计表为研究者提供了便利，但还缺少地丁征收中的“粮”额。

综上所述，制度史的研究路径主要利用既成“典章制度”史籍，梳理并评介蠲缓制度，多将其视作救荒措施之一，而在一定程度上使其丰富内容和重大影响“简单化”，显得近乎“乏善可陈”。财政史或经济史的研究路径虽对蠲缓绩效有不完整统计和评估，但或因资料庞杂、统计困难而“乏人问津”，或因关注点不在荒政，造成“荒政失焦”。清代田赋积欠既深度关联荒政，又根植于财政且深刻影响财政。事实表明，如囿于荒政而轻视或回避财政，将无法全面评估田赋积欠演变及其对清朝国运盛衰的深远影响，进而遮蔽国家之财政治理。若只偏重财政而不重视或无视荒政，亦不能深入揭示田赋积欠的复杂成因与衍生过程，难以准确、全面地反映清代国家的“财”“政”品质。本书在先行研究的基础上，从清代荒政和财政的交织互动入手，努力对上述问题有所突破。

三、研究进路与结构内容

本书采取制度阐释与统计分析结合的研究方法，既根据蠲缓制度的演变

① 倪玉平：《清朝嘉道财政与社会》，第91—97、158页。

与规律厘定计量研究标准，也通过分析计量结果评估蠲缓制度的调整及实践。

在统计全国各省区“灾蠲”“缓征”“蠲缓”州厅县（卫所）频次时，本书涵盖直隶、山东、河南、山西、陕西、甘肃、江苏、安徽、江西、浙江、福建、湖北、湖南、广东、广西、四川、贵州、云南、东北、新疆、蒙古。由于广西、四川、贵州、东北、新疆、蒙古在很长时期内或田赋“年清年款”无欠赋，或田赋份额在赋税结构中占比极小甚或没有，加以资料零星，故在统计田赋蠲缓与积欠数额时，未列入上述6省区，但在论及相关情况时兼及广西、四川、贵州、东北、新疆。

本书从档案史料中提取直隶、山东、河南、山西、陕西、甘肃、江苏、安徽、江西、浙江、福建、湖北、湖南、广东、云南等15省田赋蠲缓数据，但数据的不完整、不连续性是常态。为弥补数据缺失，重构各省完整数据链，须考虑各省经济文化差异，以及各省田赋蠲缓数额在不同时段的显著变化，采取如下办法：根据已搜集各省数据的具体情况，分别在各省及不同时段找出合适的平均值，先算取各省田赋蠲缓额，分析其变化，再将各省数额合计，算取全国田赋蠲缓总额，呈现其整体变动态势。

此外，对上述15省田赋积欠数额进行系统可靠的统计，分析其时空变动趋势及对清代国家财政收入消长之影响，探寻田赋积欠衍生的规律与特征，讨论清代灾情奏报真伪变化及其原因，梳理田赋蠲缓基层舞弊的诸多表现和发展趋势，揭示外省亏空与积欠的隐秘关联，考察清代惠民大政——蠲缓田赋与普免积欠的实际效果，以及清政府面对积欠和亏空困局表现出的财政治理能力与局限。

自嘉庆朝始，清廷已无康乾时期的普免地丁、漕粮之举，所谓恩蠲主要是针对皇帝出行经过驿道两旁田地的蠲免，数额有限。故本书涉及的蠲缓范围主要包括因自然灾害或战后抛荒导致的民田蠲免、缓征，以及历届普免积欠；对旗地、王庄等特殊类型田地之钱粮蠲缓不予讨论。本书虽覆盖完整清代，但所论内容或侧重不同时期，如清前期指顺治朝至乾隆朝（1644—1795），清中后期指嘉庆朝至宣统朝（1796—1911），晚清指1840—1911年，且因论述所需，时间下限或逸出宣统三年（1911）而延至民国前期。本书围绕以下问题展开：

第一，阐释清代田赋灾蠲与缓征制度的演变，包括清前期灾蠲与缓征制度由初创到逐步发展完善，以及面对赈济能力下降与蠲缓积弊时，清廷的改革与调整。在恩蠲与灾蠲的配合实施方面，找寻二者的互通和联动，扩展灾蠲范畴。从蠲缓制度变迁角度揭示清代荒政与财政的关系。

第二，思考既有计量研究的成绩与不足，重新确立田赋蠲缓计量研究的标准和方法，由此完成对各省及全国田赋蠲缓总额的统计，分析各省及全国田赋蠲缓总额在清中后期的变动趋势。

第三，考察清廷处理积欠问题的前后态度与措施之变化，根据清中后期历届普免积欠档案史料，先统计各省历届普免积欠数额，再汇总全国普免积欠数额，分析各省及全国普免积欠数额之变动情况。在统计清中后期田赋蠲缓总额与普免积欠总额的基础上，算取灾蠲数额。对清中后期灾蠲额、普免积欠额与清前期灾蠲、恩蠲额进行比较分析，评估清代救荒与财政能力变化及其影响。

第四，在上述计量研究基础上，从全国、行省两个层级探究数据隐含的缓征与积欠衍生的机制与规律，分析因灾缓征导致的积欠问题给清代国家财政收入带来的消极影响。

第五，田赋蠲缓实施过程中的诸多舞弊行为致使民众难以得到蠲缓实惠。由于18世纪后期以来清代财政体制与社会经济发展之间的矛盾，加以吏治腐败等原因，各省亏空问题迅速蔓延且愈趋恶化。官僚系统利用清廷普免积欠之机，或将已侵蚀之捏灾（歉收）缓征田赋销于无形，或将官亏混入民欠，甚或以完作欠，弥缝亏空，从而将自身的财政压力通过蠲缓制度疏导。旨在惠民的蠲缓制度最终在很大程度上发挥了“惠官”的实际效果。蠲缓制度成为官吏侵蚀国家财政收入的重要“合法”孔道，田赋征收弊端积重难返。

第六，面对清中后期严重的亏空、积欠与赋税征缴积弊，清廷将在民间慈善事业中发展完善、行之有效的财务公开形式——征信录引入赋税征缴领域，推行征信册制度，以期革除官吏中饱，增加国家财政收入。由于赋税征缴领域的特殊性与诸多积弊的复杂性、地方利益集团的抵制、官僚因循敷衍、民众智识文化水平较低，以及征信册带来的负面影响等因素，征信册制度无法根除赋税经征积弊。晚清官吏中饱、侵蚀赋税的痼弊牢不可破。清廷在赋税征缴领域的改革与治理以失败告终。

附识：本书初稿完成于2013年，因篇幅所限，只能付梓大半。未刊内容有：(1) 18世纪后期以降特别是光绪朝蠲缓制度的调整、实施及其影响；(2) 清中后期直隶、河南、山西、陕西、甘肃、安徽、江西、浙江、福建、湖北、湖南、广东等12省历年蠲缓田赋数额表、历届普免积欠数额表，以及各省统计的标准与过程（相关情况参见本书山东、江苏、云南省内容）；(3) 从行省（除山东、江苏之外的其他十余省）与州县（各省之州县银粮蠲缓清单）层级探讨清中后期田赋缓征与积欠衍生的规律及特征；(4) 将灾蠲与歉收区隔，基于田赋蠲缓数额统计并结合近代中国农业生产力、气候变迁等问题，讨论清中后期灾情奏报真伪之演变。期待以后得遇机缘，使未刊内容与本书“团圆”。

本书之完成与出版，蒙“近代中国灾荒研究”和“清代灾荒研究”团队数代学人之惠泽暨师长友朋的诸多襄助与扶持，恕不在此胪列芳名，谨致以最诚挚的感谢和最衷心的祝福！

第一章　清代灾蠲制度之演变

灾蠲是指清政府按照受灾程度，全部或部分免除灾区田赋。灾蠲制度是清代荒政的重要内容，由勘报灾期限、灾蠲分数、特殊灾蠲、灾蠲流抵、违规惩处和防弊措施等衔接构成，配套实施，其中根据灾害等级确定的灾蠲分数是核心内容。灾蠲制度在清代荒政史、财政经济史、法律社会史中均有涉及。先行研究对认识该制度的内容和运行提供了良好基础，但仍有不足和薄弱之处，具体表现在三个方面：一是对制度的基本构造——“结构样态”的梳理不够系统和全面，二是对制度的核心内容——灾蠲分数定例与例外的认识存在歧误，三是偏重呈现制度条文的结果——“最终样态”而忽视其演变过程——“形成样态”及其原因。制度史研究应该“排除主观的见解，尽力去搜求材料来把制度重行构造起来”，研究制度的目的“是要知道那个制度，究竟是个什么样子；平时如何组成，用时如何行使；其上承袭什么，其中含有何种新的成分，其后发生什么”。[1] 本章利用《大清会典》《清实录》及谕旨、题本、奏疏、荒政书等，厘清灾蠲制度的主要内容与演变过程。

一、勘报灾期限

地方遇灾，官员须在规定期限内勘定灾害等级并逐级上报。清代灾害等

① 《怎样研究制度史》，载罗尔纲《师门五年记·胡适琐记》（增补本），生活·读书·新知三联书店 1998 年版，第 141 页。

级以十分为率，故称被灾分数。勘定被灾分数、确定灾害等级是蠲免田赋的重要依据。清代针对被灾分数有明确、严格的计算方法，以受灾村庄地亩为基本统计单位，“凡偏灾州县，按区图村庄地亩，别其分数，不以阖邑地亩通算”①。具体而言，“灾分轻重，应照被灾村庄实在情形，不得以通县成熟田地统计分数，致灾区有向隅之苦。至一村一庄之中，大抵情形相仿，不必过为区别，致有纷繁零杂，难以查办，且易滋高下其手之弊。第州县之中，每一地方，即有数十村庄，及百余村庄不等。查勘灾分，应就一村一庄计算，不得以数十村庄之一大地方，统作分数，以致偏陂（颇）不均”②。此外，被灾不等于成灾，关于成灾分数的核算，清代亦有详细规定，“不可牵匀计算，应以各田地实在被灾分数为准”，具体要求为：“如一村之中有田百亩，其九十亩青葱茂盛，独十亩禾稼荡然，则此十亩即为被灾十分。其中有一分收成，即为被灾九分；二分收成，即为被灾八分；有三分、四分、五分收成，即为被灾七分、六分、五分。以此定灾，核算蠲数，方为确实。”③

顺治六年（1649）七月，江南江西河南总督马国柱奏报，江南凤阳、滁州、淮安、扬州、苏州各属州县卫所，河南磁州、罗山县冰雹伤稼，请敕抚按确勘，以行蠲恤。清廷降旨：“着照所奏，速行确勘蠲恤。嗣后直省地方如遇灾伤，该督抚按即当详察被灾顷亩分数，明确具奏，毋得先行泛报。”勘明成灾分数后，奉旨蠲免。十年，又强调凡有灾伤地方，勘明分数，奏请赈恤。④ 此次强调勘明受灾分数，当与该年确定灾蠲分数有密切关系（见下文）。同年十一月，清廷允准科臣季开生立限报灾之奏请，明确规定报灾顺序与时限：“夏灾限六月终，秋灾限九月终。先将被灾情形驰奏，随于一月之内，查核轻重分数，题请蠲豁。其逾限一月内者，巡抚及道府州县，各罚俸；逾限

① （清）王庆云：《石渠余纪》，北京古籍出版社 1985 年版，第 22 页。至晚康熙八年（1669）即有此规定，参见（清）伊桑阿等《（康熙）大清会典》卷二一《户部五·田土二·荒政》。

② （清）汪志伊辑：《荒政辑要》，载李文海、夏明方、朱浒主编《中国荒政书集成》第 4 册，第 2519 页。

③ （清）佚名辑：《灾赈章程（附光绪十四年丹阳办理灾案）》，载李文海、夏明方、朱浒主编《中国荒政书集成》第 9 册，第 6525 页。

④ 《清世祖实录》卷四五“顺治六年七月辛巳”条，《清实录》第 3 册，中华书局 1985 年版，第 360 页；（清）伊桑阿等：《（康熙）大清会典》卷二一《户部五·田土二·荒政》。

一月外者，各降一级；如迟缓已甚者，革职。永著为例。”[①] 之所以选取这两个时间点，主要考虑到节气与农业收成，六月终、九月终分别在二十四节气中的“立秋”“立冬”之前。在此期间，官府能够确定夏灾、秋灾对农业收成的影响程度，而且能复勘灾情，确核真伪。十七年，这一规定又进一步细化：“直省灾伤，先以情形入奏，夏灾限六月终旬，秋灾限九月终旬。州县官迟报逾限一月以内者，罚俸六个月；逾限一月以外者，降一级调用；二月以外者，降二级调用；三月以外者，革职。抚、按、道、府官以州县报到日为始，如有逾限者，照例一体处分。仍限一月内，续将报灾分数查明造册题报，各官如有违限者，亦照前定例议处。永著为例。”[②] 超过初次呈报灾情时限，将无从勘定被灾分数。顺治十八年九月二十七日，康熙帝已即位，户部议复江南总督郎廷佐疏报，“江南旱灾，应委官履亩踏勘，分别分数。”仅从时间看，九月二十七日尚在“九月终旬”之内，但该年系闰七月，故此时实际已逾报秋灾期限近一个月，清廷谕旨云：“时已入冬，苗禾俱无，尔部犹云履亩踏勘，殊属无益”，采取其他措施予以弥补，命他“详加分晰，取具官民甘结”，造册报户部。[③] 由上可见，查报夏灾、秋灾基本情形之时限分别为六月终、九月终，呈报具体被灾分数之时限分别为七月终、十月终。

顺治十七年至康熙九年，呈报被灾基本情形和查报被灾分数的期限有变动和反复。学界对这一问题关注极少。康熙三年（1664），因州县查报被灾分数，或离督抚驻地遥远，定限一个月难以确查，宽限二个月查报，“违限者，仍照例议处”，但失之过宽，带来新问题，即报夏灾、秋灾分数分别延至九月、十二月，“苗根已尽，无凭踏勘，易致捏报”。[④] 四年三月，清廷准户部题

---

① 《清世祖实录》卷七九“顺治十年十一月辛亥”条，《清实录》第3册，第623页。

② （清）伊桑阿等：《（康熙）大清会典》卷二一《户部五·田土二·荒政》。按：《清世祖实录》卷一三四“顺治十七年四月辛丑”条（《清实录》第3册，第1038页）记载：“定迟报夏秋灾处分例：州县官逾限半月以内者，罚俸六个月；一月以内者，罚俸一年；一月以外者，降一级；两月以外者，降二级；三月以外者，革职。抚、按、道、府官以州县报到之日为始，若有逾限，照例一体处分。”这较《（康熙）大清会典》所载同期内容有出入且处分更严厉，可能后来执行宽松。

③ 《清圣祖实录》卷四“顺治十八年九月癸卯”条，《清实录》第4册，中华书局1985年版，第89页。

④ （清）伊桑阿等：《（康熙）大清会典》卷二一《户部五·田土二·荒政》。

奏："凡被灾地方，夏灾不出六月，秋灾不出九月。各抚具题，差官履亩踏勘，将被灾分数详造册结，题照分数蠲免。但本年钱粮有司畏于考成，必已敲扑全完，则有蠲免之名而民不得实惠。以后被灾州县，将本年钱粮先暂行停征十分之三，候题明分数，照例蠲免。"① "夏灾不出六月，秋灾不出九月"，指报夏灾、秋灾的限期分别为六月初一日、九月初一日，较顺治十年之报灾限期"六月终""九月终"提前一个月。四年五月，清廷始定："直隶各省总督报灾迟延，照巡抚处分例。"②

康熙七年六月，户部奏请更定事例："查报灾定例，夏灾不出六月，秋灾不出九月，但踏勘于收获未毕之先，始可分别轻重。请嗣后报灾限期，夏灾不过五月初一，秋灾不过八月初一，逾期仍如例治罪。"对此，康熙帝表示了不同意见，谕旨云："凡被灾州县，有司必先勘察申报，该抚然后具题。地方远近不一，若限期太迫，被灾之民恐致苦累。其仍如旧例行。"③ 此处的"旧例"为康熙四年所定。"夏灾不过五月初一，秋灾不过八月初一"，据康熙九年七月浙江福建总督刘兆麒的回溯，指报灾限期"夏灾不过五月，秋灾不过八月"，较康熙四年的报灾限期又提前一个月，矫枉过正，易导致"地方官每虑愆期，匿灾不报"，故康熙帝未准。九年七月，户部议复刘兆麒奏请展报灾

① 《清圣祖实录》卷一四"康熙四年三月丙申"条，《清实录》第4册，第218页。按：关于灾蠲之前停征钱粮，早在顺治十三年就由礼科给事中柯耸提出。他在"清治源疏"中提出五条改革建议，其中包括"急停征以恤灾荒"，认为灾蠲程序需时较长，"州县申报，督抚题请，再候部覆，即立限甚严，近者势必三月，远者动辄逾年"，以致"有司恐碍考成，不得不仍行督征，及蠲免之诏下颁，而粮额完解几竣"。柯耸根据自己在湖北为官的经历，声称："每见本年灾荒，题允部覆必经数月，当年正赋已完，蠲免分数不得不流抵次年。无论官吏侵渔、销算、勒措种种滋弊，况小民竭髓以完凶年之赋，反辗转以宽乐岁之征，则远汲无救于燃眉，有立而待毙耳。"有鉴于此，他奏请"自今以后，乞皇上专责抚臣，先据州县申报灾荒，委勘得实，一面题请，一面酌量分数先示停征，重则十分之五，轻则十分之三。除经奉旨应免若干外，或停征之数尚有浮额应追者，即于次年带征，经征州县本年奏销，免其参罚"。如此一来，"宽一分实受一分之惠，早一日则救一日之生，岂至蠲免之隆恩竟同画饼之故事乎？"这一建议较灾蠲流抵之法固然更能使蠲免实惠及民，但由于清廷筹措兵饷且财政紧绌，似未被采纳。直至康熙四年三月，清廷方出台相关规定。柯耸的疏奏载罗振玉辑，张小也、苏亦工等点校《皇清奏议》上册，凤凰出版社2018年版，第232页。

② 《清圣祖实录》卷一五"康熙四年五月丁酉"条，《清实录》第4册，第228页。

③ 《清圣祖实录》卷二六"康熙七年六月辛巳"条，《清实录》第4册，第362页。按：（清）伊桑阿等《（康熙）大清会典》卷二一《户部五・田土二・荒政》记，康熙七年复准"以后仍照先定例行"，此"先定例"并非顺治十年或十七年定例，而系康熙四年之"夏灾不出六月，秋灾不出九月"。

限期，“应如所请，仍照顺治十七年定例，夏灾不出六月终旬，秋灾不出九月终旬”，清廷允准，[①] 将康熙四年定例又调改为顺治十七年定例。康熙十五年，清廷议准：“被灾地方，抚司、道府、州县官迟报情形及迟报分数，逾限半月以内者，罚俸六个月；一月以内者，罚俸一年；一月以外者，仍照前定例议处。”[②] 惩罚标准较前趋严。

清政府根据各地自然地理条件差异调整报灾期限。康熙四十六年，福建巡抚张伯行会同闽浙总督梁鼐题奏台湾府属台湾、凤山、诸罗 3 县“入秋亢旱”，先题报亢旱情形，并声明：“查报灾定例，秋灾不出九月，其被灾分数，例于题报情形之后，限一月内造具册结具题。但台湾远隔重洋，文移往返须凭风信，难拘例限。”户部复准台湾府之“报灾分数”可以“不拘定限”。[③]

与报灾期限密切相关的，还有各类灾情文牍册籍传递及批复程序之减省。康熙四年三月，工部尚书傅维鳞奏请减少灾蠲文牍程序：“部覆报灾之疏，复下督抚，取结取册，动经岁月。及奉旨蠲免，而完纳已久，不得不于次年流抵。迨至次年，照旧催科，徒饱官吏之腹。”他建言：“凡遇灾伤，督抚即委廉能官确勘，并册结一同入奏，该部即照分数请蠲，庶小民受实惠，而官吏无由滋弊。”此奏“下部议”。[④] 从其后情形看，此奏未准行。同年四月，都察院左都御史郝惟讷疏言：“凡被灾地方，查勘之后，地粮免若干，丁银亦应免若干。”康熙帝将此奏“下部知之”。[⑤] 3 年之后，清廷亦强调尽快蠲免灾区田赋的重要性。七年七月，康熙帝谕户部：“小民资生，惟赖田亩，一遇灾祲，禾稼损伤，诚可悯恻，急宜蠲赋，以昭恩恤。嗣后凡有水、旱、蝗蝻等灾，有司官星夜申报督抚，督抚各照驻扎附近地方，随带人役，务极减少，一切执事，尽行撤去，勿致累民，将被灾田亩，作速亲勘，定明分数，造册

---

① 《清圣祖实录》卷三三“康熙九年七月乙亥”条，《清实录》第 4 册，第 451—452 页。

② （清）伊桑阿等：《（康熙）大清会典》卷二一《户部五・田土二・荒政》。

③ 《题报台属亢旱情形疏》《题报台属亢旱请照分数免征疏》，载台湾银行经济研究室编《清经世文编选录》，《台湾文献丛刊》第 229 种，台湾银行 1966 年版，第 59、60 页。

④ 《清圣祖实录》卷一四“康熙四年三月己亥”条，《清实录》第 4 册，第 219 页。

⑤ 《清圣祖实录》卷一五“康熙四年四月丙寅”条，《清实录》第 4 册，第 224 页。

达部，照例蠲免”，令各省遵行。[①] 八年正月，户科给事中姚文然疏言，蠲免被灾钱粮之凭据，“有各州县简明总册，并各见年里长甘结”呈报户部，而“地亩花名细册，不过纸上虚文，有无冒免情弊，无可察核，徒费笔墨书算夫挑车载之费”，奏准“概行停止”。[②] 对于严重灾情，康熙帝亦不拘既有灾蠲制度，减少题复环节，及时蠲恤。九年十一月初五日，户部议复江宁巡抚马祜疏报，“太仓等十二州县水灾，应令该抚委员严查，据实另造分数册题报，以凭再议”。这固属遵照灾蠲制度议复，但康熙帝认为，“今年江南水灾甚大，比往年不同。该抚身在地方，既称松、苏等属低洼地方见今淹没，尔部复议行查，恐致迟延，灾民受困”，令户部“将马祜所奏，再行详议以闻”。三十日，清廷蠲免太仓、娄县、无锡等 12 州县该年“额赋有差”。[③]

康熙二十四年九月初六日，左都御史陈廷敬疏言，蠲免灾区钱粮应迅速及时，但因旧例所限，稽延时日。山东济宁等 3 州县于上年九月被水，地方题报灾情后，遣官踏勘成灾分数，十一月具题应蠲免钱粮册结。户部议准后，又令“分晰地亩高下”。至次年四月，山东巡抚张鹏奏明灾区并无捏报被灾分数，请照例蠲免钱粮，户部最终核准蠲免，其间历经 8 个月。陈廷敬奏称：“此一水灾之报也，巡抚初题，报其情形；再题，报其分数；三题，称无捏报。此一水灾之免也，该部初覆，令其委官踏勘，再覆，令其分晰地亩高下；及其具题至于三也，然后覆免。”过程如此繁琐，“德音下逮，近省已逾半年，远省将不止一载……如此其迟回者，非故为是郑重也，所行之例则然耳”。[④] 他认为：“被灾分数，即见地亩高下，既有册结可据，即宜具覆豁免……勿循旧例为便。”此建议被采纳，“嗣后巡抚题报情形后，速分晰高下具题，户部覆核无舛，即准其蠲免。”[⑤] 三十六年十一月二十八日，浙江巡抚线一信题参宣平县灾伤分数违限不报，康熙帝针对此事进一步减少灾蠲题报与审核程序，谕大学士等：“各省被灾地方，巡抚先行奏闻，俟部覆之后，始行察勘被灾分

---

① 《清圣祖实录》卷二六“康熙七年七月丁未”条，《清实录》第 4 册，第 365 页。

② 《清圣祖实录》卷二八“康熙八年正月乙巳”条，《清实录》第 4 册，第 384 页。

③ 《清圣祖实录》卷三四“康熙九年十一月戊午、癸未”条，《清实录》第 4 册，第 463、467 页。

④ （清）陈廷敬撰，王道成点校：《午亭文编》，人民出版社 2017 年版，第 473—474 页。

⑤ 王锺翰点校：《清史列传》第 3 册，中华书局 1987 年版，第 640 页。

数。直隶、山东近地犹可，若远省则往返奏请，为时既久，虽议蠲赈，与民无及。嗣后有被灾宜报者，即将分数一并察报，该部亦一并议覆。”① 这与傅维鳞之奏请近乎一致，但迟了30余年。

雍正六年（1728）九月十八日，户部议准江西万载县知县许松佶所奏，“被灾分数限一月内造报，未免为时太迫，查勘之员瞻顾考成，草率完结。嗣后造报分数，查勘之员宽以十日，上司宽以五日，总之以四十五日为限”。乾隆二年（1737）十月二十六日，户部议准湖北布政使安图所奏，“嗣后州县详报被灾情形及查勘被灾分数，均仍照题定限期办理。其距省遥远地方，准其照交代之例，扣算程途日期。如详报到省在限外，而扣算程途日期尚未逾限者，免其揭参。若到省在限外而查算应扣之程途业已逾限者，即行照例参处”。② 乾隆七年，因甘肃省“地处极边，节候甚迟，河西一带尤觉山高气冷，收成更晚”，而且气候与内地不同，除水旱之灾外，兼有“冰雹、风沙、虫丹、霜雪”之患，清廷于定例外加以变通，推迟该省部分地区报灾期限：河东之巩昌、兰州二府，河西之宁夏、西宁、甘州、凉州四府，肃州直隶州及口外安西、靖逆二厅，“傥夏秋二禾于六、九两月内被灾，仍照定限申报；其有六、九两月田禾在地本属青葱，而此后忽被灾伤者，准其各展限半月，夏灾不出七月半，秋灾不出十月半，即为勘明申报”。③

上述勘报被灾分数的时限只针对初次受灾。如勘灾期限内续遭灾伤，勘报时限如何确定，未有明文。各省办理情形不一，有的自续报灾情之日起限另报，有的于正限之日查勘汇题。乾隆十一年，调任湖北布政使严瑞龙条陈灾赈事宜，其中涉及“勘灾限内，有续经被灾村庄，酌量展限”；十二月初十日，户部议复：“续被灾荒，亦应早为勘报。若于正限外加半扣展，反致藉端稽误。”清廷允准户部题奏，除旱灾“以渐而成”仍照旧办理外，查勘水灾限内，“有原被水村庄复经被灾较重者，距先报之期未过十五日，不准展限，统

---

① 《清代起居注册·康熙朝》（台北所藏）第11册，联经出版事业公司2009年版，第6102—6103页；《清圣祖实录》卷一八六“康熙三十六年十一月甲辰”条，《清实录》第5册，第985—986页。

② （清）杨西明编辑：《灾赈全书》，载李文海、夏明方、朱浒主编《中国荒政书集成》第5册，第2943页。

③ （清）昆冈：《（光绪）大清会典事例》卷二八八《户部一三七·蠲恤二三·奏报之限》。

于正限内查勘汇题；十五日以外者，准其于续报情形案内声明，展限二十日查办；倘有已过正限，准其另起限期”。[①] 其实，该规定也不限于水灾，被霜、风等灾亦适用。[②]

至此，清代勘报灾时限基本确定。灾蠲作为官赈的重要环节，其实施进度取决于题报被灾分数之时限。虽然题报被灾分数时间的延长会拖延灾蠲实施且易滋生捏报，但缩短题报时限，地方官难免疲于应付，草率勘定，亦不利于灾蠲有效实施。顺治十年、十七年确定的勘报灾时限，经由康熙朝、雍正朝及乾隆朝初期的长期实践，终在乾隆十年前后臻于完善，沿用至清末。

清前期确定的勘报灾期限，只是限定灾情题报不得逾期，并非在此期间不能立即开展救灾工作。清朝君臣十分清楚，有效的救灾是在勘灾之同时，赈恤亦及时跟进。但在实施过程中，地方官吏不免救灾不及时甚或于救灾期间舞弊分肥，以致灾民流亡或不能得到救恤。乾隆十六年七月，河南巡抚鄂容安奏报勘察本省被水州县灾情时指出：

> 办理灾伤，州县类皆先差衙役里保往查，继则责之书吏取结造册，再委佐杂踏勘。印官则安居衙署，积旬逾月始往抽查，而详禀又率两可其词，窥探上司意指，以致贫民不能久待，多有流亡。迨散赈时，户口已经入册，仍借给赈之名，将银谷悉入奸胥之手。州县不肖者，亦恐不免暗中分肥。若州县果办理迅速，胥役虽善舞弊而猝不及备，灾黎得即邀恩。今外省积习，动称夏灾不出六月，秋灾不出九月。不知定例所云，指题报不得逾期，非百姓报灾不必即办，可坐延时日也。

上述问题带有一定普遍性。鄂容安已认识及此，故这次查灾，他“亲勘后，严切督查，务俾积弊尽除，民受实惠”。乾隆帝朱批：“诸凡足慰朕怀，实力为之可也。”[③] 正所谓“救灾无善策”，救灾关键在于得人。

---

① 《清高宗实录》卷二八〇“乾隆十一年十二月辛未”条，《清实录》第12册，第658页；(清)杨西明编辑：《灾赈全书》，载李文海、夏明方、朱浒主编《中国荒政书集成》第5册，第2944页。

② (清)昆冈：《(光绪)大清会典事例》卷二八八《户部一三七·蠲恤二三·奏报之限》。

③ 《清高宗实录》卷三九六“乾隆十六年七月(是月)”条，《清实录》第14册，中华书局1986年版，第199—200页。

二、灾蠲分数

灾蠲分数（以十分为率）即根据灾害等级确定田赋蠲免份额，是灾蠲制度的核心内容。清代灾蠲分数的实施可分为三类：执行灾蠲定例、增加灾蠲分数、全部免除灾区田赋。

（一）灾蠲分数的调整与完善

顺治初年，凡被荒之地，或全免，或免半，或免十分之三，以被灾轻重定蠲免额数多寡。顺治三年，陕西省延镇遇冰雹、蝗蝻，被灾田亩免当年额赋一半。五年，陕西临洮府被雹，灾重者全蠲额赋，稍重者蠲三分之二，稍轻者蠲三分之一。[①] 七年，河南封丘等县被水，重灾者全免当年额赋，轻灾者免半年额赋，其地内漕粮“止照例改折，不得并议蠲免”[②]。对于各地抛荒地亩，顺治朝亦根据地方具体情形处理。顺治二年，河道总督杨方兴疏言：“山东地土荒芜，有一户之中止存一二人，十亩之田止种一二亩者。傥不计口核实，一概征税，名为免三分之一，实以一二亩之地而纳五六亩之粮。荒多丁少，以荒地累熟地，逃丁累见丁，是有蠲之名无蠲之实。”[③] 顺治帝允准将抛荒之地，不论有主、无主全部蠲免。四年，山东巡抚张儒秀疏称该省“昔之人丁万计者，今止一二千矣。昔之膏腴千顷者，今止熟地或数百顷，或数十顷”，“欲以一二分之熟地包纳八九分之荒粮，竭膏而不足以偿。夫抛荒而曰无主，虽欲征之，何能责其见输。有主而曰抛荒，则贫难开垦可知”，题准将顺治三年全省有主荒地银粮比照元年、二年成例，全部蠲除。[④]

顺治年间，战事频仍，全国荒地较多，未有统一的灾蠲分数规定。雍正帝追述：“顺治十年议定，被灾八九十分者，免十分之三；五六七分者，免十

---

① （清）伊桑阿等：《（康熙）大清会典》卷二一《户部五·田土二·荒政》。

② 《户部尚书巴哈纳题为河南水灾情形重灾地请蠲免额赋事》（顺治八年闰二月初七日），中国第一历史档案馆藏，题本，档号：1961-16。以下径书“题本”与档号。

③ 《清世祖实录》卷一三“顺治二年正月己丑”条，《清实录》第3册，第119页。

④ 《山东巡抚张儒秀等题为山东地方荒歉请照成例蠲除荒地银粮事》（顺治四年五月二十四日），题本1958-5。按：档案整理者将“张儒秀”误为“张人骏”，径改。

分之二；四分者免十分之一。"[①] 这似乎表明顺治十年制定了灾蠲分数的统一规定。顺治十年，清廷确有此规定，但并非面向全国，仅限于江南地区。是年，清廷针对江南旱灾，议定："除有漕粮州县已经改折，其无漕粮州县卫所，被灾八分以上者，免十分之三；七分以下者，免十之二；四分免十之一。"[②] 其他省区灾蠲分数与江南不同。顺治十年，河南被灾，清廷令抚按确查被灾分数上报。随后呈送的灾情报告中只有轻灾、重灾地亩数目，受灾分数未分晰明白，户部无法议定蠲免数额，如再驳查，恐愈累民。户部议准参照山东等省，"被灾十分者全免，九分者蠲免十分之六，八分者免十分之五，七分者免十分之四，六分者免十分之三，五分者免十分之二，四分者免十分之一，三分至一分者不免"[③]，令该抚按确查分数蠲免。可见，顺治十年清廷针对不同地区制定有不同灾蠲分数标准。江南地区灾蠲分数低于山东等省，可能由于顺治年间军需孔亟，清廷须倚重江南提供财力支持。

康熙十七年，清廷更改顺治十年以来执行的灾蠲分数：歉收地方，除五分以下不成灾外，六分者免十分之一，七分八分者免十分之二，九分十分者免十分之三。[④] 灾蠲分数较顺治十年之标准有所降低，但不能简单视此为退步。这是因为：其一，康熙朝实施灾蠲，常于灾蠲分数定例之外加增（见后文）；即使不加增，亦不核减灾区原报之灾蠲分数。如康熙十九年，先是直隶巡抚于成龙题报武清等 14 州县卫被灾分数，随后户部郎中额尔赫图奉旨前往查勘，回奏："交河、阜城二县被灾分数应如原报，唐山等八县卫应比原报减二分，大城等四县应不准灾。"九月，户部据此议复："请照所定分数蠲免"，但康熙帝仍准于成龙原奏被灾分数，谕旨云："各县地方自去年被灾，民生困

① 《清世宗实录》卷六七"雍正六年三月癸丑"条，《清实录》第 7 册，中华书局 1985 年版，第 1020 页。

② 《清世祖实录》卷七九"顺治十年十一月丙辰"条，《清实录》第 3 册，第 624 页。（清）伊桑阿等《（康熙）大清会典》卷二一《户部五 · 田土二 · 荒政》载："（顺治）十年覆准，江南浙江各属旱灾，被灾八九十分者，免十分之三；五六七分者，免十分之二；四分者免十分之一。有漕粮州县卫所，准令改折。"

③ 《户部尚书车克等题为豫省水灾请照分数蠲免事》（顺治十年十二月二十三日），题本 1966-06。

④ 《清世宗实录》卷六七"雍正六年三月癸丑"条，《清实录》第 7 册，第 1020 页。

苦，俱着照原报分数蠲免。”[①] 其二，尽管康熙十七年出台灾蠲分数新规定，但康熙朝中后期，随着社会稳定与经济发展，不仅灾蠲时常加增分数，而且清代统治者津津乐道的轮免全国地丁、漕粮之举即从康熙二十四年之后实施。康熙十七年末制定较顺治年间更宽松的灾蠲分数规定，主要是因为当时的社会经济状况虽然较顺治朝后期有所进步，但三藩之乱尚未平定，国家的财政压力依然较大，因此采取较为慎重、灵活的灾蠲标准。待国库储备充裕后，灾蠲分数可不拘定制，甚或全免钱粮。雍正帝对乃父之用意有所洞见：“凡此多寡不同之数，或旋减而旋增，皆因其时势为之，亦非先后互异，意为增损也。数十年来，虽定三分之例，然圣祖仁皇帝深仁厚泽，爱养斯民，或因偶有水旱而全蠲本地之租，亦且并无荒歉而轮免天下之赋。浩荡之恩，不可胜举。而特未曾更改旧例者，盖恐国家经费或有不敷，故仍存成法而加恩于常格之外耳。”[②]

雍正帝即位后，命怡亲王允祥等管理户部事务，清查亏空，整顿财政，颇见成效，库帑充裕。六年，雍正帝更改康熙十七年以来的灾蠲定例，加增分数：被灾十分免七分，九分免六分，八分免四分，七分免二分，六分免一分。[③] 灾蠲分数根据国家财政实力变动进行调整，“倘时来国用益饶，更可加增于此数之外。假若经费或有不足，凡尔百姓自然共知共谅，踊跃输将，则此例又可变通”[④]。

雍正帝实施耗羡归公，完成养廉银制度改革，避免“设官而不为计及养廉之资，则有司之贤者将窘迫而莫能支，不肖者又横取而无所检”，同时考虑到蠲免地丁正项，“若将耗羡一并蠲除，是民虽邀额外之恩，而官员转有拮据之苦。上司或因此稍有宽假，则必致巧取苛索于民，流弊种种，转多于耗羡之数，于吏治民生均无裨益”，于七年六月谕内阁：自雍正八年始，“凡遇特恩蠲免钱粮者，其耗羡仍旧输纳，谅必民所乐从。若因水旱蠲免者，不得征

① 《清圣祖实录》卷九二“康熙十九年九月庚午”条，《清实录》第4册，第1163页。

② 《清世宗实录》卷六七“雍正六年三月癸丑”条，《清实录》第7册，第1020页。

③ 《清世宗实录》卷六七“雍正六年三月癸丑”条，《清实录》第7册，第1020页。

④ 《谕内阁将被灾蠲免分数定为规条倘国饶则加增》（雍正六年三月初四日），中国第一历史档案馆藏，内阁上谕·杂册，档号：76-14。

收耗羡。将此永著为例”。[①] 此后，各省遇有恩蠲，只免地丁正项，耗羡照常输纳；遇有灾蠲，地丁正项与耗羡银两按照被灾分数蠲免。[②] 雍正帝深悉灾蠲钱粮与官吏贪污、中饱之关系。六年，他指出：“地方有司每不愿蠲免太多者，盖恐蠲赋则并减其耗羡，不利于已耳。此贪吏之见也。朕尝谓若于蠲免之时有所吝惜，而平日不能禁官吏之侵渔，是将灾黎之脂膏饱奸贪之欲壑矣。”[③]

虽然清代灾蠲分数定例至此基本成形，但尚有一问题未解决。救灾工作的第一步是查勘被灾分数，“查赈先在勘准地亩灾分轻重”，这直接决定后续蠲赈的力度与成效。“勘报轻重之间，不惟核赈以此为根据，即钱粮之蠲缓分数亦因之，诚为办赈第一要义也。”康熙、雍正朝的灾蠲标准，五分及以下均不成灾，成灾六分蠲免钱粮十分之一。勘灾时，成灾五分还是六分关系灾民切身利益，最难勘定，“九、十分重灾易勘，而七、八分与六分递轻之等，所辨已微，至六分与五分，赈否攸关，尤当审慎”。勘灾官员的一般做法是“大旨与其畸轻，毋宁畸重。重则可于核户时伸缩之，轻则无挽补法”。[④] 这一勘灾难题在乾隆三年得以解决。是年五月，乾隆帝思量“田禾被灾五分，则收成仅得其半，输将国赋，未免艰难。所当推广皇仁，使被灾较轻之地亩，亦得均沾恩泽”，颁谕：“嗣后着将被灾五分之处，亦准报灾，地方官查勘明确，蠲免钱粮十分之一。永著为例。”[⑤] 这一灾蠲分数定例一直实施至清末。中华民国成立后20余年间奉行的灾蠲标准，与清代相同。[⑥]

---

① 《清世宗实录》卷八二“雍正七年六月乙酉”条，《清实录》第8册，第84—85页。

② （清）昆冈：《（光绪）大清会典事例》卷二七八《户部一二七・蠲恤一三・蠲赋一》。

③ （清）昆冈：《（光绪）大清会典事例》卷七五四《刑部三二・户律田宅一・检踏灾伤田粮》。

④ （清）吴元炜：《赈略》，载李文海、夏明方、朱浒主编《中国荒政书集成》第4册，第2039页。

⑤ 《清高宗实录》卷六八“乾隆三年五月丙寅”条，《清实录》第10册，第102页。

⑥ 民国四年（1915）一月二十日通过的《勘报灾歉条例》，内载灾蠲分数规定与清代相同（参见蔡鸿源主编《民国法规集成》第22册，黄山书社1999年版，第17页）。二十三年二月二十四日，行政院修正《勘报灾歉条例》：“被灾九分以上者蠲正赋十分之八，被灾七分以上者蠲正赋十分之五，被灾五分以上者蠲正赋十分之二。”（《民国法规集成》第39册，第507页）不过该条例于二十五年八月十日废止。三十四年十月十五日公布新订《勘报灾歉条例》，内载“各省核定被灾减免成数，应以被灾地亩中稔年成收获总量为标准，其收获末（未）达二成者，准免全赋，收获二成以上未达三成者，减免田赋十分之八，收获三成以上未达四成者，减免田赋十分之七，收获四成以上未达五成者，减免田赋十分之六，收获五成以上未达六成者，减免田赋十分之五，收获在中稔六成以上者，不予减免”（《民国法规集成》第54册，第21页）。

明清时期国家财赋收入分为解送中央的“起运”和留于各省用作常规支出的“存留”。明代灾蠲，先蠲免存留项下钱粮。嘉靖十六年（1537）题准：“凡遇地方夏秋灾伤，遵照勘灾条例，定拟成灾应免分数，先尽存留，次及起运。”[①] 万历四十三年（1615）亦规定：“应免之数，俱于本年存留粮内除豁，不许将起运钱粮一概混免。”[②] 对此，明人祁彪佳指出：“止免存留，不免起运，则为德犹虚。”[③] 与明代不同，清代灾蠲于存留、起运项下均减，让利于地方更多。顺治六年规定：“蠲免各地方，于起存项下均减。如存留无余，即于起运款内减除。若有司藉无项可免，使小民不沾实惠者，该管上司科道指参。”[④] 这一定制贯穿清代始终。清人杨景仁言：“钱粮有起存之别，而蠲免则起存两款，均准减除。”[⑤] 乾隆朝前中期又规定，蠲免钱粮，“倘遇普蠲之年，不摊存留，止蠲起运。”[⑥] 这是进一步的惠民之策。

乾隆五十八年，清廷简化因灾荒蠲免银不足300两之审议程序。七月二十三日，内阁奉旨：“嗣后本内遇有外省灾荒蠲缓，应免银两在三百两以上者，仍照旧票拟‘速议’。其三百两以下者，只须票拟‘该部议奏’，毋庸仍票‘速议’字样。此次即遵照办理。”此后遇有蠲缓，应免银在300两以上者，“并于本内加一说帖，声叙事由”。[⑦]

（二）灾蠲分数例外加增

康雍乾时期虽各有不同的灾蠲分数规定，但实施时针对具体灾情，“报灾

---

① （明）祁彪佳：《救荒全书》，载李文海、夏明方、朱浒主编《中国荒政书集成》第2册，第670页。

② （明）祁彪佳：《救荒全书》，载李文海、夏明方、朱浒主编《中国荒政书集成》第2册，第787页。

③ （明）祁彪佳：《救荒全书》，载李文海、夏明方、朱浒主编《中国荒政书集成》第2册，第783页。

④ （清）昆冈：《（光绪）大清会典事例》卷二七八《户部一二七・蠲恤一三・蠲赋一》。

⑤ （清）杨景仁编：《筹济编》，载李文海、夏明方、朱浒主编《中国荒政书集成》第5册，第3204页。

⑥ （清）佚名辑：《灾荒要略》，载李文海、夏明方、朱浒主编《中国荒政书集成》第6册，第3846页。

⑦ 中国第一历史档案馆编：《乾隆朝上谕档》第17册，中国档案出版社1998年版，第475页。

重者，常全行蠲免，未尝拘拘于分数。且恐地方勘报不实，故例外复有加分”①，以减轻灾民负担。

康熙七年，直隶保定府、真定府、霸易道所属州县水灾严重，户部议复“照例再加一分蠲免”，康熙帝谕令“被灾八分七分者，着再增一分，免四分”。② 九年，山东曹县牛市屯决口，金乡等6县卫被淹，“被灾七分八分者，于应蠲外，加免二分”③。十一年，江苏邳州等5州县被灾九分十分者，于灾蠲定例之外加免二分，作五分蠲免；七分八分者，加免二分，作四分蠲免。④

乾隆三年确定清代灾蠲分数标准后，也常于定例外加增蠲免分数。十五年，山西巡抚阿里衮请将上年被灾之太原、蒲县蠲剩钱粮分作二年、三年带征者，再展限一年。乾隆帝不仅予以展限，还将蠲剩钱粮再免十分之三。⑤ 同年，直隶总督方观承奏请将上年被灾之蓟州等9处蠲剩钱粮再免十分之一；永清等8处成灾五分至七分者，例缓之外，再展缓一年；成灾八分至十分者，蠲剩钱粮再免十分之一。乾隆帝“照山西偏灾州县加恩蠲免之例”，将该17州县蠲剩钱粮蠲免十分之三。⑥ 二十九年，甘肃被灾较重之皋兰等12州县厅、被旱稍轻之河州等18州县厅及灵州、中卫县属被灾旱地应征当年地丁钱粮，全部蠲免。⑦ 四十二年，河南汲县、淇县、临漳被旱，缓征地丁银44000余两。次年初，乾隆帝将以上缓征银蠲免十分之四。⑧

对于勘不成灾地区，清廷根据具体情形实施蠲免，“被灾五分以下，例作勘不成灾论者，亦往往而得豁免其一部分，不尽依例处理”⑨。四年，甘肃遭遇水、雹之灾，乾隆帝认为灾情虽有轻重不同，但一州县中有被灾之处，则

---

① （清）王庆云：《石渠余纪》，第21页。

② 《清圣祖实录》卷二七“康熙七年十一月壬寅”条，《清实录》第4册，第377—378页。

③ 《清圣祖实录》卷三四“康熙九年十月甲辰”条，《清实录》第4册，第462页。

④ 《清圣祖实录》卷四〇“康熙十一年十二月辛亥”条，《清实录》第4册，第541页。

⑤ 《清高宗实录》卷三五九“乾隆十五年二月丁酉”条，《清实录》第13册，中华书局1986年版，第952页。

⑥ 《清高宗实录》卷三六〇“乾隆十五年三月丙午”条，《清实录》第13册，第958页。

⑦ 《清高宗实录》卷七一六“乾隆二十九年八月辛巳”条，《清实录》第17册，第986页。

⑧ 《清高宗实录》卷一〇四八“乾隆四十三年正月甲子”条，《清实录》第22册，第2页。

⑨ 马大英、汪士杰、刘国明、王延超编：《田赋史》下册，第343页。

该州县必不能十分丰收，遂将被灾州县不论成灾与否之钱粮全部蠲免。[①] 五十年前后，河南卫辉一带连年被旱较重，清廷先后将该处缓征、带征、民欠各项钱粮蠲免；五十年应征钱粮缓至秋后征收。四月，乾隆帝考虑到即使秋禾成熟，当积歉之余，民众仍难完纳，将卫辉府属新乡等 10 县及毗连灾区之武陟等 4 县乾隆五十年应征地丁钱粮全部蠲免。又将此前缓征之祥符等 23 州县内，受旱较重之祥符等 6 县历年带征、缓征、民欠各项，照卫辉之例全部蠲免；次重之杞县等 6 县蠲免十分之五，鄢陵等 4 州县蠲免十分之三。[②] 五月，因上述祥符等 6 县受旱较重，乾隆帝再将乾隆五十年应征钱粮蠲免十分之五；次重之杞县等 10 州县，蠲免十分之三；其余缓征旧欠之郑州等 32 州县，旧赋蠲免十分之三。[③] 嘉庆七年（1802），湖北省潜江等州县被灾，钱粮已照例蠲免、缓征；八年正月初四日，清廷因灾区处于“青黄不接之时”，再将被灾五分例免一分之潜江等 19 州县钱粮蠲免二分；其勘不成灾例无蠲免之京山等 19 州县钱粮蠲免一分；各卫所应征七年漕运各项钱粮，亦按照屯坐州县之例，分别蠲免一二分。湖南粮道所辖荆州等 4 卫屯坐荆门、当阳等 7 州县未完缓带征嘉庆元年至三年银 43247 两，照湖北各卫之例蠲免。[④]

（三）灾蠲分数例外全免

乾隆三年确定的灾蠲分数定例主要针对寻常灾害，并非唯一灾蠲依据。清代灾蠲分数定例之外，还有一种针对严重灾情的全免成案时常被援用，所谓“灾情重者，率全行蠲免”[⑤]。这样的事例，不论在乾隆朝之前还是其后，均不绝如缕且有新发展，与灾蠲分数定例同属灾蠲制度的核心内容。

康熙三年，山西省太原府与大同府所属 20 州县 9 卫所旱灾，“十分全

① （清）昆冈：《（光绪）大清会典事例》卷二七八《户部一二七・蠲恤一三・蠲赋一》。

② 《清高宗实录》卷一二二八“乾隆五十年四月丁亥”条，《清实录》第 24 册，第 460—461 页。

③ 《清高宗实录》卷一二三〇“乾隆五十年五月壬子”条，《清实录》第 24 册，第 498—499 页。

④ 中国第一历史档案馆编：《嘉庆道光两朝上谕档》第 8 册，第 6 页。

⑤ 台湾“国史馆”校注：《清史稿校注》第 5 册，台湾商务印书馆 1999 年版，第 3495 页。王庆云言：“历朝以来，于报灾重者，常全行蠲免，而未尝拘拘于分数。”（《石渠余纪》，第 21 页）

荒"[①]。四年三月，差往山西赈济官郎中孟古尔代等疏奏灾情严重，"将有三十城之民，饥馑至极"，户部议复："应免钱粮，例免十分之三。今被灾甚重，难拘定例，请敕督抚查明，分别具题，以凭再议。"康熙帝认为："其康熙四年钱粮，若仍征收，民愈无以为生，将四年应征钱粮，亦着蠲免。"[②] 此处的"蠲免"即"尽行蠲免"[③]。同年三月，傅维鳞建言："灾至十分，则全荒矣。田既全荒，赋何由办?"奏请"此后灾伤几分，即免几分"田赋。此奏"下部议"。[④] 事后表明，此奏未准行，但康熙帝对户部有关灾蠲分数之议复时常做灵活处理，将重灾区钱粮全免。康熙四年四月，户部题奏：山东济南等六府旱灾，"请敕巡抚确查分数，照例蠲免"[⑤]。五月，户部议准山东巡抚周有德之奏请，"济南、兖州、东昌、青州四府旱灾，麦田颗粒无收。登州、莱州二府麦田收十分之二三，秋禾亦间有布种，饥民不至如四府之甚"，将赈济银6万两、米6万石"尽发四府赈济"，登、莱二府只免当年额赋。[⑥] 六月，针对山东灾情，户部议复：济南、兖州、东昌、青州四府"旱灾十分，应照例蠲额赋十之三"，登州、莱州二府"旱灾七八分，应照例蠲十之二"。康熙帝颁旨："济南等六府所属地方既已被灾，将康熙四年分应征钱粮俱着蠲免。"[⑦]

康熙朝还存在一个"破格蠲恤"的定例，尚不清楚其与傅维鳞的奏请是否有联系。至晚在康熙七年，此定例已被执行。该年八月，康熙帝谕户部："今岁水灾，顺天等府所属地方，田禾淹没，庐舍倾圮颇多，除被灾田亩，俟该督抚亲勘轻重分数，具题酌免。"[⑧] 十月，户部议准直隶巡抚甘文焜疏报，顺天、保定等府属50州县卫水灾，照例蠲免钱粮。康熙帝认为，户部"照例具奏，固是"，但"今年水灾比往年不同，于例外另行作何蠲免，着再议"。[⑨]

---

① 《清圣祖实录》卷一四"康熙四年二月丙子"条，《清实录》第4册，第213页。
② 《清圣祖实录》卷一四"康熙四年三月辛卯"条，《清实录》第4册，第215—216页。
③ 《清圣祖实录》卷一五"康熙四年六月庚辰"条，《清实录》第4册，第233页。
④ 《清圣祖实录》卷一四"康熙四年三月己亥"条，《清实录》第4册，第219页。
⑤ 《清圣祖实录》卷一五"康熙四年四月辛巳"条，《清实录》第4册，第227页。
⑥ 《清圣祖实录》卷一五"康熙四年五月辛亥"条，《清实录》第4册，第229—230页。
⑦ 《清圣祖实录》卷一五"康熙四年六月戊午"条，《清实录》第4册，第231页。
⑧ 《清圣祖实录》卷二六"康熙七年八月乙未"条，《清实录》第4册，第369页。
⑨ 《清圣祖实录》卷二七"康熙七年十月戊子"条，《清实录》第4册，第376页。

十一月，户部议复："保定等府属水灾，照例再加一分蠲免。"康熙帝鉴于保定府、真定府、霸易道所属州县"被灾特甚，殊为可悯"，突破灾蠲定例以及户部"于定例外，止增一分，蠲免四分"之议，谕令"其被灾十分九分者，着将今年应征钱粮全免；其被灾八分七分者，着再增一分，免四分"。与此同时，江苏淮、扬所属高邮、兴化等14州县水灾严重，亦"照保定等府，一体蠲免"。[①] 九年，山东金乡等6县卫因河决被灾，"非寻常水旱灾荒可比"，巡抚袁懋功奏请"破格蠲恤"。户部议准："查定例，被灾九分十分者，全蠲本年额赋；被灾七分八分者，于应蠲外，加免二分。"[②] 此处的"定例"即"破格蠲恤"之例，正是康熙七年应对直隶特大水灾时确立的，主要用于非常灾害下的七分至十分严重灾情。十一年十二月，江苏兴化等5县、大河卫遭遇严重水灾，清廷全免其当年及上年应征地丁、漕粮与漕项；邳州、沭阳等5州县"较兴化等县卫稍减"，其成灾七分至十分者，于灾蠲定例外加免二分。[③]

康熙二十年后，随着三藩之乱结束，国家财政形势渐趋好转，康熙帝开启大规模蠲免钱粮之进程，时常突破灾蠲分数定例，破格全免灾区钱粮。如二十八年九月，京畿大旱，先是户部郎中殷特等会同直隶巡抚于成龙疏言勘灾情形，宣府、广平、真定等府所属被灾十分者44州县卫所，请蠲免该年未征钱粮；保定、顺德、大名、顺天、河间等府所属56州县卫所被灾七分至九分不等，请按被灾分数蠲免钱粮。虽然户部议准，但康熙帝因巡行各地，"悉知穷檐困踣之状"，"一遇歉岁不免颠连困苦"，命将直隶灾区100州县卫所该年未征钱粮及二十九年上半年钱粮全部蠲免。[④] 此次蠲免直隶灾区二十八年未征地丁银26.35万两、粮5.739万石，二十九年上半年应征银31.15万两、粮2.872万石，[⑤] 合计银57.5万两、粮8.611万石。康熙二十八年是个大旱年，与京畿大旱一样，湖北亦"亢旱为灾"，武昌等四府当年钱粮全免。十一月，清廷遣官勘明武昌等府所属29州县8卫所灾伤分数后，康熙帝认为"倘不亟

① 《清圣祖实录》卷二七"康熙七年十一月壬寅"条，《清实录》第4册，第377—378页。

② 《清圣祖实录》卷三四"康熙九年十月甲辰"条，《清实录》第4册，第462页。

③ 《清圣祖实录》卷四〇"康熙十一年十二月辛亥"条，《清实录》第4册，第541页。

④ 《清圣祖实录》卷一四二"康熙二十八年九月庚戌"条，《清实录》第5册，第559页。

⑤ 《清圣祖实录》卷一四八"康熙二十九年九月庚寅"条，《清实录》第5册，第639—640页。

加蠲恤，恐致流移失所”，又蠲免武昌等四府所属被灾之20州县4卫所二十九年上半年地丁钱粮，以及荆州、安陆二府所属被灾之9州县4卫所二十八年未征地丁钱粮与二十九年上半年钱粮。[①]

四十六年，江南、浙江旱灾，清廷已将灾区该年钱粮“按数减征”，但康熙帝考虑到“民间素鲜储积，生计不充，非更加格外滋培，则荒歉之余，未能骤臻康阜”，谕户部蠲免四十七年江南、浙江全省人丁额征银69.77万余两；其被灾安徽所属7州县3卫与江苏所属25州县3卫应征四十七年田亩银297.52万余两、粮39.2万余石，浙江20州县1所应征四十七年田亩银96.15万余两、粮9.6万余石，全部蠲免。[②] 以上合计蠲免地丁银463.44万两、粮48.8万石。四十七年，浙江杭州、湖州二府被水成灾，康熙帝谕大学士等：“去年已有旨蠲免江浙两省丁银及被灾州县田地银米。今年江宁、安徽、浙江地方谷不甚收，或有州县又复被灾。江浙乃财赋要区，着查明江宁、安徽、浙江康熙四十八年丁银及被灾州县田地银米，亦应照去年蠲免例，一概蠲免。”[③] 此次蠲免钱粮数额较上年更多，除四十八年漕粮外，江南省地丁银475.04万两、浙江省地丁银257.7万两全部蠲免，体现康熙帝“因江浙二省为东南重地，特于格外施仁，用弘休养之至意”[④]。两年共计蠲免江苏、安徽、浙江银米1200余万，力度可谓极大。类似事例常见于康乾时期，不备举。

嘉道之际及其后的灾蠲实践中，尚有一些灾蠲分数定例之外的全免成案为直隶、山东等省区援引。以下梳理相关史实与线索，呈现全免个案发展为全免成案进而被频繁援引之过程。

嘉庆二十四年，永定河漫水，直隶固安、永清、东安3县水灾严重，清廷将其当年各项钱粮、旗租全部豁免。[⑤] 道光二年（1822），直隶淫雨为灾，成灾五分之武清等15州县“照例分别蠲缓、带征”；成灾六分至十分之霸州等43州县内，“被灾最重”之霸州、保定等11州县应征当年各项粮租谷豆等

① 《清圣祖实录》卷一四三“康熙二十八年十一月甲寅”条，《清实录》第5册，第572页。
② 《清圣祖实录》卷二三一“康熙四十六年十一月己酉”条，《清实录》第6册，第310—311页。
③ 《清圣祖实录》卷二三五“康熙四十七年十月癸卯”条，《清实录》第6册，第345页。
④ 《清圣祖实录》卷二三五“康熙四十七年十月戊午”条，《清实录》第6册，第349页。
⑤ 中国第一历史档案馆编：《嘉庆道光两朝上谕档》第24册，第406、419、592、649页。

项，“准其照嘉庆二十四年成案，照额全行豁免”，“成灾次重”之清苑等32州县内被灾五分至九分村庄应纳钱粮，“按照成灾分数照例”蠲免、带征。①道光三年，直隶降雨依然过多，被灾多达120州县，其中成灾五分之滦州等3县“照例分别蠲缓、带征”，“被灾最重”之通州等27州县“较之嘉庆二十四年、道光二年为重，且均系积歉之区，所有该州县应征本年各项粮租谷豆等项，着照历届成案，照额全行豁免”，“成灾次重”之三河等50州县应征粮租“按照成灾分数，照例蠲免”。②

同治十年（1871）秋，直隶通州等95州县被水，其中宝坻等33州县被灾情形极重。灾情较轻之62州县按照蠲恤制度，分别蠲缓带征并酌量赈抚。灾情极重之33州县，“田禾尽遭淹浸，庐舍亦均冲坍，小民荡析离居，实为数十年来所未有”，需单独奏报办理。当时虽已筹集赈银31万两、赈粮17万石，但不敷尚多。直隶总督李鸿章奏：“部库现值空虚，未敢再请动帑，而司库连年灾歉之后异常竭蹶，巨款难筹，处此时艰，不得不变通定章，一律改赈为抚，仍即以抚为赈。”因被水州县或系全境成灾，或系被灾十之七八，情形过重，与寻常灾歉不同，李鸿章陈请：

> 若仅照例分别蠲免带征，殊不足以示优恤，且被（灾）贫民例应普赈，因限于经费，既已斟酌变通改赈为抚，而灾民应完各项粮租亦应变通妥办，因时制宜，以济抚之不足。……请将成灾六、七、八、九分村庄应征本年下忙粮租，援照道光三年秋禾被水请豁粮租成案，仰恳天恩，准予一律豁免……至被灾五分村庄应征本年钱粮仍照例蠲免十分之一。③

光绪三年（1877），华北遭遇“百余年未有”之“大祲奇灾”——丁戊奇荒，直隶灾情较重，财政匮乏。李鸿章在致潘鼎新的信中说，“直境旱灾较晋、豫稍轻，然亦数十年所未有”；又言直隶“秋收荒歉，麦未尽种，连年赈

① 中国第一历史档案馆编：《嘉庆道光两朝上谕档》第27册，第542—543页。

② 中国第一历史档案馆编：《嘉庆道光两朝上谕档》第28册，第360—361页。

③ 顾廷龙、戴逸主编：《李鸿章全集》第4册，安徽教育出版社2008年版，第439—440页。

抚，四尽三空”。[①] 67 州县夏秋被旱、蝗蝻，间被水、雹，其中灾情严重之唐县等 16 州县内，成灾六七分村庄应征下忙粮租全免，成灾五分村庄免十分之一；满城等 12 州县内，成灾五分村庄，“照例蠲免十分之一”[②]。光绪十三年，直隶通州等 54 州县被灾，其中新城等 20 州县灾情较轻，另案奏办；通州等 34 州县灾情较重，成灾五分至十分，歉收三四分不等。李鸿章在蠲缓奏报中有如下一段陈请：

> 定例，成灾村庄应征粮租分别按成蠲免，蠲剩之项分年带征，惟今届或全境被灾，或频年积歉，情形较重，若仅照例按成蠲免，仍将蠲剩之项分年带征，民力实有不逮。且赈抚限于经费，势难宽裕，不得不酌豁粮租，以资调剂。应请照近年成案，将该三十四州县内成灾六、七、八、九、十分村庄应征本年下忙地丁钱粮、各项旗租，仰恳天恩，一律准予豁免，以示宽大。……成灾五分村庄应征本年地丁钱粮仍请照例蠲免十分之一，蠲剩之项自光绪十四年秋后起分作二年带征。[③]

由上可见，嘉道之际直隶省的灾害等级划分出现新变化，将成灾六分至十分的灾区，分为“被灾最重”和“成灾次重”两个等级。前者田赋全部免除，后者及成灾五分之田赋按灾蠲分数定例蠲免。嘉庆二十四年和道光二年、三年的做法已为其后援引之“成案”。同光时期，直隶省因灾情严重且赈抚经费短缺，援照道光三年成案，于灾蠲分数定例之外，将“被灾最重”等级内成灾六分以上之田赋全部蠲免。需指出的是，晚清直隶省灾蠲虽然在形式与内容上援引嘉道时期之成案，但救灾力度与效果已不如前。同光时期，直隶因赈抚经费不足，援照道光三年成案，通过全免重灾区田赋以资调剂。此后，直隶凡遇严重灾情，均奏请将受灾最重州县援案单独办理。如光绪九年，直隶被水较重之 48 州县成灾六分至十分村庄下忙粮租全免。[④] 十四年，直隶 38

① 年子敏编注：《李鸿章致潘鼎新书札》，中华书局 1960 年版，第 104、103 页。

② 中国第一历史档案馆编：《光绪宣统两朝上谕档》第 3 册，广西师范大学出版社 1996 年版，第 413—417 页。

③ 顾廷龙、戴逸主编：《李鸿章全集》第 12 册，第 233—235 页。

④ 中国第一历史档案馆编：《光绪宣统两朝上谕档》第 9 册，第 355 页。

州县被灾，其中 2 县被水较重，成灾六分至九分村庄下忙粮租全免；另有 33 州县成灾五分至八分，歉收三四分不等，照定例蠲缓。① 十六年，被水较重之 55 州县成灾六分至十分村庄，"请援照历届灾重豁免成案"，将该年下忙粮租全免。② 十八年，被水较重之 41 州县厅成灾六分至九分村庄下忙粮租全免。③ 十九年，直隶复被水，"水势之大，灾象之重，较十六年为尤甚"，被灾较重之 41 州县成灾六分至十分村庄下忙粮租全免。④ 二十年，直隶 102 州县被水，"灾区之广，灾情之重，与光绪十六、十九两年大略相同"，被灾较重之 50 州县成灾六分至十分村庄下忙粮租全免。⑤

大致在同一时期，山东省也出现类似直隶之情形。道光元年夏秋间，山东省阴雨兼旬致成水灾，清廷先将小清河附近连年被水之章丘县南芽、北芽、小辛、段家桥 4 村庄应征当年钱粮、漕米及漕项、河银等"查照成案一并豁免"，又将邹平县许家道口等连年被水之 23 村当年钱粮、漕米、漕项、河银等"照案豁免"。⑥ 二年夏，山东省仍旧雨水为灾，"兼以湖河异涨"，复将上述相同灾区之钱粮、漕米全部蠲免。⑦ 二十七年秋，山东乐安等县被淹成灾，"被潮较重"之乐安县 190 村庄、寿光县 41 村庄、潍县 33 村庄、海丰县 111 村庄、利津县 38 村庄、沾化县 20 村庄钱漕、盐课、地租等项，"无论成灾几分，俱着全行蠲免"。⑧ 可见道光时期，山东已有蠲免重灾区全部田赋之先例。

至晚在咸丰八年（1858），山东省灾歉蠲缓案内出现一个灾蠲分数定例之外的灾害等级——"成灾最重"，划为该等级内的田赋不按成灾分数而是全部蠲免。这个"成灾最重"等级类似直隶省的"被灾最重"等级，亦非权宜措施，其后历年施行。咸丰八年正月初四日，清廷发布上谕，将山东省上年灾

---

① 顾廷龙、戴逸主编：《李鸿章全集》第 12 册，第 486—488 页。
② 顾廷龙、戴逸主编：《李鸿章全集》第 13 册，第 483 页。
③ 顾廷龙、戴逸主编：《李鸿章全集》第 14 册，第 561 页。
④ 顾廷龙、戴逸主编：《李鸿章全集》第 15 册，第 204、207 页。
⑤ 顾廷龙、戴逸主编：《李鸿章全集》第 15 册，第 501—504 页。
⑥ 中国第一历史档案馆编：《嘉庆道光两朝上谕档》第 26 册，第 364—365、448 页。
⑦ 中国第一历史档案馆编：《嘉庆道光两朝上谕档》第 27 册，第 471—472 页。
⑧ 中国第一历史档案馆编：《嘉庆道光两朝上谕档》第 52 册，第 284 页。

区约 20407 村庄应征上忙田赋，按受灾轻重分别缓至麦收、秋后启征。[①] 七月初七日，又将被灾之 769 村庄未完上忙新赋缓至秋后启征。[②] 十月二十六日，蠲缓灾歉之 8299 村田赋，其中蠲免部分依然执行灾蠲分数定例。[③] 上述蠲缓情况与既有规定并无二致，但在十二月二十二日，由于山东曹州府属之单县等处及兖州府属之峄县夏秋雨水过多，田禾伤损，复遭捻军滋扰，所有“成灾最重”之峄县 360 村庄应征当年田赋与青黄不接案内原缓上忙新赋，全部蠲免；紧随其后的是按成灾分数定例蠲免。[④] 此后，同治、光绪、宣统各朝山东省灾歉蠲缓案内，多次出现“成灾最重”之州县村庄全部蠲免田赋的情形，其后是按成灾分数定例蠲免。宣统二年（1910），山东成灾最重之 1 县 71 村田赋全免；成灾八分之 1 县 14 村，免十分之四；成灾七分之 5 州县 576 村，免十分之二；缓征勘不成灾之 88 县 9077 村田赋。[⑤]

如同直隶因赈抚经费不足而增加灾蠲分数的做法，在奉天地区亦曾出现。按清代赈济定制，旗地被灾的赈济力度高于民地。前者被灾八分者，不分极贫、次贫，加赈 4 个月；被灾六分者，加赈 3 个月。后者被灾八分者，极贫加赈 2 个月，次贫加赈 1 个月；被灾六分者，加赈 1 个月。道光二十六年，奉天被灾地区即酌量加免地粮，抵作赈恤口米。光绪五年，奉天盖平等县被灾，再次实行道光二十六年之例，且奏请民地被灾亦仿照旗地蠲免。光绪十二年，安东县被水成灾，援照光绪五年蠲免成案，将被灾八分者照例蠲免正赋十分之四，加免三分抵作 4 个月口米，共蠲免十分之七；被灾六分者照例蠲免正赋十分之一，加免二分抵作 3 个月口米，共蠲免十分之三。[⑥]

综合直隶、山东两省成灾最重等级来看，直隶省州县数多，且成灾六分至十分之村庄粮租全免，较山东省全免之范围与力度更大。直隶与山东的事

---

① 中国第一历史档案馆编：《咸丰同治两朝上谕档》第 8 册，广西师范大学出版社 1998 年版，第 10—14 页。

② 中国第一历史档案馆编：《咸丰同治两朝上谕档》第 8 册，第 321 页。

③ 中国第一历史档案馆编：《咸丰同治两朝上谕档》第 8 册，第 474—480 页。

④ 中国第一历史档案馆编：《咸丰同治两朝上谕档》第 8 册，第 589—590 页。

⑤ 《山东巡抚孙宝琦呈本省各属本年秋禾被灾村庄分别蠲缓新旧钱漕清单》（宣统二年十一月三十日），录副 03-7501-033。

⑥ 中国第一历史档案馆编：《光绪朝朱批奏折》第 65 辑，中华书局 1995 年版，第 882 页。

例很可能缘于清廷对京畿地区灾情的重视与格外关照，晚清时期被反复援用，主因在于调剂赈抚力度。奉天地区的事例，虽未强调灾情严重，但也反映出官赈能力下降，通过增加灾蠲分数抵作赈抚米粮，是清廷对“龙兴之地”的优待。

此外，浙江省自光绪十六年至清末，遇有偏灾，均经奏请将成灾田地之地丁、漕粮“全行蠲免，并不按成分年带征，体恤民艰，实较定例为宽”①。这反映出灾蠲分数定例在晚清出现地域差异化趋势。

三、特殊灾蠲

特殊灾蠲的对象主要是漕粮、漕项、芦课。漕粮运往京师，主要供应皇室及王公日用、京官俸禄、驻京军队兵饷、赈济灾民、平抑物价、支付京城各衙门吏役工匠等的食粮，“国家不可一日无漕”②，号称“天庾正供”。漕项系征办、解运漕粮所需之费用，与漕粮一起征收。灾蠲地丁，向不涉及漕粮、漕项。顺治初年规定，荒地无征之漕粮，督抚勘实具题，准予豁免；仍责令州县招垦，毋致久荒。但这仅限于荒地，不针对灾区漕粮。对于灾区应征漕粮与改折漕价，当年不能完纳者，按照被灾轻重，或全部缓征，或缓一半，或分作二年、三年带征。康熙七年题准，凡漕粮已经宽期带征，遇带征之年复被灾伤，其上年带征之粮，分年压征带补。九年又规定：漕项银原无带征之例，如有被灾过重州县，督抚题请宽缓者，分年带征。③

最晚在康熙九年已有蠲免漕粮、漕项的事例。先是康熙七年，江宁巡抚韩世琦奏报江苏桃源县被淹甚重。清廷准户部议，漕粮无蠲免之例，桃源县康熙六年起运漕粮，分两年补征带运。④ 两年后即康熙九年二月，江宁巡抚马

---

① 《抚部院札据藩司详复查办各州县隐匿蠲免分数追缴已免旧欠等六案文》（宣统二年九月初二日），见沈晓敏编《浙江谘议局》，载胡绳武主编《清末立宪运动史料丛刊》第 23 册，山西人民出版社 2020 年版，第 321 页。

② 吴琦：《清代漕粮在京城的社会功用》，《中国农史》1992 年第 2 期。

③ （清）昆冈：《（光绪）大清会典事例》卷二〇〇《户部四九・漕运七・漕粮蠲缓》。按：压征，积压应征之额，逐年带补。

④ 《清圣祖实录》卷二五“康熙七年二月甲戌”条，《清实录》第 4 册，第 349 页。

祜疏言，桃源县等连年水灾，请免带征漕米。后经议准，蠲免康熙六年、七年未完漕米 16640 石，“后不为例”[①]。同月，户部议准漕运总督帅颜保疏请，将江南高邮等 6 州县被灾地区康熙六年至八年未完漕米 28769 石改折带征。康熙帝因高邮等处灾伤与他处不同，此未完漕米仍令带征，“恐小民不能完纳，以致困苦”，命户部再议。此后户部议准，虽漕粮例不因灾蠲免，但高邮等 6 州县迭被灾伤，蠲免其六年至八年未完漕粮。[②] 九年十一月，江苏高邮、宝应等 15 州县被水，蠲免康熙九年并带征七年、八年漕粮与漕项。[③] 十一年十一月，因江南桃源县、兴化所、盐城所屡被水灾，清廷将该年起存钱粮、漕米、漕项及带征上年漕米、漕项全部蠲免。[④] 十二月，因兴化等 5 县并大河卫连年灾荒，而且该年“水灾十分”，清廷将当年地丁银、漕粮、漕项及带征上年漕粮、漕项“一并蠲免”。[⑤] 此后，地方遭遇严重灾荒，经督抚确核具题，请旨定夺，时有蠲免漕粮、漕项之举。四十六年十月，江南发生旱灾，清廷蠲免康熙四十三年以前江苏民欠漕项银 68.7 万余两、米麦 31.18 万余石。[⑥] 杨景仁认为此举为“蠲漕项银米之始”[⑦]，实较前例晚了近 40 年。四十九年三月，先是浙江巡抚黄秉中疏言，杭州、湖州二府所属仁和等 8 州县康熙四十七年缓征漕粮应于四十八年征收带运，尚有未完米 9.2 万石，请于四十九年征收带运。虽然户部议准，但康熙帝“念浙省被灾之后民力艰难”，将其蠲免。[⑧]

雍正八年八月，山东水灾较重，直隶、江南、河南“亦间有被水之州县”，雍正帝认为“地方既已歉收，则漕米输将未免竭蹶”，谕户部将山东被水之州县漕粮全部蠲免，直隶、江南、河南被水州县之漕粮按成灾分数蠲免；

---

① 《清圣祖实录》卷三二“康熙九年二月丁丑”条，《清实录》第 4 册，第 432 页。

② 《清圣祖实录》卷三二“康熙九年二月乙酉、闰二月己酉”条，《清实录》第 4 册，第 433、434 页。

③ 《清圣祖实录》卷三四“康熙九年十一月甲戌”条，《清实录》第 4 册，第 466 页。

④ 《清圣祖实录》卷四〇“康熙十一年十一月己卯”条，《清实录》第 4 册，第 538 页。

⑤ 《清圣祖实录》卷四〇“康熙十一年十二月辛亥”条，《清实录》第 4 册，第 541 页。

⑥ 《清圣祖实录》卷二三一“康熙四十六年十月乙酉”条，《清实录》第 6 册，第 308 页。

⑦ （清）杨景仁编：《筹济编》，载李文海、夏明方、朱浒主编《中国荒政书集成》第 5 册，第 3204 页。

⑧ 《清圣祖实录》卷二四一“康熙四十九年三月辛巳”条，《清实录》第 6 册，第 401 页。

山东未被水州县应完漕粮，“不必运送京师，即留于东省，以充兵饷”。[①] 漕粮作为特殊的本色食粮，清廷根据地方被灾情形，将其或全免，或按成灾分数定例蠲免，还将未被灾州县漕粮留给地方支用，灵活发挥其在减灾救荒与平衡财政方面的作用。

乾隆初年，灾蠲漕粮、漕项在实践中逐渐规范化。乾隆二年，安徽布政使晏斯盛奏：被灾田地，地丁钱粮照例蠲免，“漕项银两，例不准豁。惟是漕项出于田亩，与地粮解款虽分，民间历系一条鞭征，通行完纳，并不分晰何项为地，何项为漕，或免或不免，则灾前已完在官及次年补征应完之银，查扣纷杂，小民难于周知，吏胥乘间影射，易启重征。请一并准照成灾分数蠲免”，试图将漕粮纳入地丁钱粮灾蠲定例。户部坚持将漕粮区别对待，蠲缓与否视灾情轻重临时请旨，议复：“漕粮不容缺额，即漕项轻赍等银，亦系办漕必需，随漕交纳……间有蠲免，乃出特恩，原非定例。请嗣后有被灾地方，令督抚勘实，或应分年带征，或按分数蠲免，临时具题请旨。”乾隆帝允准“通行各省，一体遵照”。[②] 乾隆六年的一道谕旨表明灾蠲漕粮日趋规范。先是乾隆三年、四年，江苏、安徽连被水灾，奉旨蠲免灾区地丁钱粮，但督抚误将漕粮一并豁免。户部议奏，将责任官员交吏部察议，因该省水旱频仍，若追征已免之逋赋，民力拮据，请将前项漕粮一并蠲免。乾隆帝允准并谕令有漕各省督抚，以后如遇蠲免，将漕项、地丁详晰，分别办理。[③] 此后迄清末，灾蠲漕粮与地丁分项办理成为定制。

清廷针对漕粮亦于灾蠲定例之外加增分数。乾隆二十六年，河南有漕粮、漕项之祥符等 43 州县灾情较重，乾隆帝认为“自难概拘成例”，破格允准成灾九分十分者全蠲，七分八分者免十分之六，五分六分者免十分之三。[④]

江苏、安徽、江西、湖北、湖南等省濒临江海河湖的芦洲多生芦，对芦田征收租税曰芦课。五省芦田合计 80505.82 顷，芦课 22.1857 万两。芦课

① 《清世宗实录》卷九七“雍正八年八月丙午”条，《清实录》第 8 册，第 297 页。

② 《清高宗实录》卷四七“乾隆二年七月辛亥”条，《清实录》第 9 册，第 815—816 页。

③ 《清高宗实录》卷一五〇“乾隆六年九月丁丑”条，《清实录》第 10 册，第 1159 页。

④ 《清高宗实录》卷六四八“乾隆二十六年十一月辛丑、丁未”条，《清实录》第 17 册，第 254、256 页。

“本有杂赋之性质，不过便宜上包含于田赋中”[①]。清廷每年差遣户部官员监督管理，地方官按亩征收芦课，转解监督衙门。康熙十年四月，户部认为芦课与各关差监督亲收商税不同，奏准：“嗣后停止差遣部员，将芦课钱粮归并地方官管理。”[②] 芦课向不与地丁一例蠲免。乾隆三十二年，江西德化等5县卫被水成灾，应征芦课请与地丁一并蠲缓。户部以芦课“向例从无蠲缓”，议驳。乾隆帝允准蠲缓。[③] 之后，地方遇灾，芦课亦可请旨蠲缓。

四、灾蠲流抵

灾蠲田赋关系国计民生，须逐级题请与严格复核方能实施。在传统社会，文牍往返颇费时日，待蠲免信息传至灾区，田赋征收已基本完成或完纳大半。为弥补灾民不能及时得到蠲免恩惠的不足，灾蠲流抵随之而行。“间有乞恩未示，先急催科，命下而民已出、官已入，反给之难，则抵补之议兴矣。”[④] 灾蠲流抵至晚在宋代即已出现。宋孝宗淳熙七年（1180），浙东提举朱熹奏称：“去年水旱相继，朝廷命检放秋苗，蠲阁夏税。缘起催在前，善良畏事者多已输纳，其得减放者，皆顽猾人户，事件不均。望诏将去年剩纳数目，理作八年蠲豁。”[⑤] 其后历代政府多实行灾蠲流抵。

清朝定鼎中原伊始，平定各地战乱，相关法规、制度尚不完备。顺治十年始规定，地方灾伤题请蠲免后，各州县将应免数目刊刻免单颁发。有已征在官者，“准抵本名次年正额”[⑥]。十三年又题准，蠲荒流抵，恐民间不得实惠，令百姓登填布政司原簿，以禁滥征。[⑦]

康熙三年，山西省太原府与大同府所属20州县9卫所旱灾，“俱十分全

① 吴兆莘：《中国税制史》下册，上海书店1984年版，第37页。

② 《清圣祖实录》卷三五“康熙十年四月己丑”条，《清实录》第4册，第480页。

③ 《清高宗实录》卷七九八“乾隆三十二年十一月丁酉”条，《清实录》第18册，第767页。

④ （明）何淳之编辑：《荒政汇编》，载李文海、夏明方、朱浒主编《中国荒政书集成》第1册，第121页。

⑤ （明）祁彪佳：《救荒全书》，载李文海、夏明方、朱浒主编《中国荒政书集成》第2册，第789页。

⑥ （清）伊桑阿等：《（康熙）大清会典》卷二一《户部五·田土二·荒政》。

⑦ （清）伊桑阿等：《（康熙）大清会典》卷二一《户部五·田土二·荒政》。

荒”，但该年“钱粮既已征收，不及蠲免”；次年二月，户部议复“应准其流免四年分钱粮”。[1] 四年六月，清廷先是因山西大同、太原及山东济南等府“旱灾民饥”，蠲免灾区该年钱粮，又考虑到“有司或以已征在官者乘机肥己，使小民不沾实惠”，行令地方官将已征钱粮“按册逐名尽行给还。其给还花名、银数，明白造册具奏，不得分厘侵扣”；其有已解户部者，命户部议奏“或即抵来年钱粮，或动何项钱粮补给”。随后，清廷准户部议：“山西、山东蠲免钱粮内，有已征在官或已解部者，若仍给还原户，恐有奸胥侵扣之弊。应令该督抚详查州县粮册，开明粮户姓名、银数具题，仍出示晓谕，准抵康熙五年钱粮。”[2] 灾蠲流抵次年钱粮与将已征解钱粮再给还原户相比，前者简便易行且不易滋弊。

康熙初年，灾蠲流抵的凭据主要是易知由单和地方官吏与里长的具结保证。康熙二年，户部议准科臣史彪古之建言，将各省灾蠲钱粮流抵次年者，填入易知由单。六年，在给事中姚文然的建议下，清廷又改进流抵钱粮填入易知由单的做法。

先是姚文然于康熙五年发觉将流抵钱粮填入易知由单的做法存在问题。康熙五年各省奏销册内开载上年灾蠲银应流抵五年正赋者十余万两，但姚文然将奏销册与各省送交之易知由单核对，发现后者竟未开载流抵，“奏销册者，报于朝廷者也，既有流抵一项；由单者，颁于民者也，因何又无流抵一项，岂各地方官竟皆不遵旨奉行耶?”他认为流抵未填入次年易知由单，并非地方官不奉行，而是不可行，主要原因是灾蠲时间晚于易知由单发放时间，“次年由单于上年十一月颁发里民，计该州县磨算钱粮数目款项，造成式样，送布政司磨对，必须在上年九十月间。而各抚题报灾伤，夏灾报在六月，秋灾报在九月。计题报到部，又需月日，部中具覆行查，必须该抚查回再题。部覆奉旨，然后行咨该抚，又转行各地方官，极速已是本年十一十二月及次年正二月间，久已在颁发由单之后矣。何从填入乎？是则流抵一项，究竟无

① 《清圣祖实录》卷一四“康熙四年二月丙子”条，《清实录》第4册，第213页。

② 《清圣祖实录》卷一六“康熙四年六月庚辰、辛巳”条，《清实录》第4册，第233页。

填入次年由单之法也。”易知由单的灾蠲流抵功能得不到发挥，仅靠地方官的印结、告示等不足为凭，“印结不过出于官吏之手，民间未必知也。又所申饬该抚不过大张告示耳。然不肖官吏或有匿告示而不张挂者。即张挂不过数日，城市知之，而远乡愚民安得人人尽知也。窃恐贪官奸吏因此侵冒者不少”。有鉴于此，他提出改良办法：

> 譬如康熙五年免灾钱粮应流抵康熙六年者，自应于康熙六年抵免讫，即于康熙七年由单之首填入一款，内开某府某县于康熙五年分，蒙皇恩蠲免本县重灾田若干亩，每亩免钱粮十分之三；或次灾田若干亩，每亩免钱粮十分之二；轻灾田若干亩，每亩免十分之一。合县共该免银若干两。除本年已免若干亩外，尚该流抵银若干两，俱于康熙六年分内，于本户名下额赋，各照数流抵讫，并无官吏侵欺等情。此后方刊入康熙七年分地丁额赋等项。

同时，奏销册内各州县钱粮，先开上年旧管之式。如此，易知由单内增刊百余字，而应蠲分数与已抵免银数，每户各执一单，一目了然。此法实行后，“即有不肖官吏，于流抵之年虽欲隐匿肥己，而恐有下年之告发，亦预有所忌惮，不敢恣意肆行”。至于有应蠲免本年钱粮即于本年蠲免者，因本年易知由单颁发在上年，而钱粮蠲免在本年，无从填入。相应亦于下年易知由单之首，依如上格式填载，只需改“流抵”字样为“蠲免”即可。[①] 这一建议被采纳，同年题准：“蠲灾流抵，如本年蠲免者，填明次年由单之首。如流抵次年者，填明第三年由单之首。州县卫所不开载确数者，议处。”[②] 易知由单废除后，清廷又将红票作为灾蠲流抵票据。康熙十八年复准：“流抵钱粮，民苦无据。凡应蠲已征者，给与红票，次年按数抵免。”[③]

雍正六年复准：州县被灾之处，或将已征在官者匿为民欠，希图蠲免；以后应将全免之州县作次年蠲免，其被灾之年钱粮于次年征纳。[④] 十一年，甘

---

① （清）姚文然：《请填蠲抵由单疏》，载（清）贺长龄辑《皇朝经世文编》卷二九《户政四·赋役一》，第760—761页。

② （清）伊桑阿等：《(康熙）大清会典》卷二一《户部五·田土二·荒政》。

③ （清）伊桑阿等：《(康熙）大清会典》卷二一《户部五·田土二·荒政》。

④ （清）昆冈：《(光绪）大清会典事例》卷二七八《户部一二七·蠲恤一三·蠲赋一》。

肃巡抚许容疏称，该省地丁银两奉旨全免，但上年先经蠲免，已完银 14.6 万余两抵十一年正赋；十一年未奉蠲免谕旨之前，又有已完银两。雍正帝准其抵十二年正赋。① 乾隆帝深悉："不肖州县，一闻蠲免恩旨，往往于部文未到之前，差役四出，昼夜催比。追呼之扰，更甚平时。迨诏旨到日，百姓已完纳过半。朝廷有赐复之恩，而闾阎不得实被其泽，甚至官吏分肥，侵渔中饱，情弊种种，深可痛心。"乾隆二年，他盛赞乃父之流抵办法，"此诚万世之良规，所当遵奉者"，谕令："嗣后凡有蠲免，俱以奉旨之日为始。其奉旨之后，部文未到之前，有已输在官者，准作次年正赋。永著为令。如官吏朦混隐匿，即照侵盗钱粮律治罪。"②

乾隆初期，蠲免票据又有改良。五年，御史胡定奏："蠲免钱粮，宜杜短扣之弊"，短扣皆由于未明示科则而仅开总数所致。户部议复：遇有蠲免分数，均于易知单、滚单、样单等内注明，公示内刊刻，使"里民自行磨对，照数扣除"。③ 彼时灾蠲，安徽、江西、江苏用易知单，福建、广东、山西、山东、直隶、湖北、湖南、浙江等省用滚单、样单，于给发花户各单内，注明蠲免数目。陕西、四川、贵州等省，于出示内一并刊刻晓谕。④ 然上述方法亦非周详完善。九年，山东布政使乔学尹奏：灾蠲钱粮虽有分别注单、出示晓谕之成例，然仅就各省征粮事宜因地设法，由里民自行磨对，按数扣除。立法未尝不善，但"蚩蚩乡愚，知数识字者少，奸保蠹吏，执法舞弊者多"，更重要的是，滚单等票据"俱在开征之初先行预发，若交秋偶被灾荒，题报情形，委员勘灾，始造册请免钱粮，事在半载以后"。如将先发之单逐户调查，按数分注，则纷繁滋扰。况一单之内不止一户，既不便于登注，也难挨户传知。山东省灾免钱粮原议于滚单内注明，因纷杂难行，恐滋扰累，未曾实行。为此，他建议于滚单之外另设"独户单"，如遇流抵，另刊一单，注明完数，抵作次年正赋。具体做法是：

---

① 《清世宗实录》卷一三四"雍正十一年八月戊午"条，《清实录》第 8 册，第 727 页。

② 《清高宗实录》卷四七"乾隆二年七月丙辰"条，《清实录》第 9 册，第 819 页。

③ 《清高宗实录》卷一三〇"乾隆五年十一月戊寅"条，《清实录》第 10 册，第 904 页。

④ （清）朱澍编：《灾蠲杂款》，载李文海、夏明方、朱浒主编《中国荒政书集成》第 5 册，第 3542 页。

> 如地方偶有水旱偏灾，即照依题报应免钱粮分数，逐户攒造简明清册。如某社某甲一户，某人某年额征粮银若干，被灾几分，蠲免若干，实应完银若干，照数填入独户单内，仍于银数上盖用州县印信。至该年钱粮有未奉蠲免之先已完纳在官者，除去蠲免分数，其多完之银即注明册内，抵作次年正供。亦另刊一单，分晰填明，俾花户了若指掌，便于扣算。以上各单于具题后填就，候部覆到日即传集各地保，按保给领，令其按户分发，仍出示各甲晓谕。如单内或有蠲数不符，或户名舛错，或地保匿单不给，许据实呈明该州县，一面查明改正，一面严行察究。至散单之后，即将花名册照造，申送该管上司查考。其刊刻单费毋许借端科敛，即于赈恤造册纸张饭食银内汇册报销。①

这一建议被清廷采纳。乾隆十年，户部议准山东巡抚喀尔吉善所奏，灾区“被灾有轻重，分数有多寡，乡民未能扣算，胥吏易于弊混。请于独户清单内，将应蠲之已完银，抵作次年正赋，逐户填明，各给一纸”②。

五、灾害与恩蠲变相

此处的恩蠲包括两类：一是清帝蠲免一省或数省之全部或部分田赋，二是普免全国地丁、漕粮。灾蠲与恩蠲虽然在制度上分属不同蠲免类型，但二者并非泾渭分明、互不关联。多数情况下，恩蠲的实施或直接由灾害所致，或因应对灾荒而进行调整。在这个意义上，恩蠲实际上是变相灵活的灾蠲，发挥着救灾功效。

（一）灾害影响下的恩蠲

康熙二十四年，直隶、江南被灾，清廷蠲免两省二十四年下半年与二十

---

① 《山东布政使乔学尹奏为清厘蠲免钱粮请设立独户名单事》（乾隆九年十月初一日），录副03-9728-066。

② 《清高宗实录》卷二三九“乾隆十年四月戊午”条，《清实录》第12册，第68—69页。

五年上半年钱粮。[①] 四十六年，江浙地区被旱，清廷多方赈恤，民力稍苏；四十七年复被水，康熙帝虑及“岁再不登，生计益匮，欲令办赋，力必难供”，蠲免江南地丁银 475.04 万两、浙江地丁银 257.7 万余两。[②]

乾隆二年，京师及畿辅雨泽稀少，山东省亦有缺雨州县，清廷缓征歉收地区钱粮。随后，又因甘霖未降，麦秋无望，蠲免直隶省地丁银 70 万两、山东省地丁银 100 万两。[③]

乾隆四年三月，清廷因畿辅屡遇歉收，而且江南此前被旱尤甚，“在被灾者，固属艰难，而未被灾之地同在一省，虽有轻重之分，而乏食受困则一”，蠲免直隶地丁银 90 万两、江苏地丁银 100 万两、安徽地丁银 60 万两。[④] 此次系特恩蠲免，与灾蠲不同，未蠲免耗羡银。四月初五日，直隶总督孙嘉淦奏称此次蠲免“虽与成灾地方按照分数蠲免者不同”，而实因“畿辅屡遇歉收”，民众生活困难，请将耗羡一并蠲免。乾隆帝朱批：“此奏甚是，照所请行。”[⑤] 都察院左都御史陈世倌援照直隶之例，亦请免江南耗羡，廷议反对：“此次蠲免乃系特恩，非被灾可比，不准免耗羡。且江南耗羡节年不敷，今若再行蠲豁，则地方应用公费益致缺乏，应毋庸议。”乾隆帝认为陈世倌“身在京师，南北隔越，所奏不过遥度之词”，亦未允蠲免耗羡。五月初三日，两江总督那苏图等奏：“此次蠲免钱粮虽与现年扣减分数者有间，但恭绎上谕，仍因上年被灾蠲免”，请将“恩蠲钱粮之随正耗羡一并豁免”，乾隆帝朱批“大学士等密议具奏”。大学士等奏复后，五月二十日，乾隆帝谕云：那苏图“身在地方，日睹民间情形，亦复如是陈请，谅非市美邀名之举”，将江苏、安徽耗羡蠲免。[⑥] 这次恩蠲无论是从起因还是结果看，虽非按照灾蠲分数蠲免，但参照灾蠲将耗羡蠲免。

---

① （清）伊桑阿等：《（康熙）大清会典》卷二一《户部五·田土二·荒政》。

② 《清朝文献通考》卷四五《国用七》，商务印书馆 1936 年版，第 5279 页。

③ 《清高宗实录》卷四一“乾隆二年四月丙子”条，《清实录》第 9 册，第 731 页。

④ 《清高宗实录》卷八九“乾隆四年三月戊辰”条，《清实录》第 10 册，第 377 页。

⑤ 《直隶总督孙嘉淦奏请蠲免直隶地方乾隆四年耗羡银两事》（乾隆四年四月初五日），中国第一历史档案馆藏，朱批奏折，档号：04-01-35-0005-029。以下径书“朱批”与档号。

⑥ 《清高宗实录》卷九三“乾隆四年五月乙丑”条，《清实录》第 10 册，第 422 页；《两江总督那苏图奏请蠲免江苏本年耗羡事》（乾隆四年五月初三日），朱批 04-01-35-0005-036。

此次因灾荒而实行的恩蠲还有一个特别之处，即政府干预，首次根据财富多寡实施蠲免，尽可能多地照顾贫户。直隶省的做法是使地主、佃户均沾蠲免实惠，江苏、安徽区分大、中、小户而针对后两者有差别地蠲免钱粮。

直隶租佃关系较普遍且兼具各色类别。四年四月，直隶提督永常奏：蠲免钱粮“系地方有司之责”，自己不应越奏，但“受皇上深恩莫可报效，因目击穷黎不能仰沾圣主恩施”，不得不陈奏。直隶地亩除旗地外，以绅衿富户居多，小户穷民皆租地耕种，资养一家。交租方式分为四种：隔年先交租而后种者，名曰“春租”，其租稍轻；赁种而待秋收之后交银者，名曰“秋租”；种植而估计分数、对分粮食者，名曰“籽粒”；不论荒熟，认定每年完粮几斗者，名曰“包租”。自耕农已获蠲免，租出之地“仍照未蠲之数全收”。此次蠲免钱粮，地主既受蠲免之益，又复照额收租，“是富者益富，而穷苦佃户不能沾恩”。为使地主与佃户均沾实惠，永常认为当令佃户将应蠲免之数扣出交租，“方与恩旨有合”。他批评有产富户“身受朝廷叠沛之殊恩，而与穷佃犹锱铢必较，不思今日之所蠲免者即昔日应行官征之课也，较之彼取偿佃户之租不过数分之一。如未经奉蠲，原系交官之项，并非彼所应得。今日既不交官，即将此银让与佃户亦未尝少亏，于历年应得之数实属惠而不费，何以必欲如数取盈”，致使穷民不能得沾蠲免实惠。

为此，永常恳请乾隆帝特敕直隶总督遍行晓谕：

> 令租地之佃户将应交地主租息，恐照应行蠲免之官租原数扣除，交纳粮租则按时价扣除，有已经全行交过之春租，许其下年租中找扣，地主无许多索。如敢阳奉阴违，刁难穷佃，声言租不全交下年不给地种，以致佃户惊惶仍复全交者，除实系刁顽抗租之佃及本家实欲将地自种无庸置议外，如佃户从未欠租，地主借端起业，许该佃赴有司控告，定行责罚，以为为富不仁者戒，地亩仍归原佃耕种纳租。

他还进一步请清廷褒奖主动减租之行为，以激励地方“好义急公”之人，“嗣后遇有收成稍歉之处，如有地主谅佃户之穷苦、年岁之旱潦，减让租息，许乡保报明，有司据实详报督臣，量其所让之多寡，或为题请旌奖，或令有司给匾奖励”。四月十八日，乾隆帝朱批“大学士等密议具奏”。[①] 稍后，乾隆帝又命直隶总督孙嘉淦斟酌是否可照江南之办法蠲免。

江苏、安徽的蠲免方法首先由那苏图倡导，实施时采纳苏州布政使徐士林的办法。此次恩蠲虽确有连年灾歉之影响，且参照灾蠲将耗羡蠲免，但又与常规灾蠲不同，“被灾蠲免，例系按田计亩，照数核蠲，初无贫富之分，盖以粮从地出，地既被灾，粮自应免”。四年四月十五日，那苏图针对“特恩蠲免钱粮，向系不论贫富，一概计田派蠲”的惯例，虽承认“遵行已久，固不便妄议更张”，但认为有必要将此次蠲免的实惠多向贫户倾斜：

> 乡绅富户虽遇歉收，不过稍损其盈余，原未有伤其元气。况伊等田连阡陌，家多盖藏。家居者，身享太平；出仕者，躬膺爵禄，任土作贡，分所当然。冒滥邀恩，宁无愧怍？且蠲免分数在伊等之所省有限，苟移于贫民，则编户之受益良多。盖小民丝粟必计，多免一分即受一分之惠。富户资产饶裕，减免些须不见所免之益也。是以圣人必先周急，王政首在穷民，诚有由也。……（皇恩）应普被者在于贫民而不在于富户。贫民多受其益，富户即并受其施。佃户宽纾则征租自易，小民温饱则匪窃不生。况惠爱桑梓，周恤贫乏，当亦乡绅富户人有同心，何必争此些须以与小民分惠。[②]

有人提出反对意见，或曰“皇恩应宜普被，不当妄为分别”，或曰“照例蠲免，统计匀派，事属易行。区别贫富，分晰办理，必致纷杂，恐启棍蠹之弊，将致案牍之烦”。那苏图一方面声称作为国之大臣，应勇于担当，“臣工受恩服官，办理国政止当计政事之有裨与否，岂可图一己之避难趋易”，至于是否滋生弊端，“惟在悉心之稽察。苟虑案牍之烦杂，亦惟立法之周详。若奉行不善，即照旧匀蠲，何独无弊”；另一方面也筹划对策，认为：“民间之贫富固难逐户指查，而粮额之多寡不难按册历数。粮多者，其产自多，产多即系富

① 《直隶提督永常奏为富户蒙恩蠲免钱粮其私租并请敕减以俾穷黎事》（乾隆四年四月，具奏日不详，朱批日期为四月十八日），录副 03-0529-030。按：原折开头为“……以俾穷黎共沐皇仁事”。

② 《两江总督那苏图奏陈办理上下两江本年蠲免钱粮事宜事》（乾隆四年四月十五日），朱批 04-01-35-0005-032。

户。粮少者，其产自少，产少自属贫户。”他针对江南的情况指出：“约计一户额征银在五两以上者即属富户，自五两以下至一两者均为小户，甚至数钱、数分及一分数厘者，实属贫民”，恳请：

将此次特恩蠲免地丁钱粮，饬令各州县查明现年实征册内，凡额征银在五钱以下至数分及一分数厘之户，准其全行蠲免。额征银在五钱至一两以上及五两之户，计全免穷户之外，将所余之数统计，酌量均匀分数蠲免。其额银在五两以上者，毋庸蠲免。①

那苏图还强调上述蠲免方法能较好弥补既有规定中佃户减租有名无实的不足：

江浙两省凡遇蠲免钱粮之年，依所蠲分数计算。遇恩免十分者，佃民应纳租一石，减一斗五升。如恩免五分者，一石减租七升五合……今臣请止蠲贫户不蠲富户，则佃民无从减租，似属未协。但减租之例虽经通行，富户之遵行与否，实无从稽考。盖佃种愚民何能计算业户之蠲免分数，以定减租若干。而业户隐瞒实蠲之数，取索租米，佃户安敢不给？况以蠲免分数之数减众多佃户之租，每佃亦属无几，富户究得十分之七八。且其实在减租与否，官府不过出示晓谕，何能逐户询问，详晰稽查？是减租之例实为有名无实。今止免贫户钱粮，江浙佃民均系自住房屋，或自有亩余之田及屋基、坟地、园地之类，均得全免其粮，较之减租事亦相等。而富户应得十分之七八究竟均归贫户，似于减租之无从稽考者得有实济。

那苏图的奏请深得乾隆帝赞许。四月二十五日，乾隆帝朱批：“卿能如此悉心酌议，如此担当办理，实属可嘉之至。”② 同一天，乾隆帝又命内阁将那苏图奏折及其批谕之旨一并抄录，寄给孙嘉淦阅看，并询问：“江南地方，那苏图如此办理，不知直隶地方亦可照此办理与否？”四月二十八日，孙嘉淦接奉谕旨和那苏图奏折，于五月初四日回奏直隶蠲免地丁银不便比照江南办理，理

① 《两江总督那苏图奏陈办理上下两江本年蠲免钱粮事宜事》（乾隆四年四月十五日），朱批04-01-35-0005-032。

② 《两江总督那苏图奏陈办理上下两江本年蠲免钱粮事宜事》（乾隆四年四月十五日），朱批04-01-35-0005-032。

由有三：

其一，直隶与江南田土肥瘠程度不同，“江南多系平畴水田，土脉肥而沟洫备，收获之数胜于他省，肥硗等则不甚悬殊”，粮多者田必多，田多系富户；粮少者田必少，田少系贫民。而直隶顺天、保定、永平、宣化、河间、天津等处膏腴之地多被旗圈，所剩之田“非山间水洼，即沙咸瘠薄”，民众零星承种，鲜有田连阡陌之家；正定、顺德、广平、大名四府虽未被旗圈，但正定、顺德二府“土脉硗瘠且多淤沙”，广平、大名二府“地利较胜”，而漳河、滏河“泛滥堪虞，计一邑之内田广粮多者亦不过数户”，况且地土肥硗不等，天时旱潦不齐，“若土肥水浇之田但得三五十亩，即可家计饶裕。若系沙咸瘠薄之区，即有三顷五顷而丰年所出有限”，如遇旱涝即赔粮，故田少者未必贫户，田多者亦未必富户。

其二，直隶与江南租佃制度不同。江南佃户多自备农具、籽种，业主坐收其租。直隶则耕牛、籽种多取给于业主，秋成之后视收获情况均分，“与佃户同其苦乐”，加以自然灾害频仍，“工本无偿而赋额有定，是有田者转有所累，田多者其累转多。若择其田粮多者不予豁免，将受累待泽之民皆不能沾被皇仁，欲均匀而转致偏枯”。

其三，直隶省的花户粮册难以作为可靠凭据。往往有地多之家分立数户，“以避富名”；又有兄弟分家析产，而粮册“立属一人，地已出卖而钱粮尚未过割。争端滋起，弊窦繁多”，尚有胥吏等人因事滋扰。

乾隆帝认可其奏，朱批：“知道了。原为地方情形互异，是以令卿酌办也。”①

乾隆四年九月初六日，那苏图奏称江南地区在实施过程中，由于中户自五钱以至五两多寡相悬，若照蠲免旧例，按两验派，则额银多者免银必多，额银少者免银必少，与加惠贫民本意不符，而且核算纷杂，恐启胥吏弊端。他采纳苏州布政使徐士林的办法：五钱以下至数分之小户全部蠲免，“原系按

① 《直隶总督孙嘉淦奏为酌办直隶蠲免钱粮事宜折》（乾隆四年五月初四日），朱批 04-01-35-0005-038。

户而计，不以银计”，则五钱以上至五两之中户“亦当按户计蠲，不必按两验派”。江苏省蠲免银100万两，除全免小户外，余银核计中户若干，每户概免银几钱，“俾五钱数分以上者约得免银过半”；其一两至五两者，免银十分之一、二、三不等，“于均派之中仍寓递减之法”。如此操作极公平且甚简便，“计银区别，只须按户扣蠲，责之属员，极易查算，示诸粮户，人尽通晓”，蠹役无从作弊。安徽、江苏均照此办理。

据安徽布政使晏斯盛详报，该省五两以上大户共74391户不蠲外，五钱以下之小户共1229383户，应征银251463.98两全部蠲免；五钱至五两之中户共879025户，安徽省应蠲免银60万两，除全免小户外，尚余银348536.01两，每一中户应蠲银三钱九分。再据苏州布政使徐士林详报，除阜宁县及六合县并卫户数册尚未奏到，“现在严催”，其余各属查明五两以上大户共84928户不蠲外，五钱以下小户共1736902户，共应征银356623两，全部蠲免；五钱至五两之中户共1532411户，该省应蠲免银100万两，除全免小户外，尚余银643376两，待阜宁、六合报到，每一中户约应蠲免银四钱。九月十九日，乾隆帝阅折后非常满意，朱批：“办理实属妥协。知道了。”① 十月二十一日，江苏巡抚张渠根据徐士林详报，奏称该省11府州县五钱以下小户共1777674户，全免银360762两；五钱至五两之中户共1555228户，按户均派，每户约蠲银四钱一分，共蠲银639237两，合计100万两。十一月初五日，乾隆帝朱批：“所办甚妥。”②

这次蠲免，不论是直隶还是江南，地方政府均十分重视贫户得到实惠并主动干预。江南地区这次使中户、小户等贫民分得蠲免实惠，而且落细、落实的做法大概是清代历史上绝无仅有的一次。因为就在此次蠲免告竣时，江苏巡抚张渠奏请将此次办理模式阻断。乾隆四年十月二十一日，他奏称此次蠲免“事属创始，头绪纷繁，历今数月，各册始行告竣”，除初办之难外，更

① 《两江总督那苏图奏明上下两江蠲免中下户钱粮数目事》（乾隆四年九月初六日），录副03-0529-049。

② 《江苏巡抚张渠奏明江苏等十一府州县蠲免地丁钱粮事》（乾隆四年十月二十一日），录副03-0530-001。

重要的是强调江苏“原有抗粮积习，虽此番办理无非因时制宜，而愚昧小民或且视同成例，为之预期花分诡户以图冀幸将来，皆属必至之情、必然之势”，请求“俟臣此案题本到日，降旨敕部，嗣后遇有恩蠲，不得引以为例，则通省官绅士庶皆知旷典难以幸邀”。乾隆帝对此表示认可，朱批：“知道了。题到有旨。”[①] 这一指导思想或许对后来乾隆朝出台政府不再强制干预蠲免过程中业主和佃户分成的规定产生了重要影响。

（二）因灾调整普免计划

普免指在数年内依次蠲免各省地丁钱粮或漕粮，是最为清帝所乐道的惠民大政。实施普免前，由皇帝命户部筹议各省轮免时间与顺序。未届轮免之年，如地方被灾，该省蠲免提前实施。

康熙三十年，鉴于历年储积米粮足以供用，康熙帝首次普免全国漕粮；十二月初四日，颁发普免谕旨：有漕各省“岁运漕米向来未经议免”，京通各仓“历年储积之粟，恰足供用，应将起运漕米逐省蠲免”，除河南省三十一年漕粮已颁谕免征外，湖广、江西、浙江、江苏、安徽、山东应输漕米，自三十一年始，依次各免一年。江宁、京口、杭州、荆州军队驻防各处，“将康熙三十一年起运三十年漕米各截留十万石，存置仓廒”。[②] 据此，各省轮免漕粮顺序为：康熙三十一年免河南、湖广（湖南、湖北），三十二年免江西，三十三年免浙江，[③] 三十四年免江苏，三十五年免安徽，三十六年免山东，周期为六年。[④] 三十一年正月，两江总督傅拉塔接奉部文后即将普免漕粮谕旨晓谕百姓，民众皆言“将自古以来未曾蠲免之漕粮皆令蠲免，甚是神奇”，“于街道

---

① 《江苏巡抚张渠奏为奉旨蠲免本年地丁请敕部嗣后不得引以为例事》（乾隆四年十月二十一日），朱批 04-01-35-0006-007。

② 《清代起居注册·康熙朝》（台北所藏）第 2 册，第 1113—1114 页。

③ 《(乾隆）浙江通志》卷七六《蠲恤二》，清乾隆元年（1736）刻本，第 13 页。

④ 俞玉储指出：“除河南省于康熙三十一年轮免外，其他各省的具体轮免时间，均未见档案记载。”（见俞玉储《清代前期漕粮蠲缓改折概论》，《历史档案》1990 年第 2 期）；陈锋补充湖广、山东轮免漕粮时间分别为康熙三十一年、三十六年（见陈锋《清代“康乾盛世”时期的田赋蠲免》，《中国史研究》2008 年第 4 期），未提及其他有漕省份的轮免情况。

奔走相告，雀跃欢呼”。[①]

既定轮免漕粮之顺序与方式因地方灾荒而调整，恩蠲亦发挥救荒之效。康熙三十二年八月十四日，傅拉塔奏：“本年江南地方雨季稍迟，稻子莳秧比往年略少，且收成亦略有减少，粗粮尚为多些”，从蠲免漕粮省次看，“江苏列为三十四年，安徽列为三十五年蠲免。江苏、安徽两省额征漕米粗计共一百五十余万石”，陈请“倘京仓充足，今岁江南地方因稻米收成略欠，若今岁被灾数县漕米俱准蠲免，其三十四年、三十五年漕米不免；不成灾州县免征三分之一，其三十四、三十五年不行蠲免”，倘蒙允准，“于十月初旬兑支漕米之前降旨，则民沾实惠，且大有裨益”。康熙帝朱批：“是。朕亦将颁旨。”[②]九月十五日，户部议准浙江巡抚张鹏翮疏言，浙省先旱后雨，田虽补种，但节气已过，所收之米不堪办供，将“三十三年之蠲免，移免三十二年之额征”[③]。十六日，因江南、浙江夏季亢旱，“虽未成灾，秋收必歉。若漕粮仍行征收挽运，恐民乏食”，康熙帝认为“可将浙江漕粮改令今岁蠲免外，江南漕粮今岁或免三分之一，或免其半。至伊省应免之年，照今岁所免米数补征挽运，则漕粮不至减少，而官民大有裨益”，将通过密折事先获知的傅拉塔之请求，命大学士会同户部堂官、仓场侍郎速详议具奏。[④] 二十日，户部等衙门议复，请将江苏、安徽三十二年漕粮蠲免三分之一，所蠲漕粮，俟至该省应蠲年份照数补运。康熙帝下旨“依议速行”[⑤]。

这一变通措施将江苏、安徽漕粮分成分批提前蠲免近60万石，将浙江省漕粮提前一年蠲免，既顾及漕运，又缓解了灾后民困。康熙三十二年，上海一带夏旱秋涝，据姚廷遴记述，夏季“天气大旱，稻苗俱死，豆亦枯槁，直至护塘，赤地几百里，河水干涸，舡只不通”，九月大雨连日，泛滥成灾，

---

① 《两江总督傅拉塔奏报麦收并官民感戴蠲免钱粮折》（康熙三十一年正月初四日），载中国第一历史档案馆编译《康熙朝满文朱批奏折全译》，中国社会科学出版社1996年版，第25页。

② 《两江总督傅拉塔奏请蠲免江南本岁漕米折》（康熙三十二年八月十四日），载中国第一历史档案馆编译《康熙朝满文朱批奏折全译》，第51—52页。

③ 《清圣祖实录》卷一六〇“康熙三十二年九月丙辰”条，《清实录》第5册，第755页。

④ 《清代起居注册·康熙朝》（台北所藏）第4册，第2074页。

⑤ 《清圣祖实录》卷一六〇“康熙三十二年九月辛酉”条，《清实录》第5册，第756页。

"棉、稻、豆之重生者尽腐烂，变成奇荒，惨不可言，余六十余岁从未遇此"。当地众人亦"俱说今年之水从来未有"。十月，"闻朝廷准浙江抚台疏，蠲免江南应征漕米三分之一"。[①] 十一月，傅拉塔奉旨赴广东审案，途经凤阳府定远县接阅户部咨文，"遂即星夜张示宣喻"，"贴于各乡村镇，逢人便告，闻者无不称颂，欢声雷动"。[②] 十二月，苏州织造李煦奏："苏州冬景甚好，本年漕粮又奉恩旨蠲免三分之一，万姓欢歌，共庆升平之乐。"[③] 虽系谢恩谀辞，但亦在一定程度上反映了地方实情。

乾隆三十一年，乾隆帝仿照康熙三十年普免漕粮之例，自三十一年始，按年分省蠲免漕粮。此次轮免顺序为：乾隆三十一年免山东、河南，三十二年免江苏，三十三年免江西，三十四年免浙江，三十五年免安徽，三十六年免湖南，三十七年免湖北。[④] 但这一既定顺序很快就根据外省灾情做出调整。三十二年，江西南昌、新建、进贤、鄱阳、余干、建昌、都昌等7县被灾，照例蠲缓赈恤。乾隆帝念及此数县连年被水，民力拮据，将其应于三十三年轮免漕粮改于三十二年蠲免。[⑤]

自乾隆四十三年始，清廷于三年内普免地丁钱粮，其顺序为：直隶、江苏、安徽、四川、陕西、甘肃、云南、贵州8省于四十三年蠲免；山东、江西、浙江、湖北、湖南5省于四十四年蠲免；奉天并吉林所属、山西、河南、福建、广东、广西于四十五年蠲免。[⑥] 四十三年，河南旱情较重，开封等五府应征当年钱粮已缓至秋后输纳。乾隆帝令将河南省轮免钱粮于四十二年先行蠲免。[⑦] 同年，山东省麦收歉薄，乾隆帝将山东轮免钱粮改于四十三年蠲免，

① （清）姚廷遴：《历年记》，载上海人民出版社编《清代日记汇抄》，上海人民出版社1982年版，第145—147页。"浙江抚台"应为"两江总督"。

② 《两江总督傅拉塔奏报秋粮并赴京请安等事折》（康熙三十二年十一月十四日），载中国第一历史档案馆编译《康熙朝满文朱批奏折全译》，第54页。按：引文标点有改动。

③ 《进元旦龙袍并漆器折》（康熙三十二年十二月），载故宫博物院明清档案部编《李煦奏折》，中华书局1976年版，第3页。

④ 《清高宗实录》卷七五二"乾隆三十一年正月壬申"条，《清实录》第18册，第272—273页。

⑤ 《清高宗实录》卷七九五"乾隆三十二年九月癸丑"条，《清实录》第18册，第738页。

⑥ （清）昆冈：《（光绪）大清会典事例》卷二六六《户部一一五·蠲恤二·赐复二》。

⑦ 《清高宗实录》卷一〇五四"乾隆四十三年四月壬寅"条，《清实录》第22册，第89页。

已征收者抵次年正供。[①]

在普免地丁钱粮的同时，四十三年十月，乾隆帝决定自四十五年适值自己七旬寿辰始，普免漕粮。[②] 河南省漕粮按照轮免计划应于四十五年蠲免。由于河南四十三年迭遭水旱，虽然四十四年“自春至秋，丰穰倍于往昔”，但仪封、商丘等州县“漫淤未退，若漕粮新旧并征，民力不无拮据”。四十四年八月，乾隆帝准河南巡抚陈辉祖奏请，将该省四十五年应轮免漕粮改于四十四年蠲免；其仪封、考城、商丘、宁陵、睢州被淹5州县四十三年缓征漕粮，展至四十五年、四十六年分半带征。[③] 五十年，安徽巡抚书麟奏称安庆等各府州自五月以后，“雨泽愆期，田禾未能播种齐全，秋收势已歉薄”，有漕各府除徽州府略有收成，其余各府州受旱，有收者“核计一州一邑之中不及十分之四五”，安徽省漕粮应于五十一年轮免，“可否改于本年蠲免”。乾隆帝考虑到安徽省“被旱较广，业经叠次加恩缓征，赏给口粮，并前后截漕十五万石以备赈恤。但雨泽既稀，农田秋收不免歉薄，民间口食自倍形拮据”，允准其漕粮提前至五十年蠲免。[④]

乾隆五十五年系乾隆帝八旬寿辰之年，正月，乾隆帝发布上谕：自是年始，三年内普免地丁钱粮。与此前几次按省分年轮免不同，此次按府分年轮免，“按照各直省额征银数，将所属各府州次第搭配，分作三次按年轮免，通计三年一律蠲完。较之按省分年轮免、各省年分先后不同者，自更觉恩施早被，远近齐沾。至一省之中应免府州，当先尽五十四年灾缓之区首先蠲免，于灾黎更有裨益”[⑤]。此次普免方式的调整意在让民众早沾实惠，更优先使灾民获益。

上述内容为未届轮免，地方遇灾歉后将普免计划提前实施。以下内容是

---

① 《清高宗实录》卷一〇五六“乾隆四十三年五月庚申”条，《清实录》第22册，第107页。

② 《清高宗实录》卷一〇六八“乾隆四十三年十月己未”条，《清实录》第22册，第295页。

③ 《清高宗实录》卷一〇八九“乾隆四十四年八月戊辰”条，《清实录》第22册，第623—624页。

④ 《安徽巡抚书麟奏为明岁轮免漕粮请改于本年蠲免事》（乾隆五十年七月十二日），录副03-0558-047；《清高宗实录》卷一二三五“乾隆五十年七月丙寅”条，《清实录》第24册，第589页。

⑤ 《清高宗实录》卷一三四六“乾隆五十五年正月己丑”条，《清实录》第26册，第9页。

正届轮免或恩蠲之年，遇有灾歉，灾蠲钱粮展至次年（或后年）补蠲。

（三）补蠲田赋

补蠲田赋可分为两类。一类是全免一省田赋，当年如遇灾害或巡幸而部分蠲免，则应蠲田赋于次年（或后年）补蠲。如十九年九月，乾隆帝谒祭盛京祖陵，“大礼告成”，蠲免奉天所属府州县该年地丁正项钱粮，此前经过地方下旨“所免十分之三”及“被水地亩应蠲钱粮”，于二十年“应征额内补行豁除”。[①] 二十五年，甘肃省环县等6厅州县被雹、被水，应蠲免银粮草束，但甘肃省二十五年、二十六年钱粮此前已降旨全部蠲免。乾隆帝允准将灾蠲钱粮于二十七年补免。[②]

另一类是普免地丁钱粮期间某省正届轮免之年，遇有灾歉，灾蠲钱粮展至次年补蠲。三十五年，乾隆帝谕令仿照十一年之例，将各省地丁分三年轮免。[③] 清制：“各直省普蠲钱粮，向当轮免之年，适遇灾歉，即不复再议重蠲，此固恩无屡邀之理”，但执行较宽松。三十六年，甘肃省各州县得雨较迟，地气早寒，不能补种，应照秋灾之例蠲免钱粮，但该省正届轮免之年，所有成灾州县按分议蠲之项已包含于轮免之内。乾隆帝将因灾议蠲各州县钱粮展至次年，按分补蠲。[④] 三十七年六月，清廷补蠲甘肃皋兰、红水县丞、循化厅、金县、河州、狄道、靖远、安定、会宁、平凉、泾州、静宁、隆德、固原、盐茶厅、华亭、环县、张掖、山丹、东乐县丞、武威、永昌、镇番、古浪、平番25厅州县上年被旱灾之正耗银16870两、粮26940余石。[⑤] 甘肃省的情况不止这一次。四十三年，该省地丁正届轮免，陕甘总督毕沅请将皋兰等37厅州县被灾地亩应蠲银13170余两、番粮74石余，移于四十四年补蠲。户部照

---

① 《清高宗实录》卷四七二“乾隆十九年九月戊子”条，《清实录》第14册，第1108页。

② 《清高宗实录》卷六四三“乾隆二十六年八月丁亥”条，《清实录》第17册，第193页。

③ 《清高宗实录》卷八五〇“乾隆三十五年正月己卯”条，《清实录》第19册，第385页。

④ 《清高宗实录》卷八八六“乾隆三十六年六月甲申”条，《清实录》第19册，第877页。此事例为后人关注并著录于荒政书中，参见（清）杨景仁编《筹济编》，载李文海、夏明方、朱浒主编《中国荒政书集成》第5册，第3111页。

⑤ 《清高宗实录》卷九一〇“乾隆三十七年六月丁丑”条，《清实录》第20册，第190页。

例议驳，但乾隆帝允准其“照三十六年之例”，于四十四年补蠲。[1] 甘肃省遇灾补蠲主要是因为该省地瘠民贫，又地处西北军事战略枢纽。

直隶省亦有补蠲之例。三十七年，直隶总督周元理奏：霸州等67州县厅三十六年被灾应蠲银粮，除扣三十五年被灾补蠲分数外，其灾重各属余剩钱粮，不敷核扣三十六年应蠲之数，请于三十七年补蠲。尽管户部照例议驳，但乾隆帝认为灾重之地民力拮据，允准归入三十七年应征项下补蠲，而且特别指出：“此朕轸念畿氓，格外施恩之意。”[2] 在严重灾害面前，恩蠲或成为变相的灾蠲，或与灾蠲配合实施。

六、惩处与防弊

除灾蠲审核需时与征收田赋时间冲突这一客观原因外，地方官吏尚故意延迟灾蠲信息，待田赋征收接近尾声始公布，灾蠲的实惠多落入官吏之手。为此，清廷制定相应的违规惩处和防弊措施。

（一）违规惩处

顺治十年规定，地方题请蠲免后，若官吏不给单票，以悖旨计赃议罪。[3] 十一年二月谕户部：各督抚奏明灾荒等处已经查照分数，酌量蠲免，各府州县卫所等官“不许仍行混征，徒饱贪腹”；如官吏混征，“督抚、司道不能觉察者，事发，一体究治”。[4]

康熙六年，山东道御史钱延宅疏言，被灾地方蠲免钱粮，恐州县官有阳奉阴违、蒙上剥下之弊，请详议处分条例。清廷准户部议，“各督抚于奉蠲处所，每图取见年里长结，收存该地方，并分缴部科查对”，还规定：

> 以后被灾州县卫所，凡奉蠲钱粮，有已征在官，不准抵次年者；有未征在官，不与扣除蠲免，一概混比侵吞者；或于督抚具题之时，

① 《清高宗实录》卷一〇九一“乾隆四十四年九月庚戌”条，《清实录》第22册，第656页。
② 《清高宗实录》卷九〇四“乾隆三十七年三月戊戌”条，《清实录》第20册，第70页。
③ （清）伊桑阿等：《（康熙）大清会典》卷二一《户部五·田土二·荒政》。
④ 《清世祖实录》卷八一“顺治十一年二月丙戌”条，《清实录》第3册，第638页。

> 先停征十分之三，及部覆之后，题定蠲免分数，不将告示通行晓谕者；或止称蠲起运，不蠲存留，使小民仅沾其半者；或于由单内扣除，而所扣不及蠲额者，州县各官俱以违旨侵欺论罪。如上司不行稽察，道、府俱降三级调用；督、抚、布政司俱降一级调用。如该管上司察出，不行纠参，被科道察纠、旁人首告，俱照徇庇例议处。①

康熙十五年奏准：官员将蠲免钱粮增减造册者，州县官降二级调用，司道府官罚俸一年，督抚罚俸六个月；如被灾未经题免之前，报册内填入蠲免，州县官罚俸一年，上司罚俸六个月。后来又规定：蠲免钱粮数目于具题请赈之日起，再扣两个月造报题达；如迟延，照造报各项文册违限例，分别议处。②

康熙十八年出台的惩治灾蠲舞弊新规较康熙六年更严厉：州县官若借蠲免钱粮肥己，使民不沾实惠，“或被旁人出首，或受累之人具告，或科道查出纠参，将州县照贪官例，革职拿问。其督抚、布政使、道府等官，不行稽察，令州县任意侵蚀者，皆革职”；州县官接奉蠲免后即应出示晓谕，“刊刻免单，按户付执。若不给免单，或给单而不填蠲免实数者，革职。系失察胥役蒙混隐匿及藉端需索者，降二级调用。知情纵容者，革职”。③ 这与顺治十年的规定相比，处罚明显加重。

乾隆五年又规定：蠲免钱粮，州县官有侵蚀、肥己等弊，致民不得实惠者，照贪官例革职拿问；督抚、布政司、道府等官不行稽察者，俱革职。嘉庆十六年，于“革职拿问”条下，又增“照侵盗钱粮例治罪”。④

誊黄是官方公布朝廷灾蠲信息的重要公告，其张贴及时与否关系灾民能否得到蠲免实惠。乾隆九年，清廷针对地方官延搁誊黄制定了不同的处罚条规。如系赈恤蠲缓，地方官接到誊黄不即宣示，十日以上者降一级调用，二

---

① 《清圣祖实录》卷二一“康熙六年正月乙酉”条，《清实录》第4册，第291页。
② （清）昆冈：《（光绪）大清会典事例》卷一一〇《吏部九四·处分例三三·蠲缓》。
③ （清）昆冈：《（光绪）大清会典事例》卷一一〇《吏部九四·处分例三三·蠲缓》。
④ （清）昆冈：《（光绪）大清会典事例》卷七五四《刑部三二·户律田宅一·检踏灾伤田粮》。

十日以上者降二级调用，一月以上者革职。如系恩诏赏赉常例蠲缓，地方官接到誊黄不即宣示，十日以上者降一级留任，二十日以上者降一级调用，一月以上者降二级调用。[①] 可见，延搁灾蠲誊黄的惩处比延搁恩蠲誊黄的处罚严重，体现出清廷对救灾的重视。

道光三年，清廷又定惩治卫所官员灾蠲舞弊的法令。卫所田地被灾奉蠲钱粮，有已征在官不流抵次年钱粮；有未征在官不予扣除蠲免，一概混征，以图侵蚀；或于督抚具题之时，先停征十分之三，及部复之后，题定蠲免分数，故将告示迟延，不即通行晓谕者；或称只蠲起运不蠲存留，或将赈济灾民及蠲免钱粮藉名肥己者，卫所官俱革职提问。若将蠲免银两增多减少，造入册内者，卫所官降二级调用。被灾之处未经题免之前，误报册内填入蠲免，卫所官罚俸一年。[②] 这与康熙六年、十五年制定的灾蠲舞弊惩罚律令相呼应，是对灾蠲制度的补充。

（二）防弊措施

嘉道以降，灾蠲防弊之目的集中体现在如何将灾蠲信息及时在灾区公示，使灾蠲实惠及民，避免官吏中饱私囊，上亏国赋，下病民生。灾蠲防弊的措施主要是：责成地方官员督查及时张贴誊黄，遍贴晓谕；配套实行开载被灾村庄地亩的蠲缓清册，与张贴誊黄同时缮榜公开。

嘉庆十六年九月二十日，嘉庆帝虑及“惟奉旨日期以及蠲免分数，村野小民无由周知，而不肖官吏藉以因缘为奸，或于部文未到之前催比更急，私图肥己，且有奸滑书役藉名垫纳加倍索偿等情。即各督抚颁示恩旨，通谕各州县，而各州县尚有隐匿不急为悬挂者”，谕令：“各督抚严查，饬令各州县遇恩旨颁到之日，即将奉旨日期遍行晓谕，并刊刷实征额册、串票等，注载明晰，俾小民得知蠲免分数，官吏无从欺隐。”[③] 道光三年，御史陶廷杰奏请严禁私征蠲缓钱粮以恤灾黎。八月初四日，清廷颁谕：地方官获知蠲缓后，

① （清）昆冈：《（光绪）大清会典事例》卷一一一《吏部九五·处分例三四·延搁誊黄》。

② （清）昆冈：《（光绪）大清会典事例》卷六二〇《兵部七九·绿营处分例七·卫田》。

③ 中国第一历史档案馆编：《嘉庆道光两朝上谕档》第16册，第560页。

"即当刊发誊黄，张贴晓谕，如任意延搁以致胥吏等乘间私征，实属大干法纪。嗣后办理蠲缓之案，着各该督抚责成该管道府就近稽查，如有已奉恩旨未贴誊黄者，立即严参惩办。倘该道府扶同徇隐，着一并严行参处，毋得稍事姑容"①。以上做法主要是重申旧例，无实质革新。

道光十八年，湖广总督林则徐奏准的防弊之策堪称灾蠲制度变革的重要一环。八月二十日，林则徐先是奏称湖北省遇有水旱之灾，按照惯常做法，接奉蠲缓钱粮谕旨，"立时饬令藩司刊刻誊黄，刷印多张，飞行各属，于被灾处所，及各村庄集镇，僻壤穷乡，遍贴晓谕，并将贴过地方，开明清册，申报督抚司道府州衙门察核，再令委员复查，倘有隐匿朦征情弊，不但一查立见，即各处贫民亦断不肯甘心缄默，必有出而首告之人，胥吏实无所施其伎俩"；接着又指出此法虽"防范本极周密"，但在施行过程中仍为官吏上下其手或民众借端抗粮留有舞弊空间。这是因为：

> 被歉地方，不仅一州一县，该州县中又不仅一村一庄，地名极为繁琐，誊黄内系恭录上谕，只能开载某州某县某某等若干村庄应蠲、应缓、应递缓字样。盖纶綍颁宣，词有体要，势不能将所有地名一一全叙。而各村庄零星细碎，不一而足，虽经各州县造具顷亩细册，详送院司查核，而民间未必周知，奸猾胥吏难保不借某某等字样，高下其手，而狡黠衿民觊觎蠲免，即明知在应征之列者，亦必狡称已蒙恩旨列入缓免之内，纷纷讦讼，借控抗粮。

为解决誊黄体例与繁琐地名等蠲缓信息量大之间的矛盾及其引发的弊端，林则徐变革旧法，主张刊发誊黄时将蠲缓细册缮榜公开，"请嗣后凡遇办灾，奉到恩旨刊发誊黄之时，即由藩司饬令该州县，将所造应蠲、应缓、应递缓之村庄顷亩细册，另行缮榜，随同誊黄，遍贴晓谕。并责成该管道府稽查贴过地方，毋许隐匿，俾灾歉贫民一目了然，胥吏更无从滋弊弄法，而成熟村庄亦无可觊觎，混行争执"。九月初六日，道光帝朱批："所见精细，着依议

① 中国第一历史档案馆编：《嘉庆道光两朝上谕档》第28册，第299页。

行。”[1] 但林则徐的革新办法只在湖北实施，未在全国推广。

同光之际，特别是光绪朝前期，清廷又对灾蠲制度予以调补和革新，试图破除荒政与财政问题上的痼疾。同治三年，户部奏称该年四月蠲免江宁藩司所属钱粮谕旨内有“流抵”字样，正月初二日蠲免苏州藩司所属钱粮谕旨内却无“流抵”字样，“载与不载，厥例维均，恐小民无知，或启猜疑之窦，官吏藉端影射，巧索强取”，请申明定例，严防弊端。七月二十二日，清廷颁发上谕：

> 向来蠲免省分，其全年蠲免，先期输官者，准其流抵次年应完正赋。其蠲免定有分数，先期全输在官者，除应征分数外，余应蠲免分数亦准下年扣抵，立法至周。乃近来不肖官吏因缘为奸，致小民踊跃输将反饱贪残囊橐。上行其惠，下屯其膏，丧心昧良，莫此为甚。嗣后各省官吏如再有隐匿誊黄、蒙混流抵各项弊端，着各该省督抚大吏查明严参，按照侵盗钱粮律治罪。并着刊刻誊黄，遍行晓谕，以后遇有蠲免年分，着永远将此旨一并刊刻宣示。仍着户部查照从前例案，通行各直省，以期实惠及民，无资中饱。[2]

其采取的新措施是将上述谕旨连同誊黄一并刊发张贴。光绪九年，御史梁俊奏称蠲免之年，钱粮先期输官者，地方官不流抵次年正赋。清廷只是重申同治三年的办法，“嗣后遇有蠲免年分，即将同治三年所奉谕旨，于先行誊黄稿内全行恭录，俾灾黎周知定例，以杜重征”[3]。值得注意的是，清廷于光绪十年前后开启对蠲缓制度的重大革新，厘定蠲缓章程，推行钱粮征信册制度，尝试用信息公开的方式革除赋税征缴积弊（参见第七章）。光绪朝的这场变革虽表现出制度创新的活力，但未能从根本上解决问题。清代灾蠲制度也随着清朝覆亡而走到终点。

---

① 《嗣后办灾将蠲缓田亩细册随誊黄榜示片》（道光十八年八月二十日），载《林则徐全集》第3册，海峡文艺出版社2002年版，第92—93页。

② 中国第一历史档案馆编：《咸丰同治两朝上谕档》第14册，第241页。

③ 《清德宗实录》卷一五八“光绪九年正月庚子”条，《清实录》第54册，中华书局1987年版，第225—226页。

从清代灾蠲制度的主要内容与演变过程看，其发展线索已较为清晰，顺康雍三朝是制度逐步形成期，乾隆前期为其成熟完善期，嘉道以降为其调整变革期。在18世纪清代鼎盛时期，灾蠲与大规模的恩蠲时常联动实施，甚至恩蠲成为变相的灾蠲，最大限度地发挥救灾与恢复发展生产的效能。清代灾蠲制度之演变，既有局部微调，又有整体革新；既有整齐划一的实施范围，又有因地制宜的灵活处理，显示出制度之完善和内容之丰富。灾蠲制度变革的方向是内容愈加精细化，规定逐渐合理化，信息趋于公开化。这并非如以往研究者所认为的，该制度自嘉庆以后逐渐废弛，咸丰年间因战乱而崩解，同光时期因国力衰弱而愈为僵化；[①] 咸丰以后几乎无蠲免。[②]

反映灾情等级的灾蠲分数是灾蠲制度的核心内容。以往学界多视乾隆三年确定的灾蠲分数定例为清代灾蠲的唯一依据，其实不然。这一灾蠲分数定例只是针对寻常灾害的主要依据。一方面，康乾时期灾蠲分数时常于定例之外加增；另一方面，康熙朝的“破格赈恤”之例、嘉道之际的“成灾最重”全免事例，以及咸同以降援引嘉道成案并增加灾蠲分数以弥补赈抚经费不足，均属灾蠲制度的核心内容。这些情况表明，清代始终基于财政经济力量变动，调节灾蠲分数，确定灾害等级，兼顾地域差异，而非研究者所言清代灾蠲政策“不以国家财政经济状况为转移”，嘉庆朝以后，“灾免遂恢复原有的按灾情定等级的面目”。[③] 因此，对清代灾情的准确研究须基于对不同时期灾害等级的动态把握上。

清代灾蠲制度在形式与内容上趋于成熟完善并适时得以调整，并不意味着其实施全面成功。清前期，该制度执行较为认真，弊端较少；中后期，由于财政、吏治等原因，积弊层出（参见第五章）。嘉道以降，灾蠲（缓）制度的多次变革调整即出于严防诸弊。成功的制度改革和实践至少要满足两个条件：一是“有治法赖有治人”[④]，再完善的制度，如果不能被执行者贯彻落实，

---

① 李汾阳：《清代蠲恤制度研究》，第289页。

② 郭蕴静：《清代经济史简编（1644—1840）》，第33页。

③ 鲍晓娜：《清代的蠲复》，载《耕耘集》，第225—226页。

④ 《清德宗实录》卷二二二“光绪十一年十二月乙酉”条，《清实录》第54册，第1107页。

也形同具文；二是需要其他制度改革配合跟进，协同运行。晚清灾蠲（缓）制度变革完全不具备以上条件，改革失效的命运无法避免。

自然灾害是自然变异与人类社会共同作用的现象，灾害等级及其所造成的损失不仅与自然变异的强度有关，而且与经济发展水平、人口分布密度和活动范围等社会环境条件密切相关。20 世纪 90 年代初，在国内外还没有统一划定灾害等级标准的情况下，马宗晋等率先提出“灾度”的概念，将灾害等级分为“巨、大、中、小、微”五个灾度，“将死亡达到 10 万人，直接经济损失达 100 亿元的划为巨灾，以下每降低一个量级降小一个灾度”。[①] 这为相关部门应对不同层次的灾情和权责划分提供了依据。当前中国应对灾害的能力和社会经济发展水平大幅提高，灾害等级的划分标准亦应作相应调整，调整的规律是：人员伤亡的要求标准相对趋低，而直接经济损失的要求标准趋高。建立在科学的灾害等级基础之上的灾害分级管理工作十分重要，但灾害学研究者尚未能给出定量的分级管理制度。这个原则性问题还需深入研究，以求给出更加实际和科学的分级管理准则。[②] 清代国家财政力量变动与灾蠲制度演变的实践经验，可为这一问题的科学、深入研究和实施提供历史借鉴。

---

① 全国重大自然灾害调研组编著：《自然灾害与减灾 600 问答》，地震出版社 1990 年版，第 7 页。

② 孙绍骋：《中国救灾制度研究 · 马宗晋〈序〉》，商务印书馆 2004 年版，第 4 页。

第二章　清代缓征制度与田赋蠲缓

在清代鼎盛期，国家财政的3/4来源于田赋；晚清时期，其比重有所下降，但光绪三十四年（1908）前后依然占全部财政收入的1/3，田赋在财政上的重要地位仍旧不可撼动。[①] 作为“维正之供”的田赋，须涓滴归公，颗粒归仓，不容短欠，但农业极易受自然与社会环境之影响。战争之外，自然灾害是危及农业生产、造成田赋减损的首要因素，“究非人力所能挽回”，尤其是“水旱之灾，最足剥丧人民之元气，且为农业之一大障害”。[②] 为更好地发挥减轻灾民纳税负担的作用，缓征势在必行。

赋税缓征自宋代真宗以降，逐渐成为中国荒政的重要组成部分；在元明两代虽有因循却未得到重视，总体呈衰落之势；入清后迅猛发展，实施频率更高、范围更广，在荒政体系中的地位明显增强。[③] 清代缓征制度或与蠲免配套，或单独施行。约略言之，有蠲免者一般多有缓征，有缓征者不一定有蠲免。缓征与蠲免的关系，如清人杨景仁所言，“缓与蠲相表里，有先缓而后蠲者，有即蠲剩而后缓者”[④]。

---

① ［美］王业键著：《清代田赋刍论（1750—1911）》，高风等译，高王凌、黄莹珏审校，人民出版社2008年版，第105页。

② 张肇熊：《各处宜亟兴工厂以救民穷议》，载张枬、王忍之编《辛亥革命前十年间时论选集》第三卷，生活·读书·新知三联书店1977年版，第519页。

③ 杨乙丹：《中国古代灾荒赈贷制度研究》，商务印书馆2023年版，第379—381页。

④ （清）杨景仁：《筹济编》，载李文海、夏明方、朱浒主编《中国荒政书集成》第5册，第3206页。

本章条理清代缓征制度因革，结合蠲缓制度的实践演变，以州县（卫所）次数为单位，展示清代完整的蠲免、缓征、蠲缓时空演变趋势；述评灾蠲计量研究的成绩与不足，统计分析清中后期田赋蠲缓额，评估其对清代国家财政收入之影响。

一、清代缓征制度因革

清初的缓征多系灾蠲实施前的补充措施，目的是防止地方官于灾蠲核准之前，急于征收灾区钱粮。顺治八年（1651）规定："勘过被灾地方，暂停征比，以俟恩命。"[①] 由于查勘灾情、题报被灾分数至议准蠲免尚需时日，地方官在考成压力下，催收钱粮，灾民难得蠲免实惠。康熙四年（1665）三月，清廷准户部题奏：被灾州县，将当年钱粮"先暂行停征十分之三，候题明分数，照例蠲免"，使灾民得沾实惠。[②] 如州县故意将告示延迟，不即通行晓谕者，以违旨侵欺，从重议罪。道府降三级调用，抚司降一级调用。[③] 缓征制度在康雍乾三朝发展完善，或配合灾蠲，或单独施行；或缓征旧逋，或缓征新赋。

（一）蠲缓新赋并停缓旧赋

康熙朝前中期虽有蠲免新赋并停缓旧赋的做法，但未成定制。康熙帝蠲免钱粮时，特别注意各省届轮免之年停征旧欠，次年开征，既能避免官吏侵蚀已蠲之钱粮，又能宽舒民力，而且从首次轮免全国钱粮的17世纪80年代末之临时规定渐成18世纪初之定例。

康熙二十九年正月二十七日，户部议准山东巡抚佛伦题，沂州等州县卫所未完二十八年钱粮，俟收麦后征完报销。康熙帝却未准，谕曰：

> 山东康熙二十九年地丁钱粮全行蠲免，原欲使小民终年无有租赋，得以休息，均沾实惠。若将未完带征，必致借端混扰滋弊。这

① （清）昆冈：《（光绪）大清会典事例》卷二八二《户部一三一·蠲恤十七·缓征一》。

② 《清圣祖实录》卷一四"康熙四年三月丙申"条，《清实录》第4册，第218页。

③ （清）尹泰等：《（雍正）大清会典》卷三八《户部十六》。

本内，二十八年钱粮理应于岁内全完，今乃称仍有未完，显系地方官员明知今年已经蠲免，故行延缓逋欠，详请带征，希图乘此混将已蠲钱粮侵蚀肥己。该抚并不详察，即为具题请于二十九年麦登之后征完，殊属不合，着严饬。这未完钱粮，着于康熙三十年带征。[①]

三十年十二月二十二日，先是河南巡抚闫兴邦奏原武等46州县未完银36.242万两，因“百姓被灾，必不能依限全完，请俟来岁麦秋后征收”，户部议不准行。康熙帝谕云：河南省“连岁秋成未获丰稔，故颁谕将三十一年钱粮通行蠲免。今令依限征收逋欠，百姓必致苦累。这原武等州县未完钱粮，着于三十二年、三十三年带征”。[②] 三十七年五月十六日，户部议准山西巡抚倭伦题，静乐等5县未完三十六年钱粮限三十七年十月完结。康熙帝批评曰：山西省三十七年钱粮已全免，“静乐等县未完三十六年钱粮倘于三十七年征收，小民拮据输纳，仍致苦累。该部竟不详察即照该抚所题议奏，殊属不合”，其所欠钱粮于三十八年带征。[③]

康熙四十四年闰四月，李光地疏言：“上视民如伤，屡赐蠲免。然蠲免之岁，旧逋未与停止，故官吏追呼不辍，不肖者或缘旧逋以罔新额。若遇蠲免之岁，概停旧逋之征，则民终岁休息，实沾鸿仁矣。”康熙帝“立予施行，著为令”。[④] 据此，李光地似应是这一定例的最早提议者。五月初八日，康熙帝谕大学士马齐、席哈纳、张玉书、陈廷敬等：“本内请免带征拖欠钱粮一事，最当斟酌。凡免来年钱粮，必于岁前传旨者，特使百姓预知蠲免，不为有司所欺耳。今于免赋之年仍令带征旧欠，则不无朦混征收之弊。”命大学士查明具奏“此事行自何年”。[⑤] 虽然后续查明之具体情形不详，但十九日，康熙帝谕大学士等：“嗣后蠲免新年钱粮，如并免积欠，则带征俱免。如止蠲本年钱

① 《清代起居注册·康熙朝》（台北所藏）第1册，第45—46页。

② 《清代起居注册·康熙朝》（台北所藏）第2册，第1152—1153页。

③ 《清代起居注册·康熙朝》（台北所藏）第12册，第6387—6388页；《清圣祖实录》卷一八八（《清实录》第5册，第1002页）将此事系于五月庚寅（十七日）。

④ （清）李清植纂辑：《文贞公年谱》卷下，清道光五年（1825）刻本，第28页。

⑤ 《清圣祖御制文三集》卷八，载故宫博物院编《故宫珍本丛刊》第546册，海南出版社2000年版，第32页。

粮，无免旧欠之旨，则所有旧欠钱粮俱于次年征收，蠲免之年概不得开征。永著为例。”① 这表明轮免田赋的配套机制渐趋完善，效用更佳，如十一月康熙帝所言，“直隶各省每岁应输额赋，有以次递蠲者，有频蠲数年者，有将带征积欠暂令停征者。凡以蠲除额赋，专为小民乐业遂生。一岁以内，足不践长吏之庭，耳不闻追呼之扰，庶几休养日久，驯致家给户足而民咸得所”②。

雍正元年（1723），又有缓征灾区新赋并停缓旧逋之例。是年，山东、山西、河南连年歉收，当年钱粮全部缓征。雍正帝考虑到新赋既已缓征，节年民欠带征之项若仍追比，缓新而征旧，于百姓终无裨益，遂将山东康熙五十八年至六十一年带征未完钱粮、山西康熙五十六年至五十九年带征未完钱粮、河南康熙五十九年至六十一年缓征钱粮，停征一年。③

（二）以被灾轻重定带征年限

乾隆三年（1738）之前，缓征的形式与内容虽然多样，但总体而言较为笼统，未形成针对具体灾情的完善定制。如康熙七年，江南淮、扬二府被灾九分、十分田地之漕粮、漕项，缓至八年、九年带征。九年，淮、扬二府所属上年漕粮、漕项缓至康熙九年至十一年带征。④

乾隆三年，清廷始制定根据被灾轻重确定带征年限远近的详细规定。八月初八日，内阁奉上谕：

> 各省缓征钱粮，例于下年带征，以完国课。朕思年谷荒歉有分数多寡不同，若本年被灾尚轻，次年幸值丰收，则完纳带征之项尚不致于竭力。若本年被灾较重，则民间元气已亏，次年即遇丰收，小民既完本年应输钱粮，又欲完从前带征之项，力量岂能有余，必至竭蹶从事……今思虑及此，其如何酌量变通，著为定例，惠济斯

① 《清圣祖实录》卷二二一“康熙四十四年五月辛巳”条，《清实录》第6册，第227—228页。

② 《清圣祖实录》卷二二三“康熙四十四年十一月癸酉”条，《清实录》第6册，第242页。

③ （清）昆冈：《（光绪）大清会典事例》卷二八二《户部一三一·蠲恤十七·缓征一》。

④ （清）尹泰等：《（雍正）大清会典》卷三八《户部十六》。

民之处，九卿定议具奏。①

先前“缓征钱粮虽有缓至次年麦熟并秋后征收之例”，但“一年之内仍属新旧全征”，并且“不分别被灾之轻重，概于次年催令完纳，则被灾较重之地方，小民元气未复，诚不免于拮据”。户部随即商讨“将各省缓征钱粮作何酌量变通”之新规制的依据与标准。此前户部奉旨讨论“各省被灾田亩作何催征旧欠”，乾隆二年七月二十七日，清廷准户部议复安徽布政使晏斯盛之奏请：“被灾地方钱粮，次年麦熟后只令催征旧欠，其当年钱粮准于九月后再行催征。至被灾之处有延至深冬方得雨雪及积水方退者，必得次年春夏始得布种秋禾，缓至秋成催征。”乾隆三年五月确定的成灾五分蠲免十分之一的灾蠲新制，亦为户部参酌。三年八月二十六日，清廷允准户部议复：“蠲免钱粮之分数，既按被灾之轻重以为多寡，则带征钱粮之年分亦应视被灾之轻重以定催科……请嗣后除各省偶逢水旱，勘明被灾不及五分，有奉旨缓征及督抚题请缓征者，仍照该布政司晏斯盛条奏之例，分别缓至次年麦熟后及秋收后缓征（按：“催征”之误）外，如本年被灾八分、九分、十分者，灾伤较重，盖藏多虚，应将该年缓征钱粮俱分作三年带征，以纾民力。其被灾止五分、六分、七分者，虽收成歉薄而被灾较轻，民间尚不致于过窘，应将该年缓征钱粮分作二年带征完纳。”② 这一规定成为缓征制度的核心内容，亦表明该制度更加合理、完善。

此后，缓征制度虽有细微补充，但整体上未逾乾隆三年之制。如嘉庆二十年（1815）清廷重申：五分以下不成灾地亩钱粮，有奉旨缓征及督抚题请缓征者，缓至次年麦熟以后，其次年麦熟钱粮缓至秋成；若被灾之年深冬方得雨雪，或积水方退者，须另疏题明，将缓至麦熟以后钱粮再缓至秋成以后，

① （清）杨西明：《灾赈全书》，载李文海、夏明方、朱浒主编《中国荒政书集成》第5册，第2945—2946页；《清高宗实录》卷七四“乾隆三年八月戊子”条，《清实录》第10册，第181页。后者个别文字有异。

② （清）杨西明：《灾赈全书》，载李文海、夏明方、朱浒主编《中国荒政书集成》第5册，第2946页；《清高宗实录》卷七五“乾隆三年八月丙午”条，《清实录》第10册，第193页。按：清人杨景仁误认为此例肇始于乾隆元年，参见其《筹济编》，载《中国荒政书集成》第5册，第3208页。

新旧并纳。①

道光二十七年（1847）议定：“嗣后成灾五分以上，仍照例缓征。至五分以下勘不成灾，其中偶有一二村庄实应请缓者，该督抚务另折声叙，并将何区、何图及村庄名目，明晰开列，毋得笼统。”② 可见道光末年，清廷已加强对勘不成灾地区缓征钱粮的限制，而且要求呈报缓征村庄的详细信息。咸丰四年，清廷颁发上谕：“嗣后遇有灾歉缓征，务当详晰分数，于十月内奏到，以符定限。”③ 既要求奏报具体明确的缓征信息，又强调奏报及时勿延。

（三）蠲缓灾区并缓征毗连灾区钱粮

雍正三年，直隶省 74 州县被水歉收，照例蠲免、缓征。四年二月，雍正帝思量：“一省之中既有七十余州县收成歉薄，则必有向邻封隔县谋生觅食之民。当此青黄不接之时，闾阎岂能充裕。若仍照旧征收，民力输将未免竭蹷”，将其雍正四年钱粮全部停征。④ 类似的事例还发生于乾隆三十六年、三十七年。先是三十六年直隶省秋雨过多，宛平等 24 州县被灾较重，清廷蠲赈兼施，将蠲剩钱粮分年带征；此 24 州县内“毗连灾地应征钱粮，亦格外加恩，缓至秋后征收”。三十七年八月，上述缓征、带征钱粮将届开征。尽管该年直隶春夏以来，“雨旸时若，麦收既获丰登，秋稼并臻大有，实为数年来所仅见”，但乾隆帝念及上年“灾地贫民元气初复，宜益加培养，以冀盈宁”，除三十二年至三十五年带征钱粮数额较少可按例输纳外，三十六年缓征钱粮数额较多，“若令新旧同时并征，恐民力尚未免拮据”，再将宛平等 24 州县被灾蠲剩及毗连灾地处所应缓征三十六年银粮，缓至三十八年“麦熟后再行启征”。⑤

这种非定制地缓征毗连灾区钱粮的做法，最终在乾隆四十七年被确定下来。起因是河南境内黄河泛滥，下游的江苏、山东被水，清廷开展赈灾，并对重灾区破格延长赈恤期限。

---

① （清）昆冈：《（光绪）大清会典事例》卷二八八《户部一三七·蠲恤二三·灾伤之等》。
② （清）昆冈：《（光绪）大清会典事例》卷二八八《户部一三七·蠲恤二三·灾伤之等》。
③ （清）昆冈：《（光绪）大清会典事例》卷二八八《户部一三七·蠲恤二三·奏报之限》。
④ 《清世宗实录》卷四一“雍正四年二月戊寅”条，《清实录》第 7 册，第 609—610 页。
⑤ 《清高宗实录》卷九一四“乾隆三十七年八月丁卯”条，《清实录》第 20 册，第 246 页。

先是乾隆四十六年河南省境内黄河“漫水下注”，江苏巡抚萨载奏徐州府属之沛县、丰县、铜山、邳州、睢宁、宿迁，淮安府属之桃源县、海州并所属之沭阳等州县被淹，“骤难消涸”，至四十七年仍“不免成灾”，其中沛县、丰县、铜山、邳州被淹最重，展赈工作随即进行。四十七年八月十八日，乾隆帝发布上谕：沛县、丰县、铜山、邳州被淹最重，“加恩不必论月，即常予赈恤，统俟漫水消退再行停止”。[①] 九月十五日，乾隆帝考虑到地处河南下游的山东部分州县亦被水成灾，谕令山东巡抚明兴遵照江苏丰县、沛县之例，对被灾最重之地进行救恤：

> 山东兖、曹二府及济宁州各属州县卫俱当豫省下游，虽节经降旨令该抚详晰查明，分别抚绥，但豫省挑挖引河，须俟明春桃泛始行开放，为期尚久，恐一时未能全行涸出，灾民仍未免拮据。所有山东被水最重之各州县卫，着该抚明兴速行据实查明，即照江南丰、沛等州县之例，不必论月，常予赈恤，统俟漫水消退再行停止。[②]

江苏、山东所属州县虽然被淹范围不大，但受灾程度在全国灾情中尚属严重。十月初五日，乾隆帝针对全国灾情又谕：“本年各省被有偏灾地方，如江苏被灾较重之沛县、丰县、铜山、邳州四处，山东兖州、曹州二府属被灾最重之各州县卫，均加恩不论月分，常予赈恤。”[③]

明兴进京陛见，乾隆帝面询办灾事宜。明兴回奏，济宁、曹州等府属各州县中，其被水淹浸之乡所有村庄查明分数，“遵照恩旨，不拘月分，给予常川赈恤”；其未被水各乡“收成原属丰稔”，照例征收地丁银粮。十一月初五日，乾隆帝就此发布上谕：“各省办理灾赈事务，虽例应确查实在被水乡庄，给予赈恤，毋致冒滥，但一州一邑之中，其未经被水乡庄究与灾地不远。该处乡邻，敦任恤之谊，有无相通，自所必有。是未被灾之邻村，亦应加意休养，使得分其有余，以济不足”，提出新的救灾办法，将山东被水各州县中成灾在五分以上者，“其成熟之各乡庄，概予缓至明岁秋季征收，以纾民力”，

---

① 《清高宗实录》卷一一六二“乾隆四十七年八月壬午”条，《清实录》第23册，第571页。

② 《清高宗实录》卷一一六四“乾隆四十七年九月己酉”条，《清实录》第23册，第608页。

③ 《清高宗实录》卷一一六六“乾隆四十七年十月戊辰”条，《清实录》第23册，第630页。

同时传谕江苏巡抚萨载，将与山东毗连之江苏徐州等属情形查明，“遵照一体办理”。该上谕最后还有一条“著为令”的规定：“嗣后各直省遇有灾赈事务，将成灾五分以上州县之成熟乡庄，俱着照例一体缓征，俾得通融周济。”① 可见，此做法由针对山东灾赈而及江苏，再推向其他各省，变为定例。较之以往，这一出于取得更好赈灾效果的新规定，将缓征的地域范围和银粮数额大为扩展，对清中后期的田赋缓征与积欠衍生影响深远。

乾隆帝还规定缓征灾区新赋时，一并缓征毗连灾区之旧赋。十二年四月，山东巡抚阿里衮奏东平等42州县卫，已有8州县缓征钱粮。乾隆帝谕令东平等34州县卫十一年旧欠钱粮除已交外，余概缓至麦收后启征。②

以上新旧钱粮缓征的实施，使得“被灾之地，既纾其力，与灾地毗连之地亦停其征……自是毗连灾地之民，亦得免催科之苦……密迩灾区者，新赋旧逋，均得舒徐完纳，厚之至也”③。

（四）蠲剩漕项分年带征

乾隆十五年秋，江苏淮安府属之清河、桃源、安东、大河卫，徐州府属之邳州、宿迁、睢宁、海州并所属之沭阳等8州县1卫被水，清廷蠲赈兼施，将蠲剩漕粮缓至十六年冬征收。十六年二月，乾隆帝认为以上灾区十五年被水稍重，“即使今岁秋成丰稔，而灾歉之余，民气正宜培养”，将十六年应征完上年灾蠲余剩漕项米麦豆石，“分作三年带征，以纾民力”。④ 清人杨景仁认为“从此，蠲余漕项应征者亦有分年带征之例”⑤。

（五）恩蠲正赋并缓征耗羡

雍正七年规定，凡灾蠲钱粮，耗羡并免；如遇恩蠲，耗羡不免，而且于

① 《清高宗实录》卷一一六八“乾隆四十七年十一月戊戌”条，《清实录》第23册，第664页。

② 《清高宗实录》卷二八八“乾隆十二年四月甲子”条，《清实录》第12册，第755—756页。

③ （清）杨景仁：《筹济编》，载李文海、夏明方、朱浒主编《中国荒政书集成》第5册，第3208页。

④ 《清高宗实录》卷三八三“乾隆十六年二月壬辰”条，《清实录》第14册，第36—37页。

⑤ （清）杨景仁：《筹济编》，载李文海、夏明方、朱浒主编《中国荒政书集成》第5册，第3208页。按：引文标点有改动。

恩蠲当年输纳。这一规定在乾隆十一年有所变更。是年，乾隆帝于三年内普免地丁钱粮，他虽认可耗羡“乃有司养廉及办理公务之所必需”，应令照旧输纳，但认为实施普免，“所以藏富于民，且使闾阎之间终岁不闻催科之声”，若“正赋既蠲而耗羡又令完纳，是官民仍有交关，犹不免有追呼之扰”。正月初四日，乾隆帝颁发“蠲赋之年缓征耗羡”谕：“将蠲赋之年应征耗羡一并缓至开征之年，按数完纳，使小民于交官之便完此些须，不必两次伺候于公庭，亦体恤民情之意。”①

清代缓征制度在实践中因革损益，适应不同灾害等级、灾蠲类型和田赋类别，衍化出多样形式与丰富内容，最大限度地减轻了自然灾害对民众的影响，在制度的成熟与完善方面达到历史空前水平。以上五个方面的事例并不能涵盖缓征制度的全部内容。缓征的期限、数额、类别等各不相同：“缓之之期，有至次年麦熟后或秋成后征收者，有分作两年或三年或五年带征者。其所缓之数，有将额赋停征十分之三者，有全行停征者，有并停征积年未完之项者。其所缓之项，自地丁钱粮以及漕粮漕项银米，与夫灶地盐课、河租芦课、屯粮刍草之属，皆得缓其输纳。而常平、社仓粮石之借给者，亦许迟完焉。”正如清人杨景仁所言，“缓征之典，可谓溥博而周详，用宏休养，不扰追呼”，② 给予清代缓征制度高度评价。

二、清代蠲缓州县统计

为更直观地反映清代蠲缓实施的变化趋势，现依据《清实录》、《大清会典事例》（户部·蠲恤）、《清朝通典》（食货典）、《清朝通志》（食货略）、《清朝文献通考》（田赋考、国用考）、《清朝续文献通考》（田赋考、国用考）等，以州县次数为单位，对清代蠲缓情况进行统计。因所据《清实录》等资料中，有关蠲缓州县次的情况主要分为三类：蠲免、缓征，以及蠲免、缓征不分的“蠲缓”，故分别将上述三类整理为附表1—3。各表统计标准和方法

① 《清高宗实录》卷二五六“乾隆十一年正月辛未”条，《清实录》第12册，第318页。

② （清）杨景仁：《筹济编》，载李文海、夏明方、朱浒主编《中国荒政书集成》第5册，第3206—3208页。

如下：

第一，如同一州县，一年蠲（缓）三次，但蠲（缓）对象不同（除本年外，还有本年蠲缓上年、本年蠲缓下年），计作“3”；同一州县，一年中（不同月份、日期）既蠲（缓）地丁钱粮，又蠲（缓）漕粮、漕项，计作“2”，这类情况多集中于江苏省；同一州县，一年中如因不同灾种蠲（缓），如先后遭遇水、旱，因受灾村庄不同，计作“2”。卫所情况亦同。

第二，个别省份的县丞、州判等辖区，计入州县次；光绪十一年（1885）台湾建省后，其蠲缓州县次仍计入福建省；“东北”包括奉天、吉林、黑龙江蠲（缓）州县次数之和；蒙古地区各旗亦计作州县；凡“州县卫”连用，未出现州县、卫所名称，无法区分州县、卫所具体数者，统归入州县之列。

第三，如出现“通省”“某（几个）府、直隶州（厅）”等字样者，统计其所辖州县、卫所数；如出现类似“顺天等府”或“历城等县”情况，因具体数目不详，分别计入“顺天府”所属州县数、“历城县”。

第四，主要统计因水、旱、雹、霜、震、风、蝗等自然灾害引发的蠲免、缓征；灾情不明确，但有“歉收（薄）”情形亦计入，其中包括某省因连年灾歉而蠲免全省钱粮的情况；明确只因兵灾、战事侵扰等进行的蠲免、缓征，不予统计。

第五，以蠲缓地丁、漕粮等额赋为主，暂不统计蠲免、缓征出借籽种和口粮之州县次。因坍塌、堤占等原因永久豁除之地亩，以及无具体所属州县数之盐场、灶荡等，不计入。

第六，行政区划的变动及数量，均以灾害发生年或蠲免、缓征谕旨颁布时的区划为准。具体参照牛平汉主编《清代政区沿革综表》（中国地图出版社1990年版）。

此外，因篇幅所限，蠲（缓）卫所次数不列入附表1—3，但列入表2-1、表2-2和表2-3。

现以每10年为一时间单位，每10年灾蠲、缓征、蠲缓州县次各为一数量单位，分析其1644—1911年的变动趋势（见图2-1）。

清代蠲免州县次的最高峰出现在康熙三十一年至四十年（1692—1701）；

1800年以前的最低值出现在康熙六十一年至雍正九年（1722—1731），乾隆七年至十六年（1742—1751）达到峰值，此后的近40年基本处于稳定状态。自乾隆五十七年至嘉庆六年（1792—1801）始，出现明显回落趋势，道光十二年至二十一年（1832—1841）降至清代最低点。道光二十二年至光绪七年（1842—1881）呈缓慢回升态势。虽然光绪八年至宣统三年（1882—1911）又有回落，但总体上依然高于乾隆五十七年至同治十年（1792—1871）的水准。

清代蠲缓州县次在乾隆十七年至二十六年（1752—1761）达到第一个峰值，其后缓慢回落，在乾隆五十七年至嘉庆六年（1792—1801）降至清代最低点。此后一路攀升，在光绪八年至十七年（1882—1891）达到清代最高点，其后有所回落。

清代缓征州县次在乾隆七年至十六年（1742—1751）达到第一个峰值后缓慢回落。自乾隆三十七年至四十六年（1772—1781）始，渐呈上升趋势，在道光十二年至咸丰元年（1832—1851）达到较高值。咸丰二年至同治十年（1852—1871）数值有所回落，主要原因在于咸丰、同治年间的战乱导致蠲免多、缓征少，并不表明该时段“农业歉收”情况好转。同时段蠲缓州县次的不断上升可以印证这一点。大致自光绪八年至十七年（1882—1891）始逐渐回落。

整体而言，乾隆五十七年至嘉庆六年（1792—1801）是清代蠲缓实践发生重大变化的分水岭。此后，普蠲、大数额的恩免新赋等不复存在，灾蠲基本严格按照灾情等级执行，[①] 清代进入以灾缓为主的阶段。蠲缓制度的严格执行并非表明随着清政府财政经济能力的衰减，本该蠲免的部分归入缓征，而是不再像以前时常加增分数甚至全部蠲免。如《清史稿》所言清代灾蠲情况，嘉庆朝“无普免而多灾蠲，有一灾而免数省者，有一灾而免数年者”，即使在咸丰朝及以后，“国用浩繁，度支不给，然遇疆臣奏报灾荒，莫不立予蠲免。若灾出非常，或连年饥馑，辄蠲赈兼施。”[②] 这一记载符合历史事实。

① 鲍晓娜：《清代的蠲复》，载《耕耘集》，第226页。

② 赵尔巽等：《清史稿》卷一二一《志九十六・食货二》，中华书局1976年版，第3553页。

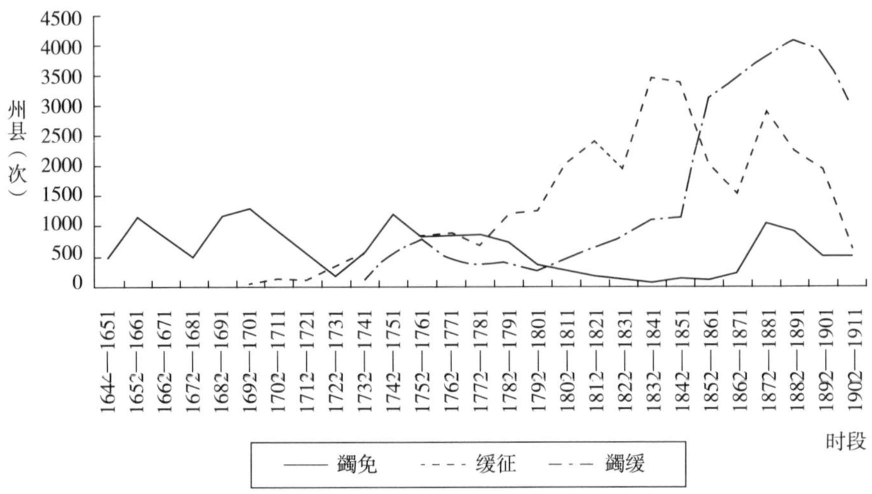

图 2-1　清代蠲免、缓征、蠲缓州县次（每 10 年）变动趋势

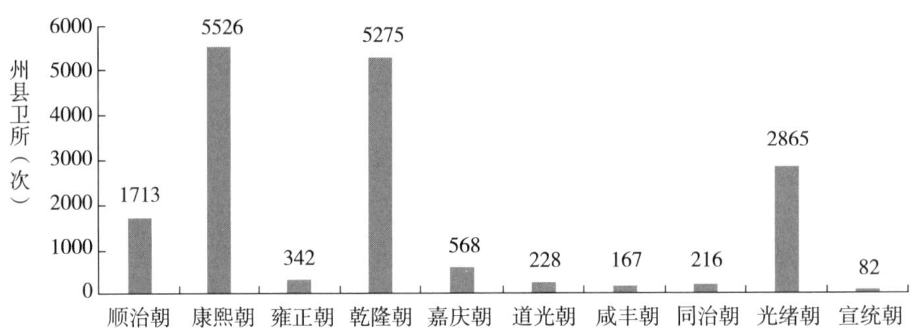

图 2-2　清代各朝灾蠲州县卫所次

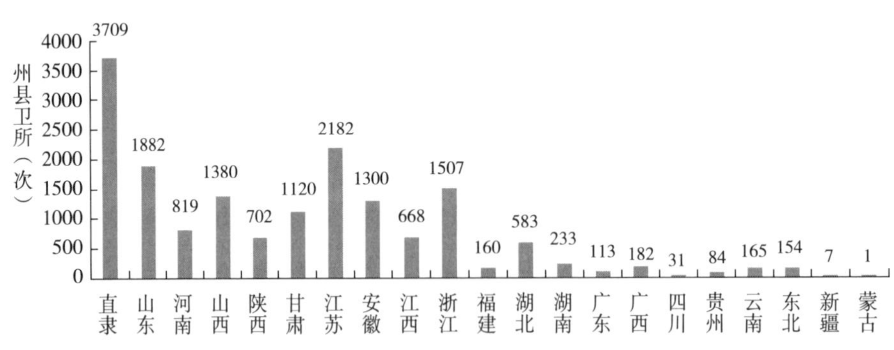

图 2-3　清代各省区灾蠲州县卫所次

据表2-1、图2-2、图2-3，清代灾蠲总计16211州县次、771卫所次。灾蠲州县卫所次数较多的有顺治朝、康熙朝、乾隆朝和光绪朝，四朝总计灾蠲州县卫所15379次，占清代灾蠲州县卫所总次数的90%以上；嘉庆朝及以后诸朝总计4126次，[①] 不足25%，可见灾蠲在清前期，尤其是顺治、康熙、乾隆三朝占比最大。虽然嘉庆朝及以后的灾蠲整体上有所减弱，但并非以往认为的蠲免在晚清已经崩解或消失，晚清时期的灾蠲依然在一定程度上有所回升。

顺治朝灾蠲州县卫所次数最多的省份是直隶，其次是山东，再次是山西、江西。康熙朝最多的是直隶，其次是江苏，再次是山东、江西。乾隆朝最多的是直隶，其次是江苏，再次是安徽、甘肃、山东。嘉庆朝最多的是直隶，其次是河南，再次是湖北、江苏、山西。光绪朝最多的是浙江，其次是山西，再次是直隶、江苏。整个清代，直隶灾蠲州县卫所次数最多，其次是江苏，再次是山东、浙江、山西。

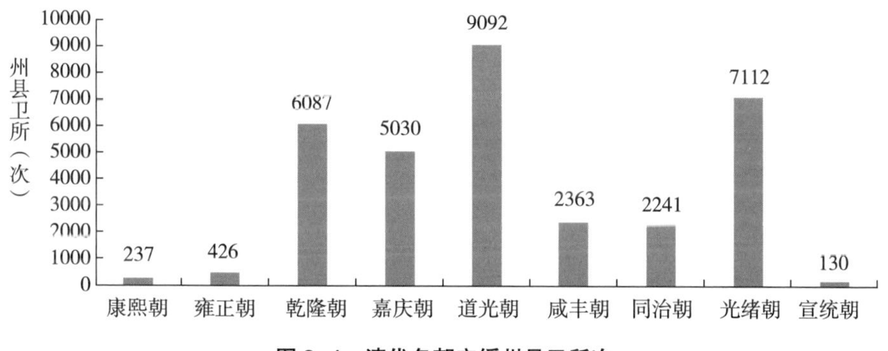

图2-4　清代各朝灾缓州县卫所次

① 刘森文统计嘉庆朝灾蠲州县1096次，道光朝灾蠲州县3214次，合计4310次（《清代嘉道时期的蠲免研究》，第38、49—51页），远高于本书统计的灾蠲州县784次，是因为其计入“蠲缓”州县次。“蠲缓”中缓征的比重更大，故不能径将“蠲缓”州县数计入“灾蠲”。本书统计嘉庆朝蠲缓州县1155次，道光朝蠲缓州县2996次，合计4151次（表2-3）。

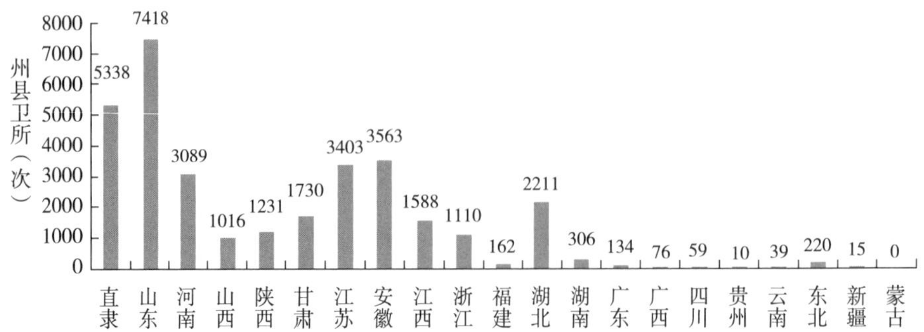

图 2-5　清代各省区灾缓州县卫所次

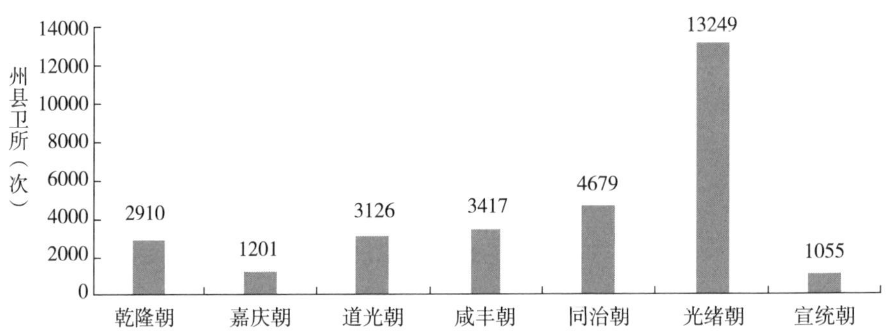

图 2-6　清代各朝蠲缓州县卫所次

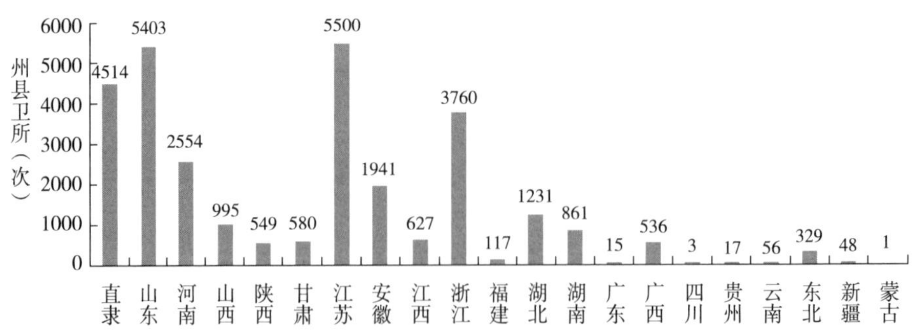

图 2-7　清代各省区蠲缓州县卫所次

据表 2-2、图 2-4、图 2-5，清代灾缓总计 31531 州县次、1187 卫所次。灾缓州县卫所次数较多的有乾隆朝、嘉庆朝、道光朝、光绪朝。其中道光朝位居各朝之首，嘉庆朝与道光朝灾缓州县卫所次数之和占清代灾缓州县卫所总次数的 43%以上，近乎一半。[①] 可见，缓征在嘉庆朝及其后日益占主要地位。

乾隆朝灾缓州县卫所次数最多的省份是山东，其次是直隶，再次是甘肃、江苏。嘉庆朝最多的是直隶，其次是山东，再次是江苏、河南。道光朝最多的是山东，其次是江苏，再次是直隶、安徽、河南。咸丰朝最多的是山东，其次是直隶，再次是河南。同治朝最多的是山东，其次是直隶，再次是安徽。光绪朝最多的是安徽，其次是山东，再次是直隶、河南。总体上，清代灾缓州县卫所次数最多的省份是山东，其次是直隶，再次是安徽、江苏、河南。

据表 2-3、图 2-6、图 2-7，清代因灾蠲缓总计 28322 州县次、1315 卫所次。光绪朝蠲缓州县卫所次数最多，约占清代蠲缓州县卫所总次数的 45%，近乎一半；其次是同治朝，再次是咸丰朝、道光朝。嘉庆朝及以后诸朝总计 26727 州县卫所次，占清代总次数的 90%以上。

乾隆朝蠲缓州县卫所次数最多的省份是江苏，其次是安徽，再次是甘肃、直隶。嘉庆朝最多的是直隶，其次是江苏，再次是安徽、山东。道光朝最多的是江苏，其次是直隶，再次是安徽。咸丰朝最多的是江苏，其次是山东，再次是浙江。同治朝最多的是山东，其次是江苏，再次是浙江、河南。光绪朝最多的是山东，其次是江苏，再次是直隶。宣统朝最多的是山东，其次是江苏，再次是浙江。总体上，清代蠲缓州县卫所次数最多的省份是江苏，其次是山东，再次是直隶、浙江、河南。

就清代各省区蠲免、缓征、蠲缓州县卫所次数而论，尽管直隶、山东的赋税负担不如江苏，但因密迩京畿，具有举足轻重的政治与军事战略地位，在遭遇自然灾害后，亦获得高频次的蠲免、缓征。

---

① 刘森文统计嘉庆朝灾缓州县 5230 次，道光朝灾缓州县 8120 次，合计 13350 次（《清代嘉道时期的蠲免研究》，第 52—54 页）。本书统计嘉庆朝灾缓州县 4876 次，道光朝灾缓州县 8721 次，合计 13597 次，总数基本持平（表 2-2）。

表 2-1　清代历朝各省区灾蠲州县卫所次

频次 时间 省区	顺治朝		康熙朝		雍正朝		乾隆朝		嘉庆朝		道光朝		咸丰朝		同治朝		光绪朝		宣统朝		总计	
	州县	卫所	州县	卫所	州县	卫所	州县	卫所	州县	卫所	州县	卫所	州县	卫所	州县	卫所	州县	卫所	州县	卫所	州县	卫所
直隶	297	54	1311	5	80		1093		250		109		14		42		454				3650	59
山东	246	2	679	45	112		502	34	34		7				3		218				1801	81
河南	53	5	300				292		54		1						114				814	5
山西	179	3	343	56			190		38		11		2				556	2			1319	61
陕西	143	6	286	15	3	1	109								47		91		1		680	22
甘肃	32		238	48	73	8	669	17			1		2				22		10		1047	73
江苏	89		748	51	12		825	88	37	4	14	2			8		283	6	15		2031	151
安徽	50		218	32	16	1	644	92	19	3	49	2	9		72		93				1170	130
江西	160	17	393	12			43		3				1		28		9	2			637	31
浙江	106		314	27	8		243	6	30	1	3		71	3	1		639	41	9		1429	78
福建	12		98	1			48										1				159	1
湖北	116	5	201	18	10	4	98	42	49		10		2				23		5		514	69
湖南	52	5	27				83		12								53		1		228	5
广东	10	3	28	1	2		66										3				109	4
广西													54				108		20		182	
四川			7	1	10		7										6				30	1
贵州	68						4						1				10		1		84	
云南			14		1		23		11		12		2		13		74		15		165	
东北			9		1		51		21		7		5		2		53		5		154	
新疆							[illegible]		2				1				3				7	
蒙古																	1				1	
总计	1613	100	5214	312	328	14	4996	279	560	8	224	4	164	3	216		2814	51	82		16211	771

表 2-2　清代历朝各省区灾缓州县卫所次

频次 时间 省区	康熙朝		雍正朝		乾隆朝		嘉庆朝		道光朝		咸丰朝		同治朝		光绪朝		宣统朝		总计	
	州县	卫所	州县	卫所	州县	卫所	州县	卫所	州县	卫所	州县	卫所	州县	卫所	州县	卫所	州县	卫所	州县	卫所
直隶	19		161		666		1075		1217		605		504		1088		3		5338	
山东	183		112	5	1358	48	841	64	2092	166	822	57	520	50	1039	59	2		6969	449
河南			19		526		388		772		298		212		874				3089	
山西					284		262		166		18		34		252				1016	
陕西					323		343		268		4		29		264				1231	
甘肃					598	7	342		549		167		52		15				1723	7
江苏	24		19		530	45	528	52	1372	147	133	17	51	4	429	22	30		3116	287
安徽	3		9		490	72	359	18	832	25	1		455		1182	76	41		3372	191
江西					58	2	158		390		85		106	5	704	28	48	4	1549	39
浙江	8		56		297	27	137	9	318	9	29		13		191	16			1049	61
福建					89		13		7		41		11	1					161	1
湖北			34		376	82	290	11	457	15	68	10	174	10	673	11			2072	139
湖南					52	1	30		149	9					64	1			295	11
广东			11		68		28		22						5				134	
广西					11		20								45				76	
四川					24	2	14								19				57	2
贵州					3		1		2						4				10	
云南					14		10		1						13		1		39	
东北					32		36		102		7		10		32		1		220	
新疆					2		1		5		1				6				15	
蒙古																				
总计	237		421	5	5801	286	4876	154	8721	371	2279	84	2171	70	6899	213	126	4	31531	1187

表 2-3　清代历朝各省区蠲缓州县卫所次

频次 时间 / 省区	乾隆朝		嘉庆朝		道光朝		咸丰朝		同治朝		光绪朝		宣统朝		总计	
	州县	卫所	州县	卫所	州县	卫所	州县	卫所	州县	卫所	州县	卫所	州县	卫所	州县	卫所
直隶	336	1	255		593		488		605		2153		83		4513	1
山东	159	2	146	11	77	8	577	42	1104	82	2890	122	178	5	5131	272
河南	157		108		94		397		655		1060		83		2554	
山西	97		1		97		12		43		695		50		995	
陕西	47		70						32		357		43		549	
甘肃	355		57		4		1				150		13		580	
江苏	622	69	220	22	719	88	555	65	694	96	1968	204	160	18	4938	562
安徽	445	86	147	10	461		250	3	62		378	22	76	1	1819	122
江西	54	4	15		134		56		178		146	12	26	2	609	18
浙江	246	21	72	3	304	8	568	28	630	35	1637	116	86	6	3543	217
福建	13		7				79		16				2		117	
湖北	77	18	19		316	11	100	11	152	6	449	14	58		1171	60
湖南	51	3	9		139	15	119	10	145	13	303	21	32	1	798	63
广东	4												11		15	
广西	9						36		131		300		60		536	
四川	3														3	
贵州	3				3						11				17	
云南	6		6		1						30		13		56	
东北	22		23		53		16				179		36		329	
新疆					1		4				31		12		48	
蒙古											1				1	
总计	2706	204	1155	46	2996	130	3258	159	4447	232	12738	511	1022	33	28322	1315

三、灾蠲计量研究的成绩与不足

目前尚无对清代（1644—1911）田赋灾蠲与缓征额、普免积欠额进行计量研究的成果。首次对清代（1644—1839）灾蠲额进行研究并产生重要学术影响的当是李向军的《清代荒政研究》。其统计方法和标准如下：

一是根据《清实录》《大清会典事例》及各省通志等资料，编制1644—1839年全国各省区灾蠲年表，利用兼具灾蠲州县数与钱粮数的233个数据样本，算取平均每州县灾蠲银约8107两，再据各省区灾蠲年表中的州县总数（15713个），计算蠲免地丁银127385291两，年均免银649925两。

二是用另一种统计方式推算验证以上数额的可靠性，步骤为：（1）根据各省区所辖州县数、乾隆三十一年各省额征田赋银，分别算取各省县均额赋银；（2）概以灾蠲十分之二（成灾七分）的比例，分别算取各省县均灾蠲银额；（3）据各省区灾蠲州县数，分别算取各省区灾蠲银额，合计各省总额为123462400两，年均约免银629905两；（4）灾蠲银总额除以灾蠲州县总数15713，得出平均每州县灾蠲银约7857两。李向军认为这样的推算，“没有考虑因灾全免的因素，蠲免平均比例取值也较低，其结果比数据计算的略低些，但二者十分接近。估计这与实际情况相距不会太远”。

因此，他估测清代每灾蠲一州县，约免银8000两，年均灾免银60余万两，196年灾蠲银1.2亿余两；加上蠲免灾欠的数额，灾蠲银总数在1.5亿两至2亿两。[①] 这一拓荒研究用大量数据明确了鸦片战争前清代荒政在国家财政支出中的位置，也弥补了清代财政史研究的空白，[②] 但是这一研究也存在不足，以下结合资料来源、数据估算、蠲缓制度演变予以说明。

首先，将《清实录》《大清会典事例》等作为主要资料来源，统计灾蠲州县数存在较大误差。《清实录》中的灾蠲资料，有的明确显示蠲免本年、上年、下年赋额，以此统计灾蠲州县数固然没有问题。但还有相当一部分

---

① 李向军：《清代荒政研究》，第57—60页。

② 李根蟠：《荒政研究中的拓荒之作——〈清代荒政研究〉》，《中国社会科学》1996年第3期。

仅显示蠲免“新旧额赋有差”，由于记载较简单，无法分辨哪些州县蠲免新赋，哪些州县蠲免旧欠。若仅统计灾蠲州县数以观察清代灾蠲变动趋势，蠲免旧欠州县数包含在内，误差不会太大，但如用以估算灾蠲银额，误差不容忽视。

其次，州县平均灾蠲银额计算、验证与使用不当。李向军的推算验证与数据计算虽然在各项结果上相差不大，但并不意味着可以彼此互证数额的准确可靠。恰恰相反，二者表面上看起来比较接近的各项数额，却内在、一致性地违背了清代荒政制度，将灾蠲数额扩大化。本书第一章已述，至晚于康熙八年，清廷已明确规定，被灾州县“按区图村庄地亩，别其分数，不以阖邑地亩通算”。乾隆朝的勘灾依然以村庄为基本单位，受灾分数不准“通县牵算”。尽管李向军对此规定十分清楚，[①] 但其上述推算验证仍以各省州县平均额征银为基准，即使取灾蠲比例较低的十分之二，亦是将全县额征银蠲免五分之一，再以此过高的平均值乘以灾蠲州县数，得出的灾蠲总额势必更大。因此，上述偶然的数值接近隐含着必然的逻辑错误，从而导致灾蠲总额与实际情况相去甚远。必须承认，在灾蠲钱粮数额不完整、不连续的情况下，并非完全不能使用州县平均灾蠲银的办法进行统计，但须充分考虑地域和时间差异。将州县平均灾蠲银 8000 两应用于全国范围进行统计，忽视区域比较，消弭了不同地区间的经济财赋差异，而这一差异是十分明显且不能回避的。

本书筛选出《清实录》、《大清会典事例》（户部・蠲恤）、《清朝通典》（食货典）、《清朝通志》（食货略）、《清朝文献通考》（田赋考、国用考）、《清朝续文献通考》（田赋考、国用考）等资料中既有具体灾蠲州县数，又有灾蠲银额的 121 个数据样本，呈现各省州县平均灾蠲银额的差异（见表 2-4）。

---

① 李向军：《清代荒政研究》，第 25 页。

表 2-4　清代各省州县平均灾蠲银额　　单位：两

省份	州县次	灾蠲银总额	州县平均灾蠲银	样本数	样本分属王朝
福建	14	193620.1	13830	4	康熙（1）乾隆（3）
浙江	119	1260868.6	10596	7	康熙（2）乾隆（5）
河南	28	282271	10081	8	康熙（1）乾隆（7）
江苏	257	1976645	7691	20	康熙（2）乾隆（18）
广东	13	81410.8	6262	3	康熙（1）乾隆（2）
湖北	40	189836.8	4746	7	康熙（1）乾隆（6）
直隶	285	1317693.4	4623	18	康熙（1）乾隆（8）嘉庆（9）
安徽	100	372226.84	3722	7	乾隆（6）光绪（1）
山东	281	834451.2	2970	15	康熙（2）乾隆（13）
陕西	153	393730.3	2573	9	康熙（1）乾隆（4）嘉庆（2）光绪（2）
云南	18	42758.37	2375	7	乾隆（1）嘉庆（5）道光（1）
山西	26	49569	1907	3	乾隆（3）
甘肃	161	260748.77	1620	9	康熙（3）乾隆（6）
湖南	8	4086	511	2	乾隆（2）
四川	4	132.6	33	2	乾隆（1）嘉庆（1）
总计	1507	7260048.78	4818	121	康熙（15）乾隆（85）嘉庆（17）道光（1）光绪（3）

说明：这些数据样本中排除虽包含具体灾蠲州县数与灾蠲银额却属于灾蠲积欠的数据。因为积欠时限较长，数额相对较大，不能准确反映某州县应蠲免当年（或前后年份）灾田额赋。康熙（1）指康熙朝有 1 个数据样本，以此类推。

由表 2-4 可以看出，江苏省数据样本最多，州县平均灾蠲银额也最接近 8000 两。如果采用《清代荒政研究》的统计方法，表 2-4 内灾蠲 1507 州县（次），灾蠲银总额 7260048.78 两，州县平均灾蠲银约 4818 两。此数值较 8000 两低很多，其原因除统计中难免遗漏相关资料外，主要在于排除蠲免旧欠的数据。两个数值的大小暂且不论，此“一刀切”式的计算方法难以反映清代实际州县平均灾蠲银额。从清代灾蠲实况考虑，福建的州县平均灾蠲银额不可能高达1.38万两，这主要是由该省有效统计样本太少所致。而同样数据样本较少的四川省，州县平均灾蠲银只有33两，亦难与实际符合。有效统计数据样本的多寡决定了算取平均值可靠程度的高低。如果以不少于7个数据样本得出的各省州县平均灾蠲银额具有可比性，则符合条件的有浙江、河南、江苏、湖北、直隶、安徽、山东、陕西、云南、甘肃10省。

《清实录》载有具体灾蠲州县数与蠲免钱粮额的资料多集中于江南重赋地区，据此得出的州县平均灾蠲银额总体上抬升了其他省份州县平均灾蠲银额。如果用此抬升后的州县平均灾蠲银额与前述灾蠲州县数（包含灾蠲旧欠的州县数）相乘，得出的灾蠲总额之误差被更加放大。

为进一步验证误差程度，现以清代最鼎盛时期乾隆元年至四十八年（1736—1783）的蠲免数额做一例证。该时段是清代灾蠲力度较大，也是灾蠲统计数据样本较集中的时期。乾隆四十九年，乾隆帝命户部查核乾隆年间普免钱粮、漕粮总数，以及各省水旱灾荒蠲免并民欠钱粮数额。九月十八日，户部复奏乾隆年间各省水旱灾荒蠲免钱粮及民欠未完银共1700余万两。[①] 据《清代荒政研究》统计1736—1783年灾蠲州县5212（次），[②] 按州县平均灾蠲银8000两计，则共灾蠲银约4170万两，是户部所奏蠲免数额的2.45倍。根据户部所奏蠲免银额及前述灾蠲州县数，得出州县平均灾蠲银约3262两。户部所奏蠲免数额尚包括蠲免民欠银在内，实际州县平均灾蠲银额还会更低。

再次，从清代蠲缓制度演变来看，顺治朝至康熙朝前期，灾蠲分数少、蠲免数额亦不大。不拘于灾蠲分数实施的蠲免，主要在康熙朝中后期及乾隆朝前中期，不包括雍正朝。自嘉庆朝始，基本严格按照成灾分数实施蠲免。综合考虑统计资料来源、州县平均灾蠲银额的计算与应用，加以《清实录》中兼具灾蠲州县数与蠲免钱粮额的资料不仅集中于江南地区，而且主要分布在灾蠲分数执行较为宽松的康熙朝中后期和乾隆朝前中期，前后约60年，那

---

① 《抄奏为查户部库贮银两及普免因灾蠲免钱粮数目片》（乾隆四十九年九月十八日），中国第一历史档案馆藏，灾赈档，缩微号：076-0736。

② 李向军：《清代荒政研究》，第219—222页。

么将州县平均灾蠲银8000两应用于1644—1839年的灾蠲统计，误差之严重不言自明。

最后，《清代荒政研究》认为积欠绝大部分是灾欠，主要由灾荒造成，因此，蠲免积欠被看作变相的灾蠲。[①] 这模糊了蠲免积欠与灾蠲的区别。不可否认，自然灾害是积欠产生的重要原因之一，蠲免积欠确实有相当一部分应划入灾蠲。但仅以乾隆二十二年谕旨"迩年来江浙间被偏灾，其积年未完之数又复不少。虽维正之供岁有常经，不宜任其逋欠，然天时之不齐，亦非尽小民之过"为据，[②] 而未具体研究清代普免积欠的演进、积欠衍生过程，以及普免积欠与财政的隐秘关系等问题，认为1644—1839年的蠲免积欠即灾蠲，失之偏颇。

四、清中后期田赋蠲缓统计

清中后期田赋蠲缓的计量研究主要依据以下资料、方法与统计标准。

首先，统计各省历年蠲缓州县数依然十分重要。由于《清实录》中相当一部分蠲缓资料无法分辨哪些州县属蠲缓新赋，哪些州县蠲缓旧赋，故统计各省蠲缓州县数以嘉庆朝至宣统朝的"上谕档"为主要资料。如有的年份数据缺失，再补以《清实录》《大清会典事例》等资料。

其次，清中后期州县平均蠲缓银粮额的计算与使用。虽然《清实录》中兼具蠲缓州县数与蠲缓银粮额的记载自嘉庆朝以后愈趋少见，自难再利用，但清宫档案有关晚清各省历年田赋奏销与蠲缓奏报中多有蠲缓银粮额。这部分具体数额多数情况下将蠲免额与缓征额合并计算总额，不能明确当年具体的蠲免额、缓征额。与此相对应，本书统计各省蠲免、缓征州县数时，将蠲免、缓征州县数合并计算。具备各省历年蠲缓州县数及其对应的蠲缓银粮额，不难计算各省州县平均蠲缓银粮额，从而弥补各省历年蠲缓银粮数据链不完

① 李向军：《清代荒政研究》，第58—60、72页。

② 《清高宗实录》卷五三〇"乾隆二十二年正月甲午"条，《清实录》第15册，第672页。按：乾隆二十四年闰六月，乾隆帝得知安徽省乾隆元年至二十二年积欠银45万余两，认为彼时连年丰稔，民力充裕，其中必有官侵吏蚀。参见本书第三章。

整之缺憾。为免遮蔽各省间及各省不同时段的财政经济差异，各省单独计算（不同时段）州县平均蠲缓银粮额。

最后，以上计量方法与标准还需从蠲缓制度方面加以说明。虽然具备各省光绪朝至宣统朝具体蠲缓州县数与银粮额，但以此得出各省州县平均蠲缓银粮额能否应用于嘉庆朝至同治朝？进一步说，按照蠲缓制度规定，蠲免钱粮固然无须缴纳，但缓征钱粮或应于次年麦后或秋收后缴纳，或分两三年带征，如此一来，蠲免额与缓征额合在一起统计是否合适？这确实是个非常值得注意且需谨慎处理的问题。将蠲免额与缓征额合并计算，除因应晚清各省蠲缓奏报将蠲免与缓征银粮合计的情况外，还需根据蠲缓制度之演变予以申述。如蠲缓制度规定，成灾五分至十分的钱粮，除按分数蠲免外，蠲剩部分分作两三年带征，则蠲免本身包含缓带征；勘不成灾及成灾州县内之成熟村庄钱粮亦应缓征。清中后期各省多数钱粮奏报之所以蠲免额与缓征额不分，即缘于此。更重要的是，自嘉庆朝至清末，缓征已然是蠲缓制度实施的主流，并涌现出各省年年缓征，且缓带征钱粮复年年展缓，新旧钱粮滚动积累的普遍现象（参见第四章），当这些缓带征钱粮积累到一定年限，遇清廷普免积欠时，连同成熟田地的民欠蠲免。在这个意义上，缓征钱粮和灾蠲钱粮殊途同归。自嘉庆朝始，蠲缓制度愈加严格按照灾情等级执行。因此，晚清各省州县平均蠲缓银粮额适用于嘉庆朝至同治朝。

兹以山东、江苏、云南（附贵州）为例，统计分析田赋蠲缓数额及其变动态势，并说明各省的统计方法与标准，然后再汇总分析全国田赋蠲缓之情形。

（一）山东省

清代山东是拱卫京师之要区，具有重要的政治、军事战略地位。康熙十一年（1672）《山东通志》云“山左为股肱近地”[①]。晚清山东巡抚张曜奏请设局重修《山东通志》时称：“山东密迩畿辅，拱卫神京”，“能为京师重镇

① 《（康熙）山东通志》，载《中国地方志集成·省志辑·山东》第1册，凤凰出版社2010年版，第3页。

者，莫如山东”。[①] 此外，山东的经济地位与作用亦十分显要。民国学人指出，山东省“绾毂南北，为北方平原之一部，物产之饶，甲于天下……今日田赋一项，收入且为全国各省冠”[②]。山东省的耕地有三方面优势：第一，耕地面积常居全国首位；第二，山地少，平原与丘陵地区皆宜农作；第三，气候在北方各省中最好，雨量最丰，温差较小。[③] 如此良好的农耕与气候条件使得山东田赋不仅关乎本省和跨区域经济社会发展，而且在清代国家财政收入中居重要地位。

学界涉及清代山东田赋及其与国家财政关系的代表性研究主要从以下两个角度展开。一是从财政史角度考量清代山东田赋在国家财政收入中的位置。如王业键统计估算乾隆十八年（1753）、光绪三十四年（1908）山东省额定应征地丁、粮税（含漕粮）折合白银数少于江苏、浙江，居全国第三位；从各省州县平均田赋征收额来看，山东与江苏、浙江、安徽均属于高收入区。张玉法考察清代山东田赋结构，指出其存在赋役不均、地方亏累、巧立名目、银钱折价、漕折浮收五个问题。崔岷指出，山东在咸同之际被清廷视为东南数省之外新的财赋之区，但山东团练的抗粮和敛费行为使得山东实际提供的田赋收入远低于清廷预期。[④] 以上研究均未明确清代山东田赋实征数额（田赋定额扣除蠲缓和民欠数额）及其对国家财政收入的影响。二是从灾害史角度统计清代山东被灾种类、州县频次，将蠲缓田赋作为荒政内容予以介绍，[⑤] 缺

---

① 《(宣统) 山东通志》，载《中国地方志集成・省志辑・山东》第 2 册，第 3 页。

② 林钦辰：《山东田赋研究》，载萧铮主编《中国地政研究所丛刊・民国二十年代中国大陆土地问题资料》(14)，成文出版社 1977 年版，第 6855 页。

③ 张玉法：《中国现代化的区域研究：山东省（1860—1916)》，“中央研究院”近代史研究所 1987 年版，第 840 页。

④ ［美］王业键著：《清代田赋刍论（1750—1911)》，高风等译，高王凌、黄莹珏审校，第 92—93、98—99、130—131 页；张玉法：《中国现代化的区域研究：山东省（1860—1916)》，第 70—80 页；崔岷：《“抗粮”与“敛费”：咸同之际山东田赋锐减的团练因素》，《山东师范大学学报》（人文社会科学版）2012 年第 4 期。

⑤ 如王树林《清代灾荒：一个统计的研究》，《社会学界》1932 年第 6 卷，第 222、224 页；张玉法《中国现代化的区域研究：山东省（1860—1916)》，第 95—100 页；孙百亮、梁飞《清代山东自然灾害与政府救灾能力的变迁》，《气象与减灾研究》2008 年第 1 期；王林《山东近代救济史》，齐鲁书社 2012 年版，第 9—16 页。

少对田赋蠲缓的计量研究，仅从制度层面谈及蠲缓田赋减轻灾民负担，失之偏颇。

山东省田赋蠲缓分为两次：其一为春季青黄不接时之上忙蠲缓；其二为秋季灾歉后之下忙蠲缓，亦可称为秋案蠲缓。特殊情况下，上、下忙之间也偶有蠲缓。每年上忙钱粮缓至麦后或秋后，视丰歉情形再确定征收或蠲缓，秋案内不仅包括下忙钱粮的蠲缓信息，也显示上忙缓征钱粮在秋季是否再次缓征，故根据历年秋案可以判断当年田赋蠲缓情况。

这一做法在乾隆朝前期的其他省区已存在，有一定普遍性。乾隆十年（1745），江苏巡抚陈大受疏称：清河、桃源、安东、邳州、睢宁、海州、沭阳、赣榆8州县与大河卫，夏灾田亩秋禾续被水淹，“其夏灾应蠲钱粮，统归秋灾案内办理”；九月，清廷准户部议：“各属夏灾分数，未便归并秋灾，应令该抚先行勘明夏灾田亩，分晰报部。其应蠲钱粮，再于秋灾案内一并声明具题。”[①] 从中可知，夏灾分数和被灾田亩勘明后即应报户部，其应蠲缓钱粮额并入秋灾案内呈报。这一惯例延至民国前期，“各县经征丁漕，向例于秋灾定案以后，造具应征、应缓数目清册，呈厅备案”[②]。

清代荒政规定，蠲免、缓征田赋须以被灾村庄田亩面积为准，而已有研究因缺失被灾田亩面积、村庄数，只能以州县卫所数为依据。《清高宗实录》中最早出现山东省缓征州县与村庄数的记载是在乾隆五十六年，仅此一例，涉及11州县1392村庄。乾隆五十六年九月十四日，被水之潍县南台社等109庄、昌邑县任流社等149庄、平度州傅家回社等67庄、高密县张家大庄等169庄，缓征“本年钱粮仓谷及历年旧欠”；被旱之临清州新庄等112村庄、邱县南屯等57村庄、馆陶县孟家庄等159村庄、平原县大王庄等48村庄、高唐州于家庄等130村庄、德州南刘李庄等155村庄、恩县腰站等237村庄，以及临清、德州二卫被旱村庄，“所有历年带征新旧钱粮”缓至次年麦收后完纳，应征漕米缓征一半。[③] 山东省自嘉庆二十年（1815）始在“上谕档”中出现蠲

① 《清高宗实录》卷二四九“乾隆十年九月辛卯”条，《清实录》第12册，第209页。

② 林钦辰：《山东田赋研究》，第6959页。

③ 《清高宗实录》卷一三八六“乾隆五十六年九月丙戌”条，《清实录》第26册，第612页。

缓州县数与村庄数等信息。嘉庆朝以降山东省秋案蠲缓数据并不整齐划一，以下根据其阶段特征逐步完成统计。

第一，根据《嘉庆朝上谕档》《清仁宗实录》，将嘉庆元年至十九年（1796—1814）山东省秋案内有蠲缓州县数而无具体村庄数之信息整理为表2-5，合计707州县（次）。

表2-5　1796—1814年山东省蠲缓州县次

年份	蠲缓州县次	资料来源（括号内为册数，全书同）
1796	6	《嘉庆道光两朝上谕档》（2），页246
1797	5	《嘉庆道光两朝上谕档》（2），页278
1798	13	《嘉庆道光两朝上谕档》（3），页30
1799	47	《嘉庆道光两朝上谕档》（4），页60—61、299—300
1801	32	《嘉庆道光两朝上谕档》（6），页312、368、400
1802	85	《嘉庆道光两朝上谕档》（7），页37、285、331
1803	34	《嘉庆道光两朝上谕档》（8），页299；《清实录》（29），页646、655
1804	28	《嘉庆道光两朝上谕档》（9），页19、379
1805	20	《嘉庆道光两朝上谕档》（10），页479
1806	20	《嘉庆道光两朝上谕档》（11），页6
1807	2	《清实录》（30），页433
1808	2	《清实录》（30），页673
1809	2	《嘉庆道光两朝上谕档》（14），页543
1810	16	《嘉庆道光两朝上谕档》（15），页473
1811	90	《清实录》（31），页279、356
1812	146	《清实录》（31），页440、530、544、609
1813	120	《嘉庆道光两朝上谕档》（18），页43、151、327
1814	39	《清实录》（31），页854
合计	707	

第二，根据中国第一历史档案馆藏朱批、录副奏折，以及《嘉庆道光两朝上谕档》《咸丰同治两朝上谕档》《光绪宣统两朝上谕档》《光绪朝朱批奏折》《宫中档光绪朝奏折》《清宣宗实录》《清德宗实录》，将嘉庆二十年至宣

统三年（1815—1911）山东省秋案内蠲缓州县数、村庄数编制为附表4，总计蠲缓7040州县（次）963038村庄（次），个别年份只有蠲缓州县数。从中筛选并统计兼具州县数与村庄数的数据，合计5952州县（次）963038村庄（次），平均每蠲缓1州县（次）约含162村庄（次）。

第三，据《光绪宣统两朝上谕档》《光绪朝朱批奏折》《宫中档光绪朝奏折》及中国第一历史档案馆藏录副奏折，将光绪十二年至宣统二年（1886—1910）山东省秋案蠲缓村庄数及蠲缓银、粮额整理为表2-6。

表2-6　1886—1910年山东省秋案蠲缓村庄数与银粮额

年份	村庄数	蠲缓银（两）	蠲缓粮（石）	资料来源
1886	10313	255394	66940	《光绪宣统两朝上谕档》（12），页454—459
1887	9615	206811	66082	《光绪朝朱批奏折》（65），页746—752
1888	11163	186215	73669	《光绪朝朱批奏折》（66），页29—35
1889	15847	384954	89750	《光绪朝朱批奏折》（66），页229—237
1890	21393	443503	135955	《光绪宣统两朝上谕档》（16），页328—336
1891	8702	157005	8645	《光绪朝朱批奏折》（66），页546—552
1892	11438	231659	72560	《光绪朝朱批奏折》（66），页706—713
1893	7991	199603	48886	《光绪朝朱批奏折》（67），页40—47
1894	10749	175748	74454	《光绪朝朱批奏折》（67），页243—250
1895	15772	261460	91731	《光绪朝朱批奏折》（67），页475—484
1896	8831	146857	52948	《光绪朝朱批奏折》（67），页708—715
1897	8234	130881	47765	《光绪朝朱批奏折》（68），页3—10
1898	17554	313128	100203	《光绪朝朱批奏折》（68），页218—227
1899	5590	120217	44520	《光绪朝朱批奏折》（68），页407—417
1900	5920	114908	76718	《宫中档光绪朝奏折》（13），页862—867
1901	9050	152842	64069	《光绪朝朱批奏折》（68），页739—746
1906	9580	101318	40629	光绪三十二年十一月初七日清单，录副03-6288-070
1907	8198	79156	38751	光绪三十三年十一月十五日清单，录副03-7114-058
1910	9738	99802	39686	宣统二年十一月三十日清单，录副03-7501-033
合计	205678	3761461	1233961	

表 2-6 总计蠲缓 205678 村庄（次），蠲缓银 3761461 两、粮 1233961 石；平均每村庄（次）约蠲缓银 18.29 两、粮 6 石。根据每州县包含村庄数、每村庄蠲缓银粮额，可以重构清中后期山东省以村庄为单位的蠲缓数据序列，以此统计清中后期山东省田赋蠲缓额（表 2-6 各年蠲缓银粮额照录，不估算）。

据附表 10，1796—1911 年的 116 年间，清廷总计蠲缓山东田赋银 22832156 两、粮 7522861 石。以 18 世纪中期山东省定额田赋银 3397000 两、粮 508000 石计，[①] 清廷近乎免除该省 7 年田赋额征银、15 年额征粮。

兹以每 5 年为一时间单位，每 5 年平均蠲缓银粮额为一数量单位，分析山东省 1796—1911 年田赋蠲缓额变动情形（见图 2-8）。

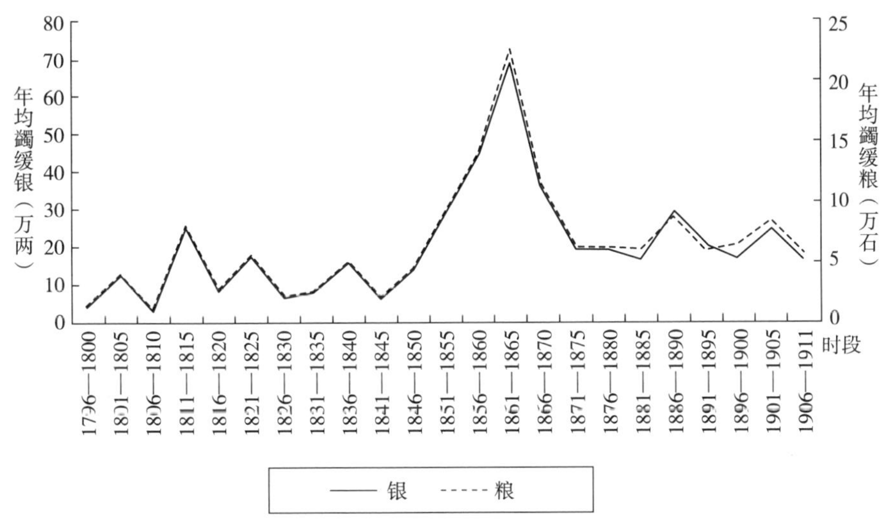

图 2-8　1796—1911 年山东省蠲缓银粮额（每 5 年平均）变动趋势

山东省自嘉庆元年至道光三十年（1796—1850），除嘉庆十六年至二十年（1811—1815）田赋蠲缓突破银 20 万两、粮 5 万石外，其余均在银 10 万两、粮 5 万石上下。咸丰元年至同治九年（1851—1870），递增至银三四十万两、

① ［美］王业键著：《清代田赋刍论（1750—1911）》，高风等译，高王凌、黄莹珏审校，第 92 页。

粮10万石上下，其中咸丰十一年至同治四年（1861—1865）峰值银近70万两、粮突破20万石。同治十年（1871）至清末，回落至银20万两、粮6万石上下，但整体上仍高于嘉道时期的水准。咸同之际，山东省钱粮蠲缓数额可与文献印证，其原因虽不免灾荒与战争，但亦非全然由此造成。同治三年六月十五日，阎敬铭奏称山东省钱粮岁额应解藩库银二百七八十万两，若“正额尽归于公，即地方间有灾缓，军需间有垫办，何至十余年来前后比较”，只有同治二年藩库收180余万两为最多，年均短少90余万两，“此固不能尽诿之水旱盗贼”。[①] 十月二十日，阎敬铭进一步指出山东各属缓欠舞弊，“十余年来，每年除实在缓欠外，侵蚀总在百万两以上”[②]，年均侵蚀银10万两。据此估计，咸同时期，一般情况下山东省年均蠲缓银近1/3系虚捏。

（二）江苏省

江苏是清代财赋重地，所承担之田赋冠于各省。虽然江苏与河南登记的土地面积相近，但前者的田赋近乎后者的两倍。[③] 因江苏治赋纷繁，清廷于乾隆二十五年增设江宁藩司，原驻江宁办上江事之安徽藩司移驻安庆，分江苏布政使为江宁、苏州各一人，分理该省赋税征收。[④] 清中后期江苏省田赋蠲缓统计分为以下步骤。

第一，根据《清实录》、《大清会典事例》、“上谕档”等资料，将江宁藩司、苏州藩司所属嘉庆元年至宣统三年（1796—1911）蠲缓地丁、漕粮州县（次）整理为附表5。其中，自道光二十七年（1847）始，江苏省地丁等项银与漕粮分别奏报；嘉庆元年至道光二十七年（1796—1847）蠲缓漕粮州县数不明确者，径取蠲缓地丁州县数；光绪朝与宣统朝个别年份蠲缓州县卫数目

---

① （清）阎敬铭：《抚东奏稿》（一），载《近代史资料》总121号，中国社会科学出版社2010年版，第89—90页。

② （清）阎敬铭：《抚东奏稿》（九），载《近代史资料》总129号，中国社会科学出版社2014年版，第109页。

③ ［美］王业键著：《清代田赋刍论（1750—1911）》，高风等译，高王凌、黄莹珏审校，第92、98页。

④ （清）吴振棫：《养吉斋丛录》，中华书局2005年版，第38页；《清朝通典》卷三四《职官十二》，浙江古籍出版社2000年版，第2209页。

缺失者，据相近年推算。

第二，鉴于江苏田赋在清代财政上的重要性，以及其在清中后期的变化与所存问题的复杂性，对该省田赋蠲缓的统计需紧密结合各时段的变动特征，方能尽量避免统计工作偏离实际较远。

以下为整理各时段尤其是清中后期各帝在位期间的银粮蠲缓数据。

嘉庆朝田赋蠲缓奏报资料缺失之处，利用同时期的积欠档案弥补。嘉庆二十四年七月，两江总督孙玉庭等呈报江苏省嘉庆元年至二十二年（1796—1817）民欠与缓征银粮，其中江宁藩司所属嘉庆元年至二十二年因灾缓征地丁、屯折、芦课等款，以及二十一年以前漕项正耗共银3062039两、南屯兵漕行月米麦豆1011405石，又阜宁等7县嘉庆二年至二十二年民折官办漕价节年民欠并因灾递缓共银413517两；苏州藩司所属嘉庆九年、十年、十二年、十五年、十九年因灾缓带征地丁与芦课等项正耗共银233230两、漕南行月等米8540石。[①] 八月十九日内阁奉上谕，蠲免该省嘉庆二十二年漕项未完正耗银149197两、米麦豆42353石。[②] 如果将嘉庆二十二年未完漕项银米归于江宁藩司下，则江宁藩司所属嘉庆元年至二十二年因灾缓征地丁、屯折、芦课、漕项等银共3624753两，漕南行月等米麦豆1053758石。又据附表5，此时段，江宁藩司所属共蠲缓地丁等项银475州县（次）、漕粮428州县（次），苏州藩司所属共蠲缓地丁等项银92州县（次）、漕粮88州县（次），则嘉庆朝江宁藩司所属每州县平均约蠲缓地丁等项银7631两、漕南等粮2462石，苏州藩司所属每州县平均约蠲缓地丁等项银2535两、漕南等粮97石。

虽然笔者搜集到道光朝多数年份的钱粮征收奏报（销）资料，但由于蠲缓地丁、漕粮与径支驿站俸工、祭品、闸浅夫工食，拨补老荒役食、廪膳、盐课缺额等款项混杂，难以判断蠲缓地丁、漕粮具体数额，故道光朝州县平均蠲缓银粮额仍采取上述嘉庆朝之办法。道光二十六年六月，两江总督壁昌等奏报江苏省道光十一年至二十年（1831—1840）因灾缓征项下：江宁藩司

① 《两江总督孙玉庭江苏巡抚陈桂生呈江苏省实在节年民欠及因灾缓带银米各数清单》（嘉庆二十四年七月二十二日），录副03-1738-052。

② 中国第一历史档案馆编：《嘉庆道光两朝上谕档》第24册，第420页。

所属地丁、漕项等款共银 3322703 两，漕南米麦豆等 1051614 石；苏州藩司所属地丁、漕项等款共银 2817544 两，漕南米麦豆等 2679281 石。[①] 据附表 5，同时段，江宁藩司所属蠲缓地丁等银共计 310 州县（次）、漕粮 272 州县（次），苏州藩司所属蠲缓地丁等银 225 州县（次）、漕粮 194 州县（次），可得道光朝江宁藩司所属每州县平均约蠲缓地丁等项银 10718 两、漕南等粮 3866 石，苏州藩司所属每州县平均约蠲缓地丁等银 12522 两、漕南等粮 13811 石。

咸丰与同治朝是江苏省受自然灾害和战争侵扰最严重的时期。太平天国、捻军等农民起义与清军对抗，使得该地区长期处于动乱之中，大片田土荒芜，民众死亡流徙，社会秩序混乱，正常的田赋蠲缓、征缴与奏报工作一度中断。目前所见该时期田赋奏报资料较少。

咸丰七年（1857），清廷蠲免江苏咸丰六年以前积欠。苏州藩司迟至咸丰十年春查报将齐，适逢太平军攻破清军江南大营，再由陆路东至常州、苏、松等处，当时“郡县相继沦陷，各衙门册卷仓库全行毁失……军书旁午，戎马近郊，战守兼筹，不遑兼顾地方公事”。同治元年（1862），清廷蠲免各省咸丰九年以前积欠。三年，太平天国起义失败后，清廷又蠲免江苏省克复以前之积欠，苏州藩司“或以地方尚被贼扰，或以城池甫经克复，案卷不全，属册未齐，致未结总请豁”。十一年九月十八日，清廷蠲免同治六年以前各省积欠，而此时江苏省“同治六年以前地漕钱粮奏销，因军务初平，展缓未办”。[②] 十二年，据苏州布政使恩锡、江安粮道卫荣光等查报，除太湖、嘉定、宝山 3 厅县钱粮均系年清年款，宜兴、荆溪、丹阳、金坛、溧阳 5 县受战事影响最深，同治六年以前尚未启征钱漕均无欠款应豁外，其余长洲等 32 州县厅卫咸丰十年至同治六年灾缓地丁、驿站、屯折、漕项、芦课等银 180246 两，

① 《两江总督璧昌江苏巡抚李星沅奏报遵查积年民欠及因灾缓征银粮未完各数清单事》（道光二十六年六月二十三日），录副 03-3092-071。

② 《苏松等属积欠同治六年以前钱粮吁恳豁免折》（同治十二年十一月二十七日，朱批日期），载江苏省财政志编辑办公室编《江苏财政史料丛书》第 1 辑第 1 分册，方志出版社 1999 年版，第 230—231 页。

漕南米豆等 45127 石。[1] 光绪二年（1876）三月，江宁布政使梅启照、江安督粮道刘传祺奏报查办咸丰十年至同治六年积欠：除江宁府属之上元等 7 县同治六年以前钱粮，扬州府属仪征县同治三年以前钱粮均归兵案内先已豁除，淮安府、徐州府所属 19 州县卫同治六年以前民欠钱粮已于捻军平定案内豁免，均无须查办外；其余 13 州县厅卫咸丰十年至同治六年并仪征县同治四年至六年共计灾缓地丁、屯折、漕项、芦课等正耗银 1009862 两，漕南米麦等 331283 石。[2] 光绪元年，清廷蠲免各省同治十年以前积欠。二年七月，苏州布政使恩锡等查报，川沙、宜兴、荆溪、崇明 4 厅县并金山邦各年钱粮均系年清年款外，其余长洲等 35 州县厅卫同治七年至十年灾缓征地丁、漕项、屯折、芦课等项正耗银 41985 两，南漕米豆等 10789 石。[3] 四年九月，江宁布政使孙衣言、江安督粮道松椿查报山阳等 33 州县厅卫同治七年至十年灾缓地丁、屯折、漕项、芦课等项正耗银 1598148 两，漕南米麦豆 306682 石。[4]

由上可知，清廷于同治十一年、光绪元年接续蠲免江苏省咸丰十年至同治十年积欠，其中灾缓项下：苏州藩司所属计银 222231 两、粮 55916 石，江宁藩司所属计银 2608010 两、粮 637965 石。仅就灾缓数额看，苏州藩司远低于江宁藩司，但并非就此可以断定前者受灾害或战争影响较后者轻，恰恰相反，正是由于前者受灾害或战争影响更严重，大部分钱粮或已被豁免，或尚未奏销而未入蠲免积欠案。此外，据附表 5，咸丰十年至同治十年（1860—1871），苏州、江宁两藩司所属蠲缓地丁和漕粮州县数，不论是两藩司内部的纵向比较，还是两藩司间的横向比较，均相差不大。因此，苏州藩司所属蠲缓银粮额参照江宁藩司所属蠲缓银粮额，而且后者同治朝的州县平均蠲缓银粮额亦适用于咸丰朝。再据上文江宁藩司蠲免积欠案内之灾缓州县卫，咸丰

---

① 《苏松等属积欠同治六年以前钱粮吁恳豁免折》（同治十二年十一月二十七日），载江苏省财政志编辑办公室编《江苏财政史料丛书》第 1 辑第 1 分册，第 232 页。

② 《查明淮扬等属同治六年以前积欠钱粮恳恩豁免折》（光绪二年三月二十五日），载江苏省财政志编辑办公室编《江苏财政史料丛书》第 1 辑第 1 分册，第 418—419 页。

③ 《民欠同治十年以前钱粮请豁折》（光绪二年七月二十三日），载江苏省财政志编辑办公室编《江苏财政史料丛书》第 1 辑第 1 分册，第 421 页。

④ 《淮扬等属同治十年前民欠恳请豁免折》（光绪四年九月二十日），载江苏省财政志编辑办公室编《江苏财政史料丛书》第 1 辑第 1 分册，第 423 页。

十年至同治六年有13州县1卫，同治七年至十年有29州县4卫，总计缓征银244州县卫（次）、缓征粮220州县（次），得出州县平均约缓征银10689两、粮2900石，但此粮石平均值稍后据表2-7修正为4208石。

由于江苏省嘉庆、道光、咸丰、同治各朝积欠数额内不包含历年灾蠲及部分缓带征已完银粮，故上述各朝所取州县平均蠲缓银粮额应低于实际值。

咸丰、同治朝大规模战乱结束后，清代进入光绪朝相对和平、稳定的时期，钱粮奏报、奏销制度逐渐恢复。据该时期钱粮奏报资料，将光绪十四年至三十四年（1888—1908）苏州、江宁两藩司所属荒缺银、蠲缓银等项数额整理为附表6，其中银额包括地丁、驿站、俸工、扛脚等项，不含漕项银。光绪朝州县平均蠲缓银粮额主要经由以下过程算取。

（1）确定江苏省州县平均蠲缓地丁等银额。据附表6，1888—1908年苏州藩司所属合计蠲缓地丁等项银4630631两、江宁藩司所属合计蠲缓地丁等项银6291367两；同一时期，苏州藩司、江宁藩司所属分别蠲缓地丁等项695州县次、802州县次（见附表5），则苏州藩司、江宁藩司所属州县平均蠲缓地丁等项银分别为6663两、7845两。

（2）确定江苏省州县平均蠲缓漕项银额。根据江宁藩司所属光绪十四年、十六年、十八年、二十五年、二十六年受灾州县蠲缓银粮清单，[①] 将各年州县卫灾歉面积、蠲缓银（地丁、漕项银等）、蠲缓粮（漕粮、南米等）数额整理为附表7。再进一步将其中蠲缓银粮州县（含厅、卫）数、灾歉面积、蠲缓银粮额整理为表2-7。

① 《两江总督曾国荃江苏巡抚崧骏呈江淮等属州县卫光绪十四年秋禾被灾漕芦田地缓征银米等清单》（光绪十四年十一月二十一日），录副03-9967-003；《署理两江总督沈秉成江苏巡抚刚毅呈江宁等属光绪十六年秋禾被灾饬由该管督勘被歉漕芦田地开缮区图村庄缓征银米清单》（光绪十六年十一月十七日），录副03-6237-053；《呈江苏光绪十六年秋收歉薄之靖江县漕芦各田区图顷亩缓征银米各数清单》（光绪十七年，月日不详），录副03-6242-043；《两江总督刘坤一江苏巡抚奎俊呈江宁淮安等属各州县卫光绪十八年秋禾被旱被淹区图村庄顷亩蠲缓银两等清单》（光绪十八年十二月二十日），录副03-9475-009；《两江总督刘坤一江苏巡抚鹿传霖呈江苏省江宁淮安等属光绪二十五年秋禾灾歉田地区图村庄缓征银米等数清单》（光绪二十五年十二月初二日），录副03-6265-010；《两江总督刘坤一护理江苏巡抚聂缉槼呈江宁淮安等属光绪二十六年秋禾被旱被淹田地顷亩缓征银两各数清单》（光绪二十六年十二月十一日），录副03-6269-016。

表 2-7　1888—1900 年江宁藩司所属蠲缓州县数、灾歉面积与蠲缓银粮额

年份	蠲缓银州县	面积（顷）	蠲缓银（两）	蠲缓粮州县	面积（顷）	蠲缓粮（石）
1888	39	152015	386285	36	144908	133389
1890	38	112226	273977	35	108052	96177
1892	38	124254	337982	35	119512	119624
1899	37	90419	205340	34	86766	74117
1900	39	96595	239904	36	92985	88369
合计	191	575509	1443488	176	552223	511676

据表 2-7，江宁藩司所属 191 州县（次）共蠲缓地丁、漕项等银 1443488 两；附表 6 江宁藩司所属各相应年份共蠲缓地丁等项银（不含抛荒无征银）1153919 两，二者之差即蠲缓漕项银 289569 两，故江宁藩司所属州县平均约蠲缓漕项银 1516 两。再据表 2-7，灾歉面积合计 552223 顷、蠲缓粮 511676 石，得出江宁藩司所属州县灾歉田平均每顷约蠲缓粮 0.93 石。目前所见苏州藩司所属蠲缓漕项银资料有限，无法进行可靠统计，苏州藩司所属州县平均蠲缓漕项银额与江宁藩司取同一值（1516 两）。

（3）确定江苏省州县平均蠲缓粮额。据光绪二年至十五年（1876—1889）江宁藩司所属漕粮蠲缓奏报清单，将蠲缓州县数、灾歉面积整理为表 2-8。

表 2-8　1876—1889 年江宁藩司有漕州县灾歉面积

年份	州县数	灾歉面积（顷）	资料来源
1876	31	135591	光绪二年十月二十九日清单，录副 03-7098-013
1878	31	105877	光绪四年十一月初二日清单，录副 03-9626-055
1879	31	93274	光绪五年十一月初三日清单，录副 03-9465-028
1880	31	105476	光绪六年十一月十二日清单，录副 03-9466-022
1882	31	94216	光绪八年十月二十七日清单，录副 03-9629-030
1883	31	118220	光绪九年十一月初六日清单，录副 03-9630-056

续表

年份	州县数	灾歉面积（顷）	资料来源
1884	31	95131	光绪十年十一月初四日清单，录副 03-9468-010
1885	31	97014	光绪十一年十一月初四日清单，录副 03-6306-096
1886	31	88154	光绪十二年十一月二十二日清单，录副 03-9469-015
1889	30	99638	光绪十五年十一月二十五日清单，录副 03-6233-002
合计	309	1032591	

据表 2-8，江宁藩司所属光绪二年至十五年计蠲缓有漕州县 309 次，灾歉面积 1032591 顷（每顷约蠲缓粮 0.93 石），约蠲缓漕粮等米 960310 石。再据表 2-7，江宁藩司所属光绪十四年至二十六年蠲缓有漕州县 176 次，蠲缓粮 511676 石。以上总计江宁藩司所属光绪二年至二十六年蠲缓有漕州县 485 次，蠲缓粮 1471986 石，平均每州县约蠲缓粮 3035 石。

据光绪二十九年至三十四年（1903—1908）苏松粮道的漕白粮奏销档案，结合附表 5，苏州藩司所属对应年份蠲缓漕粮州县数，将相关数据编制为表 2-9。各年共蠲缓有漕州县 147 次、漕白正耗粮 645813 石，则苏州藩司所属州县平均约蠲缓粮 4393 石。

表 2-9　1903—1908 年苏松等属蠲缓州县数与漕粮额

年份	州县数	蠲缓粮（石）	资料来源
1903	27	126505	《光绪朝朱批奏折》(71)，页 392
1904	27	88590	《宫中档光绪朝奏折》(23)，页 792
1905	30	99968	《宫中档光绪朝奏折》(25)，页 101
1906	28	226274	《宫中档光绪朝奏折》(26)，页 522—523
1908	35	104476	《江苏财政史料丛书》第 1 辑（2)，页 265
合计	147	645813	

此处插叙并修正咸丰朝与同治朝苏州、江宁两藩司适用的州县平均蠲缓粮额。据咸丰元年至同治六年（1851—1867）江苏省漕粮蠲缓奏报清单，将

蠲缓州县数、灾歉面积整理为表 2-10，其中咸丰十一年至同治六年（1861—1867）蠲缓州县数为江宁藩司所属。

表 2-10　1851—1867 年江苏省有漕州县灾歉面积

年份	蠲缓州县数	灾歉面积（顷）	资料来源
1851	50	182925	咸丰元年十一月十八日清单，录副 03-4338-039
1854	51	158387	咸丰四年十二月十三日清单，录副 03-4366-079
1856	53	363011	咸丰六年十二月二十四日清单，录副 03-4369-007
1857	53	183544	咸丰七年十一月二十九日清单，录副 03-4370-088
1859	47	152091	咸丰九年十二月初三日清单，录副 03-4355-067
1860	28	155568	咸丰十一年（月日不详）清单，录副 03-4374-041
1861	21	94585	《咸丰同治两朝上谕档》（12），页 20—21
1862	24	127611	同治二年（月日不详）清单，录副 03-4862-083
1864	24	100011	《咸丰同治两朝上谕档》（14），页 463—464
1865	25	130431	同治四年十二月初三日清单，录副 03-4863-108
1866	25	177921	同治五年十一月二十二日清单，录副 03-9461-047
1867	25	101582	《咸丰同治两朝上谕档》（17），页 443—445
合计	426	1927667	

表 2-10 内，各年合计蠲缓有漕州县 426 次，灾歉面积 1927667 顷；又据光绪朝江宁藩司所属灾歉田平均每顷约蠲缓粮 0.93 石（此数值适用于咸丰、同治朝全省漕田），共计约蠲缓漕粮等米 1792730 石，平均每州县约蠲缓粮 4208 石。上文咸丰朝与同治朝苏州、江宁两藩司适用的州县平均蠲缓粮额（2900 石）于此修正。

根据（1）至（3）的推算，光绪朝苏州藩司所属州县平均蠲缓银（地丁等项+漕项银）8179 两、粮 4393 石，江宁藩司所属州县平均蠲缓银（地丁等项+漕项银）9361 两、粮 3035 石。宣统朝州县平均蠲缓银粮额参照光绪朝。

至此，嘉庆朝至宣统朝江苏省苏州藩司、江宁藩司所属州县平均蠲缓银粮额已厘清，整理为表 2-11。

表 2-11　嘉庆朝至宣统朝苏州藩司、江宁藩司州县平均蠲缓银粮额

藩司 州县 / 银粮额 / 时间	苏州藩司		江宁藩司	
	州县平均蠲缓银（两）	州县平均蠲缓粮（石）	州县平均蠲缓银（两）	州县平均蠲缓粮（石）
嘉庆朝	2535	97	7631	2462
道光朝	12522	13811	10718	3866
咸丰、同治朝	10689	4208	10689	4208
光绪、宣统朝	8179	4393	9361	3035

据表 2-11 所示各时段苏州藩司、江宁藩司所属各州县平均蠲缓银粮额，结合附表 5，统计清中后期江苏省田赋蠲缓额（各年已知具体数值照录，不估算）。

据附表 10，1796—1911 年的 116 年间，清廷总计蠲缓江苏省田赋银 64546741 两、粮 25719396 石，以 18 世纪中期江苏省定额田赋银 3407000 两、粮 2211000 石计，[①] 近乎免除该省 19 年田赋额征银、12 年额征粮，相当于每 6—9 年蠲免该省一年田赋。

兹以每 5 年为一时间单位，每 5 年平均蠲缓银粮额为一数量单位，分析苏州藩司、江宁藩司所属及江苏省 1796—1911 年田赋蠲缓额变动趋势，分别见图 2-9、图 2-10、图 2-11。

苏州藩司所属蠲缓银自嘉庆元年至二十五年（1796—1820），在 1 万两上下。道光前十年（1821—1830）突破 10 万两；道光十一年至光绪二十六年（1831—1900），除咸丰六年至十年（1856—1860）接近 50 万两外，其余大致稳定在三四十万两。光绪二十七年（1901）至清末，回落至 20 万两左右，依然高于道光十年以前之水准。蠲缓粮自嘉庆元年至二十五年，只有 500 石上下。道光前十年，增至 10 万石以上；道光十一年至三十年（1831—1850），增

① ［美］王业键著：《清代田赋刍论（1750—1911）》，高风等译，高王凌、黄莹珏审校，第 92 页。

至30万石上下，其峰值突破40万石。咸丰元年（1851）至清末，稍有回落且稳定在10余万石，依然高于道光十年以前之水准（见图2-9）。

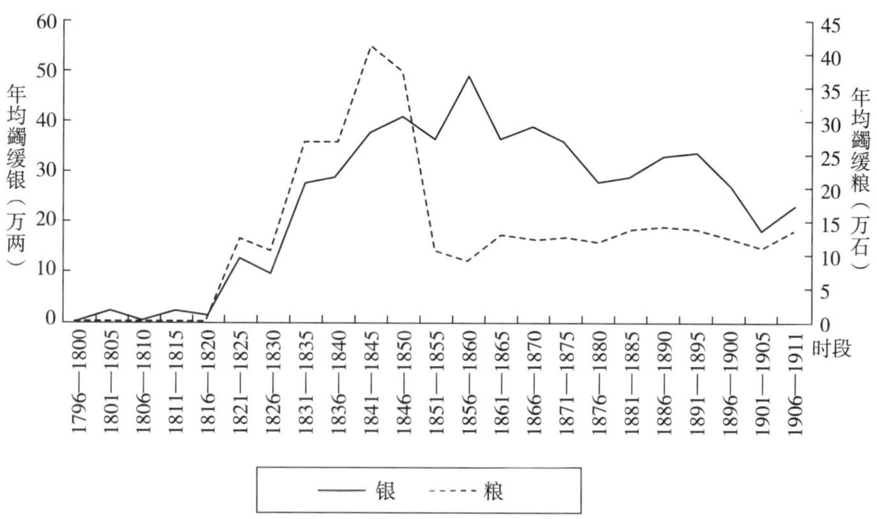

图2-9 1796—1911年苏州藩司所属蠲缓银粮额（每5年平均）变动趋势

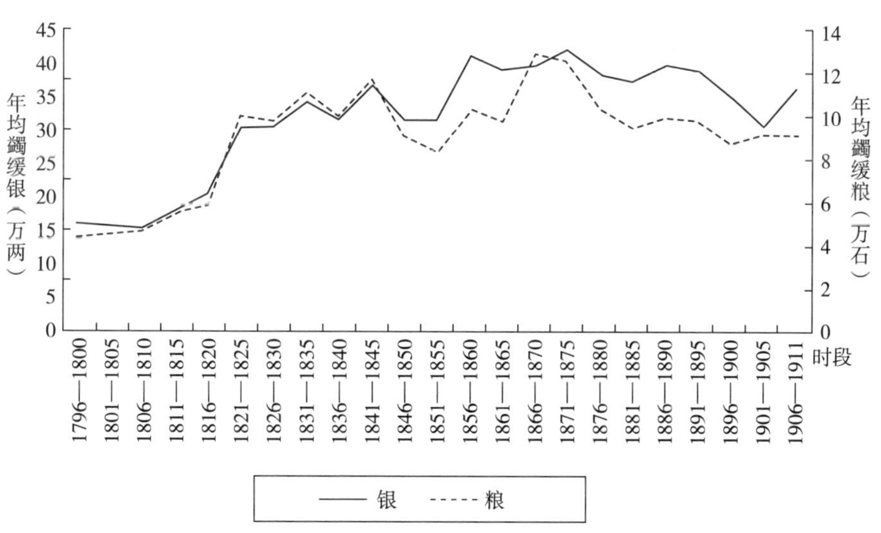

图2-10 1796—1911年江宁藩司所属蠲缓银粮额（每5年平均）变动趋势

据图2-10，江宁藩司所属嘉庆朝（1796—1820）蠲缓银15万—20万两、粮5万石左右。道光元年至咸丰五年（1821—1855），增至银30万两、粮10万石上下。咸丰六年至光绪二十六年（1856—1900），银增至40万两上下，粮依旧稳定在10万石上下。光绪二十七年（1901）至清末，银回落至30万两上下，粮仍在10万石左右，整体上与道光朝蠲缓水准持平。

苏州藩司所属与江宁藩司所属相比，前者年均蠲缓银在嘉庆朝远不及后者，但进入道光朝后来居上，形成齐头并进之势，1900年以后稍逊于后者。

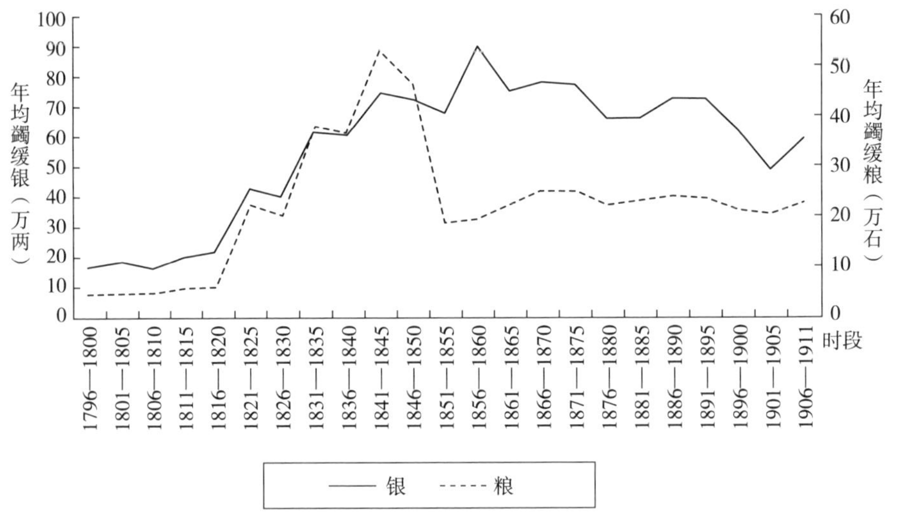

图2-11　1796—1911年江苏省蠲缓银粮额（每5年平均）变动趋势

据图2-11，江苏省田赋蠲缓银在嘉庆朝（1796—1820）介于16万—20万两；道光前十年（1821—1830），增至银40万两上下；道光十一年至光绪二十六年（1831—1900），稳定在70万两上下，其中咸丰六年至十年（1856—1860）突破银90万两；光绪二十七年（1901）至清末，回落至50万两左右，仍高于道光十年以前之水准。据光绪三十二年五月奏报，江苏省赋额除荒灾蠲缓各项外，每年所收正银一百二十三十万两。[①] 嘉庆朝蠲缓粮大致在5万石；道光前十年突破20万石，十一年至三十年（1831—1850），增至40万石左右，

① 朱寿朋编：《光绪朝东华录》第5册，中华书局1958年版，第5546页。

其峰值突破 50 万石；咸丰元年（1851）至清末，回落且稳定在 20 万石左右，与道光前十年之水准持平。康熙朝至嘉庆朝，江苏田赋实征额（当年规定的田赋额扣除蠲缓和民欠额）基本维持在 307 万两，[①] 但嘉道之际及其以后，江苏田赋实征额较前大幅下降。

（三）云南省（附贵州）

较之内地各省，云南、贵州“俱属边地，土壤硗瘠，民生艰苦，与腹内舟车辐辏，得以广资生计者不同”[②]。云南“山多田少，土瘠丁稀”[③]，地处西南，位置重要，“滇去中原绝远，地本瘠苦，财赋奇绌，而控御戎蛮，保障黔蜀，又用武地也”[④]。贵州“素号山国，著称瘠薄”[⑤]。二省田赋定额虽较他省均属不多，但名目繁杂。[⑥]

云南田赋分为条丁、税秋米、租课三项，每项之中有耗有杂，情形极为琐细，“名目繁多，官民征纳，诸形不便。而不肖书吏即不免因缘为奸，弊混丛生”[⑦]。兹择要介绍条丁与税秋米。条丁又名“条编”，每年应征银 177096 两。条丁之耗羡分为奏平与公耗，每年分别应征银 16400 余两、99790 余两。条丁与耗羡为云南田赋之大宗。税秋米即粮食税，“税”是夏税，“秋”指秋粮；每年应征秋粮 270797 石、夏荞 3130 石。耗羡分为款费、坐平、运脚三项，约 1 万两。[⑧]

---

① 龚浩：《清前期地方财政亏空治理研究——以江苏为例》，第 112、141 页。

② 《清圣祖实录》卷一六〇“康熙三十二年八月甲戌”条，《清实录》第 5 册，第 752 页。

③ 《云南全省财政说明书》，载陈锋主编《晚清财政说明书》第 9 册，湖北人民出版社 2015 年版，第 17 页。

④ （清）谭钧培撰，康春华校注：《谭钧培治滇奏疏》，云南美术出版社 2014 年版，第 150 页。

⑤ 李荫乔：《贵州田赋研究》，载萧铮主编《中国地政研究所丛刊·民国二十年代中国大陆土地问题资料》（1），成文出版社 1977 年版，第 229 页。

⑥ 这也是全国田赋普遍存在之情形，“征收之弊不一，其最甚者莫如税名之复杂”，“综田赋一端，分名析目，屈指难数。览钱粮月报奏销之册，未寓目而神已昏，匪特编氓之完纳无以周知，即经征之官吏亦数典而忘祖”。参见晏才杰《田赋刍议》第五章，共和印刷局 1915 年版，第 72—73 页。

⑦ 云南省财政厅、云南省档案馆编：《民国时期云南田赋史料》，云南人民出版社 2002 年版，第 55 页。

⑧ 黄振钺：《云南田赋之研究》下卷，载萧铮主编《中国地政研究所丛刊·民国二十年代中国大陆土地问题资料》（24），成文出版社 1977 年版，第 11615—11619 页。

贵州田赋以丁粮为主。雍正三年（1725），清廷通饬该省各属将所收耗银、耗米提解司库。乾隆二年（1737），饬定划一办法，银每两加耗银一钱至一钱五分，米每石加耗米一斗至一斗五升，“此丁粮正、耗援照内地办法所自始”。清末，贵州应征年额丁银正耗 10.62 万两、秋米正耗 16.78 万石，在各省区中“租赋最轻，通省收数不及内地行省一州一邑”。征银之名目有条编、马馆、盐钞、蜡价等十余种，粮则有本色、折色米等十余类，“历年虽经归并，而款目仍觉纷繁”，[1] 加以丁粮“随地派征，并非按亩制赋，科率复杂，乡里互异”，以致民众纳赋，“在乡愚固难明了，即贤者亦难索解”，粮书、吏胥乘机舞弊，恣意盘剥，病国害民，税收锐减。[2]

清代云南、贵州田赋征解期限在雍乾之际有所调整并最终确定。先是各省地丁钱粮“于二月开征，四月完半，五月停忙，八月接征，十月全完”，雍正十三年“改令十一月全完，各省遵行”，只有贵州与他省不同，“九月开征，次年三月全完”。乾隆五年，云南巡抚张允随疏称：“云南省山多田少，秋收纳粮而外，盖藏有限，春夏之交，籽种、牛工，在在拮据，非典质输将，即借贷完纳，即至稻谷登场，拮据仍所不免”，认为云南与贵州“土宜物产，地气天时，无不相类”，请照贵州省之例，自乾隆五年始，应征地丁银于“九月开征，次年三月全完”，清廷允准并“著为定例”。[3] 此后，云南征解田赋分上、下两忙共 6 个月，“上忙九月开征起至年底征收完半，批解司库，下忙次年正月起至三月底扫数全完，留供坐支”[4]。乾隆二十八年十二月，吏部议准云南布政使永泰奏，“一官征收全完者，请予议叙。如在三月以后奏销前完解者，及督催之知府于所属有一处迟延者，均不准予议叙”[5]。

① 《贵州省财政沿革利弊说明书》，载陈锋主编《晚清财政说明书》第 9 册，第 362、426、327—328 页。

② 李荫乔：《贵州田赋研究》，第 209 页。

③ 《清高宗实录》卷一一四“乾隆五年四月己卯”条，《清实录》第 10 册，第 674 页。早在康熙四十四年，贵州巡抚于准疏言：“黔省钱粮，九月开征，至岁终仅止四月，为期甚迫，恐州县各官考成心切，征比急迫，或致累民”，奏准将该省“征收钱粮考成之限，展于来年三月”。参见《清圣祖实录》卷二一九“康熙四十四年二月丁卯”条，《清实录》第 6 册，第 210 页。

④ 黄振钺：《云南田赋之研究》下卷，第 11707 页。

⑤ 《清高宗实录》卷七〇〇“乾隆二十八年十二月辛卯”条，《清实录》第 17 册，第 832 页。

由于区域经济发展不平衡，清代各省区承担的田赋数额相差悬殊。有鉴于此，清政府于 18 世纪初实行解款和协款制度，税收不能满足本地财政支出的省区可以得到其他富裕省份的财政补助。[①] 云南、贵州即属于接受协济的省份，“与东南财富之区，不可相提并论”[②]。乾隆十八年，江苏县均田赋银 13 万两，云南县均 1 万两，贵州县均 0.6 万两，全国平均数为 3.61 万两。光绪三十四年，江苏、云南、贵州和全国的上述数据分别为 20.93 万两、1.69 万两、0.98 万两和 6.25 万两。清末，云南省土地登记面积（931.9 万亩）在全国 22 省中仅高于广西（865.2 万亩）、贵州（267.9 万亩），田赋额高于黑龙江、新疆、广西、贵州。[③]

以云、贵为代表的西南边疆田赋在清代国家财政收入中的份额虽然不能与东南财赋大省相比，但其同样“影响农业生产之赢绌，农村经济之荣枯，关系国计民生，至深且巨”[④]。对其进行研究，既可管窥清代财政演变的基本问题，也能探讨地域财政与社会样态。有关清代西南边疆田赋与财政问题，已引起研究者关注，[⑤] 但尚不深入，尤其是兼及荒政与财政的田赋蠲免、缓征、赋税积欠数额，以及相关制度革新与财政治理等内容，依然缺少细致探析。

清中后期云南田赋蠲缓数额的计量分为三步。第一步，根据嘉庆元年至宣统三年（1796—1911）上谕档、朱批奏折、《清实录》等资料，将云南省历

---

① ［美］王业键著：《清代田赋刍论（1750—1911）》，高风等译，高王凌、黄莹珏审校，第 23 页。

② 晏才杰：《田赋刍议》第五章，第 4 页。

③ ［美］王业键著：《清代田赋刍论（1750—1911）》，高风等译，高王凌、黄莹珏审校，第 33、98—99、128—131 页。

④ 李荫乔：《贵州田赋研究》，第 362 页。按：历史时期的“边疆”系指王朝腹地的外围地区，如“边陲”“边地”，与现代“边疆”概念（靠近国界的领土）不同。历史时期的“边疆”和“西南边疆”概念界定，参见方铁《方略与施治：历朝对西南边疆的经营》，社会科学文献出版社 2015 年版，第 20、56 页。

⑤ 如王树林利用《谕折汇存》统计云南光绪十八年至三十二年（1892—1906）灾荒蠲免、赈济银粮数额与受灾亩数（参见王树林《清代灾荒：一个统计的研究》，《社会学界》1932 年第 6 卷，第 222、224 页）；王明东《清代云南赋税蠲免初探》，《思想战线》2010 年第 3 期；彭云《清代云南田赋初步研究》，云南大学硕士学位论文，2012 年；张晓仙《清前期云南财政研究》，云南大学硕士学位论文，2013 年；赵艳《清代贵州田赋研究》，贵州大学硕士学位论文，2015 年。

年因灾蠲缓州县（厅）数整理为附表 8，其中 1799—1911 年合计蠲缓 405 州县（次），各年变动趋势如图 2-12 所示。除 19 世纪初个别年份蠲缓州县（次）较多外，至咸丰朝中后期，整体变动幅度不大；同治五年（1866）至清末呈激增和频繁态势，显示此时间段内灾荒之影响。

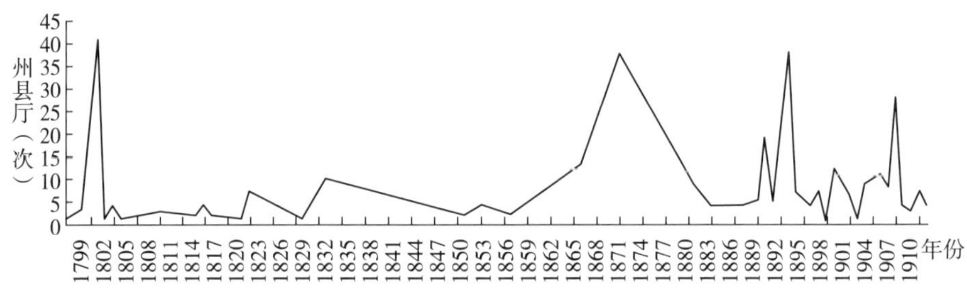

图 2-12　1799—1911 年云南省蠲缓州县次变动趋势

第二步，将上述资料中包含的蠲缓州县（厅）数、蠲缓银粮额整理为附表 9，其中光绪九年至十三年（1883—1887）的 5 年间，共 21 州县蠲免银 10316 两、粮 7419 石，[①] 年均约有 4 州县（次）蠲缓银 2063 两、粮 1484 石。附表 9 合计 274 州县（次），共蠲缓银 152825 两、粮 87780 石，平均每州县（厅）约蠲缓银 558 两、粮 320 石。结合附表 8 历年蠲缓州县（次）总数 405（各年已知蠲缓银粮额照录，不估算），计算清中后期云南因灾蠲缓总额分别为银 225779 两、粮 129600 石。

第三步，估算晚清云南荒地之田赋缺额。云南咸丰、同治朝的田赋蠲缓数据缺乏，这主要是自咸丰八年（1858）后，由于战乱、灾荒，田土荒芜，赋额锐减。同治末年，虽然战乱渐次平息，但荒地问题依然严峻。同治十一年（1872）二月二十七日，清廷蠲减上年云南安宁等 38 府厅州县田赋。[②] 十三年十二月十八日，云贵总督岑毓英奏报核查全省荒熟田地情形，请减免荒地应征钱粮，“委员分投丈量，按亩估计成数，已种田亩自九成至五六成不

① 中国第一历史档案馆编：《光绪朝朱批奏折》第 68 辑，第 540—542 页。

② 中国第一历史档案馆编：《咸丰同治两朝上谕档》第 22 册，第 43 页。

等。荒芜田亩自一成至四五成不等，请分别征收减免。”当时“田亩半属荒芜”，清廷允准：“自同治十三年起，予限十年，将滇省各属钱粮，按照此次清查已种田亩成数，分别征收，其余荒芜田地，各按成数将应纳钱粮暂行蠲免，以苏民困。俟十年限满，百姓元气稍复，荒芜尽行开垦，再照旧额征收。”① 云南额征条丁、公耗、官庄等银 324385 两，税秋米麦、米折、荞折 224809 石。② 接近一半即约银 162193 两、粮 112405 石因抛荒而无法征收。

光绪十年（1884），云南荒地田赋减成限满。岑毓英奏称，荒熟田地因肃清不久，户口稀少，荒芜未能复额。九月十二日，清廷颁谕，除旧熟新垦田地自该年起征外，查出各属暂荒田地应征条丁、公耗、官庄等银 28798 两，税秋米麦、荞折 18085 石，再分限 3 年，缓至光绪十一年至十三年陆续征收；查出各属永荒田地应征条丁、公耗、官庄等银 48387 两，税秋米麦、荞折 31231 石，蠲免 10 年。③ 计此次奏报之暂荒和永荒银 77185 两、粮 49316 石，与同治十三年相比，荒地银粮缺额已减少一半多；永荒田地展缓至光绪二十年后征收。

光绪十四年，云南暂荒田亩缓征期限已届，但各地征收情况不同，“有已依限如数征收者，有仍不能依限征收及征收而未能如数者”，总计暂荒项下起征条、公等银，“核之原查数目，已在五分上下，税秋等粮亦在四成上下”。其余暂荒之田赋，或因环境恶劣、土地贫瘠，或因战乱、灾疫流行而未能征收，“因地居荒远，逃亡未尽归来，炎瘴太深，邻民望而裹足，甚有招徕数辈，又因地土过硗，耕获无余，以致旋辟旋弃。加以连年大兵进规越南，办理边务，敌忾同仇之士率皆应募从征”，“贼踪蹂躏之区，逃亡不免，而灾疫流行，更所时有，荒者尚未尽辟，熟者又每就荒”。至于那些“逃故无着之户，势难责及旁人，小民竭蹶情形，实难执一而论”。巡抚谭钧培奏准缓征未垦暂荒钱粮，以舒民力。④ 当时，云南省“实在成熟田地六万九千八百五十四顷三十七亩七分六厘六毫零，荒芜田地一万九千六百七顷九十八亩三分零”⑤。

---

① 朱寿朋编：《光绪朝东华录》第 1 册，第 8 页。
② 中国第一历史档案馆编：《光绪朝朱批奏折》第 69 辑，第 645 页。
③ 中国第一历史档案馆编：《光绪宣统两朝上谕档》第 10 册，第 281 页。
④ 中国第一历史档案馆编：《光绪朝朱批奏折》第 65 辑，第 855 页。
⑤ 《云南全省财政说明书》，载陈锋主编《晚清财政说明书》第 9 册，第 17—18 页。

以上档案史料可证明云南省《赋役全书》所载光绪时期实征额赋数据不准确。民国研究云南田赋者指出："道光以后适值咸丰军乱，田地荒芜，人民逃亡，故据赋役全书载光绪时实征通省民屯二赋额征等项银共一万五千七百四十九两五钱二分零，麦、米、谷、青稞、杂粮等共九千六百八十三石五斗七升八合零，收入锐减，几十不及一矣。"① 其中实征银粮额远低于实际情况。此后，云南荒田虽有垦复，但速度较缓。这可从与其毗邻的贵州省咸丰四年至光绪二十年垦荒情形中略知一二。光绪二十年二月，贵州巡抚崧蕃奏：黔省"自咸丰四年贼氛四起，各属人民离散，田土抛荒，迭经川楚大兵入境剿洗，十余年来甫经肃清，又经各地方官多方劝谕，招徕开垦，刻下户口较前虽繁，然元气太伤，骤难复额。内有川楚外来之民水土不服，疾病死亡，因而转徙。不但荒田未尽开辟，即新垦熟田又复荒芜，是以各属经征钱粮实无一定数目"②。三十二年四月二十五日，云贵总督兼云南巡抚丁振铎奏称，至光绪三十年，云南实征条、公等银 293621 两，税秋米折等项 199102 石，③ 距原额短少银 30764 两、粮 25707 石。缺额较光绪十年荒地银粮缺额又减少一半多。

据以上同治末年及光绪十年、三十年荒田垦复奏报数据估算，咸丰八年至同治十三年（1858—1874）荒地银粮缺额均取同治十三年荒地银粮缺额（银 162193 两、粮 112405 石）。光绪朝前 10 年间，荒地银粮缺额年均约递减银 8500 两、粮 6309 石；光绪十一年至三十年的 20 年间，荒地银粮缺额年均约递减银 2321 两、粮 1180 石。后 20 年较前 10 年垦复速度下降，主要是因为"地瘠田荒，难于垦复"④。光绪三十一年至宣统三年（1905—1911）荒地银粮缺额均取光绪三十年荒地银粮缺额（银 30764 两、粮 25707 石）。

综上三步统计，云南省因灾蠲缓银粮额（银 225779 两、粮 129600 石）与咸丰八年以降荒地免征银粮额（银 5183249 两、粮 3606239 石）共同组成清中后期云南田赋蠲缓总额（表 2-12）。

---

① 黄振钺：《云南田赋之研究》下卷，第 11741 页。

② 《京报（邸报）》第 77 册，全国图书馆文献缩微复制中心 2003 年版，第 242—243 页。

③ 中国第一历史档案馆编：《光绪朝朱批奏折》第 69 辑，第 645 页。

④ 中国第一历史档案馆编：《光绪朝朱批奏折》第 69 辑，第 645 页。

表 2-12　1799—1911 年云南省田赋蠲缓额

单位：两（银）、石（粮）

年份	蠲缓银	荒地银	蠲缓银总额	蠲缓粮	荒地粮	蠲缓粮总额
1799	558		558	320		320
1801	1038		1038	678		678
1802	13392		13392	7680		7680
1803	22878		22878	13120		13120
1804	406		406	244		244
1805	2232		2232	1280		1280
1806	882		882	755		755
1812	2999		2999	34		34
1816	1705		1705	685		685
1817	4162		4162	1736		1736
1818	1168		1168	373		373
分计	51420		51420	26905		26905
1821	558		558	320		320
1822	78		78	117		117
1823	3328		3328	2516		2516
1830	234		234	416		416
1833	14700		14700	4434		4434
分计	18898		18898	7803		7803
1851	11022		11022	5619		5619
1853	2232		2232	1280		1280
1857	1233		1233	1349		1349
1858		162193	162193		112405	112405
1859		162193	162193		112405	112405
1860		162193	162193		112405	112405
1861		162193	162193		112405	112405
分计	14487	648772	663259	8248	449620	457868

续表

年份	蠲缓银	荒地银	蠲缓银总额	蠲缓粮	荒地粮	蠲缓粮总额
1862		162193	162193		112405	112405
1863		162193	162193		112405	112405
1864		162193	162193		112405	112405
1865		162193	162193		112405	112405
1866	18597	162193	180790	12340	112405	124745
1867		162193	162193		112405	112405
1868		162193	162193		112405	112405
1869		162193	162193		112405	112405
1870		162193	162193		112405	112405
1871	21204	162193	183397	12160	112405	124565
1872		162193	162193		112405	112405
1873		162193	162193		112405	112405
1874		162193	162193		112405	112405
分计	39801	2108509	2148310	24500	1461265	1485765
1875		153685	153685		106097	106097
1876		145185	145185		99788	99788
1877		136685	136685		93479	93479
1878		128185	128185		87170	87170
1879		119685	119685		80861	80861
1880		111185	111185		74552	74552
1881	1466	102685	104151	1401	68243	69644
1882		94185	94185		61934	61934
1883	2063	85685	87748	1484	55625	57109
1884	2063	77185	79248	1484	49316	50800
1885	2063	74863	76926	1484	48127	49611
1886	2063	72542	74605	1484	46947	48431
1887	2063	70221	72284	1484	45767	47251

续表

年份	蠲缓银	荒地银	蠲缓银总额	蠲缓粮	荒地粮	蠲缓粮总额
1888	4454	67900	72354	1846	44587	46433
1889	10310	65579	75889	5031	43407	48438
1890	3164	63258	66422	2505	42227	44732
1891	3340	60937	64277	944	41047	41991
1892	9297	58616	67913	7007	39867	46874
1893	12320	56295	68615	8091	38687	46778
1894	4103	53974	58077	2019	37507	39526
1895	1262	51653	52915	848	36327	37175
1896	144	49332	49476	207	35147	35354
1897	5035	47011	52046	1875	33967	35842
1898	805	44690	45495	455	32787	33242
1899	4405	42369	46774	3617	31607	35224
1900		40048	40048		30427	30427
1901	658	37727	38385	517	29247	29764
1902	38	35406	35444	33	28067	28100
1903	3665	33085	36750	2277	26887	29164
1904		30764	30764		25707	25707
1905	3268	30764	34032	2199	25707	27906
1906	2827	30764	33591	2082	25707	27789
1907	10397	30764	41161	6110	25707	31817
1908	2088	30764	32852	1180	25707	26887
分计	93361	2333676	2427037	57664	1618233	1675897
1909	1674	30764	32438	960	25707	26667
1910	3906	30764	34670	2240	25707	27947
1911	2232	30764	32996	1280	25707	26987
分计	7812	92292	100104	4480	77121	81601
总计	225779	5183249	5409028	129600	3606239	3735839

据表2-12，1799—1911年的113年间，清廷共蠲缓云南省田赋银5409028两、粮3735839石，近乎免除该省17年田赋之额征，约每隔7年蠲免该省一年田赋。其中，荒田免征银粮是云南田赋蠲缓之主体，占比高达95%。

兹以每5年为一时间单位，每5年平均蠲缓银粮额为一数量单位，分析云南省1796—1911年田赋蠲缓额变动趋势（图2-13）。

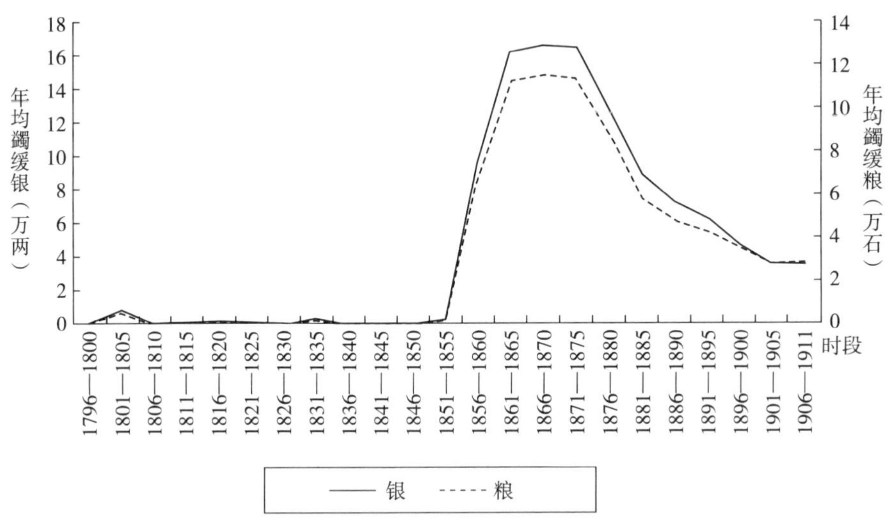

图2-13　1799—1911年云南省蠲缓银粮额（每5年平均）变动趋势

由图2-13可知，嘉庆、道光及咸丰朝前期，云南田赋蠲缓额较低。咸丰六年至光绪六年（1856—1880），受战争影响，大量田地抛荒，田赋约短征银15万两、粮10万石。光绪七年至二十一年（1881—1895），回落至银7万两、粮4万石。光绪二十二年（1896）至清末，回落至银3万两、粮3万石左右，仍高于咸丰五年（1855）以前之水准。

从全国情形看，清中后期云南田赋蠲缓银额排在山西、湖南、福建、广东之前（图2-14），蠲缓粮额位于甘肃、陕西、河南、山西、直隶、湖南、福建、广东之前（图2-15）。尽管云南田赋定额少于上述省份，但清廷对其减免数额仍在其他省之上。这是云南田赋在晚清财政上的特殊表现之一。

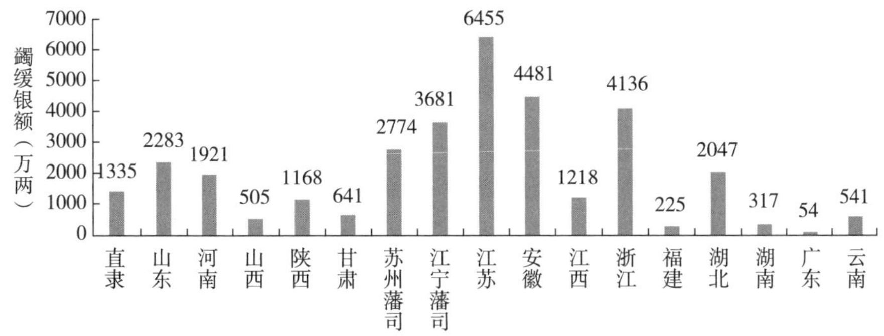

图 2-14 1796—1911 年各省区蠲缓银额

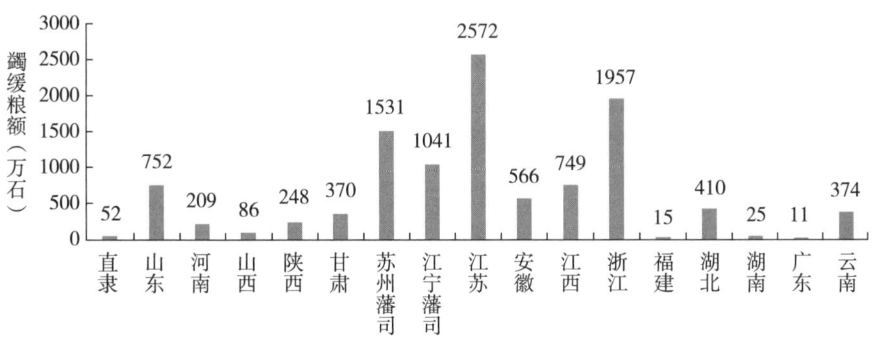

图 2-15 1796—1911 年各省区蠲缓粮额

（四）全国总体情况

随着清前期赋役制度改革基本完成，清代财政体制大致定型，田赋应征数额在乾隆朝及其后亦趋于稳定。据梁方仲统计，顺治十八年（1661）田赋约征收银 2158 万两、粮 648 万石；康熙二十四年（1685）约为银 2445 万两、粮 433 万石；雍正二年（1724）约为银 2636 万两、粮 473 万石；乾隆、嘉庆、道光、光绪各朝，约应征地丁银 3000 万两，粮数含漕粮共 800 万石。乾嘉以降，应征耗羡银三四百万两。① 据王业键估算，18 世纪中期（1753）清代约

① 参见梁方仲编著《中国历代户口、田地、田赋统计》，中华书局 2008 年版，乙表 70—75、77、79—80，第 543—551、555、573—574 页。

收地丁正耗银（含附加税）3751万两、粮税（含漕粮）定额895万石，粮税定额折银并计入附加税约1670万两，总计田赋银5421万两。[①] 因其计入附加税且将粮食价格折算，故总额大于梁方仲之统计。本书参考梁方仲的统计，估算清中后期每年额征田赋银、粮（含漕粮）合计（1石粮=1两银，下同）4000万两。

1796—1911年，清廷蠲缓直隶等15省田赋银273267186两（表2-13）、粮83955429石（表2-14）；银粮合计35722万两，约蠲免全国田赋9年，相当于每隔13年全免一次。

表2-13　嘉庆朝至宣统朝各省蠲缓银额　单位：两

省份＼时间	嘉庆朝	道光朝	咸丰朝	同治朝	光绪朝	宣统朝	总计
直隶	2252614	2586964	1179137	1977965	5128387	222015	13347082
山东	2512092	3314998	4841964	4669565	6951920	541617	22832156
河南	1430227	3189693	2006238	3681860	8429264	470422	19207704
山西	587265	331780	52969	133574	3833205	108241	5047034
陕西	492644	204597	1143	1884276	9059682	39761	11682103
甘肃	191268	294308	58604	2523027	3158530	188172	6413909
江苏	4630573	17566672	8839812	9876636	21750263	1882785	64546741
安徽	3513510	6075888	5076384	8166964	20441678	1537836	44812260
江西	1313136	2393481	1237659	2045042	4977548	210086	12176952
浙江	2338243	5836736	6905856	8270841	16540332	1470465	41362473
福建	179588	43351	1065196	928341	18130	12386	2246992
湖北	2423812	5530000	1590869	2597243	7738499	587874	20468297
湖南	73705	606450	362946	554268	1493261	83373	3174003
广东	125793	187221	88689	55243	32257	51249	540452
云南	51420	18898	663259	2148310	2427037	100104	5409028
合计	22115890	48181037	33970725	49513155	111979993	7506386	273267186

① ［美］王业键著：《清代田赋刍论（1750—1911）》，高风等译，高王凌、黄莹珏审校，第93页。

表 2-14　嘉庆朝至宣统朝各省蠲缓粮额　　单位：石

时间 省份	嘉庆朝	道光朝	咸丰朝	同治朝	光绪朝	宣统朝	总计
直隶	43470	60445	42684	74691	291049	11685	524024
山东	824082	1087476	1588398	1531842	2306441	184622	7522861
河南	149128	348939	219474	402780	923597	47735	2091653
山西	161103	97082	14881	37526	514062	30409	855063
陕西	364246	204641	3582	346072	1525219	32168	2475928
甘肃	280368	431408	87055	2649673	234658	19072	3702234
江苏	1255726	10821441	2140190	3173004	7686873	642162	25719396
安徽	732105	1266024	388632	735222	2319113	217255	5658351
江西	999328	1759879	821062	1056513	2747071	106171	7490024
浙江	1538130	3359973	2194023	3793576	7919190	763259	19568151
福建	14880	3360	82560	49536	1823	960	153119
湖北	497394	1140714	287696	487192	1556821	128932	4098749
湖南	5859	50276	31614	44268	115479	6259	253755
广东	24732	50826	3896	10936	5816	10076	106282
云南	26905	7803	457868	1485765	1675897	81601	3735839
合计	6917456	20690287	8363615	15878596	29823109	2282366	83955429

蠲缓银额最多的省是江苏（江宁藩司所属蠲缓银额高于苏州藩司），其次是安徽，再次是浙江，其余依次为山东、湖北、河南、直隶、江西、陕西、甘肃、云南、山西、湖南、福建、广东（图 2-14）。蠲缓粮额最多的省是江苏（苏州藩司所属蠲缓粮额高于江宁藩司），其次是浙江，再次是山东，其余依次为江西、安徽、湖北、云南、甘肃、陕西、河南、山西、直隶、湖南、福建、广东（图 2-15）。

将蠲缓银粮合计，则 1796—1911 年清廷蠲缓直隶等 15 省田赋额之顺序为：蠲缓田赋最多的省是江苏，其次是浙江，再次是安徽，其余依次为山东、湖北、河南、江西、陕西、直隶、甘肃、云南、山西、湖南、福建、广东

（见图2-16、表3-6）。以上直隶等15省，以18世纪中期——清朝财政最有秩序的时期承担的田赋额由高到低排列，分别是江苏、浙江、山东、河南、山西、江西、安徽、直隶、广东、陕西、湖北、湖南、福建、甘肃、云南。[①]可见，清政府田赋收入倚重的省份，恰排在蠲缓额的前列。唯一例外的是山西省，该省额征田赋排序第5位，蠲缓田赋居第12位，对清代国家财政收入的贡献度相对较高。

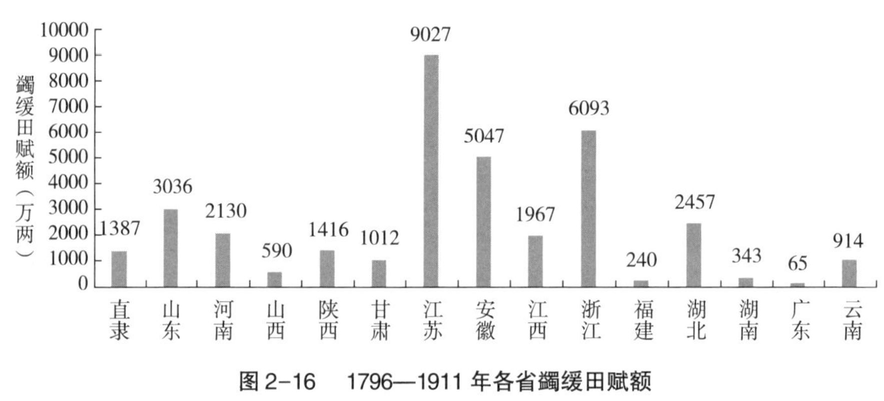

图2-16　1796—1911年各省蠲缓田赋额

现以每5年为一时间单位，每5年平均蠲缓银粮额为一数量单位，分析1796—1911年全国蠲缓银粮额变动趋势（图2-17）。由图2-17可以看出，全国田赋蠲缓额自嘉庆元年至十五年（1796—1810），除嘉庆六年至十年（1801—1805）突破银100万两、粮40万石外，其余均在银60万两、粮20万石上下。嘉庆十六年至道光十年（1811—1830），增至银100万两、粮40万石左右。道光十一年至咸丰五年（1831—1855），增至银200万两、粮80万石上下。咸丰六年至光绪六年（1856—1880），增至银380万两、粮110万石上下，其峰值突破银400万两、粮120万石。光绪七年至二十六年（1881—1900），回落至银340万两、粮90万石上下。光绪二十七年（1901）至清末，回落至银250万两、粮75万石上下，仍然高于嘉庆、道光以及咸丰朝前中期之蠲缓水准。

---

① ［美］王业键著：《清代田赋刍论（1750—1911）》，高风等译，高王凌、黄莹珏审校，第92—95页。

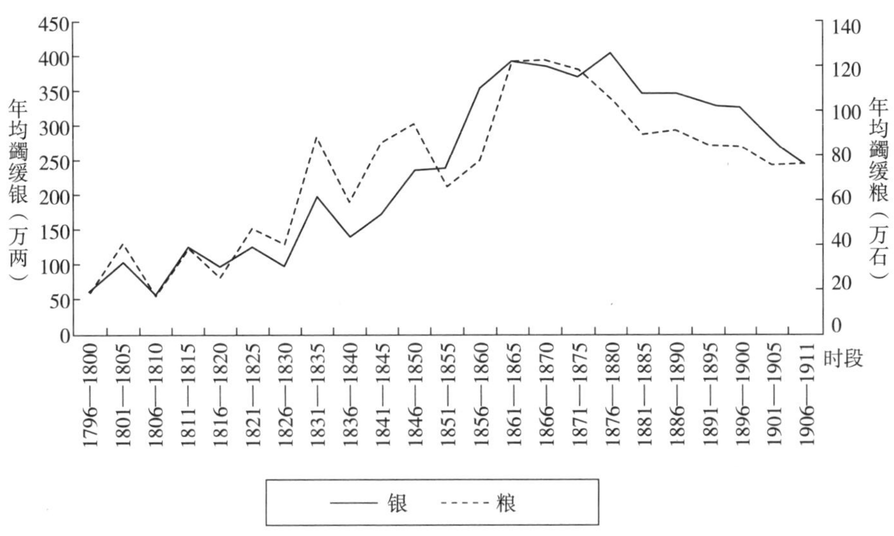

图 2-17　1796—1911 年全国蠲缓银粮额（每 5 年平均）变动趋势

再将以上各时段年均蠲缓银、粮额合计，以 1796—1810 年的年均蠲缓银粮额为起始指数，各时段年均蠲缓田赋额指数见表 2-15。田赋蠲缓额自嘉庆朝中后期缓慢增加，至道光朝前期，较嘉庆朝前期近乎翻了一番。道光十一年至咸丰初年，是嘉庆朝前期的三倍多，问题已较严重。咸丰朝中后期至光绪初期，在兵燹与灾害交互影响之下，蠲缓额达到顶峰，是嘉庆朝前期的六倍。光绪朝前中期是国内战争结束、政治与社会局势相对和平稳定的时期，出现所谓“中兴”局面，蠲缓额虽较咸丰、同治朝战乱时期稍有回落，但无明显改观。清末十年，蠲缓额较光绪朝前中期虽又有回落，但依然高于道光末年至咸丰初年之水准，严重的田赋缺额问题未见根本好转。

表 2-15　1796—1911 年田赋蠲缓指数

时段	1796—1810	1811—1830	1831—1855	1856—1880	1881—1900	1901—1911
指数	1	1.8	3.5	6	5.4	4

作为清代国家财政重要来源的田赋，因康熙五十二年（1713）清廷宣布“永不加赋”而失去扩张性。此财政上的最大缺陷是岁入难以骤增，其危害在天下承平之时不甚明显，但若遇纷乱，仓促应战，财政则面临困难。咸丰朝以前，清廷应对财政困难的方法，除户部银库贮积岁余外，主要靠推广捐纳（输）。顺治、康熙朝多次因事临时开捐纳。自雍正朝始开常例捐纳，为户部每年经常性收入。乾隆朝户部每年收捐纳银一百余万两或数百万两，占户部银两收入的百分之二三十。捐纳的推行与稳定的田赋征收使康雍乾时期户部银库常年保持充盈。

嘉道时期，清廷财政由盛转衰，户部历年收入呈逐渐减少之势；户部库存银亦远不及清前期，依靠捐纳补助财政日甚一日。嘉庆四年至道光元年（1799—1821）的23年间，外省共收捐监银4436万余两，其中解户部2357万余两，约占53%。嘉庆朝户部每年收捐纳银二三百万两或四五百万两，占户部银两收入的百分之五六十。道光朝各省收捐监银3380万余两，其中解户部1813万余两，约占54%；户部每年收捐纳银二三百万两，占户部银两收入的百分之三四十，且时有开特捐之年。虽然嘉道两朝的财政通过捐纳收补助之极效，但开捐之期过长，难免成“强弩之末，难当大用”。[①] 嘉道时期，户部常年所收捐纳银大致弥补了同时期田赋蠲缓造成的财政缺口，但由于各项支出增多，国家财政依然紧绌。

咸丰元年太平天国起义爆发后，清廷军费激增，田赋蠲缓数额不断攀升，收入锐减，捐纳已无法满足财政所需。面对空前的财政危机，清廷多方开拓财源，厘金与海关税成为晚清新增的国家大宗税收。光绪时期，厘金年均收入1500余万两，海关税收入约2000万两，在各项岁入中仅次于田赋。[②] 晚清国家财政结构的变化与赋税规模的增长，很大程度上缓解了田赋蠲缓带来的财政压力。即使如此，蠲缓导致的巨额田赋失收仍是清政府的“心病”。与灾荒蠲免相比，缓征引发的积欠问题自18世纪后期渐趋严重。田赋积欠在清代的发展演变及其对财政和荒政的影响等问题，将在下一章探讨。

---

① 参见罗玉东《中国厘金史》，商务印书馆2010年版，第3—10页。

② 史志宏、徐毅：《晚清财政：1851—1894》，上海财经大学出版社2008年版，第122页。

第三章 蠲免积欠的演进与普免积欠

积欠即逋赋，又称民欠，指粮户未能按时足额向国家完纳赋税而造成拖欠，主要包括熟（荒）地民欠银粮与因灾缓征、带征银粮。清代遇有国家庆典、皇帝出巡、自然灾害或灾后重建、战争等，常蠲免积欠。如王庆云所说，清朝“以爱民为家法。偏灾赈蠲外，凡逋负之在民者，与银谷食种之贷而未收者，遇国家庆典，或巡幸，或军兴，辄止勿责”[①]。概言之，蠲免积欠系出自皇帝特恩，当属恩蠲，但积欠的主体系因灾缓带征银粮，故恩蠲与清代荒政及其实践密切相关。

清代积欠问题，此前历代，无出其右者。据胡克诚以“百衲本二十六史”[②] 全文检索“逋赋”“逋税”“逋租”“逋粮”四个惯指赋税积欠的近义词，总计出现588次，其首见于汉代，自宋代始大量出现，以明清为最。其中，超过10次的史籍是《宋书》（12次）、《旧唐书》（12次）、《新唐书》（14次）、《宋史》（43次）、《元史》（18次）、《新元史》（21次）、《明史》（92次）、《清史稿》（348次）。[③] 《清史稿》中出现的次数最多，占总数的59%。该统计反映的变化趋势与“绪论”所述马端临《文献通考》、王庆云《石渠余纪》之言基本一致。积欠问题贯穿清代始终，但在不同时间、地域上各具差异，表现在产生原因、发展程度、组成结构、治理方式、制度演进、

---

① （清）王庆云：《石渠余纪》，第12页。

② 袁林：《汉籍全文检索系统》（第四版），陕西师范大学历史文化学院，2004年。

③ 参见胡克诚《逋赋治理与明代江南财赋管理体制的变迁》，科学出版社2019年版，第1—2页。

影响所及等诸多方面。

本章钩索清前期和中后期蠲免积欠的演进与制度变迁，利用档案史料统计分析清中后期历届普免积欠额，再结合田赋蠲缓计量研究，揭示以蠲缓为核心的荒政制度如何深刻影响清代国家财政，而清代国家财政能力的变化又怎样极大地改变了蠲缓制度及荒政的实施方式与效果。

一、清前期的积欠及其蠲免

顺治朝与康熙朝前期是清代平定明末以来战争与内乱，开垦荒地、恢复生产的时期。其间，蠲免积欠的主体是战乱造成的荒地无收欠赋。如顺治十一年（1654），山东等 11 省应征地丁银 3164 万余两，其中因荒亡蠲免银 639 万余两，[①] 约占全额的 20%。由于当时军费开支浩繁，财政拮据，清廷并未频繁蠲免积欠。[②] 顺治八九年间，清朝国家财政入不敷出，缺银 80 余万两；十三年以后，由于军费激增，缺额高达银 400 万两，“度支亦云绌矣”[③]。顺治朝除蠲免个别省份的积欠外，蠲免全国积欠主要有四次：十一年蠲免六年、七年逋赋，[④] 十三年蠲免八年、九年民欠地亩及人丁本折钱粮，[⑤] 十五年蠲免十年、十一年民欠地亩人丁本折钱粮；[⑥] 十七年正月，顺治帝举行大赦，十六年以前各省拖欠钱粮，“差廉干满官前往清察。果系拖欠在民者俱与蠲免，如系官吏侵欺者不准援赦滥及”[⑦]。清查外省拖欠钱粮的工作随即展开。三月，户部等奏准，“各省拖欠钱粮，应请差员彻底清查，以杜侵欺之弊。江南省差户、兵、工三部官各一员，浙江、福建二省差户、工二部官各一员，广东、江西、山西、山东、湖广、陕西六省差户部官各一员。”[⑧] 这是已知顺治朝较大规模从京师派官员赴外省清查积欠，持续数年之久。

---

① 《清世祖实录》卷八四“顺治十一年六月癸未”条，《清实录》第 3 册，第 666 页。
② 陈支平认为清初的逋欠蠲免是清代最频繁的时期，参见其《清代赋役制度演变新探》，第 77 页。
③ （清）王庆云：《石渠余纪》，第 12 页。
④ 《清世祖实录》卷八四“顺治十一年六月庚辰”条，《清实录》第 3 册，第 663 页。
⑤ 《清世祖实录》卷一〇五“顺治十三年十二月戊戌”条，《清实录》第 3 册，第 820 页。
⑥ 《清世祖实录》卷一一四“顺治十五年正月庚子”条，《清实录》第 3 册，第 890 页。
⑦ 《清世祖实录》卷一三一“顺治十七年正月辛巳”条，《清实录》第 3 册，第 1014—1015 页。
⑧ 《清世祖实录》卷一三三“顺治十七年三月己巳”条，《清实录》第 3 册，第 1029 页。

清前期，新皇帝即位后，一般会蠲免前一位皇帝统治期间的赋税积欠，但较少普免本朝全国积欠。康熙帝即位后，清廷着手处理顺治朝积欠。顺治十七年京师官员赴外省清查积欠，历经数年，据康熙三年（1664）统计，顺治元年至十七年各省拖欠银2700余万两、米700余万石。① 三年，清廷蠲免顺治元年至十五年民欠；② 四年，又蠲免顺治十六年至十八年民欠。③ 此后20余年，康熙帝除偶尔蠲免个别省区积欠外，未进行全国性蠲免积欠。如十九年，康熙帝蠲免江南康熙十二年以前民欠；二十七年南巡，又蠲免江南积欠银200余万两，并免其他各省康熙十七年以前旧欠漕银米麦。康熙朝中后期，国家财政经济状况好转，普免地丁、漕粮的同时也普免积欠。四十五年，康熙帝因“旧欠新征，势难兼纳”，普免各省积欠银390余万两。④ 五十年至五十二年，康熙帝普免地丁钱粮时还蠲免全国积欠银421.0528万两。⑤ 五十六年，蠲免各省屯卫带征银239万两、漕项银24.5万余两。⑥

康熙帝并非仅将积欠蠲免了事，还针对地方情况借蠲免民欠整顿吏治。四十二年十二月，康熙帝西巡陕西、山西后返京，路过河南，见河南府、卫辉府等地民生艰苦，认为“此皆大小官吏互相容隐，虽有衰老病废、懒惰退诿之员，仍使在任，以致贻误地方。河南百姓质朴愚鲁，输赋从未稽迟，而今岁所欠乃至四十万两，显系州县官闻朕蠲除秦晋积欠钱粮，希冀恩免，于中渔利”，特发布上谕：“见今民欠俱免催征，着将河南通省俸工银两补足所欠之数。如有不完，停其升转，俟完日开复。”⑦

雍正帝即位之初，普免康熙五十年以前积欠。⑧ 对于康熙五十年之后的积

① 《清圣祖实录》卷一二“康熙三年六月庚申”条，《清实录》第4册，第187页。

② 《清圣祖实录》卷一二“康熙三年六月庚申”条，《清实录》第4册，第187页。按：王庆云误记为康熙二年蠲免顺治十五年以前民欠［见（清）王庆云《石渠余纪》，第13页］。

③ 《清圣祖实录》卷一四“康熙四年三月乙巳”条，《清实录》第4册，第221页。

④ （清）王庆云：《石渠余纪》，第13页。

⑤ 《清圣祖实录》卷二四四“康熙四十九年十月甲子”条；《清圣祖实录》卷二四八“康熙五十年十月戊午”条；《清圣祖实录》卷二五一“康熙五十一年十月癸丑”条，《清实录》第6册，第419—420、454、488页。

⑥ （清）王庆云：《石渠余纪》，第14页。

⑦ 《清圣祖实录》卷二一四“康熙四十二年十二月丁丑”条，《清实录》第6册，第173—174页。

⑧ （清）王庆云：《石渠余纪》，第15页。

欠，雍正帝或查清民欠、官欠后，将民欠豁免；或令将民欠分年带征。如福建省康熙五十五年至雍正四年共未完银44.21万两，未分晰民欠、官欠。雍正六年（1728），清廷特遣大臣会同督抚清查，除官吏侵蚀、挪移、亏空外，蠲免福建实在民欠银33.83万两。[①] 雍正时期，福建省每年地丁钱粮大约30%收不上来。[②] 在蠲免民欠与蠲免新赋之间，雍正帝认为："蠲除历年之逋赋而使顽户偏蒙其泽，不若减免新岁之额征而使众民普受其惠。"因此，他在处理直隶、河南、山东、山西等省民欠时，责令将民欠分年带征，对于完纳积极省份，于该省丰稔之年，蠲免额征正赋银40万两，"无非欲将带征完纳之数仍散于良善之氓，使比户均被恩施"。[③] 因浙江完纳民欠踊跃，清廷蠲免其雍正七年额征地丁、屯饷银十分之二，计60万两。[④]

对于江南苏、松等处的积欠，雍正帝表现出彻查的魄力与严厉。据雍正六年奏报，苏州巡抚所辖7府5州自康熙五十一年至雍正四年，未完地丁钱粮积至813.8万两。其中苏、松、常三府与太仓州积欠最多，自140余万两至180余万两不等。雍正帝认为未完钱粮"或有产去粮存而不能完纳者，或有人产已尽而无可催追者，又或有从前遇歉收之岁而地方官匿荒未报、小民无力输将致成拖欠者……或本系该地方官亏空而希图卸脱、捏作民欠者，或粮户已经交纳而奸胥蠹役侵蚀入己、仍作民欠者"。未完钱粮的比例，"官亏空者十之一二，吏侵蚀者十之三四，其实系民欠不过四五而已"。苏、松等地积欠问题由来已久，数额较大，清查不力。此前，雍正帝令江苏巡抚张楷将民欠清查分晰。张楷并不清查，奏称俱系民欠，请分年带征。雍正帝"虽姑允其请，意甚未惬"。鄂尔泰在苏州布政使任内，曾实力稽查，将有头绪，旋补授云南巡抚，清查未竟。其后，陈时夏到任，未清查厘剔，"将从前分年带征之项一并催追，以致小民艰于输纳"，旋又奏称积欠难以清结，"从前既蒙圣恩蠲免浮粮，今请以旧欠之粮均派于新粮户内，分年征收，以抵补积欠"。此奏

① 《清世宗实录》卷七五"雍正六年十一月庚戌"条，《清实录》第7册，第1111—1112页。

② ［美］曾小萍著：《州县官的银两——18世纪中国的合理化财政改革》，董建中译，中国人民大学出版社2005年版，第157页。

③ 《清世宗实录》卷一一五"雍正十年二月庚寅"条，《清实录》第8册，第524—525页。

④ 《清世宗实录》卷七八"雍正七年二月辛丑"条，《清实录》第8册，第28页。

遭到雍正帝驳斥："岂有既蠲正额而复借此抵补积欠之理……旧欠自有本人，即非本人，亦自另有着落。若舍此不追而均派新粮，是刁民因积欠而得利，良民因先输而倍征。从此人人效尤，谁复输供正赋？况以旧欠派入新粮，旧欠未必全完而新粮又致欠缺。此种狂悖之论，不过因朕留伊在苏州清理未完，一时不能脱身，藉此草率完结耳。"① 几经反复，雍正帝决定全盘清查，派尹继善任苏州巡抚，暂停苏、松等7府与太仓等5州历年带征地丁钱粮，选派大臣前往江苏协办。

雍正十年初，清查告竣。康熙五十一年至雍正四年，江苏各属积欠银共1011.63万两，较四年前的奏报多出近300万两。其中侵蚀包揽银472.63万两，实在民欠银539万两。官亏吏蚀与民欠的比例印证了雍正帝此前的估测。虽然官侵、吏蚀、民欠数额已清，但雍正帝未轻易蠲免，认为："今欲概行豁免，不惟墨吏奸胥罔知惩戒，且积久欠粮之顽户无不沾恩被泽，自以为得计，而急公之善良不与焉，洵非阜民善俗之道也。则与其蠲除历年之逋赋，孰若免新岁之额征为大有益于斯民"，针对不同欠项采取不同带征方式，将侵蚀包揽之项分10年带征，实在民欠之项分20年带征，制订奖励办法，自雍正十年始，"本年带征之项完纳若干，朕即照所完之数蠲免次年额征之粮若干。若官吏、百姓等果知悔过急公，于每年带征额数外多完若干，朕即将次年钱粮照多完之数豁免"。②

雍正帝尽管对各省积欠采取宽严不同的处理措施，但他的指导理念如一，即"旧欠钱粮，非不欲开恩豁免，只以屡年未完之项乃顽户之所拖欠。若以抗正供而沾膏泽，则顽民获利而良善转未邀恩，非所以化导人心风俗"③，而大力清厘积欠，"无丝毫入官，实皆沛为万民普被之泽，而贪墨奸蠹之徒无所侥幸，抗玩疲顽之习知所儆惕。庶几吏治肃清而民风淳厚，共成比户可封之俗"④。这亦体现其宽仁之心与严猛手段相结合的治国理念。

① 《清世宗实录》卷七五"雍正六年十一月丙子"条，《清实录》第7册，第1124—1125页。
② 《清世宗实录》卷一一五"雍正十年二月庚寅"条，《清实录》第8册，第525—526页。
③ 《清世宗实录》卷七八"雍正七年二月辛丑"条，《清实录》第8册，第28页。
④ 《清世宗实录》卷一一五"雍正十年二月庚寅"条，《清实录》第8册，第526页。

乾隆帝即位伊始尚未改元，即蠲免雍正十年以前积欠。不久又降旨，蠲免雍正十二年以前民欠。对于之前江南积欠内的官侵、吏蚀款项，乾隆帝亦一改其父“办理原不妥协”的做法，照民欠例宽免。[①] 这或许是乾隆帝登基后的格外开恩。由于乾隆帝多次普免地丁、漕粮，全国性的蠲免积欠在其统治前中期并未举行。对于各省因灾缓带征钱粮，乾隆帝亦不轻易蠲免。乾隆六年（1741），监察御史金溶奏请蠲免各省带征钱粮，户部议驳：“此项完纳分数不等，概予蠲除，是被灾无轻重之分，受恩有厚薄之异。且此例一行，将来必至并带征之例亦有难行之时，则利民转以病民。应毋庸议。”乾隆帝从户部议。[②] 陕西省民欠曾引起乾隆帝的注意。乾隆十九年，陕西巡抚钟音折奏该省“节年钱粮已未完”数额，声称“并无官侵，亦无吏蚀。其各年未完数内，除带缓外，俱系贫民输纳不前”，遭到乾隆帝严厉驳斥：“钱粮之不能年清年款，大抵不出官侵、吏蚀、绅衿抗欠三端，第借‘民欠’二字以相隐射耳。若果系被灾贫民，必早已加恩，重则蠲免，次则缓征、带征……何得概以贫民为词？如谓贫民即当抗欠，何如直不征收，国家俸饷将何所出耶？钟音折内不过欲掩其征输不力，未能全数通完之咎，而不自知立言之错误也。”[③] 在乾隆帝看来，成熟完善的蠲免与缓征制度已减轻被灾贫民的纳税负担，各省奏销时，缓带征赋税“单列”，不在“民欠”范围内，故所谓“民欠”绝不是贫民欠赋，只是地方官催征不力的借口。

乾隆朝局部蠲免积欠频繁且数额较大者，莫过于乾隆帝六次巡幸江南，蠲免江苏、安徽、浙江三省积欠。三省中以江苏积欠最多，安徽次之，浙江最少。乾隆十一年，江苏巡抚陈大受、布政使安宁奏称，乾隆元年至九年江苏积欠银200余万两。[④] 该省每年未完银逐渐增多，如十九年除因灾蠲缓带征银，未完银36万余两，较上年未完银13万余两多出近三倍，“相去悬殊”[⑤]。

十六年正月初二日，乾隆帝因首次南巡，蠲免乾隆元年至十三年江苏积

① 《清高宗实录》卷三“雍正十三年九月己未”条，《清实录》第9册，第186—187页。

② 《清高宗实录》卷一三六“乾隆六年二月戊申”条，《清实录》第10册，第969页。

③ 《清高宗实录》卷四六二“乾隆十九年闰四月庚申”条，《清实录》第14册，第999页。

④ 《清高宗实录》卷二五九“乾隆十一年二月（是月）”条，《清实录》第12册，第359页。

⑤ 《清高宗实录》卷四九三“乾隆二十年七月己亥”条，《清实录》第15册，第198—199页。

欠地丁银 228 万余两、安徽积欠地丁银 30.5 万余两。因浙江无积欠可免，乾隆帝蠲免其当年应征地丁银 30 万两，“以示鼓励”。[①] 该年适逢皇太后“六旬大庆”，乾隆帝御制诗云：“两江积逋多，蠲除惟一律。浙省岁额完，足占民俗质。”[②]

二十二年正月初二日，乾隆帝二次南巡前夕发布上谕，蠲免江苏、安徽、浙江三省乾隆二十一年以前积欠地丁银。[③] 安徽乾隆元年至二十二年积欠银 45 万余两，而江南地区“比年以来，岁收最为丰稔，民力充裕”，乾隆帝认为：“其中必有官侵吏蚀，上下因循，希冀一遇南巡恩旨，或可概行豁免。则吏治民风，皆不可问矣。”[④] 他虽已认识到蠲免积欠存在问题，但未清查官亏、民欠，仍于南巡时蠲免。与首次南巡蠲免相比，此次乾隆帝扩大蠲免对象的范围，不仅蠲免江苏、安徽、浙江积欠地丁钱粮，还免除江宁、苏州、杭州三府当年赋税，以及灶课、屯漕诸逋赋。乾隆二十二年蠲免江南积欠事例被此后的四次南巡蠲免所援引。[⑤]

二十七年正月初二日，乾隆帝三巡江南前夕，颁旨将江苏、安徽、浙江乾隆二十二年至二十六年灾田缓征及未完地丁各欠项，照“二十二年例”蠲免。[⑥] 此次蠲免江苏、安徽积欠银 200 余万两。[⑦] 二十七年三月初七日，乾隆帝因浙江积欠较少，“宜再加恩，以示鼓励”，蠲免其二十三年至二十六年灾缓带征未完地丁、屯饷等银 5.3 万余两，二十五年以前民欠漕项银 11 万余两、灶课银 10.1 万余两，[⑧] 合计 26.4 万余两。乾隆帝第三次南巡共蠲免江苏、安徽、浙江积欠银约 230 万两。

---

① 《清高宗实录》卷三八〇“乾隆十六年正月庚子”条，《清实录》第 14 册，第 1—2 页。

② （清）王庆云：《石渠余纪》，第 18 页。

③ 《清高宗实录》卷五三〇“乾隆二十二年正月甲午”条，《清实录》第 15 册，第 672—673 页。

④ 《清高宗实录》卷五九一“乾隆二十四年闰六月丙申”条，《清实录》第 16 册，第 566 页。

⑤ （清）王庆云：《石渠余纪》，第 18 页。

⑥ 《清高宗实录》卷六五二“乾隆二十七年正月丙申”条，《清实录》第 17 册，第 300 页。

⑦ 乾隆三十年正月，乾隆帝第四次南巡前谕曰：“前此三经临幸，恩旨叠颁。所有江南省积欠地丁等项蠲免至二百余万两。”参见《清高宗实录》卷七二六“乾隆三十年正月戊申”条，《清实录》第 18 册，第 1 页。

⑧ 《清高宗实录》卷六五六“乾隆二十七年三月庚子”条，《清实录》第 17 册，第 341 页。

三十年正月初二日，乾隆帝四巡江南前夕颁发谕旨，蠲免江苏、安徽、浙江积欠。其中，蠲免江苏和安徽二十五年以前因灾蠲剩河驿、俸工等款并二十六年至二十八年因灾未完地丁、河驿等款，以及二十八年以前因灾未完漕项、出借籽种口粮、民借备筑堤堰等银，共143万余两；米麦豆谷11.3万余石。浙江积欠较少，蠲免其二十六年至二十八年因灾未完地丁银、二十七年屯饷沙地公租，以及二十六年、二十七年未完漕项等银13.25万余两；二十八年借给籽本谷1.37万余石。[①] 二月十六日，乾隆帝巡幸至江苏，考虑到虽已蠲免其灾缓积欠银140余万两，但“所免灾欠一项，苏、松各属不及淮、徐之多，恩施未能遍逮”，再免苏州藩司所属二十八年以前熟田地丁杂款未完银4.16万余两。[②] 闰二月初三日，乾隆帝巡幸至浙江，得知该省仍有未完款项，再次蠲免二十六年至二十八年积欠漕项及仁和、袁浦等场灶课银1.86万余两，二十四年、二十六年、二十七年、二十八年因灾缓带积欠南米及借给各场灶户仓米1.89万余石，二十六年与二十八年钱塘、诸暨、玉环等厅借给农民缓征谷及因灾缓征租谷1.69万余石。[③] 乾隆帝第四次南巡总计蠲免江苏、安徽、浙江积欠银162.27万两、粮16.25万石。

四十五年二月初五日，乾隆帝五巡江南到达江苏，颁谕蠲免江宁藩司所属乾隆十一年至四十四年民欠及灾缓银45.2万余两、米17.3万余石；苏州藩司所属三十九年至四十三年灾缓地丁、屯折、漕项、学租银2.3096万两，灾缓漕粮、漕项、兵粮米12.989万余石；安徽藩司所属四十三年以前积欠灾缓地丁、漕项等银40.07万余两，米麦谷9.76万余石。[④] 二月三十日，乾隆帝巡幸至浙江，蠲免归安等县缓征未完地丁、漕白各款银5.39万两，归安等3县缓征未完南米0.47万余石，以及仁和等3县未完民借谷1.82万余石。[⑤] 以上合计蠲免江苏、安徽、浙江积欠银92.9696万两、粮42.339万石。

四十九年二月十六日，乾隆帝六巡江南到达江苏，蠲免江宁藩司所属积

---

① 《清高宗实录》卷七二六“乾隆三十年正月戊申”条，《清实录》第18册，第1—2页。

② 《清高宗实录》卷七二九“乾隆三十年二月壬辰”条，《清实录》第18册，第25页。

③ 《清高宗实录》卷七三〇“乾隆三十年闰二月戊申”条，《清实录》第18册，第33—34页。

④ 《清高宗实录》卷一一〇〇“乾隆四十五年二月甲寅”条，《清实录》第22册，第731页。

⑤ 《清高宗实录》卷一一〇二“乾隆四十五年二月己卯”条，《清实录》第22册，第746页。

欠地漕等银 36.751 万两、民借籽种口粮银 15.1959 万两，漕粮、漕项等款米麦豆 18.9726 万石；苏州藩司所属地漕项等银 4.0554 万两、民借籽种口粮银 0.1248 万两，漕粮、漕项等款米豆 3.8964 万石；安徽藩司所属地丁等银 37.3261 万两、民借籽种口粮银 6.19 万两、漕仓等项银 8.3163 万两，漕粮、漕项等款米麦豆 6.574 万余石。① 以上合计蠲免江苏、安徽、浙江积欠银 107.9595 万两、粮 29.443 万石。

若乾隆帝第二次南巡蠲免江南积欠银以 200 万两计，则乾隆十六年至四十九年六次南巡，共计蠲免江苏、浙江、安徽积欠银 1052 万两、粮 88 万石。

乾隆六十年九月二十三日，清廷统计普免积欠地耗正粮等项银 1710 余万两、粮谷米豆 375 万余石。② 其中，蠲免江苏民欠及因灾缓带地丁等银 122.5199 万两、米麦豆等项 45.9275 万石，③ 浙江民欠及因灾缓带地丁等银 55.9195 万两、灶课银 6.9292 万两、南漕正耗米 0.6341 万石，④ 安徽民欠及因灾缓带地丁等银 135.5476 万两、米麦豆 15.2925 万石。⑤ 三省合计蠲免积欠银 320.9162 万两、粮 61.8541 万石。

兹将乾隆朝各次蠲免江南积欠银及其年均蠲免银额整理为表 3-1。乾隆帝前四次南巡，江南年均积欠银额呈递增态势；第五次南巡，年均积欠银大幅下降；此后又趋上涨，积欠问题逐渐凸显。

表 3-1　乾隆朝年均蠲免江南积欠银

类别＼年份	1751	1757	1762	1765	1780	1784	1795
期限（年）	13	7	5	3	15	4	11
积欠银（万两）	258.5	200	230	162.27	92.9696	107.9595	320.9162
年均积欠银（万两）	19.88	28.57	46	54.09	6.2	27	29.17

① 《清高宗实录》卷一一九九“乾隆四十九年二月壬申”条，《清实录》第 24 册，第 30—31 页。

② 中国第一历史档案馆编：《乾隆朝上谕档》第 18 册，第 792 页。

③ 《清高宗实录》卷一四六九“乾隆六十年正月庚戌”条，《清实录》第 27 册，第 619—620 页。

④ 《清高宗实录》卷一四七〇“乾隆六十年二月丁卯”条，《清实录》第 27 册，第 645—646 页。

⑤ 《清高宗实录》卷一四七一“乾隆六十年二月丙子”条，《清实录》第 27 册，第 656 页。

恩免积欠的范围在乾隆朝有所扩展。乾隆朝之前的恩免积欠，主要针对地丁钱粮，若非皇帝特准，民欠漕项、芦课、学租等均不入豁免案内。

康熙十年，浙江巡抚范承谟疏言临海、太平、平阳、石门、乌程5县与温州卫未完康熙元年至三年行月等项银两，因“积逋年久，叠罹凶荒”，请援赦蠲免。户部根据康熙八年恩诏“蠲免民欠地丁，并未载有蠲免漕项钱粮”之例议驳。康熙帝认为，虽然漕项无豁免之例，但据该抚所奏情况，“追比难完，尔部仍议追征，是否相合，着再议”。随后户部议准豁免。[①] 雍正元年，清廷蠲免各省康熙朝积欠。户部议奏蠲免积欠，芦课、学租等项与民屯地丁不同，不宜全部豁免。在雍正帝看来，芦课、学租等虽非恩诏内应免之项，但历年最久，若继续催征，穷民必致受累，准其一并蠲免。[②]

以上非经皇帝特准，漕项、芦课、学租等不入恩免积欠案之成例，在乾隆帝即位后发生变化。乾隆帝即位之初，蠲免雍正十二年以前民欠，亦将民欠漕项银豁免，还规定：“嗣后遇有恩诏，均入于豁免内。永著为令。”[③] 同时进入恩诏豁免之例的还有芦课、学租、杂税等项。[④] 地方官如不执行，以违制论，入己者以侵盗论。[⑤]

乾隆帝此举并非降低漕项银在赋税体系中的重要性，而只针对恩免积欠，意在减轻民众负担。这可从乾隆二年他在户部与地方官讨论过程中的态度看出。是年，安徽布政使晏斯盛奏称：“田地被灾，钱粮得蒙蠲免，漕项银两例不准豁。惟是漕项出于田亩，与地粮解款虽分，民间历系一条鞭征，通行完纳，并不分晰何项为地、何项为漕，或免或不免，则灾前已完在官及次年补征应完之银，查扣纷杂，小民难于周知，吏胥乘间影射，易启重征。请一并准照成灾分数蠲免。”试图将漕粮纳入地丁灾蠲定例。户部坚持将漕粮区别对

---

① 《清圣祖实录》卷三七“康熙十年十月乙巳”条，《清实录》第4册，第496页。

② （清）昆冈：《（光绪）大清会典事例》卷七五四《刑部三二·户律田宅一·检踏灾伤田粮》。

③ （清）昆冈：《（光绪）大清会典事例》卷二〇〇《户部四九·漕运七·漕粮蠲缓》。

④ 雍正十三年十月初七日，乾隆帝已即位，尚未改元，先是果亲王允礼密奏：“江南等省漕项、芦课及学租、杂税等银亦系雍正十二年以前之民欠，似可照例豁免，特行请旨。”乾隆帝准奏，谕总理事务王大臣：“嗣后遇有恩诏，俱将各项入于豁免之内。永著为令。”参见《清高宗实录》卷四“雍正十三年十月壬申”条，《清实录》第9册，第212页。

⑤ （清）昆冈：《（光绪）大清会典事例》卷七五四《刑部三二·户律田宅一·检踏灾伤田粮》。

待，蠲缓与否视灾情轻重请旨裁定，议复：

> 查漕粮凡遇灾蠲，例惟改折。间有异灾，系奉特免。又灾地漕米，例按分数改折，或灾重，亦准全折。盖漕粮不容缺额，即漕项轻赍等银，亦系办漕必需，随漕交纳。是以从前只有改征折色之例，间有蠲免，乃出特恩，原非定例。请嗣后有被灾地方，令督抚勘实，或应分年带征，或按分数蠲免，临时具题请旨。①

乾隆帝允准。六年的一道谕旨表明乾隆帝重视漕项银粮。先是乾隆三年、四年，江苏、安徽迭被水灾，奉旨蠲免灾区地丁，但督抚误将漕粮一并豁免。户部议奏，将责任官员交吏部察议，又因该省水旱频仍，若追征已蠲免之逋赋，民力拮据，“请将前项漕粮一并蠲免”。乾隆帝允准并谕令有漕各省督抚，“嗣后如遇蠲免案件，务将漕项、地丁详晰，分别办理”。② 此后迄清末，灾蠲漕粮与地丁分项办理成为定制。

二、清中后期周期性普免积欠形成

嘉庆四年（1799）十一月十九日，因高宗纯皇帝升配礼成，清廷蠲免乾隆六十年以前各省民欠及因灾缓征地丁、耗羡、漕粮银两、民欠籽种口粮等项。③

嘉庆帝亲政后，由于平定白莲教起义、治理黄河，财政紧绌，在其统治前中期未普免积欠，即使嘉庆十四年时值其五十寿辰，亦未实行。二十二年十二月十二日，嘉庆帝颁谕，次年系其六十寿辰，蠲免各省嘉庆元年至二十二年正耗民欠及因灾缓带征银粮。④ 二十四年十一月十四日，嘉庆帝还特别强调，此次普免之积欠“皆国家维正之供，朕以大庆普惠群黎，原系特沛之恩。若小民等心冀七旬、八旬、九旬，每届十年必有蠲除，遂不踊跃输将，州县官更从中影射，以完作欠，则大违尊君亲上之义”⑤。但自道光朝普免积欠始，

① 《清高宗实录》卷四七“乾隆二年七月辛亥”条，《清实录》第9册，第816页。

② 《清高宗实录》卷一五〇“乾隆六年九月丁丑”条，《清实录》第10册，第1159页。

③ 中国第一历史档案馆编：《嘉庆道光两朝上谕档》第4册，第473页。

④ 中国第一历史档案馆编：《嘉庆道光两朝上谕档》第23册，第590页。

⑤ 中国第一历史档案馆编：《嘉庆道光两朝上谕档》第24册，第606页。

他的这一告诫已被悄然打破。

道光十五年（1835），逢皇太后六十寿辰。八月初八日，内阁奉上谕，各省民欠自嘉庆二十四年蠲免后，“迄今又阅十余年”，各省嘉庆二十三年至道光十年正耗民欠钱粮与因灾缓带征银谷，以及借给籽种、口粮、牛具并漕项、芦课、学租、杂税等项，全部蠲免。①

道光二十五年，逢皇太后七十寿辰。八月初三日，内阁奉上谕：自道光十五年降旨蠲免积欠，“计期已逾十稔”，再蠲免道光十一年至二十年各省民欠及因灾缓带征钱粮。②

咸丰元年（1851）正月初一日，内阁奉上谕：道光二十五年蠲免道光二十年以前各省民欠钱粮后，自二十一年“迄今又届十稔”，民间续有积欠，蠲免道光三十年以前各省民欠及缓带征钱粮。③ 由于道光三十年之次年即咸丰元年，按照蠲免积欠成例，降旨蠲免“自某年至某年者，总以奏销截数为准。若未入奏销，不得统作积欠蠲免”。道光三十年正赋于咸丰元年正月初一日颁发蠲免积欠谕旨时，尚未奏销，“不得谓之积欠”，④ 但进入道光三十年灾缓案内之钱粮可以蠲免。户部制定统一处理标准，“所有道光三十年因灾请缓、应行带征钱粮，即与道光三十年以前未完各项确切查明，一并列入单内奏请豁免”⑤。因此，进入这次蠲免积欠案的除道光二十一年至二十九年民欠与因灾缓带征钱粮外，尚有道光三十年因灾缓征钱粮。

山东临清州于接奉蠲免积欠谕旨后，奏陈一个特殊情况。该州于道光三十年被旱、被风钱粮，奏请缓至当年秋后启征，但启征后尚有未完钱粮。此未完之项是否因已启征即与民欠无异，不在应免之列；抑或有因灾报明在案，并非熟田，仍应蠲免，“事关旷典，一征一豁出入匪细”⑥。户部从乾隆六十年

① 中国第一历史档案馆编：《嘉庆道光两朝上谕档》第40册，第341页。

② 中国第一历史档案馆编：《嘉庆道光两朝上谕档》第50册，第368页。

③ 中国第一历史档案馆编：《咸丰同治两朝上谕档》第1册，第1页。

④ 中国第一历史档案馆编：《咸丰同治两朝上谕档》第1册，第45页。

⑤ 祁寯藻集编委会、中国第一历史档案馆合编：《祁寯藻集》第3册，三晋出版社2011年版，第64页。

⑥ 祁寯藻集编委会、中国第一历史档案馆合编：《祁寯藻集》第3册，第64页。

蠲免积欠中找到可循成例。当年，乾隆帝蠲免各省积欠，湖北奏称乾隆五十九年江陵等8州县因灾蠲缓钱粮，“系六十年启征之项，未敢列入”。乾隆帝谕：“今已将节年积欠全行豁免，岂有上年因灾蠲缓之项斤斤较此锱铢，转令向隅之理？所有此项银粮并着该督抚查明数目，速行咨部题豁。”① 户部认为：“因灾缓征钱粮，凡属奏报有案，均为灾歉无疑。虽有已、未启征之分，业经请缓在前，自应分别予豁。”② 咸丰元年四月十四日内阁奉上谕，山东省道光三十年钱粮因灾缓至该年麦后、秋后启征者，除已完银两查明确数造报外，未完银两全部蠲免；各省如有与山东同一情况者，均如此办理。③

咸丰朝是清代国内大战乱时期，财税结构与央地关系均发生重大变化。咸丰十一年十二月二十四日，同治帝已即位，尚未改元，掌云南道监察御史朱梦元在辞旧迎新之际奏称，军兴十余年来，民生日困，需以“培养元气、固结民心为第一要务”，但国库支绌，“有惠而不费，可使天下均受其赐者，莫如蠲免民欠地丁钱粮一事”。他陈述理由：战乱连年，灾荒频仍，各省民众“殉难被害者不知凡几，饥饿沟壑者不知凡几，逃避迁徙、苟延旦夕而无以自存者又不知凡几”；其未被战事所扰之省，“急公好义，竭力捐输，屡次报效”，地方官因筹集军饷，“多方设法按户按亩搜括靡遗，闻各省变产报捐者固多，毁家纾难者亦复不少”；而且田地大量抛荒，每年新赋尚不能全完，更无法顾及积欠，“即偶有力能兼完者，非经州县之隐蚀，即归吏胥之中饱，求其实在入公之数甚属寥寥。是带征一款必不能大有裨于帑项”。鉴于“明岁为皇上建元之始，朔日为首祚锡庆之辰”，他奏请清廷于同治元年（1862）正月初一日特颁恩旨，蠲免咸丰十一年十二月三十日以前各省民欠，“无需动款而天下均拜九重之赐”。④ 按照惯例，普免新赋与逋欠均属恩蠲，只能出自皇帝特恩，绝不允许臣下奏请，市恩邀誉。但朱梦元未被责处，可能清廷当此国民交困、新君登基之时，也默认这个既“固结民心”又“惠而不费”的办法。

---

① 《清高宗实录》卷一四六八“乾隆六十年正月壬辰”条，《清实录》第27册，第607页。

② 祁寯藻集编委会、中国第一历史档案馆合编：《祁寯藻集》第3册，第65—66页。

③ 中国第一历史档案馆编：《咸丰同治两朝上谕档》第1册，第129页。

④ 《掌云南道监察御史朱梦元奏请蠲免各省自咸丰十一年十二月三十日以前所有地丁钱粮积欠事》（咸丰十一年十二月二十四日），录副03-4374-044。

同日，内阁奉上谕："御史朱梦元奏请蠲免各省历年积欠钱粮一折，着户部议奏。钦此。"①

朱梦元此奏或系借鉴上届咸丰元年正月初一日发布普免积欠上谕。但同治元年新正，清廷和户部或因忙于军务与其他诸事而未于正月初一日颁发恩旨。与前述普免积欠不同，此届普免积欠上谕未被收入《同治朝上谕档》《清穆宗实录》。笔者于河南巡抚吴昌寿的奏折中找到其转述的户部议复内容与普免积欠谕旨：

> 窃准户部咨，议覆御史朱梦元奏请蠲免各省历年积欠钱粮一折，拟请遵照道光十五年恩诏豁免十年以前民欠、道光二十五年恩诏豁免二十年以前民欠成案，所有各省民欠咸丰九年以前钱粮，凡已题报奏销到部者，由臣等督饬司员将各年实在民欠按册查明，仍行文各该督抚将各该年应征钱粮，除已完外，实在未（按：漏"完"字）若干并缓征若干，据实具奏，并造具细册送部，以凭将实在民欠概行豁免。其现在有军务省分，九年以前民欠地丁钱粮奏销到部未齐者，应请皇上特沛恩纶一概准予豁免，仍令该抚先将完善各州县历年应征钱粮，某年已完过若干，实在民欠未完若干，查明具奏，并造册报部等因。同治元年二月初七，议政王、军机大臣奉旨：依议。钦此。②

此届普免积欠未参照咸丰元年蠲免积欠成案，而遵照道光十五年、二十五年成案，蠲免咸丰元年至九年民欠。其原因大致有二：一是来不及于新正朔日发布恩旨，而在二月初七日发布；二是各地战事未息，各省钱粮奏报、奏销制度未恢复正常，咸丰十一年甚或之前的钱粮奏销册难以按限奏到，只好蠲免九年以前民欠，以便各省尽快报齐。

同治十一年九月十五日，皇帝大婚礼成。十八日，清廷颁恩诏，内有十

① 中国第一历史档案馆编：《咸丰同治两朝上谕档》第11册，第600页。

② 《河南巡抚吴昌寿奏报本省新旧民欠丁耗银两数目并请蠲免事》（同治四年十二月二十八日），录副03-4849-003。

款，其中第三款为："各直省民欠钱粮由户部酌核，奏请蠲免。"[①] 随后清廷准户部议，遵照道光十五年、二十五年蠲免积欠成案，蠲免同治六年以前各省民欠。[②] 此届普免咸丰十年至同治六年积欠。

光绪元年（1875）三月初一日，清廷遵照"列圣御极之初，蠲免积逋"之例，发布上谕，"各直省民欠钱粮即着户部酌核，奏请蠲免"。[③] 四月，户部奏准将同治十年以前各省民欠蠲免。[④] 此届普免同治七年至十年积欠。

光绪十年为慈禧太后五十寿辰，八月初五日内阁奉上谕，各省民欠钱粮自光绪元年降旨蠲免，"计期已逾十稔"，再将光绪五年以前各省民欠钱粮及因灾缓征带征银粮，全部蠲免。[⑤] 此届普免同治十一年至光绪五年积欠。

光绪十五年正月二十七日，皇帝大婚礼成；二月初四日，清廷颁恩诏，内有十款，其中第三款为："各直省民欠钱粮由户部酌核，奏请蠲免。"[⑥] 五月初八日，清廷准户部议，蠲免光绪九年以前各省民欠。[⑦] 同年三月十五日，慈禧太后加徽号，次日颁布恩诏，各直省民欠钱粮由户部酌核，奏请蠲免；五月二十二日，清廷准户部议，蠲免光绪十三年以前各省民欠。[⑧] 一年之内接续蠲免光绪六年至十三年积欠。

清代最后一次普免积欠是在宣统元年（1909）。是年，宣统帝登基，清廷

---

① 《清穆宗实录》卷三四一"同治十一年九月己亥"条，《清实录》第51册，中华书局1987年版，第488页。

② 《山西巡抚鲍源深奏为查明同治六年民欠钱粮数目请豁免事》（光绪元年二月二十七日），录副03-6192-024。

③ 中国第一历史档案馆编：《光绪宣统两朝上谕档》第1册，第63页。

④ 《两江总督沈葆桢江苏巡抚吴元炳奏为遵旨查明淮扬等属同治十年以前灾熟民欠钱粮各数请豁免事》（光绪四年九月二十日），录副03-6199-042。

⑤ 中国第一历史档案馆编：《光绪宣统两朝上谕档》第10册，第240页。

⑥ 《清德宗实录》卷二六六"光绪十五年二月庚辰"条，《清实录》第55册，第566—567页。

⑦ 中国第一历史档案馆编：《光绪朝朱批奏折》第70辑，第542页。按：此谕旨未见于《光绪朝上谕档》《清德宗实录》。

⑧ 中国第一历史档案馆编：《光绪朝朱批奏折》第70辑，第542—543页。光绪十八年十二月，湖南巡抚吴大澂奏报该省民欠数目清单，将此两次蠲免民欠恩诏、户部议奏、清廷蠲免民欠上谕详细转述，当准确可信。按：光绪二十七年二月，兼署云贵总督云南巡抚丁振铎简略转述户部咨，户部拟请将光绪十三年以前各省民欠豁免，"十五年六月十一日具奏，奉旨：依议。钦此。"（《光绪朝朱批奏折》第68辑，第608页）"六月十一日"疑非蠲免民欠上谕时间。此次恩诏条款与蠲免民欠谕旨均未见于《光绪朝上谕档》《清德宗实录》。

颁布蠲免逋赋诏，蠲免光绪十四年至三十三年各省已入奏销之积欠。[①]

从清代蠲免积欠的过程看，清初至乾隆朝前中期，清廷未频繁普免积欠。其中，雍正帝大力清查官亏、民欠，通过宽严相济的方式清厘积欠。乾隆朝前中期除对江南地区积欠采取较宽松的蠲免外，亦未普免积欠。清前期，积欠问题尚能得到较为审慎的控制和处理。乾隆朝后期始，清廷开启普免积欠之门。道光十五年始，基本形成10年一个普免积欠周期的格局。魏源回顾清代民欠地丁银数额变化，康熙五十年至雍正四年，共“八百十三万，计每年仅欠六十万”，至道光二十二年前后，“每年拖欠不下二百万。有亏于官蚀于胥吏者，亦有欠于民者，皆冀十年恩免一次，是以民欠不数年复积千余万”，更有“恃十载普免而争先逋欠者”。[②] 他也指出道光年间每10年蠲免积欠一次，而且成为官吏希冀之事。道光十五年、二十五年普免积欠成为此后历届普免积欠之成案。咸丰朝至宣统朝，新皇帝登基后照例蠲免前一位皇帝在位期间之积欠。

此外，同治朝之前的历届普免积欠谕旨多见于《清实录》和各朝“上谕档”，从内容和形式上均显示出清廷对普免积欠“施恩”的重视，但此后的普免积欠谕旨多不见于《清实录》和各朝“上谕档”，其重要性和清廷的关注度似有下降。

二、清中后期普免积欠统计

自嘉庆朝始，普免积欠逐渐常规化。普免积欠为清廷重大恩典，各省区历届普免积欠档案大都完整保存下来。清中后期历届普免积欠数额之统计，主要依据这些档案资料。积欠不仅包括地丁钱粮与漕粮，还有芦课、滩租、杂税及常平仓、社仓出借籽种口粮等项。以下统计分析清中后期山东、江苏、云南（附贵州）积欠蠲免情况，并汇总普免全国积欠数额。

---

① 《（民国）庐陵县志》，载《中国地方志集成·江西府县志辑》（62），江苏古籍出版社1996年版，第113页。

② （清）魏源：《圣武记》，岳麓书社2011年版，第494、570页。

（一）山东省

嘉庆朝至宣统朝，清廷蠲免山东省积欠 10 次，总计蠲免积欠银 31938988 两、粮 3342441 石（见表 3-2）；积欠银粮合计约 3528 万两，以该省额征 390 万两计，约免除 9 年田赋，相当于每隔 12 年全免一次。

表 3-2　清中后期山东省历届蠲免积欠额

单位：两（银）、石（粮）

恩诏年份	蠲免积欠时段	积欠银	年均欠银	积欠粮	年均欠粮
嘉庆二十四年	嘉庆元年至二十二年	3563659	161985	106139	4825
道光十五年	嘉庆二十三年至道光十年	3089650	237665	235225	18094
道光二十五年	道光十一年至二十年	2615706	261571	199142	19914
咸丰元年	道光二十一年至三十年	3059600	305960	232937	23294
同治元年	咸丰元年至九年	3260666	362296	248245	27583
同治十一年	咸丰十年至同治六年	4547369	568421	348133	43517
光绪元年	同治七年至十年	1504679	376170	251490	62873
光绪十年	同治十一年至光绪五年	2236586	279573	373820	46728
光绪十五年	光绪六年至十三年	2340153	292519	391130	48891
宣统元年	光绪十四年至三十三年	5720920	286046	956180	47809
合计		31938988		3342441	

资料来源：中国第一历史档案馆编《嘉庆道光两朝上谕档》第 24 册，第 431 页；第 41 册，第 301、323、409、545—546 页；第 42 册，第 228 页。《山东巡抚崇恩呈道光十一年至二十年民欠缓征地丁等项银米确数清单》（道光二十六年十月二十五日），录副 03-3093-023（含民欠出借仓粮 26435 石）；中国第一历史档案馆编《咸丰同治两朝上谕档》第 1 册，第 243 页。中国第一历史档案馆编《光绪朝朱批奏折》第 67 辑，第 154—155、359、361 页；第 70 辑，第 725—726、875、931 页。《山东巡抚李秉衡奏报查明应豁五年以前民欠仓项银米数目清单事》（光绪二十二年十二月二十四日），朱批 04-01-35-0112-005。

说明：据嘉庆二十三年至道光十年积欠银、粮比率，分别推算道光十一年至二十年、道光二十一年至三十年积欠粮。据光绪六年至十三年积欠银、粮比率，分别推算同治七年至十年、同治十一年至光绪五年积欠银。又据同治十一年至光绪十三年积欠银粮推算光绪十四年至三十三年积欠银粮。咸丰元年至同治六年积欠银取自附表 10 内山东省田赋蠲缓银额，积欠粮根据嘉庆二十三年至道光十年积欠银、粮比率估算。

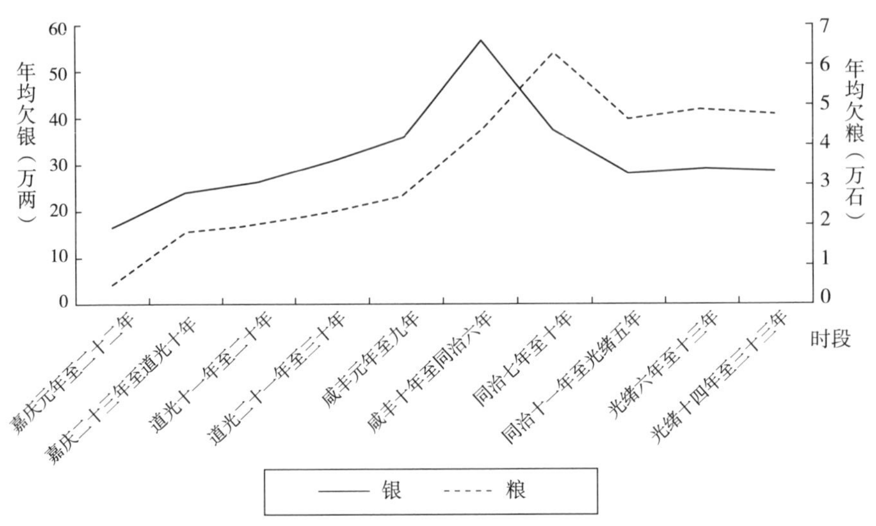

图 3-1　清中后期山东省历届蠲免积欠之年均额变动趋势

图 3-1 显示，山东省年均积欠银粮数额自嘉庆元年逐渐递增，咸同之际达到顶点，突破银 50 万两、粮 6 万石，此后有所回落；光宣时期趋于稳定，年均积欠银大致与道光朝中后期数额持平，年均积欠粮仍高于咸同之际的水准。

上述变动趋势亦与文献记载相吻合，尤其是咸同战乱时期表现得更加明显。咸丰三年九月十八日上谕云："凡被兵各州县以及被灾各区，业经叠沛恩施，分别蠲缓。其未经被兵、被灾地方，自应照旧输将以充国课。乃自加恩豁免积欠之后，至今各省复有民欠钱粮"，其中山东省应征未解之款尚有一百五六十万两。[①] 四年十一月，山东省地丁银积欠 170 余万两。[②] 此时距咸丰元年蠲免积欠不足 4 年，积欠增长之快于此可见一斑。三年九月，山东省应征该年钱粮及道光三十年与咸丰元年、二年缓征未完银两，"前经户部咨催奏报，迄今尚未拨解"[③]。四年八月，巡抚崇恩奏称山东省正杂额赋"短征之数，年

① 中国第一历史档案馆编：《咸丰同治两朝上谕档》第 3 册，第 327—328 页。

② 《清文宗实录》卷一五〇"咸丰四年十一月丙寅"条，《清实录》第 42 册，中华书局 1986 年版，第 621 页。

③ 《清文宗实录》卷一〇六"咸丰三年九月己未"条，《清实录》第 41 册，第 612 页。

甚一年”，还呈报咸丰二年以后意外拨用银230余万两。咸丰帝斥责：“东省尚为完善之区，额赋系属正供，岂容任意亏短。”① 九年七月，山东等省欠解京饷数额甚多，户部两次定限奏催，“迄今延不报解清款”②。山东省积欠衍生速度快、数额大，使本就捉襟见肘的晚清国家财政形势变得更为严峻。

（二）江苏省

嘉庆朝至宣统朝，清廷蠲免江苏省积欠10次，总计蠲免积欠银57684621两、粮14971521石（见表3-3）；积欠银粮合计约7266万两，以该省额征500万两计，约免除15年田赋，相当于每隔7年全免一次。

表3-3　清中后期江苏省历届蠲免积欠额

单位：两（银）、石（粮）

恩诏年份	蠲免积欠时段	积欠银	年均欠银	积欠粮	年均欠粮
嘉庆二十四年	嘉庆元年至二十二年	4186986	190318	1066545	48479
道光十五年	嘉庆二十三年至道光十年	4714262	362636	1187362	91336
道光二十五年	道光十一年至二十年	6152971	615297	3731961	373196
咸丰元年	道光二十一年至三十年	6762637	676264	505535	50554
同治元年	咸丰元年至九年	7147663	794185	1630935	181215
同治十一年	咸丰十年至同治六年	4211407	526426	760222	95028
光绪元年	同治七年至十年	2264725	566181	322262	80566
光绪十年	同治十一年至光绪五年	4327868	540984	801512	100189
光绪十五年	光绪六年至十三年	5558342	694793	1761467	220183
宣统元年	光绪十四年至三十三年	12357760	617888	3203720	160186
合计		57684621		14971521	

资料来源：中国第一历史档案馆编《嘉庆道光两朝上谕档》第24册，第420页；第41册，第344页；第51册，第362页。中国第一历史档案馆编《咸丰同治两朝上谕档》第14册，第239—240页；中国第一历史档案馆编《光绪朝朱批奏折》第66辑，第703—

① 《清文宗实录》卷一四二“咸丰四年八月丁未”条，《清实录》第42册，第495页。

② 《清文宗实录》卷二八九“咸丰九年七月丙申”条，《清实录》第44册，中华书局1987年版，第244页。

705 页；江苏省财政志编辑办公室编《江苏财政史料丛书》第 1 辑第 1 分册，第 232、419、421—424、434—437 页；《两江总督曾国藩奏为遵查江苏淮扬等属咸丰九年以前民欠钱粮数目并请豁免事》（同治六年二月二十三日），录副 03-4851-034；《署两江总督张树声等奏报江苏省徐淮海等属同治六年以前民欠正杂钱粮数目请豁免事》（同治十二年二月初十日），录副 03-4860-021；《署理两江总督张之洞江苏巡抚奎俊奏请豁免光绪十三年前江宁各属灾熟民欠钱粮事》（光绪二十一年正月二十四日），录副 03-6250-016（原折各项数据之和略有出入）。

说明：咸丰元年至九年、光绪六年至十三年江宁藩司所属积欠额都取自档案，相应时段之苏州藩司所属数值取自附表 10 内的蠲缓额。同治十一年至光绪十三年的 16 年间，江苏省共蠲免积欠银 9886210 两、粮 2562979 石，年均约蠲免银 617888 两、粮 160186 石，据此估算光绪十四年至三十三年积欠银粮额。

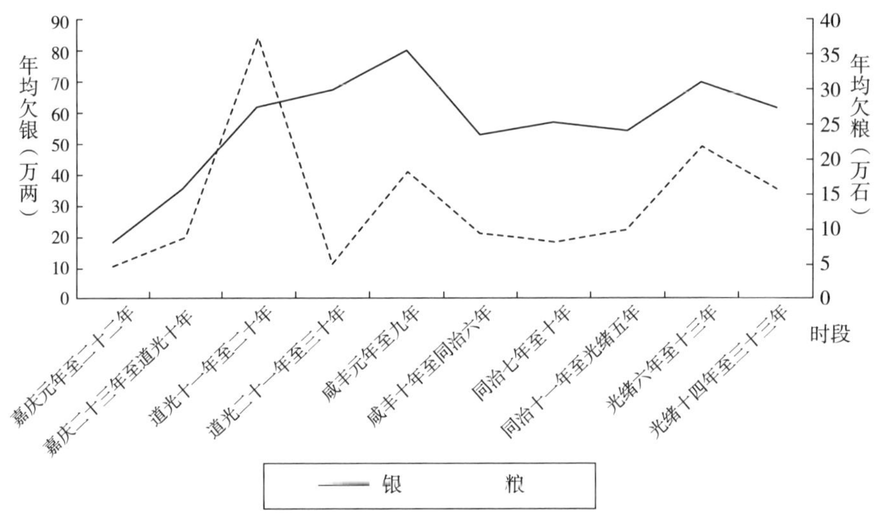

图 3-2　清中后期江苏省历届蠲免积欠之年均额变动趋势

据图 3-2，江苏省年均积欠银自嘉庆朝始节节攀升，至咸丰朝达到顶点，同治朝前期稍有回落。同治朝中后期至光绪初年增幅趋于均衡。光绪六年（1880）以后渐趋递增，回落幅度较小。整体而言，同治六年（1867）以后，尽管国内大规模战乱基本结束，而且经过同治、光绪朝近半个世纪的经济恢复和社会发展，年均积欠银依然高于道光朝中后期之水准。

年均积欠粮（主要是漕粮）自嘉庆朝不断递增，至道光朝中期达到顶点。道光朝后期逐渐回落，与道光朝前期基本持平。咸丰朝小幅增长，同治朝渐趋平稳。光绪朝明显递增，回落幅度不大。道光朝后期至清末，年均积欠粮总体上高于道光朝前期之水准。

清中后期江苏田赋积欠严重影响国家财政收入，引起清廷与户部关注。咸丰二年八月，户部左侍郎王庆云偕大学士管理户部事务祁寯藻等奏称："江南额征共五百二十九万，道光十六年查豁前欠五百六十三万，约计十年蠲免一年之额，二十六年查豁二十年以前民欠一千一十万，约计十年已蠲两年。及本年查豁该省三十年以前未完一千三百八十六万，是十年租赋几至蠲免三年"，日益严重的积欠导致"正供日绌"，"度支日困一日"。[①] 江苏省积欠问题直至清末亦未明显好转。周育民指出道光朝江南积欠之所以如此严重，除银贵钱贱外，还有其他多种原因，[②] 但未细论。本书于第四章再分析积欠严重的主要原因。

（三）云南省（附贵州）

考察清中后期西南边疆赋税积欠蠲免之前，先了解其在清前期之状况。

康熙二十八年（1689），云贵总督范承勋奏："云南屯地钱粮，自康熙二十一年至二十七年，每岁拖欠"，请分年带征。康熙帝念及"云南百姓，前曾供亿王师，继又迁移叛属家口，运送劳瘁"，蠲免历年所欠屯赋银 7.12 万余两、米麦等 10.07 万余石。[③] 四十九年十月，清廷蠲免直隶、奉天、浙江、福建、广东、广西、四川、云南、贵州等九省区旧欠银 118.54 万余两。[④] 雍正六年（1728）十一月，雍正帝谕户部，云南、贵州"系边远地方，如有历年实在民欠钱粮，俱着该督、抚详细查明，将实数具奏"[⑤]。乾隆五十年前后，在直隶、安徽等省耗羡银出现积欠，乾隆帝怀疑"耗羡一项，系征收正项钱粮时所加耗羡，断无正项钱粮全完而独欠耗羡之理。此非州县官私自那（挪）

① 王锺翰点校：《清史列传》第 12 册，第 3674 页。
② 周育民：《晚清财政与社会变迁》（修订本），浙江古籍出版社 2023 年版，第 82 页。
③ 《清圣祖实录》卷一四三"康熙二十八年十二月乙丑"条，《清实录》第 5 册，第 575 页。
④ 《清圣祖实录》卷二四四"康熙四十九年十月甲子"条，《清实录》第 6 册，第 420 页。
⑤ 《清世宗实录》卷七五"雍正六年十一月庚戌"条，《清实录》第 7 册，第 1112 页。

移，即系吏胥从中侵蚀”之时，云南省“耗羡银两，均已全完无欠”。[①] 五十七年，贵州巡抚陈淮奏本省地丁银仅12.15万余两，“饬令随征随解，以杜那（挪）新掩旧之弊”，得到乾隆帝赞赏。[②]

嘉庆十七年，各省正项钱粮积欠至1900万两，其中奉天、山西、广西、四川、贵州五省无积欠，云南仅有积欠500余两。[③] 十九年，户部奏请饬催各省州县征存未解银两开单呈览，云南名列其中，嘉庆帝斥责“实属因循疲玩”[④]。二十一年，各省积欠地丁、耗羡、杂税等款银多达1720余万两，除湖南、奉天、四川、贵州四省无积欠，广西、山西、云南三省欠银在二万两及数千两并十余两不等。[⑤] 道光七年征收钱粮比较上三年旧赋分数，福建、江西、甘肃、山东、广西、安徽、江宁藩司、苏州藩司、浙江、广东、河南、湖北、云南、直隶未完旧赋由一分至七分不等。[⑥]

与其他田赋大省相比，清中后期西南边疆田赋积欠问题不突出。目前所见清中后期云南省历届蠲免积欠主要有三届，其中道光二十一年至三十年并无民欠，其余共蠲免积欠银30818两、粮28919石（见表3-4）。

表3-4 清中后期云南省历届蠲免积欠额 单位：两（银）、石（粮）

恩诏年份	蠲免积欠时段	积欠银	积欠粮
嘉庆二十四年	嘉庆元年至二十二年	7117	14408
咸丰元年	道光二十一年至三十年	0	0
光绪十五年	光绪九年至十三年	23701	14511

资料来源：中国第一历史档案馆编《嘉庆道光两朝上谕档》第24册，第117页；《云南巡抚张亮基奏为查明滇省节年钱粮并无民欠事》（咸丰元年四月十八日），录副03-4335-013；中国第一历史档案馆编《光绪朝朱批奏折》第68辑，第540—542、608—609页。

---

① 《清高宗实录》卷一二三四“乾隆五十年七月壬子”条，《清实录》第24册，第579页。

② 《清高宗实录》卷一四〇三“乾隆五十七年闰四月（是月）”条，《清实录》第26册，第859页。

③ 中国第一历史档案馆编：《嘉庆道光两朝上谕档》第17册，第313页。

④ 《清仁宗实录》卷二八九“嘉庆十九年四月癸亥”条，《清实录》第31册，中华书局1986年版，第946页。

⑤ 中国第一历史档案馆编：《嘉庆道光两朝上谕档》第21册，第588页。

⑥ 中国第一历史档案馆编：《嘉庆道光两朝上谕档》第33册，第396页。

嘉庆二十四年三月十一日，清廷蠲免云南嘉庆元年至二十二年积欠时指出："该省地丁钱粮历系年清年款，惟近年一二州县偶遇歉收，间有缓征及出借仓谷等项，俱系实欠在民。"① 贵州田赋"历系年清年款"，"无积欠，亦无缓征、带征等款"。鉴于贵州"此次未能一体邀免"，清廷宽免其嘉庆二十五年正赋十分之二。② 咸丰元年正月，清廷普免道光二十一年至三十年积欠。四月，巡抚张亮基奏称云南"地处边末，额征赋税本属无多，俱各踊跃输将。从前偶因收成歉薄，间有民欠及因灾带缓之项，亦早完纳清楚。即每年青黄不接之际出借仓谷，俱系年清年款，并无丝毫拖欠"，此间无积欠可免。③ 可见嘉道时期，云、贵积欠较少。

咸同时期，西南边疆深受战乱影响，大量田地抛荒，此后田赋短征多系荒田所致，并非积欠。战乱之后，地、粮册籍散佚，积欠额无从查核；受战事影响之田赋时常蠲免，蠲免积欠年份亦不与普免积欠时间同步。这应是所见西南边疆历届普免积欠额较少之原因。

咸丰年间，清廷几乎每年蠲免贵州受战事影响之田赋。同治元年四月，清廷蠲减都匀等36厅州县被扰地方积欠额赋。④ 二年七月，蠲免贵阳等29厅州县被扰地方新旧额赋。⑤ 九年十月，减免兴义等50余州县卫被扰地方新旧额赋。⑥ 十一年四月，减免兴义等50余厅州县卫被扰地方节年额赋。⑦

光绪元年五月，蠲缓兴义等47厅州县被扰地方旧欠银米。⑧ 四年十月，蠲免贵阳等57府厅州县、7卫被扰地方新旧租赋。⑨ 十五年八月，蠲免贵阳等55府州县、8卫被扰地方未征及民欠丁粮银米。⑩ 光绪朝中后期，尽管战事平

---

① 中国第一历史档案馆编：《嘉庆道光两朝上谕档》第24册，第117页。

② 《清仁宗实录》卷三五四"嘉庆二十四年二月壬辰"条，《清实录》第32册，第681页。

③ 《云南巡抚张亮基奏为查明滇省节年钱粮并无民欠事》（咸丰元年四月十八日），录副03-4335-013。

④ 《清穆宗实录》卷二四"同治元年四月庚申"条，《清实录》第45册，第661页。

⑤ 《清穆宗实录》卷七二"同治二年七月壬子"条，《清实录》第46册，第464页。

⑥ 《清穆宗实录》卷二九二"同治九年十月丁酉"条，《清实录》第50册，第1039—1040页。

⑦ 《清穆宗实录》卷三三一"同治十一年四月戊午"条，《清实录》第51册，第383页。

⑧ 《清德宗实录》卷九"光绪元年五月丙午"条，《清实录》第52册，第188页。

⑨ 《清德宗实录》卷八〇"光绪四年十月戊戌"条，《清实录》第53册，第227页。

⑩ 《清德宗实录》卷二七三"光绪十五年八月辛丑"条，《清实录》第55册，第654页。

息已逾多年，但荒地垦复成效不彰，田赋缺额严重，与先前该省“额征丁粮，历系年清年款，从无蒂欠，并未造过比较清册”之情况大相径庭。光绪十七年十二月，贵州巡抚崧蕃奏：“自咸丰四年贼氛四起，各属人民流离，田土抛荒，迭经川楚大兵入境剿洗，十余年来甫经肃清，又经各地方官多方劝谕，招徕开垦，刻下户口较前虽繁，然元气太伤，骤难复额。内有川楚外来之民水土不服，疾病死亡，因而转徙。不但荒田未尽开辟，即新垦熟田又复荒芜，是以各属经征钱粮实无一定数目。”① 二十年，崧蕃汇奏钱粮征收三年比较时，依然重述以上内容。②

云南之情形与贵州大略相同。同治十二年六月，云南巡抚岑毓英奏：咸丰年间“军兴以来，各属久遭兵燹、饥馑、瘟疫”，全省户口约计“不过当年十分之五”，加以“田地多有荒芜，各州县征册亦多遗失，所有积欠钱粮，实系无从着追”，请蠲免同治十一年以前积欠。闰六月初十日，清廷颁发上谕，准予蠲免。③ 光绪十五年，清廷普免光绪十三年以前积欠，未见云南省奏报积欠。直到二十六年九月、二十七年二月，清廷才蠲免云南光绪九年至十三年积欠银 23701 两、粮 14511 石。④ 宣统元年，清廷普免光绪十四年至三十三年已入奏销之积欠。但云南积欠已先期蠲免。光绪二十六年九月，蠲免寻甸、嵩明等 18 厅州县暨顺宁府孟连土司灾区旧欠钱粮。⑤ 次年三月，蠲免临安、顺宁、大理等 51 府厅州县民欠钱粮。⑥ 三十二年四月二十五日，云贵总督兼云南巡抚丁振铎奏称滇省“在承平之先固属年清年款，并无蒂欠。洎肃清以来，田地荒芜，历经前督抚臣清查，已种田地约六成八分，曾于同治十三年奏请将荒芜钱粮暂行蠲免十年，奉旨允准。迨至限满，或因元气过伤，人户凋零；或因疾疫寻侵，死亡相继，节年多方招垦，逐渐增加……虽未遽复原额，委系年清年款。其未起征之数，实因无人承垦，无从征收，与应行按年

① 台北故宫博物院编：《宫中档光绪朝奏折》第 6 辑，台北故宫博物院 1973 年版，第 895—896 页。
② 《京报（邸报）》第 77 册，第 242—243 页。
③ （清）岑毓英撰，黄振南、白耀天标点：《岑毓英集》，广西民族出版社 2005 年版，第 119、161 页。
④ 中国第一历史档案馆编：《光绪朝朱批奏折》第 68 辑，第 540—542、608—609 页。
⑤ 《清德宗实录》卷四七三“光绪二十六年九月戊戌”条，《清实录》第 58 册，第 230 页。
⑥ 《清德宗实录》卷四八一“光绪二十七年三月甲戌”条，《清实录》第 58 册，第 348 页。

带征者不同……并无民欠未完旧赋”①。荒田免征银粮在晚清云南田赋蠲缓中的高额占比，变相拉低了该省蠲免积欠额，这是以云南为代表的西南边疆田赋在晚清财政上的又一特殊表现。

四、清代田赋蠲缓与荒政绩效

这里的田赋蠲缓包含蠲免积欠。嘉庆二十四年至宣统元年（1819—1909），清廷共普免积欠 10 次，总计蠲免直隶等 15 省嘉庆元年至光绪三十三年（1796—1907）积欠银 335600310 两、粮 70304328 石（见表 3-5）；银粮合计 40590 万两，以清中后期每年额征田赋 4000 万两计，约蠲免全国田赋 10 年，相当于每隔 11 年全免一次。清中后期普免积欠总额及其与田赋额征的比率，和第二章同期蠲缓田赋总额及其与田赋额征的比率十分接近，亦足见二者之间的紧密关联。不论是蠲缓的田赋还是蠲免的积欠，都因成灾和“歉收”而采取减灾救荒措施，纾解民众负担，未进入清朝国库。

表 3-5 清中后期历届普免积欠额 单位：两（银）、石（粮）

恩诏年份	蠲免积欠时段	积欠银	年均欠银	积欠粮	年均欠粮
嘉庆二十四年	嘉庆元年至二十一年	19532407	887837	3986570	181208
道光十五年	嘉庆二十三年至道光十年	16230414	1248493	3038182	233706
道光二十五年	道光十一年至二十年	24248861	2424886	8720184	872018
咸丰元年	道光二十一年至三十年	33986253	3398625	6118861	611886
同治元年	咸丰元年至九年	36631945	4070216	6906216	767357
同治十一年	咸丰十年至同治六年	31325027	3915628	5687888	710986
光绪元年	同治七年至十年	20302809	5075702	3854538	963635
光绪十年	同治十一年至光绪五年	37760901	4720113	8133517	1016690
光绪十五年	光绪六年至十三年	37439308	4679914	7957789	994724
宣统元年	光绪十四年至三十三年	78142385	3907119	15900583	795029
合计		335600310		70304328	

① 中国第一历史档案馆编：《光绪朝朱批奏折》第 69 辑，第 645 页。

其间，普免积欠银总额最多的省是江苏，其次是安徽，再次是河南，其余依次为江西、山东、湖北、浙江、福建、直隶、陕西、广东、甘肃、湖南、山西、云南（见图 3-3）。蠲免积欠粮总额最多的省是江苏，其次是江西，再次是甘肃，其余依次为安徽、浙江、湖北、山东、福建、河南、广东、陕西、山西、直隶、湖南、云南（见图 3-4）。

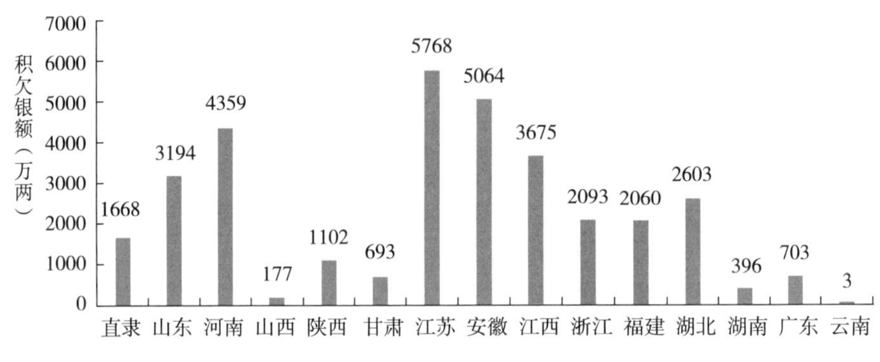

图 3-3　清中后期各省蠲免积欠银额

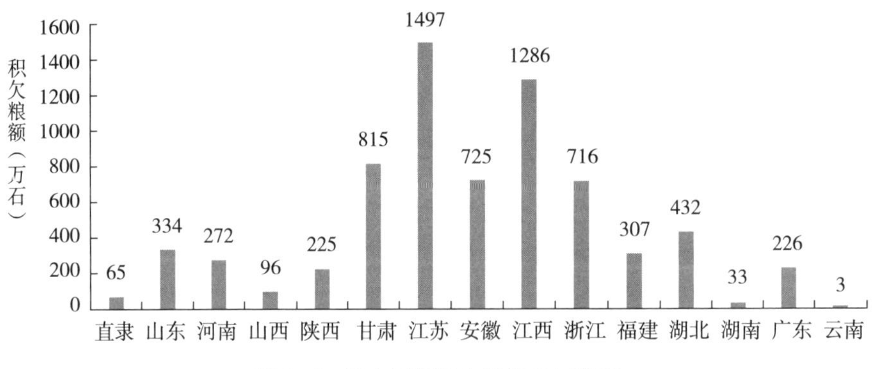

图 3-4　清中后期各省蠲免积欠粮额

将普免积欠银粮合计，清中后期普免直隶等 15 省积欠额之顺序为：蠲免积欠最多的省是江苏，其次是安徽，再次是江西，其余依次为河南、山东、湖北、浙江、福建、直隶、甘肃、陕西、广东、湖南、山西、云南（见图 3-5）。与第二章所论情形相似，清政府田赋收入倚重的省份，也排在蠲免积欠额的前列。

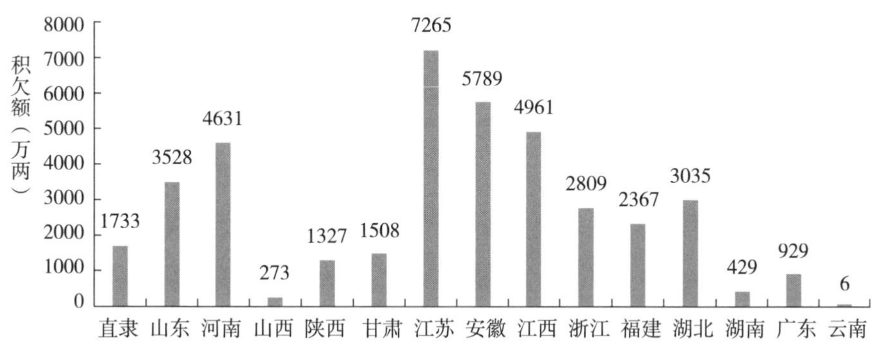

图 3–5　清中后期各省蠲免积欠额

综合比较各省情形（银、粮数额合算），江苏居各省田赋额征、蠲缓、积欠额之首；山西省田赋额征居全国第 5 位，但蠲缓与积欠额位次靠后，田赋征收率较高；直隶、山东、陕西、甘肃、江苏、安徽、浙江、湖北、湖南等省田赋蠲缓与积欠额相近，表明积欠的主体是因灾缓带征银粮（见第四章）；福建省田赋额征、蠲缓额位次居后，但积欠额位次相对靠前，表明积欠的主体并非因灾缓带征银粮，而是熟田民欠；广东省情形与福建类似；湖北、甘肃田赋额征位次靠后，但蠲缓与积欠额位次相对靠前，田赋征收率不高（见表 3–6、图 3–6）。

表 3–6　清中后期各省田赋额征、蠲缓、积欠位次

位次 类别	1	2	3	4	5	6	7	8	9	10	11	12	13	14	15
额征田赋	江苏	浙江	山东	河南	山西	江西	安徽	直隶	广东	陕西	湖北	湖南	福建	甘肃	云南
蠲缓田赋	江苏	浙江	安徽	山东	湖北	河南	江西	陕西	直隶	甘肃	云南	山西	湖南	福建	广东
普免积欠	江苏	安徽	江西	河南	山东	湖北	浙江	福建	直隶	甘肃	陕西	广东	湖南	山西	云南

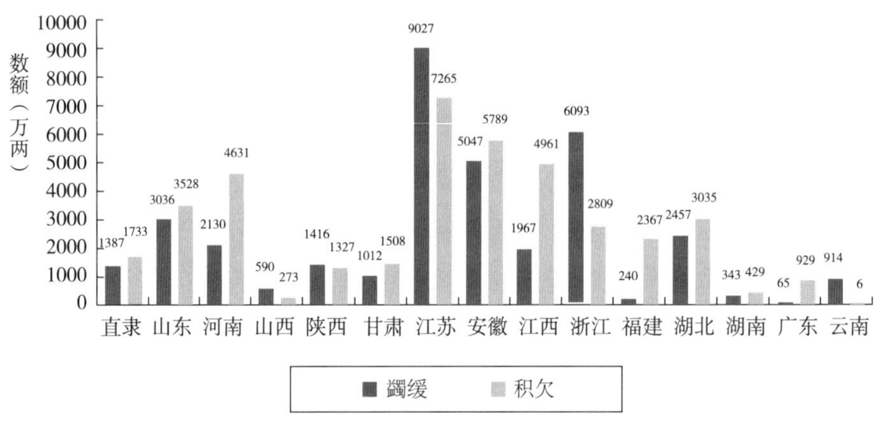

图 3-6　清中后期各省蠲缓与积欠额

兹将清中后期历届普免积欠银、粮之年均额变动趋势绘制为图 3-7。全国年均积欠自嘉庆元年至同治十年（1796—1871），呈节节递增态势；道光十一年（1831）后，递增幅度明显增大；咸丰元年（1851）至同治初年，增至银 400 万两、粮 70 万石上下；同治七年至光绪十三年（1868—1887），增至银 500 万两、粮 100 万石上下；光绪十四年至三十三年（1888—1907），回落至银 400 万两、粮 80 万石上下，[①] 总体上仍高于嘉道咸时期之水准。

再将清中后期各届普免积欠之年均银、粮额合算，以嘉庆元年至二十二年（1796—1817）积欠之年均值为起始指数，则各时段年均普免积欠指数见表 3-7，其中最后一届年均普免积欠指数修正为 5。嘉庆二十三年至道光十年（1818—1830），年均积欠较首届年均积欠增幅不大。道光十一年至二十年（1831—1840），已是首届的三倍多。咸丰元年至同治六年（1851—1867），是首届的四倍多。同治七年（1868）至清末，是首届的五倍多。整体而言，嘉道之际尤其是道光十一年以降，积欠问题每况愈下，积重难返。

① 由于光绪十四年至三十三年各省蠲免积欠额或取于同时段各省田赋蠲缓银粮额，或将相关年份民欠及缓带征地丁、漕粮额相加，故该届蠲免额未包括杂税、滩租以及常平仓、社仓出借籽种口粮等项，使得该届各省蠲免积欠额及全国总额偏低。估测此届蠲免积欠银粮合计不低于 1 亿两，年均 500 万两以上。

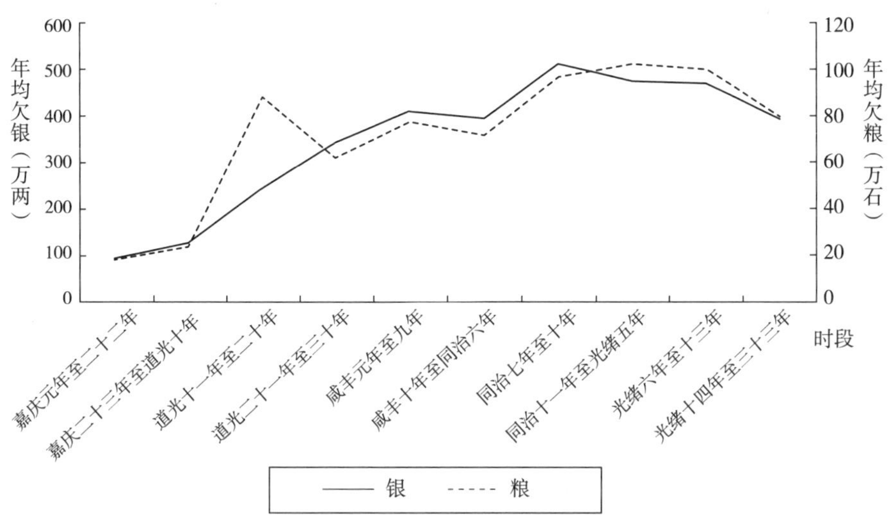

图 3-7　清中后期历届普免积欠之年均额变动趋势

表 3-7　清中后期年均普免积欠指数

时段	嘉庆元年至二十二年	嘉庆二十三年至道光十年	道光十一年至二十年	道光二十一年至三十年	咸丰元年至九年	咸丰十年至同治六年	同治七年至十年	同治十一年至光绪五年	光绪六年至十三年	光绪十四年至三十三年
指数	1	1.39	3.08	3.75	4.53	4.33	5.65	5.37	5.31	5

经第二章与本章之统计，嘉庆元年至宣统三年（1796—1911），直隶等 15 省共蠲缓田赋银 27327 万两、粮 8396 万石；嘉庆元年至光绪三十三年（1796—1907），直隶等 15 省共普免积欠银 33560 万两、粮 7030 万石。以上两组数据既有重复部分，又有差异之处。为便于比较，需将蠲缓额中的灾蠲额与缓征额分离。前文乾隆年间平均每州县灾蠲银 3262 两，鉴于此后几无灾蠲分数例外加增之情况，嘉庆朝至清末平均每州县灾蠲银约 3000 两；又知嘉庆元年至宣统三年灾蠲 4060 州县次（见附表 1），考虑到同时期还“蠲缓”

25616州县次（见附表3），虽然“蠲缓”连用，但“灾蠲”州县次比例较小，以晚清河南省历年蠲缓钱粮清单为例，灾蠲州县数约占蠲缓州县数的1/10，[①]故核定嘉庆元年至宣统三年共计灾蠲6622州县次，则该时段灾蠲银约1987万两。再据上述蠲缓银、粮总额之比率，估算嘉庆元年至宣统三年灾蠲粮约610万石。由此可得，嘉庆元年至宣统三年直隶等15省共缓征田赋银25340万两、粮7786万石，分别约占蠲缓银、粮额的93%。这亦可印证在“蠲缓”州县次中，“缓征”州县次约占9/10。

顺治元年至乾隆六十年（1644—1795）灾蠲12151州县次（见附表1），平均每州县灾蠲银3262两，则该时段共计灾蠲银约3964万两。据上述嘉庆元年至宣统三年灾蠲银、粮总额之比率，估算顺治元年至乾隆六十年灾蠲粮1217万石。

清前期，恩蠲尤其是普免新赋实施力度较大；嘉庆朝以降，清廷转向灾缓与普免积欠。据统计，清前期恩蠲（含普免地丁、漕粮，通省蠲免地丁，蠲免积欠）之大端：顺治十一年免顺治六年、七年荒亡地丁银639万余两，康熙朝蠲免银10725万两、粮428万石，雍正朝蠲免积欠银1900余万两，乾隆朝蠲免银14771万两、粮1000万石。[②] 以上共计恩蠲银28035余万两、粮1428万石。

兹将清代灾蠲、恩蠲银粮总额整理为表3-8，分析该表如下。

从横向看：清前期蠲免银31999万两、粮2645万石，其中恩蠲银、粮额均高于灾蠲，银粮合算，恩蠲占比85%，以普免地丁、漕粮为主；中后期蠲免银35547万两、粮7640万石，其中恩蠲银、粮额均高于灾蠲，银粮合算，恩蠲占比94%，全属普免积欠；清代总计蠲免银67546万两、粮10285万石，其中恩蠲银、粮额均高于灾蠲，银粮合算，恩蠲占比90%。

从纵向看：清代灾蠲银5951万两、粮1827万石，其中清前期灾蠲银、粮额均高于中后期，银粮合算，前期灾蠲占比67%；清代恩蠲银61595万两、粮

---

① 参见李光伟《晚清田赋蠲缓研究》，中国人民大学博士学位论文，2013年，第150—152页。

② 鲍晓娜：《清代的蠲复》，载《耕耘集》，第206—222页。

8458万石，其中清中后期恩蠲银、粮额均高于前期，银粮合算，中后期恩蠲占比58%；清代蠲免银、粮总额中，清中后期蠲免银、粮额均高于前期，银粮合算，中后期蠲免占比55%。此外，清中后期灾蠲银、粮的年均额较前期有所下降，恩蠲银、粮的年均额较前期大幅上升。

表3-8　清代灾蠲、恩蠲总额

单位：万两（银）、万石（粮）

时间＼蠲免银粮	灾蠲银	灾蠲粮	恩蠲银	恩蠲粮	总蠲银	总蠲粮
顺治朝至乾隆朝	3964	1217	28035	1428	31999	2645
嘉庆朝至宣统朝	1987	610	33560	7030	35547	7640
清代总计	5951	1827	61595	8458	67546	10285
清前期（152年）年均	26	8	184	9	210	17
清中后期（116年）年均	17	5	289	61	306	66

不论灾蠲还是恩蠲，此项银粮均未进入清朝国库。就此而言，清代因灾蠲、恩蠲而未征收之银粮合算约77831万两（表3-8），相当于免除全国田赋约20年；以清入关后268年计，大约每隔13年即全免田赋一次。这样的蠲免数额与蠲免周期，在中国两千多年的帝制时代，在以农业为主的传统社会里，在广土众民的多民族统一国家中，是绝无仅有的。民国学人也认为清代田赋蠲免之频次及蠲免数额之庞大，皆为前代所不及，[①] 但未用相关统计予以论证。史载西汉文帝、景帝不征田赋13年，陈登原认为此事"近于诡异"，以清朝普免田赋而论，"只能各省轮免，且无继续二年以上者"，文景之交，何以免除田赋13年之久？他引胡致堂考释，指出免赋之由并非汉文帝节俭之故，而是"基于卖爵（非卖官）"。[②] 西汉文、景二帝之所以能够13年不征田赋，缘于田赋占赋税比重较低，除卖爵外，还有人头税的大量收入；其时田赋、人口、疆域等亦不可与清代"同年而语"。就此而论，不难理解清朝君臣在薄

① 马大英、汪士杰、刘国明、王延超编：《田赋史》下册，第332页。
② 陈登原：《中国田赋史》，上海书店1984年版，第52—53页。

征厚施方面的“超越前古”之言。

再将明、清两代的税粮蠲免与赋税积欠做一对比。明初至弘治朝，逋赋蠲免以灾蠲为主；嘉靖朝以后，恩蠲的频次和蠲免力度不断提高，几乎每隔数年就有一次大规模的逋欠蠲免，反映出晚明统治者面对巨额逋赋的无计可施，最后只能以“皇恩浩荡”“大赦天下”的名义将其蠲免。据《明实录》所载各年税粮蠲免额（含灾蠲、恩蠲、蠲免积欠）统计，洪熙元年（1425）至隆庆二年（1568）的144年中，明政府共蠲免税粮2亿余石。其中包括编修质量较差的《明孝宗实录》中可靠程度不高的数据——孝宗朝（18年）年均蠲免量创纪录地达到860余万石，接近年均税粮总收入的1/3，而进入武宗朝，立刻下跌至年均不足百万石，“让人匪夷所思”。[①] 即使如此，明朝所有类别的蠲免总额亦无法与清代仅中后期（1796—1907）112年间的蠲免积欠额相比肩，遑论其他。

综上分析，较之清前期，中后期灾蠲额下降，普免地丁、漕粮之举停止，转向灾缓与普免积欠。积欠与田赋因灾缓带征密切相关，至少从名义上看，清中后期的普免积欠仍可纳入救荒范畴。因此，从清中后期灾蠲与恩蠲（普免积欠）之总额仍高于前期来看，清代（救荒）蠲免之经济总量并未在中后期有所减少。需指出的是，绝不能停留在这些数据的表面而忽视其内在问题。虽然清中后期（救荒）蠲免经济总量未明显减少，但从前期恩蠲——普免新赋到中后期恩蠲——普免积欠，这一形式转换，致使中后期（救荒）蠲免之经济总量的分配实效与清政府的国家治理能动性发生根本改变。值得注意的是，尽管同治朝至宣统朝历届普免积欠额高于此前各届，但普免积欠谕旨多不见于《清实录》和各朝“上谕档”，也难见清廷在此前普免积欠谕旨中自诩的“覃敷渥泽”“子惠元元”等政治表达，两相对比，映衬出清廷对普免积欠的重视程度下降，似乎对此兴味索然了。从主动蠲免新赋到被动蠲免积欠，清代国家财政实力和蠲赈绩效出现不可逆的退变，受惠群体亦发生重大偏移。诚如魏源所言，“国家正供，有岁入数千万之名，而常有逋欠千余万之实，异

① 参见胡克诚《逋赋治理与明代江南财赋管理体制的变迁》，第196—201、354—358页。

日国计愈匮，潦旱偏灾，何以蠲赈?”①

康雍乾时期，以蠲赈制度为核心的灾害治理体系的完善和实施，与清代经济发展和国家财政实力增强同步。那时国家财政收支常有结余，户部银库存银数不断增长。按照当时国家岁需银 1000 万两计，户部银库存银最多时足供 8 年支出，存银数较少时亦够供支 2 年。② 强大的国家财政保障是蠲赈制度完善与精细化实施的基础。面对灾害，清政府既能从容蠲免、缓征灾区赋税而不担心财政收入短缺，又能下拨大量钱粮赈济灾民而不必顾虑财政储备不足。

以清前期赈灾动用国家正项钱粮（户部银库存银）额为例，康雍乾三朝灾荒赈济用银 6067 万余两、米麦杂粮 5245 万余石。其中乾隆朝赈济用银 5572 万余两、米麦杂粮 4036 万余石，年均赈济约用银 93 万两、米麦杂粮 67 万石，居清代各朝之首。乾隆七年江南大水，江苏、安徽赈济用银 700 万余两。五十年，河南、湖北、江苏、安徽大旱，赈济用银高达 1600 万余两，占乾隆朝赈济银总额近 1/3，是已知清廷动用国家正项钱粮赈济单次灾荒的最大额。

嘉庆、道光朝以后，清朝由盛转衰，社会矛盾丛集，天灾人祸不断，内忧外患纷起。正常赋税拖欠不完，意外开支有增无减，国库空虚，财政困窘。与之相应，清中后期的蠲赈成效较前期发生显著转变。嘉庆朝至光绪朝灾荒赈济用银 7606 万余两、粮 2457 万余石，年均赈济用银 67 万两、粮 22 万石，远低于乾隆朝的年均赈济银粮额。清中后期重大赈灾事例的经费结构、行动主体之变化，体现出官赈能力衰退。

嘉庆六年直隶大水灾赈济总用银 326 万两，其中捐输银 147 万两，占总额的 45%。虽然乾隆朝灾赈钱粮中也有捐输款项，但与国家正项钱粮的灾赈支出相比，比例甚低。这是清代灾害治理能力与国家财政实力发生转变的重要标志。自嘉庆朝始，捐输日益普遍，赈灾钱粮越来越倚重捐输。清代灾赈事

① （清）魏源:《圣武记》，第 570 页。

② 参见史志宏《清代户部银库收支和库存统计》，福建人民出版社 2009 年版，第 108 页。

业的重心逐渐向地方政府与绅商阶层转移。光绪初年的“丁戊奇荒”，山西、河南、陕西、直隶、山东五省赈灾用银总计2262万余两，其中清政府拨款银657万余两，占总额的29%；捐输银1482万余两，约占65%。[①] “丁戊奇荒”的灾区范围与赈灾支出额堪称清代救荒之最，仅次于此的是乾隆五十年长江流域大旱灾，赈灾用银1600万余两。两相比较，乾隆五十年所拨赈款几乎全部来自官款，且乾隆帝基于赈灾实践与国库储备，认为捐纳徒增官员铨选窒碍，而“丁戊奇荒”的赈银主要来自捐输。

在“丁戊奇荒”的救灾现场，除官赈外，还活跃着一支重要的义赈队伍。宋明以来，士绅阶层形成后，由乡绅独立从事的救灾与慈善活动表现出更加自觉的主动性和不容小觑的能力，且从明末江南逐渐发展成日常性事务。清前期，由于国家财政力量增强与官赈一家独大，以士绅为主导的民间赈灾活动只是作为官赈的补充，形成一种与官赈并行的“地方性救荒传统”[②]。随着嘉道以降清朝财政能力减弱与官赈实力衰微，这种“地方性救荒传统”经过曲折发展，终至光绪初年华北大旱灾期间，在国内外多种力量的交互影响下，突破地域限制，形成新型的近代义赈，甚至成为清政府在面对严重灾害和危机时也积极主动依靠的救援力量。

乾隆朝后期以来，田赋蠲缓与积欠严重减少财政之源，天灾人祸又不断扩大财政之流，致使清代国家财政实力不断下降，灾赈体制与荒政绩效发生转变。清中后期数额庞大的积欠是如何产生并渐积成巨的？它是否为灾荒的真实体现？因灾缓征与积欠衍生过程及其特征、影响，是下一章讨论的问题。

---

① 以上清代赈灾钱粮数据参见杨双利《福惠天下：清代筹赈问题研究》，中国人民大学博士学位论文，2018年，第66、212、241页。

② 参见朱浒《地方性流动及其超越——晚清义赈与近代中国的新陈代谢》，中国人民大学出版社2006年版，第23页。

第四章　田赋缓征与积欠衍生

嘉庆朝至清末，田赋蠲缓尤其是缓征和连年展缓造成巨额积欠，二者一体两面，是清代国家财政危机的重要表现。经过第二、三章统计，已明确相关省区州县蠲缓频次、田赋蠲缓额、普免积欠额及其时空分布趋势与清代国家财政实力、荒政绩效之间的关系，但这些数据产生的过程与机制问题尚未解决。

本章首先呈现清中后期各省区新旧田赋缓征、展缓的具体情形；其次，以清廷历届普免积欠为节点，统计积欠的构成及其占比，揭示田赋缓征是积欠衍生的主因；最后，通过考察相关省份缓征田赋的征还率、蠲缓新旧田赋额变动等情况，探析积欠衍生的过程和特征，以及它所反映出的清代财政体制与灾荒之深层问题。

一、新旧田赋连年展缓

乾嘉之际，清代田赋蠲缓进入以缓征为主的阶段，并且出现连年展缓、递缓的现象。从蠲缓州县次看，自嘉庆六年（1801）一路攀升，在光绪八年至十七年（1882—1891）达到顶点，其后稍有回落，但整体水平依然较高；虽然“蠲缓”并称，但缓征比重更大。缓征州县次自乾隆四十六年（1781）后，渐呈上升趋势，道光十二年至咸丰元年（1832—1851）达到较高值；咸丰二年至同治十年（1852—1871）有所回落，主要原因在于咸丰、同治年间的战乱导致蠲免多、缓征少（见图2-1）。以下进一步透视各省新旧田赋的缓征与展缓情形。

山东省田赋蠲免与缓征（连年展缓）自乾隆五十年（1785）开始出现明显分化，灾蠲频次渐趋减少而缓征、展缓频次趋于增多（见图4-1）[①]。这早于此前关于清代田赋缓征、展缓自嘉庆朝以降愈加严重的判断，[②] 而且这一趋势是嘉庆朝积欠状况的前奏，二者紧密联系。乾隆四十五年以前，山东省"岁庆屡丰"[③]；四十九年以后，田赋缓征、展缓频繁，积欠逐渐严重。

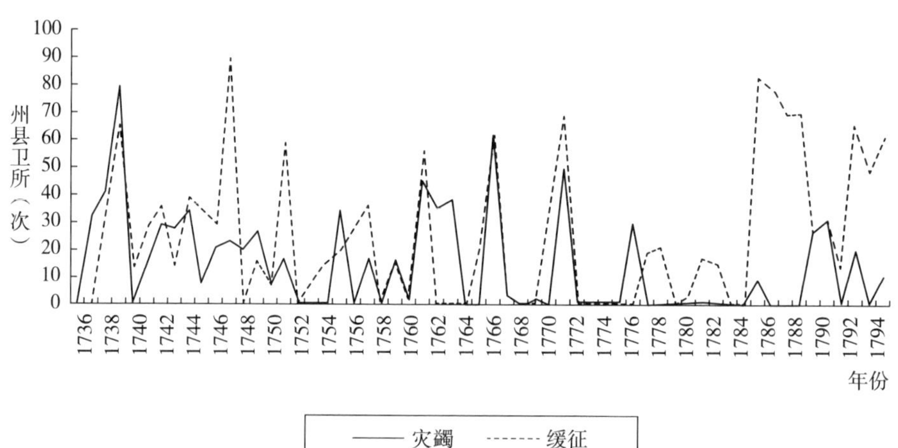

图4-1　乾隆朝山东省灾蠲、缓征州县卫所次变动趋势

乾隆五十年四月，山东省45州县春夏"雨泽稀少"，应征新旧钱粮缓至秋成后征收。[④] 八月，"收成歉薄"之峄县等9州县及"勘不成灾"之德州等25州县应征新旧钱粮缓至次年麦熟后征收，漕粮缓至次年秋收后开征。[⑤] 九月，"春收本属歉薄，今又被霜"的长清等4县"照德州等二十五州县之例"，

① 据《清高宗实录》乾隆元年至六十年（1736—1795）灾蠲、缓征（展缓）州县卫所之次数整理绘制。

② 李光伟：《嘉庆以降钱粮缓征与积欠之衍生——基于宏观角度的分析》，《清史研究》2013年第3期。

③ 《清高宗实录》卷一三〇六"乾隆五十三年六月庚子"条，《清实录》第25册，第582页。

④ 《清高宗实录》卷一二二九"乾隆五十年四月乙未"条，《清实录》第24册，第468—469页。

⑤ 《清高宗实录》卷一二三七"乾隆五十年八月甲辰"条，《清实录》第24册，第640页。

应征新旧钱粮缓至次年麦熟后征收，应征新旧漕粮缓至次年秋收后征收。[①] 四月以来缓征新旧钱粮至秋收后启征的45州县，八月后仍有38州县新旧钱漕再次缓至次年启征。五十一年五月，“雨水缺少，麦收不无歉薄”之历城等41州县新旧钱粮缓至秋成后征收。[②] 九月，山东省旧欠钱粮等项“递年积压，款项繁多，若同时并征，恐小民力有未逮”，上年秋禾被旱成灾之峄县等9州县，除乾隆五十年钱粮按成灾分数分年带征外，其未完四十六年至四十九年旧欠银97155两，上年被旱勘不成灾之德州等29州县卫未完四十六年至五十年旧欠银881930两，峄县等38州县五十年缓征漕粮101705石，分作两年带征。[③] 可见，峄县等38州县接续缓征、展缓。与此相应，缓带征州县数与新旧钱粮额不断增加。至乾隆五十五年，山东省此前各年因灾缓带征银未完数额持续上升。乾隆四十九年为308300两，五十年为690700两，五十一年为739100两，[④] 合计1738100两。

乾隆五十二年三月，山东虽上年“秋成丰稔”，但“今春雨泽亦尚未一律优沾，际此青黄不接之时，若新旧并征，民力不无拮据”，53州县乾隆五十一年应征地粮及前次未分年带征之项，缓至秋后分作二年带征；节年地粮定限二年之项，分作三年带征；定限三年之项，分作四年带征，“统于本年秋后开征”。[⑤] 四月，17州县“从前或与灾地毗连，或因被旱歉收，俱有历年未完成之项”，因“雨泽未沾”，其积欠未完正耗钱粮及缓带征等项，“自本年秋后为始，分作二年带征”。[⑥] 此17州县为新增，不在上述缓征53州县范围内，二者合计70州县，已占全省州县数近70%。五十三年四月，历城等54州县

① 《清高宗实录》卷一二三九“乾隆五十年九月甲子”条，《清实录》第24册，第665页。

② 《清高宗实录》卷一二五五“乾隆五十一年五月甲子”条，《清实录》第24册，第859页。

③ 《清高宗实录》卷一二六四“乾隆五十一年九月乙酉”条，《清实录》第24册，第1038页。

④ 《清高宗实录》卷一三四九“乾隆五十五年二月戊寅”条，《清实录》第26册，第59—60页。

⑤ 《清高宗实录》卷一二七七“乾隆五十二年三月壬辰”条，《清实录》第25册，第104—105页。

⑥ 《清高宗实录》卷一二七九“乾隆五十二年四月乙未”条，《清实录》第25册，第136页。

“雨泽愆期，麦收失望”，新旧钱粮缓至“本年秋成后征收”。[①] 这54州县基本包含在上述70州县内，即上年77%缓征州县之新旧田赋再次缓征。

乾隆五十四年，山东虽“收获丰稔”[②]，但未能扭转前已开启的大规模缓征态势，而且后续频报灾歉。五十五年八月，济南、东昌等府因雨水过多，41州县田禾被淹，清廷蠲缓27州县地丁、漕粮。[③] 五十七年四月，德州等10州县卫因“雨泽短少”，缓征钱粮；六月续有历城等20州县仍未降雨，应征新旧钱粮“缓至秋后察看收成，再行起征”，[④] 此次共缓征30州县卫。乾隆帝允准山东缓征田赋的同时，也曾怀疑灾情呈报的真实性，因为德州、东昌、临清一带此前数次奏报，“总未得雨，自属旱象已成”，但省城济南先据布政使江兰奏于五月十一日、十二日“得有澍雨”，附近齐河、章丘“俱一律普沾”，稍后巡抚吉庆亦奏称“十一二等日，济南府属均沾渥泽”。乾隆帝认为，历城系济南府首县，“岂有省城得雨而首县独未沾被之理”，质疑吉庆续查被旱州县时，为何又将“历城、齐河等县一并列入”；若历城、齐河等县被旱属实，则此前吉庆、江兰所奏得雨情形“必系虚饰”，令吉庆查明据实复奏。[⑤] 六月内，吉庆回奏济南省城于五月中旬得雨，“虽各属同沾，未能一律透足”，遂请将历城等州县“均予缓借”，六月初七日省城与德州一带“同获甘霖，早晚秋禾，十分有益”，待秋成时再查看情形。[⑥] 七月底，因初次缓征之州县卫秋收只有“五六分”，德州等27州县卫应征新旧钱粮“缓至来年麦熟后征收”；德州等7州县新旧漕粮缓征一半，与临清、高唐二州旧欠漕粮缓至次年冬征收。[⑦] 九月，原报歉收之历城等21州县、毗连歉地之长清等8州县“畸

① 《清高宗实录》卷一三〇二“乾隆五十三年四月庚子”条，《清实录》第25册，第520—521页。

② 《清高宗实录》卷一三四〇“乾隆五十四年十月癸亥”条，《清实录》第25册，第1177页。

③ 《清高宗实录》卷一三六〇“乾隆五十五年八月己酉”条；《清高宗实录》卷一三六三“乾隆五十五年九月癸巳”条，《清实录》第26册，第224、276页。

④ 《清高宗实录》卷一四〇六“乾隆五十七年六月壬申”条，《清实录》第26册，第891页。

⑤ 《清高宗实录》卷一四〇六“乾隆五十七年六月壬申”条，《清实录》第26册，第893—894页。

⑥ 《清高宗实录》卷一四〇七“乾隆五十七年六月（是月）”条，《清实录》第26册，第921页。

⑦ 《清高宗实录》卷一四〇九“乾隆五十七年七月乙丑”条，《清实录》第26册，第950页。

零小户”应征漕粮，缓至次年秋成后征收。[①] 由上可知，乾隆五十七年山东省50余州县（次）的新旧田赋从麦收缓至秋收，再从秋收缓至次年麦收或秋收。只是来年依然无法征收，又重复上年之“故事”。

乾隆五十八年七月，山东虽“雨泽调匀，秋成丰稔”，但因上年歉收，“民鲜盖藏”，上年被旱之德州等27州县、毗连歉地之堂邑等16州县“五十五年以前应征旧欠钱粮”等项，分作五十八年、五十九年带征；平度等5州县旧欠缓至五十九年麦收后启征。[②] 是年，缓征州县共计48处。五十九年，山东“入春以来，雨泽稀少”，历城等51州县应征新旧银粮，缓至该年秋收后启征。[③]

乾隆六十年普免积欠，各省历年未完与缓带征银粮被全部免除。嘉庆元年十一月十四日上谕，山东省鱼台等5县被水，新旧钱粮缓至次年麦收后启征。[④] 三年二月，因山东上年被水各州县积水之区未能全涸，种麦愆期，清廷将曹县等13州县卫应征当年钱粮无论被灾、成熟地亩，全缓至秋后启征。[⑤] 六月，又将此13州县卫当年应征钱粮缓至次年征收，其递缓带征银两再递缓一年。[⑥] 四年二月，再将以上州县卫旧欠缓至麦收后征收，其应征新赋无论被灾、成熟地亩，均缓至秋后开征。[⑦] 五月又谕，所有前述州县卫应征旧欠再缓至秋后征收。[⑧] 八月二十四日，山东因雨水较多，济宁等12州县卫新旧钱漕缓至次年秋后启征；长清等25州县被淹洼地应征当年钱漕及旧欠，缓至次年秋后启征。[⑨]

经过如此反复展缓、递缓，待丰收年景，新旧田赋虽届征期，亦不能完

---

① 《清高宗实录》卷一四一三“乾隆五十七年九月壬子”条，《清实录》第26册，第1003—1004页。

② 《清高宗实录》卷一四三三“乾隆五十八年七月己酉”条，《清实录》第27册，第155—156页。

③ 《清高宗实录》卷一四五一“乾隆五十九年四月壬午”条，《清实录》第27册，第347页。

④ 中国第一历史档案馆编：《嘉庆道光两朝上谕档》第1册，第338—339页。

⑤ 中国第一历史档案馆编：《嘉庆道光两朝上谕档》第3册，第30页。

⑥ 中国第一历史档案馆编：《嘉庆道光两朝上谕档》第3册，第86页。

⑦ 中国第一历史档案馆编：《嘉庆道光两朝上谕档》第4册，第60—61页。

⑧ 中国第一历史档案馆编：《嘉庆道光两朝上谕档》第4册，第158页。

⑨ 中国第一历史档案馆编：《嘉庆道光两朝上谕档》第4册，第299—300页。

全征收。嘉庆五年（1800）八月初六日上谕曰：山东济宁等州县卫被水灾区应征地丁、漕粮，自嘉庆元年以来“屡经降旨，缓至本年秋成后启征。该省本年各属收成丰稔……惟念递年缓征，陈陈积压，若以一年之收成并征四五年新旧钱粮，民力仍不免拮据”，除济宁州、邹县秋成各村庄新赋照常征收外，其旧欠“缓至来岁秋成后带征一年，其余递年接续挨次带征一年”；金乡等31州县卫“除应征本年钱粮漕米全数征收并带征一年外，其余缓带钱漕亦递年挨次每年带征一年”。[①] 六年八月初三日上谕，被水稍轻之清平等9州县卫蠲剩银缓至次年秋后开征，东阿等6州县卫该年应征钱漕缓至次年秋后开征，临清等22州县卫带征旧欠缓至次年秋后开征。[②]

此后，这种年复一年展缓、递缓的情形日趋严重。据嘉庆十八年统计，山东省积欠自乾隆五十八年至嘉庆十六年，未完正杂银约440万两，除因灾缓征及陆续缴还外，尚有300余万两。山东巡抚同兴奏请将乾隆五十八年至嘉庆十六年民欠钱粮展限四年，随同新赋依限征完。嘉庆帝允准，除歉收各属缓征旧欠钱粮俟启征之日按年挨次带征外，其余未完熟田民欠展限六年，随同新赋依限分征。[③] 嘉庆二十四年，山东省嘉庆元年至二十二年积欠被普免。

道光三年（1823），山东省因灾缓带及民欠钱漕奏准停缓二年。七年，因山东原缓、递缓各案钱漕积至五六年之多，清廷将道光二年以前停缓积欠与三年以后各案原缓、递缓钱漕等项并为一案，自七年秋后始，“各按最先年分，递年依次带征一年”。九年二月，又因山东省“七、八两年启征二年以前积欠钱粮及九年应带之项，已有三年”，加以三年至八年旧欠暨九年新赋，“共有十年之多，同时并征，民力实形拮据”，将“应于九年秋后依次启征之二年以前积欠”与三年至七年民欠及因灾缓征钱粮，“均缓至十年秋后，各按最先年分，递年依次带征一年”。[④] 道光十三年，山东省因灾原缓、递缓之项

① 中国第一历史档案馆编：《嘉庆道光两朝上谕档》第5册，第388页。
② 中国第一历史档案馆编：《嘉庆道光两朝上谕档》第6册，第312页。
③ 中国第一历史档案馆编：《嘉庆道光两朝上谕档》第18册，第75页。
④ 中国第一历史档案馆编：《嘉庆道光两朝上谕档》第32册，第212页；《清宣宗实录》卷一五一“道光九年二月癸酉”条，《清实录》第35册，中华书局1986年版，第324—325页。

应带征计有 11 年之多。[①] 此后，嘉庆二十三年至道光十年积欠被普免。

江苏省江宁藩司所属自嘉庆元年始，每年蠲缓 20 余州县卫；苏州藩司所属在嘉庆朝并无频繁蠲缓，但经过道光三年大水，特别是道光十一年大水之后亦出现频繁且均衡的蠲缓州县次，与江宁藩司所属齐头并进，直至清末（见附表 5）。

江宁藩司所属之缓带征情况在嘉庆初期即为清廷所关注。嘉庆四年九月十七日上谕：江苏淮安、徐州、海州、江宁、扬州乾隆五十九年至嘉庆元年未完银 230685 两、米麦豆 54367 石，自四年秋成起至六年八月底征完；嘉庆二年未完银 188914 两、米麦豆 13103 石，自六年秋成起至八年八月底征完；嘉庆三年未完银 208058 两、米麦豆 74452 石，自八年秋成起至十年八月底征完。[②] 以上总计未完银 627657 两、粮 141922 石。

嘉庆六年八月底，届期应征钱粮复请展缓带征。九月，两江总督费淳等奏称淮安、徐州、海州各处原系积歉之区，嘉庆元年至五年因灾递缓银米数额较多，请分年带征。清廷允准山阳等 19 州县卫嘉庆元年、二年未完灾缓银 238637 两、米麦豆谷 45679 石，自嘉庆六年启征，扣限二年，至八年八月底征完；嘉庆三年、四年未完灾缓银 350140 两、米麦豆谷 107627 石，自八年秋成后启征，扣限二年，至十年八月底征完；嘉庆五年未完灾缓银 132775 两、米麦豆谷 34907 石，自十年秋成后启征，扣限一年，至十一年八月底征完。[③] 以上总计未完银 721552 两、粮 188213 石，较嘉庆四年九月未完数额分别增加银 93895 两、粮 46291 石。嘉庆帝尽管准许分年带征，但还是对此表示疑虑和不满，六年九月二十八日颁谕：

> 朕秉承高宗纯皇帝训谕，于加惠小民之事从不稍存靳惜。自亲政以来，凡遇地方水旱偏灾，各督抚封章入告，即时立沛恩施，务俾得所。至各省积欠钱粮，乾隆六十年以前俱经豁免，其自嘉庆元年以后续欠者，如因灾带缓之项，遇无灾之年即应按照原限催缴，

① 中国第一历史档案馆编：《嘉庆道光两朝上谕档》第 38 册，第 152 页。
② 中国第一历史档案馆编：《嘉庆道光两朝上谕档》第 4 册，第 336 页。
③ 中国第一历史档案馆编：《嘉庆道光两朝上谕档》第 6 册，第 394—395 页。

岂可任其拖欠？况江南本为财赋之区，今岁收成尚属丰稔，非若直隶、甘肃两省被水被旱各省可比，何至应征钱粮多有积欠？今该督等奏请分年递缓，竟有缓至嘉庆十年、十一年者。此项钱粮本系正赋，若听其逐年递缓，相率效尤，全不顾国家经费，安用地方官为耶？该督等既有此奏，朕必照所请行，但该省各州县官经征不力致多拖欠，而各上司亦不能认真督催，殊属疏懈。①

嘉庆八年八月底，应带征嘉庆元年、二年银粮并未如期征完。十一月初八日上谕指出，江苏淮安、徐州、海州三府州属嘉庆元年至五年多次被水成灾及勘不成灾地方积欠银粮，限嘉庆十一年征完；嘉庆六年、七年未完银311214两、米麦豆谷91529石，待嘉庆十一年征完五年以前带征钱粮后，于十二年启征，扣限二年，至十三年八月底征完。② 嘉庆十一年，应带征元年至五年钱粮依旧不能如期缴纳。是年正月初九日上谕云，嘉庆元年至七年各款原限至十三年征完，原限之外尚有续增递缓及未完银387355两、米麦豆96834石，内将淮、海、徐三府属嘉庆八年至九年未完灾缓银347628两、米麦豆48659石，江宁、扬州二府属嘉庆七年至九年未完银29004两、米麦豆34444石，均缓至十三年八月后启征，分限二年，于十五年八月底征完；江宁府属嘉庆四年至六年未完银10723两、米麦豆13729石，于十一年秋后启征，分限二年，于十三年八月底征完。③

嘉庆十三年，届限应征银粮展缓如故。是年二月初六日上谕指出，江宁、淮安、扬州、徐州、海州五府州属嘉庆九年以后迭被灾歉，其嘉庆元年至九年灾缓银粮节次缓征，至十五年八月底征完。不在奏限之十年、十一年未完灾缓银491834两、米麦豆谷137767石，分两年缓带，于十五年秋后启征，十七年八月底征完。前此未经分限之句容县和台东县嘉庆元年至五年未完银20148两、米豆14660石，分两年带征，自十三年秋后启征，十五年八月底征完；六年至九年未完银20448两、米豆17009石，亦分两年带征，自十五年秋

① 中国第一历史档案馆编：《嘉庆道光两朝上谕档》第6册，第394页。
② 中国第一历史档案馆编：《嘉庆道光两朝上谕档》第8册，第434—435页。
③ 中国第一历史档案馆编：《嘉庆道光两朝上谕档》第11册，第21—22页。

后启征，十七年八月底征完。[①]

嘉庆十五年，两江总督松筠奏请将江、淮等属因灾缓带蒂欠银粮递展征收，清廷允准其嘉庆元年至十四年因灾递缓未完地丁、屯折等银246万两，漕粮、兵米、麦豆及出借常平仓谷75万余石，于十五年秋成后，"各就最远年分带征一年，由远而近，以次递及"[②]。嘉庆十七年十一月初八日，内阁奉上谕，江苏积欠钱漕因连年灾缓积压，未能依限征完，于该年秋成后分四年完缴。[③] 四年后的情形如何？嘉庆二十一年十一月，户部奏称江宁、苏州两藩司所属尚未完初限银56517两，二、三、四限并缓征银777837两，"均未据题报"[④]。十二月二十五日上谕云，江宁等府州嘉庆十五年至二十年灾缓积欠银米均应于该年秋成后启征，又带征十四年以前最远一年旧赋，以一年成熟之区并征六年灾缓之项，民力不免拮据。其十五年至二十年灾缓地漕银米从二十一年秋后起，"就最远年分带征一年，以次递及"[⑤]。直至嘉庆帝晚年，江苏不仅历年旧欠无法征还，年年新欠变为旧欠，分年带征。

进入道光朝，江苏上述情况依旧延续。灾情严重之时，如道光三年大水的田赋蠲缓自不待言，兹举该省道光五年、七年、十年虽勘不成灾但缓征、递缓新旧田赋的事例，一览其新旧田赋缓征、带征、递缓之情形。

道光五年十月初八日，两江总督琦善、江苏巡抚陶澍会奏江、淮等属被旱被水，沛县成灾五分，该年地丁、漕粮等项按分蠲免，蠲剩银米分别带征；六合等20州县卫勘不成灾，应征该年地漕银米请缓至次年秋成后分两年带征；成灾与勘不成灾项下应征道光六年新赋，请缓至该年秋成后启征。以上各州县卫灾歉之处应带征嘉庆二十三年至道光四年旧欠地漕，请缓至道光六年秋收后启征。同月十七日，内阁奉上谕准许。[⑥] 同年十月三十日，琦善、陶澍会奏苏州藩司所属自道光三年大水之后，"民间元气未复。今秋虽属有收，除应

① 中国第一历史档案馆编：《嘉庆道光两朝上谕档》第13册，第46页。
② 中国第一历史档案馆编：《嘉庆道光两朝上谕档》第15册，第614—615页。
③ 中国第一历史档案馆编：《嘉庆道光两朝上谕档》第17册，第435页。
④ 中国第一历史档案馆编：《嘉庆道光两朝上谕档》第21册，第548页。
⑤ 中国第一历史档案馆编：《嘉庆道光两朝上谕档》第21册，第593页。
⑥ 陈蒲清主编：《陶澍全集》第1册，岳麓书社2010年版，第271—273页。

征本年条漕外，尚有带征积年旧欠。若令兼输三年二限银米，民力实有未逮”，请将长洲等30州厅县卫应征道光三年灾缓二限银米及原缓二限白粮米石，缓至道光六年秋后启征，其三限银米递缓至七年秋后带征。十一月十九日，内阁奉上谕允准。[①] 江苏该年缓征新旧地漕51州厅县卫。道光六年十月，琦善、陶澍又奏准，江宁藩司所属上元等22州县卫被水成灾五分至十分，溧水等12州县卫勘不成灾；苏州藩司所属华亭等13州厅县收成歉薄，分别蠲缓新赋并递缓嘉庆二十三年至道光五年旧欠。[②] 此次共蠲缓新旧地漕47州厅县卫，与上年缓征新旧地漕51州厅县卫相近，之前的田赋缓带征期限被再次递展。

道光七年十月初七日，两江总督蒋攸铦、江苏巡抚陶澍会奏江苏各州县被水歉收情形，请缓征田赋。其中，江宁藩司所属上元等25州县卫“收成歉薄，勘不成灾”，应征道光七年地丁、漕粮请缓至八年秋成后分两年带征；应征八年上忙新赋，请缓至该年秋成后一并启征；应带征嘉庆二十三年至道光六年旧欠地丁、漕粮等项，“详请递缓”。苏州藩司所属华亭等10厅州县“秋收稍有减色，情形较轻”，除该年钱粮照常征收外，请将华亭等6厅县应征道光六年初限灾缓银米，缓至八年秋后启征，其六年二限银米，递缓至九年秋后启征；娄县应征道光三年三限银米，递缓至八年秋后启征；太仓、镇洋2州县并镇海卫应征道光三年二限银米，递缓至八年秋后启征，三年三限银米，递缓至九年秋后启征。十月二十六日内阁奉上谕，悉数批准蒋攸铦等的奏请，谕户部“知道”。[③]

道光十年十月初六日，两江总督陶澍等会奏，江宁藩司所属上元等25州县卫“收成歉薄，勘不成灾”，应征道光十年地丁、漕粮请缓至十一年秋成后分两年带征；应征十一年上忙新赋，请缓至该年秋成后一并启征；应带征嘉庆二十三年至道光九年旧欠地丁、漕粮等项，因“本年复被歉收”，“详请递缓”。苏州藩司所属常熟等11县“收成歉薄，勘不成灾”，应征道光十年钱粮

---

① 陈蒲清主编：《陶澍全集》第1册，第275—276页。

② 陈蒲清主编：《陶澍全集》第1册，第397—402页。

③ 陈蒲清主编：《陶澍全集》第2册，第40—42页。

与十一年上忙新赋，请缓至十一年秋后启征。其中，昭文等5县道光九年以前旧欠银米，请缓至十一年秋成后分两年带征；常熟、丹徒2县道光二年以前旧欠银米，“以次递展一年带征”，道光三年以后旧欠银米，从十一年秋后分两年带征；奉贤县未完道光九年以前旧欠银米“递缓一年”；上海县未完道光六年初限、二限银米，缓至十一年秋后启征，其六年原缓二限地漕银两，缓至十二年秋后启征；南汇县应带征道光六年原缓二限银米，缓至十一年秋后启征；镇洋县原缓道光三年二、三限银米，缓至十一年起，“挨次递展一年”启征。

此外，娄县等7州县卫“禾棉因雨间有受伤，情形较轻”，请递缓旧欠银粮。其中，娄县道光五年、六年与三年灾缓三限钱粮，缓至十一年秋后带征，民欠七年、八年钱粮缓至十二年秋后带征；川沙厅带征道光六年二限银米，缓至十一年秋后启征；江阴县未完嘉庆二十三年至道光二年递缓地漕，道光三年灾缓地漕，道光五年至八年地漕，以及嘉庆二十五年压征二十四年起至道光九年压征八年止芦课钱粮，缓至十一年秋后起，“各就最远年分带征二年，以后递年各带二年”；靖江县未完道光三年灾缓地丁及四年、六年、七年、八年地丁，又道光元年压征嘉庆二十五年起至道光九年压征八年止芦课钱粮，缓至十一年秋后起，“各就最远年分带征二年，以后递年带征二年”；金坛县嘉庆二十四年及道光四年银米，同九年灾缓二限银米于十一年秋后启征，嘉庆二十五年及道光五年、六年银米，于十二年秋后启征，道光元年及七年银米，于十三年秋后启征，道光二年、八年银米，于十四年秋后启征；太仓州道光三年二、三限银米缓至十一年起，“挨次递展一年”启征，其三年初限及七年、八年、九年地漕银米，待三年二、三限银米限满后，“按最远年分挨次带征一年”；镇海卫带征道光三年二、三限银米，缓至十一年秋后，“按限分年启征”。

十月二十三日，上谕长篇引述陶澍等人的奏请内容，“着照所请”，命“该部知道”。①

① 陈蒲清主编：《陶澍全集》第2册，第263—269页。

笔者尽量减省引文和行文的同时，之所以不厌其烦地呈现道光七年、十年相关内容，是为说明：第一，这两次歉收并奏准缓征田赋的主要区域高度重合，后一次江宁藩司所属，除仪征县外，基本无变化，苏州藩司所属范围稍大，增加常熟、昭文、昆山、新阳、丹徒、江阴、靖江、金坛 8 县；第二，缓征区域的重合与逐渐增大，意味着新赋被缓征，旧赋被递缓，年复一年，新旧田赋欠额不断累积；第三，这两个事例包含具体的州县卫歉收缓征、递缓情形，既对应嘉庆朝江宁、苏州两藩司所属缓带征银粮不能如期完纳，甚或“均未据题报”的情况，也昭示此后类似状况踵继，直至普免积欠之后，又开始新的轮回。

道光十一年十月初九日，陶澍等会奏江苏各属被水成灾分数及歉收情形，请蠲缓田赋。江宁藩司所属上元等 24 州县卫“被淹较重”，成灾六分至十分；海州、沭阳被淹情形稍轻，成灾五分；清河等 11 州县卫勘不成灾。苏州藩司所属无锡等 6 县成灾五分至八分；长洲等 30 州厅县卫勘不成灾。以上成灾之上元等 32 州县卫应征道光十一年地丁、漕粮、芦课等项，按成灾分数蠲免，蠲剩银米分别带征；成灾各属内有勘不成灾之区，同勘不成灾之清河等 41 州厅县卫应征道光十一年地漕、学租并压征芦课，缓至十二年秋成后分两年带征；所有成灾与勘不成灾之 73 州县厅卫应征道光十二年新赋，请缓至该年秋成后启征。带征旧欠项下，江宁藩司所属应征嘉庆二十三年至道光十年灾熟钱粮，以“频年积歉、民力维艰”详请递缓；苏州藩司所属应征道光十年以前旧欠，“各照分征原案及递缓年限”另行疏题，“分别递展征收”。十月二十五日，内阁奉上谕“着照所请”，“该部知道”。[①] 此次江苏被水成灾、歉收，不仅使得上年各州县所定之新旧田赋缓征、带征限期再次延展，而且进一步扩大了灾歉地域，原属勘不成灾的范围持续扩展，而成灾州县后续不断变为“积歉之区”，缓征新旧田赋之州县卫多达 73 处。

道光十三年十月十二日，陶澍等会奏江苏各属秋禾被水成灾分数及勘不成灾情形，请蠲缓田赋。江宁藩司所属上元等 10 县卫成灾六分至九分，桃源

---

① 陈蒲清主编：《陶澍全集》第 2 册，第 452—457 页。

县暨大河卫成灾五分；山阳等23州县卫勘不成灾。苏州藩司所属丹徒县成灾七分至八分，长洲等21州县卫勘不成灾。以上成灾13州县卫应征道光十三年地漕银米按成灾分数蠲免，蠲剩银米分别带征。成灾各属内有勘不成灾之区，同山阳等44州县卫应征十三年地漕银米，缓至十四年秋成后分两年带征；所有成灾与勘不成灾之57州县卫应征道光十四年新赋，请缓至该年秋成后启征。带征旧欠项下，江宁藩司所属应带征嘉庆二十三年至道光十二年灾熟钱粮，以"频年积歉，民力拮据，详请递缓"；苏州藩司所属上述22州县卫之"成熟田地"及无锡等12州县卫，"虽有收成，实形减色，兼多积歉之区"，征新缓旧，请将道光十二年以前旧欠银米，"各照分征原案及递缓年限，分别递展征收"。十月二十八日，清廷发布上谕，"着照所请"，"该部知道"。[①] 江苏此次缓征、展缓69州县卫新旧田赋，不仅数量接近道光十一年的73处，而且地域也与之高度重合。

道光十四年四月初四日上谕，江、淮等属各州县卫"成熟田地"因"连年积歉，民力拮据"，带征嘉庆二十三年至道光十二年旧欠钱粮均缓至十四年秋成后启征。[②] 道光十五年，清廷普免嘉庆二十三年至道光十年积欠后，江苏省道光十一年及其后历年缓带征银粮，继续展缓。二十五年，清廷普免道光十一年至二十年积欠后，该省二十一年及其后历年缓带征银粮仍复展缓。如果没有普免积欠，江苏省的积欠将无限期递缓。道光三十年正月十一日上谕，江宁藩司所属上元等35州厅县4卫、苏州藩司所属元和等32州厅县5卫，上年灾歉及熟田项下应征道光二十一年至二十八年未完灾、熟各款银米，缓至道光三十年秋后起，"察看情形，无分灾、熟"及初限、二限，每年带征一年。[③] 至该年秋后，仍不能如期带征。道光三十年十一月十四日上谕，江、淮等地夏秋雨水过多，苏、松各属迭遭大雨，收成歉薄，将上元等54州厅县7卫歉收田亩应征该年地漕银米，以及应带征二十一年至二十九年灾熟旧欠地漕米折钱粮，缓至咸丰元年秋后启征；应征咸丰元年上忙新赋，缓至该年秋

① 陈蒲清主编：《陶澍全集》第3册，第296—300页。

② 中国第一历史档案馆编：《嘉庆道光两朝上谕档》第39册，第124—125页。

③ 中国第一历史档案馆编：《嘉庆道光两朝上谕档》第55册，第22页。

后启征。[①]

嘉道以来，江苏每年缓带征田赋大多未能如期完纳，积欠每年从麦收缓至秋收，再展缓至次年秋收，递年累积。附表5正是这一现象的反映。嘉道时期对于类似江苏的蠲缓陈请，清廷均予允准。其他省区田赋连年展缓的情形亦大致相同。

嘉庆十一年三月二十七日，清廷发布上谕，直隶民欠钱粮历年递积，加以嘉庆六年水灾较重，钱粮未能完纳，将嘉庆元年至六年未完银自嘉庆十一年始，分三年带征。[②]

嘉庆七年五月，陕西巡抚陆有仁奏请将宁陕等64厅州县嘉庆元年至六年民欠再缓征一年。[③] 十七年十一月，董教增奏陈陕西省未完银粮、草束、盐课各项因多次展缓，请于该年始分三年带征。[④]

嘉庆六年五月初八日上谕，湖北竹山等5县带征五年、六年钱粮，钟祥等52州县卫带征元年至五年钱粮，均缓至该年秋后分三年带征。[⑤] 十二年二月十五日上谕，湖北省带征嘉庆元年至七年初限及九年未完银，于定例年限外展限半年。[⑥]

嘉庆十九年，河南祥符等65厅州县原缓十八年地丁、漕粮、漕项，于十九年、二十年分半带征。祥符等30州县嘉庆十五年至十七年地丁钱漕等项旧欠，于二十一年带征；十一年至十四年旧欠于二十二年带征；六年至十年旧欠于二十三年带征。卫辉府之8县十八年钱漕缓至二十年、二十一年分半带征；十五年至十七年旧欠缓至二十二年带征；十一年至十四年旧欠缓至二十三年带征；七年至十年旧欠缓至二十四年带征。[⑦]

嘉庆十七年十二月二十三日上谕，安徽积欠未完银130余万两分四年完

① 中国第一历史档案馆编：《嘉庆道光两朝上谕档》第55册，第511页。
② 中国第一历史档案馆编：《嘉庆道光两朝上谕档》第11册，第247页。
③ 中国第一历史档案馆编：《嘉庆道光两朝上谕档》第7册，第288页。
④ 中国第一历史档案馆编：《嘉庆道光两朝上谕档》第17册，第430—431页。
⑤ 中国第一历史档案馆编：《嘉庆道光两朝上谕档》第6册，第177页。
⑥ 中国第一历史档案馆编：《嘉庆道光两朝上谕档》第12册，第101页。
⑦ 中国第一历史档案馆编：《嘉庆道光两朝上谕档》第19册，第597—598页。

缴。此内泗州、五河、灵璧、宿州4州县地漕银33万余两并民欠摊征嘉庆五年、十一年、十三年等借修河工及十五年地漕等银9万余两，因上年被灾较重，曾分三年缓征，于前限届满再分六年带征。[①] 但这一带征计划难以实现。嘉庆二十一年十一月，户部奏安徽除宿州、灵璧、泗州、五河4州县限期未满外，其余各属应征积欠均未题报。[②]

嘉庆二十五年九月初二日，时道光帝已即位，内阁奉上谕："各省盐课、正杂款项积压繁多，年年展缓，实属不成事体。"[③] 道光朝新旧田赋缓征、展缓问题依旧。道光十三年十月十三日上谕又指出："近来江苏、安徽、山东、河南、江西、湖北等省虽丰歉有时，几于无岁不缓，无年不赈。"[④] 这一情况正与前文统计分析相互印证（见图2-8、图2-11、图2-17）。

此外，福建、广东民欠亦逐渐增多，且年年展缓、带征。嘉庆六年初，李殿图奏陈福建省拖欠银粮积弊请设法办理一折，开列各款如田面、田根纠缠不清，买卖田亩推收（按：土地转移登记）不结，顽梗佃户宜严惩治，九府二州情形各别，胥役、兵丁"影射、刁抗"等。[⑤] 同年十月十三日上谕：

> 闽省每年报销钱粮仅止六七分以上，任意耽延，并有因推收过户纠缠不清，致将正项钱粮互相推诿。雍正年间曾将田面、田根名色概行革除，何得至今复沿陋例？总由一二刁民玩延成习，不独福建一省为然。似此积欠相仍，伊于胡底？[⑥]

嘉庆九年正月二十四日上谕，福建积欠银尚有80余万两，将嘉庆元年至三年积欠限半年全完，四年至六年积欠限一年全完。[⑦] 十八年正月，张师诚奏福建积欠"或因零畸小户贫乏居多，或因民间售卖田产推割不清，以致户额混淆"，征收不易。清廷允准将嘉庆元年至十三年地丁、耗羡及十四年杂税等

---

① 中国第一历史档案馆编：《嘉庆道光两朝上谕档》第17册，第486页。
② 中国第一历史档案馆编：《嘉庆道光两朝上谕档》第21册，第548页。
③ 中国第一历史档案馆编：《嘉庆道光两朝上谕档》第25册，第385页。
④ 中国第一历史档案馆编：《嘉庆道光两朝上谕档》第38册，第499页。
⑤ 中国第一历史档案馆编：《嘉庆道光两朝上谕档》第6册，第95页。
⑥ 中国第一历史档案馆编：《嘉庆道光两朝上谕档》第6册，第411—412页。
⑦ 中国第一历史档案馆编：《嘉庆道光两朝上谕档》第9册，第22页。

项未完银 101 万两，展限两年带征，[①] 但届期仍未征完。嘉庆二十四年十一月普免积欠时，蠲免福建嘉庆元年至二十二年民欠银 195 万余两。[②] 嘉庆以降，福建民欠问题愈趋严重；太平天国起义之后，情形更加弊坏。诚如清人赵烈文所言，福建“本有民欠，自乱后益甚”[③]。与之相印证，福建 1841—1850 年平均每年民欠地丁银 169347 两，1850—1859 年年均民欠银增至 190762 两，增加了 12.6%。[④]

广东积欠问题在嘉庆、道光朝不算严重。嘉庆十六年八月，松筠等奏请将广东嘉庆元年至十四年民欠地丁正耗银 308900 余两，于该年秋后各就最远年份带征一年。嘉庆帝予限四年，两年完半，四年全完。[⑤] 嘉庆二十年十一月，上述积欠已完银 243190 两，连同之前续完银，业已全完。[⑥] 广东正赋欠额较小，道光十一年至二十年并无民欠，唯高明县未完道光十九年正米 671 石，其余缓征借项银 59504 两、粮 2345 石。[⑦] 但自咸丰朝始，广东年均积欠已高达 10 余万两。赵烈文在日记中说，广东省“向不准有民欠，每年奏销，一律全清……至咸丰初，红巾滋事后，民欠纷纷始起”[⑧]。

清中后期各省新旧田赋缓征、展缓的情况，大致如清末著名立宪派首领汤寿潜所言，“方报欠时，必云：‘俟来年上忙带收’；至上忙，而春花之不及分数，若有成例；至下忙，而秋灾又见告矣”，官吏侵蚀钱粮，“前后遮掩，内外苫蔽，预待恩豁”。[⑨] 尽管不能一一列举并全面描述其具体情形，但据前

① 中国第一历史档案馆编：《嘉庆道光两朝上谕档》第 18 册，第 18 页。

② 中国第一历史档案馆编：《嘉庆道光两朝上谕档》第 24 册，第 607 页。

③ （清）赵烈文撰，廖承良标点整理：《能静居日记》“同治二年七月二十三日”条，第 673 页。

④ 刘克祥：《十九世纪五十至九十年代清政府的减赋和清赋运动》，载《中国社会科学院经济研究所集刊》第 7 集，中国社会科学出版社 1984 年版，第 306 页。

⑤ 中国第一历史档案馆编：《嘉庆道光两朝上谕档》第 16 册，第 467—468 页。

⑥ 《两广总督蒋攸铦广东巡抚董教增奏报遵旨缓征广东省各属嘉庆十四年以前民欠地丁耗羡银两依限全完事》（嘉庆二十年十一月十八日），录副 03-1736-019。

⑦ 《两广总督耆英广东巡抚黄恩彤奏报道光二十五年以前民欠地丁钱粮银米等项银数开列清单事》（道光二十六年三月三十日），录副 03-3092-030。

⑧ （清）赵烈文撰，廖承良标点整理：《能静居日记》“同治二年七月二十三日”条，第 672—673 页。按：“红巾”指咸丰四年广东天地会的反清起义，义军蓄发易服，头裹红巾，被称为“红巾军”。

⑨ 汤寿潜：《理财百策》（1896 年），载汪林茂编《中国近代思想家文库·汤寿潜卷》，中国人民大学出版社 2014 年版，第 463 页。

文统计可以确证，缓征与积欠自嘉庆朝至清末日趋严重，而且渐成普遍性问题。

二、因灾缓征与积欠激增

如前所述，乾隆五十年至五十九年，山东省虽不乏“收成丰稔”之岁，但历年因灾歉而缓征、展缓新旧田赋之州县多达50—70处，积欠问题逐渐凸显。山东积欠较严重并引起清廷关注。乾隆五十七年，因直隶、江苏、山东等省“历年积欠为数较多”，清廷令各督抚查奏。山东积欠银218万余两，自五十六年奏销后，续完银84.3万余两，又除缓征未届限期银74.79万余两，实未完银58.93万余两。乾隆帝对此颇为乐观：“山东一省未完积欠，自上年奏销以后，为期未及一年，经该省实力征收，现在已逾三分之一。”① 此后，积欠续完乏力。五十八年二月，积欠银续完33.15万余两，未完各地“多毗连灾境”，奏准展限一年。② 其间，边完边欠，积欠额接续累积。五十八年十一月，山东因灾缓带征未完额累计银284.7万余两、谷45.3万余石。③ 由此可见，历年续完额远不及新增额。

乾隆五十九年十二月初三日，内阁奉上谕：“各省尚有节年民欠及因灾带缓未完银谷俱应按限征输者，小民究因官欠未清，未得遂其含哺之乐……丙辰年即届归政，今若于朕临御之年覃敷恩赉，俾小民节年欠项廓然一清，得以户庆盈宁，共游化宇”，令各督抚详悉查明，降旨豁免。④ 六十年，乾隆帝普免全国积欠地丁正耗等银1710余万两、粮谷米豆375万余石。⑤ 其中蠲免山东未完地丁正耗银185818两、五十八年民欠正耗银511168两、因灾缓带正耗银3476607两、民欠河道夫食正耗及借领土方银237058两、民欠出借籽种口粮麦本银307756两，共计银4874211两；民欠出借常社米谷等504200石。⑥

---

① 《清高宗实录》卷一三九七“乾隆五十七年二月戊午”条，《清实录》第26册，第758页。

② 《清高宗实录》卷一四二三“乾隆五十八年二月（是月）”条，《清实录》第27册，第44页。

③ 《清高宗实录》卷一四四〇“乾隆五十八年十一月癸巳”条，《清实录》第27册，第236—237页。

④ 中国第一历史档案馆编：《乾隆朝上谕档》第18册，第354—355页。

⑤ 《清高宗实录》卷一四八七“乾隆六十年九月辛未”条，《清实录》第27册，第893页。

⑥ 《清高宗实录》卷一四六九“乾隆六十年正月辛丑”条，《清实录》第27册，第612页。按：史料中银两各数之和较总额少155804两。

无论是蠲免积欠地丁银额，还是总银额，山东均居全国之首。

乾隆帝欲留给新君一个无赋税积欠的良好统治开局，但历史发展与其初衷背道而驰。嘉庆朝至清末，积欠问题愈趋严重。以下分析历届普免积欠与因灾缓带征田赋之关系及其对清代国家财政收入的负面影响。

嘉庆朝新旧田赋缓征、递缓，致使各省积欠问题逐渐突出。嘉庆五年初，户部奏称自嘉庆三四年以来，各省积欠不下2000万两。① 八年四月，各省未完嘉庆六年正赋、耗羡、杂税及历年带征等项银共1127.6万余两，均为嘉庆七年应征及八年四月奏销前应完之数。② 此尚未包含嘉庆六年以前民欠未届带征之银粮。十二年底，各省地丁钱粮自嘉庆元年至十一年，除因灾缓带征银385万两外，仍有未完银886.18万余两。③ 清廷一再降旨勒限追缴，但征还数额远不及新欠递增数额。十三年十一月，直隶等15省除缓征带征银，仍有未完地丁等银近818万两，较上年奏报积欠数目所完不及1/10，而嘉庆十二年又续增未完地丁等银近320万两，连前共计银1138万两。④ 嘉庆十五年底，户部奏各省积欠银1540余万两，嘉庆帝降旨勒限一年完半，两年全完。⑤

清廷屡次设限令各省清完积欠，但这只是一厢情愿罢了。嘉庆十七年八月，各省正项钱粮积欠至1900万两。除奉天、山西、广西、四川、贵州无积欠，云南仅有积欠500余两外，安徽、山东积欠各有400万两，江宁、江苏（苏州藩司）积欠各有200万两。⑥ 江苏全省欠赋即不下400万两，连同安徽、山东，积欠银计1200余万两，占积欠总额的63%。嘉庆二十一年，各省积欠地丁、耗羡、杂税等款银仍高达1720余万两。除湖南、奉天、四川、贵州年清年款，广西、山西、云南欠银在两万两及数千两并十余两不等；山东、福建、河南、江苏（苏州藩司）、江宁、广东、浙江、江西、安徽、陕西、湖北、甘肃欠项较多。各省积欠尚有些许完解数额，但直隶欠银358万余两，

① 中国第一历史档案馆编：《嘉庆道光两朝上谕档》第5册，第11页。
② 中国第一历史档案馆编：《嘉庆道光两朝上谕档》第8册，第123页。
③ 中国第一历史档案馆编：《嘉庆道光两朝上谕档》第12册，第663页。
④ 中国第一历史档案馆编：《嘉庆道光两朝上谕档》第13册，第659页。
⑤ 中国第一历史档案馆编：《嘉庆道光两朝上谕档》第15册，第599页。
⑥ 中国第一历史档案馆编：《嘉庆道光两朝上谕档》第17册，第313页。

“分厘未解”，上谕斥责该省总督、布政使“尤为懈怠，着加等议处”。[①]

嘉庆二十四年，清廷普免嘉庆元年至二十二年（1796—1817）积欠银粮总计2500万两，江苏、安徽、山东三省数额“居其过半”[②]。此届普免积欠，除熟田未完民欠外，因灾缓征、带征银粮“居其大半”[③]。兹将江苏、安徽、山东三省嘉庆元年至二十二年熟田民欠、因灾缓带征、积欠银粮总额整理为表4-1，因灾缓带征额约占积欠总额的90%。

表4-1 1796—1817年江苏等三省积欠构成

单位：两（银）、石（粮）

积欠构成 / 省区	熟欠银	熟欠粮	灾缓银	灾缓粮	积欠总银	积欠总粮	灾缓银比重	灾缓粮比重
江宁藩司	137449	2532	3062039	1011405	3199488	1013937	96%	99.8%
苏州藩司	191556	1713	233230	8540	424786	10253	55%	83%
江苏合计	329005	4245	3295269	1019945	3624274	1024190	91%	99.6%
安徽	523251	3318	4027289	455661	4550540	458979	89%	99%
山东	437685		2816725		3254410		87%	

资料来源：中国第一历史档案馆编《嘉庆道光两朝上谕档》第24册，第602、665页；《两江总督孙玉庭江苏巡抚陈桂生呈江苏省实在节年民欠及因灾缓带银米各数清单》（嘉庆二十四年七月二十二日），录副03-1738-052；《山东巡抚程国仁呈山东省节年民欠正耗及缓征带征确数清单》（嘉庆二十四年八月十八日），录副03-1738-060。

说明：“熟欠银”指成熟田地的未完银，“灾缓银”指因灾缓征、带征银。

“绪论”曾述及道光帝即位之初，袁铣虽两次陈奏，但未引起清廷重视并对蠲缓制度进行改革。随后历史的发展应验了袁铣的担忧。袁铣在第一次奏请停止缓征与蠲免积欠时，军机大臣等议驳的理由之一是：“缓征者，渐完渐少，即如嘉庆二十三年恩旨蠲免积欠案内，各省题豁之数于十年以前，则已绝无而仅有，即十五六年以前亦为数无多，其欠数之多者均在近年，则积欠

① 中国第一历史档案馆编：《嘉庆道光两朝上谕档》第21册，第588页。
② 中国第一历史档案馆编：《嘉庆道光两朝上谕档》第24册，第606页。
③ 中国第一历史档案馆编：《嘉庆道光两朝上谕档》第23册，第603页。

在民亦非竟归无着。”[①] 此言确属不虚。全国年均蠲缓田赋自嘉庆元年至十五年（1796—1810），除嘉庆六年至十年（1801—1805）突破银100万两、粮40万石外，其余均在银60万两、粮20万石上下。数额不算高，且缓征田赋时有征还。但嘉庆十六年至道光十年（1811—1830），年均蠲缓增至银100万两、粮40万石左右。道光十一年至三十年（1831—1850），年均蠲缓增至银200万两、粮80万石上下（见图2-17）。这只是历年因灾蠲缓的估算数额，如果计入历年递增的成熟田地之民欠，数额还会增加。道光帝和军机大臣未料到嘉道之际渐趋严重的缓征与积欠问题，此后愈演愈烈。缓征与积欠未朝他们所认为的“渐完渐少”方向发展。

嘉庆二十四年普免积欠后仅3年，道光二年四月，户部汇奏各省正杂税课等项银米历年拖欠未清，共有应解银632.3万余两、钱1.05万余串、米谷6.5万余石。虽经户部催收，但各省“仍复抗不报解”[②]。此数大致为嘉庆二十三年至道光元年积欠额，年均约积欠银158万两。道光三年五月十八日上谕，各省积欠节年未完杂税银，自道光元年奏催后尚未完银183.4122万两，嘉庆二十五年及道光元年又有未完银48.1623万两。[③] 四年六月，各省正杂税课等积欠银474.8万余两、钱7787千、米谷6.5万余石。各省仅四川依限完解，其余“仍未全完，或完未过半，或完不及十之二三”，而且只有陕西省将未完钱粮咨户部，请展限一年，其他各省既未将逾限未完解数目查报，也未将追解不力职员参办，“实属玩延”。[④] 这较道光二年四月的统计，虽然银减少了157万两，但随后是愈加严重的积欠递增。道光六年十二月初七日上谕，嘉庆二十二年之前各省积欠被普免后，历年民欠又积至380万余两，因灾缓带钱粮积至849万余两。[⑤] 二项合计银1229万余两，较道光四年六月的奏报增多754万余两，灾缓额约占积欠总额的69%。

各省未完银愈积愈多，户部一再奏催，外省却鲜有回应。道光十一年七

① 中国第一历史档案馆编：《嘉庆道光两朝上谕档》第25册，第386页。
② 中国第一历史档案馆编：《嘉庆道光两朝上谕档》第27册，第226页。
③ 中国第一历史档案馆编：《嘉庆道光两朝上谕档》第28册，第195页。
④ 中国第一历史档案馆编：《嘉庆道光两朝上谕档》第29册，第204页。
⑤ 中国第一历史档案馆编：《嘉庆道光两朝上谕档》第31册，第419页。

月二十七日上谕，直隶等15省未完地丁等银835万余两，缓征地丁等银939万余两，共欠正课银1774万余两。户部于该年三月奏催，未有一省查明上报。[①] 道光十年前后，清朝财政收支已发生显著变化。十二年四月十一日上谕云，自道光十年以来，陆续拨给各省军需、赈恤、河工各项银两，加以被灾缓免钱粮并两淮短征盐课，统计一二年间，“多出少入已逾二千余万两”[②]。随着积欠问题不断严重，加以各省赋税征存不解，清廷可拨解银粮日益减少。十五年闰六月初七日上谕指出，各省地丁税课，“积欠频仍，于每岁额征已不能年清年款”，征存报户部之项亦不随时解拨。户部多次严催，“仍复日久宕延”。各省实存关税杂款应解户部者46案，计银256.9万余两；司道库收存余存银未造入拨册者34案，计银395.5万余两；征存州县属库者16案，计银190.4万余两、京钱500余千。[③] 以上仅就银统计，共842.8万余两。

道光十五年，清廷普免直隶等15省嘉庆二十三年至道光十年（1818—1830）积欠银16230414两、粮3038182石，合计1900余万两，其中江苏、安徽、山东三省积欠银粮近1200万两，[④] 约占蠲免积欠总额的63%。这三省积欠额及其特征不仅是上届普免积欠的延续，而且有过之无不及，分析如下。

道光十五年八月普免积欠谕旨颁发后，十六年二月至五月，林则徐等奏陈汇查之积欠数额，声称应征熟田项下，民欠“尚不至于过多”，“以额征之数科算，其所欠尚不及百分之一”，但因灾缓征之项自道光三年大水之后，江宁与苏州两藩司所属“频年屡有灾伤，民生积困之余，既不能概予议蠲，自不得不量为展缓”，十余年以来，“积数遂多”。全省除太湖、金匮、嘉定、崇明4厅县，太仓、镇江2卫应征钱粮“年清年款，并无十年以前应豁民欠外”，其余各属均有积欠。[⑤] 同年七月至九月，山东、安徽亦奏到或奏准蠲免积欠数额，见表4-2。

---

① 中国第一历史档案馆编：《嘉庆道光两朝上谕档》第36册，第319页。

② 中国第一历史档案馆编：《嘉庆道光两朝上谕档》第37册，第137页。

③ 中国第一历史档案馆编：《嘉庆道光两朝上谕档》第40册，第256页。

④ 李光伟：《晚清田赋蠲缓研究》，附表68。

⑤ 《会奏江苏省道光十年以前积欠银米麦豆谷石请豁折》（道光十六年二月至五月间），载《林则徐全集》第2册，第190—191页。

表 4-2 1818—1830 年江苏等三省积欠构成

单位：两（银）、石（粮）

积欠构成/省区	熟欠银	熟欠粮	灾缓银	灾缓粮	积欠总银	积欠总粮	灾缓银比重	灾缓粮比重
江宁藩司	66728	2023	3728667	1166303	3795395	1168326	98%	99.83%
苏州藩司	86397	145	1120568	229005	1206965	229150	93%	99.94%
江苏合计	153126	2166	4849235	1395309	5002361	1397475	97%	99.85%
山东	81565		2502303		2583868		97%	
安徽	120811		2362893		2483704		95%	

资料来源：《林则徐全集》第 2 册，第 191 页；中国第一历史档案馆编《嘉庆道光两朝上谕档》第 41 册，第 301 页；《安徽巡抚色卜星额呈安徽省嘉庆二十三年至道光十年实在民欠等正耗银两清单》（道光十六年九月二十八日），录副 03-3072-012。

说明：江苏省银、粮各数相加与总数略有出入，原文即如此，江宁藩司所属灾缓粮额含出借常平仓谷；山东省积欠银仅指地丁正耗银。

江苏、山东、安徽三省灾缓银约占积欠总额的 95%以上，占比较上届增加。需指出的是，表 4-2 内江苏省积欠额仅系督抚汇奏之额，并非清廷蠲免积欠额。各省汇奏积欠数额后，经户部核准数目与档册记载相符，清廷始发布谕旨将其蠲免；若数额不符，则被户部驳回，重新查报。道光十六年八月初六日内阁奉上谕，经两江总督陶澍等将江苏省民欠银米查开确数呈览，户部核准后，蠲免地丁、漕项等银 4158838 两，存留项下径支驿站、官俸、役食等银 555424 两，合计银 4714262 两、米麦豆谷 1187362 石，[①] 较表 4-2 内查奏数分别核减银 288099 两、粮 210113 石。蠲免积欠银额接近于该省嘉庆二十三年至道光十年（1818—1830）蠲缓银 4872568 两（见附表 10）。

道光二十二年，魏源作《圣武记》，针对国家财用不足之现状，提出兴利四法：除弊、节用、塞患、开源。其中除弊和节用与本书所论主题密切相关。除弊即剔除中饱，“天下大政，利于国利于民者，必不利于中饱之人”。所谓

① 中国第一历史档案馆编：《嘉庆道光两朝上谕档》第 41 册，第 344 页。

节用，魏源强调停止普免新赋和积欠，认为二者“自古旷荡之仁，可行于文、景，不可行于宣、元之世”。他以宋朝为例，指出：“宋世常遇郊大赉大赦矣，三年一郊，赉辄百万，赦辄数万，其后至于不敢郊。苏轼所谓以不急之费，而被之以莫大之名”，认为庆典普恩实施与否要符合时易世变之情况，“后世庆典普恩，与郊赉、郊赦何异？生齿赜矣，机变滋矣”。[①] 揆诸实际，清廷确实无力再实施普免新赋，但普免积欠却因缓征制度而无法停止。魏源的主张只停留在思想层面，并未上达清廷，即使上达也不可能实施。20 余年前的袁铣即是前车之鉴。袁铣、魏源等都关注积欠问题，但其根本解决不能仅靠停止普免积欠或废除缓征制度。况且，积欠数额渐积成巨，即使不普免，也无法征收，将其普免还能冠以“施恩”之名。

道光十五年普免积欠后，至道光二十四年十二月，各省积欠地丁正杂银两及“应追、应扣、应估变等款”又复不少。虽经清廷多次降旨严催，但各省“完报者仍属无多”，上谕斥责“实属玩泄已极”。[②] 户部于道光二十三年奏催之后，各省所完大半为二十一年以后之新款，其二十年前旧款“视为若有若无”。这是因为各省“明知二十五年恭遇覃恩，例准豁免二十年前积欠，藉为觊觎延宕地步”。[③] 道光二十五年，清廷普免直隶等 15 省道光十一年至二十年（1831—1840）积欠银 24248861 两、粮 8720184 石，二项合计约 3297 万两；其中江苏、安徽、山东三省合计银粮 1731 万两，约占积欠总额之 53%。此届浙江、湖北积欠额有较大增长，二省合计银粮 703 万两，连同江苏、安徽、山东三省共计银粮 2434 万两，[④] 约占积欠总额的 74%。此届普免积欠，因灾缓带征银依然是主要份额，这可从各省请免灾、熟银粮额比例上窥见一斑（表 4-3）。

① （清）魏源：《圣武记》，第 570 页。

② 中国第一历史档案馆编：《嘉庆道光两朝上谕档》第 49 册，第 478 页。

③ 《大学士管理户部事务潘世恩等呈山东等各直省未完地丁正耗银数清单》（道光二十八年十月十七日），录副 03-3096-004。

④ 李光伟：《晚清田赋蠲缓研究》，附表 68。

表 4-3　1831—1840 年江苏等五省积欠构成

单位：两（银）、石（粮）

积欠构成 省区	熟欠银	熟欠粮	灾缓银	灾缓粮	积欠总银	积欠总粮	灾缓银比重	灾缓粮比重
江宁藩司	235354	49515	3322703	1051614	3558057	1101129	93%	96%
苏州藩司	110514	802	2817544	2679281	2928058	2680083	96%	99.9%
江苏合计	345868	50317	6140247	3730895	6486115	3781212	95%	99%
安徽	284294		3519883		3804177		93%	
山东	161479		2454190		2615669		94%	
河南	34355		1132510		1166865		97%	
江西	378042		815663		1193705		68%	

资料来源：《两江总督壁昌江苏巡抚李星沅奏报遵查积年民欠及因灾缓征银粮未完各数清单事》（道光二十六年六月二十三日），录副 03-3092-071；《兼署两江总督陆建瀛等呈安徽省道光十一年起至道光二十年止实在民欠及因灾缓征带征丁地漕项等款正耗银两各数清单》（道光二十七年四月初三日），录副 03-3570-024；《山东巡抚崇恩奏报查明道光二十年前节年民欠缓征地丁等项银谷确数开单事》（道光二十六年十月二十五日），录副 03-3093-022；《呈河南省道光二十年以前民欠地丁正耗等各项银数清单》（道光二十六年，月日不详），录副 03-3376-075；《江西巡抚吴文镕奏报查明节年民欠及因灾缓征带征银米等项数目清单事》（道光二十六年十月二十一日），录副 03-3093-025。

江苏省积欠银、粮总额中，江宁藩司所属积欠银、粮额分别占 55%、29%，较嘉庆元年至二十二年的 88%、99%（见表 4-1），下降很多。自道光十一年（1831）始，苏州藩司所属蠲缓州县次与江宁藩司相埒（见附表 5），说明前者后来居上。江西省积欠额及灾缓银比重较前均有明显增加。上一届普免江西省嘉庆二十三年至道光十年积欠银 223361 两，其中民欠银 216815 两、灾缓银 6546 两，[①] 灾缓银仅占该省积欠银总额的 3%；而此届蠲免江西积欠银额是上一届的五倍，灾缓银比重增至 68%，江西省灾缓与积欠出现明显递增势头。

道光二十五年的普免积欠如同上届，依然未能缓解日趋严重的积欠问题。

---

① 《江西巡抚陈銮呈江西省各属嘉庆二十三年至道光十年民欠等款银米清单》（道光十六年十一月初七日），录副 03-3072-042。

二十八年十月十七日，大学士管理户部事务潘世恩，户部尚书赛尚阿、祁寯藻等详细奏报道光二十一年至二十七年（1841—1847）外省积欠迅速递增之情形。全国除“山西及川、广、云、贵等省照旧年清年款”，其余各省均未能全完：

> 道光二十三年臣部初办积欠时，查得地丁一项除缓征外，共欠银一千一百六十余万两之多。叠次奏咨严催，始据完银一百二十余万两……迨道光二十五年恭遇覃恩，普免道光二十年前逋赋，共免银九百三十余万两，民力不为不宽。讵道光二十一年以后，又有未完地丁共银八百六十余万两，另缓征未完者又一千五百二十余万两……各该省既不能早完于前，复不思补完于后，竟有一省之中或欠至二百余万，或欠至三百余万，尤出情理之外。

其中，山东等省“所欠尤巨，咨追再四，置若罔闻”。[①] 这一情形既是之前各省积欠的继承延续，也是此后积欠屡见不鲜的生动写照。兹将此奏折附带的各省未完、缓征地丁正耗银清单整理为表4-4。

表4-4　1841—1847年各省未完与缓征地丁银额　　单位：两

类别 省区	未完地丁银	缓征地丁银	合计	缓征占比	欠项时段
山东	1170637	3363952	4534589	74%	道光二十一年至二十七年
安徽	1719190	1543832	3263022	47%	道光二十一年至二十五年
浙江	1560116	857748	2417864	35%	道光二十一年至二十六年
福建	1157480	0	1157480	0	道光二十一年至二十六年
河南	397510	3781110	4178620	90%	道光二十一年至二十七年
江西	1051973	298637	1350610	22%	道光二十一年至二十六年
江宁藩司	474174	1608592	2082766	77%	道光二十一年至二十六年
苏州藩司	747803	1350382	2098185	64%	道光二十一年至二十五年

① 《大学士管理户部事务潘世恩等奏为山东等省未完地丁银两岁久请旨饬催事》（道光二十八年十月十七日），录副03-3096-003。

续表

类别 省区	未完地丁银	缓征地丁银	合计	缓征占比	欠项时段
江苏合计	1221977	2958974	4180951	71%	
甘肃	168611	143615	312226	46%	道光二十一年至二十六年
直隶	100023	540543	640566	84%	道光二十一年至二十六年
广西	79927	0	79927	0	道光二十一年至二十六年
陕西	23641	25332	48973	52%	道光二十七年
湖北	0	1616436	1616436	100%	道光二十一年至二十七年
湖南	0	118804	118804	100%	道光二十一年至二十七年
总计	8651085	15248983	23900068	64%	

资料来源：《大学士管理户部事务潘世恩等呈山东等各直省未完地丁正耗银数清单》（道光二十八年十月十七日），录副 03-3096-004。

表 4-4 内，道光二十一年至二十七年，各省未完地丁正耗银 8651085 两、缓征地丁正耗银 15248983 两，合计银 23900068 两，年均未完银 340 余万两，其中缓征银约占未完银总额的 64%，而山东、河南、江苏、直隶、湖北、湖南六省远超此平均比例。由表 4-4 可见，无论是缓征银总额占比 64%，还是上述山东等六省缓征银占比，虽然均低于道光二十五年普免积欠时的因灾缓征银占比（表 4-3），但二者不同，前者是未届普免积欠时对未完银与灾缓银的统计，后者是普免积欠时的统计。这正表明普免积欠时，各省未完银额在钱粮考成的压力下有所减少（或挪新掩旧），而灾缓银历年征还数额极少且灾缓银不断累积增加，故占比增大。户部查核历届普免积欠额，“各省渐次加增，其较旧欠减少者，甚属寥寥”①。道光帝披阅奏折、清单得知积欠正征、缓征银 2390 余万两后，痛斥：“似此年复一年，各省大小官员几将置钱谷于不问，积习相沿，伊于胡底？”②

① 《大学士管理户部事务潘世恩等呈山东等各直省未完地丁正耗银数清单》（道光二十八年十月十七日），录副 03-3096-004。

② 中国第一历史档案馆编：《嘉庆道光两朝上谕档》第 53 册，第 346 页。

咸丰元年（1851），清廷普免直隶等15省道光二十一年至三十年积欠银33986252两、粮6118861石，二项合计约4011万两。仅从普免积欠银额看，较表4-4内的未完银2390余万两增加1000余万两，即道光二十八年至三十年年均积欠银300余万两，与道光二十一年至二十七年的年均未完银340余万两相埒，足见积欠递增数额庞大且稳定。此届普免积欠，江苏、安徽、山东三省合计银粮1433万两，约占积欠总额的36%。河南、浙江、湖北积欠额增长较快，此三省合计银粮1784万两；连同江苏、安徽、山东三省，共计银粮3217万两，[①] 约占积欠总额的80%。

此届普免积欠，因灾缓带征银依然是主要份额。江苏、安徽、湖北、浙江等省积欠额内未明晰因灾缓征与（熟田）民欠银粮额，但从各省蠲缓州县次统计及表4-4可以判断，灾缓数额占较大比重。此外，如山东省蠲免积欠地丁正耗银3059600两，内（熟田）民欠地丁正耗银424982两、缓征地丁正耗银2634616两，[②] 缓征银约占积欠总额的86%。河南省蠲免积欠地丁正耗银5349148两，其中熟田民欠地丁正耗银1025997两、因灾缓带征地丁正耗银4323151两，[③] 灾缓银约占积欠总额的81%。因灾缓带征与年年展缓造成赋额严重短缺。咸丰帝即位之初尚未改元，王庆云疏陈时务四条，其中“重国计”一条略言，全国正供岁额约4500万两，岁出在4000万两以下，而道光二十一年、二十二年实征3800余万两，道光三十年前后实征仅2800万两，锐减1000余万两，“夫旱潦，事之偶然”，而各省“岁岁轮流请缓”。[④]

与前几届普免积欠不同，如道光二十五年普免道光十一年至二十年积欠后，各省尚有道光二十一年至二十四年积欠按限征收；咸丰元年普免道光二十一年至二十九年积欠及三十年灾缓银粮，是完全意义的逋赋清零。即便如此，咸丰朝各省积欠仍年年积累，滚动增加。咸丰三年六月十六日，清廷谕

① 李光伟：《晚清田赋蠲缓研究》，附表68。

② 《山东巡抚陈庆偕奏为遵查东省节年民欠银谷及道光三十年实缓银谷确数事》（咸丰元年六月二十四日），录副03-4335-026。

③ 《河南巡抚英桂呈豫省历年民欠地丁正耗及因灾缓征带征银米并漕项等项各数目清单》（咸丰八年正月二十八日），录副03-4352-016。

④ 王锺翰点校：《清史列传》第12册，第3671页。

军机大臣等：户部度支万分窘迫，“地丁多不足额，税课仅存虚名”，部库仅存正项待支银22.7万余两。[①] 九月十八日，清廷寄谕各省督抚：

> 自加恩豁免积欠之后，至今各省复有民欠钱粮。即如山东省，昨据户部奏，应征未解之款尚有一百五六十万两之多。此外，如河南等省及江浙财赋之区未完积欠均复不少。[②]

此时距咸丰元年普免积欠仅两年多，积欠增长之快可见一斑。与积欠相伴随的另一严重问题，是前述各省征存报户部之款延不解拨，其从嘉道之际延至咸丰初年而不绝。如江苏、安徽两省自道光三年至咸丰元年八月，例应入拨1059款，共银936万两，延未造报。[③] 该问题发展至晚清即“征存不解”之弊，赋税极易被官吏侵挪亏缺。

同治元年（1862），清廷普免直隶等15省咸丰元年至九年（1851—1859）积欠银36631945两、粮6906216石，二项合计约4354万两。其中江苏、安徽、山东、河南、江西五省积欠银粮合计3020万两，[④] 约占积欠总额之69%。太平天国起义爆发后，江西地丁银短欠数额明显增加。各省请免灾、熟银粮积欠总额中，因灾缓带征银粮占比高达百分之八九十，河南、安徽的占比更高（表4-5）。

表4-5　1851—1859年江苏等四省积欠构成

单位：两（银）、石（粮）

积欠构成 / 省区	熟欠银	熟欠粮	灾缓银	灾缓粮	积欠总银	积欠总粮	灾缓银比重	灾缓粮比重
江宁藩司	493066	14381	2892069	656374	3385135	670755	85%	98%
河南	84164		5584463		5668627		99%	
安徽	3594	5692	1172303	131692	1175897	137384	99%	96%
湖南	93046		346892		439938		79%	

① 《清文宗实录》卷九七“咸丰三年六月己丑”条，《清实录》第41册，第391页。
② 中国第一历史档案馆编：《咸丰同治两朝上谕档》第3册，第327—328页。
③ 王锺翰点校：《清史列传》第12册，第3672页。
④ 李光伟：《晚清田赋蠲缓研究》，附表68。

资料来源：《两江总督曾国藩奏为遵查江苏淮扬等属咸丰九年以前民欠钱粮数目并请豁免事》（同治六年二月二十三日），录副 03-4851-034；《河南巡抚吴昌寿奏报本省新旧民欠丁耗银两数目并请蠲免事》（同治四年十二月二十八日），录副 03-4849-003；《安徽巡抚乔松年呈安徽省豁免民欠钱粮先行查明咸丰九年以前宿州等欠银数目清单》（同治五年五月二十一日），录副 03-4849-069；《湖南巡抚李瀚章奏请豁免湖南省咸丰九年以前民欠钱粮等事》（同治四年五月二十八日），录副 03-4847-086。

同治十一年，清廷普免直隶等 15 省咸丰十年至同治六年（1860—1867）积欠银 31325027 两、粮 5687888 石，二项合计约 3701 万两。江苏、山东、河南、江西四省均突破 300 万两，银粮合计约 1978 万两，[①] 约占积欠总额之 53%。江西地丁银短欠额由 1841—1849 年的平均每年 173756 两，增加到 1860—1867 年的年均 322564 两，增长了 85.6%。[②] 江苏、河南因灾缓带征银粮占积欠总额近 90%（表 4-6）。

表 4-6　1860—1867 年江苏、河南省积欠构成

单位：两（银）、石（粮）

积欠构成 / 省区	熟欠银	熟欠粮	灾缓银	灾缓粮	积欠总银	积欠总粮	灾缓银比重	灾缓粮比重
江宁藩司	402415	8624	3447219	706322	3849634	714946	90%	99%
苏州藩司	181526	149	180246	45127	361773	45276	49.8%	99.7%
江苏合计	583941	8773	3627465	751449	4211407	760222	86%	99%
河南	460787		3310585		3771372		88%	

资料来源：江苏省财政志编辑办公室编《江苏财政史料丛书》第 1 辑第 1 分册，第 232、419 页；《署两江总督张树声等奏报江苏省徐淮海等属同治六年以前民欠正杂钱粮数目请豁免事》（同治十二年二月初十日），录副 03-4860-021；《河南巡抚李鹤年呈河南省开封等府州同治六年以前民欠地丁正耗钱漕各数目清单》（同治十一年正月二十四日），录副 03-4858-018。

说明：两以下数额忽略不计，积欠银总额略有出入。

---

① 李光伟：《晚清田赋蠲缓研究》，附表 68。

② 刘克祥：《十九世纪五十至九十年代清政府的减赋和清赋运动》，载《中国社会科学院经济研究所集刊》第 7 集，第 306—307 页。

光绪元年（1875），清廷普免直隶等15省同治七年至十年（1868—1871）积欠银20302809两、粮3854538石，银粮合计约2416万两，其中江苏、安徽、河南、江西四省银粮合计1415万两，约占积欠总额之59%。安徽省积欠银粮合计约524万两，主要是因灾、荒缓征所致；[①] 江苏、河南积欠亦以因灾缓带征银粮为主（表4-7）。

表4-7　1868—1871年江苏、河南省积欠构成

单位：两（银）、石（粮）

积欠构成 / 省区	熟欠银	熟欠粮	灾缓银	灾缓粮	积欠总银	积欠总粮	灾缓银比重	灾缓粮比重
江宁藩司	284454	2785	1598148	306682	1882603	309467	85%	99%
苏州藩司	290035	2005	41985	10789	332021	12795	13%	84%
江苏合计	574489	4790	1640133	317471	2214624	322262	74%	99%
河南	281540		3151645		3433185		92%	

资料来源：江苏省财政志编辑办公室编《江苏财政史料丛书》第1辑第1分册，第421—424页；《河南巡抚涂宗瀛呈各属同治十年以前民欠未完地丁正耗等项各数目清单》（光绪五年六月三十日），录副03-6201-004。

说明：两、石以下数额忽略不计，积欠银、粮总额略有出入。

光绪十年，清廷普免直隶等15省同治十一年至光绪五年（1872—1879）积欠银37760901两、粮8133517石，银粮合计约4589万两，其中江苏、安徽、河南、江西四省银粮合计2749万两，[②] 约占积欠总额之60%。表4-8内，除江西外，江苏、浙江、湖北、河南因灾缓带征银粮占积欠总额的百分之八九十。浙江巡抚刘秉璋奏称该省此届蠲免未完民欠钱粮不下200万两，“均因历年灾歉缓征及各年尾欠，积成此数”[③]。

① 李光伟：《晚清田赋蠲缓研究》，附表32、68。

② 李光伟：《晚清田赋蠲缓研究》，附表68。

③ （清）刘声木：《苌楚斋随笔续笔三笔四笔五笔》，中华书局1998年版，第611—612页。

表 4-8　1872—1879 年江苏等五省积欠构成

单位：两（银）、石（粮）

积欠构成 / 省区	熟欠银	熟欠粮	灾缓银	灾缓粮	积欠总银	积欠总粮	灾缓银比重	灾缓粮比重
江宁藩司	369164	12621	3414570	734854	3783736	747477	90%	98%
苏州藩司	344923	3167	112810	50867	457734	54035	25%	94%
江苏合计	714087	15788	3527380	785721	4241470	801512	83%	98%
浙江	324946	131146	1493526	556966	1818472	688112	82%	81%
湖北	15631		1453901		1469532		99%	
河南	505457		5282730		5788187		91%	
江西			1288683	734435	3370098	1568699	38%	47%

资料来源：江苏省财政志编辑办公室编《江苏财政史料丛书》第 1 辑第 1 分册，第 434—437 页（奏折各项数据之和略有出入，系将两、石以下数额忽略所致）；《浙江巡抚卫荣光呈浙江省光绪五年以前民欠应豁银钱米谷数目清单》（光绪十四年二月十六日），录副 03-6225-033；《署理湖广总督裕禄呈湖北省光绪五年以前民欠钱粮数目清单》（光绪十一年十二月二十七日），录副 03-6218-008；《呈河南省各属光绪五年以前民欠未完地丁正耗等项钱粮清单》（光绪十七年，月日不详），录副 03-6567-093；《呈江西自同治十一年至光绪五年民欠钱粮缓征带征借修等款截至十年奉恩实在未完各数清单》（光绪十三年，月日不详），录副 03-6498-046。

光绪十五年，清廷普免直隶等 15 省光绪六年至十三年（1880—1887）积欠银 37439308 两、粮 7957789 石，二项合计约 4540 万两。江苏、安徽、山东、河南、江西五省银粮合计 3069 万两，约占积欠总额之 68%。安徽省积欠仍以灾、荒缓征为主，[1] 江宁藩司所属、山东、河南积欠的主要份额仍是因灾缓带征银粮（表 4-9）。

① 李光伟：《晚清田赋蠲缓研究》，附表 32、68。

表 4-9　1880—1887 年江苏等五省积欠构成

单位：两（银）、石（粮）

积欠构成 / 省区	熟欠银	熟欠粮	灾缓银	灾缓粮	积欠总银	积欠总粮	灾缓银比重	灾缓粮比重
江宁藩司	196282	15103	3161907	683251	3358191	698361	94%	98%
山东	13551		2098181		2111732		99%	
河南			2130477		3985174		53%	
江西			1242083	695419	3675301	1816028	34%	38%
浙江	1251378	218380	790895	416833	2042273	635213	39%	66%

资料来源：中国第一历史档案馆编《光绪朝朱批奏折》第 67 辑，第 154—155 页；《两江总督刘坤一江苏巡抚奎俊奏请豁免光绪九年前江宁等属积欠民欠钱粮事》（光绪十八年十月二十九日），录副 03-6245-022；《署理两江总督张之洞江苏巡抚奎俊奏请豁免光绪十三年前江宁各属灾熟民欠钱粮事》（光绪二十一年正月二十四日），录副 03-6250-016（原折各项数据之和略有出入）；《护理江西巡抚方汝翼呈江西省各属光绪六年至九年节年民欠及因灾缓带征钱米截至光绪十五年二月实未完各数清单》（光绪十九年四月十三日），录副 03-6246-047；《护理江西巡抚方汝翼呈江西省各属光绪十年至十三年节年民欠及因灾缓带征钱米截至光绪十五年二月实在未完各数清单》（光绪十九年四月十三日），录副 03-6246-049；《护理浙江巡抚刘树堂呈按年开列光绪九年以前浙省民欠应豁钱粮清单》（光绪十八年五月初十日），录副 03-6244-003；《护理浙江巡抚刘树堂呈浙江省光绪十三年以前民欠应豁钱粮数目清单》（光绪十八年五月初十日），录副 03-6245-061。

宣统元年（1909），清廷普免直隶等 15 省光绪十四年至三十三年（1888—1907）积欠银 78142385 两、粮 15900583 石（表 3-5），二项合计约 9404 万两。此届普免积欠，各省灾缓银除江西外，仍占多数（见表 4-10）。

表 4-10　1888—1907 年江苏等七省积欠构成

积欠构成 / 省份	灾缓银（两）	积欠银（两）	灾缓银比重	积欠构成 / 省份	灾缓银（两）	积欠银（两）	灾缓银比重
江苏	10583082	12357760	86%	湖南	814992	1241799	66%
安徽	11127249	12457237	89%	江西	2748299	11677300	24%
浙江	4341454	5105400	85%	河南	4424632	8182304	54%

续表

积欠构成 省份	灾缓银（两）	积欠银（两）	灾缓银比重	积欠构成 省份	灾缓银（两）	积欠银（两）	灾缓银比重
湖北	4661074	4695179	99%				

资料来源：李光伟《晚清田赋蠲缓研究》，附表 13、14、27、33（荒田缓征银计入灾缓银）、38、44、56（光绪二十六年、二十七年缓征银额取自附表 55 蠲缓银额）、58、59、68。

乾隆朝末期，缓征田赋连年展缓的现象初露端倪，乾隆六十年普免积欠数额创历史新高。此后，田赋缓征与积欠问题持续恶化。将嘉庆朝至宣统朝历届普免积欠之银、粮额合算，取各届年均积欠值，可以发现：清代国家财政收入之田赋项下，嘉庆朝至道光朝前期，年均短少 100 余万两；道光十一年以后，历届普免积欠额继续呈递增之势，居高不下；道光十一年至同治朝中期，年均短少三四百万两；由于咸同时期的战乱与灾荒影响，积欠额达到峰值；同治朝后期至清末，年均短少五六百万两（见图 4-2）。大规模战乱过后，经过近半个世纪的和平稳定与恢复发展，清末的缓征与积欠问题并未明显好转，整体形势较道咸时期更为严重。正如光绪二十九年十二月户部所奏，

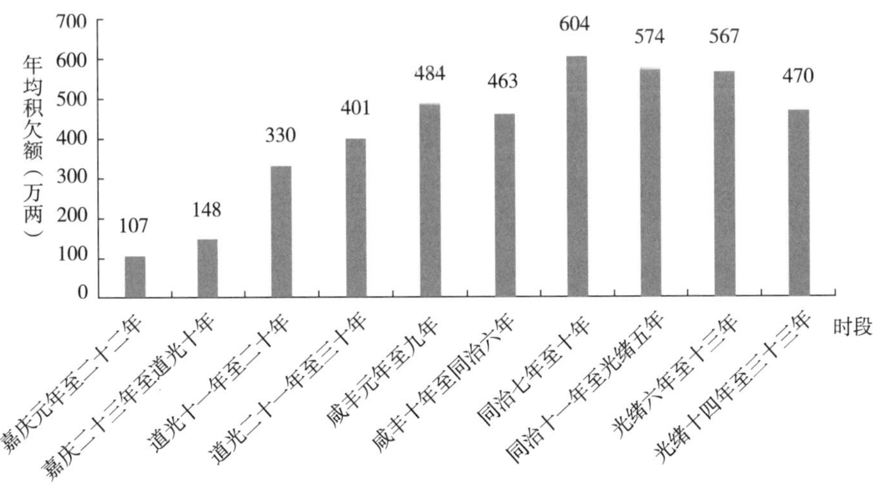

图 4-2 清中后期各届普免积欠之年均额

“每年各省丁漕，约共额征银三千一百余万，而短征、缺额之数，常在五六百万”①。在这些数量庞大的积欠和缺项中，因灾缓带征田赋是主要份额。

三、积欠衍生的过程与特征

历届普免积欠虽将各省逋赋清零，但随后积欠重新滋长、累积，形成一个循环往复的周期性过程。清中后期各省积欠数额大、衍生速度快的主要原因是历年缓征、带征田赋的征还率较低，大部分被连年展缓。以道光三年山东省奏销为例，将该省嘉庆二十三年至道光二年（1818—1822）积欠并灾缓地丁耗羡、脚价银续完数额整理为表4-11。

表4-11　1818—1822年山东省积欠银续完额　　单位：两

已未完银＼年份	1818	1819	1820	1821	1822
总未完银	248385	355118	425240	467394	927327
缓征银	123883	193102	270957	233655	670348
续完缓征银	10	31	53	3090	2127
积欠银	124501	162014	154282	233738	256979
续完积欠银	2111	5515	1584	3753	12617
总续完银	2121	5546	1637	6843	14744
总续完率	0.85%	1.56%	0.38%	1.46%	1.59%

资料来源：《呈山东省各属自嘉庆二十三年至道光二年历年积欠灾缓等项钱粮已未完等数目清单》（道光三年，月日不详），录副03-3316-044。

说明：两以下之数额忽略不计，各项相加与原总额略有出入。

表4-11内，“总未完银”包括“缓征银”与“积欠银”（民欠银）两部分，其中缓征银约占总未完银的比例由嘉庆二十三年的50%，升至道光二年的72%。缓征银历年续完数较积欠银历年续完数少得多，二项合计，历年续完率仅在1%左右。其后，山东省道光二年以前旧赋几乎分厘未还。道光八年十二月初八日上谕责问：“山东省应征道光二年以前积欠，据该抚声明均多递

① 朱寿朋编：《光绪朝东华录》第5册，第5134页。

缓，但其中岂无届限应征之项?”[①] 清廷别无善策，只能展缓山东带征旧欠正杂额赋。[②]

江苏省的旧赋完纳比较、新旧田赋缓征较具代表性。首先是旧赋完纳比较。江苏省道光十一年、十四年应征嘉庆二十三年以后旧欠地丁银完欠额与上三年比较情况见表 4-12。

表 4-12　嘉道之际江苏省应征旧欠地丁银完欠额　　单位：两

应征年份	完欠额及与上三年比较	江宁藩司	苏州藩司	江苏合计
道光十一年（1831）	嘉庆二十三年至道光十年旧欠地丁银	2459147	916160	3375307
	内除递缓未届启征银	2353280	258526	2611806
	递缓率	96%	28%	77%
	实应征银	105866	613203	719071
	已完银	55467	316205	371672
	已完率	53%	53%	52%
	道光八年已完率	35%	46%	44%
	道光九年已完率	47%	44%	44%
	道光十年已完率	57%	37%	39%
道光十四年（1834）	嘉庆二十三年至道光十三年旧欠地丁银	2721692	1523183	4244875
	内除递缓未届启征银	2577883	683510	3261393
	递缓率	95%	45%	77%
	实应征银	143809	793607	937416
	已完银	63736	339524	402960
	已完率	45%	43%	43%
	道光十一年已完率	53%	53%	53%
	道光十二年已完率	35%	58%	54%
	道光十三年已完率	31%	50%	47%

资料来源：《林则徐全集》第 1 册，第 143—147 页；第 2 册，第 40—43 页。

说明：奏报时间较应征年份晚一年；苏州藩司带征历年旧欠地丁银项下，除递缓未届启征，尚有地方官分赔、清查待补银。两以下数额忽略不计，各项之和与银总额略有出入。

① 中国第一历史档案馆编：《嘉庆道光两朝上谕档》第 33 册，第 396 页。

② 《清宣宗实录》卷二三四“道光十三年三月庚寅”条，《清实录》第 36 册，第 501 页。

由表4-12可知，道光十一年至十四年，江宁藩司所属各年应征旧欠地丁银中，约95%因灾歉递缓，无须列入考成，实应征旧欠银已完率在50%上下；苏州藩司所属各年应征旧欠银少于江宁藩司，道光十一年的递缓率约为28%，十四年递缓率增至约45%（可佐证附表5，道光十一年大水之后，苏州藩司所属亦出现频繁且长期均衡的蠲缓州县次，直追江宁藩司），实应征旧欠银已完率与江宁藩司相近，亦在50%上下。就江苏全省而言，历年应征旧欠银约80%递缓，实应征旧欠银已完率约50%，嘉庆二十三年至道光十年旧欠银3375307两，年均欠银259639两；嘉庆二十三年至道光十三年旧欠银4244875两，年均欠银265305两，二者十分接近，显示历年欠银额的固定化。此外，年均旧欠银额与历年新赋缓征银额存在直接关系。道光十一年应征新赋项下，江宁藩司所属勘不成灾缓征银231254两，苏州藩司所属勘不成灾缓征银241778两，[①] 合计473032两；道光十四年应征新赋项下，江宁藩司所属勘不成灾缓征银121066两，苏州藩司所属勘不成灾缓征银163415两，[②] 合计284481两。道光十一年受江南大水影响，缓征新赋额较多，但十四年缓征新赋额与年均旧欠银额相近。需指出的是，表4-12内，道光十一年江苏省应征嘉庆二十三年至道光十年“带征积年”旧欠地丁银3375307两，少于普免此时段的积欠银4714262两，[③] 是因为此间还有一部分缓带征地丁银未届限启征，以及未计入漕项、芦课等其他类别银额。

其次是新旧田赋缓征。道光十五年十月，两江总督陶澍与江苏巡抚林则徐会奏江苏被水旱情形，“只系一隅歉收，不致成灾，毋庸查办赈恤；惟地漕银米，自应酌予缓征”，上元、江宁等41州县并淮安、大河等6卫被歉田亩，应征道光十五年地漕各项银米缓至十六年秋成后分作两年带征，应征道光十六年新赋缓至该年秋成后启征。江、淮等属应征旧欠，除道光十年以前者已奉旨蠲免，应饬查明民欠确数另行具奏外，应征道光十一年至十四年钱粮，

---

① 《江苏省道光十一年地丁钱粮比较上三年完欠分数折（附清单）》（道光十二年八月二十七日），载《林则徐全集》第1册，第142、144—145页。

② 《道光十四年钱粮比较上三年完欠分数折（附清单）》（道光十五年七月十八日），载《林则徐全集》第2册，第39、41页。

③ 中国第一历史档案馆编：《嘉庆道光两朝上谕档》第41册，第344页。

请将坐落歉区者“照例缓至来年秋后分别启征”，成熟田地之旧欠亦“据各属详请展缓”。苏、松等属不论歉收还是成熟田地应征之旧欠，除太湖厅并嘉定、崇明2县及镇江卫屯田未报歉收，其余长洲、元和等32厅州县，苏州、太仓等4卫，“积歉之后，民力拮据，即有薄收，难完节年欠款”，道光十一年至十四年旧欠地漕、芦课、学租等银，以及因灾展缓漕米，“悉照分征成案，概予缓至道光十六年秋成起，每年带征最远一年，由远而近，以次递及”。[①] 因此，不论成灾与否，江苏省大部分地区的新旧田赋均被一缓再缓，变成积欠。

咸同时期的大规模战乱使各省钱粮奏报陷于停顿和混乱。1851—1868年，各省大多没有田赋征收奏报，田赋奏销档案亦近乎空白。[②] 同光之际，各地战乱基本结束，战时不能正常执行的钱粮奏报制度此时得以恢复，且时有新制出台。这些奏报资料是分析积欠衍生过程与特征的重要依据。以下以山东、江苏为例说明。

现将表2-6内山东省光绪十二年至宣统二年（1886—1910）蠲缓银（两）、粮（石）数额改编为表4-13。

表4-13　1886—1910年山东省蠲缓银粮额

单位：两（银）、石（粮）

年份	蠲缓银	蠲缓粮	年份	蠲缓银	蠲缓粮	年份	蠲缓银	蠲缓粮
1886	255394	66940	1893	199603	48886	1899	120217	44520
1887	206811	66082	1894	175748	74454	1900	114908	76718
1888	186215	73669	1895	261460	91731	1901	152842	64069
1889	384954	89750	前8年平均	209237	62871	1906	101318	40629
1890	443503	135955	1896	146857	52948	1907	79156	38751
1891	157005	8645	1897	130881	47765	1910	99802	39686
1892	231659	72560	1898	313128	100203	后8年平均	118248	50636

① 《江苏各属秋禾被灾请缓征银米折》（道光十五年十月十六日），载《林则徐全集》第2册，第100—101页。

② 彭泽益：《十九世纪后半期的中国财政与经济》，中国人民大学出版社2010年版，第130页。

表4-13内，“前8年平均”值不包括光绪十五年、十六年数额；“后8年平均”值不包括光绪二十四年数额。前8年年均蠲缓银20余万两、粮6万余石，各年数额相对固定；后8年年均蠲缓银10余万两、粮5万余石，各年数额仍相差不大，较前分别下降约10万两、1万石。山东省历年缓征田赋多连年展缓。光绪二十年，山东巡抚福润奏报蠲免光绪六年至十三年积欠额时，转述布政使汤聘珍之言，“通盘核算，民欠少而缓征多，缘东省黄流为患，灾祲屡告，蠲缓频仍。甲年民欠至乙年亦均缓征，浸至递年展缓，带征无期”①。

另据附表6，苏州藩司所属在光绪二十三年以前，年均蠲缓银约30万两；二十三年至二十八年降至20万两上下；二十九年以后（除三十二年受严重灾害影响）基本降至10万两。江宁藩司所属在光绪二十三年以前，年均蠲缓银30余万两；二十三年至二十八年降至28万两左右；二十九年以后基本降至20万两。与此相对应，光绪二十三年以前，江苏省蠲缓银60万两上下；二十三年至二十八年降至48万两左右；二十九年以后降至30余万两。在以上各时段内，蠲缓银额大致保持均衡。

江苏田赋积欠征还率的具体情况，还可以光绪朝该省历年旧欠地丁银完欠额为例进行说明（见表4-14）。江宁藩司所属“旧欠”为各年段旧欠地丁银总额；苏州藩司所属“带征旧欠”并非各年段旧欠地丁银总额，而是各年段应带征旧欠地丁银额，属于旧欠地丁银总额的较少部分。例如：江宁藩司所属光绪九年应征光绪六年至八年旧欠地丁银733641两，续完银1833两，续完率约为0.2%；苏州藩司所属光绪九年应带征光绪六年至八年旧欠地丁银11202两，因灾递缓，依次类推。光绪十五年，江苏省光绪六年至十三年积欠被蠲免后，至三十二年，江宁藩司所属十四年至三十一年旧欠银已累积至3750422两，即使以次年续完银14958两计，征还率也仅有约0.4%，其余各年征还率更低。光绪十一年，苏州藩司所属应带征六年至十年旧欠银只续完75两；此后，除二十二年无缓征民欠外，十四年至三十一年应带征旧赋，均以秋歉递缓未届启征为由，在钱粮奏报中声明：“无可带征并无应完银两，均应

① 中国第一历史档案馆编：《光绪朝朱批奏折》第67辑，第154—155页。

归入下届旧赋造报。”① 这样的声明直至普免积欠后，再开始新一轮循环。

表 4-14　光绪朝江苏省历年积欠地丁银完欠额　　单位：两

藩司 / 完欠额 / 时间	江宁藩司		苏州藩司		藩司 / 完欠额 / 时间	江宁藩司		苏州藩司	
	旧欠	续完	带征旧欠	续完		旧欠	续完	带征旧欠	续完
六年至八年	733641	1833	11202	递缓	十四年至二十六年		4080		递缓
六年至十年		595		75	十四年至二十七年	3098758	1	106530	递缓
十四年至十五年		1507		递缓	十四年至二十八年		276		
十四年至二十一年		127		递缓	十四年至二十九年	3430601	23	106530	递缓
十四年至二十二年		114		递缓	十四年至三十年		209		递缓
十四年至二十三年		1524		递缓	十四年至三十一年	3750422	33	106530	递缓
十四年至二十四年		5642			十四年至三十二年		14958		递缓
十四年至二十五年		2112			年均		2202		

资料来源：江苏省财政志编辑办公室编《江苏财政史料丛书》第 1 辑第 1 分册，第 322、323、352—353、374、401 页。中国第一历史档案馆编《光绪朝朱批奏折》第 67 辑，第 847 页；第 68 辑，第 154 页。台北故宫博物院编《宫中档光绪朝奏折》第 6 辑，台北故宫博物院 1973 年版，第 425 页；第 13 辑，台北故宫博物院 1974 年版，第 233 页；第 16 辑，台北故宫博物院 1974 年版，第 270 页；第 23 辑，台北故宫博物院 1975 年版，第 499 页；第 26 辑，台北故宫博物院 1975 年版，第 220 页。

---

① 《三十二年份奏销案内查明各年已未完旧赋钱粮折》（光绪三十三年八月初八日），载江苏省财政志编辑办公室编《江苏财政史料丛书》第 1 辑第 1 分册，第 400 页。

江苏积欠漕项银米也年年停缓、展缓，征还率极低。光绪二十八年六月，苏松粮道罗嘉杰汇报二十五年随奏册报光绪十四年至二十四年原报未完漕项银米数目：未完熟田并熟田缓征轻赍席木等正耗银559027两、米31968石，续完银仅17两。[①] 再将江安粮道光绪二十五年至二十八年（1899—1902）奏销旧欠漕项银米完欠额整理为表4-15，其中各年奏销，95%以上的旧欠漕项因灾停缓、递缓，历年续完银米仅有数百两（石），续完率几乎可以忽略不计。

表4-15　1899—1902年江安粮道奏销旧欠漕项完欠额

类别＼时段	同治九年至光绪二十四年	同治九年至光绪二十五年	同治九年至光绪二十六年	同治九年至光绪二十七年
旧欠漕项正耗并折色米麦银（两）	982215	1055288	1128611	1225353
续完银（两）	264	1489	614	587
存属未解银（两）	2055	3714	3787	3787
荒灾停缓银（两）	963804	1032362	1105977	1202194
荒灾停缓率	98%	98%	98%	98%
熟田未完银（两）	16086	17717	18232	18784
分计未完银（两）	981945	1053793	1127996	1224765
未完率	99.97%	99.86%	99.95%	99.95%
旧欠漕项米麦豆并漕粮（石）	2160466	2312876	2475821	2692812
续完粮（石）	474	896	402	150
存属未解粮（石）	4964	4964	4964	6198
荒灾停缓粮（石）	2062832	2208348	2365892	2577905
荒灾停缓率	95%	95%	96%	96%
熟田未完粮（石）	92194	98666	104561	108556
分计未完粮（石）	2159990	2311978	2475417	2692659

① 台北故宫博物院编：《宫中档光绪朝奏折》第15辑，台北故宫博物院1974年版，第467页。

续表

类别 \ 时段	同治九年至光绪二十四年	同治九年至光绪二十五年	同治九年至光绪二十六年	同治九年至光绪二十七年
未完率	99.97%	99.96%	99.98%	99.99%

资料来源：台北故宫博物院编《宫中档光绪朝奏折》第 15 辑，第 227—228、483—484 页；第 16 辑，第 776—777 页；第 19 辑，台北故宫博物院 1974 年版，第 318 页。

说明：两、石以下数额忽略不计，银、粮总额略有出入。

嘉道之际迄清末，田赋缓征导致的积欠问题已势成积重。这一看似由灾荒或战乱引发的财政问题，却隐含着荒政、财政与官吏违纪的错综纠葛。清代财政体制给官员带来的压力促使其利用荒政制度腾挪、舞弊，转移负担。

咸丰二年八月，王庆云、祁寯藻等管理户部事务的官员针对道光朝江苏日益严重的积欠问题，指责"该省锢习，每将灾熟钱粮递年牵混，巧避处分"，质疑积欠全然由灾害所致，"偏灾原难豫定，而约计十年比较，今昔原不悬殊"，但奇怪的是"蠲缓年多一年"。其更重要的原因在于该省历年报灾，"将上年熟田未完混入次年缓征，有初参而无二参，年年递缓，一遇覃恩，全数蠲免，趋避愈巧，短绌愈多。况熟田民无不完之理，即偶有蒂欠，何至豁免数百巨万？侵挪情弊显然"。[①] 咸丰十一年，巡抚谭廷襄奏陈山东亏空积弊时说：吏治废弛，"往往藉口灾缓，诿卸催科不力处分，并可影射侵渔"[②]。

同治三年，巡抚阎敬铭对山东州县财政与钱粮缓征、积欠关系的分析较为深入且典型。十月二十日，他批复汶上县知县左宜拟带征旧欠之禀文并行司通饬全省，认为各州县"养廉减无可减，坐支率皆酌提，不平实甚"，之所以如此，"乃数十年含混交代，亏短钱粮，以致贫弱日甚"。这种情况导致山东省以"缓欠舞弊"为"传授法门"。各属请缓旧欠，"多称毗连灾区"，但"施于旱灾，犹可含糊；施于水灾，难掩耳目"。如历城北乡，"黄流涌溢，灾诚非轻"；东西南各乡"倚山高阜，逢此中稔，谓为毗连灾区，言诚不顺，相

① 王锺翰点校：《清史列传》第 12 册，第 3674 页。

② 中国第一历史档案馆编：《咸丰同治两朝上谕档》第 11 册，第 529 页。

沿旧套”。山东历来无带征欠案之说，“尽以‘缓’字消纳，果否真欠，不可究诘”。①

江苏历年旧赋征收比较，向以灾歉展缓。光绪十年十二月十六日，户部汇核九年征收旧赋比较上三年完欠分数时指出：“江宁、苏州两藩司旧赋比较，该省仅以递缓灾歉钱粮即请展缓比较，未必非预为规避地步。”②

结合清中后期田赋缓征与积欠衍生过程，以及相关省份新旧田赋完欠额之分析，可以总结积欠衍生的机制与特征。历年因灾缓征、民欠未完新赋大致各保持相对固定的数额，呈现阶段性的固定化特征。钱粮一旦进入缓征程序，届限征收之际，复以灾歉为由展缓，新欠逐年变为旧逋，新旧交替，岁岁请缓，年年积累。各省历年积欠虽有部分征还，但已完率极低，且已完数额远不及新欠数额，“完旧欠新，甚或续欠之数转浮于续完之数”③。旧欠未完与新增民欠、缓带征田赋一同展缓，滚动递增，终成巨额积欠。历届普免将积欠清零后，积欠复周期性滋生，渐积成巨。与缓征相伴生的积欠问题是清中后期财政体制的痼疾。

积欠衍生机制及其特征——缓征银粮额的阶段性固定化，对应着晚清文献中的“例灾”“吃灾”。光绪二十九年十二月，户部奏称各省田赋缺额之多是由于“官吏因缘为奸，捏灾捏荒，弊端百出”，其中特别指出灾情奏报与田赋蠲缓不真实。各省因水旱灾歉蠲缓钱漕，“少或数万，多或数十万，年年报灾，年年蠲缓，报灾之分数略同，蠲缓之银数亦略同，谓之例灾。其蠲缓钱粮，率皆州县私征入己，上下朋分，谓之吃灾。此等弊端，各省大抵皆然，而河南、江西、江苏、浙江等省为尤甚”。④ 户部等官员任职时间有限，所言可能多指当时短期情况，对该问题的历史延续或许关注不多、了解不深。研究者一旦接触该问题，通过丰富的史料进行长时段、全景式考察，则可断言“例灾”“吃灾”绝非光绪一朝之现象，而在此前即已存在。“绪论”中，已

① （清）阎敬铭：《抚东奏稿》（九），载《近代史资料》总129号，第109页。

② 《户部奏稿》第8册，全国图书馆文献缩微复制中心2004年版，第3585页。

③ 《大学士管理户部事务潘世恩等奏为山东等省未完地丁银两岁久请旨饬催事》（道光二十八年十月十七日），录副03-3096-003。

④ 朱寿朋编：《光绪朝东华录》第5册，第5134页。

有研究指出，19 世纪 20 年代江南即有谎报天灾之现象。江苏省漕粮在乾隆中后期尚能“办全漕者数十年”，但道光三年大水后，农业生产遭到严重破坏，此后难以恢复；道光十三年再遭大水后，“始无岁不荒，无县不缓，以国家蠲减旷典，遂为年例”。粮户对苛重的漕赋无力全完，地方官以捏灾减缓为常事。同治朝以前，江南漕粮虽无减征之名，地方官实已暗行减征，这种情形逐渐成为朝野皆知的公开秘密。地方官吏担心被清廷责谴，不敢奏明，用冒灾减缓的手法拖延了几十年。[①] 这里的“捏灾”“冒灾”之说并不准确，主要不是捏报“成灾”，而是捏报“歉收”。道光十二年十一月，有人奏河南、山东等地虽“本年秋成甚丰”，但“亦报荒歉”。[②] 从“谎报”到“例灾”有一个演变与扩散之过程。不论这一现象在各省之普遍性，还是在河南、江西、江苏、浙江等省之特殊性和严重性，有的已于前文田赋蠲缓、积欠额统计分析中有所印证，其余有待另文详论。

积欠的主体是因灾缓带征钱粮。在因灾荒导致的财政问题之遮蔽下，财政体制与官吏违纪亦反之对灾荒问题产生重大影响。其突出表现是以熟作荒、捏灾请缓。此处的“灾”并非“成灾”而是“灾情”，更准确地说，是“歉收”即勘不成灾。清代荒政规定，成灾指灾情等级勘定为五分（含）以上者，且按分数蠲免钱粮有差。地方官吏不愿冒风险征收“蠲免”之钱粮，因为捏报“成灾”以冒蠲钱粮的舞弊行为过于明显，极易被揭发和惩处，况且灾蠲与缓征相比，不仅性质上是彻底免除，而且数额一般少于后者。他们更倾向于一种隐蔽的做法，即捏报歉收而缓征、展缓钱粮（民众也认可缓征之钱粮仍须缴纳），以办理蠲缓为由，通过征多报少、以完作欠等方式将钱粮中饱私囊或移作他用。

太平天国、捻军起义失败二三十年后，各地荒田逐渐垦复，但“目中绝少荒田，册内确有荒数。荒者固荒；不荒者，亦捏而为荒。旧熟新垦，咸弊混于隐匿之内，欲田赋之复原额，难矣”[③]。河南省军务结束后，“荒地多已垦

---

① 参见李文治、江太新《清代漕运》（修订版），第 308、328—329 页。

② 中国第一历史档案馆编：《嘉庆道光两朝上谕档》第 37 册，第 656 页。

③ 汤寿潜：《理财百策》（1896 年），载汪林茂编《中国近代思想家文库·汤寿潜卷》，第 461 页。

熟，照旧纳粮，亦为州县私征入己，匿不升科”[①]。光绪六年，浙江巡抚谭钟麟奏陈田产之弊，“一在官吏之侵渔，一在民间之欺隐。十余年来，举所侵所隐者悉归之于荒，以致缺额甚多，无从稽考”[②]。同年四月二十四日《申报》揭露，浙江嘉兴府荒田“模糊查报，荒熟之数不能核实”，官员与吏役“匿熟为荒而交获其利”，迨上司严催，则改荒增熟，将增加之钱粮转嫁于小户，“利归于吏，而官之所得大减于前”。[③] 光绪十年，户部指出清查荒熟本非难事，但地方各级奏报依样申送，缺失复核环节，“庸阘之州县听吏役之朦混，并不知某熟某荒。不肖之州县且与吏胥分肥，置正供于不顾，辄谓荒地太多，难计分数。吏胥曰‘应酌量启征’，州县亦曰‘应酌量启征’，上司批牍亦不过曰‘体察情形，酌量启征’而已。在州县既得巧避考成，吏役益得售其欺诈，隐匿侵蚀，百弊丛生”[④]。

光绪二十五年，刚毅南下筹饷，奏称各省兵燹之后，“田多荒芜，其中捏熟作荒，实属不少”，浙江省杭、嘉、湖三府，“短征银米甚巨……诚能实力清查，严禁隐匿，正供丁漕不难渐复原额”。[⑤] 江苏省苏、松、常、镇、太五府州“历年完纳丁漕尚未征足原额，说者每藉词于兵燹之后田多荒芜之故。溯计江南肃清，至今业已三十余年，真正荒田固属不少，其中以熟作荒、侵蚀弊混者，各属往往有之，而以苏府属为尤甚”[⑥]。其致弊之因，不外乎州县匿报、绅户包抗、书差侵蚀，“三弊相因，举国家每岁应征熟田钱粮合计不下数十万两暗蚀于无形”[⑦]。本着“下不病民生，上不失政体，全在杜中饱、节糜费”的原则，刚毅在江苏清赋筹银约120万两。[⑧] 广东官吏中饱之弊亦甚，该省“素称财赋之区，乃核其度支清册几于入不敷出。推原其弊，无非由于

① 朱寿朋编：《光绪朝东华录》第1册，第604页。

② 朱寿朋编：《光绪朝东华录》第1册，第979页。

③ 《申报》光绪六年四月二十四日，载李文治编《中国近代农业史资料》第1辑（1840—1911），生活·读书·新知三联书店1957年版，第346—347页。

④ 《户部奏稿》第3册，第1065页。

⑤ 朱寿朋编：《光绪朝东华录》第4册，第4402页。

⑥ 台北故宫博物院编：《宫中档光绪朝奏折》第12辑，台北故宫博物院1974年版，第861页。

⑦ 台北故宫博物院编：《宫中档光绪朝奏折》第13辑，第58—59页。

⑧ 朱寿朋编：《光绪朝东华录》第4册，第4402页。

糜费中饱，与江南大致相同”[1]。二十七年八月，张之洞疏言，太平军、捻军被平定已40年，“丁戊奇荒”亦过去20年，“生齿之蕃，已复其故。平原沃壤，江岸沙洲，大率皆已垦种无遗。其因亏本争讼而荒废者，仅千百中之一二。所谓荒者，不过官吏捏饰，豪民匿报”。[2]

捏灾请缓之弊亦较普遍且严重。不仅地方官员，参与征收田赋的吏胥、户书、里差等基层办事人员也从中渔利。咸丰七年前后，山东各州县胥役趁“收成歉薄之年，商同户书里差，将所侵蚀之户及常年得规包庇之户，捏灾请缓。地方官稍无把握，鲜不堕其术中”[3]。光绪初年，御史孔宪瑴奏河南吏治腐败，捏灾请缓：“地丁正赋任意亏空，平时豫行捏灾请缓，将已征钱粮私饱囊橐。”[4] 他并非风闻虚言。光绪三年七月初七日，翁同龢在日记中云：“河南吏治之坏，大率亏空多，全熟之年报荒必居三分之一，征多报少，州县持为当款。”[5] 九年，御史黄兆柽奏河南应治理者四事，其一即“捏灾”。[6] 十年，御史张廷燎奏河南州县通过“报例灾”“吃缓征”等方式侵蚀钱粮，而且“勾通差书，改换征册，结交藩署户吏，舞弊分肥，辗转相因。惟冀遇恩豁免，并其侵蚀之迹亦皆消归无有”。[7] 光绪八年，安徽潜山等十余州县被水，“蠲缓兼行，及于宽典，自是向不报灾者有灾矣”。此后，每年秋收，绅董与吏役“先期设簿卖灾，平民必先出费乃得入册。无钱者，虽真灾而仍须完粮；有势者，既免粮而且食灾费……州县既不能禁，又各自顾考成，或且阴利其资，辄据情具报请勘。无论年谷丰歉，灾例率是为常”。[8]“例灾”之弊已然形成。

---

① 朱寿朋编：《光绪朝东华录》第4册，第4437页。

② 朱寿朋编：《光绪朝东华录》第4册，第4760页。

③ （清）邹钟：《志远堂文集》卷二，载李文治编《中国近代农业史资料》第1辑（1840—1911），第337页。

④ 朱寿朋编：《光绪朝东华录》第1册，第604页。

⑤ 陈义杰整理：《翁同龢日记》第3册，“光绪三年七月初七日”条，中华书局2006年版，第1299页。

⑥ 陈义杰整理：《翁同龢日记》第6册，“光绪九年八月十二日”条，第3593页。

⑦ 《户部奏稿》第7册，第3349页。

⑧ 《停办安省征信各册兴办清丈事宜详奏各原稿并恭录朱批上谕行知札文四件》，中国科学院国家科学图书馆藏，第23—24页。

光绪二十二年，御史李擢英奏陈蠲缓仍多弊混，指出："如果灾情属实，国家深仁厚泽，原不计多寡有无。惟是各省报灾习为故常，州县预为地步，往往捏状上闻，司院委员勘验，得受规费，辄与之会衔具禀。"[①] 晚清汤寿潜也痛斥"例灾"之弊："惧岁之灾者，官民同情也。乃以灾为利，以灾为例；不惧其灾，反惧其不灾，其实不灾亦灾，并不灾亦不惧矣！"虽有州县详勘，道府复查，"不过驱率虎狼收受灾费，酣嬉一过，而详复相符"，那些无岁不灾之州县，"凡详报复查者，费有一定，灾亦有一定"。尤令人奇怪的是，"秋成定例报及六分，辄令带征旧欠；不及五分五者，便须分别蠲缓。于是报及五分八九厘，天下一律"。他认为以上情形"愈求其实，益明示以欺"，感叹"清水旱之灾易，清人心之灾难"。[②]

民国初年，山东田赋"一仍清制，并无大规模之改革"[③]。当时有关山东田赋调查研究的资料为探察晚清灾缓弊端提供重要依据。以山东省会济南所属历城县为例，作为鲁省首县，其地丁、漕粮实征额较原额短少之原因有四："一曰例缓，二曰灾歉，三曰民欠，四曰坍塌"。所谓例缓，即"应征田赋每年照例而缓征者"。虚报"灾歉"，即有灾歉之名、无灾歉之实，"纵无天灾人祸，以书差、地保相互舞弊，籍（藉）灾歉之名而上报于政府，实则书差、地保中饱者，亦曰灾歉"。地方官吏征税时亦借机侵蚀，"尤以田赋一项，机会最多"，经征人员"征多报少，互相侵蚀"。勘报灾之弊端，"非独历城有之，山东各县莫不皆然，只乃各县所有弊端之方法不同"。[④] "例灾"是民国学人批评山东田赋积弊的共识，各县"往往甲年报灾，乙年即视为定例，甚至官府敛钱卖灾，吏胥上下其手"[⑤]。偏远的贵州省也利用蠲缓制度妄报"例荒""例灾"，荒田虽已垦辟，但匿不升科，"递年呈报，一仍旧额，以为固

① 《江南道监察御史李擢英奏为灾歉蠲缓钱漕仍多弊混请严饬核实事》（光绪二十二年十二月初二日），录副 03-6256-047。

② 汤寿潜：《理财百策》（1896 年），载汪林茂编《中国近代思想家文库·汤寿潜卷》，第 462 页。

③ 林钦辰：《山东田赋研究》，第 6867 页。

④ 王文甲：《历城县田赋之研究》，载萧铮主编《中国地政研究所丛刊·民国二十年代中国大陆土地问题资料》（23），成文出版社 1977 年版，第 11331—11335、11339、11425 页。

⑤ 林钦辰：《山东田赋研究》，第 6956 页。

然”；灾歉诚所难免，但“决非年均如是”，而各县报灾，“如同定律，年均有之”，每年未完之赋，“多半视为蠲缓，至其是否真正被灾，则非所问，流极至今，遂成惯例”。①

因此，原本与田赋蠲缓密切关联的灾歉、抛荒，因人为捏报、谎报的介入而与之逐渐发生偏离甚至脱节，蠲缓尤其是缓征数额（州县卫所数、银粮额）难以如实反映歉收、抛荒的范围和程度。根据光绪二十三年至二十九年钱粮考成变化及由此带来的田赋蠲缓额变动，估算此间挤压出的全国年均捏报荒歉银100余万两、粮20余万石，如再加上以完作欠之数，则被各省截留的田赋额会更高。清中后期灾荒奏报的真伪及其演变值得重新检讨。② 这并非否认当时灾荒之严重，而是强调灾害史研究应进一步思考灾害、社会与制度之间的复杂性，不能仅从制度或数据层面统计、考察灾荒状况，论及蠲缓即认为有利于减轻民众负担，言及蠲免积欠即视为灾蠲。

田赋蠲缓事关国计民生，其造成清代国家财政收入锐减如前所论，但它在晚清也没有充分发挥赈救灾荒、实惠及民之效用。居于国、民之间的官吏在蠲缓田赋和普免积欠中的作为及其影响，是评估蠲缓实效的重要因素。一方面，官吏捏报歉收与抛荒固然使清廷的蠲缓实惠不能落到纳税民众身上，而真实荒歉发生后，基层官吏能否认真执行，使蠲缓实惠及民？另一方面，在蠲缓田赋与普免积欠期间，地方官吏为何集体式“报例灾”“吃缓征”，挪新掩旧、以完作欠，蠲缓田赋与普免积欠的“实惠”流向和归宿何在？这两方面的问题指向基层社会、官僚系统和财政体制，以下分章探讨。

---

① 李荫乔：《贵州田赋研究》，第395—396页。

② 参见李光伟《晚清田赋蠲缓研究》第四章“晚清灾情奏报真伪之演变”。

第五章 田赋蠲缓之基层舞弊

蠲缓制度的初衷是为减轻民众赋税负担，使其休养生息、恢复发展生产，正如清统治者常说的“惠爱黎元”“子惠元元”。前文已对田赋蠲缓与普免积欠额进行计量研究，但这些数据并不能表明民众切实得到蠲缓实惠。对于灾歉发生后的蠲免与缓征，基层官吏舞弊的方式主要有：冒蠲钱粮、匿灾征收、延搁誊黄、重征蠲缓钱粮、蠲缓题报迟延、注荒之弊。这些舞弊行为在清代不绝如缕，而且有的在晚清愈加严重，致使灾民无法得到蠲缓实惠。朝野对此并不讳言，也无法遮饰，御史弹劾、民众控诉、官吏伏法、清廷处罚、史家记述，以及查无实据、不了了之的案例等，均为后世留下了翔实的材料和清晰的印记。考察田赋蠲缓之基层舞弊行为是评价清代蠲缓制度及其成效的重要指标。

一、冒蠲匿灾

（一）冒蠲钱粮

蠲免钱粮针对成灾地区。地方官虽不敢全盘捏报成灾，但可借成灾夸大受灾程度，冒蠲钱粮。至晚在乾隆中后期，地方已出现较严重的冒蠲钱粮案。

1. 李应龙冒蠲案

乾隆三十四年（1769），江西省曝出李应龙冒蠲案。江西巡抚吴绍诗参奏并请旨将李应龙革职拿问，乾隆帝谕云：“地方偶被偏灾，加恩蠲缓，原以轸恤灾黎。为民牧者，稍具人心，岂容丝毫侵蚀，乃李应龙竟敢捏报灾蠲，恣意私收入己，实属大干法纪。李应龙着革职拿问。同案内有名犯证，并令吴绍诗速委妥员，解赴苏州，交与总督高晋，严审定拟具奏。”乾隆帝对此案密切关注，一再传谕吴绍诗，“饬委员沿途小心管押，毋致稍有疏虞”，“或此外尚有因灾侵冒之案与此相同者，并着高晋审明时查照定拟具奏”。[①] 提解、审讯工作随后展开。

李应龙于乾隆三十年闰二月履任江西星子县知县。该县民田钱粮共分四则，每亩征银自三分二厘至九分二厘不等。又有南昌、九江二卫屯田坐落该县，分上中下三则，屯粮每亩征银自七八分至一钱二分不等，还征津贴旗丁余租银，每亩自二钱至三钱不等。屯田征粮重于民赋，津贴余租又重于屯粮，往往征不足数。李应龙垫解乾隆三十年民欠未完余租银500余两，并陆续垫解三十一年、三十二年余租2100余两。

乾隆三十一年，该县民屯田地被水成灾六分至八分不等，李应龙派户书景登云、常佐禹承办，并拨别房书吏数人协助缮造文册。景登云以例给办灾纸张饭食银两不敷，禀求李应龙添赏银两。李应龙因屯租历有垫解，起意乘灾虚报田亩，侵收蠲免银粮，希图填补垫解余租之项，令景登云等人改易灾田科则并浮开田数。景登云等始犹禀阻，因李应龙许赏给银两，遂即听从。三十二年，该县民屯田地复被水，成灾六分至九分不等。李应龙仍令景登云等照旧接办。

事发后统计，民粮项下：乾隆三十一年成灾下则田5971亩，应蠲银66.8两，而李应龙捏报上则田7890亩，蠲银187.9两；三十二年成灾田11860亩，应蠲银246.1两，而捏报灾田17431亩，蠲银537.6两，共捏报浮蠲银412.6两、耗银41.2两。屯粮余租项下：三十一年成灾田759亩，应蠲屯粮银3.9两、余租银193两，而捏报灾田1557亩，免屯粮银8两、余租银403.6两；三十二年成灾田1541亩，应蠲屯粮银12.4两、余租银395两，而捏报灾田2666亩，免屯粮银21.8两、余租银714.1两，共捏报浮蠲屯粮银13.5两、余

① 《清高宗实录》卷八三九“乾隆三十四年七月甲辰”条，《清实录》第19册，第211—212页。

租银 529.7 两，内有屯粮银 4.4 两、余租银 169 两已被李应龙征收侵用，其余为民欠。此外，三十一年、三十二年成灾民屯田亩民粮项下有例应蠲免银 60.9 两，屯粮余租项下有例应蠲免银 64.3 两，因花户先期完纳，未照例流抵，新欠亦未给还，被李应龙侵用。总计李应龙浮报及私收应蠲之银 1120 余两，内尚未征收银 370 两，分给书役等银 168 两。该书吏造册报蠲照浮开粮租各数，或于各灾户名下以少报多，或将各灾户领赈实名及完粮户名重复开造。每年每户应免银两俱按实在应蠲之数给发蠲单，民间未知单册不符，故当时未败露。

乾隆三十四年四月，生员赵孟拔赴仓交谷，闲到户房，时值科房无人，随取翻看蠲免底册，见自己户下两年蠲数多于所给蠲单，又见邻人黄万雄、族人赵胜德均有重户，心疑经承舞弊，将所见底册抄数带回，与黄万雄等赴藩司衙门控告。案情随之暴露。

审讯期间，李应龙及书吏等又供认添改散赈户口册，侵冒赈银：三十一年浮开六分、七分灾之极次贫大口 363 口，侵折赈银 121.9 两；三十二年浮开六分至九分灾之极次贫大口 587 口半，侵折赈银 483.6 两，总计两年浮报灾户侵赈恤银 600 余两，分给书吏银 12 两，余入李应龙私囊。[①] 以上李应龙通过捏冒灾蠲、浮开赈济，侵蚀银 1700 余两。

先是乾隆三十年，清廷查办浙江诸暨县黄汝亮侵蚀钱粮案。该县粮书蒋御侯等侵蚀已征钱粮 5000 余两，恐事败露，分银 200 两代知县黄汝亮弥补亏空，串同其子黄其聪私用印信，抽换册簿灭迹。此案侵蚀钱粮系粮书舞弊，黄汝亮知情贿纵（该案详情参见第六章）。李应龙授意书吏捏报灾田，浮开户口，冒蠲冒赈，“不特情节与黄汝亮较重，而历查近年以来亦从无似此因灾侵冒之案”[②]。按照清律，侵盗钱粮 1000 两以上，应拟斩监候，入秋审。但此案影响恶劣，刑部请旨“即行正法”。乾隆帝认为，虽然此案“情实不至即予正

① 《两江总督高晋奏为遵旨审明江西星子县知县李应龙捏报灾户冒蠲侵收一案分别定拟事》（乾隆三十四年九月十五日），朱批 04-01-01-0281-031。

② 《两江总督高晋奏为遵旨审办星子县知县李应龙捏报灾户冒蠲侵收入己建昌府黄肇隆需索馈送各案分别定拟严究事》（乾隆三十四年九月十五日），朱批 04-01-01-0281-033。

法，但李应龙身为县令，于蠲赈贫民帑项辄敢捏报灾户冒蠲，侵蚀数至一千七百余两之多，岂寻常侵盗钱粮者可比，非立正典刑，何以示儆”，下旨将其“着即处斩”。[①]

与此同时，星子县上级该管各官亦因失察而被责处。前任江西布政使（时任福建布政使）钱琦、补任江西布政使颜希深、江西按察使佛德革职，从宽留任；时任布政使程焘因患病不能供职，“年力已颓，无上进之心”，被革任。乾隆帝因李应龙乘灾舞弊，冒蠲侵蚀，“非寻常渔利之劣员可比”，而该管道府等“俱系亲临上司，平日何以全无闻见？外省习气不堪如此，不可不严加惩治”，为足示炯戒，将广饶九南道福彰阿，前任南康府知府陈于恭、裴志濂，前署府事同知陈时谦、杨大观，以及会勘出结之前任南康府通判陈有光、建昌府同知宋鉴革职。[②]

李应龙案一定程度上起到警示效果。乾隆三十六年六月，署陕甘总督文绶奏报甘肃省赈务时，“申明定例，立法稽查，以专责成，以除弊窦”，办赈之员如有弊混，“现已申明乾隆三十四年星子县知县李应龙侵蚀赈粮之例，通饬各属，咸知儆惕”。[③]

2. 汤桂冒蠲案

嘉庆十七年（1812）七月二十四日，山东巡抚同兴奏参前任已故滨州知州汤桂等人承办嘉庆八年灾蠲银数目不符。当时汤桂报免正耗银7880余两、正耗米640余石。后经核实底册，实只蠲免正耗银2780余两、正耗米240余石。[④] 此案历时多年，曲折颇多，其来龙去脉如下。

先是嘉庆八年，山东黄河漫溢，滨州境内被水成灾。经履勘，成灾上中下三则地2123.95顷，成灾五分至九分不等，按实在成灾顷亩分数，应蠲免正耗

① 《军机大臣奉旨江西星子县李应龙捏报灾户冒蠲侵蚀着即处斩》（乾隆三十四年九月二十五日），中国第一历史档案馆藏，上谕档，档号：620（1）-443。

② 《清高宗实录》卷八四五“乾隆三十四年十月丁卯”条，《清实录》第19册，第300—301页。

③ 《清高宗实录》卷八八八“乾隆三十六年六月（是月）”条，《清实录》第19册，第887—888页。

④ 《山东巡抚同兴奏为特参前任已故滨州知州汤桂等承办嘉庆八年灾蠲银数不符等请质讯事》（嘉庆十七年七月二十四日），录副03-2400-037。

银2783.8两、正耗漕米244.6石。汤桂将成熟中则地398.58顷捏报被灾，笼统浮报，蠲免正耗银5100两、正耗漕米403.3石，征收入己。汤桂将浮报蠲免钱漕底稿发交经书李瑞亭。李瑞亭当即禀阻，被汤桂掌责，遂照缮内稿造报。汤桂未及发申，奉调卸事，委济南府同知许祖悦署事。汤桂因催送册结，即将其移交许祖悦代为钤印申送，由府道核转。汤桂之子汤炯因浮报银米较多、捏报成灾地亩较少，恐遭驳诘，买通司书纪文奎，许诺给银1200两，先给银400两。纪文奎将成灾地亩册结内九分中则地218顷，挖补改作918顷。

嘉庆九年五月，司书吴凌云查出挖改册结，向纪文奎盘问，纪文奎告知前情并言汤炯仅送银400两。吴凌云不依，纪文奎愿分给银200两，央勿声张。吴凌云应允，纪文奎先给银50两。张秉鲁任知州后，查出汤桂浮报蠲免银米，办就禀稿，拟禀署府安兴阿查办，因尾数稍有参差，尚需核实；查对期间，因犯案调省质审，革职卸事，并未回署，仅将禀稿粘卷，未及缮申。

嘉庆十一年七月初八日，知州梁德谦到任。当时安兴阿署理武定府篆，梁德谦查明汤桂浮报缘由，并向州书李瑞亭询出实情，即禀告安兴阿。安兴阿接收未及查办，旋即在省交卸。实授武定府知府金国宝到任后，梁德谦当面禀明，金国宝命其确查禀究。其后，梁德谦被参卸事，蔡景沅履任，禀经布政使朱锡爵饬提案卷档册及经书人等质审。

案情大白后，经判决：汤桂拟斩监候，因已故，无庸议；纪文奎、汤炯拟绞监候，因已故，无庸议；吴凌云按例杖一百，流二千五百里，于取供后在监病故，无庸议；纪、吴二人所得赃银，照数于各家属名下追缴入官。

冒蠲发生于嘉庆八年，虽中间有察觉，但迟至嘉庆十七年始告破，充分暴露出嘉庆朝官员违纪频繁、调署无常、颟顸失察、不负责任等一系列官场弊病。如许祖悦于汤桂造送浮报册结并不确查，照例钤印申送。张秉鲁在任未久，被参卸事，曾拟禀稿粘卷，未及缮申。梁德谦虽经具禀，但不立即照例通详。安兴阿接收梁德谦禀帖，未及时查明详参，亦未移交后任；迨经质讯，犹以未见原禀推卸责任。武定府知府李经文于蠲免案核转时并不确切详查，依样加结转申。

除许祖悦已故，无庸议外，梁德谦交吏部议处，安兴阿、李经文交吏部严加议处。汤桂人亡产绝，侵蚀之项由李经文、安兴阿，以及失于稽察禀报之接任府州正署各员，按在任久暂摊赔。[①] 虽然犯事各员均按例惩处，但自案发至告破、办结，延宕十余年之久，早已物异人非，惩罚示警失去实际意义。

（二）匿灾征收

匿灾征收是指匿灾不报，将本应蠲缓之钱粮照常征收。道光七年（1827），都察院奏江苏沭阳县生员吴春华呈控该县匿灾征收一案。道光六年五月至八月连续阴雨，该县麦禾失收，县东已报成灾，县西各镇屡请勘赈，门丁、书役等人蒙蔽官员，延不查勘。布政使派员勘灾，亦被书吏欺隐，县西各镇均未勘查。民人倪景运等赴藩司衙门具控，批海州饬县确查。延至十月才派知县履勘，差役李太等捏造倪景运冒灾甘结，将新旧各款与历年灾缓钱粮一并开征，致使灾民鬻子卖田，流亡载道。[②]

道光二十八年十二月，安徽省代理灵璧县知县、阜阳县县丞沈鸿于被灾地亩例应蠲缓钱粮，不待奏报，违例征收，被革职。[③]

光绪三年（1877），时值“丁戊奇荒”，河南布政使刘齐衔匿灾征收钱粮，灾民卖儿鬻女完粮。安阳县百姓被催征无奈，有全家自尽者。[④] 同年，崇绮等奏河南饥民拦路呈诉豪户蒙蔽勒捐，恳请蠲缓钱粮。[⑤]

二、延搁誊黄

誊黄是外省公开清廷下达蠲缓钱粮谕旨的重要公告。督抚接奉蠲缓钱粮谕旨后，应即时刊刻誊黄，下发各州县广为张贴，以便乡民周知，此为“刊刻誊黄”。地方官吏延搁誊黄，匿不张贴，使清廷蠲缓钱粮之信息无法及时下

---

① 《山东巡抚陈预奏为审拟已故滨州知州汤桂等核对实蠲银米数目不符浮冒钱漕事》（嘉庆二十年十二月初四日），录副 03-2403-031。

② 中国第一历史档案馆编：《嘉庆道光两朝上谕档》第 32 册，第 30 页。

③ 中国第一历史档案馆编：《嘉庆道光两朝上谕档》第 53 册，第 457 页。

④ 中国第一历史档案馆编：《光绪宣统两朝上谕档》第 3 册，第 389—390 页。

⑤ 朱寿朋编：《光绪朝东华录》第 1 册，第 515 页；中国第一历史档案馆编：《光绪宣统两朝上谕档》第 3 册，第 465 页。

达至基层，俟钱粮催收殆尽，始将誊黄贴出。

嘉庆四年十月，河南信阳州人胡重三赴京控告该州头役梁传泗勾结管门、户书、仓书等人，将嘉庆二年及四年四月蠲免钱粮谕旨隐匿，不贴誊黄，赶紧催征，经举人刘获元禀告州府、臬宪后，六月初六日始将誊黄告示贴出。此案有告示、串票为凭，乡民多次赴州府、布政司控告，均未受理。[①] 嘉庆六年十月，御史曹登庸参奏河南署涉县知县札清阿上年奉旨豁免河南加价，但隐匿誊黄不贴，照旧征收，直至嘉庆五年十二月二十八日才将誊黄贴出，"今年百姓呈请，欲抵新粮，该员坚执不准"[②]。

嘉庆二十四年十一月，御史俞肯堂奏陈地方延搁誊黄、侵吞钱粮之弊：

> 蠲缓钱漕一节，僻远乡村无从阅悉邸报，全藉地方官遍贴誊黄，早宣德意。乃近闻各官吏稽察未周，每被吏胥捺搁，为影射地步。臣伏思通衢且未遍示，乡曲尤易欺朦，必至持票复催，抑且下乡滋扰。或上忙已交，仍迫其下忙之速缴；或下忙并纳，遂隐其上忙而侵吞。甚至奸胥与蠹役分肥，假串与私雕互混，虚张声势，加倍吓凌。[③]

道光二年正月，山东巡抚琦善奏参蒲台县知县章炳然于奏准缓征村庄，将刊发誊黄匿不张贴，私自按亩分别摘征，而且该县所征历年正耗钱粮、漕米并未报解，又不存贮仓库，"显有侵那（挪）情弊"。道光帝命将章炳然革职拿问，交由琦善"提同经书人等彻底严审，按律定拟具奏"。[④] 同年二月，琦善又奏参惠民县知县朱奕勋于奏准缓征钱漕复行摘征，并亏缺兵米，无颗粒存仓，请旨将其"革职拿问"。道光帝下旨："贪官污吏误国病民，可恶之至。必应彻底清查，严审定拟具奏。"[⑤]

---

① 中国第一历史档案馆编：《嘉庆道光两朝上谕档》第4册，第400页。

② 《曹登庸奏请饬河南巡抚认真查办署涉县知县札清阿等庶贪残者稍知警惧事》（咸丰六年十月十六日），录副03-4116-088。

③ 《山东道监察御史俞肯堂奏请严查蠲缓地区谢恩事》（嘉庆二十四年十一月十六日），录副03-1739-028。

④ 《清宣宗实录》卷二八"道光二年正月己巳"条，《清实录》第33册，第509页。

⑤ 《清宣宗实录》卷二九"道光二年二月己卯"条，《清实录》第33册，第518—519页。

按照蠲缓制度，“一村一庄被水，即就该村庄地粮统行缓征，并未于被水地亩之中又计其尚有几分干涸，另行剔出征收。至灾重蠲免之村庄，更无摘征之例”。道光三年八月，掌湖广道署理山东道监察御史陶廷杰奏请严禁私征蠲缓钱粮：“报灾州县往往有奏准蠲缓后，刊发誊黄，匿不张贴，复于被水村庄内分别有无被水，私自摘征，隐图侵蚀，且惮于遍历巡行，开报委之吏役，于是吏役乘机勒索……如上年山东蒲台县知县章炳然、惠民县知县朱奕勋俱私于缓征村庄按亩分别摘征，所征钱漕既不报解，又不存贮仓库。”山东省“叠见贪污，恐他省似此者正复不少”。他说的正是上述琦善所参之情况，但其用意是以此为例，请清廷在直隶、浙江、安徽、江苏、江西、湖北等该年“叠报水灾”之处重申，严禁隐匿誊黄，私征钱粮。[①]

道光十七年，山西定襄县知县黄旭奏请缓征上忙钱粮。其后，生员张保乂、民人赵存礼等控称门丁、粮书、户书舞弊，匿不张贴上谕誊黄。[②] 二十五年六月，给事中黄宗汉奏上年广东省南海等6县被淹，缓征钱粮，该县不及时悬挂誊黄，照旧催征。[③] 二十八年八月，有人奏江苏上年缓征漕粮，未刊刻誊黄，易知单内亦未注明应缓数目，民间照旧完纳。十月二十日，核查回奏：上年缓征漕粮，誊黄循照旧章办理，粘贴乡间，易知单亦注明分数。[④] 虽誊黄粘贴乡间，但未知其张贴是否及时。道光二十九年前后，江苏娄县人叶兰的纪事诗《匿誊黄》即描述了地方官吏迟贴誊黄，追比钱粮的实况及乡民的凄惨景象：

> 圣恩宽大赦赋缗，布告天下咸使闻。省颁誊黄逮州县，嗟尔乡民未经见。乡民未见犹可言，可怜追比逾繁喧。雄鸭雌鸡短头布，不满豪差一人赂。扛签四出催完输，鬻儿卖屋纷无数。比及誊黄遍乡贴，小民无肉但存骨。[⑤]

---

① 《掌湖广道署理山东道监察御史陶廷杰奏请敕下浙江等省督抚严禁私征蠲缓报灾地方钱粮事》（道光三年八月初四日），录副03-9854-032。

② 中国第一历史档案馆编：《嘉庆道光两朝上谕档》第42册，第207、253页。

③ 中国第一历史档案馆编：《嘉庆道光两朝上谕档》第50册，第318页。

④ 中国第一历史档案馆编：《嘉庆道光两朝上谕档》第53册，第251—252、355页。

⑤ （清）张应昌编：《清诗铎》卷二《漕政》，中华书局1960年版，第61页。

咸丰四年（1854）闰七月，有人奏江苏长洲县漕书顾桂岩为害乡里，奉到缓征谕旨匿而不发，被灾各区照常纳粮，民间畏其凌虐，有“顾老虎”之诨号。[①] 七年四月，山东民人王玖呈控惠民县水冲沙压，地亩不堪耕种，上年缓征之案迟至次年始贴示誊黄。[②]

同治二年（1863）八月，有人奏通州知州叶增庆于奉旨蠲免之钱粮，不分晰张贴告示，任令书吏一律满收，丝毫不减，并加票费。[③] 七年九月，御史秀文奏直隶属员善为弥缝，延搁誊黄，追征钱粮。[④]

随着晚清吏治腐败的加剧，地方官加紧催征应蠲缓之钱粮，终将灾民逼上抗粮道路。聚众抗官之案层出不穷。同治二年九月，御史马元瑞奏：“地方州县各官又或性耽安逸，于一切词讼诸事概委诸佐杂微员，以致贿赂公行、是非颠倒，而于朝廷蠲缓恩旨则延搁不行，催科转急，遂致上下乖睽、众庶愁怨，聚众抗官之案层见叠出，而流离失所之众一经煽诱裹胁即成莠民。总由地方官视民如仇，以致驱民从贼。”[⑤]

地方官吏延搁誊黄，催征钱粮并非上缴国家，而是将其中饱私囊。同治四年十二月十二日，江西道监察御史汪朝棨奏：“各州县于誊黄颁到之日，任意迁延，于开征冒收之后始行实贴，而小民无知，已被追呼完纳。纵知恩免，实惠未邀，归于中饱居多，是以国家宽大之恩反为官吏侵渔之地。”[⑥]

即使面临“丁戊奇荒”这样的大灾巨祲，加紧催征例应蠲缓钱粮以中饱的现象亦不鲜见。光绪三年（1877），山西巡抚曾国荃奏该省亢旱，清廷准其划留京饷赈灾，谕将被灾各属有无例应蠲缓钱粮，查明奏报。七月，御史胡聘之奏称山西各州县“因钱粮可冀减免，上紧催征，为捏报民欠侵吞入己地步。至散给粮米时，书役藉端勒索，约令加倍偿还，致灾民惧不敢领，甚有

① 中国第一历史档案馆编：《咸丰同治两朝上谕档》第4册，第202页。

② 中国第一历史档案馆编：《咸丰同治两朝上谕档》第7册，第115页。

③ 中国第一历史档案馆编：《咸丰同治两朝上谕档》第13册，第366页。

④ 中国第一历史档案馆编：《咸丰同治两朝上谕档》第18册，第338页。

⑤ 中国第一历史档案馆编：《咸丰同治两朝上谕档》第13册，第469页。

⑥ 《江西道监察御史汪朝棨奏为灾区蠲免事宜实惠于民事》（同治四年十二月十二日），录副03-4848-047。

愿输钱文求免领赈者"，河南、山东亦有此弊。[①] 尽管例有明文，蠲免钱粮有先输在官者，准抵次年正赋，但很少能落到实处。光绪九年正月，梁俊奏："光绪三四年间，豫省奇灾。经钦派崇绮、邵亨豫驰往查办，其覆奏折内声明，被灾最重地方，有钱粮扫数全完者，有完至七八分者。迨次年开征，州县官催令民间照旧完纳，不准扣抵。"[②] 这也证明胡聘之所言并非风闻。

光绪五年，御史文镛奏上年直隶枣强等县延搁誊黄，"访之各省亦皆不免"。为杜绝延搁誊黄之弊，他陈请："如遇有蠲缓恩旨誊黄，毋庸由驿颁发，务专派委员亲赍至各州县眼同张贴，咸使周知，毋任舞弊。倘委员扶同延搁，并予严参。"[③] 但延搁誊黄之风丝毫未减。七年正月十九日上谕云："有人奏浙江富阳县书吏何佐廷等十余人造串舞弊，自同治四年开征起，历年朦征不下数十万两。每逢蠲缓，从不发贴誊黄。"[④] 若此事属实，可见地方隐匿誊黄之弊日久年深，侵蚀钱粮数额巨大。十年六月，直隶生员李先春等控告武邑县上年被灾甚重，知县追比征收，待钱粮所余无几，始将誊黄悬挂。有求将已完钱粮抵次年正银者，概置之不理。[⑤] 同年闰五月，户部亦声言州县官奉旨蠲缓钱粮，迟延重征，虽照例"均以欺侵论罪，乃近来积习相沿，遂至藐视典例。至奉旨誊黄，竟敢延搁，尤属胆大妄为"[⑥]。

光绪十一年六月二十一日，御史刘恩溥认为：地方遇灾，州县"禀报到省，委员勘验。该省大吏入告后奉有蠲缓恩旨，刊刻誊黄，辗转动须数月之久。此数月中，州县明知其必奉蠲缓也，因而敲扑比催，不遗余力。及至誊黄到后，遂将征存者尽饱私囊，并无流抵次年正赋之说"，奏请改变由督抚将誊黄下发州县的做法，由督抚直接派亲信家丁携带停征告示赴地方张贴，"嗣后遇有灾歉地方，该牧令禀报到省，大吏即刻出示停征，令亲信家丁限定日

① 中国第一历史档案馆编：《光绪宣统两朝上谕档》第3册，第189页。

② 朱寿朋编：《光绪朝东华录》第2册，第1476页。

③ 《江西道监察御史文镛奏为如遇蠲缓恩旨誊黄请派专员至各州县张贴事》（光绪五年，月日不详），录副03-5665-075。

④ 中国第一历史档案馆编：《光绪宣统两朝上谕档》第7册，第18页。

⑤ 《户部奏稿》第5册，第2314页；朱寿朋编：《光绪朝东华录》第2册，第1764页；中国第一历史档案馆编：《光绪宣统两朝上谕档》第10册，第201页。按：该事件见于以上三种资料。

⑥ 朱寿朋编：《光绪朝东华录》第2册，第1736页。

期，赍至该处集镇张贴，庶闾阎皆得沾蠲缓之恩膏，官吏不至有侵吞之劣迹”。[①] 此法虽被户部否定，但也指出问题所在。十二月二十一日，江西道监察御史张炳琳也奏陈厘剔蠲缓弊端，指出水旱偏灾时所不免，州县报灾，“循良者系为生民请命，贪鄙州县与书吏通同一气。当报灾时，都图里甲百计混淆，预为侵吞地步，既欲急于侵吞，又恐灾民延缓，其催比受灾之处反迫于无灾地方”，奉旨蠲缓钱粮，多在十一二月间，“恩诏由部颁行督抚，督抚刊刻誊黄颁行各州县，辗转已需月日，乃州县奉到誊黄故意延搁，或仅于城市地方粘挂数张，以搪上宪之查访，而此时灾民之剜肉医疮，先期完纳者已大半”。他建言清廷饬下各省督抚严谕各州县，奉到誊黄之日，赶紧逐处张挂；各州县另出一简便明晰告示，“注田户之坐落，详灾区之的名，务与征册、征串一一符合”，使乡民一目了然。[②]

清廷并非对地方官吏延搁誊黄、中饱钱粮之弊不察，只是在上谕中多次申明照章办理，未出台有效措施。如同治三年上谕：“申明定例，以全年蠲免，先期输官者，准其流抵次年应完正赋。其蠲免定有分数，先期全输在官者，亦准下年照分数扣抵。如有隐匿誊黄、朦混流抵各项弊端，照侵盗钱粮律治罪。并着以后遇有蠲免年分，将此旨一并刊刻宣示。”此举实际收效甚微，无济于事。光绪二十二年十二月，江南道监察御史李擢英奏称蠲缓钱漕仍多弊混，同治三年谕旨颁发后，“地方官吏阳奉阴违，机诈百出，欺蒙影射，仍行阑入私囊”，“民间虽见誊黄，咸以输官已久，不敢过问”。尽管“朝廷动捐（按：“蠲”之误）百万，原非徒托空言”，但“业户不爽毫厘，并未稍沾实惠”。他还强调“此种积习，无处不然”。[③] 同时期的汤寿潜也针对誊黄未能被及时普遍张贴，批评说：“大抵城门通衢，不得不张贴一二；若乡僻，从未见有誊黄者。非无具报张贴所在之令，而报与贴悬殊。大吏食肉不

① 《刘恩溥奏为遇有蠲缓恩旨饬令督抚张贴至镇以杜官吏侵吞事》（光绪十一年六月二十一日），录副 03-7101-093。

② 《江西道监察御史张炳琳奏为蠲缓钱粮请饬厘剔弊端事》（光绪十一年十二月二十一日），录副 03-6216-020。

③ 《江南道监察御史李擢英奏为灾歉蠲缓钱漕仍多弊混请严饬核实事》（光绪二十二年十二月初二日），录副 03-6256-047。

暇，何暇此种例行事乎？”他也提出变革之法：

以后凡遇恩诏眷黄，令督抚无总刻一纸，通行所属；而各按应蠲缓之州县分刻之，约词曰：“某年月日奉旨为某庆典，全蠲某府厅州县某年粮米”，因灾则易“庆典”为“水”或“旱”；减成则易“全蠲”为蠲几成，缓亦如之，寥寥数十字，无甚剞劂之费，而实惠之及于吾民者多矣！遇有流抵，亦约示之。[①]

延搁誊黄以催征本应蠲缓钱粮的做法十分隐蔽，被官吏中饱之数无从清查。光绪二十四年七月上谕云：“任事各员，不免假手吏胥，因缘为利，民间不获尽沾实惠。甚至蠲缓誊黄，迟之又久始行张贴，以致经征入官之数，无可稽查。”[②] 所收灾区钱粮，“州县尽数侵吞，略分腴余以塞书吏之口”，若遇后任接手，即请人说和，“提二三成贿分后任，后任允接交盘，遂不举发”。虽然定例上司派人清查征册、串根，而“奉此差者，每视缺分之大小、侵吞之多寡需索规费、程仪，出结朦禀，大吏遂深信不疑”。如此一来，“国家岁岁缓征，官吏岁岁中饱，一遇皇恩蠲免，则前此之悖入私橐者，更无所用其顾虑”。[③]

清末，延搁誊黄之弊依然为言官奏参。光绪三十四年十二月二十四日，给事中朱显廷奏被灾地方“张贴誊黄迟早无定，缓征、递缓轇轕不清”。清廷颁谕：“凡遇有蠲缓恩旨，着各督抚速饬藩司电知各州县迅贴誊黄，毋任延搁。其蠲缓及带征分数，均于串票内注明，并年年刊板，不得任意朦混。其已输在官，准流抵次年正赋。傥该州县次年依旧催征，立予究办，以期痛除积弊，实惠及民。”[④] 彼时现代化通信技术特别是电报的应用，已为便捷传达、公开蠲缓钱粮信息创造了条件。民众如不能及时获知誊黄公示，当属地方官吏有意延搁、隐匿。

① 汤寿潜：《危言》卷二《钱粮》，载汪林茂编《中国近代思想家文库·汤寿潜卷》，第 35 页。

② 朱寿朋编：《光绪朝东华录》第 4 册，第 4186—4187 页。

③ 《江西道监察御史张炳琳奏为蠲缓钱粮请饬厘剔弊端事》（光绪十一年十二月二十一日），录副 03-6216-020。

④ 中国第一历史档案馆编：《光绪宣统两朝上谕档》第 34 册，第 361 页。

三、重征钱粮

如果说延搁誊黄并加紧催征钱粮具有一定隐蔽性，重征已蠲缓之钱粮则属明目张胆。此处的已蠲钱粮包括灾蠲与恩蠲两部分。

乾隆六十年，清廷普免积欠后，江苏、安徽、山西等省即有民人呈控地方官重征已蠲积欠。是年四月，江苏徐州府萧县监生王焓呈控知县将已蠲免之民欠及河工借帑等项催征。据户部查核，江苏奏到请蠲各款银数与王焓呈出告示内所开年份、数目多不相符，而县令押征催比，在署两江总督苏凌阿具奏蠲免积欠之后，"种种情节，所控必非无因"。乾隆帝谕令江南河道总督兰第锡提集人证，秉公据实根究。如果审有重征确据，一面将该县令革职拿问，一面具奏，并强调"此事颇有关系，毋得取和，稍有瞻顾，致干咎戾"。[①]同月，安徽省阜阳县民袁仁呈控该县户书唐顺泽等将乾隆五十年灾蠲钱粮改串重征，并将六十年蠲免积欠仍旧私征。乾隆帝认为此案原告袁仁曾充快役，征收钱粮，平日与书吏"自系通同舞弊，必有朋分不遂情事，因而挟嫌讦控"，但该县知县"毫无见闻，一任朦混，亦必有知情纵容、染指分肥情弊"，传谕署两江总督、暂署安徽巡抚的刑部尚书苏凌阿亲赴阜阳，提集案内人证，据实根究，定拟具奏。[②]

乾隆六十年六月，山西洪洞县民郝天寿呈控该县将因灾积欠常平仓谷7000余石"递行倒换，作为现年应还之款"，未能一体蠲免。乾隆帝思量普免积欠时，山西巡抚奏无积欠及因灾缓带各项，何以洪洞县犹有积欠仓谷7000余石。如果该县有"更换领状、改旧作新情弊及藉端勒派银谷等事，自应彻底根究"，抑或郝天寿曾充总甲，"别有挟嫌诬控情事，亦不可不按律惩治，以警刁风"，传谕景安、勒保进京陛见经过洪洞时，将郝天寿控告之案会同严审，定拟具奏。[③]经审讯，郝天寿控告各款"虽未全实"，但该县积年民欠被"倒换领状，作为新借"确系知县"规避处分，移旧作新，捏报全完"。刑部

① 《清高宗实录》卷一四七七"乾隆六十年四月甲辰"条，《清实录》第27册，第735—736页。
② 《清高宗实录》卷一四七七"乾隆六十年四月己酉"条，《清实录》第27册，第740—741页。
③ 《清高宗实录》卷一四八〇"乾隆六十年六月庚寅"条，《清实录》第27册，第775—776页。

拟将郝天寿杖一百、徒三年。八月十八日，乾隆帝认为洪洞县积欠若非郝天寿控告，“几致阖县花户不获一体邀恩”，免其杖、徒，从宽“照不应重律折责发落”。①

嘉庆初年，湖北省因白莲教起义，多次蠲免钱粮。嘉庆四年五月，步军统领衙门奏，湖北省武童阮安国呈控知县谢王鹭重征已蠲钱粮，有告示、印票为据。②

嘉庆四年十月，山东曹县生员刘廷樑控告户书徐光林等重征蠲免钱粮，历任知府、知县并不究办。先是乾隆四十六年至四十八年，曹县灾蠲钱粮。乾隆五十三年，户书徐光林等怂恿知县征收四十八年已免钱粮。刘廷樑应交银 6.46 两，有串票为凭。乾隆五十六年，新任知县到任后，勒令其重交五十四年钱粮，并令包赔全村刘姓五十四年、五十五年粮银 16 两。刘廷樑被迫如数完交。徐光林等又私征四十七年已完钱粮。该年钱粮业已完纳，有串票可凭。刘廷樑数次控告均未被受理。嘉庆三年，粮书路思太等勾结长随、幕友，将嘉庆二年、三年停征漕粮私下开征。次年四月，刘廷樑控告未果，遂赴京控告。③

嘉庆六年三月，步军统领衙门奏，直隶磁州民人陈起昇控告知州王盛清重征已免谷石并加征钱粮，民人王林善不从，该知州之子带领“贼匪”200 余人将王林善衣物抢去，枪伤多人。④

嘉庆九年，山东滕县武生杜武烈控告前任丁忧知县亲属家人串通柜书胡克勤等，将嘉庆三年灾蠲钱粮蒙混征收。经审讯，王济远、孔咸宁、孙天申、胡克勤等均为柜书。嘉庆三年，该县被水成灾七八分不等，应蠲正耗银 3410 两，应征缓带钱粮递缓至嘉庆七年。届期征收时，各村花户查照灾分扣除蠲额，将应征钱粮完纳；间有寄庄之地，不知例应摘蠲，或转售易业未及记忆

① 中国第一历史档案馆编：《乾隆朝上谕档》第 18 册，第 720 页。

② 中国第一历史档案馆编：《嘉庆道光两朝上谕档》第 4 册，第 160 页。

③ 《奏为山东曹县生员刘廷樑呈控本县户书徐光林等重征已蠲钱粮等并历任府县不为究办事》（嘉庆四年，月日不详），录副 03-2179-038；中国第一历史档案馆编：《嘉庆道光两朝上谕档》第 4 册，第 386 页。

④ 中国第一历史档案馆编：《嘉庆道光两朝上谕档》第 6 册，第 98 页。

者，仍照未蠲原额全完。王济远等人乘机蒙混征收，将三联串票先用淡墨细笔填写扣蠲应完实数，送署验发，再用浓墨粗笔于执照内更改完纳数目，裁给花户收执。王济远等人共私收正耗银607两。[①]

嘉庆十七年，安徽望江县何姓武生赴京控告该县漕米业已奏明因灾缓征，知县任听粮书舞弊，减半征收。该武生等赴省呈控，巡抚未查明参办，只批转了事。待知府提到粮书等人又不究办，旋即释放，以致该县仍然催征勒折。[②]

嘉庆十九年，安徽宣城县监生任楷呈控县书侵吞赈粮，勒折逼征已蠲免钱粮。先是嘉庆七年安徽被旱，应赈恤、蠲免15州县，勘不成灾带征22州县，宣城在蠲赈之列。县书蒋锐等人串谋匿贴，不仅吞赈不给，而且征收已蠲钱漕，有印串为据。十四年，任楷赴藩司衙门呈控，未获受理，又赴京控告。[③]

综览以上重征已免钱粮之现象，嘉庆朝渐趋频繁。嘉庆十九年，御史何彤然奏请严禁重征："近日州县中执法营私，将收粮串照内印写'如有重征，准其更正'字样，于征收正课之外，复借追积欠为名，多方抑勒。即控告，上司仍发交本官审办，莫为申理"，此等情事，"山东为甚，湖北、江苏等省亦间有之"。[④]

边远地区如广西亦存在此弊，足见其蔓延和普遍程度。嘉庆二十四年，广西籍工科给事中卿祖培奏：

> 广西离京较远，闻重征之事竟所不免。即如臣籍隶桂林府灌阳县，本籍知县杜钧履任至今已经九年。臣闻其到任以来即有重征之事，闾阎受害不浅。其初则滥开花户，远年已纳之粮，挨户催纳，其原给印照如已遗失，即令补纳。竟有从前印照尚存，亦令重纳。

① 《山东巡抚铁保奏为审明滕县王济远等冒征因灾蠲免钱粮案分别定拟事》（嘉庆九年十二月十三日），录副03-1620-014。

② 中国第一历史档案馆编：《嘉庆道光两朝上谕档》第17册，第109页。

③ 《安徽宣城县监生任楷为县书蒋锐等侵吞赈粮勒折逼征已蠲免钱粮等情事》（嘉庆十九年闰二月初六日），中国第一历史档案馆藏，录副·呈状，档号：03-2229-026。

④ 中国第一历史档案馆编：《嘉庆道光两朝上谕档》第19册，第656页。

更有现年新纳之粮才给印照，相去不过数日、数十日，复逼令重纳，愈出愈奇，实出情理之外。臣供职京师，初闻是说不胜骇异，因无实据，未敢轻信。因于会试回籍之人，令其密查。兹据寄来重征印照十八纸，计纸内一户银数无多，合一邑之户计之则甚多，合在任九年计之则为数更多。一县如此，恐他县之似此者更复不少。[①]

道光七年，都察院奏江苏南汇县凌占咸呈控漕书克减灾蠲分数，勒折钱粮漕米。[②] 道光三十年，有人奏直隶卢龙县知县蔡五辰征收缓免钱粮，并将新征钱粮加银三分，采买号草，实不发价。后经总督讷尔经额查办，并无此事。[③] 同年九月，御史文光奏直隶易州钱粮应蠲免7/10，但书吏按三分蠲免，其余照旧催征。后经讷尔经额派人调查，无此事。[④] 不论是事出有因，查无实据，还是风闻诬告，均表明重征已蠲缓钱粮是极易发生且使人怀疑舞弊之事，也是基层社会矛盾纠纷的焦点之一。

河南省向有河工加价银，每年应征银40余万两，于地粮内按限摊征，与地丁、漕粮正项不同。30余年积欠累累。咸丰帝念及该省额赋较多，“连年兵燹水灾，差徭烦重，而正供之外复有此项摊征”，于咸丰五年豁免此项河工加价银，永不摊征。[⑤] 咸丰七年，河南阌乡县民人王梦兰等呈控知县将豁免之马仪工加价照旧收纳。[⑥]

同治二年，浙江署太平县知县、严州府经历马心奎于奉旨蠲免钱粮之外，巧立捐输名目，按户征收，并擅刻执照，盖用木戳，按照钱粮扣算，违例征收。[⑦] 同治十二年，给事中陈鸿翊奏称顺天府宝坻等县旗租因灾蠲免，而内务

① 《工科给事中卿祖培奏为地方官员违例重征请蠲免事》（嘉庆二十四年二月二十四日），录副03-2405-002。

② 中国第一历史档案馆编：《嘉庆道光两朝上谕档》第32册，第94页。

③ 中国第一历史档案馆编：《嘉庆道光两朝上谕档》第55册，第350、568页。

④ 中国第一历史档案馆编：《嘉庆道光两朝上谕档》第55册，第408、576页；《直隶总督讷尔经额奏为遵旨查讯易州知州朱家学蠲免粮租系照部文办理并无私立银柜等事情弊》（道光三十年十二月十二日），录副03-3101-038。

⑤ 中国第一历史档案馆编：《咸丰同治两朝上谕档》第5册，第396页。

⑥ 中国第一历史档案馆编：《咸丰同治两朝上谕档》第7册，第115页。

⑦ 中国第一历史档案馆编：《咸丰同治两朝上谕档》第13册，第248页。

府庄头仍令民佃照十分交纳，以致被赈灾民将所领银米折变交租，甚至迁徙灾民不敢归里领赈。①

光绪二年，浙江职员徐庚光赴都察院控告，诸暨县钱粮自同治十一年至光绪元年因灾缓征，库胥张葆庭等浮勒重征，隐匿飞洒，侵蚀缓征银两。虽经屡次控告，但地方官延不查究。② 光绪四年，有人奏报山东濮、范、寿张等州县因修筑堤工，清廷将堤占之地基钱漕全免，但寿张县知县纵容书役无论堤内地亩是否被水，勒令按亩开征，加倍折收，还“监押灾民”，勒令其包纳多年逃亡空户之钱粮，以致“众心惶惧，相率逃离”。③

光绪十年，李鸿章奏参直隶署长垣县知县韩志超违例征收已缓征之钱粮，将其革职。④ 同年八月，有人奏安徽署太湖县知县曾道唯将应缓征钱粮催令全完，有吴姓民人欲执重串上控，该署县央托众绅，退钱完结。安徽巡抚卢士杰复奏，被参各节均无其事，唯于上控之案延不讯结，“请饬部照例议处”⑤。光绪十年，河南息县知县武勷曾奏请将被灾钱粮缓至麦后征收，复于五月以前征收被灾邓湾等里停缓钱粮 100 余两，均有串票为据。十一月，巡抚鹿传霖奏准将其革职。⑥

光绪十年，翰林院侍读王邦玺奏：“遇灾蠲缓，所以恤穷民非以饱贪吏。查勘周详，奏报尤宜明晰，方可杜绝各种弊端。”先是正月二十五日，江西巡抚潘霨奏各属被灾请缓征钱漕折内，“概云某县某都被灾民田若干顷亩，未完地丁银若干两，未完漕米若干石，请缓征若干”。王邦玺认为所请缓征钱漕，朦混不清，“未完别乎已完，而言灾区内有已完之赋，是勘报之日并不照例停征，该抚竟以未完之项奏请缓征，复不分晰已完者作何指归。此中轇轕弊混，莫可究诘。阳避匿灾之名，阴肆苛征之虐，皆此‘未完’一语隐为取巧。州

① 中国第一历史档案馆编：《咸丰同治两朝上谕档》第 23 册，第 295 页。

② 中国第一历史档案馆编：《光绪宣统两朝上谕档》第 2 册，第 347 页。

③ 中国第一历史档案馆编：《光绪宣统两朝上谕档》第 4 册，第 24 页。

④ 朱寿朋编：《光绪朝东华录》第 2 册，第 1764 页；中国第一历史档案馆编：《光绪宣统两朝上谕档》第 10 册，第 201 页。

⑤ 《清德宗实录》卷一九一“光绪十年八月甲戌”条，《清实录》第 54 册，第 691 页。

⑥ 《户部奏稿》第 7 册，第 3234—3235 页。

县朦混具详，该抚率行朦混入奏，屯膏肆蠹，民何以堪”。当时户部刚出台缓征流抵之新规，针对此奏议复：

> 遇有因灾请蠲缓钱粮者，不论已完未完，均以应蠲应缓之分数为准。如有先期全输在官，除应完分数外，余应准流抵下年正赋，不得仅以未完之项请缓。凡灾歉之区，经该管道、府、直隶州亲勘得实之日，先出简明告示，即日停征，如该州县暗行抑阻或漏未遍贴，即将该州县撤任严参，并令该州县按区图村庄分晰业户某某被灾几分，应蠲缓、递缓银米若干，至何年开征、带征，一一开具细册，依限申详。该督抚仍照例具题，并按属造具细册报部，以凭核对。

请旨饬下江西巡抚以后各属灾区蠲缓，遵照上述章程办理。①

光绪十六年，山东利津县知县朱庆元纵容胞弟征收已蠲之钱粮。② 二十二年，御史杨崇伊奏参辽南地方上年奉旨将州县粮赋全免，凤凰厅、岫岩州虽经刊布誊黄，但该州、厅及城守尉各官，借口官租与国课不同，仍勒限催征，并追缴之前积欠。③ 三十三年，浙江乌程、归安、平湖、长兴等县浮征上年秋灾蠲缓粮赋，多达数十万两。④

宣统二年九月，浙江藩司查核并答复谘议局提出的《各州县隐匿蠲免分数暨追缴已免旧欠案》，指出谘议局原呈所称隐匿蠲免分数，系指蠲免钱粮并不照例发给免单，不将蠲缓灾歉田地之分数分别晓谕；后经各府禀复，各地办理灾蠲，只有湖州府属之归安县发给蠲照，其余各州县办法不一，“或另给小单，或于板串廒收加盖戳记，或于由单粮串内将应蠲、应缓钱粮分别核扣，登明‘实在应完银米’字样”，灾前预完银两，流抵次年新赋，“亦于串上加盖流抵红戳”，虽未发给免单，“尚无流弊”。其原因在于，浙西各属花户粮额繁多，灾歉定案时，“漕事已临，按户给单，赶办不及”；浙东各属勘办灾歉，

---

① 《户部奏稿》第5册，第2479—2481页。

② 中国第一历史档案馆编：《光绪宣统两朝上谕档》第16册，第171页。

③ 朱寿朋编：《光绪朝东华录》第4册，第3927页。

④ 《时报》光绪三十三年五月十五日，载李文治编《中国近代农业史资料》第1辑（1840—1911），第340页。

“事非恒有，遂各从其习惯”。藩司也承认，以上习惯“究非正当办法”，亟应“申明定例，酌定办法”。[①]

重征蠲缓钱粮的现象自乾隆朝后期至嘉庆朝逐渐频发，道光朝至清末日益严重。这一趋势与田赋蠲缓、积欠的变动态势呈正相关。

四、题报迟延

蠲缓制度的实施与田赋征收联系密切，题报与复核流程均十分严格。即使认真按程序办理，公牍往返亦颇需时日；若蠲缓题报故意迟延，不仅救恤成效大打折扣，甚且便于官吏中饱钱粮。

乾隆三十四年曝出江西星子县李应龙冒蠲钱粮案，同年十月，前任江西巡抚（三十四年七月已任刑部尚书）吴绍诗因办理缓征漕粮迟延，被吏部议奏“应照例革职”。十一月，乾隆帝细数吴绍诗为官情形，指出其“自简任巡抚以来，于地方政务未能振作有为，恐久益因循贻误。第念其尚无大过，又系刑部司员出身，于刑名素所谙习”，用为刑部尚书，但任内“不能察劾属员之案屡经发觉，是其昏耄无能已可概见”，且在巡抚任内，“于南昌等县缓征漕粮一事不及早入告，迟至十月杪始行奏闻，全不以民事为重”，“明知应缓之粮，迁延不办，直待开征将及一月，始以一奏塞责”。尽管清廷已传谕“速予停缓，而该省辗转施行尚需时日。是急公者纳粮既不免拮据，而疲窘者徒受催科之累”。吴绍诗此前数次因事“经部议降革”，但乾隆帝均“从宽予以留任”。乾隆帝认为此次吴绍诗系“玩视民瘼，并非过属因公，实难复为曲贷，且其年亦衰老，不能复望其改悔奋勉”，准吏部议，将其革任。[②]

咸丰六年十月十六日，御史曹登庸奏该年“江浙、河南、直隶、山东、湖北、山陕各省歉收，旱蝗交作，四川间被水淹，奉天接连地震，福建、广东米价亦昂”，其家乡河南光州一带“斗米千钱，七八月间水一斤值钱八文”，

---

① 《抚部院札据藩司详复查办各州县隐匿蠲免分数追缴已免旧欠等六案文》（宣统二年九月初二日），见沈晓敏编《浙江谘议局》，载胡绳武主编《清末立宪运动史料丛刊》第23册，第321—322页。

② 《清高宗实录》卷八四六“乾隆三十四年十一月丁亥”条，《清实录》第19册，第333页。

民间“水米俱无，有阖家自尽”的悲剧发生。在各地义仓“半属有名无实，断不足以备缓急”的情况下，唯有“亟图赈济”，或蠲缓钱粮以苏困，或变通筹款以拯饥，或兴工以利民，或通商以平粜，“辑流移、核户口、清讼狱、捕蝗蝻”，以上诸事“总宜于急而不宜于缓”。他还奏及报灾程序与救荒效率，指出文牍往返及时亦难免造成饥馑，遑论报灾、救灾迟缓，“夫荒形甫见则粮价立昂，嗷嗷待哺之民将遍郊野，必俟州县详之道府，道府详之督抚，督抚移会而后拜疏，迩者半月，远者月余始达宸聪。就令亟沛恩纶，立与蠲赈，孑遗之民亦已道殣相望，况复迟之以行查，俟之以报章，计自具题以迄放赈，非数月不可。赈至，而向之嗷嗷待哺者早填沟壑。”他建言：“督抚既经于具题时查明荒歉情形毫无虚伪，何不一面具题，一面设法赈济。闾阎既惨遭涂炭，朝廷断不吝帑金”，不可“以亿万生灵坐耗于拘义牵文之手”；更何况当此“盗贼蜂起之时，民易为非，若不早为之地，恐不待青黄不接，蚩蚩之氓未必皆束手以待毙”。同日，咸丰帝朱批“户部速议具奏”。①

咸丰十一年九月，曾国藩奏查明江西南城等州县被害、被水情形，请蠲免钱粮，清廷允准。但该省迟至同治元年七月始奏报蠲缓情形。八月，御史刘庆奏称曾国藩上年九月所请业经批准，“如果批准饬行，何以迟至今年七月始行入奏？又闻当司道详请查办时，该督并未批准，迨奉饬令查勘谕旨，始于十二月札行司道查覆。江西九月至十二月正当征收钱粮吃紧之际，各州县既未奉文勘办，自必照常征收，且查原单内惟南城一县全行蠲免，其余被灾各区均系含混开载，小民仍未实惠均沾”，请饬复加查核。② 同治四年自夏至秋，江西南昌等府雨水过多，低田概被淹浸；七月以后，雨泽愆期，高阜田禾多枯黄，但迟至同治五年五月前后，巡抚刘坤一等始将四年份应缓征、递缓新旧钱漕奏到。八月初一日，内阁奉上谕允准所请，但又指责该省“上年被灾州县至本年五月始据奏请蠲缓，办理未免过迟。嗣后该抚务当督饬所属

① 《掌湖广道监察御史曹登庸奏为本年江浙等省旱蝗交作急需赈济请饬部勒限驰报筹办情形事》（咸丰六年十月十六日），录副 03-4181-029。

② 中国第一历史档案馆编：《咸丰同治两朝上谕档》第 12 册，第 421 页。

随时勘办，毋得仍前玩泄”。[①]

光绪二十五年，河南京官内阁中书陈嘉铭等奏河南被灾州县粮价甚贵，灾民转徙流离，上年虽奏请缓征，但钱漕已输在官，民欠无几，请将二十五年新赋缓征，以息民困。[②]

五、注荒之弊

勘查灾情等级是确定钱粮蠲缓与否及蠲缓数额的重要依据。被灾区域地势高低不同，“旱则在高田，而低田不与焉，涝则在低田，而高田不与焉”，因此，报荒之际，由州县委员勘查灾情，并将户名、受灾面积、被灾分数等信息登记入册，此为注荒。负责注荒的多为胥吏，此辈往往因缘为奸，利用灾区“有熟有荒，有轻有重”，上下其手，向业户索费，卖给荒单，谓之“注荒使费”。[③] 故注荒之弊亦被称为卖荒。

周健认为注荒起因于道光朝中期江南州县“捏灾”之弊，[④] 实未尽然。注荒是勘灾的重要环节，有勘灾即有注荒。注荒之弊始于何时尚难定论，但早于道光朝中期。清人柯悟迟记载常熟县漕弊时指出：“自（道光）十五年秋收大可，大僚奏请民力不舒，仍缓荒额二三成不等，漕书谓之活荒，每图若干，以费之多寡，定荒之大小。其时小户业田，已不能注缓矣。”这则史料不能说明注荒之弊起于道光朝中期的江南“捏灾”之弊。因为柯悟迟在道光十八年记载，太仓州“尚有古风，谓之板荒，不论大小户，概注一分五厘”。[⑤] 其实，道光朝中期以前，注荒之弊并不鲜见，清人纪事诗中不乏此类内容。

生活于康熙十年（1671）前后的江苏吴江人吴祖修，曾在该县被水时亲历勘灾，其《检田篇》云：“府帖下县催勘灾，竹签连出风火雷。县官不肯下乡去，仓皇具报灾分数。文字尽出老吏牍，遂把荒田批作熟。煌煌黄纸免官

① 中国第一历史档案馆编：《咸丰同治两朝上谕档》第16册，第194、201页。

② 中国第一历史档案馆编：《光绪宣统两朝上谕档》第25册，第52页；《清德宗实录》卷四三九“光绪二十五年二月丁亥”条，《清实录》第57册，第775—776页。

③ 《致陶澍》（道光十三年十二月二十五日），载《林则徐全集》第7册，第88页。

④ 周健：《嘉道年间江南的漕弊》，《中华文史论丛》2011年第1期。

⑤ （清）柯悟迟：《漏网喁鱼集》，中华书局1959年版，第3页。

粮，户户烧香祝圣皇。谁知我田不得上，开仓不把毫厘放。”①

乾嘉时期的彭兆荪作《偏灾行》云：“荒田果荒荒有数，有田不荒荒可作。朝廷恩意官长法，却使奸胥饱筐箧。申荒谁，里正口。注荒谁，吏人手。荒田无钱田不荒，作荒有钱免办粮。勘荒纵有神明宰，一一安能免欺绐。偏灾由来降自天，谁知偏中复有偏。偏灾人乃分天权，偏灾赈灾弊益多。呜呼全灾更若何。”②

嘉庆朝前中期的陶誉相作《灵璧查灾》：“胥役如鬼蜮，保甲若蛇神。报名有定费，造册须丁缗。委吏下乡来，供应多膻荤。尔粮岂易食，坐索声纷纭。”③

嘉庆朝后期的陆坊在《报灾谣》中曰：“府檄如闻委吏胥，被灾分别登灾册。县前接迹疲氓来，三百钱报一亩灾，无钱痛哭仍空回。君不见农日瘠，吏日饱。是灾非灾恣颠倒，更望来年旱尤好。”④

由此可见，注荒之弊由来已久，只是随着道光朝中期江南捏报歉收之弊盛行，注“活荒”更为胥吏舞弊大开方便之门。道光朝后期，江苏娄县人叶兰创作《纪事新乐府》十二章，记载该县漕书赵静甫奸猾用事、为害乡里之实。其中的《卖荒谣》直接反映注荒之弊：

> 偏灾流行无岁无，奈何据此为利图。买荒变易荒与熟，权总恶书任翻覆。问渠荒价夫如何，石赋卖钱两贯多。呜呼，昔日之荒委天数，今日之荒只须做。彼真荒者无余钱，敲扑追呼向谁诉。荒赀所得非入官，私囊满购田盈千。田虽盈千赋不完，书田乐得逢荒年。⑤

道光二十八年八月，有人奏江苏省上年缓征漕粮，书役以卖荒获利，衿监以注荒占租。⑥

① （清）张应昌编：《清诗铎》卷一六《勘灾查户口》，第530页。
② （清）张应昌编：《清诗铎》卷一四《灾荒总》，第460页。
③ （清）张应昌编：《清诗铎》卷一六《勘灾查户口》，第532页。
④ （清）张应昌编：《清诗铎》卷一六《勘灾查户口》，第533页。
⑤ （清）张应昌编：《清诗铎》卷二《漕政》，第61页。
⑥ 中国第一历史档案馆编：《嘉庆道光两朝上谕档》第53册，第251—252页。

注荒之弊的危害，首先在于人为造成贫户、富户赋税负担不均，使灾民不能得沾蠲缓钱粮之实惠。咸丰六年九月，御史钱以同奏苏、松等属“每遇蠲缓之年，书吏辄向业户索取钱文，始为填注荒歉，名为卖荒。出钱者虽丰收亦得缓征，不出钱者虽荒歉亦不准查办”①。这种视索取规费多寡而确定蠲缓钱粮与否的行为必然导致“豪强之户，藉以挟制，硬占荒数；懦弱之户，隐忍含泣，赔完荒粮”②。其次，注荒之弊易造成荒熟牵混，影响钱粮征收。咸丰六年九月二十五日，御史张云望奏江苏州县浮报荒数并捏造、抽换花户名册，由于解存司库之串根民间不得而知，藩司无从核对，使得“熟田可浮报为荒而征收以入己，蠲免之粮可不注荒而勒令完纳，其应缓者复豫征之而假民欠为词，辗转延宕，终归无着”，导致“课额不裕，民困不苏”。③

咸同以降，注荒之弊更趋普遍。光绪元年正月，御史王荣琯奏地方报灾之前，吏胥向灾区索取规费，被灾轻重并不核实勘报。④ 三年四月，御史唐树楠针对湖南办理蠲缓未能核实，致有蒙混、挪移、讹诈诸弊，奏请申明旧章：“田亩额银各注本村本甲，不准飞粮。报灾时造具花户名册，俟覆准后将缓免银数胪列册内备查，粮书禁用空白活串。开征之前先造实征册，填写花名、银数，收粮时按名比销。成灾之户，串面另钤戳记，以免互混。”清廷认为此等情事“恐不独湖南为然”，命各省督抚等随时查察，力除积弊。⑤ 十年六月，直隶武邑县被水较重。查灾时，书役视贿之多寡定灾之重轻；未行贿嘱之灾民，被知县滥责收押。⑥ 二十二年秋，浙江湖州府灾情严重，各县未查明被灾户口，核实扣征，“有应蠲缓而不蠲缓者，有不应蠲缓而蠲缓者。豪强滥邀宽免，而实在灾户转至向隅，书役乘机勒索，串捏分肥”，其中孝丰县所征钱粮

① 《谕内阁江苏每遇蠲缓之年向有书吏卖荒舞弊着严查禁止从重治罪》（咸丰六年九月十八日），中国第一历史档案馆藏，上谕档，档号：1188-3。

② 《禁革报荒规费告示》，载赵春晨编《丁日昌集》上册，上海古籍出版社2010年版，第452页。

③ 中国第一历史档案馆编：《咸丰同治两朝上谕档》第6册，第252页。

④ 中国第一历史档案馆编：《光绪宣统两朝上谕档》第1册，第4页；朱寿朋编：《光绪朝东华录》第1册，第20页。

⑤ 中国第一历史档案馆编：《光绪宣统两朝上谕档》第3册，第110页；朱寿朋编：《光绪朝东华录》第1册，第408页。

⑥ 《户部奏稿》第5册，第2313页。

“尤逾于应征之数”，署孝丰县知县曾寿被撤任。①

综合以上钱粮蠲缓积弊诸类型及其存续演变，可以看出：清中后期虽然各类蠲缓弊端不绝，但普遍存在且日趋严重的当属延搁誊黄、重征钱粮与注荒之弊。有论者引用乾隆初年那苏图的《蠲免事宜疏》，认为当时即已存在较严重的延搁誊黄与注荒之弊：

> 闻浙江州县，每遇蠲终，恩旨发贴誊黄竟有迟至半年尚未张挂，追收漕将竣，始于城市张挂誊黄，四乡并不遍贴，小民未及周知，照常输纳，而灾黎活命之恩膏尽入于贪吏营私之宦囊矣。且其初报灾歉，即预为私征，地田并不详细开列某部某图某庄某圩，但以东乡西乡片词浑括。督抚据以入告，朝廷即由此施恩小民，绎诵誊黄未能通晓，而猾吏奸胥从中舞弊。甲乡赴县纳粮，询以应缓若干，则告曰“缓在乙而非甲”；乙乡询以应缓若干，则曰“缓在甲而非乙”，移形易步，巧变无空。②

以上实属张冠李戴，引文的作者与时间均错。《蠲免事宜疏》中没有上述引文内容，所言情弊亦非乾隆初年之情况。引文内容实为光绪十年御史郑训承所奏。

光绪十年四月二十二日，内阁奉上谕：“御史郑训承奏蠲缓恩旨地方官任意延搁请饬严定誊黄期限一折，着户部归入御史程鼎棻前奏蠲免钱粮勘报停征折片内，一并妥议具奏。”③ 闰五月十三日，户部奏折先转述“郑训承奏称延搁恩纶私征入己等语”，又指出：“东乡有灾，或报以西乡，南乡有灾，或洒入北乡。惟利所在，择肥而噬。”④ 九月二十九日，户部又在奏折中转述郑

---

① 《浙江巡抚张曾敭奏为特参署理孝丰县知县曾寿办理蠲缓银米尤逾应征之数撤任查办事》（光绪三十三年三月初六日），录副 03-5478-110。

② 谷文峰、郭文佳：《清代荒政弊端初探》，《黄淮学刊》（社会科学版）1992 年第 4 期。按：引文及标点均有错讹。

③ 中国第一历史档案馆编：《光绪宣统两朝上谕档》第 10 册，第 106 页。

④ 朱寿朋编：《光绪朝东华录》第 2 册，第 1736 页。

训承所言“州县报灾并不详开某都某图某庄，但以东乡、西乡片词浑括”[①]。将以上三则史料连缀阅看，可以发现郑训承所奏内容主要是延搁誊黄与注荒飞洒之弊。这与上述引文的主要内容一致，尤其是第三则史料，与前述引文的字句重复。

郑训承，字绎如，号听篁，籍隶浙江省湖州府乌程县，同治七年戊辰科殿试，洪钧中状元，郑列第二甲，赐进士出身，之后担任御史，常参奏家乡情弊。光绪九年九月，郑训承关切桑梓灾荒，奏称浙江杭、嘉、湖三府春夏“阴雨连绵，蚕种受伤，丝收歉薄。六七月间，雨多晴少，圩田尽被漂没”，八月补种不及，“贫民谋食无资，逃荒四散，沿途饥毙”。[②] 十年四月，郑训承指陈钱粮蠲缓情弊，虽然针对浙江，但结合上谕、户部奏折及其他御史的参奏看，所陈弊端各省多有，反映出延搁誊黄、注荒飞洒之弊发展至光绪朝之严重态势。其原奏主要内容是：

> 闻浙江州县每遇蠲缓恩旨，发贴誊黄竟有迟至半年尚未张挂，迨收漕将竣，始于城市张挂誊黄，四乡并不遍贴，小民未及周知，照常输纳，而灾黎活命之恩膏尽入于贪吏营私之宦橐矣。且其初报灾歉，即豫为私征地步，并不详细开列某都某图某庄某圩，但以东乡西乡片词浑括。督抚据以入告，朝廷即由此施恩，小民绎诵誊黄未能通晓，而猾吏奸胥从中舞弊。甲乡赴县纳粮，询以应缓若干，则告曰缓在乙而非甲；乙乡询以应缓若干，则告曰缓在甲而非乙，移形易步，巧变不穷。小民固不能取州县之底册而据以相争，所以煌煌恩诏闿泽覃敷，而闾阎穷民仍未尝减输毫末，致有鬻卖妻孥以偿逋赋者。积弊相仍，民生日形凋敝。浙省如此，他省恐亦不免。拟请旨饬下各省督抚，严定誊黄限期，令各州县于奉到省文后，限三日内四乡遍贴，逾限即予以处分。各州县申报地方灾歉，详细开列都图庄圩第几、十几号，督抚即据州县之申文，分晰开列清单，

① 中国第一历史档案馆编：《光绪朝朱批奏折》第65辑，第556页。

② 《清德宗实录》卷一七〇“光绪九年九月壬辰”条，《清实录》第54册，第376页。

恭呈御览，颁发纶言，并将清单一律刊刻誊黄，庶乡愚一读了然，奸黠吏胥无从弊混，而蠲租减赋之殊恩，农民咸沾实惠矣。①

尽管御史、户部屡次参奏，清帝频颁谕旨三令五申，但蠲缓弊端已成为无法根治的顽疾。《清朝续文献通考》的编纂者刘锦藻在修撰乾隆五十六年至清末蠲缓事例时，加按语曰：

直省灾蠲，我朝至渥，誊黄刊示，立法弥严。乃地方官视为具文，往往捏报村庄，假造都图。奉到恩旨，先将应征钱粮收完，然后宣示，吏饱贪囊，民无实惠。虽屡经御史参劾，而积弊既久，终难挽回。驭吏太宽，曷由儆官邪而苏民困哉?②

这既是清中后期蠲缓之弊的真实写照，也是对蠲缓制度中肯之评价，同时在一定程度上反映出清朝国家、官吏、民众之间的政治经济关系。至于这种政治经济关系在荒政上的更集中而具体之表现，且看下一章田赋蠲缓与外省财政亏空的隐秘关联。

---

① （清）郑训承:《蠲缓恩旨地方官任意延搁沥陈弊端疏》（光绪十年），载（清）葛士濬辑《皇朝经世文续编》卷三八《户政十五》，国风出版社 1964 年版，上册，第 738 页。

② 刘锦藻:《清朝续文献通考》卷八〇《国用十八》，浙江古籍出版社 2000 年版，第 8389—8390 页。

第六章　田赋蠲缓与弥缝亏空

亏空是因官员侵欺、透支、挪移、垫解、拖欠、疏失遗落、仓谷浥烂等事而造成的公项钱粮短缺，[①] 主要分为外省仓库（粮仓与银库）亏空、户部银库亏空。清代各级官吏的亏空钱粮是财政上始终无法解开的“死结”。[②] 本书涉及外省钱粮亏空。学界对清代外省亏空的研究主要集中在清前期，对嘉庆朝至清末亏空的发展、不治原因，以及亏空与田赋蠲缓、积欠衍生的关系尚少有专门研究。[③] 本章探讨清中后期外省亏空与田赋蠲缓、积欠衍生之间的复

① 顺治九年（1652），清廷厘定亏空之属：“为公务移缓就急，谓之挪移。假公济私，谓之侵盗。军兴公用，不得已而借用，谓之透支。藉端开销，谓之冒破。”参见（清）昆冈《（光绪）大清会典事例》卷一七五《户部二四·田赋十七·充追亏空》。

② 何烈：《清咸、同时期的财政》，“国立编译馆”中华丛书编审委员会1981年版，第131页。

③ 庄吉发（《清世宗与钱粮亏空之弥补》，《食货月刊》1978年第7卷第12期）、刘德美（《清代地方财政积弊个案探讨——嘉庆年间安徽钱粮亏空案》，《师大学报》1982年总第27期）、曾小萍（《州县官的银两——18世纪中国的合理化财政改革》，董建中译）、刘桂林（《清世宗清理钱粮亏空浅论》，载《平准学刊》第1辑，中国商业出版社1985年版）、贾允河［《嘉庆朝钱粮亏空的原因》，《西北师大学报》（社会科学版）1993年第5期；《清朝钱粮亏空的财政制度根源初探》，《西北师大学报》（社会科学版）1998年第1期；《清朝吏治与钱粮亏空》，《河北师范大学学报》（哲学社会科学版）1998年第2期］、李映发（《清代州县财政中的亏空现象》，《清史研究》1996年第1期）、朱诚如（《嘉庆朝整顿钱粮亏空述论》，载《明清论丛》第1辑，紫禁城出版社2001年版）、陈锋［《清代的清查亏空》，《辽宁大学学报》（哲学社会科学版）2008年第5—6期］、刘凤云（《钱粮亏空：清朝盛世的隐忧》，中国社会科学出版社2021年版）、龚浩（《清前期地方财政亏空治理研究——以江苏为例》，上海社会科学院出版社2022年版）探讨清前中期亏空问题；倪玉平（《清朝嘉道财政与社会》，商务印书馆2013年版，第181—230页）考察嘉道时期清查亏空的指导思想、各省亏空实态、清查失败原因，与本章互有侧重；刘增合（《“财”与“政”：清季财政改制研究》，生活·读书·新知三联书店2014年版，第5—34页）关注光绪朝前期清亏的措施并重估其积极成效，但与本章主旨不同。

杂隐秘关联。

一、清中后期亏空的蔓延与恶化

嘉庆朝初期，全国性的亏空问题渐次显露，而其实际始于乾隆朝后期。此后迄清末，外省钱粮亏空问题愈发普遍、严重，旧亏未补，新亏又至。

乾隆五十年（1785）以后，在山东田赋连年缓征、展缓与积欠日趋严重之际，亏空问题亦几乎同时被揭破，二者并发绝非巧合。

乾隆四十七年四月，御史钱沣参奏山东巡抚国泰贪纵营私，布政使于易简"纵情攫贿，与国泰相埒"，以致历城等州县亏空银八九万两。[①] 六月，查实全省亏缺银约200万两。[②] 十月，继任巡抚明兴奏陈山东省早已存在上下级、前后任官员在亏空问题上庇护隐瞒，更有假做亏空谋取私利者。"有仓库本无亏短，恃有上司庇护，于离任时假捏亏数若干，移交后任，以为肥橐之计"；后任官员在上司逼迫或"调解"下，"隐忍接收，而去任之员，竟得坐护厚赀，置身事外"。[③] 监管官员交接之际是否存在亏空的"交代"制度，在上司庇护与官员急于就任的情况下形同虚设。山东州县官员交接时，形成一股坏风气，"竟有原装原卸之说，只望得缺到手，无论亏短盈千累万，一力担承"。官员到任后，"以盈余为本分应得之财，不知餍足；以短少为前任亏那（挪）之数，付之默然"；离任之际，"上司亦因平日交结夤缘，碍难查办，仍复勒交后任，辗转蔓延，迄无底止"。[④] 与之相印证，此后山东财政亏空确实无休无止。

嘉庆四年（1799），山东各州县官亏银70余万两。[⑤] 八年八月，巡抚铁保奏山东亏银180余万两，每年可弥补20余万两，六七年可以归款。[⑥] 清廷清

---

① 《清高宗实录》卷一一五四"乾隆四十七年四月庚午、壬申"条，《清实录》第23册，第455、457页。

② 《清高宗实录》卷一一五九"乾隆四十七年六月丙戌"条，《清实录》第23册，第518—519页。

③ 《清高宗实录》卷一一六六"乾隆四十七年十月丁丑"条，《清实录》第23册，第641页。

④ 《清高宗实录》卷一一六七"乾隆四十七年十月丁亥"条，《清实录》第23册，第650页。

⑤ 《清仁宗实录》卷四一"嘉庆四年三月（是月）"条，《清实录》第28册，第502页。

⑥ 中国第一历史档案馆编：《嘉庆道光两朝上谕档》第8册，第321页。

查后责令官员尽数弥补，官员分年弥补亏空的目标不能如期完成，“以致挪新掩旧，历久因循”[①]。嘉庆八年至十三年，山东省提存司库银108余万两，而各项借拨银已有13万余两。嘉庆帝指责曰：“各属完解节省之项并不专补原亏，一任通融支发，不惟款项轇轕不清，且年复一年，伊于何底？”山东未完银89万余两，嘉庆帝准其自十三年始，予限六年，至嘉庆十八年弥补完竣。[②]

山东省亏空经嘉庆四年、八年两次清查与弥补后，于十五年第三次清查时仍亏空银170余万两。是年九月，山东巡抚吉纶密陈仓库续亏情形，请展限追补，引起嘉庆帝不满：“该抚折内所称何者新亏，何者旧亏，措语殊属蒙混。从前所查亏缺数目系一百八十万两，乃至今尚亏缺银一百七十余万两。可见该省历年弥补，不过那（挪）新掩旧，全系具文。似此旧亏未结，新亏复续，年复一年，伊于胡底？”但还是允准展限六年，至二十四年缴清。[③] 此后，山东州县交代依然牵混，亏空愈加严重。

嘉庆十九年，山东省107州县，交代逾限未出结者65州县，前后186任，交代不清之州县占全省3/5。[④] 同年十一月左右，钦差吏部尚书章煦等奏嘉庆十四年吉纶任内清查亏缺数额不实，原奏亏缺银179.8万余两及另案参追银6万余两外，又查出亏缺银155.2万余两，共银341.2万余两，此为嘉庆十四年以前山东亏缺实数。[⑤] 这较吉纶前奏数额又多出近一倍。嘉庆十五年以后，山东省各州县续亏银300余万两，至二十年新旧亏空数额高达600余万两。[⑥] 嘉庆帝痛斥山东吏治因循怠玩，“只知逢迎钻干，以办理过往差务为事，于本省政治全不实心经理，以致该省擅动库项作为差费，竟成陋习”[⑦]。

道光帝即位后开展第四次清查，亦无成效。道光元年（1821）正月，上谕指出：山东省钱粮亏空甚多，“前经三次清查，分限弥补，仍属有名无实。

① 《清仁宗实录》卷二〇三“嘉庆十三年十一月（是月）”条，《清实录》第30册，第720页。
② 中国第一历史档案馆编：《嘉庆道光两朝上谕档》第13册，第84页。
③ 中国第一历史档案馆编：《嘉庆道光两朝上谕档》第15册，第463—464页。
④ 中国第一历史档案馆编：《嘉庆道光两朝上谕档》第19册，第732页。
⑤ 中国第一历史档案馆编：《嘉庆道光两朝上谕档》第19册，第908—909页。
⑥ 中国第一历史档案馆编：《嘉庆道光两朝上谕档》第20册，第50页。
⑦ 《清仁宗实录》卷二〇七“嘉庆十四年二月乙巳”条，《清实录》第30册，第772页。

其时虽有参办之员，闻隐匿幸免者尚复不少，其案牍亦复轇轕不清”。嘉庆十四年以前亏缺银305万两，至道光元年仍未向户部造送清册；嘉庆十五年以后实亏银近248万两，除查缴追完及划出捐款、节省等银外，应追银近208万两。① 道光二十七年，御史毛鸿宾参奏山东布政使王笃疏于约束下属、家丁，“库款恐不可问”②。次年三月，山东巡抚张澧中查明道光十一年至二十年，各属亏挪未解银近40万两；道光二十一年至二十七年，各属亏挪银30余万两。此外，历任未结交代多至140余案。③

嘉庆元年十一月，闽浙总督魁伦复奏查办前任厦门同知刘嘉会亏短谷价一事。据刘嘉会供认，“张朝缙、福昌从前移交谷价本系虚账，并无现银。该员因已经出结，奏销期近，是以开报现存厅库，其实伊二人并未交银。至从前擅行出结之故，实因通省亏缺皆系如此通融办理，不敢过于拘执。即如现在福建通省查出亏空银二百余万，皆系挪移掩饰所致。”嘉庆帝痛斥“实为废弛已极”。④ 福建省粮仓、银库两项亏空银185万余两，除追完及豁免外，未完银164万余两。嘉庆二年三月至六月，共追缴完银21万余两，未完银159万余两。亏缺款项责令追缴和分赔，“本任各员及该管道府，正署督抚、藩司分别追缴完款。凡本任州县、丞倅各员无力完交者，责令道府分赔；如道府无力完交者，即令督抚、藩司分赔，务使节年亏挪全归有着”⑤。至嘉庆二十一年，此案仍未厘清，“闽省乾隆六十年清查一案办理草率，以致辗转流交，至今仍轇轕不清”⑥。旧案未结，新案复混乱难清，造册迟延且不符定例。二十四年五月初四日，嘉庆帝下旨：“福建省年底盘查司库，系嘉庆十二年存贮之款，前经户部驳，令细造清册，加结具题。乃该省以清厘未竣为词，迟逾十年之久始行造册，具题又未遵例加法（结），实属疲玩。”⑦

① 中国第一历史档案馆编：《嘉庆道光两朝上谕档》第26册，第47—48、553页。
② 中国第一历史档案馆编：《嘉庆道光两朝上谕档》第52册，第418页。
③ 中国第一历史档案馆编：《嘉庆道光两朝上谕档》第54册，第89页。
④ 中国第一历史档案馆编：《嘉庆道光两朝上谕档》第1册，第341—342页。
⑤ 中国第一历史档案馆编：《嘉庆道光两朝上谕档》第2册，第182页。
⑥ 中国第一历史档案馆编：《嘉庆道光两朝上谕档》第21册，第91页。
⑦ 中国第一历史档案馆编：《嘉庆道光两朝上谕档》第24册，第242页。

福建省钱粮亏空的混乱情形直到道光末年仍未理出头绪。道光二十八年十月初二日上谕指出，福建省仓库“自乾隆六十年清查至今，款目繁多，倍形轇轕，亟应澈底勾稽”，予限两年，由督抚督同布政使“遴委干员，分别设局，将司库款项先行查明；其各属仓库银谷各款，限三个月查造确册，加结汇送”。[①] 二十九年十月，虽然福建省汇报嘉庆元年至道光二十八年挪缺垫未补银近 80 万两、仓谷近 48 万石、米 3 万余石，[②] 但司库款项届期仍未能查明，请展限一年办理。[③]

嘉庆四年十一月，直隶省奏报自乾隆三十二年以后未清银累计 144 万余两，历任各官 139 员。[④] 此后，亏空额不断递增，“不惟前欠未补，抑且任意续亏”。嘉庆十年，直隶总督裘行简奏初次清查亏空银 27 万余两，二次清查为 152 万余两，嘉庆六年以后第三次清查“未经奏咨者”已有 264 万余两，“此后沿至九年为止，其为亏缺又不知凡几”。同年，直隶易州即揭破亏空银 11 万余两的大案。[⑤] 道光元年，直隶省交代未清之案在嘉庆二十一年以前即有 500 余起，续亏在所难免，“前任之案不清，至后任再经交代，益复纠缠，辗转积压，以致每遇交代，总无依限办结之案。亏挪牵混，皆由于此”[⑥]。

嘉庆九年八月，安徽巡抚王汝璧奏仓库亏空银 189 万余两，流抵有着银 134 万余两，无着银 55 万余两由在任官员弥补。每年约弥补 15 万两，四年可补足。[⑦] 同年九月，嘉庆帝认为安徽省弥补亏空“毋须先为宽限十年”，“若复行展限至十年之久，必致属员等意存玩懈，观望迟延，殊非慎重清厘之道。……如果办理不能裕如，届时实有未能清完之势，或再行酌量请旨展缓一二年尚无不可。此时总不必先露宽限之意，以致属员任意宕延”。[⑧] 但各州县每年实际弥补亏空银十分有限，限期内无法如数缴还。嘉庆十一年，安徽

---

① 中国第一历史档案馆编：《嘉庆道光两朝上谕档》第 53 册，第 330 页。
② 中国第一历史档案馆编：《嘉庆道光两朝上谕档》第 54 册，第 455 页。
③ 中国第一历史档案馆编：《咸丰同治两朝上谕档》第 1 册，第 54—56 页。
④ 中国第一历史档案馆编：《嘉庆道光两朝上谕档》第 4 册，第 472 页。
⑤ 中国第一历史档案馆编：《嘉庆道光两朝上谕档》第 10 册，第 292—293 页。
⑥ 中国第一历史档案馆编：《嘉庆道光两朝上谕档》第 26 册，第 173 页。
⑦ 中国第一历史档案馆编：《嘉庆道光两朝上谕档》第 9 册，第 346 页。
⑧ 中国第一历史档案馆编：《嘉庆道光两朝上谕档》第 9 册，第 439 页。

巡抚成宁奏在任官员弥补之无着银，仅完 20.8 万余两，距原定每年应完之数相差甚大；有着银应咨追变抵者，缴银不及 1/10。嘉庆帝谕令再予限八年。[①]此次展限后，亏空仍未如期弥补完竣。嘉庆十二年六月，鄂云布奏安徽省应补各项银尚有 151.3 万余两，虽多次严催，但解交总不能足数。原议每年补银 15 万两，请每年减为 8 万两，并于前限八年之外，再加展五年。嘉庆帝认为此举太过宽纵，允准每年减至 10 万两，展限四年。[②]

屡次展限，进一步暴露外省亏空无法遏制，补不胜补。这一问题大致在嘉庆十四年已较明确。是年正月，安徽巡抚董教增上请酌改弥补章程以收实效折。内阁奉上谕指出，安徽未完仓、库两项共银 180 余万两，历经展限弥补，至二十二年应全部清完，但往年提解银仅完 50 余万两，且自嘉庆八年以后又续亏 30.9 万余两，“名为弥补亏缺，实则掩旧挪新”。针对折内所言“冲途州县差务赔累，处于不能不亏之势”，嘉庆帝斥责：“弥补不力总藉口于差务支应，浮费繁多，以致未能节省报解，此实近年陋习。殊不知驿站支应本有例销之款，即稍有不敷，亦应设法调剂，何得藉此亏缺库项盈千累万？”[③]

道光元年正月，李鸿宾任安徽巡抚，道光帝召见时面谕：安徽仓库钱粮亏数较多，“到任后查办该省亏空”[④]。四月，李鸿宾奏：安徽亏空“为时既久，为数亦多。嘉庆十九年以前业经五次清查，仍系不实不尽，总缘亏数未得确实而挪新掩旧之弊习为故常，是以清查一次转多一番轇轕”。道光帝予限一二年清查。[⑤] 道光三年三月，安徽巡抚陶澍奏：清查亏空已历五次，“清查时始行报部，因未开列细款，各属交代，辄将亏抵银数仍列库存造报，日久愈滋纠辖，名为存库而无银可解”[⑥]。此次查明安徽亏缺之完欠数额：嘉庆十九年以前除节次追补及豁免外，应追银 15803 两，十九年至二十五年漏报及续

① 中国第一历史档案馆编：《嘉庆道光两朝上谕档》第 11 册，第 431 页。
② 中国第一历史档案馆编：《嘉庆道光两朝上谕档》第 12 册，第 253 页。
③ 中国第一历史档案馆编：《嘉庆道光两朝上谕档》第 14 册，第 49—50 页。
④ 中国第一历史档案馆编：《嘉庆道光两朝上谕档》第 26 册，第 47 页。
⑤ 中国第一历史档案馆编：《嘉庆道光两朝上谕档》第 26 册，第 168 页。
⑥ 中国第一历史档案馆编：《嘉庆道光两朝上谕档》第 28 册，第 115—116 页。

经亏抵各款共银 57.67 万余两、米谷麦豆 2.75 万余石。①

嘉庆九年，河南巡抚马慧裕奏仓库共亏欠银 146 万两，② 分限五年，每年应补银 29.23 万余两。③ 至嘉庆十三年九月，共弥补银 106 万余两。虽弥补之款尚能如限，但应解杂项钱粮及摊捐各款未完解者又积至 49 万余两。嘉庆帝指责："挪新掩旧，前亏未完，续亏又起，于弥补仍属有名无实"，再展限三年，于十七年补完。④ 十七年，河南巡抚长龄奏该省未完银 30 万余两，连同代补续挪及咨追无着银 29 万余两，新旧共未完银 60 万余两。嘉庆帝再予展限五年。⑤ 据道光二十九年八月统计，河南省自嘉庆九年、十三年、十七年清查后，嘉庆十七年至道光二十七年，陆续完解银 67 万余两；亏垫银 232 万余两，有着银 88 万余两，应弥补银近 145 万两，每年弥补近 14 万两，十年半可全完。⑥

嘉庆十年底，陕甘总督倭什布奏甘肃省亏缺银粮共 17 万余两，曾予限四年追缴，九年、十年完银 8 万余两，未完银 9 万余两，两年之限短交银 0.5 万余两；又称：自嘉庆八年清查后，"又阅两载，恐难保其必无续行亏短情事。"嘉庆帝指责："此似又为属员开一地步，断然不可。……既称难保无续亏情事，自必有所访闻。且经两年勒追，方行补完银八万一千余两。倘甫经弥补于前，又致续亏于后，是空有弥补之名，未能真收实效，于事何益？"⑦ 果不其然，嘉庆十六年，陕甘总督那彦成密陈甘肃省截至上年底，银粮合算，共亏银 211 万余两，其中有抵银 104 万余两，无抵银 107 万余两，请分限十年追缴。⑧ 嘉庆二十一年正月，据钦差户部尚书景安奏称，甘肃省嘉庆十六年以前旧亏未完银 102 万余两，陕甘总督先福到任后查出续亏银 100 万两。嘉庆帝认为："所奏殊未明晰。此项先福查出之亏缺银一百万两有零，是否即系从前那彦成原查旧亏之未完银一百万余两，抑先福所查又在旧亏之外？若前后两项

① 中国第一历史档案馆编：《嘉庆道光两朝上谕档》第 28 册，第 118 页。

② 中国第一历史档案馆编：《嘉庆道光两朝上谕档》第 9 册，第 500 页。

③ 中国第一历史档案馆编：《嘉庆道光两朝上谕档》第 10 册，第 833 页。

④ 中国第一历史档案馆编：《嘉庆道光两朝上谕档》第 13 册，第 581 页。

⑤ 中国第一历史档案馆编：《嘉庆道光两朝上谕档》第 17 册，第 267 页。

⑥ 中国第一历史档案馆编：《嘉庆道光两朝上谕档》第 54 册，第 322—324 页。

⑦ 中国第一历史档案馆编：《嘉庆道光两朝上谕档》第 10 册，第 799 页。

⑧ 中国第一历史档案馆编：《嘉庆道光两朝上谕档》第 16 册，第 256 页。

均系一百余万两，则折内应叙明二共亏缺银二百余万两。”三月，该省查实新旧亏缺银 202 万余两。[①]

浙江省原亏空仓库银 194 万余两，嘉庆五年八月至二十二年四月已弥补完竣，[②] 但嘉庆朝后期又有续亏。道光元年正月，帅承瀛任浙江巡抚，道光帝担心“前此清查之数尚未确实，或有续行亏缺者”，令其到任后同新任布政使查核。[③] 三年，帅承瀛奏浙江省官垫民欠摊补未完及清查无着库项、津贴谷价共银 107 万余两，请分十三年弥补。[④] 此项亏缺银虽于道光十七年四月全部解收，但新亏接踵而至且数额巨大。道光二十九年五月，钦差侍郎季芝昌、浙江巡抚吴文镕奏陈浙江省自道光二年清查后至二十九年，历任挪垫正杂钱粮并漕南等米以银作价，共银 284 万余两、仓谷近 111 万石、米 0.3 万余石。道光帝认为亏缺之故，“虽由近年银价日贵，漕费日增及塘工、兵差各案不敷捐赔，以致那（挪）移公项，垫补亏缺，日甚一日；而不肖州县之藉口因公侵吞入己者，亦恐不少。”[⑤] 道光三十年，吴文镕奏称浙江省道光二年至二十八年“分任追数，统计各属”共 1178 任，应追正项银 365 万余两。[⑥]

嘉庆朝及以后，各省仓库亏缺数额以江苏省为最多。据嘉庆十八年二月江苏巡抚朱理奏报，嘉庆十四年江宁藩司所属亏银 107 万余两、米 0.86 万余石，苏州藩司所属亏银 333 万余两、米豆 0.39 万余石；至嘉庆十七年十一月，江宁藩司所属已完银 6 万余两、未完银 101 万余两、未完钱 2700 余串，已完米 0.06 万余石、未完米 0.79 万余石；苏州藩司所属已完银 71 万余两、未完银 262 万余两，已完米豆 0.26 万余石、未完米豆 0.12 万余石。此外并无续亏。嘉庆帝认为该省“仓库钱粮亏缺如此之多，数年以来，江苏并无大差大役，而弥补者为数无几，是该抚所奏并无续亏之言，殊难凭信”[⑦]。嘉庆帝的

① 中国第一历史档案馆编：《嘉庆道光两朝上谕档》第 21 册，第 35、142 页。
② 中国第一历史档案馆编：《嘉庆道光两朝上谕档》第 22 册，第 180 页。
③ 中国第一历史档案馆编：《嘉庆道光两朝上谕档》第 26 册，第 47 页。
④ 中国第一历史档案馆编：《嘉庆道光两朝上谕档》第 28 册，第 117 页。
⑤ 中国第一历史档案馆编：《嘉庆道光两朝上谕档》第 54 册，第 168、155 页。
⑥ 中国第一历史档案馆编：《嘉庆道光两朝上谕档》第 55 册，第 602 页。
⑦ 中国第一历史档案馆编：《嘉庆道光两朝上谕档》第 18 册，第 55 页。

话应验了，严重的续亏问题随后暴露。据嘉庆十九年八月统计，江苏省于嘉庆六年岳起查奏时，亏短银30余万两，每年补三四万两，早应全完，但张师诚任内续查已增至70余万两，至庆保任内续查增至220万余两；江宁藩司又报出亏缺银96万余两，江苏省共亏银318万余两，较岳起初报之数多至10余倍。10余年间，“历次清查亏空，有增无减”①。

道光帝即位之初十分关注江苏省亏空问题。道光元年正月二十日上谕：“江苏省仓库亏空之多较他省为尤甚”，令新任巡抚魏元煜“无所庸其回护，必须将从前实在亏数详查明确，勿令仍前隐混”。三月，魏元煜奏江苏仓库钱粮款项丛杂，历年交代卷册繁多，款目纷乱，必须逐款厘剔，方能查明亏空确数，请宽限一年查办。道光帝认为：“即宽以二年之限亦不为迟。此事总在办理之核实，不在时日之缓急。”② 为确查江苏亏空数额，道光帝对清查期限较为宽容，在前次宽限两年的基础上又展限一年。③ 道光四年，该省三次清查查明亏缺银近270万两；此后至道光二十九年，又查明亏缺银近390万两，其中有着银近383万两、无着银近7万两，较上次清查多出银120万两。④

咸同战乱及军费筹措与开支等非常因素，对清代财政经济产生深远影响。嘉道时期各省亏空问题在此战乱期间更趋混乱与复杂。以山东省为例，咸丰七年（1857）以前应追赔亏空银71万余两；七年以后，交代案积压200余起，其中挪垫亏空更复不少。清廷派人监算盘查，“惟以开报初参了事”⑤。咸丰十一年，清廷对此斥责：“玩泄侵蚀，库储日亏。积习相沿，殊堪痛恨。”⑥ 山东省亏空自道光二十八年办理清查后，至同治三年，交代不清之新旧各案积累至500余起，“彼此抵牾，千头万绪，总以官非一任，事非一时为支饰之词”⑦。同治三年五月，阎敬铭奏山东吏治敝坏已深：“东省群吏，狃于积习，

① 中国第一历史档案馆编：《嘉庆道光两朝上谕档》第19册，第600—601页。
② 中国第一历史档案馆编：《嘉庆道光两朝上谕档》第26册，第46、100页。
③ 中国第一历史档案馆编：《嘉庆道光两朝上谕档》第28册，第179页。
④ 中国第一历史档案馆编：《嘉庆道光两朝上谕档》第54册，第306页。
⑤ 《清穆宗实录》卷一一“咸丰十一年十一月庚戌”条，《清实录》第45册，第290页。
⑥ （清）昆冈：《（光绪）大清会典事例》卷一七五《户部二四·田赋十七·究追亏空》。
⑦ （清）阎敬铭：《抚东奏稿》（一），载《近代史资料》总121号，第90页。

陷溺已深，以诈伪轻捷为有才，以欺饰弥缝为得计，以谣诼诽谤为逞能。究其心志，无非谋利争财，专图私便，国计民生，罔知念及。若钱粮则侵挪捏冒，交代则多年不结。”山东吏治问题如此突出，“因东省宦途，遇事多支吾敷衍，不求实际，即有事所难行，亦惟以案牍了事”。州县官“上窃公款，下勒民财，公用私侵，纠缠纷杂。迨至清算交代，遂复多方狡饰，以为掩盖拖延”。阎敬铭在补山东巡抚近一年内，“严禁捏灾，督催交代”，“近日州县，似知愧悔”。[①] 但人去政息，阎敬铭短暂的东抚任期结束后，该省吏治并未持续好转。

光绪时期，各省州县交代不清，亏空依旧。光绪元年（1875）四月，丁宝桢奏候补同知直隶州知州薛福成应诏陈言疏，指出：清前期州县交代尚能认真办理，“降及晚近，州县交代，不尽依限完结。上司惮处分之繁，亦遂不依限题参，往往藉辗转驳查，宕延岁月”。随着时间推移，旧任官员“困于旅费，无款可交，终身寄寓，子孙流离，皆所不免”，新任官员“以旧款未清，转相牵率”，以致“交代不结者什有八九，而上司亦随有参不胜参之势”，[②] 终致库款亏缺。光绪四年十月，御史梁俊奏：“各省亏空正杂钱粮，大省不下百余万，小省亦不下数十万。”[③] 光绪前期的亏空既是嘉道时期亏空的延续，又是咸同战乱给财政带来消极影响的必然结果。以山西省为例，光绪八年八月，晋抚张之洞奏：

> 晋省患贫至今日而极，然非匮乏之患而弊混之患。何也？自咸丰军兴，费广用急，纷纭牵补，不为限断，以至于今。盖上距道光二十九年，未经澈底清查者三十三年矣。外困于供亿之烦，内困于垫款之巨，亏挪掩覆，无有穷期。藩吏以淆杂为秘局，有司以拖欠为得计，若再不为之所，譬如上填下漏，虽休养数十年，岁入数百万，无救于贫。[④]

---

① （清）阎敬铭：《抚东奏稿》（一），载《近代史资料》总121号，第46—47页。

② 朱寿朋编：《光绪朝东华录》第1册，第65—66页。

③ 朱寿朋编：《光绪朝东华录》第1册，第650页。

④ 朱寿朋编：《光绪朝东华录》第2册，第1390页。

山西省不属遭受战争扰害最剧烈之区，钱粮亏缺挪垫尚如此严重，其他战区财政形势当更加严峻。

如江西省，光绪十年三月，户部奏该省钱粮交代历久迟延，同治八年（1869）虽经抚臣刘坤一奏定章程办理，但收效甚微，“旧案奏报九百余任，完结者无几。其新任虽经陆续造报，亦未能依限清结”。各州县“后任牵扯前任，纠缠数案，蒙混不清，轇轕不断，遂使延搁至十数年，积压至数百案，亏空那（挪）移钱粮至盈千累万”。督抚、布政使瞻徇回护，扶同容隐，“十数年来，曾未见报揭一案，参劾一员，任听各州县□□搪塞，掩饰亏那（挪）而莫之禁”。[①] 再如直隶省，光绪十一年前后，李鸿章奏：“藩库款目最繁，自道光三十年清查，至今阅时又久。其间历办军需善后及常年支款，均因本款无存，辗转借垫，轇轕甚多。”[②] 咸同以降，在清查亏空问题上，各级官员弥缝遮掩，交代不清，亏空较少被揭破。这并非个别省区的情况而是相当普遍。光绪十年十一月，户部指出：“道光以前，各省司库亏空之案层见叠出。自咸丰年间军兴以来，各省司库多未清厘，亏空绝少破案。”[③]

虽然战乱是导致亏空每况愈下的客观原因，但各级官员的贪腐亦加剧亏空恶化的发展速度与严重程度。光绪十三年五月，户部奏：“数十年来，军务倥偬，仕途淆杂，朝廷崇尚宽大，而巧宦因缘为奸，遂致钱粮正款，视如私囊，任意亏挪。”[④] 广东省所属官员“交卸后，辄将征存之项延不完解，以致交代逾限不能结报”[⑤]。光绪八年以前，广东各属未结交代于十年六月结报清楚，九年以后交代至十二年正月又有 13 名官员被参征存未解银 4 万余两、粮近 0. 35 万石。[⑥] 光绪朝后期，亏空问题依然严重。光绪二十五年，刚毅奏称广东省历年挪用库款 830 余万两，未报户部者 580 余万两。自咸丰五年布政使

① 《户部奏稿》第 4 册，第 1516—1517 页。

② 《户部奏稿》第 8 册，第 3923、3925 页。

③ 《户部奏稿》第 7 册，第 3202 页。

④ 朱寿朋编：《光绪朝东华录》第 2 册，第 2293 页。

⑤ 《革员欠解银米勒限严追折》（光绪十二年六月），载赵德馨主编《张之洞全集》第 1 册，武汉出版社 2008 年版，第 421 页。

⑥ 《特参各员革职严追折》（光绪十二年正月），载赵德馨主编《张之洞全集》第 1 册，第 362 页。

江国霖任内起，至光绪二十四年岑春煊任内止，时阅44年，官经36任，亏空银830余万两。州县交代亏空极多，光绪十年至二十四年，参追169案，计银52万余两，陆续缴回14万余两，[①] 不及应追补银总额的1/3。

二、亏空治理失效之原因

亏空在清代各阶段不同程度地出现。康熙朝后期亏空较严重，经雍正帝大力整顿并实行“耗羡归公”和养廉银制度，亏空问题得以妥善解决。[②] 乾隆朝后期以降，亏空问题每况愈下却未如清前期那样有效解决，根本原因在于固化的财政体制与清中后期社会经济发展之间的矛盾突出。郭成康指出，清代财政收入中占主要份额的田赋被清帝凛然世守的“永不加赋”政策所限制而相对固定化，导致清代财政收支恪守“经制”；财政收入既然被固死，必然将包括地方官养廉和地方公费在内的地方性支出经制化，不管社会经济状况如何变化，皆不得突破这一框架。[③] 18世纪后期以来的清代社会，人口不断膨胀和物价持续上涨是此前历代没有遇到的新问题，折射出世界格局的重大变化，它使民生与吏治均受到严重影响，但清统治者宁肯实行“扣廉归款”的秕政，或以稍加津贴、微调“例价”等权宜之计苟且敷衍，也不肯变革“永不加赋”的祖训，其结果只能为传统财政体制的变革设置了不可逾越的障碍。[④] 曾小萍也认为：“当18世纪后半期米价和人口明显上升之时，对于地方官僚来说，以固定的薪俸和僵化的地方经费制度去应对，似乎没有什么比这更为困难。”[⑤] 清中后期亏空问题不治的根本原因即在于此。

道光元年，军机大臣在分析各省亏空根源时，首先即指出物价上涨与俸廉不足：

---

① 朱寿朋编：《光绪朝东华录》第4册，第4446—4447页。

② 参见庄吉发《清世宗与钱粮亏空之弥补》，《食货月刊（复刊）》第7卷第12期，1978年3月；［美］曾小萍著《州县官的银两——18世纪中国的合理化财政改革》，董建中译；贾允河、李瑛《清朝吏治与钱粮亏空》，《河北师范大学学报》（哲学社会科学版）1998年第2期。

③ 郭成康：《18世纪的中国与世界·政治卷》，辽海出版社1999年版，第215页。

④ 郭成康：《康乾盛世的成就与隐患》，载《清代政治论稿》，生活·读书·新知三联书店2021年版，第316—334页。

⑤ ［美］曾小萍著：《州县官的银两——18世纪中国的合理化财政改革》，董建中译，第274页。

我朝承平百七十余年，人物蕃昌，百货腾贵。即如定例米一石合银一两，谷一石合银五钱。今粮价平减之年已再倍之，稍贵即至三倍，凡民间日用所需无不类是。……官之俸廉例给以银，以今视昔，所得同而其实少矣，而其用则百什于昔。……盖在官一岁之用，即使俸不罚，养廉不摊扣，已不能给。于是俸廉不足，取资陋规，陋规又不继，因而及于仓库。其由来非一日矣。

严刑峻法在治理亏空问题上已然失效：

监守自盗之案，康熙、雍正及乾隆之初，惟贪黩之尤者，偶一犯之。自乾隆二十年以后渐渐多有，是以乾隆二十六年始改定完赃不准减等之例。犯者殊死，然而亏空益多。嘉庆四年，谓其法严而发觉者少，改复旧例，而亏空如故。至山东、甘肃清查案内复议亏空一万两、二万两以上，分别缓决、立决，而数年以来亏空仍复不减，非立法轻重之不当。盖乾隆二十年以后七八十年之间，币日轻，例日繁，官亦日贪，而亏空愈不可禁止，则天下大势之所趋可知矣。[①]

18世纪后期以降，普遍实行的“摊捐”“摊款”制度使养廉银失去原本意义。摊捐、摊款，指在省、府的行政业务中，对于没有被列入法定正规财政支出的项目，省内官员须“捐”款完成，故表面上称为捐款，实际上是强制摊派。[②] 雍正时期，外省无着亏空银使用全省火耗弥补，从不允许动用官员养廉银。嘉庆朝后期，摊扣养廉银弥补亏空似已制度化。[③] 官员廉俸本不充裕，因“摊捐”制度之实施，不仅捐廉支付政府用度，还被迫捐钱分年填补历年亏空，[④] 这使其本就拮据的经济状况雪上加霜，从而造成新的钱粮亏空。道光七年前后，山东布政使贺长龄致信穆彰阿，比较此前担任江苏布政使的切身体

① 中国第一历史档案馆编：《嘉庆道光两朝上谕档》第26册，第614—615页。

② ［日］岩井茂树著：《中国近代财政史研究》，付勇译，社会科学文献出版社2011年版，第47页。嘉道时期的摊捐，参见周健《清代财政中的摊捐——以嘉道之际为中心》，《中国经济史研究》2012年第3期。

③ ［美］曾小萍著：《州县官的银两——18世纪中国的合理化财政改革》，董建中译，第280页。

④ 瞿同祖著：《清代地方政府》，范忠信、何鹏、晏锋译，新星出版社2022年版，第35页。

验，声言江苏“难在办漕”，而山东“难在交代”，即亏空问题严重。交代必严亏空，但州县摊捐太多，加以弥补前任亏空，“州县得项有几，而乃令其剜己身之肉，补他人之疮，人疮未愈，己肉旋枯，卒亦同归于尽。不但于理不顺，实亦于事无济，朝三暮四，狙公之术耳”。在此体制下，州县所得无几，“益于彼者，必损于此，势不至旧亏尽变为新亏不止”。[①] 前述嘉道时期山东省新旧亏空无法遏制，此当为重要原因。

咸丰年间，冯桂芬作“厚养廉议”，批评官场以肥瘠谈论官缺之风：外省官员自督抚至典史，“某缺肥，岁赢若干；某缺瘠，岁赔若干”，而所谓肥瘠，“皆陋规之属，扬扬然习于人口，恬不为怪，骤闻之，几疑官名为市肆之名”。京官依靠外官之“别敬、炭敬、冰敬，其廉者有所择而受之，不廉者百方罗致，结拜师生兄弟以要之”。这些加剧官场贪腐的陋规，清廷并非不知。官员如此作为，“非本性之贪，国家迫之，使不得不贪”。因为外省官员本来丰厚的养廉银，不能“如数以与之”。[②]

同治六年十二月，湖广总督李鸿章上条说并附呈藩司丁日昌条说十二条。丁日昌首条即提出“酌增京、外衙门廉糈”，裁减无用人员，整顿吏治并使其久任：

> 夫欲靖外必先治内，治内之道，莫如整顿吏治，整顿吏治之方，莫若优其明中公取，而禁其暗中私赃。本朝自世庙（按：清世宗雍正帝）酌增廉俸以来，办公原自裕如，惟是百余年间，物力凋耗，日用之需价倍于昔。京、外衙门所领廉俸，扣折之余，不足供用。清俭之员，犹能食贫茹苦，稍无定志者，在上司则必滥通馈赂，在下僚则必侵吞公帑，朘削百姓，是彼得于公取者少，而得于私取者多也。夫至于私取者多，则上司不免瞻徇爱憎，而下僚得以把持挟制，衙门胥役又复从而狼贪鼠窃，故纪纲因而日混，吏治因而日坏，民情因而日散，是不可不急为变通也。

---

① （清）贺长龄著，雷树德校点：《耐庵文存》卷六，载《贺长龄集》，岳麓书社 2010 年版，第 541 页。

② （清）冯桂芬著，陈正青点校：《校邠庐抗议》，上海书店出版社 2002 年版，第 8—9 页。

丁日昌认可雍正时期的耗羡归公与养廉银改革，指出其后通货膨胀、廉俸不足导致上官收受贿赂，下官中饱侵吞、盘剥百姓，进而造成纲纪混乱、吏治败坏、民生困顿，最终损害的还是国家。他主张裁汰冗员、冗役，给三类人员增廉增糈，一是京官中“有事可办者，皆量其出入，酌增养廉”；二是外省官员，“令其开具额外无名之费，丝毫皆挈归公家，酌量多寡，明定章程，准作养廉”，若再有得非分之赃者，“皆峻其罚，禁锢终身”；三是衙门胥役，“宜精其选而厚其糈，其有侵欺讹索者，立治重典”。有人以为正值经费支绌，难以增廉增糈，丁日昌却认为此举只是“夺中饱之利，还之上下，其有裨于国计民生者不啻倍蓰”，而且精简人员，“取赢补绌，所增亦必不多”。虽然丁日昌将公取、私窃的辩证关系与连锁转化说得非常透辟，但清廷只批一“览”字了事。[①] 对清廷而言，此事知易行难。

同光之际，郑观应思挽时局，涉猎群书，将应改革诸事汇为《易言》三十六篇，其中“论廉俸”也揭示文武官员因廉俸大量被折扣，京官依靠外官馈送，外官自上而下索取，以致病国殃民、是非倒置：

> 京外各官所领廉俸已觉入不敷出，而又丁耗划为军饷，漕白绌于转输，扣俸折廉所得无几。故上司不得不取供亿于各属，各属不得不增陋规于胥役，胥役不得不吸脂膏于闾阎。况京官养廉，惟靠外官之馈送；武官养廉，惟靠兵粮之克减；督、抚、司、道，惟靠堂规节寿；府、厅、州、县，惟靠平余杂耗。其余内外大小文武衙署，皆有陋规……其尤甚者，侵吞则仓库可竭，掊克则富室可贫。

各级官员之所以“吞蚀钱粮，遑计三军枵腹；浮冒赈款，不顾万姓啼饥。上下相蒙，孳孳为利”，其根源“实由支用不给”。他极言：“欲整饬吏治，轸念民依，则当自京外各官酌加廉俸始”，“廉俸裕则操守端，诸弊除则国帑足”。[②]

光绪二年七月，御史张观准分析亏空案层出不穷的原因时指出：“州县廉俸有数，乃无端藉公科派，名曰贴赔，曰使费，总名曰捐款。因其出之自公，

① 李书源整理：《筹办夷务始末（同治朝）》第 6 册，中华书局 2008 年版，第 2263—2264、2270 页。

② 夏东元编：《郑观应集》上册，上海人民出版社 1982 年版，第 149—150 页。

故不甚爱惜。每由首府首县垫出，然后摊派各州县，每岁赔至千两、数百两不等。如力不能应，有时延缓，上司即于其征解钱粮时作某项捐款，而钱粮则批令另解，是以国家惟正之供抵私款也。亏空之积，由此深矣。”① 光绪二十七年，刘坤一、张之洞在《江楚会奏变法三折》之第二折中主张“课官重禄”，认为办公之费不敷导致官吏病国殃民：“州县瘠区则苛派鬻狱而病民，冲繁则亏挪库款而病国。……号称优缺者，不过隐匿契税杂税，减削驿站经费，甚至捏报例灾”；州县官卑事繁，“多一分之繁费，则国帑暗伤一分之进款”；知府公费取给州县，“往往藉端挑剔，格外诛求”，因此，府州县各官“皆须令其办公有资，然后能尽心于国事民事”。② 但在积贫积弱、内忧外患的晚清社会，如许改革建议很难落实。况且长期以来形成的生活上的奢侈靡费、经济上的贪污贿赂、政治上的官僚主义及疲玩敷衍等社会习气，表明晚清政治腐败已相当严重，③ 难以在短时间内将其扭转。亏空痼疾已不可救治。除以上财政体制方面的根本原因外，导致清中后期亏空治理失效的主要原因尚有以下五个方面。

（一）清查无效、弥补无力

清前期治理亏空的措施较为公开、严厉，督抚、布政使除将亏空直接向皇帝奏报外，尚需咨明户部。亏空之员按例分别治罪、监追。由于18世纪后期的亏空已趋普遍与严重，亏空官员众多，若按律例惩治，必致各省行政系统陷于瘫痪。故自嘉庆帝始，清廷采取秘密清查、徐图弥补的措施，令督抚、布政使将亏空情形以密奏的形式“上达天听”，禁止咨明户部，亏缺之员予限分赔追缴。

嘉庆四年六月，直隶总督胡季堂为追缴悬欠款项，请将在任直隶各员提集省城，按限追缴；升迁外省并已回旗籍者，行文各原籍及该管督抚，将欠项各员提至省城管押。清廷认为此举只为追缴欠款而不顾事理之难行，且将

① 朱寿朋编：《光绪朝东华录》第1册，第264页。文中误将“张观准”作“张规准”。

② 朱寿朋编：《光绪朝东华录》第4册，第4740—4741页。

③ 康沛竹：《灾荒与晚清政治》，第39页。

对各省吏治、行政均产生重要负面影响，断不可行：

直隶各州县皆有地方之责，若因立限追完欠项，俱提至保定省城，则本衙门应办刑名、钱谷、词讼诸事，势必交佐贰及委员经理，不特旷废职守，兼恐百弊丛生。至回籍各员，亦令本省督抚提集省城管押，则各员在会垣株守，更无从设法措交官项，仍致日久悬宕，于事何益？若升迁外省之员，或有才具明干，身任繁剧，为上司所任用；或有经手紧要事件，该督抚焉肯调驻省城，置之空闲，为他省代追官项乎（按："乎"被朱笔改为"之理"）？必致纷纷奏请仍回本任，其事亦属难行。况胡季堂既欲将升迁外省亏短直隶公项之员提至各省城拘管勒追，其有亏短他省公项升迁直隶之员，则各督抚亦必思仿照此奏，行文胡季堂，将各该员拘集省城。是亏欠本省及他省官项各员皆须提齐保定，则直隶地方官之在本邑者寥寥矣。若各省皆从而效尤，则天下凡有应缴亏项各州县，必致一举而空之，试问国家曾有此政体乎？即据单内所开，不特州县，如巡抚冯光熊亦有摊赔之款，岂欲将伊调至云南省城，令富纲追缴耶？

嘉庆帝还特别朱笔补写"至此时已提至保府各员，仍回任办事"。[①] 外省亏空的弥散与普遍注定清廷已不能采取如前治罪、监追的严厉措施进行惩治。随后，嘉庆帝将胡季堂奏到原单交户部核明查办。胡季堂所奏该省自乾隆三十二年以后未清银款144万余两，历任各官139员，"历时已久，人数过多"。经户部数月核议，同年十一月十九日上谕，准户部议，将直隶亏空各官员分为直接亏欠与摊赔两类办理。直接亏欠之员"除不知存殁各员查明另办外，所有现存亏欠各员，其银数在一千两以下者，限半年追完；一千以上者至五千两，限一年追完；一万两者，限二年追完；二万两者，限三年追完；三万（按：漏"两"字）者，限四年追完；三万两以上者，限五年追完。此内亏欠不及一万两之员，着革职，从宽留任；已回旗籍者，着革职，暂留顶戴。若限内全完，准其开复。其数逾一万两之员，着革职，即令离任；已回旗籍者，

① 中国第一历史档案馆编：《嘉庆道光两朝上谕档》第4册，第211页。

亦着革职，按限着追”。摊赔之员与直接亏缺之人区别对待，“除现存之员照户部定例按限追交外，已故人员着照前此恩旨，一千两以下者，全行宽免；一千两以上者，免十分之五；二千两以上者，免十分之三”。清廷还特别强调之所以公开并从宽处理直隶亏空，“皆因直隶一省差务繁多，数赔（倍）他省，地方官平日经理不善，或有借垫等项不能及时归款，以致日久拖延，人数过多，故加恩特从宽典”，他省不得援引“直隶之例，妄希宽办”。[①]

清廷针对直隶亏空的特别处理方式，确实引发他省一些不为清廷认可的做法，突出表现在奏请将亏空公开处理上。五年六月，江苏巡抚岳起将该省亏缺侵挪情弊奏闻，并将原奏折底及奉到朱批抄录，咨送户部。嘉庆帝训斥：“岳起竟将原奏咨部，并将朕密批一并抄送，大属非是。从前皇祖世宗宪皇帝时，诸臣有将密谕漏泄一二字者，曾经从重治罪。岳起岂未闻知，何不晓事体?”[②] 此外，安徽巡抚荆道乾将该省州县交代展参案内以仓库有亏，声明咨户部；惠龄则请将山东省未完州县处分暂缓例议。这些做法在清廷看来，“均属非是”。为此，五年六月二十九日，清廷再次密寄各省督抚：

> 各省仓库亏缺，经朕密谕各该督抚逐一清查，设法弥补，以归实贮。原以亏空之案，官非一任，事阅多年。若概行查办，则经手亏缺及接任虚报各员，皆当按例治罪，人数未免众多，或尚有贤员，亦觉可惜。是以宽其既往之愆，予以弥补之限，此系朕格外施恩。各该督抚惟当实力查核，将该省实在亏缺若干，其离任各员如何追缴，现任各员如何弥补并作何分别年限一律清厘之处，一面查办，一面据实密奏，方为实心任事之道。[③]

六年五月，江西巡抚张诚基查明全省仓库实数，奏请咨明户部，分限追补。嘉庆帝极为不满：“所奏大谬，无此办法。各省钱粮仓库原应存贮充实，不得丝毫短少。设稍有亏缺，该督抚本当据实参办。至于‘弥补’二字，原不可直达朕前，岂可公然咨部办理?”断然驳斥江西欲仿照直隶公开弥补亏空

① 中国第一历史档案馆编：《嘉庆道光两朝上谕档》第4册，第472—473页。
② 中国第一历史档案馆编：《嘉庆道光两朝上谕档》第5册，第325页。
③ 中国第一历史档案馆编：《嘉庆道光两朝上谕档》第5册，第324—325页。

之意图，认为："江西地方安静，年岁屡丰，并未有需费浩繁之处，何以自乾隆四十一年至嘉庆四年各州县亏空银数至八十三万余两之多？张诚基身任江西巡抚已阅多年，盘查仓库无亏，俱有奏案可据。今乃亏短如许之多，安知非该抚任内各州县任意亏缺，归咎前人，作为历任亏项，思以罚不及众，为属员开脱，而折内尚云不敢以咨部为自占地步之计，其谁欺乎？"①

十四年五月，湖南巡抚景安奏请将清查案内追赔筹补已未完银谷各数咨明户部，嘉庆帝予以否决，仍然强调：各省清查亏空，"原令该督抚密行妥办之事，若按州县亏空仓库正例办理，早应概行革职治罪。今限年弥补乃系朕格外施恩，督抚等自应妥为经理，以期公帑有着。且清查各案并未咨报户部，其各员名下已未完细数，部中又何凭查核？"批评景安"不思设法筹补，辄欲仿照直隶成例办理，似严实宽，殊非妥协办公之道"。至于景安将逾限不完各员分别革职监追之请，嘉庆帝认为："各州县应缴银两迟延尚属有因，亦不妨酌展年限，俾得如数清完。"② 十五年，云贵总督伯麟查出云南省仓库钱粮续亏银近 17 万两，请将各员姓名、悬缺数目造册咨户部查核。嘉庆帝仍反对曰："是竟明言亏空无所顾忌，各州县岂不愈形胆玩，且部中又岂有不加参办之理？此不可行。该督抚惟当密为办理，上紧弥补，仍于每年岁底将实在弥补若干据实具奏一次，交军机处存记，以备查核。"③

虽然清廷秘密清查亏空，责令亏缺各员分赔并按限追缴，但由于官员升迁降调等原因，追赔效果十分有限。有疆臣奏请将亏缺之员押解严追。嘉庆十八年七月，两江总督百龄、江苏巡抚朱理奏："江苏省清厘各州县亏垫案内应行咨追各员，有现任升调外省及已回旗籍者，每藉词推诿，希图宕延，请由该督抚即委员押解来苏，质算严追。"这与嘉庆四年直隶总督胡季堂所请如出一辙，显然有违清廷既定处理亏空的指导思想，各省"督抚设法清厘，原系各省自行密办之件"。嘉庆帝认为此举不可行："请将升调外省各员饬令押赴原省，即如江苏州县中此时升调外省者，道府、州县等官各省皆有，该督

① 中国第一历史档案馆编：《嘉庆道光两朝上谕档》第 6 册，第 172 页。
② 中国第一历史档案馆编：《嘉庆道光两朝上谕档》第 14 册，第 276 页。
③ 中国第一历史档案馆编：《嘉庆道光两朝上谕档》第 15 册，第 12—13 页。

抚岂能以现任官员不奏明解任即擅行押解赴苏？如一一奏明，尚何密办之有？且江苏一省如此办理，此外现办清查省分尚多，若皆仿照咨解，势必将实缺道府、州县各官纷纷互相解质，来往梭织，治丝而棼，尚复成何政体？”①

押解监追不可行，秘密清查与分限弥补措施亦无法有效追缴旧亏，反为各省不断续亏埋下隐患。嘉庆十九年八月，初彭龄奏查办亏空严禁密奏之弊折，嘉庆帝深表赞同：“自有清查以来，各该督抚不但不能依限勒令弥补，且不免有续亏。每藉口于原报之数不实不尽，以致每隔数年续查一次，其数倍多于前，此非续亏而何？”正所谓“名为密折陈情，实则通同舞弊”。②

道光三年，鉴于亏空问题不断加剧，而长期实行的秘密清查致使户部无从核实各省亏缺与弥补数额，易引发财政混乱，清廷始允许户部介入清查，秘密清查走向公开。

先是嘉庆二十五年八月，清廷豁免官员赔罚银，但办理数年仍未完竣。外省称应豁各款报明有据，户部则以并无部案年月，不准查豁。究其原因，在于“清查案内应划之款，向系该督抚密奏，部臣无从悉知，以致辗转诘查，迄无定议”。道光三年六月，曹振镛等奏请“将军机处节年抄存各省清查弥补奏案，专交户部照缮一分，俾得逐款稽核，以省往返行查之烦。该部为钱粮总汇，各省亏缺实数与追补章程亦应由部臣随时查明办理，更昭详慎。……此后如有续行奏到者，随时专交户部，俟抄毕后，原折仍交还军机处存贮备查”。③ 清廷准此办理之后，亏空之风更不可遏止，前述道光年间各省亏空情形即是明证。

各省亏空较多，督抚奏请清查并结算旧亏，但旧亏各官员“物换人移，赔项尽归无着”。旧亏不了了之，“州县脱然无累，更放胆为新欠”。因此，清查亏空与分限弥补，“名为慎重国帑起见，而实为各官上下卸责之地”。④ 道光二十五年二月，李星沅指出：“清查专为弥补，特弥补无善策而有虚名，即如

① 中国第一历史档案馆编：《嘉庆道光两朝上谕档》第 18 册，第 236 页。
② 中国第一历史档案馆编：《嘉庆道光两朝上谕档》第 19 册，第 600 页。
③ 中国第一历史档案馆编：《嘉庆道光两朝上谕档》第 28 册，第 222 页。
④（清）赵烈文撰，廖承良标点整理：《能静居日记》“同治元年五月二十八日”条，第 517 页。

山东清查扣帑（廉）至道光七十年始能补完，岂非笑话。”[①]

嘉道以降，清廷在亏空问题上始终执行清查与分限弥补的办法，始之以清查，继而追赔查抄；追赔无着，责成亏空官员之上司与全省同僚分赔、摊赔。分赔与摊赔略有区别：分赔只限有连带责任之官员，人数较少；摊赔则不论有无责任，均须负担。如一县亏空，追赔无着，即由全省州县摊赔。[②] 这种无效的弥补措施只会进一步加剧州县交代不清、挪新掩旧，亏空问题积重难返。

（二）私立议单、勒接交代

清代定制，州县前后任交接须盘查钱粮，如有亏空，不难揭破。缘何始于乾隆朝后期的亏空问题迟至嘉庆初年才逐渐显露？原来在各省早就盛行一种官官相护、隐匿亏空的做法——私立议单。嘉庆四年十一月，御史周栻奏："地方官前后交代于限内未能清楚，则以限期已届，权为出结，而当同监交之员私立议单，以俟徐为补偿，遂致升迁、事故各员已经到任与已回旗籍者多有，申请咨追，甚至动用公项不能弥补，竟至含混其中、飞洒隐射。及咨追各处，或完未及半，又以无力完缴详请豁免，冀为开销地步。"私立议单为"外省通弊"，"将前任亏短之银又复带至新任措银赔补，是该员旧任之亏欠未完，而新任之亏欠又增"。[③]

亏空一般经由两种方式被揭破，一为上司盘查，二为后任接手。嘉庆朝以前之外省亏空"不畏上司盘查而畏后任接手"，主要是因为"上司不能周知，盘查仍须书吏临期挪凑，贿嘱签盘，况为期迫促，焉能得其真实？此所以不畏上司盘查也。惟后任接手，自顾责成，无不悉心查核。书吏亦自知趋向新官，不能隐藏册簿"。嘉庆朝及以后，由于私立议单潜在流行，后任接手亦不能揭破外省亏空。五年正月初九日，嘉庆帝特谕各省督抚云，"近年则新旧任交相联络，明目张胆，不特任内亏空未能弥补，竟有本无亏空反从库中

① 袁英光、童浩整理：《李星沅日记》"道光二十五年二月初四日"条，中华书局 1987 年版，第 594 页。

② 何烈：《清咸、同时期的财政》，第 134、157 页。

③ 中国第一历史档案馆编：《嘉庆道光两朝上谕档》第 4 册，第 474 页。

提出带去，名曰做亏空。竟移交后任，后任若不肯接收，则监交之员两边说合，设立议单。其不肯说合者，又令写具欠券，公同书押。以国家仓库作为交易，实属从来未有之创举”。[①]

私立议单导致官僚系统扶同循隐，不仅掩饰亏空，更造成交代不清，极大地减弱了官员慎重国帑的责任心，加剧亏空恶化。嘉庆十年十月二十四日，清廷通谕各省督抚：

> 近来各直省州县交代，遇有款项亏短，该上司往往因规避失察处分，不加查办，转抑令新任之员含混接收。该员迫于上官之命，畏于参罚，勉强担承，虚出通关。莅任后以本系接收前任款项，有恃无恐，并不上紧弥补，日久因循。其不肖者甚或以此藉词贪婪苛敛，朘及闾阎，私肥囊橐。各上司虽明知劣迹，瞻顾姑容。迨该员任满卸事，又复依样交代，辗转数手，帑项仍悬。

命各省督抚通饬藩司、道府等，“嗣后各州县新旧任交代时，务将仓库款项逐一清厘。如实系旧任亏缺者，即将旧任之员揭参治罪，仍责令照数赔补，毋许抑勒新任接收，以归核实”。嘉庆帝还试图通过君臣恩深义重，甚或以皇帝权威感发督抚公忠体国之心，在内阁拟定上谕中“以归核实”四字之后朱笔添写：“各督抚皆受恩深重之人，不应瞻徇私情，不恤国事，务宜各发天良，存公正之心，屏邀誉之念，以期政治蒸然日上，勿负朕谆谆教诫。倘不以朕言为是，只顾私交，彼时执法重惩，悔无及矣。”[②] 但时过境迁，他已无其祖、父之威严与才能，仅凭只言片语之恩威，何能扭转亏空之势沉。此后的亏空实态无情地击碎了他的这一念想。

道光元年十一月，军机大臣等议复条陈各省亏空积弊，强调私立议单之害：“近日州县交代，其肯接收前任亏空者，非甘代为认赔。因交代例严，姑且依限出结，以免处分。其前任欠交钱粮，或立亲笔约据，或存合同议单，初许事后归还，日久渐成虚语者，往往有之。”[③] 三年六月，署山东巡抚琦善

① 中国第一历史档案馆编：《嘉庆道光两朝上谕档》第 5 册，第 7 页。
② 中国第一历史档案馆编：《嘉庆道光两朝上谕档》第 10 册，第 652—653 页。
③ 中国第一历史档案馆编：《嘉庆道光两朝上谕档》第 26 册，第 616 页。

奏请严州县交代以杜新亏：

东省仓库钱粮前经四次清查，分限弥补，而各州县亏缺因清查而愈多。款项既轇轕不清，头绪又纷繁难理。或诿卸前任，或匿多报少，甚至串通司书，抽换卷宗，弊且无所不至。其在任弥补，按限着追，无非朘削闾阎，挪新掩旧。亏空愈大，限期愈宽，本员仍得频年挥霍。限内遇有事故，库项即属虚悬。

更有甚者，州县离任时，“故作亏缺，藉称曾经代人弥补，禀请作抵；或竟朘削民膏，亦以养廉不敷弥补藉口而掩其贪诈”。① 尽管清廷也赞同严核州县交代，但实际无法落实。吏治风气敝坏，交代已成具文。

道光朝中后期，随着官场因循回护之风盛行与吏治腐败加剧，包括亏空在内的诸多违规事件大都通融、瞒报。道光十二年六月，给事中周贻徽奏：“外省积弊，上下通同一气。无论寻常事件，颠倒是非。即钦交案件，亦复任意拖延，通融消化。地方以幸免为常，上官以无事为福，甚或上司被属员挟制，瞻徇回护，莫可如何。”甚至上司与属员拜认师生，夤缘结纳，“遇有赃款败露及审办错谬、仓库亏空等事，不但不加参劾，赃款则假词代为捏饰，案件则供详听其抽换，亏空则饬属均为摊补”。② 十三年十月二十九日，清廷寄谕各督抚，直言：“疲猾州县克扣赈粮，弥补亏空，病国病民，尤堪痛恨。从前乾隆、嘉庆年间捏灾冒赈之案无不尽法处治，今十数年来各省督抚未有参劾及此者，岂今之州县胜于前人乎？总缘各上司惮于举发，故虽百弊丛生，终不破案，实为近来痼习。”③ 在此情况下，指望严核州县交代以遏制亏空已势不可为。十九年三月，御史张灏奏各省官员交代，“有历数任及十数任轇轕不能清厘者”，其主要原因在于上司勒令新任官员出结认赔：

本管道、府于州县出缺之时，早知仓谷、库款亏短若干，既不能禀揭于平时，自不得不弥缝于日后。往往接任之员尚未到任，督抚、两司先授意道、府，令其豫为说明，或将前任所亏之款勒令全

① 中国第一历史档案馆编：《嘉庆道光两朝上谕档》第28册，第217—218页。

② 中国第一历史档案馆编：《嘉庆道光两朝上谕档》第37册，第279—280页。

③ 中国第一历史档案馆编：《嘉庆道光两朝上谕档》第38册，第536—537页。

> 数认偿，或认一半，余向旧任着追。新任急于得缺，隐忍接收，出结呈报，是到任之始负债已多，势必设法求偿，代完前欠。其不肖之员因上司抑勒出结，代认亏空，遂尔任意挥霍，亏缺愈多，妄冀去任时恳求上司勒令接任者代为认赔。甚至上司明知新任之员操守不端，既欲其弥缝前欠，不得不徇情缓究，隐忍姑容。①

随着各省官员不断接替流动，交代之案不清且愈积愈多，钱粮续亏之严重可想而知。这种情形一直延至清末。

光绪元年十二月二十八日，给事中黄槐森奏州县交代不清，侵耗国用：各省州县“催收民欠，侵挪肥己，亏空款项，或数千金，或至万金”。为弥补亏空，上司各官“责令新任认欠，始委接任，而其剥民归款不计也，而其复至亏空又不计也。乃更为亏空者设法调剂，委以美缺，冀其完缴。愈至亏空，愈为弥缝，愈多差委，是率属以效尤而不顾库款之日绌”。② 交代不清与亏空不绝恶性循环，既损国计，又害民生。光绪二年七月，张观准奏请整顿地方吏治，其中包括“勒接交代”之弊：新官上任之初，“前任亏空已多，上司惧有失察之咎，必欲新官接受，少者数千，多者数万。桃僵李代，不接不能到任”，如有禀揭前任亏空者，必招致上司不满，“或以才力不及而调简，或以办事过拘而改教，甚至别假事端，劾而去之”，因此，新任官员“甫登仕籍，即入债乡。始基不立，安望其廉乎”。③ 此敝习与吏治交相败坏。十年十一月十六日，张廷燎奏各省亏短官员，“悃愊无华之吏绝少，大凡皆习于钻营，惯行贿赂，肆意骄奢，罔知节俭，往往称为才干愈大者亏空愈多”；上司因下属“平日逢迎周至，每姑息优容，不但不登白简，反为之更调优缺，冀图弥补。或于新旧交替时，强使后任分为担承，以致辗转因仍，积欠动至累千累万，不可收拾”。④

---

① 中国第一历史档案馆编：《嘉庆道光两朝上谕档》第 44 册，第 113—114 页。

② 朱寿朋编：《光绪朝东华录》第 1 册，第 181—182 页。

③ 朱寿朋编：《光绪朝东华录》第 1 册，第 263—264 页。文中误将“张观准”作“张规准”。

④ 朱寿朋编：《光绪朝东华录》第 2 册，第 1857 页。

（三）查抄无抵、追赔不力

清廷虽制定详密的查抄及分赔追缴规定，但弥补亏空效果并不明显。

清查亏空时，官员或捏报已故亏空之员家产尽绝。道光六年，直隶总督那彦成奏已故庄咏在沧州任内亏欠银3300余两，经庄诩呈报家产尽绝。其实庄咏及其嗣子庄懋濂等共有宅田1.3万余亩，生息字号十余处。[①] 官员或将亏缺责任完全推卸于已故、已革之员。道光十年正月，御史王玮庆奏各省州县交代，“即或参劾，皆系病休、降革之员。查抄、监追多属无着，仍于帑项无补”。道光帝认为：“一省如此，各省可知。”[②] 光绪十年十一月十六日，张廷燎奏各省所参亏缺钱粮之州县，“俱系已革已故。其于现任人员据实弹劾者，实属寥寥。岂从前漫无见闻，直待其人之已革已故而始行觉察耶?”还有官员“含糊纠参，而查抄监追，不过捏报家产尽绝，敷衍了事，究竟于朝廷正供毫无补益”。[③] 更有甚者如光绪十三年五月户部所奏，已革、已故之员，“其本人家属皆拚一查抄之名，将库款有意席卷，假作亏空”，上司曲为弥缝，“往往亏空者不即参劾，而参劾者多已故已革之员。迨至查抄，万不抵一，甚且以查无其人公然登诸奏牍，而国帑竟归无着”。[④] 可见假做亏空的手法自嘉庆朝至清末一直存续。

亏缺银或变抵不及时归款，或昂价作抵。如道光三年，直隶省清查交代续亏案内册报什物作抵银75万余两，议令尽快变价归款，至六年十一月，仍未催提呈报。[⑤] 道光十四年闰六月，御史蔡赓飏奏外省州县查出亏空，“不肯分厘交出，或立空头借契搪塞一时，或将无用什物昂价作抵。限期已迫，接任人员不得不隐忍结报，其实公项仍归无着”[⑥]。

还有的亏缺银系官员承追不力。道光七年十一月，御史姜梅奏：“应追一

① 中国第一历史档案馆编：《嘉庆道光两朝上谕档》第31册，第14页。
② 中国第一历史档案馆编：《嘉庆道光两朝上谕档》第35册，第16页。
③ 朱寿朋编：《光绪朝东华录》第2册，第1857页。
④ 朱寿朋编：《光绪朝东华录》第2册，第2293页。
⑤ 中国第一历史档案馆编：《嘉庆道光两朝上谕档》第31册，第380页。
⑥ 中国第一历史档案馆编：《嘉庆道光两朝上谕档》第40册，第285页。

切款项除专案勒追外，俱核计银数多寡，予限半年至十余年不等。近来完缴者甚属寥寥，总由承追衙门不肯按限严追，以致习久视为固然。”具体而言，大致有：“本任不缴，诿诸分赔；上司本身不缴，诿诸代赔；子孙有官者以廉俸扣抵塞责；目前无官者以家产呈明，希图豁免。”① 二十一年五月，户部奏甘肃省抚彝厅通判何贵孚亏挪银4万余两被革职，限五年完缴，逾限不完，监追查封。甘肃省奉旨后并不严追；山东省于该员回籍后，定限已逾，亦未查封，对于该员家人呈出器具及典当地亩清单，均不严追入官备抵。② 二十四年十二月二十一日上谕云：各省“积欠案内，地丁正杂银两及应追、应扣、应估变等款叠经降旨严催，而各该省完报者仍属无多”③。兹将道光朝后期广东省长乐等7县亏空案内完欠数额整理为表6-1。

表6-1 道光朝后期广东省追补亏空钱粮已未完额

单位：两（银）、石（粮）

年份	亏空钱粮	长乐	龙门	大浦	普宁	遂溪	英德	长宁	合计
道光二十年（1840）	欠银		3642	323	3836	5745	8299	3322	25167
	已完银		454	46	46	100	2	0	648
	尚欠银		3188	277	3790	5645	8297	3322	24519
	欠粮	694			1272	7791	2079		11836
	已完粮	0			0	0	0		0
	尚欠粮	694			1272	7791	2079		11836
道光二十六年（1846）	已完银		0	0	0	-12	0	931	919
	尚欠银		3188	277	3790	5657	8297	2391	23600
	已完粮	694			0	0	0		694
	尚欠粮	0			1272	7791	2079		11142

资料来源：《呈广东省道光二十年应追各员亏空案内完欠银米数目清单》（道光二十一年，月日不详），录副03-3375-021；《两广总督耆英广东巡抚黄恩彤呈广东省道光二十六年应追原参各年交代亏空案内未完银米谷石清单》（道光二十六年十二月二十四日），录副03-3377-022。

① 中国第一历史档案馆编：《嘉庆道光两朝上谕档》第32册，第366页。
② 中国第一历史档案馆编：《嘉庆道光两朝上谕档》第46册，第167页。
③ 中国第一历史档案馆编：《嘉庆道光两朝上谕档》第49册，第478页。

据表6-1，道光二十年，龙门等6县共亏缺银25167两，已完银648两，已完率为2.6%；长乐等4县亏缺粮11836石。至道光二十六年，龙门等6县内只有长宁县续完银931两，遂溪县反续亏12两，合计续完919两，已完率为3.7%；长乐等4县内仅长乐县续完粮694石，已完率为5.9%。亏缺完缴率极低。

以上情形在清末仍十分普遍。光绪二十三年四月，戴恩溥奏州县亏空数额较大者，“闻风远飏，及奉旨查抄时，寓所衣物往往有仅估价数十金或十余金者。原籍则银钱辎重早先期寄顿藏匿，而地方官每曲意徇庇，转以家产尽绝，率为具结”。若本员已故，由家属代为完缴者，地方官“尤多视为泛常，含混结报，以致款项终归无着，督抚亦无可如何”。亏缺之员“任所寓所有无隐寄赀财，诡秘伎俩或能掩人耳目。至本籍之有无田产，是否宦囊置买，则同乡无人不知。乃地方官竟敢扶同隐饰，实属朋比为奸”，各省“此等风气愈趋愈下，牢不可破”。[①]

（四）调署频繁、责任缺失

州县官员频繁调动，以及实缺未到任、上司派员暂时署理的做法，在清中后期吏治腐败的社会环境中更易滋弊。道光五年七月，御史黄德濂奏请严禁无故改委州县：“近来州县出缺，实缺人员未经到任，上司委员署理，甫署简缺，旋调繁缺，更替无常，弊端百出。该州县既未熟悉地方情形，又以缺非己有，罔知顾惜。词讼则纳贿受赇，催科则多方朘削，甚至交代之际，书役乘机舞弊索诈，于吏治大有关系。”[②]

州县官的任期久暂对其了解地方境况和施政成效，将产生重要影响。道光二十五年左右，贺长龄在贵州巡抚任内下发“饬久任以专责成札”，指出知州、知县“未有知之不真而能行之力者，即未有任之不久而能知之真者”。即使有的州县官明敏干练，履任未久也能对辖区四境了然于胸，但“使任之不

---

① 朱寿朋编：《光绪朝东华录》第4册，第3957—3958页。

② 中国第一历史档案馆编：《嘉庆道光两朝上谕档》第30册，第213页。

久，则或知之而未及行，或行之而未能竟，亦于地方无大裨益”，更何况这样的官员“又未可多得”。他批评官缺调剂的危害：“自调剂之议起，于是为人择缺，日事纷更”，贵州官场有“过冬”之说，得优缺者，知道自己不能久任，“但思亟肥囊橐，而不暇恤民生”；得瘠缺者认为上司必为之调剂，“营竞窥探，更无心于民事”，因此一过冬，“皆摇摇有去志”。即便有实心任事之官员，胥吏“意其将去，亦且呼唤不灵”，匪徒以为其“无能为，更或肆行无忌”。他札饬该司，结合贵州各官缺情况，除实系入不敷出之缺，“另行详定，任满二年公事无误者，量予调剂冲途各缺，应察看差事繁简，经理是否得宜，随时酌办”，其余州县，“嗣后无论正杂，凡有地方之责者，均以三年为断”，加强考核，严明奖惩，期望可以“挽积习以破俗见，饬吏治以固民心”。[①]

光绪元年五月，彭玉麟奏自强之策，在“清吏治”一节中说：“近来各省风气，往往因候补人员拥挤，轮署州县，而实缺转少。从此官常愈坏，百姓之受祸愈酷。”缘何出现这种情况？他将官员署任生动地比喻为租赁房屋：“官员之署事，譬之住屋之租赁。自家住宅，稍有破坏，急急补治，责无旁贷故也。若借屋暂居，明知非我之屋，不特不加修葺，甚至任意糟蹋，拆屋作薪。久之辗转租赁，势必至栋折榱崩而后已。今之委署人员，大率类是。”[②]无独有偶，在光绪二十九年十月二十九日的一道谕旨中，统治者亦将官员更替太繁比喻为“传舍”：“近来各省州县真能尽心民事者殆不多得，或由瞻徇情面，用非其人；或由更替太繁，视同传舍，皆足为地方之害。”[③]

晚清官员的频繁调署无疑大为降低了其勤政爱民的责任心，是导致吏治腐败的重要因素之一，钱粮亏空莫不与此密切相关。

（五）捐输泛滥、吏治败坏

清朝国家财政紧绌时，常通过捐输或捐监（富民出资报捐获得监生资格）筹集资金。清前期，统治者因注重官员正途出身，对开捐例十分谨慎。嘉庆

① （清）贺长龄著，雷树德校点：《耐庵公牍存稿》卷三，载《贺长龄集》，第367—368页。

② 朱寿朋编：《光绪朝东华录》第1册，第77页。

③ 中国第一历史档案馆编：《光绪宣统两朝上谕档》第29册，第333页。

朝以后，由于国家财政吃紧，开捐例次数较前为多，官吏流品愈杂、吏治日坏，引发恶性循环。

咸丰十一年，冯桂芬在“变捐例议”中说：“近十年来，捐途多而吏治益坏，吏治坏而世变益亟，世变亟而度支益蹙，度支蹙而捐途益多，是以乱召乱之道也。居今日而论治，诚以停止捐输为第一义。”[①] 此后，清廷因财政匮乏，救荒经费短缺，为筹集赈款，甚至捐卖实官，“同治中闽赈，光绪中津赈始行之”。“丁戊奇荒”以后，赈捐从山西省推广至直隶等10省，捐卖道员、知府、知州、知县四项实官。[②] 光绪四年，清廷下诏永停捐纳实官，次年五月一律停止。光绪九年以后，又因海防、“郑工”等事而开捐例。[③] 当官职成为可以买卖的商品，捐输者任职后必定在捞回成本的同时大肆谋取私利，加剧晚清官场黑暗与政治腐败。

光绪二年七月，张观准奏：“近年以来，捐输太滥，保举太多，州县系亲民之官，所关非浅。流品日杂，难保无刻剥小民贪酷任性之端。即如亏空之案，甫经查办，新款又有亏缺。”[④] 七年八月，李肇锡指出自咸同时期筹措军饷以来，官员流品芜杂已达极点，捐输之州县官对地方吏治影响最大。这些人员分为两类：其一，极其富足者捐官后，“无损于毫末，第以仕途为光宠而已，而豪奢成习。幸处脂膏，则肆其挥霍。不幸而缺分稍瘠，势必至于亏帑剥民”；其二，竭蹶集资以捐官者，“往往日暮途穷，视一官为取偿之计，一旦履任，计母取赢，不充其囊橐而不止。纵或终以墨败，而宽典可邀，亦仅降调耳褫职耳。厚资坐拥，曾不失为富民”。[⑤]

光绪朝中后期，捐项繁多，除新开海防捐外，尚有盐捐、当捐、房捐等，皆准奖叙实官，并准许移奖亲族；而且各捐户“私自减成，或六七折，或四五折，其价愈廉，趋之若骛。故各省候补人员，道府多至千余人”。光绪二十二年十一月，陈兆文的奏疏详尽阐述捐官泛滥与侵亏钱粮的密切联系。他认

① （清）冯桂芬著，陈正青点校：《校邠庐抗议》，第60页。
② 李文海、周源：《灾荒与饥馑：1840—1919》，第318页。
③ 汤寿潜：《危言》卷一《停捐》，载汪林茂编《中国近代思想家文库·汤寿潜卷》，第17页。
④ 朱寿朋编：《光绪朝东华录》第1册，第263页。文中误将“张观准”作“张规准”。
⑤ 朱寿朋编：《光绪朝东华录》第1册，第1161页。

为捐官者能力有限，实难胜任，“州县为亲民之官，即读书数十年，尚恐不能周知民隐。今则持银数千两，不数月即可履实任，而谓其能胜任愉快，臣不敢信也。道府有表率之责，即如部院人员，历练数十年尚有才力竭蹶者，今则持银数千两，遂能委差署缺，而谓其能无惭厥职，臣不信也”；又指出捐官者多属牟利取偿之辈，“草茅之士，被以章服之荣，其始尚觊慕虚名，其继乃因缘为利。而市井纨绔之辈，或鬻卖田产，或借贷亲友，家非素封，人思躁进，一旦得志，无不肆其掊克之谋，以为取偿之计”。捐官者在任内上亏国帑，下朘民生，“捐输原为筹饷计，若今日之捐输，非惟无补于军糈，实则暗亏夫国帑”，这缘于他们将做官视为“贸易”，“往往因本求利，每署一缺，补一官，只计出产之肥瘠，而地方之利病，生民之休戚，不遑顾问。故钱粮所入，略一侵吞，已逾原捐之数。即令严察重究，而所侵之款已归无着”。[①] 同一时期的汤寿潜也指陈开捐例后筹款不见增加，钱粮反更多亏缺，“始缘度支之不足而开捐例，继反缘开捐例而度支愈形不足。明朘民膏，暗亏国计，享微利而蒙大害，流品之杂，名器之滥，犹弊之浅而易见者也。”他劝告清廷，若不停捐例，“仍前冗滥，不顾其后，旧例未闭，新例复开，十羊九牧，官多民少……其尚堪设想也哉！”[②]

清中后期捐纳、捐输的盛行，使金钱与权力赤裸裸地挂钩。钱和权的结合使得清代社会的中层——官员和下层越来越趋向断裂，下层的贤才上不去，中、下层的钱上得去，中层成为自私、牟利的群体。他们用钱买官，以官生利，已无法起到稳定社会和国家统治的作用。这个自汉代形成的中层（文官），经宋代养士而不断扩大并成为社会、经济的中层（文官或士绅），从18世纪始出现弊病，19世纪开始衰败，直到1911年伴随清朝覆亡而崩溃。[③]

三、田赋蠲缓与弥缝亏空的关联

嘉道以降积欠问题日益严重，清廷逐渐形成大致每10年普免积欠的惯

① 朱寿朋编：《光绪朝东华录》第4册，第3911—3912页。
② 汤寿潜：《危言》卷一《停捐》，载汪林茂编《中国近代思想家文库·汤寿潜卷》，第18页。
③ 参见许倬云著，陈宁、邵东方编《历史分光镜》，中华书局2015年版，第215—222页。

例。积欠包括因灾缓带征钱粮与熟田民欠钱粮两部分。民欠与亏空有本质区别，民欠为州县未征之项，亏空为州县已征未解之项，故民欠不在亏空之内。[①] 地方官通过田赋蠲缓弥缝亏空的方式主要有重征已蠲缓钱粮、征多报少、以完作欠、捏歉缓征、官亏混入民欠等。

通过田赋蠲缓弥缝亏空的做法并非嘉道以降的新现象，清前期即已存在。康熙四十八年（1709）谕："凡遇饥荒，即蠲本年钱粮及历年逋欠，又留漕赈济，但恐民未必得沾实惠。闻江南有催征蠲免钱粮以偿己之亏空者，科道何以不行指参？"[②] 康熙五十六年，清廷蠲免直隶、安徽、江苏、浙江、江西、湖广、陕西、甘肃带征地丁屯卫银 239.838 万余两，以及安徽、江苏带征漕项银 24.75 万余两、米麦豆 57 万余石。[③] 连续多次普免积欠为地方官征收钱粮捏完作欠，待恩诏蠲免开方便之门。康熙五十八年，安徽凤阳府属颍州知州王承勋控告布政使年希尧、凤阳府知府蒋国正于五十六年、五十七等年蠲免民欠钱粮时，"司府钩（勾）通，捏造民欠，冒蠲银四千余两"。五十九年审实，先是前任颍州知州王盛文亏空帑银，捏造民欠，蒋国正"不行查出"。迨王盛文病故后，蒋国正承认代赔，并无完解，后于蠲免民欠时，将应赔银 3790 余两混入民欠，希图冒蠲。[④] 雍正时期，清廷已洞悉征多报少、以新掩旧之弊。地方官以民众逃税掩饰亏空，甚且捏造欠赋造成清廷库储短缺。[⑤] 乾隆三十年（1765），浙江诸暨县官吏以完作欠、侵蚀钱粮一案较为典型。

乾隆三十年十月，都察院奏浙江诸暨县民钱名标等控告该县官吏将已征钱粮捏报未完，通同侵蚀。清廷派刑部侍郎四达前往浙江，会同巡抚熊学鹏查办。[⑥] 其实早在钱名标等控告之前，诸暨县生员陈驹赴巡抚衙门控告，熊学

① 中国第一历史档案馆编：《嘉庆道光两朝上谕档》第 19 册，第 876 页。

② 《清圣祖实录》卷二三九"康熙四十八年十月丙午"条，《清实录》第 6 册，第 385 页。

③ 《清圣祖实录》卷二七五"康熙五十六年十一月丙子"条，《清实录》第 6 册，第 700—701 页。

④ 《清圣祖实录》卷二八六"康熙五十八年十一月丁酉"条；《清圣祖实录》卷二八八"康熙五十九年五月己卯"条，《清实录》第 6 册，第 789、803 页。按：原文"四十六七等年"应为"五十六七等年"。

⑤ ［美］曾小萍著：《州县官的银两——18 世纪中国的合理化财政改革》，董建中译，第 66 页。

⑥ 《清高宗实录》卷七四七"乾隆三十年十月己巳"条，《清实录》第 18 册，第 223 页。

鹏饬委绍兴府知府高象震审系妄控，熊学鹏以所讯未确，再派员会审。十二月，清廷因高象震审理此案“不无回护徇庇之处，着即解任质审”；与高象震一同审案的同知彭元玮亦被“解任，严行究审”。诸暨县知县黄汝亮在此案发觉之际，“不前不后，告病回籍，其中显有情弊”，被革职拿问，交原籍地方官解赴浙江，“与案内有名犯证一并审拟具奏”。据四达等查奏，该县官吏接奉蠲免谕旨后，只有判行出示之稿，未将各粮户姓名、欠数张挂告示，而且将串号和数目以大改小、以完作欠。乾隆帝命四达、熊学鹏将案情“逐一推求严讯，务期水落石出，不使丝毫隐饰”。①

乾隆三十一年正月，案情大白。诸暨县书吏等在此案中串通舞弊，“甚属狡狯巧诈，非寻常作奸犯科可比”。粮书蒋御侯等将粮户所完银钱私自挪用，“于连三串票、流水簿内先用淡墨细笔将大数混写小数送署查验。发出后，再用浓笔改写大数，或先写零数再添整数给付本人。不但掩饰纳户耳目，即拆封亦无从查察”。知县黄汝亮征收钱粮时，“止就粮书开送签追，遂致该书吏等将粮多大户设法按捺，任意侵那（挪），并将南米折收侵用”。待届钱粮奏销，“概系先侵后吐，那（挪）掩弥补”。乾隆三十年春，清廷蠲免浙江省历年缓带银米，该县粮书等知事已败露，商同册总张擻将此前侵用银米捏作民欠，希冀开销，但又恐粮户执票告发，遂“托言划抵新粮，骗回灭迹”。知府高象震访闻后查调征册，书吏等贿通知县黄汝亮之子黄其聪，“抽换册簿，补印申送，冀图狡饰朦混”。待刑部侍郎四达奉旨查案，黄汝亮见事已发觉，乘机告病回籍。乾隆帝认为“一县如此，他省州县亦未必无此等情弊”，传谕各督抚“严饬所属实力防范，仍不时留心查察。如有似此弊端即行据实严参，毋得稍事姑息”。②

嘉道以来，随着亏空问题的严重与吏治腐败，清廷旨在实惠及民的蠲缓制度逐渐成为官员弥缝亏空的重要途径。以下讨论官员如何趁清廷普免积欠之机，将官亏混入民欠，或以完作欠，弥缝亏空。

---

① 《清高宗实录》卷七五〇“乾隆三十年十二月乙巳、丙辰”条，《清实录》第18册，第253—254、258—259页。

② 《清高宗实录》卷七五二“乾隆三十一年正月丁丑”条，《清实录》第18册，第275—276页。

直隶省除地丁钱粮外，尚征收八项旗租。该旗租在乾隆年间较原额有所增加。嘉庆四年，直隶总督胡季堂因旗租积欠较多，奏请规复原额，大学士王杰等会同户部议驳。清廷依议，认为直隶旗租增额以后曾经两次清查，20余年间报欠项两次，不过银19万余两，“乃自乾隆五十七年三次清查，五年之间报欠竟至六十八万余两，每年较多十数倍。显系近年各州县经理不善，或以完作欠，或将此项旗租挪补地丁亏空，未必实欠在民，安得以增租为藉口？”① 五年，面对各省2000余万两的巨额积欠，嘉庆帝心知肚明，“此项银两岂尽实欠在民？外省地方官于应征钱粮往往挪新掩旧，以征作欠。”② 嘉庆十九年六月，那彦成奏直隶省嘉庆二年至十八年积欠并借给折色银340余万两、米粮谷豆14万余石，“为数过多”，请蠲免三分至五分。嘉庆帝断然拒绝，指出该省前次办理清查之后，“业已严降谕旨，各州县不准丝毫再有续亏，嗣后亦不得更藉清查名目以为掩饰亏空地步。那彦成到直未久，复为此奏，自系该省属员欲将亏空混入民欠之内，创为此议，觊觎邀免”，还在拟定上谕中引述那彦成蠲免奏请内容之处，朱笔添写“所奏乖谬之极”。③

针对江苏省严重的亏空问题，嘉庆十九年九月十六日上谕指出：“江苏仓库亏缺，皆缘贪官污吏恣意侵欺，饱其欲壑。平素视国帑为己私，指官亏为民欠，究之实在致亏之由，与民何涉？”嘉庆帝在拟定上谕内容之后朱笔加写“实堪切齿痛恨，断勿令其幸免”。④ 同年十月二十四日，上谕针对御史孙世昌奏清厘缓征积弊一折，指出：钱粮缓征“原为小民生计艰难，未能按期输纳，是以量予展缓，俾民力得以稍纾”，但督抚、布政使“不能仰体德意，任令地方官展转延压，催征挪用。迨届应征之期，又复多方掩饰，捏称民欠。是官侵吏蚀，恣饱欲壑，使朝廷泽不下究”。⑤

嘉庆朝前中期，由于白莲教起义、黄河泛滥等，“十余年间，所费帑金数逾十千万。国家财赋岁有常经，实有入不敷出之势”，故嘉庆十四年适值嘉庆

① 中国第一历史档案馆编：《嘉庆道光两朝上谕档》第4册，第389页。
② 中国第一历史档案馆编：《嘉庆道光两朝上谕档》第5册，第11页。
③ 中国第一历史档案馆编：《嘉庆道光两朝上谕档》第19册，第490页。
④ 中国第一历史档案馆编：《嘉庆道光两朝上谕档》第19册，第697页。
⑤ 中国第一历史档案馆编：《嘉庆道光两朝上谕档》第19册，第819—820页。

帝五十寿辰，并未普免全国积欠。[①] 此后，嘉庆帝依然对普免积欠较为谨慎。二十三年八月，陕甘总督长龄奏称："明年恭逢万寿庆典，天恩浩荡，十六年以后积欠如蒙恩蠲免，当督率藩司于本年秋征时实力稽查。"嘉庆帝览奏后指责曰："所奏大属非是。蠲免钱粮恩出自上，明岁庆典施恩，朕尚未明降谕旨，该督何所见而知积欠必应蠲免，先为此奏，预行尝试。长龄着传旨申饬，该督仍督率藩司、道府州等，将十六年以后民欠借粮照常催征，实力稽查。"[②] 但四个月后即十二月十二日，嘉庆帝在"正供所入谨制国用，尚可无虞匮乏"之际，下诏宣布于二十四年六十寿辰时普免积欠，"蠲除积逋，俾小民户免追呼，共享含哺之乐"。[③] "绪论"已述，御史盛惇大针对此次普免积欠中不乏官侵吏蚀之项，奏请蠲免正赋十之一二，将各省积欠仅免"远年少许"的建言，被嘉庆帝否决并遭到斥责。

嘉庆二十四年普免全国积欠过程中，各省官亏、民欠牵混的严重问题随之暴露。是年初，巡抚和舜武查报山东省民欠钱粮 860 余万两，声称："东省曾经两次清查，其中正杂仓谷等项及各属交代奏参各案，并垫支、垫解、挪亏各款，均须厘剔分明，分别办理。如奉旨蠲免后，将已征未解银两续完司库者，另行报部拨用。"嘉庆帝对此巨额民欠颇为怀疑："普免天下积欠，原以惠爱黎元，非为官侵吏蚀开通融弊混之门也。该抚既称将实在民欠数目查明具奏，又称交代亏挪各款尚须稽核，是现在所查数目不尽实欠在民，隐有官亏在内，情事显然。况所免系民欠并非官亏，汝等竟欲牵混，不惧国法乎？且阅单内所开节年欠数，嘉庆元年至九年少者数千，多者不过数万；自十年以后，由数十万增至百余万。此谓悉属民欠，谁其信之？"[④] 随后，清廷派程国仁查办山东省官亏、民欠牵涉情形。经过四个月初步清查，泰安、武定、兖州、沂州、曹州、登州、莱州、青州八府，嘉庆元年至二十二年实际民欠约计只有 200 万两，济南等府州民欠不多于此数。此前和舜武所奏据布政使广

① 中国第一历史档案馆编：《嘉庆道光两朝上谕档》第 23 册，第 590 页。
② 中国第一历史档案馆编：《嘉庆道光两朝上谕档》第 23 册，第 335 页。
③ 中国第一历史档案馆编：《嘉庆道光两朝上谕档》第 23 册，第 590 页。
④ 中国第一历史档案馆编：《嘉庆道光两朝上谕档》第 24 册，第 39 页。

庆所报，未将官亏630余万两剔除，统入民欠数内，以致混乱不清。[①]

安徽省积欠中官亏、吏蚀与民欠混杂的情况亦不容乐观。嘉庆二十四年六月，前任安徽巡抚康绍镛奏："安省积欠灾缓居多，历年奏销册报未完之数即有历次清查案内官亏之数在内，必须一一剔除，且须除去二十二年清查后官缴之数，及二十三年奏销后民完之数。……复核各属造报各册，仍有参差之处，责成该管府州吊查簿串，亦未结报齐全。必须详慎勾稽，再行详请核奏。"[②] 两个月后，新任安徽巡抚姚祖同奏称，该省积欠额剔除清查案内官亏与清查后完缴数目，仍有银460余万两、米麦46万余石，其中"实难保无影射牵混之弊"。八月十三日，嘉庆帝颁发上谕，认为姚祖同系新任巡抚，"前此即有舛错，均非伊任内之事，无所庸其回护"，并考虑到他上任未久，"一时不能查核清晰，亦不必自陈惶悚"，只需及时将"各处遍贴誊黄，小民家喻户晓，已免追呼之扰"，还特别给予他查办安徽省积欠较为宽松的期限，"其勾稽数目，原恐州县弊混，不必定于庆节前奏到"，"惟当调齐册籍，亲加检阅，勿令官亏、吏蚀混入民欠之内。能于明春查明具奏，固属甚善，即迟至夏间亦无不可"。平心而论，这种查办安徽省积欠的方式和节奏符合实际情况。就在此时，曝出安徽无为州前任知州将钱粮串票销毁，署任知州、六安州知州牛映奎捏报民欠，办理牵混，被解任提审。[③] 这表明，安徽省积欠情形混杂，清查、厘剔需时。

如果说六月至八月嘉庆帝针对安徽省积欠办理的态度尚表现得不疾不徐，那么至九月十三日，其态度发生明显"催促"之变化。其直接原因是各省接奉普免积欠谕旨后，很快将积欠额查明奏报，只有安徽省因"积欠数目过多，恐不肖州县藉端影射，月余以来分别指驳，其玩误尤甚者，不能不指参以除痼习"。与其他省查办积欠的"高效"相比，姚祖同的做法显得与嘉庆帝对普免积欠谕旨"系自嘉庆元年以来朕大赉寰区第一恩旨，原期普惠群黎，共臻乐利"的标榜、期待与急迫落实的心情不同频。嘉庆帝虽然仍肯定姚祖同

① 中国第一历史档案馆编：《嘉庆道光两朝上谕档》第24册，第201页。
② 中国第一历史档案馆编：《嘉庆道光两朝上谕档》第24册，第289页。
③ 中国第一历史档案馆编：《嘉庆道光两朝上谕档》第24册，第410页。

"向于钱粮出纳稽核认真"，这也是他被擢任巡抚的原因，但又强调此次查办积欠，"总在于现任各员内详加查访，如有以完作欠、侵欺入己者，自当严参惩办。若亏挪在前，其人已故，辗转搜剔，不过此时于积欠数内共计减除若干，将来分别着追，帑项仍归无着"。可见，嘉庆帝对清查积欠和清查亏空的态度不同，前者重效率，尽快查清数额以及时普免、行庆施恩，故只因"帑项仍归无着"的结果而否定姚祖同着力清查积欠的做法，责令他"仰体朕意，不可以行庆施惠之事转致过于苛刻。着即将该省积欠数目分晰查明，于年内奏到，以便降旨施恩"。[①] 这与嘉庆帝八月十三日所言"能于明春查明具奏，固属甚善，即迟至夏间亦无不可"相比，时间已大为提前。

在嘉庆帝催促下，两个月后，姚祖同将安徽省民欠及因灾缓征带征银谷等款数目开具清单奏报。二十四年十一月十三日上谕云，安徽省嘉庆元年至二十二年民欠熟田项下地丁等款正耗银 51.4065 万两、行月南米 0.3318 万石，因灾带缓项下地丁等款正耗银 383.3075 万两、漕南兵屯米麦 43.5945 万石、社谷黄豆 1.9716 万石，"全行豁免"[②]。安徽是最后一个奏到积欠额的省份，至此全国积欠额亦得以明确。十一月十四日，内阁奉上谕公布此次普免积欠总额为银 2129.687 万两、米谷 404.527 万石。其中江苏、安徽、山东三省积欠额"居其过半"，而安徽省积欠地丁银 434.714 万两，超过江苏省积欠地丁银 418.6986 万两、山东省积欠地丁银 356.3659 万两，居全国之首。[③]

嘉庆帝深知各省地丁钱粮系"国家惟正之供，不容稍有侵欺拖欠"，此次普免积欠银粮额至 2500 万两之多，在他看来，"原系特沛之恩，将以藏富于民，欲使闾阎益臻充实，并非为贪官污吏开欺隐之门"，但其初衷却难免钱粮拖欠。二十五年二月，给事中周鸣銮奏请除拖欠钱粮之弊："官吏侵渔动至盈千累万，小民妄希蠲缓，不肯踊跃输将，总由该管官不能查察督催，以致逋欠积久愈多。"嘉庆帝朱笔批示："此弊实有。总在上司不肯认真查核，一味姑容、取悦下寮之故。"周鸣銮所言外省官员督催钱粮不力、粮户希冀蠲缓而

---

① 中国第一历史档案馆编：《嘉庆道光两朝上谕档》第 24 册，第 454—455 页。
② 中国第一历史档案馆编：《嘉庆道光两朝上谕档》第 24 册，第 602 页。
③ 中国第一历史档案馆编：《嘉庆道光两朝上谕档》第 24 册，第 606—607 页。

不肯积极缴纳，只触及积欠弊端的浅表层次，而清廷亦未颁行针对此弊的有效措施，仅于二月初八日通谕各省督抚："严饬所属州县，将应征钱粮按限征收，随时报解，督征各上司认真稽查，层层考核。倘有侵匿拖延，立即严行揭参，按律究办，并晓谕小民及时输纳正供，不得妄冀蠲除藉端抗欠。使官皆奉法，朘削无闻，自民乐趋公输将恐后矣。"① 这一"倡议"性的通谕显得苍白无力，于事无补。

嘉庆二十五年三月初四日，内阁奉上谕批出对御史李肄颂条陈民欠积弊折的处理意见，主要内容有三点：一是各省粮户照例自行完纳钱粮，"如有交通胥役，日久挂欠者"，由该州县官钩稽，一经查出，将包揽之胥役斥革严惩，将粮户一并惩处，"以免拖延"；二是民间典当地亩"未经过粮者，因应征钱粮仍系原业户收回交纳"，不免预支、侵用，还有"年限已满，匿不投税过粮者"，命地方官清厘，"以杜影混"；三是因"纷扰难行"，驳回该御史"粮、地不符，请敕各直省按某里某段逐一清查"之奏请。② 李肄颂的条陈与清廷上谕，均系老生常谈，无甚新意。该御史所奏聊尽言官职责，清廷对其建言的处理也只是"照例"而行，至于土地清丈，则属"知而难行"之事。

嘉庆帝普免积欠的急切，加以官亏、吏蚀、民欠混杂而来不及清查，在很大程度上助推官亏、吏蚀混入民欠之情形愈趋严重。嘉庆朝的普免积欠为此后历届普免积欠首开恶端。嘉庆帝及其后诸帝以普免积欠代替康乾时期的普免钱漕，这一做法对他们继续施行"惠民""养民"之大政的心态或信念起了重要作用。尽管此心态或信念在很大程度上只能说是"聊以自慰"甚至是"自欺欺人"了。

"绪论"及第三章已述，道光初年，御史袁铣针对钱粮蠲缓、积欠与亏空问题两次奏请改革，均被驳斥。此后亏空问题愈加严重，积欠额越来越大，清廷唯有普免积欠，别无善策。其间，官亏混入民欠，以完作欠屡见不鲜。道光四年二月，署山东巡抚琦善参奏已革博兴县知县宗殿飏不将已征钱粮及

---

① 中国第一历史档案馆编：《嘉庆道光两朝上谕档》第25册，第39—40页。

② 中国第一历史档案馆编：《嘉庆道光两朝上谕档》第25册，第90页。

时批解，于查办豁免时列入民欠，显为前已亏缺，事后捏报；在任知县谢增于宗殿飏将已征未解列入民欠交代时并未查出，率行出结，应交吏部议处。[①]十二年十一月，有人奏河南省钱粮之前并不短少，自道光二年各州县亏银240余万两、仓谷20余万石，吏役等舞弊分肥，“即或上司查出，无非推在民欠，上司无可如何。相沿日久，恐无底止。”[②]

道光十五年，清廷普免道光元年至十年积欠。同年十月，御史况澄奏：“各省于应行豁免各款，或先期征存，不行流抵；或既奉蠲免，不为扣除；或以官亏捏报民欠，吏胥等又复从中侵渔。是实惠不能及民，徒饱官吏之橐。”[③]此后积欠递增的速度快、数额大。二十五年，清廷普免道光十一年至二十年积欠。至道光二十八年十月，户部奏各省积欠正征、缓征银2390万余两。户部奏催后，各省“大半完纳新款，其旧款则任意宕延，冀得届期豁免。是以国家蠲租免赋之恩，藉遂有司侵蚀亏那（挪）之计”[④]。十二月二十七日，耆英奏各省征存不解、以完作欠，利用蠲免制度中饱钱粮：“各省已征未解，难以数计，年复一年，是以入不抵出。其已征款内，不肖州县竟有不即扫数完解者，一遇覃恩，朦混详报即邀宽免。要知此项系已征于民而中饱于官，实非应行宽免者。”[⑤]

咸丰元年，清廷普免道光二十年至三十年积欠。给事中袁甲三奏蠲免民欠请严除积弊：“历届豁免积欠成案，各省因驳饬行查，有迟三数年而不结者，良由本无限期，以致辗转耽延，官吏营私弊端丛出。”正月十二日上谕针对此奏，认为“若不豫为制防，是竟以加惠之政遂若辈溪壑之私，尚复成何事体”？此届普免将咸丰元年之前的积欠免除，各省均无蒂欠，且又适值道光末年清查各省仓库初步完成，“民欠款目皆已剔清，外司内部已知确数，势固较然难欺。即近年奏销在清查以后者，亦不难将征册、串根核其实欠数目”。清廷命各省于接奉蠲免谕旨后三个月，详晰开单奏报，令户部及时查明复奏；

① 中国第一历史档案馆编：《嘉庆道光两朝上谕档》第29册，第63页。
② 中国第一历史档案馆编：《嘉庆道光两朝上谕档》第37册，第656页。
③ 中国第一历史档案馆编：《嘉庆道光两朝上谕档》第40册，第435页。
④ 中国第一历史档案馆编：《嘉庆道光两朝上谕档》第53册，第346页。
⑤ 中国第一历史档案馆编：《嘉庆道光两朝上谕档》第54册，第48页。

还强调誊黄告示，“地方官务须遍贴城乡，并将里户豁免实数清单另刊，粘于誊黄之尾，使穷乡僻壤无不周知”。[①] 即使如此有利的清欠时机且有严密规定，仍难免官亏混入民欠。

咸丰元年六月，山东巡抚陈庆偕奏报查明道光二十九年以前民欠及三十年灾缓银粮确数；八月初，户部复核后奏请将其蠲免。此间，陈庆偕奏称山东省额征银 390 余万两，“递年民欠及水旱偏灾展缓正赋，为数较巨。自道光二十一年起至三十年止，历年既久，其中难保无官亏隐入民欠情弊”[②]。他的担忧很快得到印证。九月，山东省阳信县民商秉正控告知县多瑞伪造赤书，改官欠为民欠。经审讯，多瑞供称征粮赤书流水于五月被烧毁。钱粮完欠以赤书为凭，多瑞待被人告发，方称被烧，“显系有意消弭，希图抵饰”[③]。咸丰三年九月，山东省应征未解银一百五六十万两，其原因“总由不肖州县任意浮加，不恤民瘼，以致催科虽迫，裹足不前；又或胥吏隐匿侵吞，以完作欠”[④]。

清廷令督抚于奉到普免积欠谕旨三个月后查明积欠额奏报，奏报时间迟延越久，蠲免积欠越易滋弊。咸丰元年四月十四日，户部奏各省接奉蠲免谕旨后，“盛京、黑龙江、陕西、浙江等省均已奏到。山东省近在京南，至今尚未开列清单，奏请豁免”，请旨敕下东抚陈庆偕，“督饬藩司迅即确查节年民欠，详晰奏陈，毋任辗转耽延，致滋弊窦”。[⑤] 但山东省迟至六月方奏到积欠确数，较既定时间迟逾三个月。在迟延奏报积欠确数方面，河南省是一显例。

咸丰二年十一月十五日，上谕针对户部奏请饬催河南应豁民欠册报一折，指出：各省积欠额均已奏到，“惟河南省至今尚未造报，屡经该部咨催，仍以调验册串为词，任意稽延，且恐有以完作欠，希图弥缝隐混情弊”，命其赶紧办理，“于年内开单具奏”。[⑥] 那么，河南省是否值此普免积欠之机，弥缝亏挪

① 中国第一历史档案馆编：《咸丰同治两朝上谕档》第 1 册，第 16—17 页。
② 祁寯藻集编委会、中国第一历史档案馆合编：《祁寯藻集》第 3 册，第 122 页。
③ 中国第一历史档案馆编：《咸丰同治两朝上谕档》第 1 册，第 397 页。
④ 中国第一历史档案馆编：《咸丰同治两朝上谕档》第 3 册，第 328 页。
⑤ 祁寯藻集编委会、中国第一历史档案馆合编：《祁寯藻集》第 3 册，第 66 页。
⑥ 中国第一历史档案馆编：《咸丰同治两朝上谕档》第 2 册，第 405 页。

款项？三年十一月，江忠源奏报太平军由安徽舒城攻至庐州，情形紧急，饷需刻不容缓。清廷令河南巡抚英桂于该省无论何款，先筹拨银五六万两解皖。半个月后，英桂复奏：“司库实已无款可筹，敕部另拨邻省现存之款，迅速解往，俾应急需。”户部盘点河南财政收支，指出：“地丁耗羡正杂款项每年约征银四百万两，除河工、兵饷以及本省留支一切开销外，尚应征存银一百数十万两，纵各属偏灾停缓，不能一律征齐，而节年带征之款，其数应足相抵。即谓被贼之处未便追呼，其未经扰及州县，岂容概从宽缓”，加以“文武各官核减养廉，以济军饷，该省自夏季至今，亦可提扣银十万余两；此外清查追补之项，减成捐监之项，设局劝捐之项，约累计之，奚止亿万”。对于英桂所奏库存银不足 2 万两，祁寯藻等认为：“若无亏挪情弊，断不竭蹶至此。”[①] 河南省道光二十年至三十年积欠额直至咸丰八年正月方查明呈报，[②] 此时已距清廷下恩诏普免积欠长达八年之久。

河南省稽延时日，不及时呈报积欠额的情形并非上述一例。同治元年二月，清廷普免咸丰元年至九年积欠。同治三年十二月初十日，户部奏：河南应免各案“至今尚未具奏，且查咸丰九年以前奏销案内，节年应题之件已有一百三十余件之多，皆因该省应豁银两未经奏报，不能与吏部会议，以致应题之案愈积愈多”。上谕指出：“豁免民欠原冀恩膏速沛，普及穷黎，乃该省奉旨数年之久尚未办理，即谓调验勾稽有需时日，亦不应如此迟滞，更难保无不肖州县重复征收，胥吏从中积压等弊。”[③] 四年十二月二十八日，河南巡抚吴昌寿始奏到应免积欠额，[④] 距恩诏普免积欠四年之久。

同治十一年九月，清廷普免咸丰十年至同治六年积欠。河南巡抚李庆翱于光绪二年十二月初四日始呈报积欠额，[⑤] 距恩诏普免积欠四年多。

---

① 祁寯藻集编委会、中国第一历史档案馆合编：《祁寯藻集》第 3 册，第 254 页。

② 《河南巡抚英桂呈豫省历年民欠地丁正耗及因灾缓征带征银米并漕项等项各数目清单》（咸丰八年正月二十八日），录副 03-4352-016。

③ 中国第一历史档案馆编：《咸丰同治两朝上谕档》第 14 册，第 429—430 页。

④ 《河南巡抚吴昌寿奏报本省新旧民欠丁耗银两数目并请蠲免事》（同治四年十二月二十八日），录副 03-4849-003。

⑤ 《河南巡抚李庆翱奏报查明同治六年以前应蠲民欠钱粮数目事》（光绪二年十二月初四日），录副 03-6195-049。

光绪元年三月，清廷普免同治七年至十年积欠。河南巡抚涂宗瀛于五年六月三十日始呈报积欠额，① 距恩诏普免积欠五年多。

光绪十年八月，清廷普免同治十一年至光绪五年积欠。迟至十七年五月十七日，河南巡抚裕宽始奏到应免积欠额，② 距恩诏普免积欠长达近七年。

光绪十五年，清廷普免光绪六年至十三年积欠。山东巡抚福润于二十年二月三十日始奏报应蠲免数额，③ 较普免恩诏颁发已逾五年。

晚清河南省捏歉托缓中饱钱粮，以完作欠弥缝亏空的伎俩，在光绪三年六月即被浙江道监察御史孔宪瑴揭破。他疏称：

> 豫省官吏向染河工习气，竞尚奢靡，所办公事率多粉饰欺蒙，毫无实际。民之存亡疾苦，略不关心。其于地丁正赋任意亏空，又恐报解不济，上司诘责，则平时预先捏灾求缓，将已征钱粮私饱囊橐。交代不结，拖延岁时。一遇恩诏下颁，则在任之官竟敢私改征册，去任之官与后任之官通同作弊，捏官征为民欠，照例请免，以朝廷特沛之恩而转为不肖州县消弭亏空之地。④

光绪十年十一月，御史张廷燎进一步指出上述情弊之普遍与严重程度触目惊心。河南百余州县中，"洁己奉公、绝不染指者，十无一二。其所侵蚀，每年不下二十余万两，合五年以内计之，亦百数十万两不止"⑤。

河南省如此，他省情形亦如是。广东省自咸丰四年（1854）"红巾军"起义爆发后，伴随积欠蠲免，此前尚不严重的民欠与州县亏空突然加剧，"民欠纷纷始起，而州县借此亏空，各缺较前反美"⑥。九年十二月，桂良等针对江

① 《河南巡抚涂宗瀛奏报查明同治十年以前应蠲民欠钱粮数目事》（光绪五年六月三十日），录副 03-6201-003。

② 中国第一历史档案馆编：《光绪朝朱批奏折》第 66 辑，第 489—490 页。

③ 中国第一历史档案馆编：《光绪朝朱批奏折》第 67 辑，第 153—156 页。

④ 《浙江道监察御史孔宪瑴奏请整饬吏治事宜》，载沈桐生辑《光绪政要》卷三，文海出版社 1985 年版，第 105—106 页。按：朱寿朋编《光绪朝东华录》（第 1 册，第 604 页）收录此文时间为光绪四年六月。

⑤ 《户部奏稿》第 7 册，第 3349 页。

⑥ （清）赵烈文撰，廖承良标点整理：《能静居日记》"同治二年七月二十三日"条，第 672—673 页。

苏亏空情形指出："州县之亏空多以腾挪借垫为辞……或以偿其逋负，或以供其糜费，且有交代之时做为亏空，辗转相承，愈积愈巨。上司不敢过问，转为设法弥补，官欠作为民欠。"① 十年五月，山东巡抚文煜参奏署范县知县彭锡龄应征咸丰九年正耗银13527两、十年上忙正耗银6763两，分厘未解；因灾蠲缓各案册结亦不造送，"显有亏那（挪）侵蚀情弊"②。十一年，清廷上谕指责山东各州县"积弊相沿，鲜不藉蠲缓钱粮垫办军需为蒙混侵吞地步"，"一省如此，他省可知"。③ 同年四月，户部奏江西省咸丰六年至九年征收钱粮，多次奏催，未有造报，"历次届限时，以军务藉词请展，为搪塞之计"；十年上忙钱粮，以应蠲应缓未能勘定，咨户部展限，未专折奏报。④

蠲缓钱粮延迟，极易导致官吏侵蚀、挪移钱粮。清廷普免积欠时，民欠与因灾缓带征钱粮内难免混入大量官亏，此情形已为朝野共知。光绪元年，清廷下诏普免积欠后，工科给事中陈彝奏蠲免宜妥筹办理："州县以完作欠，积习相沿，致有免官不免民之谣。应如何设法厘剔，勿令猾吏藉为洗清亏空之具，此则尤在部臣疆臣悉心经理也。"⑤

光绪朝前期，清廷普免积欠时亦注重清查官亏与民欠，但成效不一。由于历时久远、文牍山积、官非一任，加之官僚系统袒护、欺隐，而且官吏私下改换册报，以完作欠，十分隐蔽，外间难得其详。督抚、布政使若非廉干官员，难以摸清各府厅州县之财政实况。晚清督抚刘秉璋第三子刘声木（又名体信，1878—1959）的笔记叙述乃父清查州县亏空之事迹，为后世留下了州县官如何将钱粮征存未解、以完作欠，知府如何从中分肥、隐瞒欺饰的详细记录。刘声木自负地认为："此事历来所未闻，我朝二百余年，亦从无一人议及。"⑥

据刘声木记载，各省州县交代册籍"例存于府署，不肖县令因缘为奸，

---

① 中国第一历史档案馆编：《咸丰同治两朝上谕档》第9册，第672页。

② 中国第一历史档案馆编：《咸丰同治两朝上谕档》第10册，第297页。

③ （清）昆冈：《（光绪）大清会典事例》卷一七五《户部二四・田赋十七・究追亏空》。

④ 中国第一历史档案馆编：《咸丰同治两朝上谕档》第11册，第148页。

⑤ 朱寿朋编：《光绪朝东华录》第1册，第91—92页。

⑥ （清）刘声木：《苌楚斋随笔续笔三笔四笔五笔》，第611页。

每将已征未解钱粮，混入民欠项下，新旧两令对分，旧令约得十之七。本府太守，每年例有州县陋规，素来代为隐瞒，以示恩惠。非久任府厅州县者，不能知”。同治十一年至光绪四年，刘秉璋先后任江西布政使、巡抚，对上述情形“已略有所闻，屡次访问，从无以实情告者”，可见抚藩确难以洞察地方情弊。及至光绪八年底（按：刘声木记为“光绪十二年”，系刘秉璋在浙江省清查最后一年），刘秉璋任浙江巡抚后，私下向安徽桐城人吴世荣（字春泉，时任杭州府知府）盘诘，始进一步了解事情之委曲。吴世荣“历任州县，卓著循声，遂将秘密情形和盘托出，无少隐讳”。[①]

浙江省各州县普遍存在交代不清，将官亏混入民欠之情弊。刘秉璋的做法在当时取得一定成效，且被清廷作为榜样谕令各省仿效。光绪十年二月初一日，刘秉璋奏陈为杜绝州县隐匿钱粮，明定章程：

> 浙省州县征收钱粮，往往有征多解少、存留属（库）之弊。及至交代之际，前后任通同隐匿，辄以滥款列抵，转辗递交，无所底止。一旦仰蒙恩旨，蠲免钱粮，则概归民欠请豁。年分既远，无可究诘。是贪劣之员既已朦混于前，复得幸免于后，揆诸事理，实为可恨。亟应设法严防，以杜其弊……现拟章程亦（六）条，责成该管道府就近如法稽查，实力奉行。

二月二十四日，军机大臣奉旨：“户部知道，单并发。”[②] 虽然《杜绝州县隐匿钱粮章程》的六条具体内容不得而知，但确有“豁免案内稽查民欠”一条。同年八月初五日，清廷下恩诏普免光绪五年以前积欠。刘秉璋奉到蠲免积欠谕旨后，即围绕“豁免民欠钱粮先追滥款以重库项”展开清查。他除将蠲免谕旨刊刻誊黄外，还会同布政使许应鑅筹议条款，设局查办，委任吴世荣“提调局务，总司其事”。只有分晰官亏、民欠，才能保证普免积欠实惠及民并堵住库储漏卮。光绪十一年五月，刘秉璋奏陈办理情形：

> 豁免钱粮系指实欠在民而言，其中有已完在官而为州县挪用之

① （清）刘声木：《苌楚斋随笔续笔三笔四笔五笔》，第610—611页。

② 《户部奏稿》第3册，第1392—1393页。此折又见刘园生编著《刘秉璋年谱》，上海古籍出版社2017年版，第130页。

> 款，不在应豁之列。无如浙省积习相沿，每多挪移牵混。交代案内皆以滥款列抵，前后任私相授受，任意加增，日积月累，为数甚巨。所谓抵款者，无非考试经费、办差修署诸色名目，当时似乎有着，其实皆例不准销，意欲混入民欠以冀豁免，实为库储一大漏卮。

光绪十年二月他拟定的《杜绝州县隐匿钱粮章程》已“先虑及此”并发挥作用。为防止官吏改换册籍，他“密委妥员迅赴各府厅州县，未及改换册籍，勒限将各案交代三印底册全行提省，原封发局查核”，隐匿、挪移、滥抵各款逐渐浮出水面。刘秉璋的做法令挪亏之员十分惊慌，他们散布谣言以图挟制。刘秉璋坚决排除干扰，彻底清查，“谆饬藩司，督同提调，破除情面，彻底根查，断不为其摇惑”；同时也估量到面临的困难，“通省七十余厅州县，历年既久，官吏数任，牵前搭后，互相列抵，头绪纷繁，诸多轇轕，必须逐案清厘，始得实欠在民之数，方敢奏恳恩施。其已完在官而挪缺之款，分别勒限提解，倘敢饰词延宕，即予奏参革究，以重库项”。清廷对此举颇为认同。[①] 刘秉璋所奏内容亦在刘声木的记述中得到印证。刘秉璋主持浙省清查，“每府派一廉正委员，守提州县交代册籍，复严札限二日内交出，如违奏参”[②]。

光绪十一年六月，山东道监察御史熊景钊通过邸钞获知刘秉璋的做法后，深表赞同，指陈各省普遍存在以完作欠、官亏混入民欠之弊：

> 溯查同治年间奉旨豁免民欠以后，十余年来，各省间有水旱偏灾，或荒田未尽开垦，或流亡未尽复业，积欠在民，诚所难免。至若丁、漕并征省分，民力不逮，所欠尤多。若夫（长）此短征巨款，诚属有损库储。然果尽系实欠在民，则此次查办豁免，穷檐蔀屋犹得普沾圣朝浩荡之恩。乃近年以来，贪猾不肖州县往往征多报少，任意侵挪。迨新旧交代之时，辄将侵挪之数列款滥抵，并将征存未解混入民欠项下，希图豁免。朘边（编）氓有限之脂膏，饱贪吏无

① 《京报（邸报）》第10册，第127—130页。

② （清）刘声木：《苌楚斋随笔续笔三笔四笔五笔》，第611页。

> 穷之溪壑。欠粮之名归于民，免粮之实归于官，积习相沿，各省一辙。

他认为刘秉璋“洞悉此弊”，清查有方，奏请饬下各督抚仿照浙江清厘民欠章程，“委员勒提各州县历任交代册籍及历年征收钱粮三连串底”到省城详细查核，剔除以完作欠。[①] 清廷谕令各省督抚，“查照浙省清厘民欠章程，切实经理，总期实惠及民，不准丝毫朦混”[②]。

光绪十二年三月，刘秉璋会同闽浙总督杨昌濬奏报查豁民欠分别勒追各州县亏款情况：实在民欠钱粮，一律停征以待蠲免；官亏数目，另案开单请免；滥抵之款，分别着追。凡亏挪应追款项，候补贫难各员“取具切结，援例俟补官日，坐扣廉俸归补”，其余有能力之官员及家属，分别着追。根据具体数额区别四类情形处理：（1）各首县代垫公项，“用皆实在”，无论多寡，“请援照着赔例案”，赔缴八成，减免二成；（2）外县应提滥款，数在5000两以上者，赔缴八成，减免二成；（3）1万两以上者，无论首县、外县，概令赔缴七成，减免三成；（4）外县不及5000两者，照原数赔缴，“不准减折”。自开办至此次奏报，已解到实银18.4万余两，“收存藩库”，尚有扣抵认解银14870余两。此次欠缴数在1000两以下者，暂归县办，“勒限扫解，如延参追”；1000两以上者，各员应分别参处。

根据上述拟定标准，结合浙省欠银官员实际情况，奏请分三类办理。第一类，欠缴银1000两以上之松阳县知县范祖义摘去顶戴，勒限3个月完缴；2000两以上之前黄岩县知县冯健、前富阳县知县彭辉升、降调同知史致驯，暂行革职，勒限4个月完缴；5000两以上之候补知县程洪、丁忧知县张宝琳先行革职，勒限6个月完缴。逾限不完，再严参查追。

第二类，改发省分、病故、参革回籍，以及寄居他省者共37员，未完银12.0443万两。这类人员，由刘秉璋分咨各省将军、都统、督抚，“转饬查明”，派人将各欠员及故员家属“押解来浙，核对欠数”，按限追缴。

---

① 《京报（邸报）》第11册，第498—501页。

② 《京报（邸报）》第11册，第149—150页；朱寿朋编：《光绪朝东华录》第2册，第1969—1970页。

第三类，罢职身故、力不能完者共58员，未完银15.2569万两，“分咨各原籍，再行密查”，如家属尚有财产或子孙为官，力能完缴者，即押解来浙限追；如家产尽绝，“取原籍地方官及邻族具结”，咨送来浙汇案，奏请施恩豁免。

如上分别办理，“与库款较有实济，而仍不失朝廷宽大之政”。据刘声木记载，此次浙江省清查，各州县已征未解钱粮混入民欠者多至57.3万余两，追缴19.9万余两，[①] 清厘出近1/3。光绪十二年五月初七日，清廷颁发上谕，着刘秉璋补授四川总督。五月十七日，刘秉璋向清廷保奏吴世荣，称自己“不过主持督率，其任劳任怨皆该局提调吴世荣一身当之。臣不敢掠人之美以为己长，当此库款支绌，理财为要，亟宜奖拔勤能，以资鼓励”，还提到此次浙省豁免案内，追缴滥款实到藩库银22万余两。[②] 此当为最终数额，可见清厘已征未解钱粮混入民欠额逾1/3。十四年三月，翁同龢致函刘秉璋，盛赞其“交代积欠，厘剔至数十万，如此精力，四海能有几人”[③]。像刘秉璋取得清厘积欠成效的晚清地方官员鲜少，马丕瑶算一位。广西省“州县交代，或数任不结”，光绪十三年八月，马丕瑶任布政使后，“力除积弊，库款积数十万，向未有也”。[④]

尽管浙江省清厘积欠的经验足资借鉴，且清廷谕令各省仿照，但是否同收其效，主要取决于地方官能否实心任事、认真厘剔。光绪十一年四月，闽浙总督杨昌濬呈报福建省同治十一年至光绪五年民欠。经户部复核，查送部册造60余州县，交代案内已到30余处，将交代册内所列各年民欠数与送到册籍核对，地丁项下除仙游等7州县欠数相符外，其余较交代案内多造银10920余两；耗羡项下除龙溪等4县欠数相符外，其余多造银6170余两。户部认为：

---

① （清）刘声木：《苌楚斋随笔续笔三笔四笔五笔》，第611—613页；刘园生编著：《刘秉璋年谱》，第150—152页。按：引文汇校该两则资料，个别错字和标点径改。另，江西省自咸丰初年至同治末年，“库款纠葛”，同治十一年刘秉璋任布政使后，“厘查各属交代，追官逋数百万”。参见王锺翰点校《清史列传》第16册，第4840页。

② 刘园生编著：《刘秉璋年谱》，第155、157页。

③ 《致刘秉璋函》（光绪十四年三月十八日），载谢俊美编《翁同龢集》上册，中华书局2005年版，第388页。

④ 王锺翰点校：《清史列传》第15册，第4672页。

“民欠钱粮历年均有带征，是现在请豁之数较之当日原欠之数理应逐年递减，今反比原欠之数有加，其造册之不实不尽已可概见……有案可稽者相较既已浮多，其无案可稽者所造更难凭信。”[①] 同光时期的吏治整顿治标不治本，难以真正奏效。尽管曾国藩、左宗棠、沈葆桢等东南督抚在所辖区域内实行改革，但多数省份痼习难破。不少权宜之计的改革于吏治无补，利未见而弊已生。[②] 各地普遍性的吏治败坏与财政紊乱交恶循环。

光绪二十一年，户部奏全国地丁银每年短征约600万两，“大乱初平，流亡未复，田亩荒芜，犹可藉词土满（隐瞒），今则承平垂三十年，休养生息，户口日繁，只有无业之游民，宜无未垦之旷土”。缘何各省钱粮仍未能复额，户部认为：“半由官吏侵蚀所致，或以熟作荒，或捏完作欠，或存属未解，随便挪移，或交代不清，多方掩饰，上司知情容隐，属吏任意亏挪，惟恃年终蠲缓及恩诏豁免得以归结。”[③] 光绪三十三年，朱执信署名“县解”在《民报》撰文指出官吏侵蚀田赋的方法有四。一是滥征，州县官吏“无不从事”，既自得又供上级“种种侵蚀”。二是吃荒，外省开垦不报明户部，“而私取其地升科所征税”，此为“近代州县之通弊”。三是吃灾，全国额征田赋银3300余万两，而实收仅二千三四百万两，短征之由在于“因灾蠲缓”，“蠲缓之数，岁可千余万，非不征也，官吏利之不达于政府，则不见于实收”。各省报灾禀请蠲缓，“岁必有之，且常居赋额之四分之一以上”。缓征之田赋，“率径数年而题蠲，以是终不登于岁入”。地方官吏利用蠲缓制度中饱肥己，“习以成风”且“永无败露之日”。四是捏完作欠、征存不解、交代宕延，此三者“皆地方官之积习，以欠久必得豁免，故虽已完之款，仍报未纳，而干没其银”。以上侵蚀四法，前两个导致田赋“法定额少，而民纳多者”，后两个使得“赋额虽

---

① 《户部奏稿》第10册，第4560—4561页。

② 关晓红：《从幕府到职官：清季外官制的转型与困扰》，生活·读书·新知三联书店2014年版，第426页。

③ 《需饷孔殷谨陈办理情形折》（光绪二十一年六月初四日），载谢俊美编《翁同龢集》上册，第147页。

多，而实收终不能及额”。[①] 可见，不论是掌握全国财政的户部，还是清末革命党人，都一致而清楚地认识到捏报荒歉之严重，地方官吏通过蠲缓制度和普免积欠，在田赋征收和财政亏空方面侵蚀中饱、腾挪舞弊。清廷一直未能彻底阻断蠲缓田赋与弥缝亏空的贯连。

田赋蠲缓是否实惠及民，取决于各级官员能否廉洁奉公、实心任事。清初，李光地指出：“国家免钱粮动数百万，而民不感恩，民不受惠，想是官不好。上有法蠲，他有法征。州县敛之以贡府道，府道敛之以贡两司，两司敛之以贡督抚，督抚又有交际及办差诸事，宛转归上，民穷日甚。”[②] 清前期，蠲缓之弊尚少。18 世纪后期以降，固化的财政体制与社会经济发展之间的矛盾不断加剧吏治败坏，而吏治腐败又反作用于包括财政在内的社会诸层面。官僚系统固然无法突破既定的财政体制，但一定寻求“合法”渠道，通过制度间的转化，将财政负担隐性分摊至国家财政与民众身上。其中，最突出的便是利用蠲缓制度消解财政亏空之压力。

清中后期各省亏空与积欠问题几乎同时并起，交织恶化，延至清末。光绪十一年六月，御史刘恩溥奏称“各直省积欠之年不下千万，皆由州县亏空”[③]。外省官吏一边弥补亏空，一边征收田赋，想方设法将后者移用，而办理灾歉是最“合法”的财政挹注与转移渠道。灾歉发生后，地方官吏多方舞弊，攘夺蠲缓实惠；甚至捏报荒歉，将田赋缓征、展缓，以完作欠，中饱钱粮，弥缝亏空，再趁清廷普免积欠之机，将官亏混入民欠一同蠲免。外省官员熟悉普免积欠制度并利用之，极易在历年奏报田赋完欠、缓征的账面数上做手脚，而户部仅从数字层面钩稽核查，极难厘清民欠与官亏吏蚀数额，只能奏准蠲免。普免积欠“奉行既久”，地方官“视为成例，积欠日多，完结日少，甚至以完作欠，暗启侵亏等弊”。户部复核各省奏报之积欠额，“指款驳

---

① 朱执信：《土地国有与财政》（一九〇七年七月、九月刊），载张磊主编《朱执信文存》上册，中华书局 2018 年版，第 96—99 页。

② （清）李光地著，陈祖武点校：《榕村语录　榕村续语录》，中华书局 1995 年版，第 833 页。

③ 《大学士管理户部事务阎敬铭等奏为遵议清厘官欠民欠钱粮等弊请颁征信册酌拟章程事》（光绪十一年十二月二十一日），录副 03-6216-01。

查，而案册相符即不能不援案准免。其是否实欠在民，抑或官亏吏蚀，均不可知”。此风气“积习相沿，几成痼疾，不特催科不力，必至亏空日深，于正赋大有关系”。[①] 晚清为官耿介、精于理财的阎敬铭担任山东巡抚期间，于同治三年三月二十五日奏称，山东省吏治败坏，“实因从前润略宽弛，以致摊捐过重，交代不清，养廉坐支，提扣无余，遂事侵削，挪前掩后，捏缓报灾，百弊丛生，不堪枚举”，且因时间久远，难以确查蠲免积欠是否存在捏报灾荒、以完作欠，“灾缓之真伪，总在当时确查，事隔数年，殊难核对”。[②]

这种自下而上截留赋税弥缝外省亏空的做法，导致国家财政收入锐减。清廷每次普免积欠，“豁免之数动以千万计，而每遇清查，无着摊赔之款又以千万计。国家经费有常，何堪此层层虚耗。日积月累，几成习惯”[③]。旨在惠民的蠲缓制度却在相当程度上发挥着“惠官”的实际效果，此即外省亏空与蠲缓、积欠的隐秘关联。正如光绪十一年六月御史熊景钊所言，“欠粮之名归于民，免粮之实归于官”是各省普遍现象。田赋蠲缓与积欠周期性衍生，以及不可遏制的外省亏空，不仅给清代国家财政收入造成极大负面影响，还使得财政愈加紊乱，荒政名实脱节，吏治更趋颓败，民生渐不可问。

光绪十五年，湖北《兴国州志》的纂修者曾言，“蠲恤之政史不绝书，而实济于民者益鲜。皇朝轸念民依，蠲缓、蠲免、蠲赈湛恩叠沛，与唐虞三代比隆矣。”[④] 这反映出地方志纂修者“厚今薄古”“追比三代”的观念，具有一定代表性。清代蠲缓、蠲免、蠲赈在频次、规模及历史书写上固然超越前代，但也未完全跳脱“蠲恤之政史不绝书，而实济于民者益鲜”的历史评价。就此而言，他不若《清朝续文献通考》编纂者刘锦藻对清中后期蠲缓制度及其实践之评价客观。

清中后期皇帝恪守“养民”之祖训，蠲缓田赋和普免积欠是其重要内容，即使晚清政府面临极其严峻的财政形势，也未根本改变上述制度与做法。从

① 《大学士管理户部事务潘世恩等呈山东等各直省未完地丁正耗银数清单》（道光二十八年十月十七日），录副 03-3096-004。

② （清）阎敬铭：《抚东奏稿》（一），载《近代史资料》总 121 号，第 69、59 页。

③ 中国第一历史档案馆编：《咸丰同治两朝上谕档》第 3 册，第 328 页。

④ 《（光绪）兴国州志》卷五《蠲恤》，清光绪十五年（1889）刻本，第 18 页。

国家的视角看，虽然清廷希望通过蠲缓田赋并免除积欠，损上益下，减轻民众负担，但这并不意味着真正实惠及民。光绪朝之前，面对田赋蠲缓与普免积欠之弊，清廷多靠颁发谕旨告诫官吏认真执行，而较少采取规模性制度革新之实际措施。严重程度前所未有的亏空、积欠与中饱，促使清廷即将主导实施一场史无前例的赋税征缴制度大变革。这是晚清财税结构转型期间，清政府试图厘剔官吏经征积弊，实现赋税增收而采取的最重要之财政治理行动。

第七章　晚清赋税征缴征信系统的建设

中国自大一统以来的历史演进中，形成中央集权的赋税征缴制度，由个体生产者—官僚—中央政府三个层级构成，中央政府不直接从个体生产者那里取得赋税，而依靠官僚阶层转输。[①] 为保证该制度有效运转，中央政府加强对地方财政活动的监管，各式各样的财务会计报告应运而生。自两汉的“上计簿”，中经唐宋元之嬗变，至明代出现按照“管、收、除、存”格式编制的官方会计报告——四柱奏（报）销册，简称“四柱清册”。清入关前即承袭这种钱粮奏销之法，此后不断完善并制度化。各省藩司根据州县汇造之钱粮收支草册，核造全省奏销册，含全省钱粮完欠、支解、存留之款，由督抚核阅，咨送户部，户部审核后向皇帝奏报。[②]

从赋税征缴到奏销册的层层汇造、审核、奏报，此过程奉行信息非公开原则，不向纳税人公开。[③] 中央集权赋税制度的官吏转输特征与奏销过程的非公开原则，很大程度上造成了纳税人与中央政府之间的隔膜。纳税人无从知晓所纳钱粮是否由州县如数上缴，中央政府亦不清楚州县是否将所收钱粮如

---

① 陈支平：《清代赋役制度演变新探》，第114—115页。

② 郭道扬编著：《中国会计史稿》下册，中国财政经济出版社1988年版，第66—67、183—185页。作为年度财政收支决算报告的奏销册，虽在咸同战乱年代一度出现混乱与空缺，但战后又逐步恢复并存在至清亡。参见［日］土居智典撰《从田赋地丁看晚清奏销制度》，载北京大学历史学系编《北大史学》第11辑，北京大学出版社2005年版，第274—299页。

③ ［日］夫马进著：《中国善会善堂史研究》，伍跃、杨文信、张学锋译，商务印书馆2005年版，第716—719页。

数上缴。这极容易为官吏在赋税征缴过程中留下舞弊空间，致使中央赋税收入短少。中央与地方常在此问题上纠缠不清且纷争不断。

面对清中后期巨额积欠造成的财政短缺，以及国家各项支出不断增加的现状，清政府除多方开辟税源，扩张财政规模，改变赋税结构外，始终没有放弃田赋这一“维正之供”原额的整顿与规复。其间，不仅廷臣数次提出关于停免积欠，或停止缓征、阻断积欠的建言，清廷也制定并实施了相关财政治理措施，较重要者如“三年比较清单”制度。

道光初年，清廷加强对钱粮征解的监管。道光二年（1822），御史刘尹衡奏：各省积欠“半由吏蚀官侵，皆该管上司催查不力所致”，请责成布政使抽查红簿、串根，以杜州县亏挪。他还陈请将各州县实征、实解银数于年底开具简明清折，交户部查核。户部认为州县征解款目繁多，即有简明清折，部中亦无从查考。十月初七日，清廷准户部议，设立“比较之法”：

> 各督抚于奏销题报外，照例具奏，折内开具清单，明列通省三年比较，如本年额征若干，已完若干，未完若干，积年旧欠若干，本年带征已完若干，未完若干，比之上三年最多、最少之数，或盈或绌，一一注明，使眉目清楚，一览了然。①

针对漕粮日渐短少，道光二十六年十一月二十五日，清廷通谕有漕各省督抚：“自今年为始，漕粮一经征齐，即将该省额征若干，本年起运若干，缓缺若干，逐一比较上三届数目，据实奏明，迅即造具清册报部，俾得豫先核计，不得沿向来旧习于开兑以后始行咨报。”②

道光五年，因各省办理参差，户部更定“三年比较清单”制度：“丰年以额征之数为准，蠲缓之年以应征之数为准，各按十分计算，计完几分，计欠几分，比之上三年或溢完，或少完，或相等分数，一一注明。旧欠带征亦照此开报。”③ 由于蠲缓频仍，各省历年应征数以额征数扣除蠲缓数，再按十分计算完欠，作为官员钱粮考成之标准。这一考成计算方法使得蠲缓制度变为

---

① 中国第一历史档案馆编：《嘉庆道光两朝上谕档》第 27 册，第 545 页。
② 中国第一历史档案馆编：《嘉庆道光两朝上谕档》第 51 册，第 412 页。
③ 《户部奏稿》第 1 册，第 452 页。

地方官规避钱粮完欠处分的调节器。其后，捏报荒歉以期缓征之所以日益普遍，与此有密切关系。同治四年（1865），署两江总督李鸿章、护江苏巡抚刘郇膏回顾苏、松等属征收地丁钱粮，指出：历届奏销案内，“虽称十分全完，实则按照额征仅完六七成之数，其余俱为灾缓民欠，而考成册内扣除灾缓，即可列作全完，邀免参处。即已完数中，仍不免有官垫，是以从无按分计考之案。此徒有百四十余万额征之名，而无额征之实”①。蠲缓制度对官员考成的规避与调节作用，大为削弱了“三年比较清单”制度的监控力度。各省钱粮缓征与积欠问题依然严重。先前研究认为，清代官员以完赋十分考成使得“积欠”问题显得比前代突出。② 言外之意是，完赋十分的考成过于严苛，导致官员无法完成全额赋税征缴，造成严重积欠。这一观点与实际情况南辕北辙。不是严厉的考成导致积欠，而是钱粮缓征造成巨额积欠，蠲缓制度极大减轻了官员的考成压力。

迨至光绪年间，由于天灾人祸的交互影响，上述历经千余年的赋税征缴机制出现了一个引人注目的创新——征信册制度的实施。清廷将信息公开制度引入赋税征收过程，以期厘剔经久存在的官吏中饱与欺瞒积弊，增加国家财政收入，实属中国赋税制度史上的一大变革。学界对这一问题关注并进行细致研究的成果极少。③ 本章结合清代档案、荒政文献、私家笔乘、地方史志及留存至今的征信册等资料，系统梳理征信册制度的来龙去脉，剖析其隐含的朝野、官民在荒政与财政等方面的关系，审视其财政治理成效与困境，并揭示其失败原因。

---

① 《经征地丁钱粮请申明定例按分计考据实开参折》（同治四年九月初九日，朱批日期），载江苏省财政志编辑办公室编《江苏财政史料丛书》第1辑第1分册，第197—198页。

② 《〈清代的财政〉学术讨论会综述》，《中国经济史研究》1989年第1期。

③ ［日］夫马进《中国善会善堂史研究》（伍跃、杨文信、张学锋译，第719—721页）、刘克祥《太平天国后清政府的财政“整顿”和搜刮政策》（载《中国社会科学院经济研究所集刊》第3集，中国社会科学出版社1981年版，第77—78页）、顾建娣《19世纪中期安徽的田赋征收制度》（载《中国社会科学院近代史研究所青年学术论坛·2005年卷》，第56—57页）、刘增合《“财”与“政”：清季财政改制研究》（第27—33页）、陈文祥《膏肓之医：晚清民欠征信册制度考论》［《福建论坛》（人文社会科学版）2014年第9期］均涉及钱粮征信册，但未对其渊源流变与实施的复杂过程予以全面深入发掘。

一、创制缘起

晚清实行的征信册包括两类：一是征收地丁和漕粮使用的民欠、蠲缓征信册，可称之为钱粮征信册；二是征收当税使用的当税征信册。

清中后期田赋蠲缓、积欠与外省亏空问题日渐突出，除自然灾害、战乱等客观因素外，官吏中饱、侵蚀成为主因。光绪八年（1882）二月，云南道监察御史邓承修奏称，自太平天国起义爆发后，清政府“财用匮乏，加以水旱频仍，供亿繁费，会计之臣东罗西掘，或害重而利微，或损多而益少，征税银不遗尺帛，于帑项无补于丝毫。海内虚耗，百姓困苦，盖未有如今日者也。夫大地生财只有此数，不在国则在民。今库款无一岁之积，闾闫（阎）鲜足食之家，既不在国，又不在民”[①]。九月，张佩纶也指出：“今日天下之弱患在贫，而天下之贫患在中饱。”[②] 积欠、亏空、中饱三者连为一体，严重侵蚀国家财政。

光绪朝之前，面对财政漏卮，清政府或因“恪守祖训”失去改革时机，或因内忧外患而无暇顾及。随着内乱消弭、外患渐轻，且经过十余年发展，清廷又面临改革机遇。如康有为所言，“同治初年，大乱甫定，上下肃壅，中外望治，譬大病新愈，补之自强，此中国图治第一机会也。……光绪八、九年，宫廷赫然求治，士风大变，譬久病稍起，非更加医药，不能骤瘳，此中兴第二机会”[③]。光绪朝前期的严峻财政形势使户部官员倍感压力。光绪八年，阎敬铭任户部尚书时立下的三大愿望“内库积银千万，京师尽换制钱，天下钱粮征足”均未实现，每与人谈及此事，“激昂殊甚”。[④] 十一年，继任户部尚书翁同龢亦慨叹：“菲材当此剧任，可惧哉！”[⑤] 同年，中法战争中国不败而败，引发列强对中国边疆的新一轮觊觎。清政府认识到海军的重要性，开始

① 《京报（邸报）》第1册，第21页。

② 朱寿朋编：《光绪朝东华录》第2册，第1420页。

③ 《上清帝第一书》（光绪十四年十一月初八日），载汤志钧编《康有为政论集》上册，中华书局1981年版，第57页。

④ 陈义杰整理：《翁同龢日记》第4册，“光绪十四年四月初四日”条，第2193页。

⑤ 陈义杰整理：《翁同龢日记》第4册，“光绪十一年十一月二十九日”条，第1984页。

筹建海军。十二年正月十四日，阎敬铭在致其性五世兄的信中，将筹饷编练海军作为上年清廷推行征信册制度的原因之一：

> 各国时多窥伺，安枕无日，弥切忧悚。息借洋款，归补次筹。习练海军尤难纾缓，饷力支绌，上意期复地丁、杂税定额。此固政事之要，原不因饷急而始核，奈官习日坏，一任波流，何所底止。①

财政压力因应时局变动转化为改革动力。此外，光绪十年，清廷普免同治十一年至光绪五年积欠，令各省清厘官欠与民欠。因缘际会，关于赋税征缴的改革与讨论再度成为朝野关注的焦点。

钱粮征信册即在上述背景和契机下出台，因其主要解决民欠、蠲缓弊端，故先从光绪十年蠲缓制度改革说起。

蠲缓制度历经顺治、康熙、雍正各朝不断调整，至乾隆朝臻于成熟完善。其间，偶有舞弊事件，问题尚不严重。愈往晚近，蠲缓弊端愈趋暴露，朝野参奏指陈不断，对其进行调整与变革也提上日程。光绪十年四月，先是御史程鼎棻针对地方官于报灾、勘灾后并不停征，“且尽力严追酷于平日，追不足额始作为民欠请缓”的情况，奏请“嗣后遇有灾缓之年，州县概于勘报日起照例停征”。紧接着，御史郑训承亦奏：地方官任意延搁誊黄，“私征入己”，请饬严定刊发誊黄期限。清廷将此二人奏折交户部议奏。闰五月，户部议复并认可二人所奏，但又指出“所陈尚未尽其弊”。户部作为全国钱粮总汇之处，对各地钱粮征收奏报情况十分了解，进一步披露蠲缓与征收之弊：地方被灾乃不幸之事，“乃近日州县不以为戚，转以为利。东乡有灾，或报以西乡。南乡有灾，或洒入北乡。惟利所在，择肥而噬。且有某县某乡岁岁请缓，若循例然。其为捏报入己，更无疑义。至于已完之款捏作民欠，应豁之额仍复重征，挪旧掩新，移甲就乙，劣绅藉以把持，奸胥因而染指。上行其惠，下屯其膏，蠹国病民，莫此为甚”。② 为此，户部对蠲缓制度进行改革，推出《新定灾案章程》五条，其主要内容与杜弊之关键在于：一是杜重征，“勘报

① （清）阎敬铭著，张永江主编：《晚清廉吏阎敬铭手札》，北京燕山出版社 2018 年版，第391—392 页。

② 朱寿朋编：《光绪朝东华录》第 2 册，第 1736 页。

得实，即将应蠲应缓之地方亩数、分数、银数先行出示晓谕”；二是杜冒灾，“州县初报，督抚初奏，均声明应蠲应缓之地数银数”。[①] 勘报灾信息及蠲缓钱粮额的细化与公开，被视作革除钱粮征收弊端的关键。《新定灾案章程》的颁行标志着蠲缓制度自乾隆朝成熟完善后，在晚清完成最后且重要的一次修订。[②]

光绪十一年六月初八日，清廷准御史熊景钊奏，令各省查照浙江清厘民欠章程，核办蠲免光绪五年以前积欠事宜，避免“州县将征存未解银两混入民欠”。二十一日，御史刘恩溥上了一道奏请清厘民欠的折子，称自幼在农村长大，根据见闻和体察，指出州县将征存混入民欠的方法有二：“一曰征多而故意报少，一曰缓征而实已开征”，此等弊端，自下而上层层蒙蔽，“州县之蒙蔽上官者居其半，吏役之蒙蔽州县者居其半”，真实民欠“百中不过数人”，以致蠲免积欠时，“民间辄有赦官不赦民之谣”。各省千余万之积欠，“皆由于州县之亏空”，而且清查无效，“清查一次，亏空之员增多一次，州县徒有参革之名，帑藏并无丝毫之益”，更谈不上民间得到蠲免实惠。他追溯并奏请参照冯桂芬所倡之法整顿外省亏空与积欠。[③]

严重的亏空与积欠问题早在道咸时期即为冯桂芬所关注，“今直省积欠之数以千万计，前此未有也。积欠之故在于亏空，亏空之故在于挪移，挪移之故在于漫无稽考”。他在“杜亏空议”中率先思考新办法应对，认为根治亏空，“惟有宽既往而严将来之一法”，此法比较严厉且激进，清查亏空后，“删去摊赔弊政，力能弥补者，以一年为限，即以限满日实在之数为定，各员论罪，视常例未减，嗣后如有亏空一钱者，杀无赦”。此外，还有“定稽查之法”，内容为：

> 以四柱册公之于众，大堂左右按日揭榜，旧管新收列左，开除实在列右，其法务详务尽。如征收某都图某户钱粮若干，必书细数，

① （清）佚名辑：《新定灾案章程》，载李文海、夏明方、朱浒主编《中国荒政书集成》第9册，第6262页。

② 该章程内容、实施过程及其影响，参见李光伟《晚清田赋蠲缓研究》，第35—49页。

③ 《掌贵州道监察御史刘恩溥奏为清厘民欠请妥议章程事》（光绪十一年六月二十一日），录副03-6214-046。

收银后本日给串，本日列榜，月终用活字板印征信录四柱册百本，备列全榜，分送上司各图绅士惟遍。如某户完粮而榜册不列者，许揭府，立与重赏。有经手解领开除之款与榜册数不符者，赴揭亦如之。[①]

曾国藩的幕僚赵烈文曾对冯桂芬的《校邠庐抗议》诸篇加以评论，在谈及“杜亏空议”时，认为“此论未妥，今之亏空虽多，然出入乘除亦必据数申报，但报有而实无，或不相符耳，而上司且不能稽诘（清），列榜示民，民即能稽诘（清）之乎”？况且用征信录杜绝亏空，实际操作困难，“日榜月报，繁不胜言，法日密而弊日滋”。[②] 刘恩溥也认为道光年间冯桂芬的办法，“向时臣颇韪其议，然烦琐难以经久，且以不便官吏之事，尤难望其遵行”，但可以参照其法，变通实行：

每年下忙收完后，各州县即开具某都某图某甲某里、欠户某人、共欠若干，详细造册，申报藩司。藩司即用活字板照样摆刷数十本，径行发交该县绅士数人，分送各乡查阅，不假官吏之手。其有已完而捏作未完及完多而少报银数者，准乡民粘连串票赴藩司衙门控告，即将该州县撤参治罪……傥每年将民欠造报一次，州县万不敢恣意侵挪，吏役亦不敢多方隐匿。所以阴为保全者甚大，而于库储亦极有裨益。如此，则正款之是否亏空一望而知，不至有蒙混之弊。

如有欠粮之户，由布政使“札饬指名比追”。他奏请饬下户部核议，“予以造报之限期，定以迟延之处分”。[③]

刘恩溥呈上请清厘民欠折后，又递上几个奏片，包括以下内容。（1）相当一部分民欠是差欠，州县将各乡串票裁给图差，派其下乡征收，而一差所收钱漕，交官者“不过十之七八，竟有差欠至十之四五”，交卸时概作民欠，实则差欠。欲无差欠，“必花户自封投柜，不准图差先裁串票下乡征收而后

① （清）冯桂芬著，陈正青点校：《校邠庐抗议》，第33页。

② （清）赵烈文撰，廖承良标点整理：《能静居日记》“同治二年三月十三日”条，第636—637页。

③ 《掌贵州道监察御史刘恩溥奏为清厘民欠请妥议章程事》（光绪十一年六月二十一日），录副03-6214-046。

可”。(2) 飞洒诡寄是造成民欠的重要原因，“甲田押于乙，粮系甲向乙索纳，年久不赎，粮成缺额，里甲更易，田主不知其名，遂将额银飞洒所管田主名下，以致粮多地少，完纳不能如数”，“以服田力穑之家，任意抗违，自外于化日光天之下，静待豁免，有是理哉”，而且兵燹后，“田多未垦，逃亡绝户田被人占，图差亦不能寻其处”，请仿照山西清丈田亩。① (3) 地方官延搁誊黄，中饱钱粮，奏请饬各省督抚于地方报灾后，“即刻出示停征，令亲信家丁限定日期，赍至该处集镇张贴”，避免官吏舞弊侵吞。②

光绪十一年六月二十一日，清廷将刘恩溥的折、片发户部议奏。由于事关重大，加以户部也在思考整体性解决方案，并未如往常那样于数日内复奏。

光绪十一年六月二十四日，清廷针对各省督抚敷衍因循之积习，发布一道措辞严厉的谕旨：“相沿积习总未能实力湔除，往往诏书特下，剀切严明，各该督抚辄以通行僚属为了事，并未确切考察，以致泽不下究，弊转丛生。甚至特旨交查事件消弭延搁，比比皆是。”更重要的是，上谕还指责各省官吏中饱、侵蚀国家赋税：“钱漕系维正之供，而捏灾蠲缓竟为成例。荒田正赋，迄未复额。关税则视为利薮，但知牟利肥己，从不念及公家。厘金一项弊窦尤多，以国家不得已之举视为调剂属员之事，中饱侵渔，牢不可破。各省制造繁兴，经费至巨，委员不得其人，冒销朦混尤为一大漏卮。其余例外浮费，无非上亏国帑，下削民生，种种锢习，不可枚举”，令各督抚将作何整顿，“通盘筹画，缕析覆陈，毋得稍有敷衍弥缝，致干咎戾”。③ 此道上谕显示清廷欲振刷督抚精神，力求为政实效进而实现财政增收、民生改善之意图。一场围绕赋税征缴积弊的整治即将拉开帷幕。

光绪十一年十二月初十日，翁同龢与阎敬铭、福锟商议农曹、俸饷之事，并出示草拟之底稿，阎、福二人皆认可，命人誊录后由阎带走。④ 十七日，翁

---

① 《请行钱粮民欠征信册折》，中国科学院国家科学图书馆藏，第 13 页；《刘恩溥奏为推陈民欠由来请饬议定章程事》(光绪十一年六月二十一日)，录副 03-6556-029。

② 《刘恩溥奏为遇有蠲缓恩旨饬令督抚张贴至镇以杜官吏侵吞事》(光绪十一年六月二十一日)，录副 03-7101-093。

③ 中国第一历史档案馆编：《光绪宣统两朝上谕档》第 11 册，第 147—148 页。

④ 陈义杰整理：《翁同龢日记》第 4 册，“光绪十一年十二月初十日”条，第 1986 页。

同龢在日记中说："亥初延煜来，以清厘地丁折见示，云二十日奏折厚寸许，语多刻薄，余大谓然。"① 据此可知：其一，此奏折定于十二月二十日上奏；其二，奏折内容体量较大；其三，想必阎敬铭又在底稿上增加不少己见与言辞激烈之内容，有的不为翁认可。十八日，翁同龢与阎、福二人在户部衙署反复磋商奏稿内容，"直至酉正二始散"，并于日记中言："奏稿为余删四五百字，阎亦无如我何。"② 二十日，"清厘地丁折"最终以《厘剔官吏经征钱粮积弊疏》为名，上达天听。③ 这道被翁同龢删削四五百字之后的奏折仍有五千余言。虽然无从得知删去之内容是否改变原稿"语多刻薄"的形貌，但定稿后的奏折依然可见其言辞峻厉劲直，指陈鞭辟入里。这一年距太平天国、捻军等失败近20年，但清廷财政收入不仅未能渐复原额，尚且缺额严重。

据户部分析，光绪朝前期，清政府每年正杂赋税额征银3400多万两，而实征仅两千三四百万两，短征1000余万两；各省漕项仓银每年额征250多万两，实征仅一百四五十万两，短征100多万两。每年缺额赋税总计1100余万两。各省区中，安徽、江苏之江宁藩司短征额最多，苏州藩司、江西次之，其后为河南。光绪九年，安徽地丁额征起运银140余万两，除荒田、缓征及民欠银80余万两，只完银60余万两，所收不及一半。江苏江宁藩司所属地丁额征起运银93万余两，除荒田、缓征及民欠银40余万两，只完银52万余两，所收不及60%；苏州藩司所属地丁额征起运银147万余两，除豁免、缓征及民欠银40余万两，只完银100余万两，所收不及70%。江西地丁额征起运银180余万两，除缓征与民欠银50余万两，只完银128万余两，所收仅及70%。河南地丁额征起运银240余万两，除荒地未征、豁免、缓征及民欠未完银52万余两，只完银189万两，所收不及80%。其他各省，除四川赋税全清无欠，余均亏缺10%—20%。这并非仅光绪九年之情形，"溯考上三年，亏缺省份，

① 陈义杰整理：《翁同龢日记》第4册，"光绪十一年十二月十七日"条，第1988页。

② 陈义杰整理：《翁同龢日记》第4册，"光绪十一年十二月十八日"条，第1988页。

③ 此折载谢俊美编《翁同龢集》上册，第41—46页。本节未注明出处之引文均出于此。按：此折上奏时间并非整理者认为的光绪十一年十二月十八日，而是二十日。原文所载河南省地丁额征起运银"二百万余两，止完银一百八十九万两，所收不及八分"，缺漏文字，数额有误，此据中国科学院国家科学图书馆藏《厘剔官吏经征钱粮积弊折》订正。

大致亦皆如是”，而且“亏缺地丁正银如是，亏缺耗羡、芦项、漕项等赋亦大率如是”。此外，各省当税、杂税短缺百数十万两，所收不及30%，且已收银内，尚有征存未解、交代亏空之款。光绪朝前期的财政状况较清前期“判若天渊”。户部查考，雍正朝部库积存银6000余万两，乾隆朝积存银7000余万两，当时“每年所欠不过六十万，而近岁欠数每年辄至千万”。赋税缺额如此之多，“财既不在国，又不在民，大率为贪官墨吏所侵蚀，钱粮积弊日累月深”。

户部的这道奏折还直指晚清钱粮短缺的五大致弊之由（以下简称钱粮“五弊”）：

第一，报荒不实。咸同战后，大片田地荒芜，随着社会发展，“生聚日繁，则必逐渐垦辟”，但增数并不明显，“甲年除荒银数如此，乙丙等年除荒银数亦如此。”虽然百姓已报升科，但州县仍指为荒地，“视吃荒之多寡为缺分之肥瘠”，并于奏销册内扣除荒缺银数，规避考成，“于是已荒之地不可复熟”。

第二，报灾不确。水旱之灾间或发生乃属寻常，但“捏灾官吏利其可以侵蚀，谓之例灾，或无年不然，或轮年开报”。奏销册内，“因灾蠲缓总数，彼年开报若干，此年亦必开报若干，几成一定之例”。奏销折内，“不声明蠲缓钱粮数目，率请恩施。复将誊黄压搁；间有张贴，语本浑括，究竟某庄某图蠲缓若干，民间概无由知。蠲免者立入私囊，缓征者逾时又请豁除”。地方官怕事情败露，或拖延题豁，或借口敷衍；若题报至户部与奏销册内完欠数目不符被驳查，“则以头绪拉杂为词，或以划除另办为说”。

第三，捏完作欠。州县将百姓已纳之款捏作未完，“希冀他日恩诏豁免，以遂其侵吞之私”。钱粮开征时，佐贰官不按簿监收，州县未将民欠细数公示，“该管道府大都仰其供给，串根红簿终未调查”，州县甚至私造征册。虽然钱粮未完例有考成，但处分可以抵销，“不过报捐数百金，即降调数级，毫无妨碍，而盈千累万之民欠实已婪入贪囊，甚或一面造送奏销，一面奏请豁免，永无带征未完之处分”。

第四，征存不解。已征钱粮，例定三日批解，但各省考成、奏销、交代册内列有征存未解款项，上司不及时督提，“积至数万数十万、数百万不等。此等名目，显系挪移侵蚀”。州县将征存银两“或任意挥霍，或厚自封殖”，离任败露后，上司又代为弥缝，“后任被其抑勒，私议通融弥补，将无作有，捏作征存，此缺挪于彼缺，后任加于前任”，遂致“愈积愈深，亏空愈大”。

第五，交代宕延。各省交代迟延，不结不报，二参积压多年。户部屡催，各省奏请分别新案、旧案另行起限，但“始谓新案不便越次造报，请将旧案先行清厘，继而旧案未清，新案又积，再请将新案作为旧案，屡易名目，百端支吾”。应送册结，或不咨送户部，或逾二参定期，以“册结舛错，往返驳诘”为词，“避重就轻，各省一律”。州县亏空，上司恐属员挟制，不敢开参，反为之更调优缺，“必俟屡任屡亏，其人已故已革，始揭出一二亏空，查抄仅有空名，库款早同虚掷”。

总之，官吏中饱钱粮，“不捏为荒地则捏为灾区，不捏为灾区则捏为民欠，加以征存未解，交代宕延，不顾宪章，诸弊丛集”。户部强调，所谓整顿钱粮，“惟严杜官吏中饱而已”。针对上述钱粮痼弊，户部提出以下五个除弊之法，“请旨饬下各直省督抚藩司，认真厘剔官吏钱粮积弊”：

第一，考核奖惩荒地垦复。令各省司道府州订立查荒专条，劝督州县遵照户部相关章程切实办理，“督抚年终必奏明该省荒地已未垦复若干顷亩，有无升科银粮若干，分县开单”，奖惩垦荒。

第二，初次报灾须声明免缓银粮数目。户部指责州县报灾，“专以不肯即时报出银数粮数，为始终作弊之秘诀，一切侵蚀，皆于此早留地步，至届奏销，考成不足之数概入免缓，始有大略数目”，故此制定新办法：州县报灾之初，“花户亩数令其随后册报，惟每一村庄都图里甲免缓银数粮数，必令随禀一一分注，该数总数，初案报定，道府州出示，一村一庄，亦各分示该村庄免缓银粮总数，督抚汇总具奏通省灾案，亦即可核定银粮定数，或稍愈于事后之蒙混无考”。

第三，官报民欠由民间核对。清代早有杜绝捏完作欠的严密规定，“奈久废不行，漏卮中饱”。户部对此特别陈明：“现在御史刘恩溥有刊散民间征信册之奏，臣部已议准照行，拟定章程，颁发册式，另折奏明办理”，认为“果能认真举行，不惟于稽民欠有益，大可杜绝一切弊端。但虑有名无实，则虽法良意美，终属空文”，一再强调“各省上司勿惮烦琐确实核对民欠”。

第四，严禁征存未解。光绪十年、十一年，户部数次奏陈严行提催已征钱粮，如有违限，将督抚、藩司、盐粮道照徇庇例参处，“惟各省尚未能一律办理”，于是再次要求“各上司于各官一年征收正杂钱粮，催提扫数速解”。

第五，官员交代遵限办结。官员交代，初参、二参例限四个月完结，逾限参处。尽管户部“于交代一事，不啻连章累牍”，但各省“仍多不照行”。州县到任日期不按月接报，致使户部“无从查考，册结到部，多已逾限，无不曲为迟延饰词”。户部请令各省遵章办理。

钱粮“五弊”是户部对清中后期国家财政收入短少原因全面深刻之分析，五项除弊之法是户部提出的整顿钱粮、剔除积弊的宣言与总纲。清中后期钱粮征收积弊不仅为户部和御史等言官所参奏，地方报界人士亦深悉，为朝野共知。光绪十二年初，上海一家报馆对长期存在的以完作欠、中饱钱粮发表评论：

以钱粮一项言，则私弊实滋。夫钱粮一项，国课也，民财也。某乡某里某甲某图应完若干，未尝无定额之预设、总数之可稽也。纵有私弊，将孰从营之作之？然而州县者，计甚工、术甚狡，明知挪移抵垫，巧立名目，总归破露而后止，因举平日侵渔、亏空诸款一律以“民欠”二字了之。既诿之于民欠，则百姓不敢过问，上司无自清查。只须两忙一漕囊橐已饱，三年任满而腰缠累累矣。……欲挽此习，非令上司随时详查不可，非令州县随时申报以备查不可。然业已作弊矣，营私矣，所查容有难遍，所报容有不实者，譬彼乱丝，殊非易治……百姓竭蹶以奉之者，官三之，吏两之，于国无十分之益，于已（己）蒙蒂欠之名。甚至已缓已蠲而官仍收，民仍完，上下不通，徒供中饱。事之可惜可恨，孰有甚于斯者？①

① 《附录沪报馆论部议饬立征信册事》，载《（光绪）桐乡县志》卷六《食货志上·新章》，第24页，清光绪十三年（1887）刻本。

光绪十一年十二月二十一日，户部于奏上《厘剔官吏经征钱粮积弊疏》之次日，又递呈反复商酌长达半年之久的“遵议清厘官欠民欠钱粮等弊请颁征信册酌拟章程事”之奏折，是对刘恩溥清厘民欠折、片的议复结果，亦包含该部结合历史和现实，拟通盘清厘官欠、民欠之对策。

在此折内，户部先是追溯早在雍正六年（1728）二月，清廷即初步制定针对钱粮亏空、拖欠及官吏中饱的防治办法：

第一，杜吏胥中饱。此类人员“或由包揽入己，或由洗改串票，或将投柜之银钧封窃取，或将应比之户匿名免追”，致弊原因在于钱粮完欠细数，官未公示于民，“在官则以为民欠，在民则以为已完，故吏胥得以作奸，而官民并受蒙蔽”。防治办法是将欠户名、已完钱粮额在基层公示，“州县官每年令各乡各里书手，将所管欠户各名下，已完钱粮若干，尚欠若干，逐一开明，呈送州县官，查对无差，即用印出示，各贴本里，使欠粮之民家喻户晓。如有中饱等弊，许执串票具控”。

第二，杜州县官侵渔中饱、挪新掩旧。由于各省旧欠甚多，雍正帝责令分年带征，“应征之数有在十年以上者，亦有宽至十年以外者。酌其多寡，分别远近”。有的州县官“另立私册，于每年应征分数之外溢额多收，及至报解之时，止照分数起解”，上司因其已照数起解，不复稽查，以致“多征之数遂得任其侵那（挪），又成亏空之项”。民众见已完纳之钱粮，“徒供官吏之侵渔，亦遂怠其急公之念，而抗延拖欠之事由此而起”。防弊之法为：“分年带征之项，亦应将花户名下每年应完若干之处，详细开明，出榜晓示，令其按数完纳。”

以上两条内容系雍正帝根据“所闻书示”，“其作何因地制宜与斟酌立法之处，总在地方大臣详察弊端，权衡损益，督率有司实心经理”。[①] 雍正帝设计的这一纲要性要求，虽然各地执行情况不详，但可以确定的是，户部将其择要编入则例。乾隆年间审定的《钦定户部则例》之“田赋征解”项下有“出示完欠”条：“民欠钱粮，州县官岁令里书将所管各户完欠细数开送查对，

① 《清世宗实录》卷六六“雍正六年二月丙申”条，《清实录》第7册，第1010—1011页。

出示本里。于比较日按欠摘催，遇有交代，遵限清查。如有胥吏中饱等弊，许完户执持串票具控究处。”① 此防弊规定虽较严密，但执行不力，“定例杜绝捏完作欠之弊，实属严密。如果认真核对，何难摘发奸欺？奈久废不行，漏卮中饱，此为尤甚”②。个别省区严核钱粮完欠时，将此法定为征收条款。如同治四年正月，山东巡抚阎敬铭鉴于州县征收钱粮“不自用心，弊窦之多如扫落叶”，开列四条款札发各属遵办，其中之一即“各花户欠数宜榜示通知”，此后须将“本年、历年欠户，每于年终正初开列花户姓名、银数，四乡榜示多张，咸使周知”。③ 这可反证雍乾以来的“出示完欠”条款多未执行。

户部认为冯桂芬的揭榜之议是“恭绎”雍正六年二月谕旨或“圣训”，并“详玩例文”而出。冯桂芬虑及只有榜示还不够，“州县榜示百姓之数，未必即申报藩司之数，上下隔绝，则蔽从中生”，故于榜示之外，另立征信册以杜欺蒙。虽然此法十分严密，但户部意见与赵烈文的评论相同，“逐日按月开造四柱册，备列全榜，过为繁琐”，而刘恩溥的办法，“只开欠数，较为简易，实属可行”。因征信册制度“事关创举”，户部“博询众谋，反复核议”。有人“仍嫌繁重，应别思简便之法”，户部不以为是：

> 事极繁重莫如科场之糊名易书，十数日内糊名数万卷，易书数万卷。又如盐茶引张，累数千万，海角天涯赴部领缴。此二事者，自宋至今不能以繁重而废其法。今征信册之举，每县造送不过数本，藩司摆印通省不过五六千本。复拟定极简册式，摆用活字，宽以数月期限，何繁重之有？

有人认为“虚縻款项，无益实际”，户部亦不苟同：

> 积欠钱粮累千百万，州县开报民欠，藩司不知百姓之已完。百姓自谓已完，不知州县尚列作民欠。一遇恩诏，概行豁免，实则所免在官并不在民。至本年因灾蠲免、缓征，原为仁民善政，经征官

---

① 《钦定户部则例》，载故宫博物院编《故宫珍本丛刊》第284册，海南出版社2000年版，第111页。

② 谢俊美编：《翁同龢集》上册，第45页。

③ （清）阎敬铭：《抚东奏稿》（九），载《近代史资料》总129号，第113—114页。

> 吏弊窦尤多，不可殚述。今征信册之举，但使上司办理认真，可祛除蒙蔽，不虚小民报效之忱，取私橐还诸公家者稍可核实。以杂项用办款册，所费仅百中一二，何糜费之有？

还有人担心“上司或因循废弛，视同具文”，户部反驳曰：

> 天下不皆廉吏即天下不能废法。时弊太甚，不得不立法挽救。今征信册之举，各省大吏切实举办，必同此心。若视为具文，因循废弛，是乃漠视国计民生。一意袒官，责在奉行不力，非关立法太繁，必州县皆得人而后言法，安有立法之日又安用律例为？

最后，户部力主实行征信册制度，“杜绝中饱、清查亏空即寓其中，极应举办，未便因噎废食”，缮呈拟定册式五本、章程十条，请旨饬下各省督抚等，自光绪十二年下忙钱粮征收截止日为始，“一律认真核实举办”。[①]

此折上达后，户部又接续呈上两个奏片。其一，补充议复刘恩溥之折、片，主要内容包括以下四个方面。（1）关于杜绝差欠。户部据定例指出，州县征收钱粮，只准差役下乡查催，不准其包纳代完。纳户自封投柜，领取串票，经征官当堂查收，佐贰官轮流点验，按簿查对。若裁串给差，差役执串勒索，“乡民不止倍蓰交官，仍有差欠”。州县官只图省事，尤为害民。各省名目不同，“有谓为截粮者，谓为撕串者，谓为包粮者”，应令各省督抚出示严禁，以杜差役积弊。（2）关于清丈地亩。户部认为刘恩溥所奏“诚为确情。此弊积之已久，非实力清丈，弊何由绝”，但又指出清丈颇难，“其中有地无粮，有粮无地，欺隐牵累，赋则日亏。荒熟相间，旗民相混，商灶相舛，军民相错，畛域不分”，若执行不力，扰害亦多，“藉端科敛，滥派滋扰，衙蠹、地痞扰乱棼淆，牧令无能，骚动阖境，分田治赋诚未易言”。尽管山西解州、阳曲、太谷、曲沃、介休等地清丈颇有成效，但户部十分谨慎，“各省督抚体察情形，分别酌核，切实办理。如实不得人，虑或滋扰，毋庸勉强从事”。（3）关于布政使职责。户部不赞成由布政使将征信册发交该县绅士，因为布

---

① 《大学士管理户部事务阎敬铭等奏为遵议清厘官欠民欠钱粮等弊请颁征信册酌拟章程事》（光绪十一年十二月二十一日），录副 03-6216-015。

政使“未必一一知绅士姓名、住址”。乡民赴控，不必专限布政使。民欠亦不应由布政使札饬指名比追，“藩司责在考核，州县催科且必上司指名比追，迹近刻核烦扰”。（4）关于督抚派家丁赴地方张贴灾歉停征告示。户部认为照《新定灾案章程》办理即可，“若令大吏派家丁张贴，安得若许家丁分赴属县，且专以家丁为可信？亦无此政体”。因刘恩溥原奏各折、片，“有同一事而彼此互见者，有非一事而前后牵引者”，户部“量为删并，分别议覆”。①

其二，奏请增设蠲缓征信册。虽然《新定灾案章程》第一条规定：各省所属遇有灾歉，“一面申明督抚，一面报明该管道、府、直隶州亲诣履勘，会同该州县将某村某图某甲被灾分数、亩数及应免应缓银数随文申报，该上司即据详入奏。再令该州县按照区图村庄，详细分晰某区某村几图几甲业户某某被灾几分，应蠲应缓银米若干，开具细册，依限申详，咨部备核”，以杜吏胥蒙混，但户部认为“此项细册止于详司咨部，其应蠲应缓系何村何庄、银米若干，虽另定有登时出示乡民章程，仍恐时移弊生，民间无可指证”，而且蠲缓钱粮如有先期全输在官者，除应征分数外，其余应蠲应缓分数俱准流抵下年正赋，“流抵之款若无册籍可稽，尤易启重征、侵蚀之弊，即有廉吏，亦无以自白于闾阎”。为此，户部主张在创立民欠征信册的同时，设立蠲缓征信册，“所有蠲免缓征分数、银数及已完流抵各户，亦拟分立征信册”。二者虽同属征信册，但内容不同。民欠征信册“以欠户为重，故宜列欠户姓名、欠数”；蠲缓征信册“以完户为重，宜令先列各都图里甲应豁应缓细数，次列完户姓名、完数，庶应豁应缓者既有都图里甲可稽，可杜移西泗东之弊；已完者有姓名、银数可按，可杜私征入己之弊”。至于应豁应缓之户，“只令分都图里甲查造银粮总数，毋庸按户开列，以归简易”。蠲缓征信册的造报、申送、印刷、散发、奏报限期，均照民欠征信册章程办理。②

光绪十一年十二月二十一日，清廷颁发长篇上谕，准户部所奏，指出钱

① 《请行钱粮民欠征信册折》，第13—15页。按：据时人浙江桐乡县士绅严辰辑录，此奏片的名称为《户部议覆钩稽州县经征钱粮积弊片》，参见《(光绪）桐乡县志》卷六《食货志上·新章》，第16页。

② 《户部奏为各直省所属遇有灾伤蠲缓钱粮均照民欠征信册章程办理事》（光绪十一年，月日不详），录副03-6216-018。

粮“五弊”屡经户部陈奏，但各省“锢习成风，因循怠玩，钱粮弊窦愈积愈深。若不严申禁令，痛除宿弊，年复一年，伊于何底”？告诫各督抚勿“以簿书为故事，视诰诫为具文”，若征收钱粮“仍前弊混，该管上司相率徇庇”，即着户部将该督抚、藩司、粮道“指名严参，决不姑容”。清廷期盼此番清厘后，“钱粮渐次足额，厘金即可量减酌裁，与民休息”。[①]

此次改革，管理户部事务的大学士阎敬铭既有担当，也有信心，不避谤怨，即使被类比王安石也在所不辞。光绪十二年正月十四日，他致函性五世兄：“客腊廿一日谕旨想已目及，农曹两疏一指五弊，一行征信册”，认为清除钱粮积弊、杜绝亏空“乃老生常谈，而举世不行，必有以鄙人为王介甫者”。[②] 户部对征信册杜官吏中饱的作用十分看好。同年六月，翁同龢谒见慈禧太后与光绪帝，日记中记述君臣谈论财政收支情况，“户部出入款项，圣意谓督抚多不肯实心任事，厘金安置闲人，交代每多亏项，汝部能设一法禁止否。以征信册对”[③]。

田赋以外，当税缺额亦多。据户部查核各省历年奏销册，光绪十一年以前之当税，浙江、四川、陕西、甘肃、东北无欠，云南仅报收数，多寡不等，无从核欠。其余各省区以福建欠银最多，每年五六千两；广东次之，欠四五千两；江西欠一千数百两，广西、直隶、山东、山西欠四五百两至千余两不等，河南、江宁藩司、苏州藩司、台湾、湖南、湖北、热河欠一二百两及数十两，虽有次年续缴，但均不能完清。光绪十二年奏销册内，仅热河承德府、河南、陕西、山西、湖北奏报当税额，内只陕西全完。热河当税应征银415两，未完银405两；河南应征580余两，未完260余两；山西应征8195两，未完140两；湖北应征285两，未完100两。户部认为每座当铺每年税银仅5两，“当商于区区数两正税，敢于欠交？决无此事此理。其为州县捏欠，毫无可疑”，各省当税积欠，“阅数年，由少成多，即不下数十万两，终且以商欠

① 中国第一历史档案馆编：《光绪宣统两朝上谕档》第11册，第337—338页。

② （清）阎敬铭著，张永江主编：《晚清廉吏阎敬铭手札》，第391—393页。按：王安石，字介甫。

③ 陈义杰整理：《翁同龢日记》第4册，“光绪十二年六月二十二日”条，第2031页。

请免，实皆豁免官欠”。[①]

光绪十三年，清廷在当税征缴过程中亦实行征信册。先是户部奏称各州县征收当税，“不独已征捏欠，更恐隐多报少”。承平之时，“各省当典几难数计，税入实为大宗”，太平天国起义后，“当典不过数十分之一”。经过战后20多年发展，各地当铺“应逐岁增开，乃报数日少，殊为可疑”。据户部统计各省当铺数量，直隶光绪十年计847家，十一年减少20家；河南光绪十年计160家，十一年、十二年减少43家；广东光绪九年计2091家，十年、十一年减少127家；福建光绪八年计1465家，至十一年减少328家；山西光绪六年计2243家，至十二年减少604家。户部质疑：当铺开设、歇业“均非容易，此数省三五年间共减去当铺一千一百余家，何既多且速如此”？况且“各省题豁历年欠税实有多于原报未完之数者，其为当年隐匿不报更属显然”。有鉴于此，户部奏请仿照钱粮征信册，实行当税征信册，由户部咨行各省督抚等自光绪十三年始，一律于十四年春间核实举办。[②] 各省区当税征信册与民欠、蠲缓征信册一道，进入造办阶段。

二、历史渊源

征信册怎样演变而来，与征信录有何关系，其早期形态在其他领域发挥什么功效，以及如何被引入赋税征缴领域，是需要探讨的问题。以下分别对信息公开机制在救荒、赋税、民间公共事务诸方面的惯常应用与制度化进程予以疏论。

学界对征信录的研究主要集中在以善会善堂为中心的民间慈善领域与救荒领域。夫马进根据明代同善会“置会簿，登记会银”，编制、出版账簿并定期分发给会员的做法，认为征信录起源于明末。康熙二十年（1681）前后，“征信录”的名称与刊印已较普遍。随着民间慈善事业活动范围的扩大及募集资金数额的增加，为取信于人，编制征信录变得十分必要。征信录确保民对

---

① 《户部为整顿各省当税事奏折》，载《光绪十三年整顿当税史料》，《历史档案》1991年第3期。

② 《户部为请行征信册本事奏折》，载《光绪十三年整顿当税史料》，《历史档案》1991年第3期。

民、民对官、民对神三方面的信任。冯桂芬提出以征信录杜绝亏空，说明诞生于民间的公共原理逐步向官方原理渗透，官民关系发生变化。征信录的公共原理在 1905 年前后被清政府接受，为中国引进近代欧洲的原理和技术做了基础性准备。①

夏明方推测救荒领域的征信录稍晚于善会善堂征信录，大致萌生于康乾时期。其中，捐赈征信录出现于乾隆末年，是介于公牍汇编与征信录的过渡形态，道光三年前后已较常见，其编者与内容体现了官民合作；完全由民间救灾组织刊行的征信录，产生于光绪初年华北大旱灾期间近代义赈的兴起过程；民捐民办的仓储征信录出现于康熙十九年前后，同治朝以后官民合办之义仓、积谷仓普遍编印征信录。他认为明末清初以来民间公共事业之信息公开与来自西方世界的冲击纠合，推动官方救灾体制的近代转型。② 该研究有助于进一步探索钱粮征信册与善会善堂征信录、救荒征信录之间的渊源关系。

循着夫马进的思路，本书认为救荒领域的征信录并非出现于康乾时期，而亦可追溯至明末，只是该领域的征信录不像前者那样普遍出现在康熙二十年前后。

明末出现的里赈法——官劝民捐、各里赈各里的社区赈济模式尤其值得注意。为提高赈救效率，防止官吏舞弊与地方动乱，明末官员专门就里赈法上疏讨论。户部尚书李侍问、户科给事中左茂第先后疏言里赈法之必要，后者更以亲身经历指出里赈法主要包括各里审户、各里散赈。绍兴太守王孙兰认为：

> 通谕该县合乡仁厚长者，好义士民，分认都图，自照地面，备查饥户几何，量力捐资，不拘多寡，期于足赈一方之民而止（，则广惠而泽均矣）。盖就一都以赈一都，则人相习熟，易于稽考，既可绝诡冒之弊，且饥户领给甚近，又可免走候之烦，极为良法。

尽管是在熟人社区赈灾，但财务收支依然奉行信息公开。进士钱喜起言：

① ［日］夫马进著：《中国善会善堂史研究》，伍跃、杨文信、张学锋译，第 706—725 页。

② 夏明方：《救荒活民：清末民初以前中国荒政书考论》，《清史研究》2010 年第 2 期。

本里分东南、西南、东北、西北四隅，派为和、睦、丰、亨四号，画疆施赈。每隅推选因果明慎、实心任事者一人主之，(不得□委他人，以致湖涂失听。) 一样置四簿，即收本隅内殷户所助银米，务要盘验登记明白，如有少欠，即便补足。其银米如有收多支少、收少支多者，会齐清算协济，毋得混淆。事毕，四隅汇算刊册，分布列数遍张，以明丝粟无欺（，不愧□影之意）。[①]

赈济过程中清楚登记钱粮收支，事竣后统一核算账目，将收支情况刊印成册，广为散布，征信于民。这与同善会的做法无本质差别。

征信录并非信息公开的唯一载体。信息公开在救荒领域的应用，至晚在宋代的官赈环节中即已出现，此后不绝如缕，只是它多内化于救灾过程，未于救灾结束后形成如征信录的独立文本。

审户是赈灾的首要程序，最具难度，关涉赈济的公正与成败，“审户不清，各弊端从兹而起，故为荒政中最难事”[②]。宋代苏次参主持澧州赈济，担心“抄劄不公”，将信息公开原理用于审户，“给印历一本，用纸半幅，上书某家口数若干，大人若干，小儿若干，合请米若干，实帖各门首。如有虚伪，许人首告，以备委官校点”。[③] 明代赈灾审户也参用此法，“将次贫、极贫各口数大小若干，贴其门首壁上”[④]。

清代赈恤定例，地方官将所报成灾分数、应赈户口、月份，先期宣示；赈济结束后，将已赈户口、银粮各数复行通谕，但在实际放赈过程中，州县张挂告示，“将应赈户口、银粮各数笼统开列，仅凭册录细数，愚民无从深悉底里，侵渔影射之弊，由此而生”。嘉庆十五年（1810），那彦成主持赈救甘肃旱灾，放赈时在旧例之外辅以新法，添设木牌，将灾户信息公开，以杜弊

---

① （明）祁彪佳：《救荒全书》，载李文海、夏明方、朱浒主编《中国荒政书集成》第 2 册，第 828—829 页。

② （清）汪志伊：《荒政辑要》，载李文海、夏明方、朱浒主编《中国荒政书集成》第 4 册，第 2514 页。

③ （明）祁彪佳：《救荒全书》，载李文海、夏明方、朱浒主编《中国荒政书集成》第 2 册，第 705 页。

④ （明）周孔教：《荒政议》，载李文海、夏明方、朱浒主编《中国荒政书集成》第 1 册，第 296 页。

混。其做法为："散赈各州县，除照旧出示晓谕外，另行置备木牌，开明某堡某村户口若干，应赈银粮若干，逐细排列村堡、地名、人名，填注数目，悬挂各村堡适中处所，俾民间家喻户晓，照牌给领。"如有人侵渔影射或藏匿木牌，民人随时指名禀控。此外，道府官员须亲往查验牌内所开户口、银粮与原报数目是否相符，据实禀报；道府确查后，方许撤收。同时，那彦成派员前往，将所挂木牌照抄，存于总督、布政使衙门，与报册核对。[①]

嘉庆十九年，江南大旱，"赤地千里"，官赈不能普惠灾民，一种"前人未有"的新型赈灾模式——图赈法在金匮、无锡县应运而生。此前，向富户劝募救灾的做法并不鲜见，但因劝募资金全入公局，账目不透明，捐者怀疑"特以饱官之囊橐，供董事者之侵渔而已"，故"愿捐者少，而不愿者多"。图赈法以各图所捐之钱，各赈本图，公举一人经理。捐资不入公局，官与公局只负责"纪其数，为之调拨"。资金收支全部公开，"某图饥口若干数，捐若干数，协济若干数，各书一榜于其图内，使贫富见之，晓然明白。施者知其财之所由往，食者知其食之所自来。则捐者无所疑，而不捐者无可藉口"。图赈法成效显著，"饥民赖以全活者无算"。赈济结束后，金匮县知县齐彦槐负责编制征信录。[②] 明末的里赈法与嘉庆朝的图赈法均属社区范围内的就地赈济，官方劝导，富户捐资，民自经理，实施过程中均即时登记财务收支。只是前者事竣后将收支情况刊册公布，后者在灾赈期间"榜示"财务收支，并于事后刊刻征信录。光绪十年（1884），甘肃秦州地方官依然推崇图赈法，"事易集而官不劳，诚至简至便法也"[③]。

嘉道以降，以信息公开为核心的"榜示法"在赈灾中更加普遍。道光五年（1825），江苏巡抚陶澍建议审户时，"每查竣一庄，即将一庄内所有极次贫花名户口，及应领银数，开写榜示，粘贴庄前。如有诡户及舛错之处，许

---

① 《呈酌议办理灾赈章程清单》（嘉庆十五年，月日不详），录副 03-2494-053；又见（清）那彦成《赈记》，载李文海、夏明方、朱浒主编《中国荒政书集成》第 4 册，第 2622 页（个别文字与前稍有异）。

② （清）钱泳：《履园丛话》，中华书局 1979 年版，第 115—117 页。

③ （清）寄湘渔父：《救荒百策》，载李文海、夏明方、朱浒主编《中国荒政书集成》第 9 册，第 6249 页。

于数日内首告更正，则共见共闻，自无所施其捏冒之计”[①]。道光六年十月，御史王若闳奏陈地方赈灾与蠲缓之弊：

> 各州县历来办灾，查报户口及散给口粮每多不实，其间吏役之侵吞，衿棍之包揽，地保之索册费，无不相率效尤。即委员稽查，亦只希图赆仪，颟顸了事，甚至藩司书吏需索使费与州县关说克扣。更有因灾蠲缓地方，或将附近村庄一律缓征，或仍令照常征收者，往往不将应缓、应征村庄名目详晰载明，朦混催征。

清廷谕令各省督抚：遇有查办灾赈地方，除由布政使将所奉谕旨刊发誊黄，遍行晓谕外，仍令各州县“将被灾应赈某村庄，应赈户口若干，某户某名，分别极贫、次贫，应给口粮若干，再行逐一详明榜示。……如须支放折色或以银易钱散放，亦须将每户大口、小口分别给银若干，应照市价易给制钱若干之处，一并详晰列入。其附近灾区成熟村庄或一律缓征，或仍应完纳，亦将某村庄应缓、某村庄应征一体明白宣示，务使共见共闻，以杜侵渔影射积弊”。[②] 赈灾“榜示法”得到清廷认可并被要求更广泛地使用。

道光二十八年，江苏仪征县大水，赈灾过程中首重审户，采用颁发门牌、悬示通榜的办法：“查过一户，用门牌大书极次贫、大小口数，贴于灾户门首。查完一坊，由委员径行申报，一面照缮坊总，实贴通衢”，“既有门牌，又有通榜，则共见共闻”。[③] 二十九年，江苏苏、松、常、镇、太等属 34 州县厅，入夏后雨多晴少，“无处不灾，而且情形极重”；江、扬等属“因江潮泛涨”，被水亦重。此次赈灾，采取上年清查户口办法，“有门牌，则各户之极次大小无从混冒；有通榜，则一村之极次大小无从混冒”。如常熟、昭文审户时，“查完一户，填给门牌。查完一图，即将图内应赈户口榜示通衢”。[④]

---

① （清）陶澍：《陈办灾各弊疏》，载（清）贺长龄辑《皇朝经世文编》卷四二《户政・荒政二》，第 1083 页。

② 中国第一历史档案馆编：《嘉庆道光两朝上谕档》第 31 册，第 360—361 页。

③ （清）王检心：《真州救荒录》，载李文海、夏明方、朱浒主编《中国荒政书集成》第 6 册，第 3761—3762 页。

④ （清）佚名辑：《道光己酉灾案》，载李文海、夏明方、朱浒主编《中国荒政书集成》第 6 册，第 3943—3945、3951 页。

同治三年（1864），浙江桐乡县青镇被湖贼扰害兼遭兵燹。镇绅严辰主持赈务，浙江巡抚左宗棠批饬桐乡县令妥为经理，严禁吏胥干预。先后劝捐米5000余石，加上官赈米500石，共得米6000余石。放赈时用榜示法将灾民信息公开，“先将应赈户口按图榜示，有地保作弊、谎报滥报者，被人指诉，即予删除并加惩治”，事竣后刻有《办赈录》两卷，[①] 应是类似于征信录的事业报告与会计报告。光绪八年，桐乡县大水，知县周锐照会绅董，设放赈局于育婴堂，由庄保查造极贫户口册。严辰等认为：“贫户系庄书、差保所开，恐有不实不尽，或滥或遗。然合县一百七十三图，计有数千万户，仅此十数绅董岂能按户而稽之，执人而察之？”决定仿照同治三年青镇办赈之法，“将各册贫户花名分图开单，由赈局雇人分写，即日着人发贴各图。如有遗滥，听其到局指告，即为禀官更正。旬日之后无人指告，再行发票散赈”。[②]

光绪四年四月十一日，山东道监察御史彭世昌呈救荒事宜四十二条清单，内亦有榜示法：“办赈最忌颟顸，百弊由之而生。宜于赈饥地方稠人广众之所张贴榜文，领到恩米若干，截漕若干，收过捐输若干，各省协济若干，放过若干，实存若干，一一揭明，俾其共见共闻，交相考核。庶散赈者可无侵欺之虑，受赈者可免冒领之弊，诚良法也。”[③] 十一年九月，山东巡抚陈士杰奏报赈恤事务，提及施放赈款时说：“令刊刻简明告示，委员分投张贴，如一庄之中最重、次重、又次重大小各若干户，每口给赈钱若干，于告示内分晰注明。倘有短少，准其指名控诉，以免吏胥克扣之弊。”[④] 此处的“简明告示”如同“榜示”。十四年，江苏丹阳灾赈章程中定有“榜示”，“将各村所有灾户，某户蠲田粮若干，某户兼恤大小口若干，每村缮榜一纸，发给实贴，方始给票散钱，则各户既已周知，委员并易抽复，庶期澈上澈下，丝丝入扣，不生纤毫流弊”，在审户过程中，将恤口、蠲粮两项缮榜刊册散贴，“就应恤

---

① 《(光绪)桐乡县志》卷七《食货志下·蠲恤》，第13—14页。

② 《(光绪)桐乡县志》卷七《食货志下·蠲恤》，第18—19页。

③ 《山东道监察御史彭世昌呈救荒事宜四十二条清单》(光绪四年四月十一日)，录副03-5582-013。该救荒四十二条被户部采纳，颁发各省遵行。参见（清）彭世昌《户部咨行荒政条奏》，载李文海、夏明方、朱浒主编《中国荒政书集成》第8册，第5821页（个别文字与前稍有异）。

④ 《京报（邸报）》第14册，第95页。

一万九千余户之大小口数计算，已须缮榜册一千余页"，其余蠲粮各户，预计"势非一万余页不办"。[①]

宣统年间，州县办赈时邀请廉正士绅公同会议，设立筹赈公局，公举数人总理一邑赈务，分派士绅清查灾户，逐一登记，由专人录榜，详书"某乡某村某某绅亲查，得极贫户若干、次贫户若干、大小口共若干"，分路榜贴于所查之乡，令人共见。[②]

民间义赈中的信息公开，早于近代义赈者，如福建厦门人陈邦宝（字朴卿）客居宁波时，正值岁荒，"民艰衣食"，遂置办棉衣，分送灾民，并于通衢煮粥赈饥。地方官命陈邦宝"倡捐兼董赈事"。他首捐重资，"凡捐输者，书其名于公所壁，注明捐数若干。人竞感劝乐输，全活者甚重"。乾隆十五年，宁波复遭饥荒，时陈邦宝已归故里，地方官"访其遗法踵行之，民困以苏"。[③]

因此，不论是官赈、义赈，还是官民合赈，始终都能看到信息公开的应用。事实证明，凡是信息公开执行得力的赈济活动，往往取得明显成效。

救荒领域之外，钱粮征缴方面也不乏信息公开的应用。明万历二十二年（1594）河南大荒，光禄寺丞兼河南道监察御史钟化民督理赈务。当时明廷已下达蠲租令，但"奸猾里书借口分别里分之灾伤为减免，以邀贿赂，任情移夺。村僻愚民不知免数，不得沾实惠"，他采取公示蠲免数额的办法，防止里书作弊，"查照题准分数，每项原派银若干，令减免银若干，出示四郊，使民共晓。里书莫能上下其手，民尽沾恩"。[④]

同治六年，苏州布政使丁日昌鉴于江苏田地科则繁多，业户不知斗则轻

---

① （清）佚名辑：《灾赈章程（附光绪十四年丹阳办理灾案）》，载李文海、夏明方、朱浒主编《中国荒政书集成》第9册，第6536—6537页。

② （清）刘锺琳：《论赈刍言》，载李文海、夏明方、朱浒主编《中国荒政书集成》第11册，第7962页。

③ 《（道光）厦门志》卷一三《列传五·义行》，载《中国方志丛书》第80号，成文出版社1967年版，第269页；《（道光）重纂福建通志》卷二四二《人物·国朝孝义传》，第48页，清同治十年（1871）正谊书院刻本。

④ （明）钟化民：《赈豫纪略》，载李文海、夏明方、朱浒主编《中国荒政书集成》第1册，第157页。此事例亦见（清）陆曾禹《钦定康济录》，载《中国荒政书集成》第3册，第1870页。

重，书差以为利薮，令州县在易知由单之外，刊刻简明告示，“注明某都、某图科则几等，每银一两折钱若干，每米一石随耗几斗”，“洋银每元时价若干，其册串纸张、书役辛饭一并注明”。开征前，“将告示遍贴城乡，使愚夫愚妇一目了然，书差不能高下其手”。此法颇见成效，当年“收成虽未丰稔，完数尚称踊跃”。次年，丁日昌已擢江苏巡抚，奏请将此法“永为定章”，通行全省。[①] 尚不明确其他省区是否也有类似规定。光绪三十年六月初二日，清廷因“地方钱粮浮收中饱，以完作欠，百弊丛生”，采取类似丁日昌的办法，以打破下情阻隔，杜绝官吏中饱，通谕全国统一执行：

> 各省督抚将各属经征钱粮，限三个月内开列简明表册，该州县钱粮正额若干，现在实征若干。向系收银者，注明每赋一两正耗各收银若干，或系收钱折银，或系收银圆作银，均注明每银一两折收若干。每漕粮一石，收本色者，正耗各收米若干；收折色者，每石收银钱若干。此外有无陋规、杂费，逐一登明，据实声叙，各令和盘托出，不准含混遗漏。俟该省奏报到后，着户部核对，由政务处刊入官报，俾众共知，藉以察官方而通民隐。[②]

此举突破临时性、地域性，载入官报公开，成为定制。如同雍正六年二月有关将欠户信息公开以杜官吏中饱的做法，浙江于宣统元年（1909）出台的《革除收粮积弊暂行规则案》亦规定：各厅州县如有民欠，“须于限满后，开列花户姓名，榜示各乡。如有已完作欠者，准入指控”[③]。

钱粮征信册出现之前，租赋征收已有使用征信册（录）的事例。江西象山书院于咸丰年间毁于战火，同治二年重建，经理者不得其人，“视为利薮，霸耕魃典，且有易膏腴之田抵以硗瘠”。为清理田产，象山书院章程首条规定：书院田产，“其都图所在，四址所迄，佃户何人，岁纳租谷若干，详载征信册内，俾久远可稽。凡经理院事者，每岁必须量入为出，务使有余，勿形

---

① 《苏省征收钱漕酌定刊发科则钱数告示疏》，载赵春晨编《丁日昌集》上册，第 28—29 页。

② 中国第一历史档案馆编：《光绪宣统两朝上谕档》第 30 册，第 109 页。

③ 章开沅、罗福惠、严昌洪主编：《辛亥革命史资料新编》第 4 册，湖北人民出版社 2006 年版，第 220 页。

不足，以防歉岁。四季造报，一岁总报，册书二分，一存县署，一存书院，均盖县印，使阅者一览了然，弊庶少减”。[①] 同治四年，阎敬铭任山东巡抚期间，因“出宁阳令一案”，“偶行一次”征信册。[②] 同治七年前后，江苏金山县征收钱粮已使用征信录，“征办钱粮民间未能周知底蕴，每滋疑窦，甚有固抗不缴者，现经刊刻征信录，广为分布，使之一目了然”。丁日昌特别批示：虽刊刻田赋征信录，但遍贴告示之规不能偏废，“该县征收丁漕科则告示，仅贴大堂头二门、四城门，别处并未张贴。穷乡僻壤，一任书差勒索浮费，高下其手，真不解是何居心，岂该县欲以示威耶？抑仍意在分肥耶？即祈切嘱该令，此后将全副精神向着穷百姓身上结实做去，勿徒以征信录文饰上司之耳目”。[③] 这些征信册（录）的使用并不普遍，亦未与冯桂芬的设想密切关联。

石刻是信息公开的又一重要载体，财务信息公开之雏形于此留有痕迹。汉宣帝地节二年（前68年）记载巴州杨姓民人买山地“值钱千百”，由子孙“永保其毋替”的石刻。汉章帝建初元年（76）的《大吉买山地记》摩崖刻石云：“昆弟六人，共买山地，建初元年，造此冢地，直三万钱。”[④] 而规模较大的民间结社或合作活动推动信息公开的形式继续发展。东晋南北朝时期，不少地区出现由数人至数千人组成的佛教结社，成员捐助钱财，刻造佛像，题名于碑石。[⑤] 碑刻逐渐出现“凡以资来助者，其姓氏皆载之碑阴”的传统。[⑥] 明清以来碑刻大盛，或刻石垂训，或纪事彰功，“勒铭叙事，所以昭久远之规；镌石留芳，所以著始终之迹”[⑦]。在林林总总的碑刻中，有的不仅体现信息公开，还具有契约性质和法律效力，可称之为“碑示法”。以下略举

---

① 邓洪波编著：《中国书院章程》，湖南大学出版社2000年版，第141页。

② （清）阎敬铭著，张永江主编：《晚清廉吏阎敬铭手札》，第392页。按：同治四年正月查出宁阳知县余庆昌上年征收钱粮以完作欠，将其革职查办。参见（清）阎敬铭《抚东奏稿》（二），载《近代史资料》总122号，中国社会科学出版社2010年版，第47—48页。

③ 《金山县禀呈刊刻金山田赋征信录由》，载赵春晨编《丁日昌集》上册，第602页。

④ 参见金其桢《中国碑文化》，重庆出版社2002年版，第62、83页。

⑤ 参见郝春文《东晋南北朝时期的佛教结社》，《历史研究》1992年第1期。

⑥ 《苏州府重修范文正公忠烈庙记》（正统十年八月），载王国平、唐力行主编《明清以来苏州社会史碑刻集》，苏州大学出版社1998年版，第477页。

⑦ 《靴鞋行财神会碑文》（民国三年五月），载李华编《明清以来北京工商会馆碑刻选编》，文物出版社1980年版，第164页。

两类。

一类是有关租赋的碑刻。明嘉靖四十三年（1564），苏州学校名宦祠将公田“在某县某都某图某圩凡若干亩，岁收租若干石，岁办粮若干”详细开示，“勒在碑阴”。[①] 万历十六年，江苏常熟县将田地等则、税粮银米数目、由票长单“立石刻碑”，征收者“敢有受贿那（挪）移情弊，许花户人等执票赴告”。[②] 三十七年，嘉定县为调节军民纳粮纠纷，将“告补都图圩号亩数及年分粮米”等信息刊刻石碑。[③] 明末江南赋役积弊丛生，奸胥隐匿易知由单以中饱，官府“不暇详查”，民众“耳目邈渺”，以致“官与民且两受其累”。在“京边紧额，历年以来，逋负如丘”的财政压力下，天启六年（1626），长洲县“勒石通衢，细载田亩、银米之数，与比较缓急之序”，“开列田地山荡等则，每亩应输本色若干，折色若干”，使民周知。[④] 顺治五年（1648），嘉定县为杜官吏蒙混征收钱粮，循明代之例，将垦荒田地科则“勒石申禁”，“如有里胥作奸，指称加科派役，混行需扰者，许该粮里指名告理”。[⑤] 清代类似碑刻不一而足。

另一类是举凡修建路桥、河渠、寺观、会馆等带有公共（益）性的活动，均通过碑刻将捐资者与收支信息公开。康熙初年，山西盂县城乡民人集资重修藏山神庙，事竣请匠立碑，将“施材力者芳名刻石”，“留音明□，咸知施者不虚，受者有据”。[⑥] 乾隆三十五年（1770），徽州会馆在苏州修建，由捞油、蜜枣、皮纸三帮“各输厘头，并捐人工”，诸人踊跃乐从。此事本无私

---

① 《苏学名宦祠公田记》（嘉靖四十三年三月），载王国平、唐力行主编《明清以来苏州社会史碑刻集》，第481页。

② 《税粮会计由单长单式样碑》（万历十六年），载江苏省博物馆编《江苏省明清以来碑刻资料选集》，生活·读书·新知三联书店1959年版，第543—545页。

③ 《嘉定县为太仓卫军屯荡田额粮科告示碑》（万历三十七年四月），载上海博物馆图书资料室编《上海碑刻资料选辑》，上海人民出版社1980年版，第133—134页。

④ 《天启六年长洲县田地等则及每亩应输税粮项款碑》，载洪焕椿编《明清苏州农村经济资料》，江苏古籍出版社1988年版，第414页。

⑤ 《嘉定县为东西两异乡升科田亩照旧办粮告示碑》（顺治五年十月），载上海博物馆图书资料室编《上海碑刻资料选辑》，第141—143页。

⑥ 《重修碑记》（康熙五年），载张正明、［英］科大卫、王勇红主编《明清山西碑刻资料选》（续一），山西古籍出版社2007年版，第560页。按：原文标点有误，径改。

意，“乃人心不一，好为讥评”，捐资后，“或有以为借公事而饱私囊，致令已捐者迟回，未捐者气阻”。主事者认识到“若不急将已收未收，注疏详明，与支存开载明白”，难以“使群疑释而物论已”，将“三帮诸公并各字号所捐”分列开呈，刻碑公开，“庶已捐者心平，而未捐者又欢欣乐输”。[①] 四十九年，上海湖心亭落成，“创始维艰，集成不易”，“捐数不明，无以征众信”，遂将姓氏、银两刻石。[②] 嘉庆十六年，苏州重建伯通桥，碑载“捐资工费之数，则刻石陷诸亭壁，传乐输者有所征信”[③]。嘉庆朝前期，河南开封徐府之山陕会馆为修复关帝庙，号召山陕商民“抽取厘头，以为每岁添设重修之费”。山西蒲州府商行“本小利微，力薄费繁，不能望人项背”，约定“铺中每进钱一千，抽取二文，银数亦然”。嘉庆四年至十三年，“共抽钱三百八十三千一百四十七文”，交老会首收存，作为每年补葺之资。由于“历年工务繁杂，未及列清勒石”，主事人认为“此钱为数不多，历时已久，如不□彰，恐今之慷慨捐施者意淡心驰”，倡议“捐资立石，镌刻名号，并教之多寡，使今之捐输者，巨细华彰，庶后之向善者，亦可闻风而起”。[④] 道光十七年，上海县重建城隍庙演戏台，刻石“征信纪略”，并将“所有收用金钱实数，刊略于后，以征信来者”。[⑤] 光绪二十一年，上海城东鲁班庙重修后，将“各户捐输之银洋若干，及所用各项物料工饭银洋若干，开列勒石，以昭大信”[⑥]。二十七年，苏州募资重修泰伯庙桥，将收支各款“刊石征信”[⑦]。宣统元年前后，有的碑

---

① 《修建徽郡会馆捐款人姓名及建馆公议合同碑》（乾隆三十八年十月），载江苏省博物馆编《江苏省明清以来碑刻资料选集》，第 377 页。

② 《湖心亭议列规条碑》（乾隆四十九年八月），载上海博物馆图书资料室编《上海碑刻资料选辑》，第 252 页。

③ 《重建伯通桥记》（嘉庆十六年），载苏州博物馆、江苏师范学院历史系、南京大学明清史研究室合编《明清苏州工商业碑刻集》，江苏人民出版社 1981 年版，第 310 页。

④ 《山陕会馆晋蒲双厘头碑记》（嘉庆十七年），载张正明、［英］科大卫、王勇红主编《明清山西碑刻资料选》（续二），山西经济出版社 2009 年版，第 421—422 页。

⑤ 《重建上海县城隍神庙戏台碑》（道光十七年），载上海博物馆图书资料室编《上海碑刻资料选辑》，第 28 页。

⑥ 《重修鲁班庙收支碑》（光绪二十一年七月），载上海博物馆图书资料室编《上海碑刻资料选辑》，第 318 页。

⑦ 《吴县等会衔给示永禁在泰伯庙桥两旁摆设店摊有碍行途碑》（光绪二十七年），载苏州博物馆、江苏师范学院历史系、南京大学明清史研究室合编《明清苏州工商业碑刻集》，第 321 页。

刻已出现“征信录”字样，或径命名“征信录碑”。[①]

明清以来类似碑文格式较普遍，不外乎“为文以纪其事”和“例得将捐资诸君劖石书名”，[②] 抑或“述其缘起”与刊列“捐款及用款”。[③] 乾隆十七年，山西平遥知县钱廷镛捐俸倡建纪念萧何的赞侯庙，当地士庶“欢输乐助”，建成后刊刻碑记，“纪其起讫之由，并书其所以祀之之故，如此而刻诸石，凡奔走董事之人及输助姓名，亦例得列之碑阴”。[④] 较之征信录集事业报告与会计报告于一体，碑示法实际已具备征信录的内容和性质。

此外，明清以来善书、族谱的印刷与传播也属公共活动，书内大都附识捐资姓氏与银钱数额。[⑤] 这与碑示法的征信功能相同而材质有异，不赘举。

综上所述，可以明确：其一，明清及以前，信息公开在官民之间以多种载体形式应用于多个领域，而非仅以征信录为载体被民间善团独享。民间慈善与救荒领域征信录的早期形态均可追溯至明末。不同载体虽出现时间有先后，应用领域有差异，但并非此消彼长、互相取代，而是互补共存，以资征信。康熙五十三年（1714），碑示法已与征信录配合使用。江苏长洲县绅耆王三锡为普济堂捐田100亩，该县将“田亩丘号勒石垂久”，除办粮外，余资为善堂公用，“每年刊入征信录内报查，毋许经手人等中饱侵渔”。[⑥] 光绪十三年，浙江桐乡县士绅严辰认为其在同治三年、光绪八年赈灾中使用的榜示法，

---

① 《汀州会馆重修捐助与工程征信录碑》（宣统元年十月）、《苏州梁溪膳业公所民国七年到十七年历年征信录及善举碑》（民国十七年十二月），载王国平、唐力行主编《明清以来苏州社会史碑刻集》，第382、387页。

② 《创修山东会馆碑》（光绪三十二年十一月），载上海博物馆图书资料室编《上海碑刻资料选辑》，第195页。

③ 《重修桐油苎麻业公所收支碑》（宣统三年），载上海博物馆图书资料室编《上海碑刻资料选辑》，第353页。

④ 《创建赞侯庙记》（乾隆十九年），载张正明、［英］科大卫、王勇红主编《明清山西碑刻资料选》（续一），第583—584页。

⑤ 参见［日］酒井忠夫著《中国善书研究》（增补版）下卷，孙雪梅译，江苏人民出版社2010年版，第567—573、639页；游子安《善与人同——明清以来的慈善与教化》，中华书局2005年版，第10、128—129页；冯尔康《清史史料学》上册，故宫出版社2013年版，第309页。

⑥ 《长洲县奉宪倡捐善田碑》（康熙五十三年），载王国平、唐力行主编《明清以来苏州社会史碑刻集》，第360—361页。

“正与部颁征信册新章隐相符合，以后倘遇办荒，大可仿行”。[①] 这说明钱粮征信册虽是新事物，但其信息公开理念早在其他领域得以运用。

其二，信息公开的应用在明清之际出现分流。一部分继续沿着救荒的路径，被视为救灾环节与杜弊方法；一部分被用于租赋征缴以杜中饱；一部分以碑刻、善书等为介质，在公共事务中发挥征信作用；还有较重要的一部分为民间善团据以编印征信录。救荒具有突发性、临时性，租赋征收具有季节性，二者均有相对成熟完备的文牍册籍可依，更倾向于选择简便易行的榜示法，很难形成如征信录那样完善的信息公开机制。公共性质的营建非常规活动，碑示法既能征信于人，还无“时远世变，纸笔易朽”之虑，[②] 更易实现捐资者流芳、“不朽”之目的。善会善堂是明末清初出现的新型组织，由民间自发创办，募捐资金，无现成制度与文册可据，加以慈善活动的日常性与永久性等因素，使其催生出较碑示法便于散放流通，较榜示法更易保存查阅，而且集事业报告与会计报告于一体的征信录。近代义赈兴起之前，人们即形成“凡有义举，必编录征信”之共识。[③]

冯桂芬在道咸时期提出用征信录杜绝亏空，当与其社会阅历有关。他生于江南，先后担任数位江苏名臣如陈銮、陶澍、裕谦的幕僚，参与征收钱粮、赈济灾荒等实务，经历丰富，加以举人身份，成为有名乡绅。江南是善会善堂发达之地，编印征信录的做法必对他产生影响。咸丰六年，冯桂芬在家乡同士绅程庭桂、潘曾玮开办名为“ 仁堂”的善堂。该善堂还代管义仓，储粟备赈，在当地慈善事业中发挥了重要作用。太平天国运动失败后，他在苏州继续经办善堂。[④] 面对亏空，他希望利用善会善堂的征信录进行整治。

由上可见，信息公开以不同形态在官方与民间的诸多领域长期而广泛地存在和应用。在清代赋税征缴方面，雍正六年出台旨在革除官吏中饱的民欠

---

① 《(光绪) 桐乡县志》卷七《食货志下·蠲恤》，第 19 页。

② 《万老爷遗爱碑记》(康熙二十二年)，载张正明、［英］科大卫、王勇红主编《明清山西碑刻资料选》(续二)，第 126 页。

③ (清) 苏州桃花坞协赈公所编：《齐豫晋直赈捐征信录》，载李文海、夏明方、朱浒主编《中国荒政书集成》第 8 册，第 5734 页。

④ 参见熊月之《冯桂芬评传》，南京大学出版社 2004 年版，第 60、83、97、181 页。

榜示法，后因执行不力，形同具文。道咸年间，冯桂芬倡议用征信录治理积欠与亏空，因繁琐难行而作罢。直到光绪十一年，为整顿钱粮征收积弊，御史刘恩溥奏请将冯桂芬所议予以变通，经户部详悉议复后，最终推出钱粮征信册。从征信录到钱粮征信册，与其说诞生于民间的公共原理向官方原理渗透，毋宁说官方既有的信息公开模式无法应对严重的亏空与积欠问题，需将民间行之有效、成熟完善的征信录模式引入赋税征缴领域。

三、规章册式

光绪十一年十二月二十一日，户部议复刘恩溥清厘民欠各折、片后，附呈各样钱粮征信册式，并拟定清厘民欠章程十条，作为推行征信册的制度规定。十三年，户部根据钱粮征信册章程、册式，结合当税情况，制定当税征信册章程与册式。以下分别介绍钱粮征信册、当税征信册制度设计之状貌。

（一）光绪十一年钱粮征信册之制度设计

1. 规章

户部制定的清厘民欠章程可归纳为以下四个方面。

第一，钱粮征收衙门（厅、州、县、场、卫）向司道（藩司、运司、盐粮道）申送征信册底本与司道印制、分发征信册之期限。

底本截止期限与下忙钱粮征收截止期限一致。清代将每年征收地丁和漕粮的过程分为上忙、下忙，下忙截止日期即年度钱漕征收的最后期限。奉天、直隶、山东、山西、河南、安徽、江西、浙江、湖北、湖南、甘肃、广西、江苏、陕西、四川下忙期限为当年十二月底，全完解司。广东省限次年正月，全完解司。云南、贵州限次年三月，全完解司。钱粮征收衙门以此为始，于三个月内制作并呈送征信册底本，即奉天等十五省区限次年三月底，广东省限次年四月底，云、贵二省限次年六月底，分别将底本申送司道。如逾限，由司道照交代例揭参，逾限两个月罚俸一年，逾限四个月革职。粮道自行征粮发票，不由州县征收者，即由粮道自造征信册，限期、处分均与州县同。无民欠者无须造册。①

① 《请行钱粮民欠征信册折》，第6—7页。

司道收到底本后，于三个月内印制、分发征信册。与前相对应，奉天等15省区限六月底，广东限七月底，云、贵二省限九月底，司道将征信册发交该地方。倘逾限，如系司道所属理问、经历、照磨等官迟误，由司道揭参，照易结不结例议处；如系司道迟误，由督抚奏参，照易结不结例议处。奉天等省区督抚于八月，广东督抚于九月，云、贵二省督抚于十一月汇奏：除无民欠之处无须造办征信册外，其有民欠、蠲缓之处，征信册是否依限全数申送司道，司道是否依限发交该地方，是否将逾限之属员参处，并将全省各厅州县征信册一份随奏送户部备查。①

第二，征信册的印制要求与成本开销。

钱粮征收衙门于底本封面注明本数，各本内注明页数。司道收到底本后应认真查核，如有不分晰明白，故意舛错、遗漏，由司道揭参，照钱粮造册不分晰明白例议处。检查底本无错即印制征信册。司道预先购办活字板，招募匠役，责令所属理问、都事、经历、照磨、仓库大使等选派员役，办理摆印、订册，逐篇核对，避免错误。每两篇用该属员骑缝印钤，册末印明核造人员戳记。如属员需索各厅州县，任意更改册内数目，刁难陷害、滋生弊端者，由司道查实治罪；如因属员办事草率，以致数目小有舛错，由司道揭参。因地方灾缓与钱粮带征情形不一，各地征信册数、页数亦不尽相同。为避免官吏或将印妥之征信册隐匿少发，或抽短册页等舞弊行为，司道于征信册封面加戳，写明某州、县、场、卫光绪某年钱粮各样征信册共几本，且于册内加戳，写明册共几页，彼此互证。至此，印制征信册的环节结束。②

司道印制征信册期间，支付工食、纸张、笔墨各款，准作正开销。耗羡有余省份，于耗羡项下支用；耗羡无余，动用杂项及外销之款。但并非漫无

---

① 《请行钱粮民欠征信册折》，第8—9页。在实施阶段，各省区钱粮征信册底本截止时间及后续各期限多有延缓，详见后文。

② 上海某报馆得知征信册制度后，认为藩司不如知府印造征信册方便：“以造册委之藩司，似不如委之该管知府。藩司虽为通省钱粮总汇，考核较易，然藩垣事冗，兼顾为难”，而知府“大都优游清简，虚拥表率之名。倘以征信事任之，令将所属各州县经征钱粮常年造成若干册后，申送藩司核准，转发绅士。如此则挈纲领有人，分条目有人，庶烦琐之中倍昭简易”。参见《附录沪报馆论部议饬立征信册事》，载《（光绪）桐乡县志》卷六《食货志上·新章》，第25页。

限制，司道估算每年额支数目，报户部核定后，不得超逾定额。如有余剩，专款存储，倘下届不敷时支用。司道不得摊派州县，州县亦不能派累百姓，违者参处治罪。①

第三，征信册的送呈与散放。

征信册刷印完竣后即进入送呈与散放环节。司道除将征信册随奏折送户部一份，申送督、抚各一份，发给臬司及各该地方一份存案备查外，繁缺另备50份，中缺备40份，简缺备30份，以一半发交该管道员，其余发交该管知府、直隶州。道、府、州各官负有散发征信册的职责，他们在征信册封面加印，于下乡、过境、月课、考试及接见绅民时，将征信册转交公正绅民，确保其分给乡民公同查阅，不许征收钱粮之官吏经手。若道、府、州匿册不散或耽搁迟延，照徇庇例加等严参，需索钱财者严究。若绅民借端撞骗招摇，需索各乡使费，一经告发、审实，计赃科罪。如督抚、藩司愿出资另行刷印多册，散发民间公阅；或廉正钱粮征收官吏于造送底本后，自愿制作征信册供绅民公阅，均听其便，但必须由各负责官吏于征信册封面盖用印信，以示区别。只有确保征信册有效地散布与公阅，才能充分发挥其征信于民之功能。户部特别看重这一点，认为“此条至为紧要关键”。②

第四，对违规行为的追究。

清代定例，粮户交纳钱粮后，州县官吏须给串票作为凭证。如有官吏舞弊，粮户可持串票控告；但多数粮户纳税不主动索要串票，官吏亦不给发。更有书吏在裁给串票时勒索额外钱财，粮户遂不愿领取。有的串票极不规范，宽仅及寸，长不过三四寸，字迹、印信模糊。诸种情况致使钱粮征收期间常有重征、重纳之弊，而粮户因无凭据或凭据无效，亦对其无可奈何。征信册实施后，户部通谕粮户须领取串票，作为征信册的对证凭据；规定无论士绅、军民、粮户，各衙门收到钱粮后须及时裁给串票，纸必宽长，字必清楚，印必明显。严禁书吏勒索，违者即将征收官员撤参。

① 《请行钱粮民欠征信册折》，第7—8页。

② 《请行钱粮民欠征信册折》，第9—10页。

绅民查阅征信册时，如发现已完银粮在该年下忙截数限内，册内仍列未完，粮户可持该年串票赴上司衙门控告。如地方官吏侵欺，捏作民欠，照监守自盗律治罪。若粮户控告，藩司、臬司及道、府、直隶州通同地方官设法弥缝，不行揭参，由督抚将其参处。若督抚徇庇属员，将督抚议处。如有刁生、地棍并无串票，或非该年已完钱粮串票，或日期不符妄行控告，按律严惩。[①]

2. 册式

虽然民欠、蠲缓征信册之规章册式同时下发各地，但前者的酝酿时间稍早于后者。清厘民欠章程与民欠征信册式起草完毕，尚未公布，户部又奏准仿照民欠征信册，另立蠲缓征信册。因此，户部制定的钱粮征信册分为五种：当年应征（银钱粮草）民欠征信册、催征往年民欠（银钱粮草）征信册、带征往年灾缓（银钱粮草）民欠征信册、当年缓征（银钱粮草）并已完流抵征信册、当年蠲免（银钱粮草）并已完流抵征信册。

（1）当年应征民欠征信册格式。册面印“某州、县、场、卫光绪某年各样钱粮征信册共计几本”，以及征信册名称“某省某州、县、场、卫光绪某年征收银钱粮草民欠征信册”。册内首先注明“本册共几页”，其后将清厘民欠章程十条“载诸征信册首，俾官吏、士庶人等永远遵行，以祛积弊”。[②]之后印“某省某县[③]应征某年银钱粮草总数、民欠未完散数征信册”。接下来分门别类开列应征银、钱、粮、草各款总数与民欠散数。

兹以银数为例说明。册内印“应征银总数”（所有总数、散数写明年份，数字用大写）：某年额征地丁、漕粮等项银若干，[④]内除当年缓征银若干（如

---

① 《请行钱粮民欠征信册折》，第 11—12 页。

② 《请行钱粮民欠征信册折》，第 5 页。

③ 由道、府、直隶州、厅、州、卫、所、盐场征收者，均对应注明征收衙门，各册同。

④ 如地丁、漕项、民、屯、更等项，以及耗羡、糯米折价、裁站充饷、科场经费、沙田、芦课、旗租、灶课、鱼课、抵补虚米之类。又如直隶八项旗租旗产粮银，陕西盐课摊入地丁，四川按粮津贴、按粮捐输之类。凡系按地、按丁统征分解，收载一张串票者，大字以丁、漕等项概括，均并为一条汇总，开列额征数目；小注仍将统征分解之地丁、漕项、民、屯、更、耗、糯等零星名目一一注出，不能遗漏，末尾写明凡收载一张串票者皆在其内，如四川按粮津贴、按粮捐输。倘系分征、分串，即应另列总、散各数。各省漕项有分征、分串者，亦应另列。钱、粮、草开列细注均照此。参见《请行钱粮民欠征信册折》，第 19 页。

光绪十二年缓至十三年征收；无缓征者，毋庸议），豁免银若干外（如光绪十二年应征银已豁免；无豁免者，毋庸议），实应征银若干。自某年某月某日开征至某年某月某日止，除已完银共若干，无须开列花户姓名、完纳细数外，尚有民欠未完银若干，逐一开列“民欠散数”（注明钱粮征收起止时间，下同）。

“民欠散数”是民欠征信册的主要内容，其印制格式为：某都图里甲欠户共若干，共未完银若干，内某姓名欠银若干。开完某都图里甲及花户姓名、欠数，再开另一都图里甲及花户姓名、欠数，逐一排列。花户姓名、欠数，册内作两层开列，以省纸张。[①]

应征钱、粮[②]、草各项之印式均同此。如无应征钱、粮、草等项，册内须声明。册末须注明“某年某月某官某姓名照原册摆印校对无错”字样。[③]

册末的如许字样及册面印明册数、所属何种征信册（名称），册内注明页数，刊刷清厘民欠章程十条，为民欠、蠲缓征信册的共同之处，不赘。以下只介绍其余四种征信册内容之格式。

（2）催征往年民欠征信册格式。册内印某省某县应催征某某等年（如光绪六、七、八等年）民欠银钱粮草总数、仍未完散数征信册。

另起一列印“应催征民欠银总数”：某年应催征某年民欠银若干（其应总开分注各项与当年应征民欠征信册式同，下仿此），又某年民欠银若干（如上系光绪六年，此即光绪七年，余可类推），实共应催征民欠银若干。自某年某月某日起开征至某年某月某日止，除已完银共若干，无须开列花户姓名、已完银数外，尚有民欠仍未完银共若干，逐一开列“民欠仍未完散数”：

某都图里甲欠户共若干，共未完银若干，内某姓名欠某年银若干，又欠

① 都图里甲各省名目不一，有称乡、场、村、庄者，各从其俗。如系道、府、卫、场征收，都图前应冠以某县属。此外，不得将缓征及豁免数额混入花户欠数，如光绪十一年豁免有已完在官者，流抵十二年正赋，不能作为民欠。参见《请行钱粮民欠征信册折》，第19—20页。按：其他各样钱粮征信册内都图里甲及花户姓名、欠数的开列格式皆同此，唯蠲缓征信册内只开完户、完数，不开欠户。

② 凡报户部以粮核计者，无论民间征本、征折，概列入粮项。河南、江西、安徽、湖南、湖北等省漕粮虽已折征，但报户部系开列粮额，亦归入粮项核计。

③ 《请行钱粮民欠征信册折》，第21页。

某年银若干（如上系光绪六年，此即光绪七年，余可类推），以上共欠银若干，已完若干，仍未完若干。

应催征民欠钱、粮、草印式均同此。如无催征钱、粮、草等项，册内须声明。①

（3）带征往年灾缓民欠征信册格式。册内印某省某县某年（如光绪十二年）带征某某等年（如光绪六、七、八等年）原缓银钱粮草总数、民欠未完散数征信册。

另起一列印“应带征原缓银总数”：某年带征某年缓银若干，又某年缓银若干（如上系光绪六年，此即光绪七年，余可类推），共带征缓银若干，内除某年递缓至某年带征银若干（如先将光绪六年银缓至十二年带征，续又缓至十三年带征），又某年递缓至某年带征银若干（如先请将光绪七年银缓至十二年带征，续又缓至十四年带征），豁免某年银若干（如光绪六年），又豁免某年银若干外（如光绪七年），尚应带征原缓银共若干。自某年某月某日起开征至某年某月某日止，除已完银若干，无须开列花户姓名、完纳细数外，实在民欠未完银共若干，逐一开列“民欠散数”：

某都图里甲欠户共若干，共未完银若干，内某姓名欠某年银若干（如光绪十二年带征光绪六年欠数，即云光绪六年银若干，不得将递缓至十三年带征数目并列，下仿此），又欠某年银若干（如光绪七年），以上共欠银若干。

应带征钱、粮、草印式均同此。如无带征钱、粮、草等项，册内须声明。②

（4）当年缓征并已完流抵征信册格式。册内印某省某县某年应缓银钱粮草及花户已完流抵下年正赋总、散数征信册。

另起一列印“应缓银总数”：某年额征丁漕等项银若干，内除应征银若干，应免银若干外，实因灾缓至某年启征银共若干。将各都图里甲缓征银数及灾前已完流抵数目逐一开列“应缓银及已完流抵散数”：

---

① 《请行钱粮民欠征信册折》，第22—25页。

② 《请行钱粮民欠征信册折》，第26—30页。

某都图里甲应缓银若干，某姓名灾前已完银若干（准抵某年正赋，如无已完流抵，即注明某都图里甲无已完流抵花户）。

应缓钱、粮、草印式均同此。如无应缓钱、粮、草等项，册内须声明。①

（5）当年蠲免并已完流抵征信册格式。册内印某省某县某年应豁银钱粮草及花户已完流抵下年正赋总、散数征信册。

另起一列印“应豁银总数”：某年额征丁漕等项银若干，内除应征银若干，缓征银若干外，实因灾应豁免银共若干。将各都图里甲应豁银数及灾前已完流抵数目逐一开列“应豁银及已完流抵散数”：

某都图里甲应豁某年银若干，某姓名灾前已完银若干（准抵某年正赋，如无已完流抵，即注明某都图里甲无已完流抵花户）。

应豁钱、粮、草印式均同此。如无应豁钱、粮、草等项，册内须声明。②

清厘民欠章程明确了钱粮征信册制度运行的基本程序和各级行政机构与官员的权责。钱粮征信册格式种类齐全，内容层次分明，契合赋税结构，涵盖地域赋税差异，更重要的是将赋税完欠信息全部公开，从形式上打破了之前官吏居间征收造成中央与纳税民众的隔膜。时人樊增祥称，“户部原奏，防弊者五，分目者十，意思缜密，词气骏厉。大旨在请杜官吏之中饱，俾实惠下及于民，法至善也”③。陕西巡抚叶伯英认为征信册“立法极为详密，果能实力奉行，则穷檐有无欠缓钱粮共闻共见，而官吏朦混侵渔恶习不患不除，洵于国计民生均有裨益”④。上海某报馆也持乐观态度，称赞户部“请旨饬立征信册一疏，善哉法也，可以裕国课，可以省民财，一举而上下胥利，岂非开诚布公之道欤！……普天下业户，其孰不额首引领，冀幸其必行且行之速乎？其造册、颁册诸法，部议綦详，实可垂永久而不徒为一时计”⑤。

① 《请行钱粮民欠征信册折》，第31—33页。

② 《请行钱粮民欠征信册折》，第34—36页。

③ （清）樊增祥：《部颁征信册式议》，载樊楚才编《樊山公牍》，上海大达图书供应社1935年版，第23—24页。

④ 《陕西巡抚叶伯英奏报办理光绪十二年民欠征信册完竣事》（光绪十四年二月初二日），朱批04-01-35-0095-029。

⑤ 《附录沪报馆论部议饬立征信册事》，载《（光绪）桐乡县志》卷六《食货志上·新章》，第24—25页。

（二）当税征信册之制度设计

1. 规章

户部拟定的当税征信册章程六条，可概括为三个方面。

第一，底本的申送与征信册的刷印期限。各当铺应纳税银于当年十二月底截止，征收官员随征随解，限次年正月解清。逾限不解者，由藩司参提，如不参提，令藩司代赔。州县造送底本时，将税银解司日期随册声明，遗漏者参处。州县于次年三月内将底本送藩司。藩司派员监造征信册，限五月底完竣，如迟参处。府、道、司征收当税省份，底册由府、道、司分县查造。册面盖印，册内注明页数及监造官职衔，均与钱粮征信册同。当税征信册按县分列，合一府、一直隶州总订一册，盖藩司印信。

第二，成本开销与散发。印制工本核实后，藩司开具支用银数，造册报户部核定，由该年当税项下开支，派累当铺者参处。当税征信册的印制册数为当铺数量的两倍，统由藩司发交该府州。府州将一半发给住居当铺，转传所属当铺各一本；另一半分给当地绅民查阅，统限六月底分发完竣，迟违参处。此外，合订全省册数本，分存藩署、督署、抚署、道署，以一本随同奏销册送户部。

第三，对舞弊行为的惩治。征收官收到当税后须给当铺收执，注明“某年月日收到某处某当铺某年税银若干”，盖用印信。征信册内如有隐匿不报之当铺，即系官史侵蚀税银，一经告发，严参治罪。[①]

2. 册式

当税征信册的格式较简单，只有一种册式。册面印“某省某府、州合属应征某年（如光绪十三年）典当铺税”，分属开列征信册。册内开头印上述当税征信册章程六条，“俾官吏商民胥知，以除积弊，更为裁减一切陋规，俾当铺逐渐增开者均易稽核，商民不畏需索杂费，以期裕课”。[②]

---

① 《户部拟具整顿当税章程》，载《光绪十三年整顿当税史料》，《历史档案》1991 年第 3 期。

② 《户部为请行征信册本事奏折》，载《光绪十三年整顿当税史料》，《历史档案》1991 年第 3 期。

随后印：某州、县某年（如光绪十三年）旧有当铺若干家，除关闭缴还司帖若干家毋庸开列住址、字号外（只开家数，不开字号；只开上年，不开节年），实存若干家合新开设若干家，计某年（如光绪十三年）应征当税共若干家（实存、新设合算）。[①] 将各铺住址、字号及应征银钱数目开列于后：

城内关厢：某某当，又某某当；某某镇：某某当，又某某当；某某集：某某当，又某某当；某某村：某某当，又某某当；某某庄：某某当，又某某当。按次排列，不准遗漏。每行开列五家、六家，皆可一一跟接，勿令空白。

以上当铺，系指一州或一县而言，每家税银钱若干，总共若干家，共应征银钱若干，均于某年（如光绪十三年）某月扫数解司讫（开完一州再开一州，开完一县再开一县，仿照前式，依次排列，不得将各州县笼统合并开列，以清眉目）。

统计某府、州合属当铺，每家税银钱若干，总共若干家，共应征银钱若干，均据扫数解司讫（如有未解，即声明某州、某县已详参议处）。

册末印：光绪某年（如十四年）某月、某官、某姓名，照原册汇造，摆印校对无错。[②]

从制度设计看，当税征信册与钱粮征信册均以信息公开为核心，将赋税完欠情况征信于民，以杜官吏欺瞒中饱。当税征信册较钱粮征信册更简单，二者的不同主要表现在六个方面（见表 7-1）。

---

① 此格式系所属当铺有关闭、尚存、新开情形。若有增无减，则印：某州县光绪十二年旧有当铺若干家照旧开设，又新开设若干家，计光绪十三年应征当税共若干家。若无增减，则印：某州县光绪十二年旧有当铺若干家，并无增减，计光绪十三年应征当税仍共若干家。

② 《户部拟具地方各属征收当税征信册》，载《光绪十三年整顿当税史料》，《历史档案》1991年第3期。

表 7-1　当税征信册与钱粮征信册比较

事项	当税征信册	钱粮征信册
造册期限	各省区整齐划一	不同省区规定不同
装订形式	合一府或一直隶州订为一册	州县卫分订一册
工本开销	当税项下支用	耗羡项下动支
印册数量	纳税当铺数的两倍	繁、中、简各缺册数不同
散布对象	当铺、绅民	绅民
开列内容	全部当铺且须全完①	民欠未完、蠲缓流抵赋税

表 7-1 中所列各种差异由当税与田赋各自特性决定。当铺数远少于粮户数，征缴程序简单，易于管理，且当税额固定，不若田赋易受气候与灾害之影响。户部于光绪十三年八月奏请颁行当税征信册，其时已距钱粮征信册出台一年有余。考虑到当税在财政收入中的比重、当税特性，以及各省督抚对造办钱粮征信册的初步反映，户部制定当税征信册时尽量简化册内项目，减少实施阻力，“当税征信册字号、住址及应完数目，止造本年，不造节年，工简易行，各省应不至以繁重为词”②。

较之当税征信册，钱粮征信册更为清廷与外省所关注。钱粮征信册的规章册式颁布后，清廷命各省督抚自光绪十二年下忙截止起造办征信册。户部也预见各省丁漕款目繁杂，征收实情各异，个中制度设计未必符合地方情形，如“各省钱漕名目极多，有统征者，有分征者，有道、府、州、县、卫、所、盐场分收者。所拟单内如尚有遗漏，尚未明朗，其应如何总括分晰，应由各省妥议，变通酌改，统限光绪十二年四月前改定具奏”③。此后，户部与外省围绕如何举办征信册展开大讨论。

① 有欠则向征收官追赔，“奏销册内概不准有未完名目，如有未完，即令经征官赔解，亦不准将未完名目造入（征信）册内”。参见《户部拟具整顿当税章程》，载《光绪十三年整顿当税史料》，《历史档案》1991 年第 3 期。

② 《户部为请行征信册本事奏折》，载《光绪十三年整顿当税史料》，《历史档案》1991 年第 3 期。

③ 《大学士管理户部事务阎敬铭等奏为遵议清厘官欠民欠钱粮等弊请颁征信册酌拟章程事》（光绪十一年十二月二十一日），录副 03-6216-015。

四、议复讨论

户部拟定的征信册规章、册式发至各省后，一石激起千层浪。户部指陈外省钱粮“五弊”是实行征信册制度的重要原因。各省督抚根据藩司、粮道等官员对钱粮征缴情况的汇报，于光绪十二年、十三年，以及奏请停办征信册之际，对本省是否存在钱粮“五弊”予以回应，或部分承认，或笼统含混，或完全否认。

（一）部分承认

江苏系东南财赋重地，全省钱粮由苏州藩司与江宁藩司分管。江苏承认苏州府属报荒不实。

光绪十二年四月，江苏巡抚卫荣光根据署苏州布政使李嘉乐的汇报，奏称苏属银库已设法清查，征存钱粮随时提解严催，“各州县交代亦于二参限内册结并送”。地方遇有灾情，“无不认真查办，防有捏报之弊”，否认征存不解、交代宕延、捏报灾情。他还指出：清查民欠“必自清查荒熟为始，荒熟不明，无从征信”，太平天国战争使江苏大量田地抛荒，“自承平以来至今，荒田累累，尚居通省田额十之二三”。松江、太仓二府州征收已逾九成，常州府亦近八成。镇江府因破坏最大，荒田较多。苏州府启征熟田仅十之六七，存在以熟作荒情形，原因在于克复之初，“体恤民隐，姑为剔荒征熟之谋，孰知不肖胥吏从而生心，互结分肥，大户固得挟持其短，完不足数，小户习见其利，又诡寄大户，以致包完短欠，正赋日亏。牧令恐受赔赋之害，不得不以熟作荒，巧为弥缝，日久相沿，遂成锢习”。地方官员“顾前任之考成，复虑中伤之蜚语，隐忍不发”。

卫荣光认为清查荒熟，“必先去官吏之侵蚀，乃可绝绅户之包抗”。清查工作拟从苏州府启动，依次推行，“责成各州县督饬总书查明上年所报荒田之数，内除有粮无地者若干，已熟未报者若干，实在荒田若干，坐落某都某图某里某甲，系何户承粮，勒限绘图造册，呈送藩司，听候委员复勘”。清查之后，一方面“将熟田实征之数按忙查造版串。荒田银米不准统造征册，以杜牵混”，另一方面“将查出实在荒田若干，另立一档，由司按年考核”，定州县考成。[①]

其实，苏州府属之捏荒情况，卫荣光于光绪九年前后在致阎敬铭的信中已有详陈：“苏州九属已查出捏荒田七十八万五千余亩。此项银米漏卮，历年以来亏短不可以数计”，其诡寄、隐匿等粮户，准许呈明，限期更正，宽其既往，“五万以内，酌征三成，五万以外，酌征二成。此后逐年递加，旧额可期渐复”。[②] 但比照其光绪十二年四月所奏，三年以来的荒熟清查工作进度似较迟缓。十三年，继任江苏巡抚崧骏禀称：“部颁章程指陈五弊，前已遵照历次通行，分别酌定章程，逐件整顿，近复重申督饬，查无各项弊端。”[③] 这较卫荣光所言有所变化。

湖北官员认可征信册“立法诚为至善”，虽承认难保无捏完作欠，但将矛头指向“奸猾书吏”：“州县征收钱粮例定处分綦严，该牧令等自顾考成，何敢捏完为欠，致蹈催征不力之咎。惟奸猾书吏私用墨票收取，亦难保其必无”，该省已令粮户“自行赴柜完纳”，给券为凭，“通用连三版券，刊刻大写数目字样木戳，将应完银米各数印入券内，以杜弊混”；否认存在其他四弊，并一一辩解。

一是无报荒不实，“凡有可耕之处，无不开辟承种。其有从前已报水冲沙压、坍塌挖废田地，委系终年渍淹，难以垦复升科，此外并无未垦荒土，亦无报荒之案”。二是无报灾不确，江夏等27州县8卫沿江地亩颇多，“每遇夏秋盛涨”，低洼之处“被水成灾，几于无岁无之”，查勘时以被灾轻重定蠲缓数额，但也承认所办灾缓之案“向未声明数目，易滋弊混。应即遵照部章，自光绪十二年为始，将通省蠲缓钱粮总数声明请奏，以昭核实”。为防止胥吏

① 《江苏巡抚卫荣光奏为清厘荒熟田地请展缓查造征信册籍事》（光绪十二年四月初九日），录副03-6717-013。

② 本书编写组编：《清代名人书札》第5册，北京师范大学出版社2009年版，第1111—1112页。按：此函仅署“十二月初七日”，未知年份，但据其后“再启者”函署“癸未八月廿日到”（第1113—1114页），推测为光绪九年。

③ 《江苏巡抚崧骏奏为江苏省征信册请宽期造办事》（光绪十三年闰四月初九日），录副03-6222-033。

上下其手，司道加强对蠲缓票据的监管，“嗣后饬将应蠲应缓券票一律缴解司道衙门，俟带征之年径发，分别征收。如已奉旨蠲免，即由司道销毁，以杜书吏枉征之弊”。三是无征存不解，州县征收钱粮，“向系随征随解。如遇新旧交替，间有前任不及解清之款移交后任代交”，及时勒限催提，“不准存留属库”。四是无交代宕延，各州县除光绪十年以前旧案“于十一年七月一律清结外，其自十一年正月以后交代，已遵部章将补署州县到任日期专案咨部，应造交案册结，节经按限详咨。如有亏短，立即详请参追”。[①]

与苏州藩司类似，安徽承认捏熟作荒。安徽钱粮缺额居各省之首，一度引起清廷关注。光绪十二年八月，护理巡抚阿克达春奏称，“欲举办征信册，必先提纲挈领，自整饬粮赋始；欲整饬粮赋，必先探源溯流，自清查荒熟始”。太平天国战后，皖南土著“百不存一”，大量客民前来开垦，土客“冒占互争，彼此设讼，荒熟因而牵混”。皖北土地本多贫瘠，垦复成本较高，难以速成，“即或先经开垦，亦有延不呈报者。推原其故，半由各都书、里甲人等商同各乡绅耆，狼狈为奸，营私捏报，且有藉查荒为名，恣意牟利，多方掩饰”，佃户不敢“据实呈首”，地方官“惧干考成，照数转报”，即有公正官员查核，“而移丘换段、飞东洒西，莫知根底”，导致捏熟作荒。尽管该省自同治三年起实行垦荒，召集流亡，但历经20余年，仍有未垦荒田69943顷，约占实有田地额382142顷之18%，“虽据递年报垦成熟，而其中隐匿朦混者，恐亦在所难免。地方官因循坐视，往往假手胥吏，一任日久荒芜而莫之为计”。阿克达春奏请先清查荒熟，再举办征信册，[②] 被户部议驳。

安徽省除承认捏熟作荒，未对其他四弊直接回应，但认可征信册对治理捏完作欠的重要性。光绪十三年闰四月，巡抚陈彝据布政使阿克达春之汇报，向清廷奏明：户部“原奏指陈五弊，洵为近时积习，允宜逐一整顿。除报灾不确、征存不解、交代宕延诸端均有部章可循，自当随时督饬所属认真查办。

① 《署理湖广总督裕禄湖北巡抚谭钧培奏报湖北省本年应造征信册现拟酌展限期暨办理情形事》（光绪十二年六月二十三日），录副03-7430-006。

② 《护理安徽巡抚阿克达春奏为举办征信册酌拟章程事》（光绪十二年八月二十二日），录副03-9554-056。按：此折整理者命名不准确，阅其内容，应为《护理安徽巡抚阿克达春奏为遵旨举办征信册拟先清查荒熟田亩事》。

内惟捏完作欠一节，非举行征信册查对各户完欠细数，不能绝其弊而清其源”，并解释此前清查荒熟之请，“原期将各属册串按户查明，一面举办征信各册，使荒熟分明，民欠核实，并非藉查办荒田为搪塞延缓之计”。[①]

苏、皖二省虽皆承认捏熟作荒，但致弊原因不同，前者主要是官吏侵蚀、绅户包抗，后者系胥吏营私、官员因循。

（二）笼统含混

山西省接奉谕旨后未对“五弊”发表明确意见。光绪十二年，巡抚刚毅奏：“二月内准户部咨，议覆御史刘恩溥奏清厘民欠、整顿正供钱粮各折奏，奉谕旨行令钦遵办理，并准颁发章程及征信册式到晋，当经行司通饬各属一体遵办，并转移绥远城将军遵照”，指出该省“民俗循良，应纳钱粮向均年清年款，绝少拖欠”，但“丁戊奇荒”后，“元气大耗，农田力微，闾阎岁纳正供异常竭蹶，而下忙尤多零星。贫苦无力完纳之家，追比较难，遂渐不免延缓”。[②] 刚毅所奏大体真确，因为早在是年正月十四日，阎敬铭即致函居官山西“统率六府州”的性五世兄，介绍钱粮征信册并寄去样册先睹，“刷印数千本，通颁直省。凡有征收，官吏开印，册齐始发。尊处由行省转到需时，先寄二册奉览”，指出山西“钱粮弊窦尚小，年来整顿甲于各处，然五弊者不敢信其绝无”，希望他加意认真施行，“欲祛五弊，必至下忙完后清查”，还特别强调此举只是核实民欠，并非消除民欠，“民欠者实欠，非令竭泽而渔，年清年帐”。[③]

光绪十二年十一月，边宝泉只是声称河南清查荒地、预杜捏灾、严提征存、参追交代诸事，“督同司道认真办理，以除积弊而裕饷源”，[④] 未做出任何

① 《安徽巡抚陈彝奏为安徽省征信册请展限办理事》（光绪十三年闰四月初一日），录副 03-6222-029。

② （清）刚毅：《晋省钱粮遵照部章并征信册量为变通举办疏》（光绪十二年），载（清）葛士濬辑《皇朝经世文续编》卷三二《户政九》，上册，第 643 页。

③ （清）阎敬铭著，张永江主编：《晚清廉吏阎敬铭手札》，第 392—393 页。

④ 《河南巡抚边宝泉奏为变通办理征信册式事》（光绪十二年十一月二十八日），朱批 04-01-35-0093-053。

具体说明与解释。十二月，杨昌濬回避解释福建是否存在“五弊”，只说各属应征地丁、粮米、盐折等款，“向未能照额输纳，民间置买产业每多私贴卖主，仍用原户完纳，赴官推收者十不一二。日久相沿，粮户混淆，头绪纷繁，清厘非易”。①

光绪十三年五月，两广总督张之洞接奉谕旨与户部咨文后，复奏已“札行司道，照依部咨事理，通将册式颁发各属，遵照办理”，如有捏完作欠、挪移亏空情事，“立即禀请揭参，决不稍事姑容”，② 未谈及该省是否存在“五弊”。七月，山东巡抚张曜陈述前情，该省于光绪十二年接奉谕旨及户部咨文后，前任山东巡抚陈士杰“分发司道，饬遵办理”③，亦未陈说是否存在“五弊”。李秉衡声称广西迭遭兵燹，加以水旱频仍，“地方凋敝，地丁粮米未能照额输纳”，各属钱粮“分别蠲缓，以纾民困，催征仍难足数”，④ 对“五弊”避而不谈。

（三）完全否认

光绪十二年十月，陕西巡抚叶伯英根据署布政使黄彭年、署督粮道张岳年之汇报，称各属报灾，“委员会同履勘，近归道府亲诣复查，分别被灾轻重，酌议蠲缓粮地总数，饬属随时查清具报，上下相维，无从捏报例灾之弊”。钱粮考成严格，汇报钱粮分数，无欠解一分以上官员，“凡有尾欠、带征，仅只一年，分年酌请蠲缓，绅民共闻共睹。属吏虽愚，法纪森严，断不敢以完作欠”。自交代新章实施后，该省勒令各属依限结报，不准延宕，“迟则查送职名，补署各厅州县到任日期专案咨部，仍半年汇奏一次，逐案清理”。征存正银随时催解，“一年于奏销前勒提扫数，一任于交卸前责令解清，

① 《福建巡抚杨昌濬奏为闽省颁发章程及征信册式请暂缓办理事》（光绪十二年十二月十五日），录副 03-6221-009。

② 《征信册与奏销册并造片》（光绪十三年五月），载赵德馨主编《张之洞全集》第1册，第536页。

③ 《山东巡抚张曜奏报民欠钱粮征信册造成送部查核事》（光绪十三年七月二十一日），朱批 04-01-35-0094-040。

④ 《护理广西巡抚李秉衡奏为广西省清厘民欠征信册式请展缓办理事》（光绪十三年七月二十九日），录副 03-6223-015。

‘存库’名目早已遵章禁止。部臣所指五弊，陕省近来实无其事”。[①] 十一月，吉林将军希元奏宁古塔、三姓等地丁钱粮，“向系年清年款，从无蒂欠”，即有被灾歉收，随时勘明结报，“无捏灾滥收、以完作欠情事”。[②]

光绪十二年十二月，德馨虽认可户部“指陈五弊，尤为明悉病源”，也承认江西“钱粮积疲已久，缺额太多，诚不能不设法整顿”，但完全否认存在“五弊”，并为之一一说明。同治三年（1864）之后，江西荒田业已垦复，州县“无吃荒之弊”，除九江府属芦洲地亩，“无荒废堪以开垦之区”，无“报荒不实”。光绪十年《新定灾案章程》实施后，州县报灾，该管府州勘灾，“视被灾之轻重，定缓数之多寡，并将各都图甲应缓钱粮若干，详细据实开报，由司汇案详奏，一面先行出示停征”。历年缓征各属，均系实在被灾之区，无“报灾不确”。江西省已将各州县光绪九年以前未结交代749件作为旧案，“勒限算清，结报造册详咨。其中亏短银两各员亦已先行详请奏参革职，勒限追缴”，十年所出交代正署代理48任，“均无亏短，详经奏明宽免迟延处分”，十一年以后续出交代，遵照户部新章办理，“一经逾违，立即揭参，不敢稍事宽纵”，无“交代宕延”。州县征解钱粮，“按月开报，该管府州汇齐转报，征存在五万两以上者，即由府州札提赶解”；州县到任后，“于五日内将接顶前任征解钱粮开折报司，查有征存，多则委员守提，少则札府勒限严催，一经逾延，即行详请参追”，无“征存不解”。民欠数目，“上下忙停征期内本应照例出示晓谕，使欠户共见共知，以便催追，如有书吏舞弊，捏完作欠，准其持串控究，照例惩办。各牧令到任接算交代，前任一切完欠数目，尤须查对串票、征簿，分别交抵”，无“捏完作欠”。以上“五弊”，江西均已遵章整顿，“以后但须恪守不移，自有成效可验”。[③]

与苏州藩司承认苏州府属存在“以熟作荒”不同，江宁藩司基本否认存

---

① 《陕西巡抚叶伯英奏为陕省举办征信册拟请展限事》（光绪十二年十月十九日），录副03-6220-005。

② 《吉林将军希元奏请展限办理征信册式事》（光绪十二年十一月十一日），朱批04-01-35-0564-035。

③ 《江西巡抚德馨奏为江西应造征信册拟请变通办理事》（光绪十二年十二月初八日），录副03-6220-055。

在“五弊”。光绪十三年二月，江苏巡抚崧骏根据江宁布政使许振祎、江安督粮道马恩培的意见，奏明当地钱粮征收情况，针对“报荒不实”，陈述：“江宁府属各县被兵日久，荒田最多；扬州府属之江都、仪征二县次之，淮安、徐州、海州三府州属曾经捻扰；扬州、通州二府州属频遭水患，且系地瘠民贫，一逢旸雨失调，收成即形歉薄，其中间有筑垒挖废地亩，州县按图确查，剔分灾熟，报经该管道府，遵照新章亲临勘办，必得实在失收田地，始行列作蠲缓。”针对“报灾不确”，约略而言，“偶有刁民串同里书捏报灾荒，均系从严查究”。针对“捏完作欠”，声称州县征收钱粮，“均系设柜大堂，听民间自行完纳，书差截串等事早经革除”，只是各户“田数畸零，内多辗转典卖，粮名未过，贴纳寄完在所不免。且有一业之田劈分数户，粮随户转，区图更变者；亦有祖遗之业、兄钱弟米，忙漕分派，一经易户银米不符者，此皆未能认真过割之故”。针对“征存不解”“交代延宕”，他指出：各地钱粮“均系即时征解而不准留存属库。设有未清之款，一经交卸后任，即归于交代，盘查禀揭，无从侵匿。且宁属交代向系提清存库造报，又由道府层递结转。现遵部章，将补署州县到任日期专案咨报，应造交代册结亦系遵限详咨。如有亏短，照例参追，亦无延宕之案”。[①] 对于报荒不实、报灾不确、捏完作欠，江宁藩司多强调客观原因，轻描淡写地将其应付过去。

这里倒叙相关情况。钱粮征信册停办之际，外省又纷纷奏陈本地绝无“五弊”情事。光绪十六年，张曜称经历任山东巡抚整顿后，州县“率皆循谨。臣履任后，又复严核交代，认真催提，救弊补偏，不遗余力，各属钱粮月报到属，核实民欠较多，征存较巨，或特檄严催，或委员提解，从未有留存属库任其延宕者”[②]。十八年，张联桂奏准停办征信册时说：广西各州县“应征额赋款项非繁，该管府厅州就近督察，不难句（钩）稽，且经征不力，部定处分綦严。地方前遭兵燹，元气未复，民间完纳钱粮多难如额。各州县

① 《江苏巡抚崧骏奏为江苏宁藩司属应造清厘民欠征信册籍请宽限造办事》（光绪十三年二月二十五日），录副 03-6221-038。

② 《山东巡抚张曜奏为征解钱粮实报完欠并无挪掩诸弊请将民欠征信册暂行停造以节经费事》（光绪十六年五月二十六日），录副 03-5710-036。

自顾考成，罔敢征多报少，实无以完作欠情弊”[①]。胡聘之奏山西各州县，“里有里总，甲有甲长，其人皆花户所公举，专司催纳。银米过割，户名、每年完欠数目里甲均有底簿可稽”，钱粮开征前颁发预印流水红簿，“花户投柜完纳，当即填给串票，逐日登簿，层层稽核，互相箝制”，官吏难以串通、蒙混，“无征多报少、捏完作欠等弊”。[②]

光绪二十二年，福润奏安徽州县征收钱粮，遵例于开征之先预刷易知由单，发交各里甲挨户滚催，令民自封投柜，随时裁给串票，逐日登列红簿，按旬开折具报，上下可稽，“花户完粮全以板串为据，印官交替亦以册串为凭，后任盘查又必以截存串根与征报银数核对无讹，并查明未完粮串实欠在民，方肯接收结报”，无征多报少、捏完作欠情事。[③] 赵舒翘疏陈江苏州县征收钱漕，“令各花户自封投柜，当时掣给印串，登列红簿，按旬开报，随时提解，上下皆可稽核，尚无捏完作欠及征多报少情弊”[④]。更有甚者，光绪十六年湖北奏请停办征信册，不仅否认之前已承认的“奸猾书吏”难保不捏完作欠，“州县经征钱粮处分极重，防制极密。湖北向用连三板串刊刻大写数目木戳，将已完银米各数印入串内，上司又递相稽核，未完必调查串票，已完必核对红簿、串根。是以历届奏销虽有民欠未完之项，而奏后仍有续完，蒂欠实亦甚少，是无捏完作欠”，而且否认其他四弊的理由竟与光绪十二年所奏内容基本雷同。[⑤]

户部指陈之钱粮“五弊”经外省官员讨论后，大而化小，小而化无，显示出二者在钱粮整顿上的分歧，也映射出地域利益决定外省官员言论之倾向。

---

① 《广西巡抚张联桂奏请自光绪十八年起邀免造送征信册事》（光绪十八年三月二十七日），朱批 04-01-35-1011-046。

② 《护理山西巡抚胡聘之奏请停缓造办钱粮等项征信册籍事》（光绪十八年八月十二日），朱批 04-01-35-0835-033。

③ 《安徽巡抚福润奏请停造征信册事》（光绪二十二年三月二十四日），朱批 04-01-35-0110-018。

④ 《江苏巡抚赵舒翘奏请江宁苏州二属本年停造上年民欠征信册事》（光绪二十二年八月初一日），朱批 04-01-35-0110-053。

⑤ 《湖广总督张之洞奏陈湖北征收钱漕尚无积弊请免造征信册事》（光绪十六年十月二十一日），朱批 04-01-35-0100-007。

其中，江苏、安徽深受咸同时期战乱的破坏，人口锐减，田地荒芜，战后恢复过程异常复杂。苏州藩司与安徽巡抚皆承认捏熟作荒也反映其客观实情，但二省更强调先清查荒熟田地，缓办征信册。据光绪十三年安徽、江苏二省巡抚的再次奏陈，可以确认户部此前议驳了他们暂缓举办征信册的请求。户部认为安徽以清查荒熟为名拖延举办征信册，议驳语气较严厉，“敢不妥速筹办”。皖抚解释说：征册、串票内之户名有荒熟混列、有户无粮等情形，“由于荒熟未清，易致混淆，似此册串内列户名既有未实，则征信册列欠户恐多虚粮”。① 苏抚则说征信册为“考核民欠、杜绝中饱之良法，自应依限举行，不容率请宽缓”②，表明其已遵从户部所议，即将举办征信册。

台湾时值田地清丈，请缓办征信册。光绪十四年七月，台湾巡抚刘铭传奏：“征信册为杜中饱起见，台地举办升科、编户、造册，正在澈底清厘，应请俟赋额大定后照章办理。”③ 其后未见台湾造报征信册的信息，推测清廷准奏。

五、变通实施

各省回应户部指陈钱粮“五弊”的同时，还对征信册章程、册式，以及如何结合当地钱粮实况举办征信册等表达意见。户部对外省之奏陈或议准，或严词议驳，或斟酌变通。

（一）推延征信册底本截止期限

多数省区的官员持此意见。例定各省自下忙钱粮截止时间为始，三个月内缮具征信册底本送呈藩司印制征信册。但各地钱粮征收实况难以符合整齐划一的制度规定，地方大员纷纷奏请推延征信册底本截数期限，底本申送与征信册印发期限也顺次延后。

---

① 《安徽巡抚陈彝奏为安徽省征信册请展限办理事》（光绪十三年闰四月初一日），录副 03-6222-029。

② 《江苏巡抚崧骏奏为江苏省征信册请宽期造办事》（光绪十三年闰四月初九日），录副 03-6222-033。

③ 《京报（邸报）》第 23 册，第 415 页。

1. 接近奏销期限：山西、陕西、甘肃、热河、福建、湖北、湖南、江西

光绪十二年四月二十四日，阎敬铭再次致函居官山西的性五世兄，询问："钱粮征信册究可行否？亦下策也。必使本年所收正杂悉数解讫，年清年款乃可任清任款，晋中似尚易为此。"还解释说："设已征者，非必令一无民欠。"① 同年，山西巡抚刚毅复奏，自"丁戊奇荒"后，"闾阎岁纳正供异常竭蹶，而下忙尤多零星。贫苦无力完纳之家，追比较难，遂渐不免延缓"。全省只有蒲州府、解州、绛州三府州属钱粮遵照例限完解，其余多拖延至次年三四月。若照例定十二月底截止，则欠户多、造册繁，且易引发社会骚动，"未完之州县十居八九，可免造册者十之一二，且此等欠户不过稍延月日，并非始终不完者比。倘拘定限，势必一律开作欠户，未几而欠者续即全完。愚民无知，但见已完之户册内仍作未完，转恐群相哗然，致滋款议"。口外七厅钱粮必待次年春夏间征收，大同、朔平二府属应征米豆向于九月开征，次年底缴清，"相沿已久，势难骤议更张，是以历届奏销即与通省钱粮分案报部"。结合上述情况，刚毅认为：征信册"专为考查欠粮，若予限过迫，则欠者众而册愈多，反形烦重难举。故特宽予限期，俾钱粮扫数之区免其查造，其未完必须造册者自已寥寥无几，庶期简易易行，其用意可谓周至"，奏请将各州县及口外七厅民欠钱粮改限次年三月截数，六月造送底册，九月由藩司刊发，十一月汇案奏咨。大、朔二府展缓至次年十二月底截数，第三年三月造册送藩司，六月由司刊发，八月奏咨。②

陕西民情质朴，"有力者倾忱急公，固不敢拖延正课，而极贫下户往往俟次年开征始行措纳本色粮石，交仓尤迟。若如部议，则次年开征续完钱粮仍列次（欠）户，似不足以示民信。如随征随请改注，不但刊刻不胜其烦，且恐易滋弊混"。光绪十二年十月，叶伯英请以次年五月奏销为断，四月截数后

① （清）阎敬铭著，张永江主编：《晚清廉吏阎敬铭手札》，第 335—336 页。按：此函落款处仅有"四月廿四"，无年份，从内容推断应系承续前面光绪十二年正月十四日函。

② （清）刚毅：《晋省钱粮遵照部章并征信册量为变通举办疏》（光绪十二年），载（清）葛士濬辑《皇朝经世文续编》卷三二《户政九》，上册，第 643 页。

造办底本，七月送司道刊印，十月底分发，年底汇奏。[①] 户部议准，强调“务于奏销前四月截数赶造”[②]。

陕甘总督谭钟麟根据甘肃布政使谭继洵之汇报，指出各州县“距省遥远，且年底民力拮据，难以按限截数造送”，奏准援照云南、贵州之例，将钱粮延至次年三月底截数，六月底将底本申送藩司，九月内分发征信册。[③]

热河“边地寒苦，种作极晚，与内地不同。每年征收钱粮概于十月开征，直至次年三四月间始行完解”，都统谦禧奏请将所属民欠钱粮改限于次年三月截数，六月造送底册，九月由粮道刊发，十一月汇案奏咨。[④]

闽浙总督杨昌濬根据福建布政使张梦元、署督粮道潘骏章、署盐法道张国正之汇报，先是奏请展缓造办征信册，理由是各地“粮户混淆，头绪纷繁，清厘非易，似非宽以时日难以蒇事”[⑤]，但未奏明具体展缓至何时。户部随即咨行闽省，追问展缓之具体时间：“光绪十二年应造本、节年征信册，该省尚未举办，其应展限若干日之处，自行奏明办理。”十三年七月，杨昌濬复奏：闽省山多田少、地瘠民贫，每年钱粮，“上忙至十一、十二月间仅能催完数成，下忙应俟次年茶市旺后方能陆续输纳，至六月截数造报”。如截至十二月底，“户粮大半未完；若照闽省奏销截止，又恐过于迟延”，请将光绪十二年征信册底本延至十三年四月底截数。又因“各户欠、完银米自两至分厘，自斗至升合，极形琐屑。欠银千两，不下万户，加以欠米，更觉纷繁”，请将“欠户银、米并征者，每户归一造报；有米无银者，仍另册开造”，令各属以

① 《陕西巡抚叶伯英奏为陕省举办征信册拟请展限事》（光绪十二年十月十九日），录副 03-6220-005。

② 《陕西巡抚叶伯英奏为榆林府广有仓造报征信奏销各册拟请展限办理事》（光绪十三年闰四月十二日），朱批 04-01-35-1218-043。

③ 《陕甘总督谭钟麟奏为甘省依限造报十二年征信册事》（光绪十三年十一月二十七日），朱批 04-01-35-0095-010。

④ 《热河都统谦禧奏报造办各属民欠钱粮征信册送部查核事》（光绪十三年十二月二十三日），朱批 04-01-35-0095-016。

⑤ 《福建巡抚杨昌濬奏为闽省颁发章程及征信册式请暂缓办理事》（光绪十二年十二月十五日），录副 03-6221-009。

十三年九月为限，将底本送藩司，年底赶办完竣。自光绪十三年起，“递年照办”。[①]

湖北由于连年灾荒，钱粮征收无法于例定期限完成，“粮户须至次年三四月间，二麦登场或新茶上市，方能扫数完纳。若以部限州县底本于十二月底截数，次年三月内全送到司，则民间续完银两仍多列入欠项，转无以示信于民”，若随收随改，“户注纷繁，更恐致滋歧误”。巡抚谭钧培等奏请参照次年五月奏销为断，限四月底将征信册底本截数造办，七月底造齐送藩司，十月底分发征信册。[②] 湖北尚有漕、南二米于每年七月开征，较钱粮二月开征晚五个月，奏销时间亦晚于钱粮奏销，难以与钱粮同时造办征信册，“倘遇灾缓，欠数较多，册籍愈繁，必致贻误”，请按钱粮造册定限加展四个月，定以次年七月底截数，各属于九月底造齐底册送粮道印制，于隔年正月底发交各道府分散，四月内送户部一份备查。[③]

湖南巡抚卞宝第曾奏请将底本以次年五月奏销截数，但户部令其提前一个月，限四月内截数造办。[④] 江西的情况较特殊，该省巡抚奏陈难以举办征信册被户部议驳后，仿照湖北、湖南之例，限四月截数，七月底将底本造齐送司道，十月底造竣征信册。[⑤]

2. 与奏销期限一致：吉林、河南、江苏、安徽、广东、云南、贵州、奉天

吉林将军希元认为本地钱粮不能按例定期限完纳，既非民间有意拖延，亦非官吏催征不力，实由地方自然地理条件所决定。吉林“地处极边，节气较晚，每年三月底地冻始解，四月内方能布种。民间应纳钱粮租赋，向赖收

---

① 《闽浙总督杨昌濬奏报闽省酌拟限期截清查造征信册事》（光绪十三年七月十九日），朱批 04-01-35-0094-037。

② 《署理湖广总督裕禄湖北巡抚谭钧培奏报湖北省本年应造征信册现拟酌展限期暨办理情形事》（光绪十二年六月二十三日），录副 03-7430-006。

③ 《湖广总督裕禄等奏为鄂省漕南二米征信册加展办理事》（光绪十四年正月初十日），录副 03-6309-006。

④ 《湖南巡抚卞宝第奏报十二年及节年未完地丁南漕征信册造竣等情形事》（光绪十四年五月二十二日），朱批 04-01-35-0096-004。

⑤ 《护理江西巡抚李嘉乐奏为江西应造征信册拟请推展一年办理事》（光绪十三年六月初二日），朱批 04-01-35-1386-045。

获粮石，俟次年春融，商贾渐通，始可变卖银钱。各属虽于年前十月间开征，然投纳者寥寥，必待次年二三月始见畅旺。无论如何比催，早则五月，迟则六七月方能清完”。若于户部所定限期截数造报，“则年内完者无多，欠者不少，有名无实，征信反觉难信。若随收随改，不特造办纷繁致滋错误，且恐易启弊端”，请限期缓至次年五月底截数造办，七月底申送底本，十月底分发并报户部备查。①

河南情况较特殊，巡抚边宝泉提出造办欠款细册以代替征信册，并请将光绪十一年旧欠及十二年新赋，均截至十三年奏销时查造。②

江宁藩司奏陈所属州县“民贫赋重，当年总难以扫数，必得次年春融麦熟方能完纳。若先在十二月底截数列欠，民间后又续完，势难一再更改，反不足以昭准”，请以六月奏销之限为底本截数日期，各属限八月内将底本送司道刷印，十月内发交道府州，转给地方绅民公同阅看。③ 如此，州县造办底册、藩司印制征信册各需两个月。

此前被户部议驳的苏州藩司、安徽巡抚，此时也提出将底本截数时间宽限至钱粮奏销日期。苏州等五府钱粮征收情形各异，苏州府秋成较迟，先办漕粮，地丁完缴缓慢，“民间多种晚稻，于秋尽冬初始能一律登场。上忙钱粮须至五六月间方能开征，下忙于十二月间随同大漕并纳，年内均先完漕米，以期无误海运。所有丁银仅能催完数成，必至次秋始可截数”。松江、常州、镇江、太仓四府属虽开征迟早不一，但亦在次年夏秋间截数。由于赋款繁重且频遭灾歉，民力拮据，“有积疲民欠难追之户，故甲年民欠既多，乙年开征虽早，民力亦难并纳”，“向来甲年钱粮必至乙年秋间始能催齐”，征信册章程规定十二月底截数，“正民间旺纳之时”。苏抚崧骏根据苏州布政使易佩绅、苏松督粮道成桂会详，奏请苏州等五府属以次年五月奏销之限为底本截数之

---

① 《吉林将军希元奏请展限办理征信册式事》（光绪十二年十一月十一日），朱批 04-01-35-0564-035。

② 《河南巡抚边宝泉奏为变通办理征信册式事》（光绪十二年十一月二十八日），朱批 04-01-35-0093-053。

③ 《江苏巡抚崧骏奏为江苏宁藩司属应造清厘民欠征信册籍请宽限造办事》（光绪十三年二月二十五日），录副 03-6221-038。

期，各州县于三个月内送藩司，由司道刷印，限三个月内发交道府州，转发绅民公阅。[①]

安徽钱粮虽于当年开征，但迟至次年三四月始能完清。陈彝指出，若照户部规定期限截数，“则年内完者无多，欠者不少，有名无实，亦非立法本意。如将次年续完各户仍行列入民欠项下，又无以示信于民。倘随收随改，则造办纷繁，势必更滋弊混”，奏请将底本展缓至次年五月奏销截数，七月底汇齐送司，十月底分发并送户部备查，年终汇奏。所有光绪十二年应造征信册“请自十三年查办起，以后按年依限造办”。[②]

两广总督张之洞、广东巡抚吴大澂结合本省钱粮征收情况，奏陈按例限造办征信册之难：“各属花户完纳钱粮，向多疲玩。每至下忙，逾限欠数尚多。必待奏销届期，设法催征，始能踊跃。其中户名欠数亦极繁碎，业户置买田产又复推割无常，必须殚心查造，专力钩稽，恐难依限办竣。”钱粮奏销亦严重滞后，必拖延至十一月始能赶齐，十二月具题，“连年拖延库款，隐受其累。然积习相沿，疲玩已久，竭力整顿，非旦夕所能速效”，奏请将征信册与钱粮奏销册同时造办，咨户部查核。[③] 光绪十三年五月十六日，吴大澂又在致阎敬铭的信中说明广东省征信册“较他省易于举办”，原因有三：一是无蠲缓成数，各户银米易于核算；二是民欠不多；三是奏销限迟，“多征一月则少一月民欠，征信册亦可略简”。但州县不愿意奏报之原因有二：一是已完实数在奏销册，未完实数在征信册，“必两册相符乃能咨报，则征存未解之款系（丝）毫不能通挪”，藩司造册必待实解到司，才能列入奏销；二是钱粮较多之州县“向例多报扫数全完，其实并未扫数，历任挪新掩旧，名曰统除统算，其弊甚深”，督抚、布政使并不查核，“数十年来竟成锢习，一旦揭晓，则参不胜参”，此时须确切查明，勒令弥补，“不清其源，则征信册亦为虚设”。对

① 《江苏巡抚崧骏奏为江苏省征信册请宽期造办事》（光绪十三年闰四月初九日），录副 03-6222-033。

② 《安徽巡抚陈彝奏为安徽省征信册请展限办理事》（光绪十三年闰四月初一日），录副 03-6222-029。

③ 《征信册与奏销册并造片》（光绪十三年五月），载赵德馨主编《张之洞全集》第 1 册，第 536 页。

此，吴大澂令州县按月折报征存实数，使征收之款“各归各年，挪新掩旧之弊一目了然，无从含混”。由于此法直戳州县痛处，“乃札行一月有余，尚无月折报到”，先催广州府各属，“其余亦不能不报”。①

光绪十三年七月，谭钧培指出调整云南造册期限的两方面原因：一是兵匪滋扰，边务紧迫，地方无暇造办底册，顺宁、普洱、永昌、开化、广南、临安等府属地方，“处处毗连缅、越，其三猛十八板纳土司地面尤与缅、越犬牙相错，游勇、土匪动滋事端，各州县或带练巡防，或会营剿捕，均刻不容缓之图。近以猓黑兵事方殷，挽饷练团，迄无暇日。而东川江边一带，匪首簸箕滋角虽经就戮，举凡搜捕余党，安辑流亡，在在均关紧要”；二是各属“气候早迟不一，征收例限虽定于次年三月”截数，但民间五、六月“陆续完纳者尚多”。他奏请底本改为六月底截数，九月送藩司，十二月印发。② 六月即云南钱粮奏销之限。

贵州接奉征信册章程与册式后并未奏请展限，布政使李元度遵照部定章程，檄饬布库大使曾汝材招募匠役，开始筹备。光绪十三年十二月，署布政使马丕瑶、粮储道黄元善会详，各属底册例应于六月内送至藩司、粮道，九月底印完征信册并散发，但届发册之期，各属底册尚未送齐，“断难依限办理”，加以光绪十二年应征钱粮截数期限“查照旧章，两次详请展限”均被允准，巡抚潘霨请展限造办征信册。③ 虽然展限之详情未知，但从贵州于光绪十四年十一月汇奏十二年征信册，十五年九月汇奏十三年征信册，十八年十二月汇奏十四年、十五年征信册情况，推测其征信册底本截止时间不早于六月奏销之限。

① 冯雷、王洪军整理：《阎敬铭友朋书札》下册，凤凰出版社 2021 年版，第 393—394 页。按：原文标点有修正。此函写于五月十六日，无年份，据吴大澂信中所言“自仲春履任四月有余”，结合其光绪十二年十一月初十日至十四年七月初十日任广东巡抚，推断为光绪十三年。参见魏秀梅编《清季职官表（附人物录）》，中华书局 2013 年版，第 436 页。

② 《云南巡抚谭钧培奏请缓办征信册并酌定限期事》（光绪十三年七月二十三日），朱批 04-01-35-0094-043。

③ 《贵州巡抚潘霨奏请展缓办理征信册籍事》（光绪十三年十二月初二日），录副 03-6224-029。

奉天钱粮征收例定次年五月内奏销，将已未完分数造册，呈送盛京户部查核具题，此为考成初报；其续行催征者，于十月内补造送户部查核具题，为考成续报。因此，“本年正赋完欠确数，必须次年十月续报考成之后，方可作准”。庆裕奏准应造光绪十二年征信册底本，俟十三年十月续报考成后截数，令各属“造报到署，汇总刷印”，十四年三月内奏咨送户部。①

3. 因底本截止时间推延而展缓奏销册截止期限：陕西榆林广有仓

还有一例因征信册底本截止时间推延，奏销册截止期限亦相应展缓。陕西榆林府广有仓每年额征榆林府、绥德直隶州所属榆林、葭州、绥德、米脂、清涧、吴堡民运兵粮8780余石。以上6州县“地当边檄，素称瘠苦，兵、旱而后凋敝愈甚。向来九月开征，如甲年之粮必于乙年麦秋后始能完齐。北山地气高寒，麦秋须在七月以后，历年完欠粮草总须于次年八月底方能截数……相沿已久，习为固常”。陕西征信册底本前已延至次年四月截数，广有仓粮草征信册底本若以此截数，“完数少而欠数多”，若随征随改，“不但刊刻不胜其烦，更恐易滋弊混”。叶伯英请将其延至八月底截数，九月申送，十一月造竣散发，年底汇案奏咨。底本既拟缓至八月截数，该仓奏销原限五月汇题，亦应以八月为期，九月专案造报，改题为奏。②

此外，新疆、山东无调整。直隶有调整，但具体情况不详。光绪十二年十一月二十四日，直隶总督李鸿章复函陕西巡抚叶伯英，认为底本于年内截止难行，“征信册名为核实，不为勒限，向系逾年征收之处，但不积欠，即未便遽议更张，以就大部绳尺，既不能加以欠名，又不能预列收数，限以年内截止，如何可行。昨见晋帅（按：山西巡抚刚毅）亦有展缓之请，情形不大相远。朔、大两府直迟至第三年，部中当微松劲”③。四川钱粮无欠，无须造册。

---

① 《盛京将军庆裕奏报遵照部咨奏定章程刷造征信册依限送部查核事》（光绪十四年八月二十九日），朱批04-01-35-1386-047。

② 《陕西巡抚叶伯英奏为榆林府广有仓造报征信奏销各册拟请展限办理事》（光绪十三年闰四月十二日），朱批04-01-35-1218-043。

③ 顾廷龙、戴逸主编：《李鸿章全集》第34册，第137页。

各省区不约而同地奏请推延征信册底本的截止时间，使其尽可能接近钱粮奏销期限，甚且将二者期限合一（见表7-2）。因灾荒影响、地理气候差异，各省区力求避免例定征信册底本截数后，将续完者列为欠户，减少造册、更改之繁及其引发的诸多负面影响。但更重要的是使征信册与奏销册相符，免遭户部驳查、参处。未造征信册前，督抚只需咨送户部钱粮奏销册及相关奏折、清单，由皇帝审阅。举办征信册后，地方钱粮之完、豁、缓、欠等项之总数、散数更加具体细化，一目了然，且经过征信于民的公开监督环节，使得征信册成为审核奏销册的重要明细依据。广西巡抚张联桂指出："造报征信册原为稽查完欠起见，今前后造报已历四年，其完欠数目核与奏销册悉相符合，是按年送部之奏销册即属信而有征。"[1] 如奏销册与征信册不符，奏销册必被驳回重造，相关人员议处。[2] 叶伯英请将广有仓奏销期限延至征信册底本截数期限，即出于"奏销与征信册两不符合，难资考核"的考虑。[3] 张之洞请将广东省征信册与奏销册同造，"庶已完银米与未完银米两册互校，可无参差不齐之数"[4]。苏州藩司之奏请亦同样如此，"庶完欠较确，而册籍亦不致过繁"[5]。对于各省的这个一致诉求，户部表示认可，大约光绪十四年四月之后，咨准："各省造办征信册，各照奏销截数限期一律举办。"[6]

① 《广西巡抚张联桂奏请自光绪十八年起邀免造送征信册事》（光绪十八年三月二十七日），朱批04-01-35-1011-046。

② 二者如不符，督抚须做出解释。山西代州应造十二年带征米石征信册内少开光绪十年缓征米12.8917石，因该前署州判漏开十年被灾应豁米12.8917石，此次找补致使征信册与奏销册数目不符，请于十二年汇办灾案内补请豁免更正。参见《山西巡抚刚毅奏为山西省光绪十二年地丁钱粮征信册籍一律造办齐全事》（光绪十三年十月十九日），录副03-6223-076。

③ 《陕西巡抚叶伯英奏为榆林府广有仓造报征信奏销各册拟请展限办理事》（光绪十三年闰四月十二日），朱批04-01-35-1218-043。

④ 《征信册与奏销册并造片》（光绪十三年五月），载赵德馨主编《张之洞全集》第1册，第536页。

⑤ 《江苏巡抚崧骏奏为江苏省征信册请宽期造办事》（光绪十三年闰四月初九日），录副03-6222-033。

⑥ 《江西巡抚德馨奏陈造就十三年民欠丁漕征信册委员解部事》（光绪十六年四月初二日），朱批04-01-35-0099-021。

表 7-2 各省区钱粮征信册底本截止期限调整

省区 期限	吉林	奉天	热河	山西	河南	陕西	甘肃	安徽	苏属	宁属	湖北	湖南	江西	福建	广东	云南	贵州
部定期限	十二月	十二月	十二月	十二月	十二月	十二月	十二月	十二月	十二月	十二月	十二月	十二月	十二月	十二月	次年正月	次年三月	次年三月
调整期限	次年五月	次年十月	次年三月	次年三月	次年四月	次年四月	次年三月	次年五月	次年五月	次年六月	次年四月	次年四月	次年四月	次年四月	次年十一月	次年六月	次年六月
奏销期限	次年五月 a	次年十月 b	次年四月 c	次年四月	次年四月	次年五月 d	次年四月	次年五月	次年五月	次年六月	次年五月	次年五月	次年五月	次年六月	次年十一月 e	次年六月	次年六月

说明:“苏属”“宁属”分别指苏州藩司、江宁藩司所属。道光二十七年定各地奏销期限,各督抚照依例定月份,于“是月底具题,出文册结随本送部”,参见(清)昆冈《(光绪)大清会典事例》卷一七七《户部二六·田赋·奏销》。其中:a. 参照奉天下忙征收截数及例定奏销期限;b. 例定五月奏销即考成初报,续报考成为十月,此取后者;c. 参照直隶下忙征收截数及例定奏销期限;d. 例定四月,但档案记录光绪十二年前后陕西五月奏销,兹取后者;e. 例定六月,光绪朝前期广东奏销滞后,十一月奏销。

(二) 修补旧规与调改新制

河南、江西巡抚提出变通办法以变相抵制征信册。河南接到户部推行征信册消息伊始,有的官员持积极态度。光绪十二年五月前后,河南按察使许振祎致函阎敬铭:征信册一事,“即派员刻字,认真经理。益于国而无损于民者无若此事,贪吏不便,廉吏则以为深便”①。这主要是表达其个人看法。十

① 本书编写组编:《清代名人书札》第 5 册,第 1124—1126 页。按:此函正文字体工整,但首端用别样粗体标记“丙戌五月初八”,似为阎敬铭或信札整理者所写收信日期。“丙戌”为光绪十二年。许振祎自光绪十一年六月十三日至十二年六月二十日任河南按察使。参见魏秀梅编《清季职官表(附人物录)》,第 564 页。

二年十一月，该省官员对征信册的态度却与其不同。巡抚边宝泉与司道筹商后，奏陈河南地丁、漕粮除停缓外，实征地丁银240余万两、漕粮21万余石，兵荒后收数不及八分，自严定比较章程之后，收数已达九分。钱粮征信册虽“立法洵称周密”，但不适合在河南推行。

第一，觅匠难。河南印刷技术落后，“向无活字书板，亦绝少熟习匠工”。征信册与其他书籍不同，“他书摆就一盘，可刷印千百页。此册只印数十张即须更换。检字摆盘须赴江楚等省多觅熟手，道途纡远，非重值不能招致”。

第二，筹费难。全省107厅州县，有民欠者80余处，“约计每处底册或十数本，或二三十本。藩司按底册一本刷印四十本，一年已不下数万本。再加历年灾缓、旧欠等册，汗牛充栋，需费浩烦。定章虽准开支，司库苦无余款”。

第三，稽核难。征信册例定由府道散给本地士绅，“令其按户稽核”。但士绅贤否难以概论，“廉谨者多不肯干预公事，设遇刁劣生监，必将藉势招摇，把持包揽，种种流弊，防不胜防”。

由于以上困难，河南提出用造办欠款细册且参以榜示法的变通方式代替征信册。榜示后如有续完，于奏销时将完户名、粮另造细册呈查，不再开列欠户以省繁牍，“嗣后每年均照此次章程查造，永为定式”。其具体做法为：

> 各厅州县除征解扫数向无民欠地方毋庸查造外，余悉将每年丁漕欠款开造细册三分，以二分申送藩司，一分申送本管府州，再照册分缮各里欠户花名、数目榜示，连各本年征册并呈府州，核对完欠数目相符，即将细册存案，榜示钤盖印信，申送藩司覆核，移交该管道委员分赴各里张贴，务期日久不磨，使民共见。仍取实贴委结存查，并由本管道府州随时亲历抽查，一有弊混，立即揭参。直隶州经征粮银，将册示申送本管道员，核办亦如之。统由藩司汇造简明总册，连各州县送到细册一并详咨户部。自初次造册之日起至汇详之日止，统限六个月，迟则照章查参。

虽然豫省认为如此变通，“工不费而事易集，民不扰而弊可除，似与征信本意正相符合”,[①] 但它无疑否定征信册制度，另起炉灶。

光绪十二年二月十二日，江西省接到征信册章程册式，经过近十个月的商讨，巡抚德馨根据布政使李嘉乐、督粮道邓蓉镜之汇报，向清廷复奏，承认征信册“实为杜弊要件”，“指陈五弊尤为明悉病源”，但认为在江西推行面临五大困难。

一是截止限期太促。江西丁漕只有靖安、高安等十余厅州县下忙钱粮能于当年十二月内完纳，其余年内全完者“绝无仅有。每有上忙钱粮迟至下忙输将，下忙钱粮直至次年奏销前后设法催迫，始据陆续完纳，其甚者仍积欠不完”。如限年内截止，“民欠尚多，诚恐乡愚无知，误令截数之后毋须再完，于饷需大有关系”。

二是印造成本甚巨。该省据南昌、新建二县的欠赋数额对造办征信册的成本进行估算。

首先，州县造办征信册底本的开支。南昌每年欠户约丁串 11.5 万户、米串 7.9 万户，以每本 100 页、每页照规定上下两层计，每册一本可列 4000 户，地丁、漕粮两项应造册四十八九本，光绪六年至十二年共应造册 340 本。每页开载花户姓名及欠完银米数目，最少亦有 500 余字，每册一本计 5 万余字。一稿一正并照造四份分呈各衙门，共约需 2040 本。新建每年欠户约丁串 6.3 万户、米串 4.2 万户，照前计算，每年丁、漕两项应造册二十六七本，光绪六年至十二年共应造册 180 余本。一稿一正并照造四份，计 1100 余本。每本纸张、工食需银三钱余，南昌需银 610 余两，新建需银 330 余两。其他州县情形“自亦相同”。州县造办征信册底本费用“未奉指明动款报销”。赣省认为：若自行捐廉，“州县养廉除减成扣平外所存无多，丁漕办公经费亦属有限，在缺分尚优者犹不难于筹给，其缺分瘠苦者不免藉口赔累，任意挪移”。

其次，藩司印制全省征信册之成本。以上每县每年应造征信册底本二三十本，江西 79 厅州县，“极少亦在二千余本”，光绪六年至十二年共需造送

① 《河南巡抚边宝泉奏为变通办理征信册式事》（光绪十二年十一月二十八日），朱批 04-01-35-0093-053。

1.4万余本。钱粮征信册章程规定繁缺印50份，中缺40份，简缺30份，如概以中缺40份计，需刷印56万余本。通盘计算购置活字板片、募匠刷印、装订工本、饭食等项，每本以银2钱计，需银10万余两，“此后按年有增无减”。虽然户部定藩司造册可动支耗羡、杂款及外销之项，但是赣省耗羡等款严重不足，“近年耗羡征不如额，尽支放文武各官养廉尚不敷银四五万两，必经详奏，动用杂税凑放。杂税除放养廉之外，均已凑放京协各饷及往年兵饷银两……其余丁漕提补捐款，以之支放文武乡试及岁科两考、院府童试暨督抚司道府厅书役饭食，并从前一切捐摊款项，一岁所入不足供一岁之用者外，实无外销之款可筹”。

三是核对册籍需时。如何处理“逐字核对”征信册内民欠数目之巨大工作量与人手短缺之间的矛盾，是藩司面临的又一难题。“册页数十万本之多，而责成经历、理问二三员磨对，即使昼夜寝馈其中，亦断难二个月蒇事。若发册太迟，内有续完之数，更多不符，花户愈加怀疑。且甲年之册办竣，乙年之册又至。该员等各有应办事宜，亦不能终年对册。如责令依限赶办，必至虚应故事，草率舛错，别滋事端”。

四是道府散册非易。从速散册公阅是发挥征信册功能的关键。章程规定，藩司将征信册半数分发各管道府转交公正绅民散放。道府与州县同城，交付在城绅士尚可依限散竣。距离道府较远之州县，散册不及时易启事端，“各外州县，则道府非公不至，各属绅民亦不轻易赴郡。道府月课，各属赴考者寥寥。院府考试，未必适逢其发册之时。如考试在春夏两季，则本届之册尚未到齐，而上年之册欠数已多不符。即使分散，而花户必疑道府有意延搁，藉词控告”。

五是公正士绅难得。与散册密切相关的是公正士绅“择人尤觉为难”。江西每县平均有五六十都，一县散册需绅耆一百余人，“在通都大邑，固不乏位高望重之绅，而僻壤穷乡不惟绅士绝少，即识字农民亦不多见，况须择公正廉洁，尤非易事。虽十室之邑必有忠信，然地广人众、素昧平生，安能知其人之贤否”。征信册一旦落入“刁衿劣绅之手，难保不藉端需索，愚弄小民。是散册稍有不慎，流弊亦属无穷”。

德馨根据“部文原有各就地方情形办理之语”，提出变通办法。首先，严饬各州县按年查造实征粮册，按都图里甲将“完粮银米细数及的名查清填注”，杜绝飞洒、诡寄。民间买卖田地，务令过割清楚，“开报的实户名，造册存查”。其次，命各州县因地制宜兴立义图，“补有司催科之不逮”。赣省完纳丁漕，民间向有义图之法，按乡、图各自设立首司，由地方公正绅耆“公举轮充”，且有总催户头负责催收，钱粮届期“扫数完清，鲜有违误，诚为法良意美”，但咸同战后，各县义图“十隳八九，以致收数减色”。德馨认为此二法“均属杜弊要务，与征信册名异实同”。

德馨还指出欲杜州县征存不解，应严核征解比较与紧查交代，“比较严则征存有必解，交代紧则库款不敢亏”；至于防止州县捏完作欠，“莫若责成府州照例于上下两忙停征时，就近调核实征流水红簿，并盘查串根，一面摘开欠户清单，札发各县分贴各都各图，榜示通衢，使绅民共见共知，俾官吏无从侵欺，粮户不致隔阂”。如此办理，“事简费省，较造册尤为切要，简明宜行”。[①] 以上变通实际上是修补旧规，变相抵制征信册。

河南、江西二省巡抚以根据本地情形变通为名，暗行排拒举办征信册之实的做法引起户部不满。光绪十三年二月初八日，翁同龢在日记中说：“入署，遇阎公（按：阎敬铭），论征信册事颇牴牾，江西、河南皆云难行，部中驳稿，阎公属稿，措语太不伦也。”[②] 河南、江西二省巡抚的变通奏请，遭到管理户部事务大学士阎敬铭的驳斥，措辞严厉。虽不知户部对河南巡抚议驳之详情，但河南此后即着手征信册造办的准备工作。同年七月二十日，新任河南巡抚倪文蔚致函阎敬铭：“接印后，连日接见司道，咨访通省情形及司库出入款目”，提到征信册时说：“业经委员赴京与撷华书局订有成约，无可更张。前闻大部购得印书铅板一副，备而未用，其制若何，需价若干，机器是否完全，每日约用工匠若而人，务祈谕令典守者开具清单寄下，如果合用，

---

① 《江西巡抚德馨奏为江西应造征信册拟请变通办理事》（光绪十二年十二月初八日），录副03-6220-055。

② 陈义杰整理：《翁同龢日记》第4册，“光绪十三年二月初八日”条，第2087页。

当商之司道，备价委员走领。"①

光绪十三年二月十七日，户部具奏“江西民欠征信册仍令照依前奏办理并另拟册式认真举办”一折，获清廷批准。该折针对江西巡抚上述奏请予以反驳与变通：

据湖南、湖北先后奏咨，展至次年奏销前一个月，限四月内截数造办，均经覆准。江西并未声明定期，应令如两湖办法，不准迟逾。至州县造送底本，止造藩司一分，以备摆印。至到司造册，繁缺造四十分，中缺造三十分，简缺造二十分，且购活字板块以后年年可用，磨对只校初印一叶，印订无须过求精工，亦不致年需银十余万两。应令饬司借款举办后，核计一年实用若干，报部核明，即行筹拨归款。佐杂等官公事本简，每年分三个月之劳不致误公。且各省皆有局员，如或促迫，调派局员帮对，亦可变通。至节年带征完数无多，本年欠少可开欠户，节年者完少可开完户，另拟节年征信册式颁发。②

户部不仅答复江西巡抚提出的印造成本与核对册籍等问题，而且根据反馈意见变通征信册。一是将江西各属征信册底本截数时间延至奏销前一个月，即四月内截数；二是藩司造册数量较章程规定繁、中、简缺应造之数各下调10份，以减少经费支出；三是原定节年带征钱粮征信册式一律开列民欠散数，户部虑及欠户过多会增加地方负担，对节年带征钱粮征信册式做出大调整，“欠少开欠，完少开完”，以期简而易行。

户部对节年民欠征信册式的变通虽首先针对江西，但随后发其他省区，对征信册的实施进行全面调整。如湖南造办光绪十二年及节年未完钱粮征信册时，即执行变通后的规定：

续完节年旧欠及带征钱粮，奉部饬造已完数目，原恐未完花户

① 本书编写组编：《清代名人书札》第2册，第371—373页。按：该函有月日而无年，结合征信册筹办阶段与倪文蔚“接印”，判断其为光绪十三年。倪文蔚于光绪十三年五月初二日任河南巡抚。参见魏秀梅编《清季职官表（附人物录）》，第401页。

② 《护理江西巡抚李嘉乐奏为江西应造征信册拟请推展一年办理事》（光绪十三年六月初二日），朱批04-01-35-1386-045。

> 过多，造册耗费工本，然各属续完花户银数内有多于未完花户银数者，未便稍事拘泥，转滋縻（靡）费。复通饬凡十二年征收各项均系未完数少，专造未完花户欠数。至催征节年旧欠及带征钱粮，仍查明如已完之数少于未完，即造已完数目；若未完之数少于已完，仍造未完数目，以资征信而归节省。①

经此变通，展缓征信册底本截止时间，简化造册内容，江西已无理由不造办。

（三）推展征信册既定造办年份

有的省区或因与户部数度文牍往还，已逾既定造册时间；或直陈地方困难，请求推迟办理。

光绪十三年二月，户部议复江西参照湘、鄂之例，限四月内截数造办，但江西接到户部咨文已在三月，“近省各属虽早奏到，而距省较远州县奉文较迟。本年四月底截数之期，正该州县甫经奉文之期”。州县赶办不及，禀请展缓，“非奏准推展期限，提前通饬，不足以归画一”。江西推展造办征信册年份还有地方原因。其一，纳税迟延。征收钱粮例有定限，“年内投纳者固不乏人，而民间困苦，素鲜盖藏，俟次年三四月收割菜麦、杂粮粜变始完者亦复不少。赋额较繁，欠数过巨”。其二，粮户分散、户名虚假，“有粮之家，一人辄分数户，其田业较多甚有分至数十户者，银则几分几厘，米则几升几合。户名又皆随意结撰，并非的名”，各州县归并、清厘粮户需时。其三，造册人手紧缺。州县经书无多，民间完赋无定期，每年开征至年底，新旧并征，“常川有人投纳，经柜各书收钱、裁串、结数、登簿、销册，势难分身。当经手征收之时，若令分心册务，于征收转难兼顾”。

光绪十三年六月初二日，护理巡抚李嘉乐根据署布政使瑞璋、署粮道长禄会详，认为“征信册本意只重通省之完欠，不在一年之早迟”，奏请以一年为期，试办光绪十三年征信册，于十四年四月截数，各属于七月内将底本送

① 《湖南巡抚卞宝第奏报十二年及节年未完地丁南漕征信册造竣等情形事》（光绪十四年五月二十二日），朱批 04-01-35-0096-004。

齐，司道于十月内造竣散发，督抚年底汇奏；光绪十二年民欠征信册带造于节年旧欠征信册之内，“仍复无漏无遗”。如此推展一年，“一则大户归并，造册更简；一则别房经书学习已熟，造册者得以专心册务，经征者不致耽延征收，期无顾此失彼，庶完欠可免混淆，而造办仍无出入”，正符户部所谓“一举而数善备也”。[①] 清廷准许。

云南接奉征信册章程、册式后，巡抚张凯嵩督同署布政使史念祖于光绪十二年二月下发地方办理，但各属因边务、治安等均属“刻不容缓之图”，势难兼顾造办。十三年七月，巡抚谭钧培与布政使曾纪凤筹商，奏请将征信册缓至十四年造办。[②] 云南之奏请经户部议复后，清廷虽准许缓一年造办，但仍令征信册底本“于次年六月造报到司”，督抚十一月汇奏造办之情形。[③] 十三年九月，护理巡抚李秉衡据署布政使周鹤汇报，奏称广西迭遭兵燹，地方凋敝，地丁粮米未能照额输纳，加以水旱频仍，“民力愈形竭蹷”。各花户“应征、应缓数目及带征各年分数，头绪纷繁，且有征册毁失，粮额难稽，清厘不易”，请“宽以时日”办理。[④] 十月，户部咨复该省于光绪十四年将应造十三年征信册造报、散发，“以后按年照办，毋得迟延遗漏”[⑤]。

经过议复博弈，在户部的坚持并参酌各省意见予以变通的情况下，各地陆续进入征信册造办阶段。

（四）钱粮征信册造办步入正轨

新疆省不仅没有与户部讨论变通、调整事宜，而且率先按照规定期限和

---

① 《护理江西巡抚李嘉乐奏为江西应造征信册拟请推展一年办理事》（光绪十三年六月初二日），朱批 04-01-35-1386-045。按：光绪十三年六月二十五日奉朱批“户部知道”。

② 《云南巡抚谭钧培奏请缓办征信册并酌定限期事》（光绪十三年七月二十三日），朱批 04-01-35-0094-043。

③ 《云南巡抚谭钧培奏为造报十三年民欠钱粮征信册事》（光绪十四年十一月二十四日），朱批 04-01-35-0096-032。

④ 《护理广西巡抚李秉衡奏为广西省清厘民欠征信册式请展缓办理事》（光绪十三年七月二十九日），录副 03-6223-015。

⑤ 《广西巡抚张联桂奏请自光绪十八年起邀免造送征信册事》（光绪十八年三月二十七日），朱批 04-01-35-1011-046。

册式要求，完成光绪十二年征信册的印制、散发。这与其征收“向止额粮一项，并无地丁银两各款”有关。十三年七月，根据布政使魏光焘详禀，甘肃新疆巡抚刘锦棠会同陕甘总督谭钟麟奏报：刊印镇西厅征收十二年未完、催征节年民欠册各40本；济木萨县丞征收十二年未完、催征节年民欠册各30本；昌吉、阜康、呼图壁巡检征收十二年未完、催征节年民欠、带征十一年灾缓册各30本；迪化、奇台催征节年民欠册各40本。[①] 从时间判断，新疆各属于光绪十二年底下忙征收截止，十三年三月内将底本申送藩司，六月内印完十二年征信册并散发，七月汇奏造办情形。

其他各省区造办征信册伊始，不时遇到各种困难。光绪十二年征信册是应造办的首届征信册，以下概览各省情况。

光绪十二年十二月，山东下忙钱粮截止后，巡抚张曜督饬布政使派人购买活字板片，招募工匠。从州县到藩司，造册因各种困难而逾限。自光绪十三年五月藩司设局开办至七月十五日，仅将兖州、莱州两府属13县卫应排4200余板赶办完竣，还有八府、二直隶州约需32000余板。各属底本陆续造送，至六月底始到齐，九月底限满，藩司刊刷仅有3个月，工期紧迫，先将兖、莱两府册籍送户部查核，其余各府州属册赶为印造，陆续报送。[②] 山东盐场钱粮征信册造办相对顺利，所辖8个盐场，永阜、官台、西繇3场光绪十二年实欠在灶钱粮，西繇场节年未完灶欠均已遵照册式，制备活板，排印完竣，参照简缺州县，每场每本刷印30份，散给绅董；光绪十二年蠲缓钱粮已由各盐场坐落州县随同地丁查造。[③] 此后，山东接续造办光绪十三年、十四年、十五年征信册，[④] 但具体情况不详。

尽管户部颁发统一的征信册样式，且议复江西、河南变通办理征信册时

① 《甘肃新疆巡抚刘锦棠奏报刷印散发光绪十二年征信册事》（光绪十三年七月二十日），朱批04-01-35-0094-039。

② 《山东巡抚张曜奏报民欠钱粮征信册造成送部查核事》（光绪十三年七月二十一日），朱批04-01-35-0094-040。

③ 《山东巡抚张曜奏报永阜等场完欠灶课钱粮征信册排印完毕等事》（光绪十三年八月二十六日），朱批04-01-35-0525-054。

④ 《山东巡抚张曜奏为征解钱粮实报完欠并无挪掩诸弊请将民欠征信册暂行停造以节经费事》（光绪十六年五月二十六日），录副03-5710-036。

有所调整，“完户不多者，按完户开造。欠户不多者，仍照前颁册式办理”，以归简易，但有的省区因征信册“事属创始，一切格式势难尽归画一”。如山西民欠有完户不多者，“本应开造完户，间有仍依旧式开列欠户者。且各属收征情形不同，有数款载在一张串票者，有一二款载在一张串票者”，本应驳回更换，但考虑到“册页繁多，诚恐往返逾限”，且不符之处“与部章不相违背”，故仍刻印装订成册。宁远厅“册内首尾均列正、耗银两，欠户散数内则仅列正银”，因该厅各项册籍最多，更造非易，亦按底册刷印。代州州判带征米石，征信册内少开光绪十年缓征米 12.8917 石，因该前署州判漏开十年灾蠲米 12.8917 石，以致征信册与奏销册数目不符，于汇办灾案内补请豁免更正。①

贵州应造光绪十二年征信册原定于十三年六月将底册汇至藩司印刷，九月散放。但自光绪十三年八月十七日开局，至九月底届散放之期，各属底册尚未送齐。已经送到者，仅有贵筑县杂款义谷底册相符，其余各属底册，“或因丁、耗各数不符，秋粮改征等米不合；或因已完、未完各数舛错，里甲欠户散、总各数参差，碍难照册刷印”。因各属初办，无成案仿照，加以“黔中又系兵燹残缺之余，各属丁粮缺额殊多，案牍旧册遗失”，巡抚潘霨请将征信册展缓，待底册送齐，再刷印散放。② 光绪十四年正月十七日，该省开局印刷十二年征信册，八月初十日撤局。③

光绪十三年末至十四年初，各省区渐入征信册造办之正轨。十三年十一月，甘肃汇奏造办 31 厅州县十二年征信册 2500 余本。④ 十二月，热河汇奏造办平泉州十二年征信底册 1 本，印 30 本，节年民欠征信底册 1 本，印 30 本；丰宁县四旗并正蓝东西路十二年征信底册 6 本，每本印 20 本，节年民欠底册

---

① 《山西巡抚刚毅奏为山西省光绪十二年地丁钱粮征信册籍一律造办齐全事》（光绪十三年十月十九日），录副 03-6223-076。

② 《贵州巡抚潘霨奏请展缓办理征信册籍事》（光绪十三年十二月初二日），录副 03-6224-029。

③ 《贵州巡抚潘霨奏为查明光绪十二年分各属短征荒芜及被灾钱粮造办征信款册事》（光绪十四年十一月初七日），录副 03-6228-036。

④ 《陕甘总督谭钟麟奏为甘省依限造报十二年征信册事》（光绪十三年十一月二十七日），朱批 04-01-35-0095-010。

5本，每本印20本；围场厅十二年征信底册1本、节年民欠征信底册1本、十二年流抵征信底册1本及十二年带征六、七两年民欠底册1本，每本印30本。以上共计400本。[①]

光绪十四年正月，湖北奏报江夏等37州县卫十二年暨节年地丁、随驴南折、屯饷、籽粒、芦课等款民欠、缓征、蠲免钱粮征信册籍。[②]

二月，陕西奏报47厅州县十二年钱粮征信册，对征信册杜绝中饱的作用大加赞赏。[③] 安徽奏报造竣怀宁等44州县卫十二年民欠、望江等11州县带征节年民欠银米征信册。[④]

五月，直隶144州县厅除35州县无须查造征信册，其余109州县厅十二年民欠、蠲豁缓带地粮，带征寄庄粮银并各属应征旗租、旗产、广恩库租，带办十年、十一年旧欠粮租征信册印刷完竣。[⑤] 江宁藩司所属上元等27州厅县卫，或十一年银款有欠，或十二年有欠，或十一年、十二年俱欠，或有带征、灾缓钱粮，均刷印民欠征信册；溧水等5州县刷印带征预完征信册。句容县十一年、江都县十二年，六合等6县卫十一年、十二年行月等米均有未完，刷印民欠米款征信册。总计刷印银米各册6100本。[⑥] 湖南奏报司库未完地丁应造征信册15州县，道库未完南漕等款应造征信册10州县卫；司中据各州县造送地丁征信底册69本，共刷印2494本；道中据各州县卫造送南漕等项征信底册80本，共刷印3270本。[⑦]

---

① 《热河都统谦禧奏报造办各属民欠钱粮征信册送部查核事》（光绪十三年十二月二十三日），朱批04-01-35-0095-016。

② 《湖广总督裕禄奏为湖北造报十二年地丁等款钱粮征信册事》（光绪十四年正月初十日），朱批04-01-35-0095-026。

③ 《陕西巡抚叶伯英奏报办理光绪十二年民欠征信册完竣事》（光绪十四年二月初二日），朱批04-01-35-0095-029。

④ 《安徽巡抚陈彝奏为光绪十二年分并节年民欠各款银米征信册发属分给请敕部查核事》（光绪十四年二月十七日），录副03-5700-004。

⑤ 《直隶总督李鸿章奏为应征光绪十二年新欠并带办十十一两年旧欠粮租征信册完竣事》（光绪十四年五月初十日），录副03-6226-006。

⑥ 《江苏巡抚崧骏奏为造报江宁藩司光绪十一十二两年民欠征信册籍事》（光绪十四年五月十七日），录副03-6562-053。

⑦ 《湖南巡抚卞宝第奏报十二年及节年未完地丁南漕征信册造竣等情形事》（光绪十四年五月二十二日），朱批04-01-35-0096-004。

六月，苏州藩司所属长洲等28州县卫造送十二年民欠地漕、芦杂、屯津等项银41662两，奉贤、金坛造送十一年民欠地漕、杂税等项银1177两，吴江造送五年民欠芦课银32两，常熟、奉贤、娄县造送溢完流抵地芦等项银2112两，丹徒续报征完十二年芦杂等款银1291两，以及元和、丹徒十二年民欠米各项征信底册，统计刷印银米各册5300本。①

奉天应造十二年征信册原定于十三年十月续报考成后，责成各旗界经征官员将底本造报到署，汇总刷印，于光绪十四年三月咨送户部。因初次办理，各属官员“多未熟悉征信深意，虽均按限造报，册内每多数目讹错，款项牵混，核与考成、奏销各案互相歧异，以致往返驳查究诘，多需时日”，故于十四年三月奏请展限至八月咨送户部。届限时，已将牛庄、辽阳、义州，广宁满洲、汉军正黄二旗，正蓝旗、正白第二旗并所属之白旗堡、闾阳驿、养息牧东西两界、法库、边门等城旗界十二年灾缓、民欠、带征节年各项征信册，以及广宁第一、三等旗并所属之巨流河、小黑山等处旗界十二年民欠征信册刷印完竣；广宁第一、三等旗并所属之巨流河、小黑山等处带征历年灾缓、民欠征信册，“造报甫经到司，必须详细核对妥时，方可刷造”；盘蛇驿征信册尚未造报。②

各省督抚不仅以奏折通过官方正式渠道汇报征信册造办情况，还利用私人情谊通过函札与计臣沟通。光绪十三年八月初十日，广东巡抚吴大澂致函阎敬铭：“征信册亦力催赶办矣。”③ 十四年左右，两广总督张之洞致函阎敬铭：“征信册仰承垂谅，谨当先办十县，咨达，谢谢。”想必造册伊始遭遇困难，前述吴大澂认为广东省征信册较他省易于举办的看法过于乐观。此后，张之洞再次写信，专门谈征信册造办之事：

> 征信册不敢梗令，惟粤事繁赜而费绌，拟先办十县，八年全毕，取其易清易核易筹费，不审可否？譬如协饷，详论应允者，或全不

① 《江苏巡抚崧骏奏为江苏省遵造光绪十二年分民欠钱粮征信册籍事》（光绪十四年六月初六日），录副03-6226-027。

② 《盛京将军庆裕奏报遵照部咨奏定章程刷造征信册依限送部查核事》（光绪十四年八月二十九日），朱批04-01-35-1386-047。

③ 冯雷、王洪军整理：《阎敬铭友朋书札》下册，第396页。

> 解，认解几成者尚可信耳。分年递造，意在字之核实，不敢以虚文搪塞耳。[①]

广东因事务繁多、经费困难，未将钱粮征信册应造尽造，先办10县，其余各县分年造办，8年全完。这两封信函均无日期，据张之洞于光绪十三年五月奏请将广东钱粮征信册底本截止期限延至次年十一月之奏销时间，推断该省十二年钱粮于十三年十一月奏销，十二年钱粮征信册当于十四年五月造竣呈报；又知张之洞于十五年七月十二日从两广总督离任，[②] 故此先期造办10县征信册很可能系光绪十二年钱粮征信册。

与多数省区不同，云南未造办光绪十二年征信册，而是自光绪十四年起径造十三年征信册。初次造办，云南根据本地情形对征信册式加以调整，“奉颁册式，本极周详，惟云南僻居边远，与腹地情形不同，不能不参酌变通”。变通之处体现在三个方面：

一是司款、粮款分册造办。云南钱粮分解司、粮两库。条丁、公件、耗羡、官庄、租折、差发等项，解司库者为司款。夏税、秋粮、米折、荞折等项，解粮库者为粮款。光绪九年清查咨户部，系司、粮分册，“征信册亦应照办，便于稽核”。司款条丁一两，随征奏平银一钱。民间只知应纳，不知分款，清查册内未另列款目，“此次亦应并入条丁，使与民间完数相符”。

二是永荒、暂荒未垦之地免于造册。云南钱粮因“兵燹荒芜，未能征足。光绪九年清查，分别旧熟、暂荒、永荒，限年升科。永荒皆水冲沙埋，无从垦复，期限尚远。暂荒已于十三年限满，前因户丁稀少，地多未辟，奏奉谕旨‘已垦者一律入额征收，未垦者仍予暂缓升科’。今册造民欠，自应以旧熟、暂荒为定，毋庸造列永荒。惟暂荒内之未垦者，并无业户姓名，粮未起科，并非实在民欠，声明开垦，再行起科”。

三是土司官管辖之村寨依据当地情形变通册式办理。临安、他郎、宁洱等府厅县“均仍其旧，皆有村寨而无户名，此形格势禁，难与腹地强同”。

---

① 冯雷、王洪军整理：《阎敬铭友朋书札》下册，第550、552页。

② 魏秀梅编：《清季职官表（附人物录）》，第376页。

经过一年的调整与办理，全省应造办征信册者40余处，“内旧熟民欠不及十分之一二，余皆暂荒未垦，并非实在民欠”。因奏限已届，先将已刊之昆明等府厅州县司款30处、粮款15处奏咨，其余俟赶办齐全补送。①

十四年，马丕瑶奏陈广西印造光绪十三年征信册之情形。其后，继任巡抚张联桂分别于光绪十五年、十六年、十七年汇奏三届钱粮征信册，② 但具体情况不详。

十五年四月，热河都统谦禧汇奏光绪十三年征信册造办情形，解释迟延原因：“十四年八月间，因奉文饬将耗银一并造入，当将原册发回补造，直至十一月间始行送齐。因限期已迫，势难依限奏咨”，赶印的同时，咨请户部展限奏报。户部咨准展限至十五年二月汇案奏咨，“嗣后仍于每年十一月内专折汇奏，不得再行藉词请展”，但热河迟至三月底才将征信册刷印完竣，“委因正、耗并造，原赁字板摆印不及，另在远处添赁字板，往返需时，至此始克告竣，委非无故迟延”。③

奉天造办光绪十二年征信册时，获准将奏咨户部期限由三月展缓至八月，又于十月奏咨送部。十四年十月，户部复准：“征信册既经创办一年，不难创造，嗣后送部不得再逾三月之限。”但奉天以各地征收“课赋款项繁杂，恐难如限送部”为由，请缓至十五年六月咨送户部，“嗣后按年照办”。届限之时，尚有广宁属小黑山十三年带征十二年、催征节年积欠钱粮底册未送到。④

各省光绪十三年钱粮征信册，以江西造送最迟。十三年六月，李嘉乐奏准将应造征信册推延一年办理，自十三年征信册办起，以十四年四月为底本截数之期。署布政使瑞璋、署粮道长禄会详，声请：征信册“创始办理，事

① 《云南巡抚谭钧培奏为造报十三年民欠钱粮征信册事》（光绪十四年十一月二十四日），朱批04-01-35-0096-032。

② 《广西巡抚张联桂奏请自光绪十八年起邀免造送征信册事》（光绪十八年三月二十七日），朱批04-01-35-1011-046。

③ 《热河都统谦禧奏为遵造民欠钱粮征信册送部事》（光绪十五年四月二十四日），录副03-6230-016。

④ 《钦差大臣定安奏报刷造上年奉省民欠课赋征信册完竣依限送部事》（光绪十五年七月初二日），朱批04-01-35-0566-026。

多未谙，稍有舛错，如系情有可原非关弊窦者，亦请邀免议处”[①]。一般而言，江西造册较晚，或许可以吸取他省造册的经验教训，少走弯路，甚至可能尽快适应户部根据他省实践而做出的最新调整。十四年四月之后，户部咨行各省：“有漕各州县务于册首将地丁、漕项额征各若干，并已完、未完、缓征、豁免各银数分晰注明。有民欠未完者，必须将民欠地丁，或漕项，或漕粮，或南粮米，一一分开，不准含混笼统。”户部的新要求是基于其他有漕省份造册含混而提出的，但让江西更加无所适从。直到光绪十六年四月，江西才汇奏十三年民欠地丁、漕粮征信册造办情况，并历数造册之难。

第一，款目分歧，数额错漏，更造纷纭。钱粮有并征分解、分征并解之款，“应如何核造期与部颁册式相符，枢纽甚多。各属因此请示兼请展缓，禀牍纷纭”，虽经司道悉心筹划，随案核示，但各州县一再迁延，“依限送到之册不过十之一二，余均限外始据陆续送到。其送到册内，又有数目舛错、款项遗漏、一动百移全册不符者，又不能不发还重造，往返转折，尤多时日”。

第二，册页巨多，摆印困难，费时过久。户名繁细，酌定每页必 30 行，造 60 户，较之他省用 20 行、每行开 1 户者，“册页可以稍减，而摆造则甚难”。工匠每人每日只能摆造二三页，用匠百名每日只能摆成二三百页，“以通案九万八千余页计之，非年余不克蒇事”。日夕催令赶办，至光绪十六年二月告竣，核计造册 49900 余本。

此届征信册未遵照户部新规造办。对于续奉户部新规，“应照奏销限期截数，以及丁、漕两项应于册首分晰详注”，赣抚德馨根据革职留任布政使方汝翼、署督粮道朱臻祺会详，表示难以遵办。江西地丁奏销“近以三月底截数，与征信册截数日期不同。况奏销案内完欠之数系以解到司、道库之日为断，征信册内完欠之数系以花户投柜之日为断。即或截数日期相同，而银米数目仍难一律”，而且续奉户部咨，“在各属册籍将次告成之后，势难重令换造，致滋歧误”。

---

① 《护理江西巡抚李嘉乐奏为江西应造征信册拟请推展一年办理事》（光绪十三年六月初二日），朱批 04-01-35-1386-045。

因征信册数量极多，该省派委试用巡检刘芳晋领解，于光绪十六年三月十三日起程，由水路取道海运，赴户部交收；其余转发各属阅看。[①] 此后再无江西造办征信册之信息。

十五年十二月，陕西奏报光绪十四年征信册截数造册、转发均在奏准展限期内，因该省“疮痍未复，民力艰难，本年钱粮虽经屡次严催，仍恐年内难以通完”，请以后仍循照奏明展限成案造办。[②]

贵州造办光绪十四年钱粮征信册比较特殊。造办十二年、十三年征信册后，布政使史念祖与署粮储道储裕立认为，该省没有因报荒不实、捏完作欠上控者，“推原其故，谅由粮户匿熟指荒，尚非地方官征多报少”，着手整顿隐匿熟田，但粮户“反以征信藉口，匿熟指荒，于清厘额粮转多窒碍”，光绪十六年八月请将十四年征信册暂缓一年办理，以开展清查。十七年正月二十四日，户部咨复，“准其暂行停办一年，俟一年限满后，遵照本部奏案，按年举办”。十八年十月，贵州汇奏造办十四年征信册情况。[③]

各省区造办光绪二十一年及其后征信册渐趋减少。奉天接续奏报刷印光绪二十四年钱粮征信册；二十五年民欠并节年积欠因战乱被豁免；二十六年钱粮蠲免三分，其余七分缓至二十八年、二十九年带征，均无须造册。光绪二十九年十二月，奉天汇奏牛庄、养息牧、广宁并广宁属之巨流河、白旗堡、小黑山、闾阳驿、开原属之法库等城界二十七年民欠钱粮征信册，已刷印完竣散放；义州、开原、盘蛇驿民欠征信底册未报到，俟造报到署后随同二十八年征信册造办。[④] 此后，未见奉天及其他省区造报钱粮征信册之信息。

现依据中国第一历史档案馆藏档案，将各省区造办光绪十二年至二十七

① 《江西巡抚德馨奏陈造就十三年民欠丁漕征信册委员解部事》（光绪十六年四月初二日），朱批 04-01-35-0099-021。

② 《陕西巡抚张煦奏报办理十四年民欠征信册完竣事》（光绪十五年十二月十五日），朱批 04-01-35-0098-047。

③ 《贵州巡抚崧蕃奏为造办光绪十四年分各属短征荒芜及被灾钱粮征信册事》（光绪十八年十二月十六日），录副 03-6245-051（按：原折题名误为浙江巡抚崧骏，径改）；《管理户部事务福锟等奏为遵旨依议贵州巡抚崧蕃奏请停办征信册籍事》（光绪十九年十二月十六日），录副 03-6248-047。

④ 《盛京将军增祺奏报奉天旗界前年民欠各项钱粮征信册刷造完竣事》（光绪二十九年十二月十六日），朱批 04-01-35-0124-036。

年（1886—1901）钱粮征信册情况整理为表 7-3，其中云南造办光绪十三年至二十一年（1887—1895）钱粮征信册情况整理为表 7-4；贵州造办光绪十二年至十五年（1886—1889）钱粮征信册情况整理为表 7-5。

表 7-3　各省区造办 1886—1901 年钱粮征信册统计

省区＼年份		1886	1887	1888	1889	1890	1891	1892	1893	1894	1895	1896	1897	1901
奉天	州县	16	13	12	11	11	11	11	10	11	15	15	11	8
热河	州县	3	3	3	3	3								
	册数	400	870											
直隶	州县	109	107	99										
山东	州县	16												
山西	州县	15	21											
陕西	州县	47	42	40	39	45								
甘肃	州县	31	35	33	24	29	29							
	册数	2500	4090	4465	3075	3725	4510							
新疆	州县	7	11	9	9	8	9	12						
	册数	490	790	740	680	650	660	850						
江宁藩司	州县	40	35	38	37	32	35	44	38					
	册数	6100	3910	4998	3689	3206	3799	4240	3508					
苏州藩司	州县	37	36	37	31	42	38	37	35	36				
	册数	5300	3520	3130	3010	3540	3170	2840	3160	3120				
安徽	州县	55	55	57	50	48	46	47	45	42				
江西	册数		49900											
湖北	州县	37	39	38										
湖南	州县	25	21											
	册数	5764	4364											
广东	州县	10												
云南	州县		45	37	45	13	20	22		23	38			
	册数		45	37	45	13	20	22		23	38			

续表

省区\年份		1886	1887	1888	1889	1890	1891	1892	1893	1894	1895	1896	1897	1901
贵州	州县	13	18	19	19									
	册数	645	886	943	942									

说明：此表简要反映各省区地丁、漕粮征信册之造办情况。“年份”指应造某年征信册，实际造册时间推后一二年。“州县”主要应造册之州县（含厅、卫等）数量。“册数”指印造征信册数量，但云南系底本数。广西造办光绪十三年至十六年四届征信册，十八年三月奏准停办，具体州县数与刷印册数不详；吉林、河南、福建造办征信册，情况不详；浙江办理伊始即反映困难，情形不详；台湾清丈田地，缓办征信册，故均未列入。

奉天：主要是城属、旗界等；锦州所属各旗界应征光绪二十年红册地米均有民欠，未呈送民欠清册；牛庄应补造十九年征信底册被日本人焚烧，无凭查造，请免造办；铁岭镶黄、镶白、正蓝等三旗界应征二十二年余租升科地亩制钱，均有拖欠，未呈送民欠清册。

热河：主要是平泉州、丰宁县、围场厅 3 处。

山东：13 州县卫、3 盐场造竣光绪十二年征信册；十六年五月奏准停办。

山西：造办光绪十二年征信册之“州县”包括宁远厅、代州州判，以及大同府、朔平府所属 13 州县，实际造册各处不止于此；十三年只找到归绥道（所属 8 直隶厅），大同府、朔平府所属 13 州县；连续造办十二年至十六年五届征信册，但十四年至十六年征信册情况不详。以上各道府所属州县厅数，参见牛平汉主编《清代政区沿革综表》，第 44—45、49 页。

新疆：州县数包括县丞、巡检。

湖南：分司库、道库造册，州县数可能有重复。

云南：分司款、粮款造册，府州县数重复计入；册数均系底本数，非藩司刷印册数；光绪十六年数量下降，并非民欠减少，系有民欠州县未送到底册；十九年征信册虽已造办，但情况不详。

贵州：安顺、兴义二府计入州县数中；应造光绪十四年征信册于十七年正月获准推展一年，十八年底造竣十四年、十五年征信册；十九年十一月奏请停办，其后未见再办。

表 7-4　云南省造办 1887—1895 年钱粮征信册统计

年份	造册地区	资料来源
1887	司款 30 属：昆明、富民、安宁、陆凉、沾益、平彝、临安、阿迷、宁州、建水、通海、邓川、浪穹、广通、丽江府、丽江县、鹤庆、云州、鲁甸、镇雄、新兴、路南、他郎、宁洱、景东、禄劝、元谋、元江、师宗、弥勒； 粮款 15 属：昆明、陆凉、沾益、平彝、广南、路南、邓川、鹤庆、鲁甸、师宗、元江、元谋、禄劝、通海、景东	谭钧培奏，光绪十四年十一月二十四日，朱批 04-01-35-0096-032

续表

年份	造册地区	资料来源
1888	司款 19 属：昆明、富民、沾益、阿迷、路南、镇雄、鲁甸、邓川、浪穹、丽江、永平、镇南、定远、广通、景东、镇沅、元江、元谋、禄劝； 粮款 18 属：昆明、富民、沾益、阿迷、路南、广南、镇雄、鲁甸、邓川、镇南、定远、广通、姚州、景东、镇沅、元江、元谋、禄劝	谭钧培奏，光绪十五年十二月二十八日，朱批 04－01－35－1386－051
1889	司款 25 属：昆明、富民、呈贡、沾益、安宁、禄劝、定远、元谋、陆凉、宁州、路南、浪穹、姚州、邓川、广通、阿迷、丽江、鹤庆、云龙、镇雄、镇沅、景东、云州、丘北、太和； 粮款 20 属：广南、昆明、富民、安宁、禄劝、定远、元谋、陆凉、宁州、路南、姚州、广通、阿迷、丽江、鹤庆、云龙、镇雄、镇沅、景东、大姚	谭钧培奏，光绪十六年十一月二十三日，朱批 04－01－35－0100－017
1890	司款 8 属：昆明、南宁、路南、太和、邓川、浪穹、姚州、景东； 粮款 5 属：昆明、路南、姚州、景东、元谋	谭钧培奏，光绪十七年十一月二十八日，朱批 04－01－35－1386－053
1891	司款 8 属：元江、陆凉、路南、安宁、镇雄、邓川、阿迷、呈贡； 粮款 12 属：景东、元江、邓川、安宁、云龙、陆凉、镇雄、路南、昆明、太和、禄劝、元谋	谭钧培奏，光绪十八年十一月二十六日，朱批 04－01－35－0835－052
1892	司款 14 属：临安、景东、安宁、沾益、陆凉、阿迷、路南、镇雄、昆明、太和、浪穹、广通、元谋、禄劝； 粮款 8 属：临安、景东、安宁、沾益、路南、镇雄、太和、元谋	谭钧培奏，光绪十九年十一月二十二日，朱批 04－01－35－0105－018
1894	司款 13 属：临安、景东、阿迷、镇雄、安宁、陆凉、昆明、太和、浪穹、广通、定远、元谋、禄劝； 粮款 10 属：临安、景东、阿迷、安宁、昆明、太和、广通、定远、元谋、禄劝	崧蕃奏，光绪二十一年十一月二十五日，录副 03－6677－053
1895	司款 20 属：临安、景东、阿迷、镇雄、安宁、昆明、呈贡、平彝、太和、浪穹、丽江、镇南、邓川、永平、鹤庆、广通、定远、大姚、禄劝、元谋； 粮款 18 属：临安、景东、昆明、安宁、平彝、建水、阿迷、永平、他郎、丽江、太和、定远、广通、镇南、镇雄、大姚、元谋、禄劝	黄槐森奏，光绪二十二年十一月二十九日，朱批 04－01－35－1220－016

表 7-5　贵州省造办 1886—1889 年钱粮征信册统计

年份	造册地区	民欠数额	资料来源
1886	繁缺 7 属：安顺、兴义二府，平越、威宁二州，贵筑、普定，大塘州判； 中缺 3 属：平远州、贵定、清镇； 简缺 3 属：修文、余庆、瓮安	银 4721 两 粮 18692 石	潘霨奏，光绪十四年十一月初七日，录副 03-6228-036
1887	繁缺 10 属：安顺、兴义二府，平越、定番、威宁三州，水城通判，贵筑、普定、兴义、毕节； 中缺 3 属：平远州、贵定、清镇； 简缺 5 属：修文、龙里、余庆、瓮安、铜仁	银 4048 两 粮 18412 石	潘霨奏，光绪十五年九月二十四日，录副 03-6233-047
1888	繁缺 10 属：安顺、兴义二府，平越、定番、威宁三州，罗斛同知、水城通判，贵筑、普定、兴义； 中缺 3 属：平远州，贵定、清镇； 简缺 5 属：修文、龙里、余庆、瓮安、铜仁	银 4684 两 粮 14899 石	崧蕃奏，光绪十八年十二月十六日，录副 03-6245-051
1889	繁缺 11 属：安顺、兴义二府，平越、定番、威宁、独山四州，罗斛同知、水城通判，贵筑、普定、兴义； 中缺 3 属：平远州，贵定、清镇； 简缺 5 属：修文、龙里、余庆、瓮安、铜仁	银 6573 两 粮 15023 石	崧蕃奏，光绪十八年十二月十九日，录副 03-6246-021

（五）当税征信册之造办

由于当税征收相对简便，较之民欠、蠲缓征信册，各省区当税征信册实施顺利。

光绪十四年正月，陕西汇奏上年各属共存新旧当铺 109 家，当税如数解清，征信底册于三月内造齐送藩司。藩司派委经历、理问等督同匠役逐篇核对，分别各府、直隶州总订一册，详记页数，每篇盖用骑缝钤印，册末开列核造委员衔名，六月内刷造完竣并散放。①

① 《陕西巡抚叶伯英奏为陕省造办光绪十三年当税征信册事》（光绪十四年正月初八日），朱批 04-01-30-0471-016。

各地当税征信册多按照户部所定章程、期限办理。目前仅确知安徽省奏请将当税征信册底本造送期限展缓至奏销。安徽各属当税每铺征正银5两、耗银0.5两。咸丰元年（1851）奏销册报原设典铺796户，应征税银3980两，“遭兵燹后，陆续闭歇无存”。之后新开各典为“公同集资，暂且试开”，因连年灾祲，资本不敷，“旋开旋歇，去留莫定，稽察难周”。光绪十二年查明后，“按年造报”，续有新开当铺，“随时禀报”。十四年五月，皖抚陈彝据布政使阿克达春详称，当税奏销限五月底造报，各属当税应于奏销前缴完，但各州县“距省程途远近不一，册造设有错漏，往返恐致稽迟，部限已逾”，请将各属应造当税征信册底本展限至次年五月底送至藩司，摆印监刷，七月底发交各府州分散阅看，并送户部查考。①

光绪十四年六月，湖广总督裕禄汇奏湖北省汉阳府、黄陂、麻城、江陵、石首、松滋、枝江、宜都、襄阳、宜城、均州、荆门、当阳等13府州县造齐光绪十三年当税征信底册到司，由司札委经历等督率工匠照章摆印，核对明确，按县分列，合一府、一州总订一册，盖用司印，饬发该府州分给当商、绅民查阅。② 此后，该省分别于光绪十五年七月奏报汉阳等14府州县，十六年七月奏报汉阳等16府州县，上年度当税征信册印制完竣并散放。③

光绪十三年八月，河南郑州黄河决口300余丈，郑州以下黄河断流，黄水南入贾鲁河，夺淮入海，水淹豫、皖、苏三省，灾情严重，牵动朝野视听。④ 堵口工程史称“郑工”，系清朝当时最大的工程，十四年十二月大坝合龙，前后共耗银1100万两。十四年三月，李鸿章奏准各省当商预交20年税

---

① 《安徽巡抚陈彝奏为安徽省应造当税征信册现因赶办不及拟请展缓办理事》（光绪十四年五月十五日），录副03-5548-026。

② 《湖广总督裕禄奏报湖北照章造报十三年当税征信册籍事》（光绪十四年六月二十日），朱批04-01-35-0565-047。

③ 《湖广总督裕禄奏报鄂省照章遵办十四年当税征信册籍事》（光绪十五年七月十二日），朱批04-01-35-0566-028；《湖广总督张之洞奏报照章造报鄂省十五年当税征信册籍事》（光绪十六年七月二十二日），朱批04-01-35-0567-023。

④ 李文海、林敦奎、周源、宫明：《近代中国灾荒纪年》，湖南教育出版社1990年版，第498—501页。

银，以济河工要需。[①] 各地当税提前缴清 20 年应征数额，大幅降低每年造办征信册的必要性。考虑到当税征信册工本数额不多，清廷令各省“另行筹款动用，不得仍于当税项下开支，以重要款”[②]。

光绪十四年十一月，《京报》刊登江苏巡抚崧骏奏片，据苏州布政使黄彭年详称，苏、松等五府州属当税无征多报少、捏完作欠情弊。光绪十三年以前当税均已缴清造报，十四年至三十三年应预完 20 年当税，全部缴清，解豫省以济“郑工”之需，“当税并无积欠，只有预完，毋庸造办征信册”。如有已预完税银续后歇闭之典，由接开典商归还前交当税；倘有另开新典，照例征税，归入奏销案内完解造报。其无额田房洲场税银，各州县“系现银征解，按年截数，并将截存尾根造册送司核对，造报奏销”，无征多报少，亦无民欠，无须开造征信册。牙、牛猪羊等税间有民欠，已于汇造民欠地漕等项征信册内造册送户部查核。清廷允准其停造。[③]

光绪十五年八月，陕西汇奏十四年新旧当铺共 117 家，内有旧当 109 家，每家应预交 20 年税银 100 两，共计 10900 两，已于十三年交齐；十四年续开新当 8 家应预交银 800 两亦催交藩司银库，解河南“郑工”银 11100 两，余银 600 两存藩库。应造光绪十四年征信册于五月底刷造完竣，六月内散放查阅。[④] 此后，各地当税征信册随钱粮征信册陆续停办。

六、停续之议

各省区开始造办征信册的时间早晚不一，其停办时间亦先后不同。甚至在征信册停办数年之后，有的省却主动提请再次实行。

---

① 《京报（邸报）》第 19 册，第 2 页。

② 《晋政辑要》卷九《户制 · 田赋附》，《续修四库全书》第 883 册，上海古籍出版社 2003 年版，第 429 页。

③ 《京报（邸报）》第 27 册，第 383—386 页。

④ 《陕西巡抚张煦奏报刷造上年征收当税征信册完竣事》（光绪十五年八月二十五日），朱批 04-01-35-0566-046。

（一）停办之请

在各省区造办钱粮征信册的过程中，未发现浙江省之汇奏。户部于光绪十一年底颁行征信册章程、册式后，浙江桐乡县士绅严辰对此表达积极态度。严辰为地方名绅，对桑梓钱粮、灾赈、慈善、教育等事务颇热心，厕身其间，或主持或襄赞，对地方利弊了然于胸。严辰一生最重要的事业莫过于主持编纂《桐乡县志》。该县志的“食货志”中独辟“部颁新章”一目，汇集征信册的制度条文与相关奏疏。所谓新章，“大司农欲绝中饱之弊，创设征信册一法，奏奉谕旨，颁行天下……其指摘各州县征解之弊，直如铸鼎象物，物无遁形。可见农曹大有人在。果行其法，漕弊可以一清，大有裨于国计”。严辰的记述尤值得注意，“乃闻浙省业经陈覆，竟有所格，涣汗其大号，徒法不能以自行也……新章为君相欲革之弊，尚复积重难返”，“新章亦属陈言”。[①] 可见，在议复讨论阶段，浙江已奏陈征信册难以实行。宣统二年（1910），度支部称浙江“前此亦经办过，并未见有成绩”[②]。《桐乡县志》于光绪十三年付梓，此时正值其他省区征信册渐次步入造办之正轨，“新章”对浙江省却成“陈言”，加以尚未发现此后浙江汇奏造办征信册之情况，推断其推行征信册制度并不长久。

目前确知云南最早奏请停办征信册，但未被允准。云南造办的首届征信册为光绪十三年钱粮征信册，造办十四年征信册时，以“办理转多窒碍”为由，咨户部可否免造，户部议复“仍应照办”。[③] 自光绪十六年始，各省渐次奏请停办。

十六年五月，山东造办光绪十二年至十五年四届征信册后，奏陈钱粮征收无弊端，征信册“印发之初，乡民无不争先快睹，以为立法防弊，必实有是弊而法制因之……迨见册开之数与实欠之数吻合无差，群疑顿释。今办理

---

① 《（光绪）桐乡县志》卷六《食货志上》，第 2 页。

② 《度支部会奏遵议浙抚奏拟办各厅州县钱粮征信册折》，《政治官报》第 1066 号，宣统二年九月十四日，折奏类，第 6 页。

③ 《兼署云贵总督谭钧培奏为云南造办上年征信册事》（光绪十五年十二月二十八日），录副 03-6234-016。

日久，相信愈深，每遇册发到乡，竟至无人过问，亦无一人以完欠不符举发揭告者，此为无弊概可知矣”。加以严核交代、及时提取存库钱粮等措施，州县无法以完作欠、征存不解，征信册似无实行之必要。张曜根据布政使福润的建议，奏准将应造光绪十六年征信册停办后，采用替代办法，“通饬各属将每年例完民欠比销粮册增造一分，列示通衢，便民稽考，仍随时查察催提，以杜弊窦”。①

继山东之后，直隶也陈请停办。光绪十六年八月，李鸿章根据布政使裕长汇报，奏称征信册实施前后，钱粮征收数额变化不大，不存在捏完作欠，征信册亦无存在必要：

> 历稽奏销底册，每年征完起运并节年征起地粮银两总数俱各不相上下。是未办征信册之先，所征并不加少，既办征信册之后，所征亦不加多。可知直隶钱粮缺额尚属实欠在民，各州县并无捏完作欠。不然顺直各属不乏识字农民，每年所造民欠及蠲缓征信各册既已照章分发，俾民共见，各州县果有朦混情弊，小民良莠不齐，何无一纸呈词赴官控告？此征信册之举办或有益于他省，实不见益于直隶，亦事之信而有征也。

奏请若有以完作欠诸弊，再照章办理。清廷“着照所请，户部知道”。②

光绪十六年十月，湖广总督张之洞、湖北巡抚谭继洵奏称，自咸丰年间胡林翼在湖北清厘钱粮征收积弊，“乡民完纳称便，三十余年未之有改”，而且在短征钱粮的省份中，湖北数额亦不多，“短征各省以安徽、江宁为最，苏州、江西次之，河南又次之，湖北仅浑入亏缺一二分各省之内。是未办征信册以前，湖北所短即属无几”，认为征信册“安徽等省或不能不办，而在湖北似不必再办”。二人还详述湖北不存在户部所指“五弊”：

一是无报荒不实。其他省区荒地较多或恐不实，但湖北“地瘠民贫生齿

---

① 《山东巡抚张曜奏为征解钱粮实报完欠并无挪掩诸弊请将民欠征信册暂行停造以节经费事》（光绪十六年五月二十六日），录副 03-5710-036。

② 《直隶总督李鸿章奏为本年灾重款绌请行停缓征信各册事》（光绪十六年八月初十日），朱批 04-01-01-0973-033。

繁，庶几有可耕之处，无不垦熟升科。除从前已报水冲沙压委系终成废田外，实无新垦之地”。

二是无报灾不确。江夏、武昌等 27 州县 8 卫濒临江汉，每年夏秋盛涨，低洼必皆成灾。查报灾情，严格遵守规章，“一经禀报，该管道府即亲诣查勘，及禀报到省，又复委员确查，总视受灾重轻以定蠲缓多寡，以额征计之，从不过一分上下”。接奉蠲缓恩旨，即刊刻誊黄，委员前往分贴。间有钱粮先期全输在官者，皆流抵次年正赋，“小民习于己事，实亦无从欺罔、巧恣侵渔”。

三是无捏完作欠。州县征收钱粮，处分极重，防制极密。湖北征收钱粮“用连三板串，刊刻大写数目木戳，将已完银米各数印入串内”，上司又递相稽核，未完必调查串票，已完必核对红簿、串根。历届奏销虽有民欠，而奏后仍有续完，蒂欠甚少。

四是无征存不解。湖北各属钱粮向系随征随解，如遇新旧官员交接，“间有移交后任代解之款，亦即据票催提，不准存留属库”。

五是无交代宕延。湖北各州县卫交代，光绪十年以前旧案，于十一年七月全部清结。十一年正月以后交代，遵户部规定，将补署州县到任日期专案报部。应造交代案册结按限咨户部，如有亏短，立即参追。

湖北不存在“五弊”亦可通过征信册证明，“验诸目前，征信册已办三年，小民耳目周知，曾未见以前项诸弊控者。是不独官可共信，即质之斯民，亦无不可共信”，奏请自应造光绪十五年征信册起停办。[①] 虽未见清廷明确批示，但此后未发现湖北汇奏征信册之信息。联系山东、直隶停办情形，推断湖北之奏请被批准。

广西造办光绪十三年至十六年四届征信册。十八年三月，张联桂称：广西非钱粮繁重之地，钱粮短缺系兵燹后民力未复所致，并非征多报少、以完作欠，加以核办各年奏销册，“所有银米完欠数目悉与征信册完欠相符，并无

① 《湖广总督张之洞奏陈湖北征收钱漕尚无积弊请免造征信册事》（光绪十六年十月二十一日），朱批 04-01-35-0100-007。

丝毫参差”。因此，历年送户部之奏销册“即属信而有征，似不必再造征信册”，请自光绪十八年起停办，清廷“着照所请，户部知道”。①

光绪十八年八月，胡聘之与署布政使张汝梅筹商后，奏称山西民风淳朴，输将踊跃，连续印造五届征信册，“凡有民欠、灾缓处所，绝无因册造不符控告到官之案”，证明无征多报少、捏完作欠之弊。各州县当税实征实解，按年奏销，因“郑工”需款，已将20年应纳税款预完清解。奏准自光绪十八年始，停缓造办各项征信册。②

陕西巡抚鹿传霖根据布政使张岳年之汇报，声称各属开征钱粮前，由藩司颁发流水红簿，州县刊发串票，“于各花户投柜完纳时，按名填给，逐口登簿”，串票“一给花户，一存署内，一随所发红簿送司察核”。州县各里各甲有甲总、里长催征钱粮，其人“由花户公举，登记完欠数目”。接奉蠲缓钱粮谕旨，立即刊刻誊黄张贴，“乡民共见共闻，相沿日久”。征信册于地方无益，“未有征信册以前，并无官吏侵欺钱粮之案。既办征信册以后，亦绝无控告册造不符之人。其为并无征多报少、以完作欠等弊，事属显然”。当税已预征20年税款拨解“郑工”，“更属无从弊混”。鹿传霖阅邸报，见山西护理巡抚胡聘之奏准停缓征信册，认为陕西与山西“壤地相接，风气大致相同”，请自光绪十八年始，援照山西停缓造办。十八年十一月二十八日奉朱批，“着照所请，该部知道”。③

光绪十九年四月，陕甘总督杨昌濬据甘肃布政使沈晋祥之汇报，奏称各属钱粮由堡长承催，或由里催收纳，“其人系由花户公举，有无欠户乡民悉知”，官吏无法蒙蔽、侵欺。即有零星欠户，州县照实征比销红册，将欠户姓名开列滚单，分别派差催提，“较颁发征信册给令阅看，利害更为切己”。其因灾蠲缓各户，“责令分年带征，亦能周知”。征信册行之数年，“无捏完作

---

① 《广西巡抚张联桂奏请自光绪十八年起邀免造送征信册事》（光绪十八年三月二十七日），朱批04-01-35-1011-046。

② 《护理山西巡抚胡聘之奏请停缓造办钱粮等项征信册籍事》（光绪十八年八月十二日），朱批04-01-35-0835-033。

③ 《陕西巡抚鹿传霖奏请自光绪十八年始陕西省停缓造办钱粮当税征信册事》（光绪十八年十一月十五日），录副03-5716-052。

欠、征多报少、册造不符控告之案”，足资证明钱粮征缴无弊。当税已预交20年税款，无欠户可造。山西、陕西征信册之停办，亦启甘肃停办之意。杨昌濬认为，“秦晋两省征信各册既蒙恩允停缓，甘省僻在边隅，与陕省接壤，距晋省匪遥，其风气固相似而瘠苦尤过之”，请自光绪十八年始，将征信各册援案停缓造办。十九年五月二十九日奉朱批，“着照所请，户部知道”。①

贵州造办光绪十二年至十五年征信册后，于十九年十一月前后奏请停办。崧蕃根据署布政使唐树森、署粮储道袁开第会详，奏陈贵州与他省不同，“每岁征收地丁、秋粮等项合计仅十余万两，不及南省一大州县之多。分计各属额征，或数百两，或千余两不等，即有至数千两者亦屈指可计，更有额仅数十两及数两之区”。钱粮数额小，征解容易，且征收处分严厉，官吏“不致贪此小利，故蹈愆尤”。钱粮征信册“已行之数年，亦无征多报少、册造不符上控之案”，表明钱粮征收无弊。他认为征信册“因江南北赋税繁多各省而起，似此边瘠之地，钱粮历系按年清款，又无带征、缓征各名目，民欠官挪极易稽核”，实无必要举办。崧蕃等通过邸报知悉陕西、甘肃业经奏准停办征信册，认为“黔省边瘠，事同一律”，请自未经造办之光绪十六年征信册起，援案停办。十九年十一月十三日奉朱批，“户部议奏”。② 十二月十六日，户部议复：贵州素称瘠苦，“自军兴后，民散田荒，元气未复，且每年额征丁粮为数无多，实与各省情形不同。该抚（按：贵州巡抚崧蕃）所陈各节尚属可信”，但陕西、甘肃等省征信册先后奏请停办，“均系钦奉特旨允准”，贵州请停办征信册，“可否准其援案停办之处，恭候钦定”。③ 此后未见贵州汇奏光绪十六年征信册信息，推断其所请已经被批准。

安徽钱粮缺额居各省之首，巡抚福润根据署布政使于荫霖、按察使赵尔巽、署安庐滁和道潘汝杰会详，奏称此系“兵燹后民力拮据，鲜能依限清完，

---

① 《陕甘总督杨昌濬奏请停缓造报甘肃钱粮当税征信册事》（光绪十九年四月二十八日），朱批04-01-35-0104-011。按：朱批日期见录副03-6246-063。

② 《贵州巡抚崧蕃奏请停办征信册籍事》（光绪十九年十一月十三日，朱批日期），录副03-6248-007。

③ 《管理户部事务福锟等奏为遵旨依议贵州巡抚崧蕃奏请停办征信册籍事》（光绪十九年十二月十六日），录副03-6248-047。

是以历有短欠”，但钱粮征缴无弊。飞洒诡脱、欺隐匿饰诸弊，“非认真丈荒查灾不能归实，亦非造办征信册所能剔除”。造办征信册9年间，“稽核民欠，未见其减，弊在民而不在官，即此已堪概见”。当税已预交20年税款，且历届奏销亦无拖欠，“征信册更为虚设”。光绪二十二年三月，福润奏准援照贵州奏停之案，自应办二十一年征信册始，停止造办。[1] 江苏巡抚赵舒翘根据江宁、苏州两藩司及江安、苏松两粮道会详，声称江苏钱粮虽间有民欠，但无捏完作欠、征多报少之弊。征信册“自造办迄今已阅九载，有名无实”，奏准援照安徽等省成案，自光绪二十二年应办二十一年征信册始，停止造办。[2]

云南巡抚黄槐森与布政使裕祥筹商后奏称：“瘠土之民素称朴厚，钱粮无多，输将尚均踊跃，鲜敢延误正供。州县则户减丁稀，堡长、粮头类皆花户公举，所有完欠俨若家喻户晓，胥吏无从朦蔽。”即使偶遇灾歉，“该印委等亲督堡长、粮头履勘，造册申报，或蠲或缓，明示乡场市镇，妇孺皆知，州县亦无敢藉事侵欺”。各道、府、厅、直隶州于上、下忙完后亲赴所属盘验报司，加结详咨，“已足杜捏饰腾挪之弊，似仍造征信册于正供无甚裨益”。由于“该司（按：布政使裕祥）谂知陕西、甘肃等省征信册籍”，而且云南情况与“该司所历甘肃等省情形无异”，黄槐森奏准自光绪二十三年起停缓造报征信册。[3] 云南曾于光绪十五年奏请停办被户部驳回，至此终获批准。

光绪十六年至二十三年，征信册在大部分省区渐次停办。如果说山东、直隶、湖北、广西停办征信册尚属各省单独行动，则自光绪十八年山西停办征信册始，引发他省奏请停办的连锁反应。各省之所以形成风势，接续援案奏停，除征信册本身的原因外，还有两个催化因素。一是邸报的信息传播，如陕西援山西之案，甘肃援山、陕之案，贵州援陕、甘之案，安徽援贵州之案，江苏援安徽等省成案，云南援甘肃之案。二是官员调遣，如光绪十六年

---

① 《安徽巡抚福润奏请停造征信册事》（光绪二十二年三月二十四日），朱批04-01-35-0110-018。

② 《江苏巡抚赵舒翘奏请江宁苏州二属本年停造上年民欠征信册事》（光绪二十二年八月初一日），朱批04-01-35-0110-053。

③ 《云南巡抚黄槐森奏请停止造办征信册事》（光绪二十三年二月二十八日），朱批04-01-35-0112-019。

五月山东巡抚张曜根据布政使福润之建议奏停征信册，二十二年三月时任安徽巡抚福润奏请停办；[①] 再如二十三年二月云南奏停时，巡抚黄槐森听取布政使裕祥的意见，而裕祥之前居官甘肃，熟悉陕西、甘肃征信册经办情形。

（二）续办之议

尽管奉天于光绪二十九年仍汇奏造办二十七年征信册之信息，但已无法扭转征信册制度失败的命运。就在各省奏请停办征信册期间，郑观应在《盛世危言·革弊》中主张用征信录的方式，杜漕粮浮收之弊：

> 今之《赋役全书》款项繁多，名目猥琐，分合杂糅，莫悉其每亩征税之数。必宜改定体例，但著某县田若干亩，一亩之税米若干，银若干，主于大目通晓。吏即欲舞弊，已自无权。每岁征收钱粮必书细数，揭之大堂，俾众咸知。漕事既完，刷印《征信录》分送上司、各图绅士惟遍，如有不符，许其上揭。如是而不弊绝风清者，未之有也！

光绪二十一年三月二十六日，江苏布政使邓华熙奏称：《盛世危言》“于中西利弊透辟无遗，皆可施诸实事”，将其进呈光绪帝；四月二十日奉朱批：“知道了，书留览。”[②] 从内容看，郑观应袭鉴冯桂芬《校邠庐抗议》中的“杜亏空议”，将其用于整治亏空和积欠的征信录，转向杜漕粮浮收。郑观应虽关注社会问题，也积极吸收中外改革良法，但对征信册制度的实践似不甚了解。光绪帝亲历征信册制度之停废，想必对郑观应再提此法已无甚兴致了。

吊诡的是，未曾发现奏报钱粮征信册信息的浙江，在宣统元年重提实行钱粮征信册。这需从浙江谘议局说起。

宣统元年八月，浙江谘议局成立。九月初一日行开会礼，陈黻宸当选为正议长，陈时夏、沈钧儒当选为副议长；初二日，出席会议议员 108 人，照章选举常驻议员 24 人，张善裕名列其内。谘议局设审查科，下分资格、财政、

---

① 张曜于光绪十七年七月十八日卒后，福润于十九日护理山东巡抚，同年七月二十五日至二十年七月十六日任山东巡抚，其后调安徽巡抚。参见魏秀梅编《清季职官表（附人物录）》，第 394 页。

② 夏东元编：《郑观应集》上册，第 226、465 页。

法律、庶政兴革、建设五股，初六日，选举财政审查员 27 人，其中亦有张善裕；初七日选举法律审查员 9 人，张善裕以最高票当选。[①] 初十日，浙江谘议局开第一次正式会。此后，陆续开会，讨论修改各项议案。从议案提出到公布实施的过程大致是：议案在会前一个月提出，分巡抚提出、议员提出和人民陈请建议三种；议案经初读会成立后，须经审查科分股审查和大会辩论，方能付大会表决；谘议局通过议案后，呈请巡抚颁布实施；巡抚如同意，将议案公布施行，否则要求谘议局复议；若谘议局以法定多数仍执前议，巡抚须将议案呈请资政院（未成立前由宪政编查馆代）复议。[②]《实行刊布各厅州县钱粮征信册草案》的提出者即议员张善裕，字笃生，浙江湖州府乌程县人，系浙江省法政学堂最优等毕业生。[③]

《实行刊布各厅州县钱粮征信册草案》经三次会议讨论确定。第一次会议时间是十月初八日下午四时十分至四十分，也是该议案的一读会。张善裕在会上说明提出之理由，议员讨论后“深为赞成”，认为此案“为民间之征信，杜官吏之侵蚀，扫除从前积弊”，表决付庶政股审查。[④] 初十日下午，浙江谘议局第十九次正式会兼议十八次延会事件，先讨论延会案，其中第二个议案即《实行刊布各厅州县钱粮征信册草案》，[⑤] 但这次会议未对其详细讨论。

第二次会议时间是十月十七日下午二时十分至三十分。庶政审查会提出报告书，表达不同意见，认为此议案“为革除州县官征粮积弊起见，本拟维持”，但考虑到浙江地丁钱粮实况，征信册成本过高。每县钱粮自一二万至十数万不等，平均每县约 5 万两，每户以 5 钱计，约 10 万户。征信册每张写 10

---

① 《浙江谘议局第一届常年会议事录》，载汪林茂主编《浙江辛亥革命史料集》第四卷“浙江谘议局（下）”，浙江古籍出版社 2014 年版，第 70—74 页。

② 参见沈晓敏《处常与求变：清末民初的浙江咨议局和省议会》，生活·读书·新知三联书店 2005 年版，第 33 页。

③ 《浙江谘议局筹办处职员衔名单》，载汪林茂主编《浙江辛亥革命史料集》第四卷“浙江谘议局（上）”，第 332 页。

④ 《浙江谘议局第一届常年会议事录》，载汪林茂主编《浙江辛亥革命史料集》第四卷“浙江谘议局（下）”，第 212 页。

⑤ 《浙江谘议局纪事》，《时报》1909 年 11 月 27 日，载汪林茂主编《浙江辛亥革命史料集》第四卷“浙江谘议局（下）”，第 50 页。

户，每县需1万张，以100张为一本，每县须100本，78厅州县每份须7800本。照议案大县300份、中县200份、小县100份，折中计算，每县200份，全省共须一百五六十万本，每本纸印工料以1角计算，须洋十五六万元。若再计入员役薪水，地丁钱粮以外的南米、漕米等项，“至少照前项之款又加一倍”，“款项恐无所出，手续亦大形困难”，是否可行，尚待裁决。与会议员讨论认为，“本案关系重要，不能以用费过繁，搁而不行”，不从审查会原议，表决通过开二读会。

第三次会议时间是十月十九日下午三时五十分至四时二十分，即此议案的二读会。与会议员认为“大体俱可决原案”，个别内容稍作修改。如第五条，褚辅成提议“揭参”改为“详参”；第七条，沈钧儒提议“作正开销”改为“由藩司筹拨”。议员讨论表决，通过《实行刊布各厅州县钱粮征信册案》，因该案并非法律案，照章可不开三读会，即缮呈抚院。[①]

浙江谘议局第一届常年会，计开正式会28次，审议会9次，审查会37次；议案由巡抚提出者11件，议员提出者55件，议员建议者3件，人民建议者18件，成立案27件，归并案8件。其中，《实行刊布各厅州县钱粮征信册案》属于15件“已成立之公布案”之一。[②] 十月二十日，浙江巡抚增韫批准公布《实行刊布各厅州县钱粮征信册案》，[③] 定于宣统二年正月初一日实施。宣统元年十一月二十八日，增韫向清廷汇奏浙江谘议局会议始末及议案情况，“合官署与谘议局提出之议案共五十六件。经议决，呈报者二十七件”，其中由增韫批准公布施行者17件，含“兴利者”11件、“除弊者”6件，“皆按诸地方情形切中当时利弊，虽不敢谓施措之无遗，大抵权衡重轻，以为通变宜民之先导”。《实行刊布各厅州县钱粮征信册案》被归入“兴利者”。[④]

---

① 《浙江谘议局第一届常年会议事录》，载汪林茂主编《浙江辛亥革命史料集》第四卷“浙江谘议局（下）”，第212—213页。按：议员修改后的内容，详见本书第373页。

② 《浙江谘议局第一届议事成绩》，《申报》1909年12月12日，载汪林茂主编《浙江辛亥革命史料集》第四卷“浙江谘议局（下）”，第57—58页。

③ 《浙江谘议局议决案一览表》，《时报》1910年2月4日，载汪林茂主编《浙江辛亥革命史料集》第四卷“浙江谘议局（下）”，第62页。

④ 《浙江巡抚增韫奏为具报浙江谘议局开会始末情形及议案大略事》（宣统元年十一月二十八日），录副03-9296-031。

如果说光绪十一年推行钱粮征信册由国家主导，此次属地方行为。由浙江率先提出且在本省实施钱粮征信册的议案，回顾了雍正六年二月上谕、《户部则例》、刘恩溥奏请清厘民欠折，以及户部推行钱粮征信册的规定，并据其实践经验加以改造。浙江谘议局审议通过的《实行刊布各厅州县钱粮征信册案》首先指出实行征信册公开钱粮征缴数额的必要性：

浙省七十八厅州县每年解司钱粮各各比照上届成绩，以原额若干成折算，其详细数目民间无由知也。某州某县每年实征钱粮若干，藩司无由知也。民知每年各自完纳之数，而不知州县之是否悉数解司；藩司仅知州县报解之数，而不知是否与民间所纳之数相符。知之详者，惟该经征之州县官及所属之书吏。于是民已完矣，而州县犹开作民欠；上已蠲矣，而百姓犹日受追呼，中腕（脘）症结，病乃益丛。究其弊由，于征收及完纳之两方面各无同样详列细数之册据可以彼此互证而通晓故也。①

其次，制定拟办征信册的样式与内容，开列各项之顺序为：

（甲）补完上欠。某都某图某村庄（各县名称不同）某户荡山田地若干亩，完某年分上、下忙钱米各若干。（乙）本年已完。某都某图某村庄（各县名称不同）某户荡山田地若干亩，完上、下忙钱米各若干。（丙）本年未完。某都某图某村庄（各县名称不同）某户荡山田地若干亩，欠上、下忙钱米各若干。（丁）蠲免。某都某图某村庄（各县名称不同）蠲若干成，如一都统灾则仅载某都，某图统灾则仅列某都图名。（戊）缓征。某都某图某村庄（各县名称不同）缓若干成，如一都或一图统歉，照前项小注例。以上丁、戊两项如系全邑统灾统歉年分，不必分列都图等名称，概称全邑蠲缓若干成足矣，无灾歉年分仍于丙、丁项下刊明无蠲缓字样。②

① 《浙江谘议局第一届常年会议事录》，载汪林茂主编《浙江辛亥革命史料集》第四卷“浙江谘议局（下）”，第213页。

② 《浙江谘议局第一届常年会议事录》，载汪林茂主编《浙江辛亥革命史料集》第四卷“浙江谘议局（下）”，第213—214页。按：原文内的“下上忙”改为“上、下忙”。

较光绪十一年钱粮征信册，浙江新拟征信册将民欠、蠲缓等五种征信册合而为一，增加造册内容，减少造册种类。

最后，制定征信册印造之规章，主要包括五个方面：

第一，造送征信册底本的期限与格式。各厅州县于正月底造具上年底本，限二月十五日前申送藩司查核。如逾限，由藩司指名详参。底本册面须注明“某厅州县某年分钱粮征信册共几本”，各本注明页数，每两页相连处盖骑缝印信。

第二，藩司审核底本与印造征信册。底本如有错误、遗漏，藩司将该厅州县官详参，照“钱粮造册不分晰明白例”议处。底本审毕，藩司指派属员督理排印、校对、装订等事，册面仍照底本注明之内容刊印，各册每两页相连处盖用该员图章，册末印明核造人员职衔与姓名，如有差错，将该员详参。

第三，造册工本、数量与散放要求。刷印工本由藩司筹拨，不得派累州县，州县亦不得苛派民众。藩司于六月三十日前，将征信册印制完毕，除申送巡抚并移送臬司、粮道，札发各该厅州县存案备查外，大县至少备300份，中县至少备200份，小县至少备100份，由知府转送州县绅董，于公共地方存放，由各粮户传观。如地方自治会成立，即送交自治会。

第四，违规之惩处。业户如于征信册内发现名下有完欠数目不符，或于限内已完而未列入，可持串票赴藩司或府道衙门控告。

第五，造办征信册时，须将上述册式、规章刊于册首。[①]

新拟钱粮征信的规章较光绪十一年钱粮征信册之不同有三：一是州县缮造征信册底本之期限，二是地方应备征信册之数量，三是造册工本之来源。尽管整体而言，新拟征信册的样式较以前更简便，但相关规章难符地方钱粮征收实际。浙江下忙钱粮例定当年十二月底截止，但粮户必逾此限，州县难于次年正月底缮造底本。至于新拟造册数量，系参照冯桂芬“用活字板印征信录四柱册百本”之法。[②] 光绪十一年钱粮征信册根据缺分繁简各备三五十本

① 《浙江谘议局第一届常年会议事录》，载汪林茂主编《浙江辛亥革命史料集》第四卷“浙江谘议局（下）”，第214页。

② （清）冯桂芬著，陈正青点校：《校邠庐抗议》，第33页。

即明显增加地方财政负担，新拟造册数量多达数百，负担之重可想而知，且只规定成本由藩司筹拨，未指明是何款项。

需指出的是，从冯桂芬、刘恩溥，到光绪十一年户部推出钱粮征信册制度，均是利用征信册（录）解决亏空和积欠（民欠）问题，但宣统元年浙江谘议局所定钱粮征信册仅针对民欠，不涉及亏空。直到宣统二年十月，浙江谘议局第二届常年会才议及亏空问题。

议员阮性存提出《清理各厅州县亏挪钱粮议案》后，浙江谘议局两次开会讨论。第一次会议时间是宣统二年十月十一日一时十分至四十分，即该议案的一读会，阮性存陈述提案旨趣，指出浙江办理宣统三年预算案已入不敷出，但其中尚有各厅州县亏挪款数十万，预算之收入不准确，“亟须清查亏挪钱粮，以清积弊”。议员认为此案“所定办法于官亏之法照例追完，然胥吏亦有蒙混私亏者，岂能任其漏网？且亏短之数，必设补救之法”，对于民欠，“亦不能不妥筹办法”，决议交付法律、庶政两股审查。第二次会议时间是十月十六日三时五十分至四时，法律、庶政两股联合会提出报告书，对议案办法均加修正，认为可行。议员又表达异见，虽然审查会认为可行，但官吏亏挪钱粮，“照现行律即系违法，何必有此议案之干涉？即民欠为地方官切己之事，亦何待谘议局筹及”，决议不付二读会。① 此议案既未提及征信册，也未形成议决案，不了了之。

宣统元年十月二十日，增韫批准公布《实行刊布各厅州县钱粮征信册案》后，浙江谘议局及报界人士等翘首以盼，“以为宣统元年分各厅、州、县征收钱粮之实数及民间实在蒂欠之数不日可以按册而知矣”，但宣统二年并未付诸实施。原来，浙江藩司经过核算，认为征信册造价过高。这与征信册议案审读时议员所言成本较高问题相类。

宣统二年二月二十日《浙江白话新报》刊登藩司详复抚部院公文称，征

① 《浙江谘议局第二届常年会议事录》，载汪林茂主编《浙江辛亥革命史料集》第四卷“浙江谘议局（下）”，第501页。按：阮性存，字荀伯，浙江绍兴府余姚县人，留学日本法政大学附生。参见《浙江谘议局筹办处职员衔名单》，载汪林茂主编《浙江辛亥革命史料集》第四卷“浙江谘议局（上）”，第332页。

信册内一户所载信息篇幅甚长，浙江 78 厅州县内，粮户多者二三十万，少者数万，“以大、中治”各分三等平均计算，大治 27 邑，每邑 20 万户；中治 23 邑，每邑 14 万户；小治 28 邑，每邑 6 万户，每纸一页排列 8 户，共计 128.75 万页。大治印 300 份，中治印 200 份，小治印 100 份，据官纸局估计，拣字排版工资每页 5 角，需洋 64.375 万元；刷印工费、纸价需洋 44.36 万元，“为数太巨，即户数、纸数减少，按七折计算”，仍需洋 76.1 万元。浙江库款支绌，加以上年灾歉，“入款已短数十万”，打算将难题抛给户部，“可否奏请饬部指拨的款协济应用，或先造册，暂缓刊布，以节经费”。

再据三月初二日《浙江日报》登载，藩司认可征信册的作用，言上年勘办灾歉，令各属“核实开报，不得再如从前虚开分数，亦正欲力杜弊混”，但查核各府所报情形，“既因积重难返，旧习未能尽除，则欲征信而信于何征？适足予人民以指摘之权，现因议办征信册而发见如是之隐情，即不能不亟加整顿”。藩司为难之处是征信册“需费太巨”，难以印造，但主张：“各属查造底册，自不可缓，应饬各州县查明究竟民欠？缺征若干？或逃亡故绝，或积惯抗欠，或垦后复荒，何项归入请缓？何项归入垫完？”这个单方面的意图与征信册的本质精神相左。

三月十二日，浙江谘议局议员通过报纸等获悉后，对经郑重提议、反复讨论、审查表决的议案不能被认真对待痛心疾首，对藩司落实不力极为不满，将矛头指向藩司的不作为。谘议局认为藩司若不同意实施征信册，“当争之于抚部院委员审查议案之际”，既经公布施行，已成为不可变更之法，“何得藉端推宕，任意缓办”，而且作为本省应办之事，藩司有筹款之责，不可“率以请部协济为辞”。谘议局还揭露藩司咨请户部之用心，“藩司亦知此事非出部意，问之部臣，部臣必不能许，第欲借此以为巧自脱卸之地步，非有请款之真心，不居反对公布之名而行其反对公布之实，果使请之于部，部复一出，此议案不废而自废”。对于藩司咨请户部拨款、不刷印征信册刊布而令各属加紧造送底册的意图，浙江谘议局亦直击其要害，指出：

> 此议案注重之处，全在刊布，而一经刊布，则向来征收、挪借、隐射各弊，无论在官在差，自无从欺饰。小民有所据以为言，上官

不待查而咸悉，数百年之深根积弊，不难揭于一朝。若不实行刊布，则虽严饬查造，竟可断言其终无实。在藩司以请款协济责之部臣，造送册表责之州县，而已则立于不负责任之地。明知积困，畏其爬梳，因循支吾，而抚部院已经公布施行之议案，其效力已等于无有矣。①

至于刊印征信册之经费，谘议局认为绝非如藩司所言，即使按七折算亦需70余万之巨。谘议局详细说明节省征信册成本的排印办法，指出征信册不像其他书籍须用大字刊印，只求经济实用，“但使字迹清楚，则行数稍密，字形稍细，亦无不可”。以宣统元年第四、五期浙江省官报目录为例，每纸半页，用六号铅字排印，可列30行，若依此式，藩司之前所言每页列8户者，此则每页可列65户；若用瑞典纸两面排印，可列120户，“虽拣字费手，然除户名外，俱系数目字，尚非甚难”，凡属数字，另铸扁字备用，上下层数更可排紧。此法用纸省而排工少。官纸局以营利为目的，参照市场行情估价拣字、排版工资每页需费5角；若自购机器，自雇工人，还可再省费用。整体而言，印刷征信册的开办费至多三四万，但开办“只须为一次之支出，未必岁岁若是”。为此，谘议局将以上情况呈报增韫，请求维持原议。四月初一日，增韫批“已札饬藩司迅即查明核议详办”。② 揆诸现实，官纸局核算征信册成本确实虚高。浙江官纸局仿自广东，但与广东侧重制造不同，浙江注重专卖，“以营业之名义，为筹款之方法”。浙江官纸局自开办以来，“购置机器之侵蚀，设立局所之铺张，委派局员之冗滥，开支薪工之虚靡，利未见而弊丛生”。议员王家襄提出《裁撤官纸局议案》，谘议局会议于宣统元年十月表决通过。增韫札交复议说明书，提出以一年为期，视官纸局经营成效而定。议员与官厅委员就此反复辩论，委员以“移该局余利筹办新政为言”，而议员“绝对的主

① 《本局呈请抚部院札饬藩司迅即刊印征信册并抄折说明办法文》（宣统二年三月十二日），见沈晓敏编《浙江谘议局》，载胡绳武主编《清末立宪运动史料丛刊》第23册，第252—254页。按：原文个别标点有改动。

② 《刊印征信册经费办法说明》，见沈晓敏编《浙江谘议局》，载胡绳武主编《清末立宪运动史料丛刊》第23册，第254页。

张裁撤，佥认原案理由充足，并无交复议之可言”，表决照原议呈抚院。[①]

增韫批复谘议局之呈请20余日后，因议案规定藩司须于六月三十日前将摆印成本之征信册发交各属散放，谘议局“恐将来逾越法定期限”，特于宣统二年四月二十五日提前开协议会，议员“佥以刊布时期逼近”，二十七日再次呈请增韫，询问：“现在为时已久，前项钱粮征信册未悉藩司已否遵饬实行刊印。”增韫批“候札催藩司迅即详办”。[②]

虽然浙江谘议局一再呈请增韫催促藩司刊布征信册，但由于造价过高，未如期实施。增韫听从藩司的建议，将此情况向清廷奏报。他先是将藩司再次核定后的造册成本“需洋二十万七千余元之巨，合银十五万九千两”列入浙江宣统三年预算案内，但度支部核减预算费，“将此款裁去十五万两，仅余九千两”，经费相差悬殊。宣统二年六月二十七日，增韫又将上述情况奏陈，称钱粮征信册“系杜绝官吏之欺朦，清厘经征之积弊，自应批准公布施行”，但浙江库储困绌，无从筹办，恐宣统三年不能实行，且谘议局议案经督抚批准公布施行，不容延缓不办，奏请由宪政编查馆与度支部会同核议后请旨施行。清廷令“该衙门议奏”。[③] 八月二十七日，度支部与宪政编查馆会商后复奏：光绪十一年户部推出钱粮征信册，“原以杜官吏之侵渔、清花户之完欠。乃行之数年，迄无寸效”，直隶请停办征信册时用银2.1万余两，而此次浙江请款竟至十五六万两，所费尤巨。度支部最终否决浙江试办钱粮征信册的奏请：“如征信册之举果足以清厘欺隐，裕国便民，当此库款奇绌之时，亦宜力求撙节。况直隶等省所陈办理之无益，款项之耗费，已有确证……自未便沿习旧例，徒滋靡费。所请拟办钱粮征信册之处，应请毋庸置议，仍由该省另议征收改良办法咨明。”[④]

---

① 《浙江谘议局第一届常年会议事录》，载汪林茂主编《浙江辛亥革命史料集》第四卷“浙江谘议局（下）”，第214—216页。

② 《本局呈请抚部院札饬藩司依限刊布钱粮征信册文》（宣统二年四月二十七日），见沈晓敏编《浙江谘议局》，载胡绳武主编《清末立宪运动史料丛刊》第23册，第269页。

③ 《浙江巡抚增韫奏请公布施行钱粮征信册事》（宣统二年六月二十七日），朱批04-01-35-0134-032。

④ 《度支部会奏遵议浙抚奏拟办各厅州县钱粮征信册折》，《政治官报》第1066号，宣统二年九月十四日，折奏类，第5—6页。

增韫关于钱粮征信册的奏折、宪政编查馆与度支部的议复、清廷的批示等并非机密，而是作为日常政务及时在官报等媒介上刊登、传播。九月二十二日，谘议局议员已通过阅报获知各方信息，但因此时谘议局处于停议阶段，时机未到而没有交锋。先是九月初一日，浙江谘议局第二届常年会召开，初三日因浙江铁路风潮、浙路公司总理汤寿潜被清廷革职而停议一月。其间，增韫劝告两次，惩罚停议两次，直至十月初三日续开正式大会。是日下午一时，增韫偕同藩司、臬司、杭粮巡劝四道及各属审查员 14 人莅会，出席议员 86 人，合计百余人；一时三十五分就席后，首议钱粮征信册呈请案。[①]

尽管此议案的最初提出者议员张善裕已于宣统二年七月辞职，[②] 但实行钱粮征信册，维护谘议局权威已成为议员的共同主张。议员王世裕首先登台发言，指出："宪政编查馆复电侵夺谘议局权限，应加讨论，钱粮征信册议案于上届议决，早经公布施行；今宪政馆率请取消，则谘议局议决各案概无效力，何必有此谘议局消耗人民脂膏！"各议员"莫不拍掌"。议员褚辅成也提议钱粮征信册案，度支部与宪政编查馆的意见"无庸置议一语，已明见上谕"，应请议长表决，再变更议事日程。全体议员一致同意作为临时动议，即席分配呈请书，议决呈请资政院核办。增韫声明库款支绌，只得"请示部臣请拨内帑"。褚辅成登台说明提出此议案之原委：

> 上年谘议局成立糜费巨万，而其结果仅仅得十七件之公布案。今馆部以不便官厅之故，任情取消，则谘议局将来尚有何事可做呈文……非敢责难抚台，为人民计不得不尔，因谘议局为人民设，非为官厅设也。况议案公布，责在抚台，不得推诿馆部。即使经济为难，亦当磋商于未公布之前，不当取消于已公布之后，实为官厅违背规则，似宜呈请资政院核办。

---

① 《惩罚后之浙议局》，《民立报》宣统二年十月初五日，载马鸿谟编《民呼、民吁、民立报选辑》（1），河南人民出版社 1982 年版，第 451 页。

② 《浙江谘议局议员表》，载汪林茂主编《浙江辛亥革命史料集》第四卷"浙江谘议局（下）"，第 553 页。按：张善裕之议员缺由湖州长兴人蒋玉麟补。

言毕，议员全体起立赞成。[1]

宣统二年十月初四日，浙江谘议局具文呈请资政院核办钱粮征信册议案，指责浙江官厅“始则一意袒官，延缓不办，继则藉口度支部之核减预算，奏请交部核议”，认为宣统二年预算次年行政经费，“与本年之行政经费一无关系，则此案在宣统二年无不可行之理由”，即使度支部核减经费后次年不能实行，也应于谘议局第二届常年会提出修改，何况度支部核减经费，“意在裁节浮滥，非谓此案可废止不行”。增韫径将其奏请宪政编查馆和度支部核议，“是欲巧自脱卸施行之责，而嫁馆部以取消议案之名”。浙江谘议局之所以据理力争，主要担心开此端绪，流弊无穷，“凡既经公布之议决案，有不便于官厅者，皆可奏请交部核议作废，则议案全无效力，谘议局几同虚设，将来本省应兴应革，更有何事可望实行？”坚称浙江官厅“既公布施行而再奏请，逾期限而不实行，均与法律违背”。[2]

浙江谘议局议员和时论都认为，增韫批准公布施行的17件议案“麇一省之人才志士为之规画”，讨论地方利弊、民生疾苦，其价值之高，“实有非寻常行政诸事件所可得而颉顽（颃）衡论者”，但浙江官厅对于17件议决案“实力施行未逮其半，其尤甚者如钱粮征信册、杭嘉湖水利、蚕桑、师范教育等案”。鉴于官厅不作为，必待议员诘问而“始以一纸调查之文告，图卸其责”，“负全浙人民之重望”的议员必须履行职责，“以堂堂整整之旗鼓，大声致讨”。[3]

清末江浙立宪派走在全国立宪运动前列，他们声势浩大，积极性高。宣统二年初，浙江藩司缓办征信册的态度和言论就已引发谘议局不满。造办钱粮征信册的提议被宪政编查馆和度支部驳回，正值浙江谘议局第二届常年会筹备召开之际，加以浙江铁路风潮爆发与谘议局停议，诸多不满层累叠加，

---

① 《浙谘议局第三次续开正式会》，载汪林茂主编《浙江辛亥革命史料集》第四卷“浙江谘议局（下）”，第358—359页。

② 《本局呈请资政院核办抚院违法取消钱粮征信册议案文》（宣统二年十月初四日），见沈晓敏编《浙江谘议局》，载胡绳武主编《清末立宪运动史料丛刊》第23册，第648—649页。

③ 秤：《谁负议案公布施行之责者》，《四明日报》1910年11月15日，载汪林茂主编《浙江辛亥革命史料集》第四卷“浙江谘议局（下）”，第371—372页。

激化了谘议局与浙江官厅之间的矛盾。在清末立宪运动风起云涌、清朝命运风雨飘摇的形势下，钱粮征信册议案能否实施，成为浙江谘议局与官厅斗争及舆论关注的焦点之一。

就在浙江谘议局与官厅围绕实施钱粮征信册激辩之时，广东省官厅主动提出改良征收钱粮办法的草案，其中提及钱粮征信册。与他省田赋征收用板串先将户丁、姓名、数额预行编列之情形不同，广东省向由州县派司友带同书差分赴各站征收，随时填给活串，所以每年征收只凭征簿，而各户完欠数目零星错杂，州县责之粮书，粮书又诿诸粮差、粮长，辗转纠葛，流弊甚多。宣统二年，布政使令广州府各州县就本地情形妥议具复。大部分州县回复认为，广东省久无鱼鳞册籍，若改用板串，必须清查户口，“事既繁重，且恐非一时所能奏功”；南海县禀拟照此前奉户部行钱粮征信册之办法，“将花户完欠之数，按站榜示”，欠户少而完户多，只开欠户之数，事简易行。以广东情形而论，参酌外省板串之法有无窒碍，抑或先照征信册办法暂防弊端，待城乡自治会成立后再分区调查。广东官厅将此作为咨询事件交谘议局讨议申复。

宣统二年十月二十四日，广东谘议局将“经迭次开会研究并征集意见，汇交审查会审查，复交审议会潜心修正”的意见书呈复，提出三点意见。一是针对参酌外省板串之法，认为板串、活串无本质差别，只在立法之善否。虽然板串可以使完欠数目按册而稽，但如果征收机关不改革，仅靠书差，“极其收效，只可清出匿欠，以裕国课，仍难豁除浮滥，以利民生”。二是针对照征信册办法暂防弊端，认为征信册固可查出欠户，“然各属正图正甲欠纳钱粮者绝少，其零户多由粮差包匿。窃恐欠户虽行，包匿如故，弊将焉防？”而且完粮手续额外加征规费，仍未能化私为公。三是针对城乡自治会成立后再分区调查，认为其成立应在宣统五年，此前可利用各区办公局所，酌给工费，由绅董负责调查报县，汇造征册，然后改用板串。在此基础上，广东谘议局提出13条具体实施办法，其中有关征信册的内容是：

> 开征日期由各区绅董向地方官商议规定期限，倘有逾限一月尚未完纳者，该区绅董应将各欠户汇报，由官派催。每年各区花户欠完之数仍照部定征信册式按区榜示，以防流弊。

其实，在广东谘议局看来，征收浮滥比钱粮完欠不清更重要，“上官有恤民之政，而小民反受苛征之害，朝廷避加赋之名，而州县竟收加赋之实。此行政之颠倒错乱而最宜革除者”。因此，同为揭阳县籍的议员陈乃勋（别号松涛）、林堉（别号君厚）提出《请严禁征收浮滥草案》，“与申复之件事同一辙，自应并案付诸议会”，表决通过。

广东官厅接到谘议局呈文及草案后，札复布政使、谘议局：“现在新官制尚未颁行，地方自治机关尚未一律完备，未便轻易更张，转滋骚扰。意见书内所陈由绅董代收完各办法，应请毋庸置议”，至于请严禁征收浮滥，“属切要之论，应请行司饬属分别查禁，以资整顿而恤民艰”。[①] 可见，广东官厅基本否决包括征信册在内的谘议局之呈复意见，而只认可其严禁征收浮滥的议案。

与浙江谘议局提议实行钱粮征信册相比，广东省钱粮征信册的续办之议特点有四：一是提出者是广东官厅，谘议局只参与讨论申复；二是沿用此前户部所行之征信册规章和册式，无变更；三是与钱粮完欠相比，更强调严禁征收浮滥，征信册并非讨论之核心内容，甚至没有议及造册成本等实际问题；四是官厅对征信册及相关呈复意见的否定未引起广东谘议局的激切争辩。

光绪朝钱粮征信册的议复讨论与变通实施期间，浙江、广东均未积极且持续参与，广东仅造办 10 县，二省大部分州县没有造办征信册的深刻体验或教训，故此在宣统年间立宪运动和地方自治开展时，出于对信息公开原则的重视而再提实行钱粮征信册。

刘增合以宣统年间浙江、广东南海县的事例，认为内地十八行省不排除有部分仍依靠钱粮征信册制度巩固钱粮奏销和征收之旧制。[②] 其实，宣统年间无论是浙江还是广东，均未实施钱粮征信册。从朝野相关反映并结合光绪朝征信册制度的实践，在革命大潮汹涌、财政困顿有增无减、清朝即将覆亡的

① 《广东谘议局第二次常年会议报告书》，见廖伟章、牛贯杰编《广东谘议局》，载胡绳武主编《清末立宪运动史料丛刊》第 26 册，山西人民出版社 2020 年版，第 376—381 页。按：原文个别标点有修正。

② 刘增合：《“财”与“政”：清季财政改制研究》，第 32—33 页。

历史时刻，其他省区也未延续或再实行这一制度。宣统年间有关钱粮征信册的续办仅停留在思想观念或提案建议层面，而且终被否定。至此，清季钱粮征信册续办之议偃息。

七、失败原因

明清以来在官民合赈、善会善堂、近代义赈，以及民国时期诸多民间慈善团体中行之有效的征信录模式，在晚清引入赋税征缴领域频遭顿挫并最终失败。

（一）造册成本及其虚耗

光绪十二年十一月二十四日，直隶总督李鸿章复函陕西巡抚叶伯英，认为征信册“刊刻工价止三百金，可谓极省，将来排印纸墨，广散多布，想所费不能甚少”[①]。事后证明，各省征信册造价均远超此数。同年底，河南、江西巡抚认为钱粮征信册难以推行，理由之一即印制成本过高，但被户部议驳。此后各省根据既定规章，奏报估定之造价。于此可知各地造册开支详情。

光绪十三年十一月，山西巡抚刚毅根据布政使张煦的意见，奏称征信册所需活字板、匠役工食、纸张笔墨等项，“撙节动用，实需银二千九百两”；造办大同、朔平二府米豆册籍约需银600两，统计每届共需银3500两，“嗣后即以此数为准，每年在于厘捐正项内开支。如有剩余，以备次年不敷之需”。当税征信册的造办经费于当税项下支销，另行开报。[②] 查山西省光绪十三年前后经制支出款项，与钱粮奏报有关的主要有五项：户部书吏四季饭银800两，户部地丁奏销饭银1700两，户部投册饭银5两，大同、朔平二府粮石奏销饭银180两，户科奏销饭银440两，共计3125两。此外，新增“造办征信册工食杂用”一项，定额3500两。光绪十三年征信册实际支出2633两，十四年支

① 顾廷龙、戴逸主编：《李鸿章全集》第34册，第137页。

② 《山西巡抚刚毅奏为拟定造办民欠征信册需用银数等事》（光绪十三年十一月二十二日），录副03-6618-077。

出 2511 两，并备注“现已停办”。[①]

光绪十二年，陕西省造办征信册所用活字板及各项经费，需“酌量变通，节支提用，报部核销”[②]。随后，陕西省估定之造册成本被户部立为标准。据盛京将军庆裕于光绪十四年七月之转述，户部曾咨行各省：

以陕西刷造征信册，购用活字板、木片、木格、木柜，刊刻部章、摆印、装订、工价、房租、委员津贴、经书口食各项，以该省所造之册计之，每册一页连一切用项在内，动用实银五厘，初次办理尚为核实。虽各省征收各项银粮及花户多寡不一，而动用工价，初次办理要不得逾每页五厘之数。以后字片既备，摆工熟习，定为减作三厘核销。如有浮支，概行议驳，以杜冒滥。如纸贱工熟各省，更有减于三厘之数者，自毋庸再行议减。

陕西省造册每页用银 5 厘，成为各省核销的标准，以后造办熟练，可降至 3 厘。庆裕奏称：署中各司历年入款“各有专销度支，断难支应别项需费”，各城界应征地亩银钱，以及捐厘局收纳并杂税等项，均报解盛京户部银库核收，“拨放官兵俸饷、一切杂支动用”，未存有余款，亦无耗羡；请每年造办征信册完竣后，由盛京户部核销并拨给款项，归并银库核销案内报户部，以归简易。清廷批准。[③] 陕西省征信册的具体造价尚不清楚，查其当时经制支出款目下新增“征信册工料”一项：银无定额，最多 1687 两，最少 861 两。[④] 历年造册较及时的新疆，其经制支款项下亦有“征信册工料”银 1010.415 两。[⑤]

其他各省汇报造办征信册情况时，亦奏明当年造价。如贵州省造办光绪十二年征信册，有应将耗羡、耗米合征分解者，有应分征分解者，照陕西每篇开费 5 厘计，需银 2000 余两。如将丁耗、粮耗各造一册，“可以减纸一半，

---

① （清）刘岳云：《光绪会计表》卷三，教育世界社 1901 年版，第 40 页。

② 《陕西巡抚叶伯英奏为陕省举办征信册拟请展限事》（光绪十二年十月十九日），录副 03-6220-005。

③ 《盛京将军庆裕奏报造办征信册费用动拨盛京户部银库银两事》（光绪十四年七月十九日），朱批 04-01-35-0994-016。按：朱批日期为光绪十四年九月初十日。

④ （清）刘岳云：《光绪会计表》卷四，第 3 页。

⑤ （清）刘岳云：《光绪会计表》卷四，第 9 页。

而于刻字、检字各工则又稍繁，不得不于五厘之外酌量加增”。此届造册实际花销银1389.472两，以所造198496篇计，每篇合用银7厘，较规定多用2厘，“虽与核销定章不符，然纸已减半，比之分造，实属格外节省，自应准其核销，以免局员赔累”。[①] 其后历年造册开销未逾定限。光绪十三年征信册共205205篇，以每篇3厘计，应销银615.615两，实际支出银614.808两，少用0.807两。[②] 十四年征信册共161951篇，以每篇3厘计，应销银485.853两，实际支出银485.701两，少用0.152两。[③] 十五年征信册共169643篇，以每篇3厘计，共应销银508.929两，实际支出银481.8405两，少用27.0885两。[④]

再如湖南省，光绪十二年地丁征信册印2494本，计201986页，司库实用工本库平银941两；南漕等项征信册印3270本，计250450页，道库实用工本库平银1025两。与户部通行陕西支用征信册经费每页不逾5厘之章程相符，于十三年耗羡项下动支。[⑤] 光绪十三年地丁征信册印1904本，计174844页，司库实用工本库平银517两；南漕等项征信册印2460本，计174194页，道库实用工本库平银476两。与户部每页减作3厘之章程相符。司库光绪十四年耗羡已奏销无存，在十五年耗羡下动支；道库拟在十四年耗羡项下动支。[⑥]

清廷推行征信册制度的目的是革除赋税征缴积弊，增加财政收入。征信册实施后，各地征收额未明显增加，造册开销少者银四五百两至两三千两，多者达万余两，势必加重财政负担。“虚耗糜费”成为各省停缓造办征信册的重要理由。

---

① 《贵州巡抚潘霨奏为查明光绪十二年分各属短征荒芜及被灾钱粮造办征信款册事》（光绪十四年十一月初七日），录副03-6228-036。

② 《贵州巡抚潘霨奏为造办光绪十三年灾欠钱粮征信册事》（光绪十五年九月二十四日），录副03-6233-047。

③ 《贵州巡抚崧蕃奏为造办光绪十四年分各属短征荒芜及被灾钱粮征信册事》（光绪十八年十二月十六日），录副03-6245-051。按：原折题名误为浙江巡抚崧骏，径改。

④ 《贵州巡抚崧蕃奏为造办光绪十五年各属短征荒芜及被灾钱粮征信册籍事》（光绪十八年十二月十九日），录副03-6246-021。

⑤ 《湖南巡抚卞宝第奏报十二年及节年未完地丁南漕征信册造竣等情形事》（光绪十四年五月二十二日），朱批04-01-35-0096-004。

⑥ 《湖南巡抚邵友濂奏报十三年及节年未完地丁南漕征信册造办完竣事》（光绪十五年十月二十九日），朱批04-01-35-0098-016。

山东省征信册每年“摆印之费累万盈千，未免转多虚耗……光绪十三、十四两年各用银一万数千余两。近虽稍为节缩，每岁仍耗数千余两，除作正开销外，尚有不敷津补之数。递年办理，虚掷无益之费，尤为可惜”①。李鸿章认为征信册“不惟无益于国计，实大有损于库储”。直隶省于光绪十三、十四两年造办十二年、十三年新欠并带办八年至十一年旧欠征信册，此两年中，“一切板片、纸张、工本、工食等项银两，除奉准作正开销二万一千数百两外，其由司垫办不准开销之款已不下八千余两”。光绪十五年“未及报销之经费并各州县历年购办纸张、添募书手，所费银钱甚多，均尚不在此数。似此用款浩繁，欲求益而反得损。部议所称虚縻款项无益实际者，其信然矣”。时值顺直各属猝遭特大水灾，数百万灾黎亟待赈恤，但近乎无款可筹。“凡告灾乞粜，细大不遗，筹赈议捐，锱铢必较。独至征信各册格于定章，以有常之经费作无益之虚耗，是何为者？该司（按：布政使裕长）悉心筹议，与其将此巨款悉付之故纸堆中，何若挹彼注兹，俾灾民均沾实惠。多省一分即有一分之益，多筹一款即多活数万人之命。一转移间，乃可变有损为有益矣。”②湖北省停造光绪十五年及其后征信册，“以省繁冗，且岁省刷印工本银四千余两，略节虚縻，于财用亦有裨益”③。

广西省征信册，“每年造报、散布需费工墨、纸张等银二千余两或一千八九百两不等。现当经费支绌，筹款不易，此等无益縻费殊为可惜”④。山西省摆印征信册，“岁需纸张、工料等项，省局约银二三千两，积久亦成巨款。值此司库奇绌之时，縻费尤觉可惜。至各属频年查造，所费不赀，悉由州县筹

---

① 《山东巡抚张曜奏为征解钱粮实报完欠并无挪掩诸弊请将民欠征信册暂行停造以节经费事》（光绪十六年五月二十六日），录副 03-5710-036。

② 《直隶总督李鸿章奏为本年灾重款绌请行停缓征信各册事》（光绪十六年八月初十日），朱批 04-01-01-0973-033。

③ 《湖广总督张之洞奏陈湖北征收钱漕尚无积弊请免造征信册事》（光绪十六年十月二十一日），朱批 04-01-35-0100-007。

④ 《广西巡抚张联桂奏请自光绪十八年起邀免造送征信册事》（光绪十八年三月二十七日），朱批 04-01-35-1011-046。

垫，亦苦赔累难堪”[①]。陕西省也声称造册繁难，州县赔累，“实有难于殚述者……瘠苦州县平日办公已属不敷，加以此项经费按年筹垫，力何能堪？即司库当支绌之时，年年又增此款，亦属糜费可惜”，加以地方被灾，“经费愈难赔垫”。[②]

甘肃省地瘠缺苦，书吏无多，自造办征信册后，各州县“添募书吏，筹发纸烛、工食经费，在瘠苦州县平日办公尚虑入不敷出，又复增此经费，更属无款可筹”，而藩司衙门“年年刊刷、摆印、各册筹发，各项经费亦为数甚巨。频年如斯，殊难为继。当兹库款支绌，似将有用之财费于无用之地，深为可惜”。[③] 安徽省欠户繁多，查造征信册不易，“一切纸张、工食在在需资，州县历次造呈既赔累之甚苦，司署汇总核印亦耗费之孔多。徒觉虚糜，无裨实政”[④]。江苏省每年印造征信册，“户名繁多，款目畸零，开支刊刻、匠工、纸张及书吏、辛工等项经费，岁糜多金，无裨实政”[⑤]。

与钱粮征信册不同，民间慈善领域特别是近代义赈兴起后，公开财务信息与编制征信录常借助新式媒体——《申报》。如光绪三年，直豫秦晋四省大旱，江南士绅募集赈款，随时将捐户姓名、数目刊登于《申报》。[⑥] 当收到捐款时，“仍掣总分收票，并按旬刊登《申报》，事竣编录征信”[⑦]。夏明方指出，将编纂征信录与按时登报捐户、捐数相结合的做法，反过来还影响到善

① 《护理山西巡抚胡聘之奏请停缓造办钱粮等项征信册籍事》（光绪十八年八月十二日），朱批04-01-35-0835-033。

② 《陕西巡抚鹿传霖奏请自光绪十八年始陕西省停缓造办钱粮当税征信册事》（光绪十八年十一月十五日），录副03-5716-052。

③ 《陕甘总督杨昌濬奏请停缓造报甘肃钱粮当税征信册事》（光绪十九年四月二十八日），朱批04-01-35-0104-011。

④ 《安徽巡抚福润奏请停造征信册事》（光绪二十二年三月二十四日），朱批04-01-35-0110-018。

⑤ 《江苏巡抚赵舒翘奏请江宁苏州二属本年停造上年民欠征信册事》（光绪二十二年八月初一日），朱批04-01-35-0110-053。

⑥ （清）屠继善、魏学韩辑：《上海经募直豫秦晋赈捐征信录》，载李文海、夏明方、朱浒主编《中国荒政书集成》第8册，第5284页。

⑦ （清）苏州桃花坞协赈公所编：《齐豫晋直赈捐征信录》，载李文海、夏明方、朱浒主编《中国荒政书集成》第8册，第5738页。

会善堂昭信公众的方式。[①] 这种借助《申报》公开财务信息的方法，不仅如朱浒所言，“能够更及时地让外界了解募捐的具体进程，也更容易取得社会上的信任”[②]，还可直接降低编印征信录的成本。如光绪八年前后，江浙绅士募集赈款救助安徽水灾，收到捐款即掣奉收票，登入《申报》。事竣刊印征信录经费不足时，可将先前登于《申报》之内容省略，“禀稿所载各收款均系总数分，应将捐户细数再行详细刊列。兹因经费不敷，且捐户细数早经列入《申报》，似亦无容再列。特将逐次登报之数列后，庶可一览而知”[③]。

（二）技术落后与工匠短缺

清代各地经济文化存在诸多差异，嘉庆朝中后期，以刻工技艺而论，“江南擅长，两湖等处次之，山陕为最下”[④]。在全国推行征信册，必然遇到技术落后、工匠不足等困难。

河南省在议复讨论阶段即提出实施征信册面临“觅匠难”的问题。福建省指出征信册与书籍印刷之不同，且熟练工匠不多，“此项活字印册与印书籍不同，常用之字每字必须刻至累百方能周转，或有不足，临时尚须添补。匠役既多，应募者检字摆盘未必尽皆熟手。事属创办，在在需时”[⑤]。

山东省造办光绪十二年征信册时遭遇技术与工匠方面的困难。虽然用活字印刷便捷，且所购木片多备应用之字，但“一板之中有同一字而用至数十处，排板愈多用字愈繁。又兼姓名、地名俗写讹体之字，无从预备，仍须随时刊补，实觉旷日费工”。若按造册定限，“板数必须日排二百数十板方能三月告竣，而日需工匠即应一百余名。至管理字橱、誊写清册、切订刷印各项

① 夏明方：《救荒活民：清末民初以前中国荒政书考论》，《清史研究》2010年第2期。

② 朱浒：《地方性流动及其超越——晚清义赈与近代中国的新陈代谢》，第355页。

③ （清）佚名辑：《镇江苏州电报局桃坞同人收解皖赈征信录》，载李文海、夏明方、朱浒主编《中国荒政书集成》第9册，第5959页。

④ 中国第一历史档案馆编：《嘉庆道光两朝上谕档》第19册，第1001页。

⑤ 《闽浙总督杨昌濬奏报闽省酌拟限期截清查造征信册事》（光绪十三年七月十九日），朱批04-01-35-0094-037。

尚须数十人，工匠猝难多觅”。[①] 江西省初次造办光绪十三年征信册时，虑及欠户较多，各属底册未到之先，“豫招多匠，刊刻活字百余万尚不敷用，临时添刻仍复不少”。各属底册送到未及半数即已开工摆印，但江西“熟习摆印工匠无多，竭力广为招集，仅得百人”。[②]

经济文化不发达地区，技术与工匠问题尤为突出。贵州省初次造办光绪十二年征信册，“刻字、刷印匠役较少，而活字板套犹非素习。此次造办征信册，均系招募入局，初次学办，难以赶刷，不无耽延”[③]。与贵州情形类似，云南省刊刷征信册，“苦无良工，土人于活字板素不娴习，又不善写宋字。若待委员他省招募而限期已迫，往返需时，只得雇募书手、土匠，赶缮刊刷。边地复少匠工，到处穷搜，得十余人。随刊随刷，随订随发，极力赶办，仍未一律办齐而奏限已届”[④]。即使历年按时造办征信册的新疆，亦因“关外雇匠奇难，必由内地，遇事须另雇更换，辄停工以待”[⑤]。

山西省最早的石印业出现于光绪八年前后。自光绪十三年造办征信册，出现木活字板印刷术，但“此套木活字板印刷的各样钱粮征信册至今未见有传世之本，倒是有征信局以此套木活字于光绪十八年印刷的《山右同官录》一种，差可补晋省木活字本之缺憾”，山西最早的铅印技术大概出现于光绪二十五年。[⑥] 山西木活字板印刷的各样钱粮征信册确有传世之本。比如已发现的《山西曲沃县光绪十二年各样钱粮征信册》，封面印有“曲沃县光绪十二年各

---

① 《山东巡抚张曜奏报民欠钱粮征信册造成送部查核事》（光绪十三年七月二十一日），朱批04-01-35-0094-040。

② 《江西巡抚德馨奏陈造就十三年民欠丁漕征信册委员解部事》（光绪十六年四月初二日），朱批04-01-35-0099-021。

③ 《贵州巡抚潘霨奏为查明光绪十二年分各属短征荒芜及被灾钱粮造办征信款册事》（光绪十四年十一月初七日），录副03-6228-036。

④ 《云南巡抚谭钧培奏为造报十三年民欠钱粮征信册事》（光绪十四年十一月二十四日），朱批04-01-35-0096-032。

⑤ 《护理甘肃新疆巡抚魏光焘奏为遵发新疆各属上年征信册事》（光绪十五年九月初七日），录副03-6232-006。按：档案整理者将官职误为“护理山西巡抚”，径改。

⑥ 李晋林、畅引婷：《山西古籍印刷出版史志》，中央编译出版社2000年版，第50—51页。

样钱粮征信册共三本”字样，[①] 但只存两本，包括《山西省曲沃县光绪十二年应征银两民欠征信册》，内页印“本册共四十八页”字样，其实含上谕、户部折片、章程等19页，民欠内容占48页；《山西省曲沃县应催征光绪十一年分民欠银总数仍未完散数征信册》共116页。直至山西省停办钱粮征信册，尚未有更先进的印刷技术取代木活字。

有的省已具备相对先进的印刷技术造办征信册，如湖北省征信册使用铅字印刷技术。据江苏新阳县人汪存志（1870—1959）回忆，光绪十二年，湖北布政使蒯德标派汪之表叔祖潘兰台赴上海购办活字铅板与印刷机件，五月设局于藩司衙署东偏关帝庙内，印造征信册。潘兰台与经历托午桥、照磨盖沣之为委员，16岁的汪存志奉派管理校对、排印及庶务等事。每年九月开始造册，十二月蒇事。因此事列入考成，各委员“慎重将事，冀获奖叙”。汪存志也“全力以赴”，被揄扬“少年老成”。正月至八月征信册停印期间，该局承印藩署文件及其他书籍，如《澄怀园语》《平平言》《呻吟语》及唐诗等“凡数十种，胥于是时刊印”，皆汪存志“一手任编排校印者”。湖北征信册停办后，他留守局所至光绪十九年九月。[②] 汪存志的回忆文字留下了关于征信册印局日常情形的难得记载。湖北省城应用铅字印刷技术比山西省早13年。

（三）案牍繁多难以兼顾

征信册增加地方政务工作量。州县催科例有红簿与比销册配合使用，实行征信册后，于既定程序外又多一环节。山东巡抚张曜认为，征信册是将红簿、比销二册“合而成者。我朝创制历二百余年，遵循无改。今袭其实而更立一名，徒增烦牍”[③]。钱粮名目繁多、琐碎之区，按照既定征信册式造办，面临更多困难，稍有舛错，更改牵动极多。江西粮户，“银止分厘，米多升

① 《山西省曲沃县光绪十二年各样钱粮征信册》，清光绪十三年（1887）山西布政司活字印本，中国科学院国家科学图书馆藏。

② 汪存志自订：《葵畬年谱》，载苏州市地方志编纂委员会办公室、苏州市档案局编《苏州史志资料选辑》第二辑，1984年（内部发行），第73—74页。

③ 《山东巡抚张曜奏为征解钱粮实报完欠并无挪掩诸弊请将民欠征信册暂行停造以节经费事》（光绪十六年五月二十六日），录副03-5710-036。

合，且有并征分解，分征并解，户籍零星，数目琐碎，实有造不胜造之势”①。陕西一县之中，钱粮名目有民粮、屯粮、更粮、兵粮，“欠粮之户又有里甲、花名、欠数多寡之殊，册内分列散数，合计总数，头绪纷繁。甫经造就，续完者又须添入，时时更易，种种费手”，加以北山各属与平原中、简之缺，“书吏素无多人，办理本署公事已形竭蹶，势难兼顾。每当造册之时，皆须由省设法雇募少谙公事者为之代办。往往因欠户累累、款目繁多，查造不能如式，驳饬更造至再至三，事繁责重”。② 与陕西情形类似，甘肃民欠钱粮“皆畸零小户，所欠数目无多，户名则盈千累百。银、粮、草束分册造报，头绪纷繁，间有册甫造就而续完者又须添入，亦有册已赍送而续征者无从补更，以致奏销、征信两册不符。不独司中合总检出行查，往返驳更，耽延正案，且通省欠户为数繁多，不及检校更改，数目稍有不符，难免部诘。究无关于弊窦，徒增登覆之繁”③。

如遇自然灾害，地方官勘灾办赈，无暇兼顾造办征信册。光绪十六年八月，直隶被水，“灾区既重且广，各州县履亩勘灾，按户放赈，日夕不遑，应办征信各册条目纷烦，其势实难兼顾”，李鸿章奏准停缓造办，“庶各州县不致有顾此失彼之虞，而于赈务亦不无小补”。④ 十八年八月，山西迭遭水旱，灾区颇广，“两忙额赋多已停征，各州县履亩勘灾，查户散赈，事端已极繁重。若再责造征信各册，不惟款无从垫，实亦力有难兼”⑤。十一月，鹿传霖奏：陕西该年“霜雹水患，雨泽愆期，平原及北山各属多已成灾，各州县勘

① 《江西巡抚德馨奏为江西应造征信册拟请变通办理事》（光绪十二年十二月初八日），录副 03-6220-055。

② 《陕西巡抚鹿传霖奏请自光绪十八年始陕西省停缓造办钱粮当税征信册事》（光绪十八年十一月十五日），录副 03-5716-052。

③ 《陕甘总督杨昌濬奏请停缓造报甘肃钱粮当税征信册事》（光绪十九年四月二十八日），朱批 04-01-35-0104-011。

④ 《直隶总督李鸿章奏为本年灾重款绌请行停缓征信各册事》（光绪十六年八月初十日），朱批 04-01-01-0973-033。

⑤ 《护理山西巡抚胡聘之奏请停缓造办钱粮等项征信册籍事》（光绪十八年八月十二日），朱批 04-01-35-0835-033。

灾散振（赈），奔走不遑，征信各册更属造办无暇”①。十九年四月，杨昌濬亦称，甘肃上年各地“被旱、被水及遭霜雹各灾，筹办赈抚，并今春又复筹发籽种暨平粜等事，势难兼顾”②。

（四）征信册滋弊

钱粮征信册是中国赋税征缴领域的制度创新，朝野无不肯定其制度设计与实施初衷，但它也带来一些意想不到的负面影响。其中之一是征信册易成为粮户抗欠不完的“合法依据”。刘恩溥当初设想利用征信录的方式将欠户信息公开后，“其实系未完在民者，必将愧悔无地，激发天良，于次年开征后早为输将”③，但事实与之相反。

光绪十二年十二月，江西省议复实施征信册时指出，户部规定底本限十二月底截数，而粮户于次年上半年陆续完纳者尚多，究竟开作已完还是未完，均易滋生事端，且启抗欠之心：

> 如作已完开报，其下忙截数期内究尚未完。倘竟作为未完，该粮户见之，必谓粮已完纳，何以册内尚作未完开报。先完后完套搭不清，欲坚其信反启其疑，更恐徒滋饶舌。且疲玩欠户当未查造欠册以前，未尝不畏比追，尚可冀其完纳；迨已造册报以后，将谓我之欠赋无力完清，官府已为上达天听，从此即可安然不完，专待豁免。倘自此相率效尤，互为观望，更足掣催科之肘而遂其抗欠之私，实于国课饷需大有窒碍。④

与此担忧类似，虽然陕西下忙钱粮定以十二月截数，但民贫地瘠，往往次年三月尚未清完；至粮道仓，尚有夏粮启征，秋粮仍欠者，“若截至年终为止，

---

① 《陕西巡抚鹿传霖奏请自光绪十八年始陕西省停缓造办钱粮当税征信册事》（光绪十八年十一月十五日），录副 03-5716-052。

② 《陕甘总督杨昌濬奏请停缓造报甘肃钱粮当税征信册事》（光绪十九年四月二十八日），朱批 04-01-35-0104-011。

③ 《掌贵州道监察御史刘恩溥奏为清厘民欠请妥议章程事》（光绪十一年六月二十一日），录副 03-6214-046。

④ 《江西巡抚德馨奏为江西应造征信册拟请变通办理事》（光绪十二年十二月初八日），录副 03-6220-055。

是一面造册，仍一面带征，显与部章相戾。将来所颁之册，与所欠之数，定不相符。是导民抗粮而兴讼”[①]。江西、陕西的顾虑尚处于议复讨论阶段，并非该省实际造册遇到的问题，而且户部吸收各省意见，将征信册底本截数时间与奏销一致。征信册进入造办阶段后，不少省区仍出现上述负面影响。

如山西各处积欠，“类皆畸零小户，粮数虽少，花名动盈千百。从前催纳尚易，近则疲玩之户见册上姓名累累，谓欠粮不止一人，观望迁延，效尤日甚”。署布政使张汝梅委婉指出：“虽不敢遽谓征信册之流弊，而风趋近下，亦属可虑。”胡聘之也认为征信册“易启小民观望，积欠转多”，“行之无甚裨益”。[②] 鹿传霖认为，“民可使由，不可使知”，陕西省未办征信册之前，“完纳钱粮皆能踊跃输将，苟非十分拮据之时，畸零小户不敢少涉拖欠”，造办征信册后，“民间见欠户累累如许之多，逐渐有取巧拖延，希图蠲免之弊”，易启“民间观望延欠之风”。[③] 甘肃省征信册的造办对民众纳粮、官吏催科均产生负面影响，“不惟花户悉知欠户甚多，效尤成习，即各属催科亦难责令努力”[④]。

安徽省征信册散放公阅后，“畸零欠数众目昭彰，刁猾之徒见册内欠款累累，更得藉为口实，相率效尤，苟所纳已如上年分数，其余即视为应欠。官各自顾考成，不得不以时催缴，而民持册搪抵，谓‘朝廷已准列欠，官府何得再催’，甚至指熟为荒，任意影射，致正赋转形短缺，利未见而弊已随之”。光绪二十二年，安徽实施田地清丈，确查荒欺灾隐，若仍造办征信册，“适使小民存观望之心而滋纷扰之累，不惟无益于库储，抑且有妨于清丈”。[⑤]

边远地区的贵州、云南亦存在以上情弊。贵州造办征信册后，“奸滑之民

---

① （清）樊增祥：《部颁征信册式议》，载樊楚才编《樊山公牍》，第26页。

② 《护理山西巡抚胡聘之奏请停缓造办钱粮等项征信册籍事》（光绪十八年八月十二日），朱批04-01-35-0835-033。

③ 《陕西巡抚鹿传霖奏请自光绪十八年始陕西省停缓造办钱粮当税征信册事》（光绪十八年十一月十五日），录副03-5716-052。

④ 《陕甘总督杨昌濬奏请停缓造报甘肃钱粮当税征信册事》（光绪十九年四月二十八日），朱批04-01-35-0104-011。

⑤ 《安徽巡抚福润奏请停造征信册事》（光绪二十二年三月二十四日），朱批04-01-35-0110-018。

恃有造办征信，转得藉口延不完纳，或指荒影射，希图入册豁免，是以恤民之善政反为欺隐之弊端。年年徒攒造册籍，于征收钱粮实无裨益”[①]。云南粮户“以为欠数准列入册，则完欠多寡可以自便，犹冀将来豁免。虽经随时开导，终亦怀疑莫释，抗不完清，因而州县亦遂不无藉口”[②]。

征信册制度不仅在资金、人力、时间方面的成本高于收益，而且误导民间抗欠不完。这使得各地对造办征信册啧有烦言，亦使清廷的决心发生动摇。当有省区奏请停办时，引发他省“多米诺骨牌”式的连锁仿效。清廷只能“着照所请”而别无良策。

（五）民众智识文化水平较低

一项先进制度的创设与运行，要有相应的民众智识文化素质跟进。钱粮征信册实施时还不完全具备这样的条件。江西僻壤穷乡之区，不仅士绅极少，识字农民亦不多见。[③] 光绪二十一年，康有为指出：“各国读书识字者，百人中率有七十人。……而我中国文物之邦，读书识字仅百之二十，学塾经费少于兵饷数十倍，士人能通古今达中外者，郡县乃或无人焉。”[④] 民众智识文化水平低下直接影响相关制度、政策的落实成效。每逢庆典或遇自然灾害，清廷必蠲缓钱粮并刊刻誊黄，晓谕百姓，“所颁誊黄，必缅缅数千言，上谕部议，督抚之奏，累牍连篇，无论愚民无知，即略识丁者，曾不数行，首尾茫然矣”[⑤]。钱粮征信册的功能亦受制于此。

农民识字率低且不谙田赋征收“奥秘”。山东地丁、漕粮名目繁多，“其分类之繁，目为之眩、神为之晕，琐碎支离，不可究诘”，而农民识字率约

---

① 《贵州巡抚崧蕃奏请停办征信册籍事》（光绪十九年十一月十三日，朱批日期），录副 03-6248-007。

② 《云南巡抚黄槐森奏请停止造办征信册事》（光绪二十三年二月二十八日），朱批 04-01-35-0112-019。

③ 《江西巡抚德馨奏为江西应造征信册拟请变通办理事》（光绪十二年十二月初八日），录副 03-6220-055。

④ 《上清帝第二书》（光绪二十一年四月初八日），载汤志钧编《康有为政论集》上册，第130—131页。

⑤ 汤寿潜：《危言》卷二《钱粮》，载汪林茂编《中国近代思想家文库·汤寿潜卷》，第35页。

1/10，远低于康有为的估测率，即使识字者，“而征收之奥妙亦为一般人所难明了”。[①] 前述张曜所说民众争相阅看钱粮征信册，当指极少数识字之人，对更广大不识字的农民而言，钱粮征信册难以识读。即使经济文化水平相对较高的江南，迟至20世纪30年代的浙江农村，“农民知识程度太低，村长里长，多有目不识丁者”[②]。

这与善会善堂及近代义赈事业中的征信录判然有别。善会善堂的参与者及要求编印征信录的不是乡下农民，至少是中下层知识分子。《申报》的读者主要是知识分子、上层人物、商人、士绅等。[③] 义赈征信录借助《申报》刊布捐户、捐数等信息，也主要因为二者拥有相当部分的共同读者群。绅商群体的智识文化水平是民间公共事业征信录行之有效的重要保证。

（六）征信册格式与内容的简化

尽管户部制定的民欠、蠲缓征信册较冯桂芬倡议的征信录有所简化，但并非夫马进认为的“将冯桂芬所主张的公共原理偷梁换柱，设法维护沿用已久的官方原理”[④]。赋税征缴与民间慈善是两个不同的领域，自有无法通约的特殊性。钱粮征信册虽然充分考虑赋税征缴的特殊性，但与征信录在信息公开方面无根本差异。这种适合赋税征缴特点的征信册格式与内容，在实施过程中却又被调改。这一问题无法在地方督抚历年汇报造办征信册的奏折中发现，而只能根据留存至今的钱粮征信册进行考察。

以笔者寓目的钱粮征信册为例，《山西曲沃县光绪十二年各样钱粮征信册》[⑤]、《直隶安平县光绪十四年征收地粮银两民欠征信册》[⑥]、《青浦县光绪十

---

① 林钦辰：《山东田赋研究》，第6884、6999页。

② 马寅初：《财政学与中国财政——理论与现实》上册，商务印书馆2005年版，第333页。

③ ［日］夫马进著：《中国善会善堂史研究》，伍跃、杨文信、张学锋译，第707、715—716页。

④ ［日］夫马进著：《中国善会善堂史研究》，伍跃、杨文信、张学锋译，第721页。

⑤ 清光绪十三年（1887）山西布政司活字印本，中国科学院国家科学图书馆藏。

⑥ 《国家图书馆藏清代税收税务档案史料汇编》第63册，全国图书馆文献缩微复制中心2008年版，第31101—31137页。

二年地漕民欠征信册》[1] 基本符合册式要求；还有不少征信册的格式与内容遮蔽了征信于民的功能。

在议复讨论阶段，各省督抚均对钱粮征信册的实施提出变通建议，户部对此进行微调，但未根本改变征信册的格式与内容。光绪十四年五月，直隶总督李鸿章奏："直属地亩款目繁多，库储支绌，工本巨、费难筹，已酌拟变通办法咨部在案。"[2] 这说明此前已经奏准变通，但具体内容不详。现存《直隶安平县光绪十四年催征六七两年地粮银两民欠并原缓征信册》封面印有"光绪六七两年地粮银两征信册计一本"，册内印"本册共计五页"字样，首列户部酌拟清厘民欠章程十条，册末印造办、摆印、校对等人员姓名与职务。以上内容均符合户部既定要求，但册内最重要部分较户部既定册式与内容已有根本改观。其内容如下：

> 应催征民欠银总数：光绪十四年应催征光绪六年并原缓地粮正银三千七百七十三两一钱五分九厘，耗银四百一十五两四分八厘；又光绪七年正银二千九百四十二两一钱二分二厘，耗银三百二十三两六钱三分四厘，共应催征民欠正银六千七百一十五两二钱八分一厘，耗银七百三十八两六钱八分二厘。内除因灾递缓正银三千三百三十九两一钱一分六厘，耗银三百六十七两三钱四厘外，实应征正银三千三百七十六两一钱六分五厘，耗银三百七十一两三钱七分八厘。自光绪十四年二月开征起至十二月底止，并无已完之银，实民欠未完正银三千三百七十六两一钱六分五厘，耗银三百七十一两三钱七分八厘。[3]

从中可以发现：第一，此征信册只开列民欠银总数，未开列民欠银散数、户名、都图村庄等具体信息，而未开列的内容正是征信册散放后征信于民的部

---

① 华开荣整理：《青浦县光绪十二年地漕民欠征信册》，载中国社会科学院近代史研究所近代史资料编辑组编《近代史资料》总57号，中国社会科学出版社1985年版，第27—45页。

② 《直隶总督李鸿章奏为应征光绪十二年新欠并带办十十一两年旧欠粮租征信册完竣事》（光绪十四年五月初十日），录副03-6226-006。

③ 《直隶安平县光绪十四年催征六七两年地粮银两民欠并原缓征信册》，中国科学院国家科学图书馆藏。

分；第二，应征旧欠钱粮近一半因灾递缓，剩余应征旧欠银分文未还。

此外，《直隶武强县光绪十四年应征六年民欠地粮银两总数征信册》《直隶武强县光绪十四年应征七年民欠地粮银两总数征信册》《直隶饶阳县光绪六七两年地粮正耗民欠银两总数征信册》《直隶深州光绪六七两年带征束鹿县寄庄地粮银两民欠征信册》，虽然首列户部酌拟清厘民欠章程十条，册末印造办、摆印、校对等人员姓名与职务，但只开列民欠银总数，均无花户已完银两，未开列民欠银散数、都图村庄、户名等内容；《直隶安平县光绪十四年应缓征地粮银两征信册》虽亦首列户部酌拟清厘民欠章程十条，册末印造办、摆印、校对等人员姓名与职务，但“应缓征银散数”只开列社名、村庄名、银数，未有粮户名。[①] 直隶省改变征信册格式和内容，未公开欠户详细信息，导致是否实欠在民无法查核。

无独有偶，甘肃省钱粮征信册的内容亦有根本变化。现存《甘肃秦州直隶（州）礼县光绪十六年带征十四五年民欠仍未完粮石征信册》封面印“礼县光绪十八年各样钱粮征信册共计二本”，册内印“本册连底面共十页”，首列清厘民欠章程十条，以上内容亦符合户部既定要求，但册末未印造办、摆印、校对等人员姓名与职务。其正文内容为：

> 应催征民欠粮总数：光绪十六年应催征光绪十四年民欠未完粮一百一十七石三斗二合四勺，内正项粮一百二石二合一勺，耗羡粮一十五石三斗三勺。自光绪十六年七月二十一日开征起至十七年三月底截数止，实在仍未完粮一百一十七石三斗二合四勺，内正项粮一百二石二合一勺，耗羡粮一十五石三斗三勺。其各里甲散数并花户仍未完细数，均与上届相同，毋庸开列，以省案牍，理合登明。光绪十六年并无催征光绪十四年银两、草斤，理合登开应催征民欠粮总数。
>
> 光绪十六年应催征光绪十五年民欠未完粮一百一十六石一斗一

① 以上直隶各州县征信册详见《国家图书馆藏清代税收税务档案史料汇编》第 63 册，第 31039—31099 页。

升七合九勺，内正项粮一百石九斗七升二合一勺，耗羡粮一十五石一斗四升五合八勺，自光绪十六年七月二十一日开征起至十七年三月底截数止，实在仍未完粮一百一十六石一斗一升七合九勺，内正项粮一百石九斗七升二合一勺，耗羡粮一十五石一斗四升五合八勺。其各里甲散数并花户仍未完细数均与上届相同，毋庸开列，以省案牍，理合登明。光绪十六年并无催征光绪十五年银两、草斤，理合登明。①

甘肃省礼县光绪十六年催征十四年、十五年民欠粮石丝毫未还，只因与上届各里甲散数、花户未完细数相同，即不再开列，以省案牍，只需用上届活字板重印一遍民欠总数。这看似理由充分，实则不然。由于此届未开列民欠未完散数等具体信息，待散放征信册后，究竟是否有人如数缴纳，无从核实。而且州县可连年声明民欠未完与上届相同，待普免积欠时，欠赋勾销，更无法稽核官吏是否捏完作欠。

直隶、甘肃省钱粮征信册的事例表明，如此征信册已完全失去信息公开、征信于民的功能。

河南、江苏等省存在另外一种情形，即灾缓钱粮连年递缓，暂免造办征信册；各省相互仿效。光绪十四年五月，江苏巡抚崧骏据江宁藩司许振祎、江安粮道马恩培会详，奏称：

江、扬等属各州厅县光绪六、七、八、九、十、十一、十二等年灾缓正杂钱粮，均于各年秋灾案内声请递缓，其未届带征年限各田亦无花户征完，应请援照豫省章程邀免造送。又十年以前各年熟田未完钱粮，亦于十二等年秋灾案内奏明，递缓至十三年秋后再行带征，与节年灾缓钱粮未届征限者情形相同，请自光绪十一年造报。十年以前如无续完，暂免造送。核与部议豫省光绪六年至十一年因

① 《甘肃秦州直隶（州）礼县光绪十六年带征十四五年民欠仍未完粮石征信册》，清光绪十六年（1890）刻本。

灾请缓递缓，未届启征年限毋庸查造者事同一律。[①]

这部分连年展缓、递缓之钱粮各省所在多有，既然暂免造送征信册，也无法征信于民。

（七）田赋管理与征收之混乱

稳定的田赋收入必须同时满足两个管理要求：一是“详细的地界调查和土地种类和占有情况注册”，二是“对土地规模的实际测量以及把握土地占有的特点，对影响生产力的各种因素进行评估”。[②] 清代田赋管理未满足任一要求，其管理最薄弱环节与最大缺陷是土地登记缺漏，而依赖从明代继承下来的16世纪末的土地登记资料，未进行全国地籍调查。[③] 这些土地记录在清代历经近300年，其间沧海桑田，“多与事实不符，地户粮三者往往不相联贯”。因此，田赋征收积弊的主因是“地籍紊乱”，“清理田赋，必先清理地籍”。[④]

真实户名是确知钱粮完欠的必要条件。明代浙江道御史夏之臣指出：“完欠欲明，人户不以籍为定乎？有如户不投甲，甲不投里，里不投郡邑之总，孰知某为完，某为逋？丰稔之年，何所扣算补征？此花户名籍，在在当有。”[⑤] 征信册功能的发挥，有赖于准确的户名、钱粮数额等信息，但晚清地籍、粮册混乱与户名不实已成常态。咸同军兴，“各省迭遭兵燹，所有鱼鳞号册，类皆散失无存，官厅征收丁粮，久无确实之准据，以故逐年收数，从未及额，隐瞒飞洒，百弊丛生”[⑥]。地、户、粮的脱节与失实是钱粮征信册制度失败的深层原因。

---

① 《江苏巡抚崧骏奏为造报江宁藩司光绪十一十二两年民欠征信册籍事》（光绪十四年五月十七日），录副03-6562-053。

② ［英］肯耐斯·戴维著：《地方财政》，滕忠勤、周顺明等译，湖北人民出版社1989年版，第67页。

③ ［美］王业键著：《清代田赋刍论（1750—1911）》，高风等译，高王凌、黄莹珏审校，第61—62页。

④ 马寅初：《财政学与中国财政——理论与现实》上册，第317—318页。

⑤ （明）祁彪佳：《救荒全书》，载李文海、夏明方、朱浒主编《中国荒政书集成》第2册，第524页。

⑥ 晏才杰：《田赋刍议》第三章，第74页。

在征信册议复讨论阶段，杨昌濬称福建民间置买产业，“多私贴卖主，仍用原户完纳，赴官推收者十不一二”，粮户混淆，头绪纷繁。[①] 户部认为征信册考核之重点“在钱粮之完与不完，不在粮名之真与不真”[②]，高估征信册的功能，未认识到真实户名对于稽核完欠的重要性。类似福建之情况，他省多有。

清代山东土地“未再事丈量”[③]，无鱼鳞册与黄册，官府“只知某粮名下有粮银之多寡，而不知其地籍之若何”，粮户姓名不实，“往往沿用死亡人名，或用某堂某记字样，甚者有地在甲庄、粮在乙庄者”，农民只知每年纳粮数额，“未知其粮名为何者，亦多不胜计”。[④] 直隶无鱼鳞册可稽，民间扶同隐匿，“究竟侵占及捏报升科之地各在何村何里，一时无从追查”[⑤]。山西无鱼鳞册，田地买卖，过割不清，“辗转移易，或耕无粮之地，或纳无地之粮，祖孙相承，莫穷原本”，土地交易者吝惜税契之费，“常有百年恒产，但执白约并无红契”。[⑥] 陕西亦无鱼鳞簿，花户姓名“多雍乾间人，每一户中，数人之粮，尽系一人名下，或相传数代，则孙冒祖名，或转售数家，则甲承乙姓，业主吝过割之费，里书省更正之劳。今欲开具花名，从何说起”。若核实某人实欠数额，“必从户首而究花名，从花名而稽粮石，从粮石而清地亩，务将总名析开，地粮析散，而又与老名总数比对相符，乃足为征信之根源，为造册之粉本”。[⑦]

---

① 《福建巡抚杨昌濬奏为闽省颁发章程及征信册式请暂缓办理事》（光绪十二年十二月十五日），录副 03-6221-009。

② 《闽浙总督杨昌濬奏报闽省酌拟限期截清查造征信册事》（光绪十三年七月十九日），朱批 04-01-35-0094-037。

③ 林钦辰：《山东田赋研究》，第 7021 页。

④ 王文甲：《历城县田赋之研究》，第 11363、11412、11414 页；林钦辰：《山东田赋研究》，第 7016 页。

⑤ 《京报（邸报）》第 22 册，第 408 页。

⑥ 《京报（邸报）》第 2 册，第 467 页。

⑦ （清）樊增祥：《部颁征信册式议》，载樊楚才编辑《樊山公牍》，第 25 页。按：叶伯英所奏与樊增祥之言基本一致，陕西鱼鳞册久废，各属“征粮红簿半多不实，有逃亡绝户亲族顶继者，有相传数代孙仍祖名者，有数人之粮系于一人名下者，甚或辗转售卖乙承甲姓者。弊窦多端，不一而足”，参见《陕西巡抚叶伯英奏为陕省举办征信册拟请展限事》（光绪十二年十月十九日），录副 03-6220-005。

江苏民间田产交易多凭白契，户册不清，过割无从查考，“设有欠缴钱粮，将责之于甲，甲则以户存粮去为辞，将追之于乙，乙又以粮是户非为解”[①]。江西粮户为“避富有之声，而完纳迟早、多寡可以任意”，户名“随意结撰，并非的名”。[②] 征收钱粮，必须“讲求簿书，深悉欠粮的户，然后摘欠比追，办理始有把握”。咸同军兴后，江西钱粮册籍未认真查造，卖田者不知过粮，置产者亦不立户，致使“欺隐诡寄、穿图漏甲，无从究诘。每有田在此而人在彼者，亦有田已卖而粮不除者。户书、图差无从催追，暗亏国课，每年不少。户粮之不明，征收何由得手”。州县下乡催征，“不知粮户所在，且不识何者为已完，何者为未完”。[③] 安徽停办征信册，着手清丈时强调，“丁粮、户名最为繁要”，民间执业契单“均应一律呈验，以凭编造户名、粮数清册，登注的实姓名”。[④] 可见征信册实施时这些都不具备。

偏远地区催征更无准确户名可据。云南省“土夷差发银两，向皆责成土司夷目按村寨分派，催收纳官，并非由田科粮，亦无花户姓名。若从新一律编查，转恐扰动边情，于事无济”[⑤]。咸同战后，贵州被扰地区虽荒芜无征，“然肃清历四十年休息，为时亦不为不久”，荒田缺额之所以不能规复，“实以买卖移转，粮不随田之所致”。地籍与赋籍未经整理或整理未收实效，“虽各省皆然，但无贵州之甚”。[⑥]

册籍混乱、户名不确由来已久，不是咸同军兴后的新现象。明清以来，粮册多掌握在州县户房书办（书吏）手中。《赋役全书》和黄册所列内容是大数，粮户花名细数载于粮册。粮册多父子相传，书吏也有世袭惯例。因此，

---

① 台北故宫博物院编：《宫中档光绪朝奏折》第 12 辑，第 862 页。按：白契即未登记之契据，其上无政府印鉴，故名“白契”，白契之地容易逃税。红契为已登记之契据，其上盖有政府红色印鉴，故名“红契”。

② 《护理江西巡抚李嘉乐奏为江西应造征信册拟请推展一年办理事》（光绪十三年六月初二日），朱批 04-01-35-1386-045。

③ 中国第一历史档案馆编：《光绪朝朱批奏折》第 70 辑，第 202—203 页。

④ 《停办安省征信各册兴办清丈事宜详奏各原稿并恭录朱批上谕行知札文四件》，第 44 页。

⑤ 《云南巡抚谭钧培奏为造报十三年民欠钱粮征信册事》（光绪十四年十一月二十四日），朱批 04-01-35-0096-032。

⑥ 李荫乔：《贵州田赋研究》，第 135、320—321、386 页。

只有书吏最清楚地方丁口、田地与各户应纳钱粮数目。没有书吏，不仅一县的财政收入无法落实，而且常因征税名实不符而导致《赋役全书》和黄册变成一纸空文。[①] 书吏长期盘踞地方，俨然成为实际官长。丁日昌言："官有迁调，而吏无转移，是以世俗有'官去衙门在'之谣，前人亦有'官无封建而吏有封建'之说……官之任事，多者四、五年，少者不过二、三年，而书吏则长子孙于其中。"[②] 书吏成为晚清钱粮征收的一大弊害。光绪二十七年，刘坤一、张之洞《江楚会奏变法三折》之第二折呼吁"去书吏"：各级书吏害政，以州县书吏为尤甚，"缘兵燹以后，鱼鳞册多已无存，催征底册，皆在书吏之手，缓欠飞洒，弊混极多，把持州县，盘剥乡民。"[③]

钱粮征收混乱还由于官、绅、吏结成利益共同体。光绪二十五年，刘坤一、刚毅、德寿奏陈苏州藩司所属钱粮短征不外乎州县匿报、绅户包抗、书差侵蚀。州县匿报，"非尽州县之无良也。大户完不足数，势必无力赔垫，不能不仰鼻息于总书，始则设法弊混以顾考成，继且分润盈余以肥囊橐"，士绅之所以未告发，"以捏熟作荒之数，官绅各居其半，且乐得挟其短长以为包抗地步。官亦因报征不实，明知各户包揽，益不敢问"。绅户"揽小户诡寄之产代为包完，大户日多，小户日少，官不敢诘，吏不敢问"。粮书、粮差唯利是图，"实征之数独总书知之最悉，剖分多寡，高下弥缝，枢纽悉系于总书。小生、劣监知其然也，因而勒索漕规，名曰挪借。该书藉口亏累，益得售其因缘为奸之术"。[④] 安徽省贵池县钱粮向由保书包收包缴，他们"掯串不与，致花户无从查悉。而地丁一项，则又留串抵官，捏为民欠。向来征信册载欠户多系此类，其实民间按担总完，何尝抗欠"[⑤]。这实际上回答了虽历年造办征信册，但钱粮缺额如故的疑问。

户部过于依赖征信册制度，希冀借此一劳永逸，避重就轻，未进行田赋

① 参见郭道扬编著《中国会计史稿》下册，第150—151页。

② 《力戒因循敬陈管见疏》，载赵春晨编《丁日昌集》上册，第73页。

③ 朱寿朋编：《光绪朝东华录》第4册，第4741页。

④ 台北故宫博物院编：《宫中档光绪朝奏折》第13辑，第58—59页。

⑤ （清）王源瀚：《贵池清赋刍言》卷下，载李文治编《中国近代农业史资料》第1辑（1840—1911），第335页。

的基础性、整体性改革。刘恩溥奏请实行钱粮征信册的同时，还主张清丈田亩以杜飞洒诡寄。户部虽亦认可清丈之重要，但持保守态度。清末金蓉镜指出，钱粮民欠征信册并非整顿田赋的“根本之计”，治本之法应实行区丈、限田、立垦殖公司，“区丈则费省，限田则授均，公司则利博。三者先区丈，次限田，次公司。田无不均，亦事无不举，规规于钱粮征册抑末矣”。[①]

（八）官僚敷衍因循

新制度的推行有赖于官员实心任事，认真举办。户部在奏请实行征信册时即指出：“今征信册之举，各省大吏切实举办，必同此心。若视为具文，因循废弛，是乃漠视国计民生。一意袒官，责在奉行不力，非关立法太繁。”[②]清廷对官僚敷衍因循亦有所识：“相沿积习总未能实力湔除，往往诏书特下，剀切严明，各该督抚辄以通行僚属为了事，并未确切考察，以致泽不下究，弊转丛生。”谕诫疆吏：“倘以簿书为故事，视诰诫为具文，经征钱粮仍前弊混，该管上司相率徇庇，即着该部将该督抚、藩司、粮道指名严参，决不姑容。”[③] 但征信册实施期间，官僚敷衍因循所在多有。

征信册推行之初与停办之际，各省督抚根据布政使、督粮道等会详，奏陈本省不存在钱粮“五弊”，但实情并非如此。如第四、六章所论，光绪朝各省捏歉请缓、以熟作荒、交代宕延等情况仍较普遍。再如官员所言自封投柜之例，各地奉行者寥寥无几。[④] 浙江桐乡县钱粮“向来征之差保，恣其浮收，不知其弊始于何年”。光绪六年，知县曾寿麟复自封投柜之例，但庄书、地保“从中煽惑，谓迟早不出其手，行将变本加厉，于是愚民相率退阻，致烦追呼。官遂厌之，而以恐误征解为辞，仍行裁串付差保征收。有收至三千四千者，甚至措串重征，无弊不作”。县志编纂者严辰慨叹：“良法行仅三年，殊

---

① 刘锦藻：《清朝续文献通考》卷五《田赋五》，第 7546 页。

② 《大学士管理户部事务阎敬铭等奏为遵议清厘官欠民欠钱粮等弊请颁征信册酌拟章程事》（光绪十一年十二月二十一日），录副 03-6216-015。

③ 中国第一历史档案馆编：《光绪宣统两朝上谕档》第 11 册，第 147、338 页。

④ 关于清中后期自封投柜的制度与实践差异、书差包征包解田赋及其财政管理分权特质的研究，参见周健《维正之供：清代田赋与国家财政（1730—1911）》，第 370—401 页。

堪痛惜。"[①] 八年，御史李肇锡称，山东各州县开征前，"粮票先由粮差领出，该户尚未及交柜，粮差辄为代纳，事过之后，揣其肥瘠加倍取偿。欲壑未餍即禀官追押，需索更多。地方官利其易于清完，辄庇役而责民，以致闾阎之苦莫伸，胥役之横日甚"[②]。湖北钱粮虽于咸丰年间经胡林翼革除冗费，奏定章程，但此后改革成果荡然无存。光绪十年四月，御史屠仁守称该省钱粮积弊在于催役与柜书。前者于开征时"揭票下乡，向粮户催收，酒食供给外，每票勒索钱数百文，甚者数千文，稍不遂意，辄以抗粮报官。乡民畏惧，不得不饱其欲壑，求免拖累。获利既丰，其势愈横"；后者征收钱粮，"米则零升直以斗计，银则数钱竟作两论。有所谓搬脚之费，有所谓票号之费，任意浮收，无敢致诘。复不当时给票，乡民羁候，恒误农业，或且终不得票，被催重纳"。以上两害导致"三农憔悴，百室怨咨"，"朝廷有轻赋之名，州县有重敛之实"。[③] 贵州每届田赋开征，"名为遵例设柜，实则久同具文"[④]。

征信册不能发挥作用及其停办之原因固然复杂，但绝非如各省官员所奏田赋征收无弊。张曜奏请停办山东省征信册时，声称田赋征收不存在以完作欠，而实际钱粮中饱严重。光绪二十七年六月，护理山东巡抚、布政使胡廷干奏称，剔除东省地丁中饱，"酌提赢余，岁可集款五十万两上下"[⑤]。三十年五月，巡抚林绍年、布政使刘春霖等亦声言云南"民贫赋薄，尚无敢捏完作欠、私征吞灾者"[⑥]，但实情并非如此。清末民国，西南边疆田赋积欠问题依然严重，云南民欠确数虽不可知，"但民欠甚多，则可断言"，官吏中饱之弊仍为时人指摘："历年积欠，与其谓为欠之在民，其实民弗敢欠，不如谓为欠之在吏；与其谓为欠之在吏，其实吏亦不能全欠，不如谓之欠之在官。官吏中饱，焉肯吐出与人？"而清厘积欠，"无异于与虎谋皮。其欲收得若何效果，

---

① 《（光绪）桐乡县志》卷六《食货志上·新政》，第7—8页。

② 《京报（邸报）》第3册，第40页。

③ 朱寿朋编：《光绪朝东华录》第2册，第1701—1702页。

④ 《贵州省财政沿革利弊说明书》，载陈锋主编《晚清财政说明书》第9册，第428页。

⑤ 《清德宗实录》卷四八四"光绪二十七年六月癸丑"条，《清实录》第58册，第398页。

⑥ （清）林绍年撰，康春华、许新民校注：《林文直公奏稿校注》，中国书籍出版社2013年版，第36页。

岂可能哉?"[①] 清末民初，贵州田赋实征数为额征的70%，“且年呈递减之势”，“乾嘉之额，既少于清初，而清末之额，复短于中叶”。咸同军兴后，田地荒芜诚为田赋缺额之因素，但亦有复杂之人为原因，田赋“出于民者十，入于库者三四，而入于官吏、书差者六七”，此弊“相沿已久，各属相同”。[②]

各省官员否定户部指陈的钱粮“五弊”，甚或遮蔽地方显而易见的田赋管理与征收弊端，以此作为停废征信册的理由。这样的官风吏治不仅使征信册制度推行困难，也是晚清诸多改革未能走向深入的瓶颈之一。官场积习未根本扭转，制度贯彻落实无从谈起。光绪二十一年，康有为第二次上书清廷："今天下事皆文具而无实，吏皆奸诈而营私。上有德意而不宣，下有呼号而莫达。"[③] 同年，新疆巡抚陶模奏："胥吏以报部为良法，外官视报部为弊政。往年户部所定钱粮征信册之类，汗牛充栋，孰能检阅?外官应受驳斥，或贿吏以求省事。"[④] 钱粮征信册外不能征信于民，内不为官吏钩稽复核，形同具文。二十五年九月，清廷颁谕痛切责斥疆臣因循欺饰之弊：

> 人臣事君之道，要贵勿欺。朝廷孜孜求治，大小臣工或条陈时政，或申明旧章，一善可从，无不诏令通行，责成各疆臣实力兴办。但各直省情形不同，即一省之中各属之情形又不同，宜于东南者或不能行于西北，宜于通都者或不可施之僻地。其可行者自当切实奉行，而实有窒碍者即当剀切陈奏。……无如各疆臣狃于积习，凡有奉旨交办之事，其不能行者默无一言，但以敷衍了事；其能行者百无一效，亦以敷衍了事。朝廷以股肱耳目相寄，而诸臣以因循欺饰相报。[⑤]

汤寿潜（学名震，乡举后始名寿潜）于光绪二十一年刊印《危言》一书。

① 黄振钺：《云南田赋之研究》下卷，第11807、11811—11812页。

② 李荫乔：《贵州田赋研究》，第134、314页；《贵州省财政沿革利弊说明书》，载陈锋主编《晚清财政说明书》第9册，第426页。

③ 《上清帝第二书》（光绪二十一年四月初八日），载汤志钧编《康有为政论集》上册，第134页。

④ （清）陶模：《覆陈自强大计疏》，载（清）王廷熙、王树敏辑《皇清道咸同光奏议》卷六《变法类·通论》，文海出版社1969年版，第287页。

⑤ 朱寿朋编：《光绪朝东华录》第4册，第4428页。

同年二月，他与翁同龢见面，相谈甚欢。翁同龢评价其人其书："汤生寿潜所著《危言》二卷，论时事极有识，今日招之来长谈，明日行矣，此人必为好官。"① 三月二十三日，翁同龢将"陈炽《庸书》、汤震《危言》进呈御览"②。可见《危言》颇受翁同龢推崇。汤寿潜在这部书中如是评价征信册制度：

近年御史刘恩溥奏行"征信册"，专为清民欠起见，实则与江苏抚臣丁日昌之"词讼册"，同为意美而法未尽良也，一言以蔽之曰："装点！"一案未结，而"词讼册"所结凿凿也；一文不欠，而"征信册"所欠累累也。委员以查之，查者亦吏也，抵其署，酣嬉饮博，舟车以送之，而查报册载悉符矣，亦何益之与有？……厘剔钱粮之积弊，其急务已。③

因吏治腐败，征信册散放后的复查环节也形同虚设。这应验了清廷推行征信册之初的担忧："民欠及蠲缓征信各册，立法已为详备，然有治法赖有治人。若循颁发之名，无稽查之实，则一纸文书仍无实济。"④ 征信册已不能反映钱粮完欠实情。宣统元年十月，浙江谘议局议决刊行钱粮征信册，认为光绪十一年实行的钱粮征信册，"是国家对于征收官吏，使之核实报告方法，未尝无周详严密之政令，惟官吏以营私之不便，莫肯奉行，遂乃悉举谕旨、法例、部案等而弁髦视之，此吾民念之而不能不为之疾首痛心者"⑤。

信息公开是杜绝官吏中饱与欺瞒之弊的不二法门。从榜示法、碑示法到征信录，再到钱粮征信册；自救荒、公益到慈善，再到财政，信息公开应用于官民之间的诸多领域。光绪前期是清廷进行赋税整顿与财政改革的机遇期，在近代西方预算制度进入中国之前，严重的外省亏空、积欠与赋税积弊倒逼

① 陈义杰整理：《翁同龢日记》第5册，"光绪二十一年二月十二日"条，第2784页。

② 陈义杰整理：《翁同龢日记》第5册，"光绪二十一年三月二十三日"条，第2795页。

③ 汤寿潜：《危言》卷二《钱粮》，载汪林茂编《中国近代思想家文库·汤寿潜卷》，第36页。

④ 中国第一历史档案馆编：《光绪宣统两朝上谕档》第11册，第338页。

⑤ 《实行刊布各厅州县钱粮征信册案》，见沈晓敏编《浙江谘议局》，载胡绳武主编《清末立宪运动史料丛刊》第23册，第510页。

清廷吸收、讨论、融合改革者的思想建议和御史条陈，试图通过“征信于民”的渠道，打破官吏中饱的障壁，实现信息公开在赋税征缴领域的制度化，形成独立的文本——征信册。它的出台与推行显示出清廷基于本土资源和智慧进行制度创新的努力。

由于赋税征缴积弊的特殊性与复杂性，地方利益集团固化难破，官僚因循敷衍，民众智识文化水平有限，以及征信册带来的负面影响等因素的叠合影响与阻抑，使得新制度终成一纸空文。缺乏基础性、整体性的改革，陷入“法愈密而弊益深”的困境。户部与外省围绕革除赋税积弊之论争是晚清诸多改革中部臣与疆臣存在分歧与矛盾的缩影，改革失效既有特殊性，更具普遍性。宣统三年七月，张荫棠指出：“吾国之大患，岂真在贫？信用制度之待兴，交通机关之待设，地宝膏腴，农、商、工矿百业之待发，得其道以驭之，乘其机而用之，吾国何尝患贫。所最可惜者，在于当道官吏务使朝廷与国民分离，上下志睽，然后居中者得遂其营私罔利之计。”① 清中后期的赋税缺额无法通过征信册制度根治，官吏中饱之弊牢不可破。征信册制度失败背后的吏治腐败与财政紊乱加速了清朝覆亡。

征信册制度设计的原理、形态与近代西方征信制度、预算制度有某种程度之暗合，但“征信”一词绝非外来，不论从内涵抑或外延看，它都是一个地道的本土概念。② 此外，并非如夫马进所言，征信录于1905年前后被再度提起，清廷也不得不采用这一公共原理，且为中国引进近代欧洲的预算原理与技术做了基础性准备。他引用《太镇征信录·序》有关西方预算与征信录的关联说法也十分特殊，不具普遍性。时人对西方预算制度的认识是多元的。如甲午战后，郑观应的《盛世危言·度支》针对中国“尚无度支清帐颁示国中”，提议效仿西方预算制度。其步骤为先举其大纲，次列其条目，增补删削，确定“常经之出数”；然后核查全国各省区诸赋税项目之收数，“每省分

① 《出使美墨秘古国大臣张荫棠为时局危亟请速行宪政折》（宣统三年七月十五日），载故宫博物院明清档案部编《清末筹备立宪档案史料》上册，中华书局1979年版，第362页。

② 林钧跃认为“征信”一词是由海外华人传入国内的，是海外华人对信用调查的俗称（《社会信用体系原理》，中国方正出版社2003年版，第62页）。与其说“征信”由海外华人传入国内，不如说“征信”是国人在西方征信制度进入中国时使用本土词汇对外来概念进行的关联与对应。

立一清册，核定入款，详列其条目，刊布天下。使官绅百姓家喻而户晓，了然于国家之所取于民者固有一定之数”。[①] 有的主张采用榜示法。光绪二十七年五月，江西九江府德化县知县沙昌寿提出在全国举行预算的设想：“预算、决算均刊刷表册，散之民间，榜之通衢，使举国之民皆知公家无私财，无冗费。国用不足，稍议加赋，民不以为苛。”[②] 还有的官方表达认为预算原理可追溯至《周官》。宣统二年九月三十日，《民立报》转载的度支部奏疏曰：“预算之义，本周官制用之书，其精意失传已久。”[③] 以上均与征信录没有关系。联系晚清征信册制度的停废，在西方预算制度引入中国的复杂过程中，尚不能简单认定征信录做了基础性准备。

尽管征信册的使用“仅仅是为了监督官僚的舞弊，在原则上根本不是为了向民众公开这些情况”[④]，但在实行了2000余年的中央集权赋税征缴体制中引入信息公开原理，使之制度化并付诸实施，这在中国赋税制度史上尚属首创。征信册制度的失败并不意味着信息公开原理失效，清末赋税领域仍有倡行征信录之议。江苏吴江县抽收捐税以办地方事务，由绅董经手，但易引发捐户不满，皆因“各董事所收之款，从未有人刊刻征信录，分送于纳捐之人者，能无受人之指摘乎”？时人建议各董事“将所收之款，按年印送四柱清册”，分送官署及各业户。[⑤] 诞生于明末清初，进入民国后仍然在慈善公益事业中盛行的征信录，更是不胜枚举。以上充分表明，中国社会长期认同征信册（录）所依据的信息公开原理是杜绝中饱之弊，治理官吏财政违纪的必由路径。这也是考察晚清赋税征信制度得出的历史启示。

---

① 夏东元编：《郑观应集》上册，第577—578页。

② 《九江府德化县沙令昌寿覆议新政策条陈》，《北京新闻汇报》光绪二十七年五月初五日，转引自刘增合《知识移植：清季预算知识体系的接引》，《社会科学研究》2009年第1期。

③ 《度支部遵办预算折》，《民立报》宣统二年九月三十日，载马鸿谟编《民呼、民吁、民立报选辑》（1），第429页。

④ ［日］夫马进著：《中国善会善堂史研究》，伍跃、杨文信、张学锋译，第721页。

⑤ 任保罗（任廷旭）：《筹捐必刻征信录说》，《万国公报》1904年第188期，第53—54页。

结　语

明清两代均面临严重的田赋逋欠。明代田赋由于诸种原因，汇聚错综复杂的矛盾，已不再是一个简单的财政体制问题，必须同时也被视为一个政治和社会的制度性问题。[①] 清代田赋与财政制度较之明代，既有因袭继承，也有改造创新，加以 18 世纪世界政治经济格局大变动，19 世纪中叶开启的近代社会转型，其蕴含的复杂性与矛盾性较明代有过之而无不及。清代田赋积欠及其治理亦深刻嵌套其中。1918 年，约瑟夫·A. 熊彼特（Joseph A. Schumpeter）在《税收国家的危机》一文中指出：历史时期，"财政的需要以及国家的政策对经济发展、全部生活方式以及文化的所有方面都产生了直接的塑造作用，而这种作用可以用来解释诸多事件中所包含的一切主要特征"[②]。"绪论"将清代田赋积欠问题从荒政史与财政史中提出，对之进行究讨后，至此再将其放回清代政治、财政与荒政视域中审视，从清朝政治与统治合法性，财政体制与地方经费，自然与社会交互影响下的灾荒状貌，制度完善的悖论与治理措施嬗变等方面，对本书做一总结。

① ［美］黄仁宇著：《十六世纪明代中国之财政与税收》，阿风等译，生活·读书·新知三联书店 2007 年版，第 138—139 页。

② ［美］哈罗德·M. 格罗夫斯（Harold M. Groves）著，唐纳德·J. 柯伦（Donald J. Curran）编：《税收哲人：英美税收思想史二百年》，刘守刚、刘雪梅译，上海财经大学出版社 2018 年版，第 182 页。

一、蠲缓“仁政”名实与清朝统治合法性

清朝是中国古代最后一个君主专制王朝，疆域广大、人口众多，统治者十分注意吸取此前各朝代兴亡的经验教训，比历代帝王更深刻地认识到灾害与民生对于国家存亡的重要性，如不能有效开展救灾，不仅国家赋税收入和经济发展深受影响，还将造成严重的政治后果，危及政权稳定。因此，清统治者将灾害治理与养民作为治国理政的重要内容。中国古代荒政历经先秦、汉晋、唐宋、元明等重要历史时期，至清代达到顶峰并在晚清出现近代转型，作为其组成部分的蠲缓制度亦如此。清朝以满洲入主中原并存续268年，其统治合法性的构建、巩固，以及渐趋丧失，始终都有以田赋蠲缓为重要内容的“仁政”之宣传、实践和书写，如影随形。

在中国帝制时期和中华传统文化中，薄赋被视为仁政的前提条件。“百姓足，君孰与不足”是儒家的重要民本思想，在此基础上发展出“轻徭薄赋”“与民休息”“藏富于民”等政治理念。中国历史上众所称道的朝代特别是“盛世”，除国家统一、社会稳定、政治清明、经济繁荣、文化昌盛、人口增长、国力强大等表现外，还有一个特征是广范围、大额度、高频次减免赋税。汉文帝多年免除田租，开创“文景之治”。清代康熙、乾隆两位皇帝多次大规模减免赋税，造就“康乾盛世”。康熙帝还于1713年正式宣布“盛世滋生人丁，永不加赋”，直接推动人口大规模繁衍。清代蠲缓制度经由顺康雍三朝逐步调整，至乾隆朝基本成熟完善，类型和内容丰富多样。康乾时期，在强大国家财政的支持下，灾蠲灵活不拘，缓征无以复加，逋赋时常豁免，且与大规模轮免、通省蠲免田赋等形式配合实施，既有效发挥救灾恤困的功能，又起到调节和推动社会经济发展的作用。同时，积欠问题亦能得到审慎的控制和处理。

清前期大规模蠲赈活动的开展，不仅为统治合法性的构建、巩固提供了坚实的实践基础，还形成一种日渐成熟的以“蠲赈养民”“惠爱黎元”等为核心内容的“仁政”话语和历史书写。在清代诸帝中，仅见康熙、乾隆二帝特别关注并命户部等统计、奏报国家蠲免钱粮数额，以明确和彰显自己的

执政成就。

康熙四十四年（1705）十一月，康熙帝询问全国蠲免钱粮数目，大学士等回奏康熙元年以来蠲免钱粮总计9000万余两。① 四年之后，据户部尚书张鹏翮奏，康熙元年至四十八年“所免钱粮，共万万两有余，是诚亘古所无”；康熙帝曰“果至此数矣”。② 可知他早以蠲免田赋1亿两为目标。之所以说“亘古所无”，指这在中国自秦始皇至康熙帝以前210余位皇帝（称帝而有年号者）中是没有的。康熙二十年至五十年是清朝从结束大规模战乱、国家统一走向兴盛的时期。其间，几乎每隔10年即开启一次轮免全国地丁钱粮。普免制度成为清政府在不同时期利用宏观财政政策和税收杠杆，在经济复苏、救灾恤困、财政分配、区域平衡、改善民生，以及缓和社会矛盾、拉动经济增长、增进民族团结、强化国家认同等方面取得显著成效的重要手段。正是这种超越前代的蠲赋仁政实践与政治话语构建，助力推动18世纪清朝盛世的到来，也为康熙帝赢得“仁皇帝”的生前身后名。③

雍正帝在位期间，虽未实行普免，但也在蠲免一省或数省新旧钱粮，豁减田赋定额，更定灾蠲分数定例，充实国库，改善官员廉俸和民生境况等方面有所作为，还注重加强构建自康熙帝以来的仁政话语与统治合法性。雍正六年（1728），在处理曾静案时，雍正帝自称，“圣祖六十年深仁厚泽，百姓沦肌浃髓。朕继统六年，勤政爱民”，已有诸多“加恩于百姓之善政”。④

以往评价乾隆帝或讨论18世纪盛清，多强调其文治、武功，这固然是显而易见的成就，却相对忽视其在中国帝制时代空前绝后的蠲赈绩效及实践过程。清朝盛世以文治、武功、蠲赈三足鼎立。乾隆帝执政初期就明确国家治理以救灾和养民为重。乾隆六年（1741）六月，乾隆帝发布“戒督抚匿灾谕”：

> 督抚之报灾，有故为掩饰，不肯奏出实情者；亦有好行其德，希冀取悦于地方者。惟公正之大臣，既不肯匿灾以病民，亦不肯违

① 《清圣祖实录》卷二二三“康熙四十四年十一月癸酉”条，《清实录》第6册，第242页。

② 《清圣祖实录》卷二四〇“康熙四十八年十一月甲申”条，《清实录》第6册，第392页。

③ 参见李光伟《清代普免制度的形成及其得失》，《历史研究》2021年第4期。

④ 中国第一历史档案馆编：《雍正朝汉文朱批奏折汇编》第13册，江苏古籍出版社1990年版，第558页。

道以干誉。外此则不能无过不及之失。

他权害取轻，偏重救灾和养民："匿灾者使百姓受流离之苦，其害甚大。违道干誉，虽非正理，以二者较之，究竟此善于彼。宁可国家多费帑金，断不可令闾阎一夫失所。"① 尤其是最后一句，成为清政府救灾的主导思想。以《清实录》（含《宣统政纪》）记载为例，不使"一夫失所"在康熙朝使用极少，如二十八年，康熙帝赐噶尔丹敕曰："朕统御宇内，率土生民皆朕赤子，一夫失所，朕心悯焉。虽穷乡异域之民，亦必抚养，俾以安和，各得其所。"② 尚未与救灾直接关联。雍正帝虽将其与救灾直接联系，但使用频次不多。如三年七月，直隶、山东、河南三省雨水过多，雍正帝谕各该督抚关注灾情，如有田地被淹、房庐倒塌者，及时赈恤并奏闻，"务使穷幽极僻之区，亦不至一夫失所"③。乾隆朝及其后，在救灾问题上，不使"一夫失所"出现次数极多；至宣统朝，不复出现。可见，"宁可国家多费帑金，断不可令闾阎一夫失所"这一最高救灾目标和理念，在乾隆朝基于强大的国家财政而被确立，成为蠲赈养民的惯常政治表达和历史书写模式。清中后期，由于田赋积欠等导致国家财政实力衰微，政府主导的荒政虽没有充足帑金赈灾，却也将官赈与民赈结合，始终坚持不使"一夫失所"的救灾表达。

乾隆四十九年九月，户部奉旨查明：雍正十三年户部银库存银 3400 余万两，自乾隆三十三年以来实存银 7400 余万两；乾隆元年以来普免钱粮三次共银 7600 余万两，普免漕粮二次折银 900 余万两，又各省水旱灾荒蠲免钱粮及民欠未完银 1700 余万两，总计蠲免银 1 亿余两。④ 乾隆帝效法其祖父，执政期间普免地丁五次、漕粮三次，加以灾蠲和蠲免积欠，规模和数量已远超康熙帝，创造新的"亘古所无"。五十五年十一月，乾隆帝自言即位以来，"子惠元元，恩施优渥"，普免钱漕"为数何啻万万。偶遇水旱偏灾，不惜千百万帑金补助抚恤，赈贷兼施，蔀屋穷檐共沾实惠。凡身被恩膏者，无不家喻户

① 《清高宗实录》卷一四四"乾隆六年六月乙未"条，《清实录》第 10 册，第 1069 页。

② 《清圣祖实录》卷一四〇"康熙二十八年四月己卯"条，《清实录》第 5 册，第 540 页。

③ 《清世宗实录》卷三四"雍正三年七月辛酉"条，《清实录》第 7 册，第 522 页。

④ 《抄奏为查户部库贮银两及普免因灾蠲免钱粮数目片》（乾隆四十九年九月十八日），中国第一历史档案馆藏，灾赈档，缩微号：076-0736。

晓”，自信“勤政爱民，可告无愧于天下，而天下万民亦断无嗟怨于朕者”。他还言及父祖，回溯前朝，声称：“我国家圣圣相承，前猷式廓，惠此兆民，有加无已。朕自缵绪以来，益隆继述，凡泽民之事，敷锡愈多，恩施愈溥。此不特胜国所无，即上溯三代，下讫宋元，亦复罕有伦比。”[①] 乾隆帝基于清前期蠲赈养民的实践和成效，对清朝统治合法性的构建、巩固和强化充满信心。

嘉道以降，国势转衰，内忧外患，清朝的统治合法性遭遇挑战，白莲教起义、太平天国运动等对清朝统治秩序及其转变影响极大。清廷宣称的“永不加赋”名存实亡。嘉庆初年白莲教起义的原因与田赋加征有关，“赋外加赋，横求无艺”[②]。赋税征收人员以提高粮价、银价，加大斗斛，公开折扣和索取规费等手段，进行田赋正额以外的加征，此即勒折浮收。这一现象在清前期就存在，中后期更加普遍而严重。各级官吏在田赋征收、运解和库储过程中，形成一个庞大的浮收中饱集团。浮收数额一般是田赋正额的三四倍甚至更多。[③] 此外，漕粮因准许折色，多以银完纳，“征收之银，例在粮价以上”，故漕折使漕粮“无形中增赋”；咸同年间，四川省田赋先后实行按粮津贴、按粮捐输，各种附加税逐年增加，至 1901 年全省田赋征收总额 350 余万两，约为原额的七倍，“其他各省，增征亦与四川省大同小异”。[④]

清中后期政府赖以构建统治合法性的“仁政”，在蠲缓方面，除灾蠲基本按成灾等级执行外，普免新赋被不可逆转的缓征与普免积欠取代，田赋蠲缓的基层舞弊现象愈加严重。嘉庆、道光二帝即使明知缓征与积欠存在弊端，也坚守“祖宗成法”，拒不变革。尽管从数据上看，清中后期以“荒政”名义让渡和失收的田赋总额高于清前期（见表 3-8），堪称中外赋税史上的“传奇”，但惠民实效大不如前。与之相应，嘉道以后清廷发布普免积欠谕旨时，甚少如清前期那般乐道、自诩之词，也未像乾隆帝那样有自信和兴致统计并

① 中国第一历史档案馆编：《乾隆朝上谕档》第 16 册，第 42、45 页。

② 陈登原：《中国田赋史》，第 8 页。

③ 刘克祥：《十九世纪五十至九十年代清政府的减赋和清赋运动》，载《中国社会科学院经济研究所集刊》第 7 集，第 296—300 页。

④ 吴兆莘：《中国税制史》下册，第 39—42 页。

大张旗鼓地公布普免积欠数额，以彰显朝廷恩惠。如果说19世纪的清朝还能继续消费18世纪构建起来的统治合法性“红利”，即使历经太平天国运动、八国联军侵华等重大事变的冲击，也能维持君臣大义，延续国祚。那么，进入20世纪的革命时代，其统治合法性日趋加快丧失。

革命派及社会舆论抨击和解构清朝统治合法性的强大思想武器之一，即揭露其“永不加赋”与蠲缓“仁政”的虚伪和欺骗。当清政府在救灾问题上有心无力，甚或救灾不力而使灾民无以为生、铤而走险时，舆论为灾民发声，将矛头指向政府：“人生于世，莫不好生而恶死。而营生之要着，无过于衣食。使衣食不继，而有啼饥号寒之苦，则铤而走险，亦固其所，断不宜徒喻之以义、畏之以法者也。”[①] 对于清廷标榜的“永不加赋”及其创始者康熙帝，时论亦表达不满。1907年，署名“铁生”者在《汉帜》上撰文指出，“名为永远不加赋，实则平余火耗，挹彼注兹”，引述唐甄《潜书》云“清兴五十余年，四海之内，日益困穷”，喟叹“吾今而知所谓圣祖、仁皇帝之深仁厚泽，如是如是”。[②] 1903年，邹容指谪清廷的薄赋、轻税、皇仁无从谈起，征收赋税时，“加以火耗，加以钱价，加以库平，一两之税，非五六两不能完，务使其鬻妻典子而后已。而犹美其名曰薄赋，曰轻税，曰皇仁，吾不解薄赋之谓何？轻税之谓何？若皇仁之谓，则是盗贼之用心杀人而曰救人”[③]。

1903年，针对清廷救灾上谕常说的蠲免钱粮、发帑赈济之“深仁厚泽”，张继批评道：

> 若曰“国家深恩厚泽”。呜呼，汝曷不自量之甚也！……且又敢曰“深恩厚泽”以责我不报？呜呼，汝狼狈不堪，何一至于此！……山西之食人肉，河南之贩人头，此二年前回銮时之真象也。……汝今犹曰：“自其祖宗以来，深仁厚泽，各直省地方，遇有水旱，无不

① 张肇熊：《各处宜亟兴工厂以救民穷议》，载张枏、王忍之编《辛亥革命前十年间时论选集》第三卷，第519页。

② 铁生：《敬告我汉族大军人书》，载张枏、王忍之编《辛亥革命前十年间时论选集》第二卷（下册），生活·读书·新知三联书店1963年版，第865—866页。

③ 中国史学会主编：《中国近代史资料丛刊·辛亥革命》（一），上海人民出版社1957年版，第341页。

立沛恩施”者，自欺欤？欺人欤？[①]

至于清统治者常说的“二百年食毛践土，深仁厚泽，浃髓沦肌”，邹容反讽并驳斥：“夫谁食谁之毛？谁践谁之土？不待辨别而自知。”清朝入主中原后，满人“食吾同胞之毛，践吾同胞之土。吾同胞之深仁厚泽，浃其髓，沦其肌……此言也，不出于我同胞之口，而反出诸于满洲人之口，丧心病狂，至于此极”。[②] 清末革命舆论固然充斥浓烈的反满情绪而带有一定局限和不足，但对当时虚伪“仁政”的攻讦，无论在方向还是内容上亦颇符合实际。不仅如此，它还以晚清“仁政”的虚伪对清前期构建的统治合法性进行强有力的反向瓦解。

清朝统治合法性的构建、巩固与强化措施是多元且虚实结合的，以蠲赈为重要内容的“仁政”话语、实践及其历史书写一度发挥重要作用。但“仁政”之存续绝非仅靠统治者的政治宣传或继承“历史遗产”就能实现，而必须被民众切实感受到方能具备说服力。宣统元年（1909），清廷普免光绪十四年至三十三年积欠（银粮合计）近1亿两（见表3-5），尽管与康熙、乾隆二帝统计蠲免数额相当，但较其实效，不可以道里计，也就不会缓和尖锐的社会矛盾，安抚民众的不满情绪。就清代灾民痛苦指数而言，清后期比前期痛苦，各朝灾民痛苦指数由大到小顺序为：宣统、咸丰、道光、光绪、同治、顺治、嘉庆、康熙、雍正、乾隆。[③] 清末灾荒频发，统治者救灾不力或无力，民变等社会动乱蜂起，以及舆论通过灾荒揭露清朝统治的腐朽与暴虐，促成辛亥革命爆发。[④] 虽然清朝覆亡跳脱了通过农民起义实现改朝换代的历史循环，但这不是因为清政府的“仁政”赢得农民的认同和拥护，而是革命者顺应世界潮流和借鉴既有“革命”模式所致。当人们普遍认识到清政府的蠲缓“仁政”口惠而实不至，或蠲缓实惠被官吏攘夺侵吞后，其灭亡自然不会令人

① 自然生（张继）：《读“严拿留学生密谕”有愤》，载张枬、王忍之编《辛亥革命前十年间时论选集》第一卷（下册），生活·读书·新知三联书店1960年版，第686—687页。

② 中国史学会主编：《中国近代史资料丛刊·辛亥革命》（一），第346页。

③ 高建国、贾燕：《中国清代灾民痛苦指数研究》，载李文海、夏明方主编《天有凶年——清代灾荒与中国社会》，生活·读书·新知三联书店2007年版，第19页。

④ 参见李文海《清末灾荒与辛亥革命》，《历史研究》1991年第5期。

同情和惋惜。易言之，当清政府不能持续有效地救灾与养民时，其执政使命即告终结。

二、清代财政体制与“地方灾荒财政”

中国帝制时期的每个王朝都曾出现程度不同的财政危机，但明清两代的财政危机因白银货币化而与之有本质不同。明末的财政危机源于传统社会结构解体产生的新矛盾，与实物财政体制向货币财政体制转变密切相关。清代财政体制依然以货币为中心，而且较明代有所发展。清前期财政状况之所以平稳，是统治者通过两个方面的调节实现新社会结构的稳定：一是政治上的高度集权强化，使财政经济领域中的矛盾难以轻易发展为政治反抗行为，通过对抗性调节，增强社会的稳定性；二是实行“永不加赋”“摊丁入亩”政策，促进税收定额化，推动人丁税并入财产税，简化财政手续，减轻民众负担，通过顺应性调节，增强财政稳定性。这两种调节均增强了社会稳定性，所以出现“康乾盛世”。但货币财政体制本质上既与君主专制的政治统治相矛盾，也与自然经济关系相矛盾，因此“盛世”不能持久，必然衰落到空前黑暗腐败的地步。[①] 白银货币化对清代财政体制如此重要，但清政府在赋税征收问题上，在白银货币占赋税额绝大比重的情况下，却未妥善处理货币币值的变动，制定相应政策。这给清朝赋税征收的目标和赋税政策的执行带来极大负面影响，既加重人民负担，也威胁清政府的财政平衡。更重要的是，康熙后期出于养民并标举“仁政”而规定的“永不加赋”和雍正前期的“摊丁入亩”，使清代赋税定额化，严格限定了财政支出的范围和额度，不能完全为中央和地方各项事务的经常性用度提供充足的财力保证。这种不能因事设费在制度上存在支出缺口的不完全财政，突出表现为官吏薪俸低微、地方公费缺乏、军费开支不足。[②]

近代西方财政理论和实践将财政收支分为中央财政和地方财政。但传统

---

① 赵轶峰：《论明末财政危机》，载《明代的变迁》，上海三联书店 2008 年版，第 276—277 页。

② 何平：《清代赋税政策研究：1644—1840 年》，第 69、108—119 页。

中国长期是一个中央集权的国家，地方政府是中央政府的派出机构，其职权并不固定，中央可以随时对其进行变更。中国帝制时代的统治者虽然高度关注财政问题，但没有产生将财政划分为中央财政和地方财政的思想，一切财政收支均以中央的名义运行，财权集于中央，地方官只是中央政府的征税代理人，不存在“地方财政”。在清代高度中央集权的不完全财政制度下，当财政分配无法满足地方行政需求时，地方官只能另求额外经费，挪移其他用途的款项或已确定解送中央政府的经费，在征税过程中盘剥百姓。18 世纪的清代地方政府演化出一种复杂的、主要靠不合规方式获取的非正式经费体系，起到了正式财政制度的作用。雍正时期成功的耗羡归公若持续发挥积极作用，需具备两个条件：一是保护地方对火耗收入管理的自主权，以及确保经费征收和分配的灵活性；二是地方政府有能力提高收入水平，以满足随着经济发展和人口增长必然带来的政府服务开支的增长。乾隆帝即位后，对火耗归公的改革均未满足以上条件。乾隆末年，地方官恪尽职守比 50 年前更困难，腐败成为清政府的绝对威胁。① 现代财政学研究表明，地方支出是个不断变化且多数是呈增长趋势的过程，“地方支出应使公共资源保持一个适当的实际上是增长的份额”，“如果成本上升，税收必然增加。人们期望税收应显示出弹性，即它能产生附加收入的能力能与增加政府支出需求的相应压力适应，当价格上升，某一地区人口增加以及个人收入增加时税基自动扩展”。② 由于 18 世纪以后人口膨胀与物价持续上涨，清代定额赋税制度和不完全财政给地方带来不断增长的财政压力，僵固的财政体制与社会经济发展之间的结构性矛盾日益突出。这使得清朝统治者越是想极力维护“原额主义”的“善政”，“恶政”——正额以外的财政，包括附加税、陋规等就越横行。③

多数情况下，收受陋规和非法的贪污贿赂之间没有明确的分界线。陋规并非中国独有，类似惯例在西方也存在，但清代陋规更普遍且持续到清末。

① ［美］曾小萍著：《州县官的银两——18 世纪中国的合理化财政改革》，董建中译，第 44、65、248、265 页。

② ［英］肯耐斯·戴维著：《地方财政》，滕忠勤、周顺明等译，第 3、27 页。

③ ［日］岩井茂树著：《中国近代财政史研究》，傅勇译，第 68—69 页。

道光帝即位伊始曾力图将陋规规范化，但担心官员滥用陋规制度，给政府造成更严重的行政难题，超出清廷控制，遂收回成命。[①] 1900 年前后，清政府的裁革陋规、酌改公费举措落实有限，对整顿吏治实效不大。1908 年左右，在宪政、官制改革与清理财政的促动下，各方围绕直省公费与行政经费问题展开大讨论，几经博弈，虽经资政院议决京外各官公费标准，但大幅削减预算，压缩行政经费，激化中央和地方的矛盾，加剧督抚与清廷的离心离德，未及实施，清朝覆亡。[②]

学界对清代财政体制及其运行过程、财税结构的近代转型已有诸多研究，但对深层嵌入其中的田赋蠲缓与积欠之形态、实际作用和影响之探讨尚不充分、深入。何平虽指出清朝的不完全财政引发加派浮收与地丁正项的亏空拖欠，但只笼统提及自嘉庆时恶化，道光时更加严重，清政府的赋税征解完全失控。[③] 岩井茂树认为，乾隆朝的财政总体上处于稳定状态；嘉庆朝以后，各领域相继出现正额钱粮收入减少的情况，“地丁未进”逐渐增多，“究竟是什么原因导致收入减少的呢？要回答这个问题并非易事”。他从酌拨制度瓦解的角度简述财政收入减少的各种表现，未分析其原因。[④]

作为清代国家财政最重要来源的田赋，应涓滴归公，及时、足额征缴，不允许人为拖欠，否则官员将面临钱粮考成责处，欠税民众将被追比完纳。唯一可以使官员钱粮考成免责的是因灾荒或战争等不可抗力造成的赋税短征。与此同时，清政府格外重视和强调“养民”“蠲赈”，不断丰富和完善荒政制度。其中，灾蠲与缓征是清廷明文规定的减免或暂缓征收田赋之合法程序。清前期的州县官也利用朝廷缓征、蠲免之机捞取好处。当清廷宣布缓征田赋，州县官会延搁誊黄，继续征收赋税。有的州县官甚至捏报辖区灾情，期望蠲免赋税，但生产实际上未受影响，因此他们可以征收蠲免的赋税额并将之用于其他花销。[⑤] 但清中后期的情况与前期相比发生大转变，地方官吏较少捏报

---

① 瞿同祖著：《清代地方政府》，范忠信、何鹏、晏锋译，第 36—38 页。

② 参见李细珠《地方督抚与清末新政——晚清权力格局再研究》，社会科学文献出版社 2012 年版，第 121—124 页；关晓红《从幕府到职官：清季外官制的转型与困扰》，第 427—479 页。

③ 何平：《清代赋税政策研究：1644—1840 年》，第 138—139、292—293 页。

④ ［日］岩井茂树著：《中国近代财政史研究》，傅勇译，第 96—101 页。

⑤ ［美］曾小萍著：《州县官的银两——18 世纪中国的合理化财政改革》，董建中译，第 49 页。

成灾以征收蠲免之钱粮，更倾向于捏报歉收，降低违规舞弊被揭破之风险，以获取比灾蠲数额更大的缓征数额。

18 世纪后期以降，官僚系统既无法突破固化的财政体制，又不能完全采取非法或明显违规的方式另觅财源，唯一名正言顺的“合法”渠道是利用荒政制度，通过缓征与普免积欠，将财政压力隐性分摊至国家财政与民众身上。嘉道之际，各省灾歉奏报真伪发生变化。在天灾人祸的影响或掩盖之下，道光朝中后期，江南以及东南有漕各省捏歉托缓的做法逐渐盛行。咸同战后，荒歉捏报更趋普遍。大部分省区年年歉收缓征，缓征数额多呈现阶段性的固定化特征。缓征之田赋连年展缓，征还率极低，终成巨额积欠。历届普免积欠的清零与减负之举过后，积欠复周期性地滋生，渐积成巨。清中后期田赋蠲缓积弊日趋严重，积欠与亏空交相恶化，隐秘贯连，突出表现为官吏捏歉托缓、以完作欠，利用蠲缓制度中饱钱粮，弥缝亏空。这一制度转化虽然缓解了外省的财政压力，但严重侵蚀了国家财政，弱化了清政府的救荒效能，最终使民众受损，动摇了清朝统治基础。虽然清代地方政府所有群体的行为及其互动存在紧张关系，但它没有频繁导致社会和政治秩序的显著变革，一个决定性因素是：“所有这些群体，都在现行体制下获得了最大回报；唯一例外的是普通百姓。”① 清代定额赋税制度与不完全财政终将蠲缓制度“反噬”，旨在惠民的蠲缓制度很大程度上发挥了“惠官”的效果。

本书将外省通过荒政制度“合法”截留国家财政收入而用于官吏公私偿付，缓解财政压力的款项，称为“地方灾荒财政”。它大致形成于嘉道之际，是田赋蠲缓、普免积欠的主体部分，此后数额不断膨胀，存续至清亡。毫无疑问，“地方灾荒财政”不是清廷或外省为应对灾荒而做出的财政安排。事实上，清朝始终未在国家财政支出中明确设置或估定年度减灾救荒经费额度，财政在应对灾荒方面属于应急型。“地方灾荒财政”的提出，有助于进一步认知清中后期的财政、政治等重要研究议题。

在清代国家财政分配或外省经费来源问题上，以往多强调正规财政与以

① 瞿同祖著：《清代地方政府》，范忠信、何鹏、晏锋译，第 288—289 页。

陋规为中心的非正式经费体系，尤其是后者。山本进将“陋规”“规礼”等名义上不属于清代正规财政的部分称为“地方性征收”。18 世纪国家财政健全运行的康雍乾时期，“地方性征收”的负担尚不严重。19 世纪清朝财政状况急剧恶化，外省亏空日趋严重，地方政府为填补亏空，加大“地方性征收”。咸丰初年以后，因镇压太平天国运动，既与中央政府的正规财政不同，又与“地方性征收”不同的省级财政形成。[1] 外省为填补亏空，固然会加大“地方性征收”，但发挥主体作用的其实是“地方灾荒财政”。周健指出，嘉道以降的官僚政治始终在陋规的基础上运行，这是考察晚清政治与财政不应忽视的结构性背景。[2] 本书认为，清代财政体系包括国家正规财政、以陋规和规礼为中心的“地方性征收”、咸丰初年以后形成的省级财政，以及 19 世纪形成的“地方灾荒财政”，它们共同构成考察清代政治、财政与荒政的结构性内容。其中，国家和省级财政均属正规、合法，“地方性征收”虽不属非法但亦不正（合）规，“地方灾荒财政”虽具合法的程序和形式但实际非法。19 世纪中期迄清末，随着厘金、海关税等新税源的开辟，虽然清朝财税结构不断调整，财政规模日趋扩大，财政体制业已转型，但基于相对固定的田赋额之“地方灾荒财政”不仅未有缩减，反而总体上呈增长态势。可见它对外省财政来源之重要，或亦可反映出中央和外省在争夺其他税源时，外省以此作为对失去税额的弥补。

中国帝制晚期，中央政权已经失去对全国人丁、田地的有效控制能力。明清两代虽在政治体制上高度集权，但在经济财政方面，国家权益分散。一味强调轻徭薄赋和“量入为出”的财政平衡，实际变为被动的、不作为的应急财政。18 世纪后期，这种不能随社会经济发展而前进的财政体制极大地限制了国民整体实力的充实提高，升平之世成为衰亡之世的转折点。[3] 当西欧于 18 世纪后期通过产业革命使生产力迅速上升时，同时期的中国却陷入发展瓶

① ［日］山本进著：《清代社会经济史》，李继锋、李天逸译，山东画报出版社 2012 年版，第 15、61 页。

② 周健：《维正之供：清代田赋与国家财政（1730—1911）》，第 65 页。

③ 参见陈支平《清代赋役制度演变新探》，第 113—120 页；陈支平《民间文书与明清赋役史研究》，黄山书社 2004 年版，第 92—94 页。

颈，引发社会动乱，国势每况愈下。“地方灾荒财政”使清朝进入衰亡性延续期，它在不断减损国家财政实力的同时，也维持着外省财政与行政运转。它的作用和影响不限于财政，还引起政治和行政方面的重要变化。

杨德才总结中国帝制时期的地方分权分为两种：一是中央政府隐性支持或者不干涉的地方分权，二是中央政府正式供给的地方分权。[①] 这两种均属中央政府主动自上而下分权。“地方灾荒财政”的形成则是自下而上的隐性改变了清代中央和地方的关系，中央政府显得被动和无奈。在清政府财政危机发生转折的时间节点上，先行研究多注重鸦片战争的起始作用。彭泽益认为清政府动用各省库的税款偿付鸦片战争赔款，不仅造成地方财政困难，同时直接加剧了中央财政危机，故 1843 年以后，各省应按年上缴国库的税款都不能“年清年款”，以致“旧欠既已延宕，新欠又复踵增”，国库日益空虚，财用愈觉短绌。[②] 刘伟据此以为，清朝高度统一的财政体制危机始于鸦片战争，中央与地方财政运作开始偏离常规。[③] 周育民也认为鸦片战争后，清政府控制的税源大幅下降，田赋、盐课等严重短征。[④] 此外，在清代财政体制转型和地方分权问题上，以往多强调太平天国起义后，随着省级财政的形成，中央和地方的权力格局发生变化。陈登原指出太平天国起义后，清朝权力格局形成“外重内轻”之势，地方截留田赋，“遂渐而司空见惯”。[⑤] 何烈认为自咸丰朝中叶始，清廷政令不受各省重视。[⑥]

与以上认识不同，“地方灾荒财政”的形成表明在嘉道之际，外省即以灾荒的名义和积欠的形式大量截留田赋，并将其与亏空贯连，不断加剧中央财政危机。清廷针对巨额积欠和外省亏空，虽屡颁谕旨严催、训诫，但收效甚微。财政问题首先是一个政治问题，其次才是经济问题，而财政问题都可以

---

① 杨德才：《中国封建王朝周期性兴衰——基于新制度经济学视角的研究》，中华书局 2023 年版，第 229 页。

② 彭泽益：《十九世纪后半期的中国财政与经济》，第 14—15 页。

③ 刘伟：《晚清督抚政治——中央与地方关系研究》，湖北教育出版社 2003 年版，第 96 页。

④ 周育民：《晚清财政与社会变迁》（修订本），第 73—75 页。

⑤ 陈登原：《中国田赋史》，第 222 页。

⑥ 何烈：《清咸、同时期的财政》，第 420 页。

回溯至政治领域。税收就是权力，清廷在田赋征收上的持续被动和无奈，意味着逐渐失去部分权力。以田赋缓征和积欠为表征的“地方灾荒财政”隐含中央与地方权力关系的微妙变化，“高拖欠率经常发生，而缺乏更多有力的执行措施常常反映了隐藏在税收背后的政治意志问题”①。这种微妙变化在嘉道之际启动并潜存绵延，当再遇突发大规模危机，必将引起剧变。鸦片战争后的清朝财政与政治危机正处于嘉道时期严重财政危机和权力关系显著变化的历史延长线上。咸同以降，在内忧外患的推促下，清朝由传统的“国家财政”向“财政国家”转变，② 晚清中央与地方的财政、政治权力格局随之变动。

“地方灾荒财政”虽通过田赋蠲缓这一合法的荒政程序实现，但起于地方官吏捏报荒歉，而且与以陋规、规礼为主的“地方性征收”共植于同一官场生态，加剧了财政紊乱与吏治腐败。灾荒的根源与其说首先是自然原因，毋宁说更主要是社会和政治原因，“中国所有一切的灾难只有一个原因，那就是普遍的又是有系统的贪污。这种贪污是产生饥荒、水灾、疫病的主要原因”。在中国历史上首次敏锐而深刻地分析和揭示灾荒与政治密切关系的，正是领导清季革命推翻清朝的孙中山。③ 在贪腐深重的政治生态中，经济、财政、荒政都是政治的牺牲品。清朝统治者构建政治合法性的“永不加赋”使赋税定额化并形成不完全财政制度，旨在减灾救荒且曾发挥重要作用的蠲缓制度又因僵固的财政体制，被外省官吏利用，促成自下而上截留国家财政收入的“地方灾荒财政”，从而削弱了清政府的财政实力和防灾救荒能力，败坏了吏治，增大了灾害对社会的破坏性，激化了社会矛盾，解构了清朝统治合法性。上述因果连锁反应，不能不说是一个无情的历史讽刺和深刻的历史教训。因此，与税收直接关联的蠲缓制度及其实践虽然是清代荒政的重要一环，但绝不能仅被视作荒政功能运转的一个“齿轮”，而是超越荒政，对财政、庶政乃至国运产生深远影响。18 世纪英国政治思想家埃德蒙·柏克（Edmund Burke）

---

① ［英］肯耐斯·戴维著：《地方财政》，滕忠勤、周顺明等译，第 37 页。

② 对这种转变的概括，参见倪玉平《从国家财政到财政国家——清朝咸同年间的财政与社会》，科学出版社 2017 年版，第 274—287 页。

③ 参见李文海《清末灾荒与辛亥革命》，《历史研究》1991 年第 5 期。

曾言“税收本身就足以体现一个政治实体的真正精神和品格”①。研究税收实际上是研究国家或国家的某个侧面。深层嵌入清代财税体制的田赋蠲缓与积欠问题，展现出清朝国家的“财”“政”品质和兴盛衰亡命运的重要历史面相。

三、清中后期灾情研究再出发

就清代荒政而言，之所以说不能仅将蠲缓制度及其实践视作荒政的一个组成部分，出于但不限于以下两点理由。一是田赋缓征与周期性普免积欠造成国家财政收入锐减，致使荒政效能整体式微，即蠲缓制度与财政之源相连，进而影响和决定了财政支出在荒政上的经费安排，这是荒政的其他环节如赈济、借贷、安辑、抚恤等无法与之相比的。二是蠲缓制度与灾情等级直接相关，田赋蠲缓比例高低、数额多少，以及对历年积欠不同程度的减免、缓征，均取决于各地成灾、歉收的范围和程度，而灾情是荒政的前提，也是灾荒史研究的第一步；清中后期各省普遍性地捏报荒歉，使得田赋蠲缓特别是缓征与灾情脱节，既牵动荒政本身，又使灾荒史研究对灾情产生误判。

准确统计和评估灾情是灾荒史研究的首要任务。灾情真伪及对灾害频率、范围、轻重等的判断，是灾荒史研究中争议较大、最难解决的问题之一。自然灾害的双重属性——自然性与社会性从本质上要求灾害史研究必须将自然科学与人文社会科学有机结合起来。这两大学科及其融合的先行研究已对包括清代在内的历史时期灾荒状况进行诸多探索和揭示，成绩斐然。但需指出的是，以往涉及清中后期的研究或多注意官吏出于各种原因匿灾不报，对捏报灾情重视程度不够，甚或存在被其误导的倾向。本书可为相关研究提供一个从自然灾害与财政、社会复杂互动的层面检视清中后期灾荒实况之路径。

不同学科视域下的灾害史研究尽管在理论方法、技术手段、结构内容等方面各异，但都重视灾荒史料的整理和利用，因此，对史料的来源、形成及其影响因素的审查和判断十分关键，这也在很大程度上决定着研究者对相关

---

① ［英］埃德蒙·柏克著：《法国大革命反思录》，冯丽译，江西人民出版社2015年版，第312页。

灾害指标的测量和单位转换是否合理，以及据此得出的结论是否符合历史实际。就清代特别是中后期灾情范围和程度的研究来看，主要聚焦于以下两个方面。

第一，利用清中后期农业收成奏折考察气候、生态环境变化与灾歉问题。

18 世纪，清朝已形成系统的农业收成奏报制度。各省上报的收成统计以十分为率，分为州县、府、省三个层级。乾隆十四年（1749），清廷结合蠲缓制度对其进一步调整："嗣后查报各省收成分数，应以八分以上为丰收，六分以上为平收，五分以下为歉收。"① 20 世纪 50 年代，李文治根据中国科学院经济研究所藏清代农业生产收成表，编制了 1821—1911 年直隶、河南、山西、陕西、安徽、江西、湖北、湖南、福建等 9 省历年夏季收成分数统计表，直隶等 10 省（较前增加浙江）历年秋季收成分数统计表，以及各省历年夏秋收成"八成以上""七成以上""六成以上""不满六成"的州县数目统计表。② 结果显示，19 世纪各省农业收成呈下降趋势，歉收的恶化发生于 19 世纪五六十年代的战乱时期，清末更趋严重。

张丕远根据中国第一历史档案馆所藏清代农业收成奏折，整理了 1730—1915 年全国农业收成序列，经数据处理建立了全国农作物收成年代序列变化曲线。③ 葛全胜等利用张丕远归纳整理的中国 87 个站点（每个站点约含 10 个县）夏收（1730—1910）和秋收（1730—1915）的平均收成序列，结合相关气温研究，指出 19 世纪初中国气温开始变冷，1840 年前后全国平均气温达近 300 年最低点，同时，涝灾、雹灾和雪灾（降雨）比以往 100 年明显增多，19 世纪农业连年歉收是气候变冷造成的。④ 夏明方参考相关研究认为，晚清特别是洋务运动时期，由于自然界的异常变动与生态环境的全面恶化，中国进入一个严重的灾害群发期，"各地的农业收成从十九世纪初期开始即已缓慢下降，至五六十年代更因兼以大规模的战乱而猛烈下跌，此后仍无起色，并在

① 《清高宗实录》卷三三九"乾隆十四年四月丁未"条，《清实录》第 13 册，第 693 页。

② 李文治编：《中国近代农业史资料》第 1 辑（1840—1911），第 755—769 页。

③ 张丕远主编：《中国历史气候变化》，山东科学技术出版社 1996 年版，第 246—249、418—421 页。

④ 葛全胜、王维强：《人口压力、气候变化与太平天国运动》，《地理研究》1995 年第 4 期。

一个相当长的时期内呈现出持续衰减的势头，其对于田赋征收影响之巨自不待言”，以为在长达半个多世纪的时间里，每年各省几乎无所例外、协调一致地捏丰作歉，令人费解；即使存在谎报灾情造成的误差，屡见不鲜的匿灾在一定程度上也会将其抵消。他结合张丕远的研究指出，虽然1810年前后普遍出现收成恶化的迹象，19世纪中叶亦存在不同程度的向下跃变的阶段，但农业收成的好坏和社会秩序的动乱在时间、地域上很不一致，农民起义只是加速了早就存在的农业收成下降的过程，“导致近代以来农田生产力明显减退的最基本的真正长期性因素，应是清中叶以来中国生态环境的全面恶化以及稍后发生的大范围气候变冷趋势”。①

同样是关注气候变化与农业收成问题，马立博综合比较1650—1850年中国文献史料中的相关证据和气候学家重建起的北半球气候资料，指出竺可桢、郑斯中对中国气候变迁趋势的研究，以及他本人重建的华南气候变迁趋势，均与美国学者根据加州白山的树木年轮分析重建的1671—1972年北半球气温波动图相一致：气温从1700年前后的低温上升到一个较高些的温度水平并维持了18世纪的大部分时间，从1807年起气温再度下降并在19世纪三四十年代达到最低点，之后再度回暖，直到20世纪中叶。虽然粮食的产量和质量不完全与天气变化相对应，但气候波动影响到了作物的收成和粮食供应，比较寒冷和干燥的天气往往引发粮食短缺，有时还导致饥荒。②

有研究者认为，清代农业收成奏报数据可能难以避免官员瞒报因素，特别是晚清灾害多发，制度约束机制废弛，导致普遍性的匿灾行为出现。如光绪朝（1875—1908）山西省上报的收成数据中大量的“五分有余”记录，很可能是地方有意匿灾所致。因为“五分有余”既可申请缓征赋税，又能回避灾蠲赋税和赈济灾民的责任。这将导致重建的收成分数序列对于极端灾害的

① 夏明方：《中国早期工业化阶段原始积累过程的灾害史分析——灾荒与洋务运动研究之二》，《清史研究》1999年第1期；《近代中国粮食生产与气候波动》，《社会科学战线》1998年第4期。按：有关近代中国气候变化与农业生产力问题的讨论，此处不展开，有待另文详论，但先行研究及其问题，均承夏明方教授指点，特此申谢。

② ［美］马立博著：《虎、米、丝、泥：帝制晚期华南的环境与经济》，王玉茹、关永强译，江苏人民出版社2011年版，第191—194、211—213页。

影响产生低估，如旱情最严重、几近绝收的1877—1878年，山西省上报秋收“五分有余”的州县多达1/3。[①] 晚清时期，不论极端灾害与否，各地确实不乏匿灾行为，但远不及捏报歉收之普遍和严重。换言之，零星的匿灾并不能抵消普遍性的捏报歉收。

将中国学者根据清代农业收成奏报反映的歉收情况或气候变化趋势与美国学者重建的1671—1972年北半球气温波动图对比，其相同之处是19世纪上半期农业收成随着气温变冷有所下降；不同之处是19世纪中后期，气温已呈长期回暖趋势，19世纪60年代国内大规模战乱结束，全国农业歉收状况不仅没有好转，反而日益严重。清中后期农业歉收的表现趋势与田赋缓征和积欠问题的发展情况相一致，正如前所述，农业歉收更多是各省利用蠲缓制度捏歉托缓而奏报和呈现出来的，被称作报“例灾”。因此，清中后期全国农业歉收既不完全是气候变冷所致，亦非地方官有意识的、普遍性的匿灾行为造成。从田赋缓征、普免积欠及“地方灾荒财政”看，各省长期普遍存在捏报歉收的现象及其原因亦不难索解。

本书指出清中后期农业歉收捏报的普遍与严重，绝非否定当时生态环境全面恶化、灾害频次急剧增加且持续时间拉长、各种特大灾害交相并发，以及战乱等加重灾荒。歉收捏报不是凭空的，上述客观存在的事实正是它当时赖以存在的现实基础。这也再次证明，虽然清代有关雨雪、粮价、收成、蠲缓等方面的档案较其他经再次编纂形成的史料更接近史实而相对更加可靠，但仍不能完全相信甚至“迷信”档案。档案制作者及当事人的目的和动机、档案形成过程中的社会与人为因素，是判断档案可靠性的重要依据。

第二，通过统计被灾州县数展现灾荒的范围与程度。

汤象龙利用道光朝《东华录》统计，道光二十六年至三十年（1846—1850）缓征州县1927次，免征州县662次，共蠲缓州县2589次，以十八行省

① 萧凌波：《气候、灾害与清代华北平原社会生态》，科学出版社2021年版，第27页；马国英：《晚清粮食收成分数研究（1875—1908）——以山西省为例》，《西北师大学报》（社会科学版）2015年第3期。

1500余县计，平均每年被灾500余州县。灾情如此严重，田赋收入随之锐减。[①] 暂不论其统计数目之准确程度，但将缓征州县次计入，则扩展了灾情范围。周育民根据《清宣宗实录》《清史稿·宣宗本纪》等资料统计，1840—1849年清政府因灾缓征、蠲缓、减免田赋和赈济的厅州县数目共6378次，被灾县份高达1100多个，占清代州县总数的3/4，而被灾州县次则是清代州县总数的四倍以上。[②] 他将缓征计入，且重复计算赈济厅州县数，也扩大了灾情范围。

李向军根据《清实录》逐年排列，补以《清史稿》、《大清会典事例》、“清三通”、方志、文集、档案等，以被灾州县次为单位，编制1644—1839年全国各主要省区灾况年表，并特别强调“清代规定失收五分以下为不成灾，或仅云歉收，表中亦不做灾况计入”。此灾况的统计范围是灾蠲州县（次）所遭遇之水、旱、雹、虫、风、霜雪、地震、疾疫8个灾种的情况，不包括歉收或因灾缓征州县。他综合此时段的灾况、灾蠲情形，指出乾隆朝后期之前，灾蠲与灾况的走势在大致保持一定距离的基础上并行；乾隆朝后期，灾况持续上升，灾蠲逐年下降，灾而不蠲的现象日益严重；从道光十四年起，灾况的发展趋势不断上升，至道光十九年达到顶点，而灾蠲一落千丈，二者的差距日渐加大，荒政之衰于此可见。[③] 以上统计取材较为丰富，统计标准符合清代成灾定例，清代荒政在乾隆朝后期、道光十四年等关键时间节点的明显变化亦可于本书得到印证。但这个统计分析结果与清代灾蠲实际相悖，即据乾隆朝后期以降灾况与灾蠲（州县次）走势的背离径认为灾而不蠲的现象日益严重，值得商榷。

揆诸清代灾蠲制度，清初至乾隆三年（1738）之前，被灾六分至十分列入成灾，五分及以下系勘不成灾；乾隆三年至清末，被灾五分亦列入成灾；康熙朝至宣统朝，还于灾蠲分数定例之外，或增加灾蠲分数，或将被灾最重

---

① 汤象龙：《咸丰朝的货币》，载陶孟和、汤象龙主编《中国近代经济史研究集刊》第2卷第1期，1933年11月。

② 周育民：《晚清财政与社会变迁》（修订本），第84—85页。

③ 李向军：《清代荒政研究》，第15—18、66—67、113—214页。

田赋全免。其间，乾隆三年灾蠲分数定例的调整是关键。当以州县次为单位统计灾蠲、灾况时，必会出现较前大幅增加的趋势。李向军的分析也显示乾隆三年之后，灾蠲、灾况等较此前有一个明显的跃升，这符合清代灾蠲定例与实际。但乾隆朝后期以降，灾况不断上升，灾蠲逐年下降，则并非表明灾而不蠲的现象日益严重。这是因为：其一，乾隆三年以后的灾蠲分数定例至清末未改，即使其间时常增加灾蠲分数，或将被灾最重州县之田赋全免，也只是增加了灾蠲田赋额，而不会在灾蠲州县次上体现出来，与灾蠲密切相关的灾况统计亦如是；其二，清代因灾蠲免多据灾蠲分数定例，嘉庆朝以降，虽然因灾蠲免不再时常加增分数而严格按成灾等级执行，但不可能出现灾而不蠲且日益严重的现象。清代荒政自嘉道时期转衰，更可靠的指标体现于蠲赈钱粮数额的减少，而非州县频次上。李向军的分析之所以出现悖论，主要是统计灾况时，虽自觉将缓征州县排除，但可能不自觉地将《清实录》嘉道时期大量的“蠲缓”州县次计入，而缓征在“蠲缓”中占比较大，从而拉升了灾况总量。

即使利用清代档案，也需格外注意档案整理后所呈现的灾害信息是否准确，或如何利用更为科学合理，不可径将档案整理后的蠲缓州县数作为衡量灾区范围或灾害程度的指标。1957 年，李文治将中国科学院经济研究所藏清代灾荒表（提取清代档案中的蠲缓州县数、村庄数、灾害种类等信息编制而成）整理为“长江流域六省历年灾荒表（1846—1910）”和“黄河流域六省历年灾荒表（1822—1911）”，分别包括江苏、浙江、安徽、江西、湖北、湖南，以及直隶、山东、河南、山西、陕西、甘肃等 12 省之“灾区州县数”(有的省含村庄数)、“灾别”。[①] 将以上 12 省之“灾区州县数”与本书附表 2 至附表 5 对照，大致可以判断：“灾区州县数”与“蠲缓州县数”或“缓征州县数”接近，实际或将灾蠲与缓征州县数混合统计。郭松义利用李文治整理的数据，统计以上 12 省道光二十六年至宣统二年（1846—1910）共有 18345 州县次遭受水旱等灾，平均每年受灾 282 州县；其中，光绪年间被灾地区最

① 李文治编：《中国近代农业史资料》第 1 辑（1840—1911），第 720—722、733—735 页。

广，年均约374州县，若再加以尚未统计的华南、西南和东北等地，数值还会更高。① 该统计也扩大了灾情范围，如所言光绪朝灾区最广，正是“例灾”、捏报歉收最频繁且普遍的时期。

近代中国灾荒状况诚如李文海所言，“一旦接触到大量的有关灾荒的历史资料，我们就不能不为近代中国灾荒之频繁、灾区之广大及灾情之严重所震惊”②。天灾造成人祸，人祸加剧天灾。《近代中国灾荒纪年》为把握晚清灾情做出创臻辟莽之功，就资料之多样与内容之丰富而言，至今还没有哪本书对近代中国灾荒问题“提供如此详细而具体的历史情况”。李文海认为该书对近代中国灾荒面貌的反映，总体来说是基本准确的，“就其基本轮廓来说，是可信的。但是，至多也只能说是总体的‘基本准确’和‘基本轮廓’的可信，却无论如何不能说完全的准确和完全的符合历史实际”，并陈述三方面原因。一是档案资料的可信度，“档案资料在史料中的真实可靠性较大，但也只是‘较大’而已……地方官吏对灾情的报告，出于各种原因，常有偏轻偏重的现象，因此，一些地方督抚对朝廷的灾情报告，也并非完全可信”，该书虽对某些明显的灾荒虚捏讳饰做了一些必要的考证，“但要弄清每一件报告的真实程度，却是无法做到的”。二是赋税多寡与灾荒轻重关系密切，“凡是主要赋税所出之处，有关灾荒问题的反映就快，材料也多；有些贫瘠地区，钱粮所入与政府财政关系不大，灾荒情况的反映就很少，甚至根本无所反映，但这并不等于这些地方就没有灾荒”。三是灾情之范围与等级有的较笼统，“如清廷每年发布若干因灾蠲免或缓征钱粮的上谕，总要开列一批州县名称，但这些地方受灾的轻重和面积的大小（是整个州县还是该州县的局部地区），却有很大的不同”，有的可以通过其他材料进行具体区分，“有的则只能照抄，提供一个受灾地区的大致范围”，自然灾害和兵灾的蠲缓钱粮，亦无从区分，只笼统说受灾地区范围，“请读者阅读时加以注意”。③ 晚清灾情的真伪、频率、程

① 郭松义：《清代的灾害和农业——兼及农业外延式发展与生态的关系》，载《民命所系：清代的农业和农民》，中国农业出版社2010年版，第365页。

② 李文海：《中国近代灾荒与社会稳定》，载国家教委高校社会科学发展研究中心组织编写《中外历史问题八人谈》，中共中央党校出版社1998年版，第159页。

③ 李文海、林敦奎、周源、宫明：《近代中国灾荒纪年》，前言，第17页。

度等，需在这个大致圈定的范围内进行更艰苦细致的甄别。

《近代中国灾荒纪年》为探讨晚清灾情提供了较坚实的资料基础，但由于编纂成于众手，记载“蠲缓”州县数的资料或区分成灾、歉收，或未区分。大体而言，该书利用朱批、录副奏折时，成灾、歉收区分清楚；利用《清实录》等资料时，照录“蠲缓”州县数，未区分成灾、歉收。以光绪十三年（1887）为例，奏折记载直隶省被水，秋禾灾欠57州县，“内有被虫、被旱之处”，其中被灾五分至十分“成灾州县”43个，歉收三四分“勘不成灾”州县14个；河南省79厅州县因水、旱灾欠，其中“成灾”16州县，“偏潦、偏旱欠收”“尚未成灾”63厅州县。《清德宗实录》记载江苏“被水、被旱”等因灾欠收64厅州县、8卫、14盐场；浙江成灾、歉收不分，笼统说因水旱等造成灾、欠之地区共64州县、6卫所、7盐场；此外，江西受灾地方34厅县及九江府同知所辖地方，湖北25州县有“被水、被旱村庄”，广西20州县被灾，山西30厅州县灾欠，均未区分成灾、歉收。[①] 这些未经区分成灾、歉收的州县数据不能直接进入灾情统计范围。

因此，利用《近代中国灾荒纪年》或《清实录》等统计成灾州县数并分析晚清灾情时，须对相关资料进行还原，尤其是利用灾赈档案对比和替换抄档（整理原档后的加工或统计）、《清实录》、《东华录》、《大清会典事例》、“清三通”，以及采择晚清官方档案编撰的地方志等二次编纂之文献，明确区分成灾、歉收。不管是真实歉收抑或捏报歉收，均属勘不成灾，不能列入成灾范围。夏明方利用《近代中国灾荒纪年》和李文治整理的黄河、长江流域12省灾荒表，统计1861—1895年各省区共有17278县次发生一种或数种灾害，年均达493县次，按当时全国县级行政区划总数1606个计算，每年约有31%的国土笼罩在各种自然灾害的阴霾之下。其中最严重的1881—1885年高达2829县次，年均596县次，灾荒打击面极广。[②] 他虽然自觉将“勘不成灾”州县数剔除，但由于缺少资料还原工作，亦将未区分成灾、歉收州县数的资料

① 李文海、林敦奎、周源、宫明：《近代中国灾荒纪年》，第497—506页。

② 夏明方：《从清末灾害群发期看中国早期现代化的历史条件——灾荒与洋务运动研究之一》，《清史研究》1998年第1期。

即“蠲缓”部分纳入统计，一定程度上扩大了受灾地区和成灾面积。

综上所述，统计分析清中后期灾情，须将歉收或勘不成灾排除。甄别、厘定清中后期灾荒状况及其变动趋势，还需在充分整理和利用灾赈档案的基础上，吸收气候学研究成果并结合财政、政治和社会状况，进行一番折返探源的工作。

四、蠲缓制度完善悖论与积欠治理之难

清代蠲缓制度是中国历史时期最成熟完善者，除前述制度内容和实践表现外，还可从它与此前各朝代蠲缓制度的对比中体现。

田赋蠲免自汉代逐渐制度化，成为常规救灾措施。灾蠲之多寡与历代评定的灾伤等级相关。汉代灾免的比例大致以四分灾为限，但具体蠲免田租数额不固定，视实际受灾及损失程度，由官员有条件地减免。和帝永元四年（92）诏，该年郡国禾稼为旱蝗所伤，灾四成以上者免除全部农业税。永元十四年令被灾四成以上者免除一半农业税。有时根据实际灾况蠲免，如东汉安帝永初七年（113）诏，灾伤五成以上者免收田租，不足五成者按实际损失蠲免。顺帝永建元年（126），令灾伤不满四成者“以实除之”。据统计，在两汉君王因灾颁发的百余道荒政诏令中，有关蠲减田租的共30道左右。①

唐代蠲免制度进一步发展。唐前期遇有水旱虫霜等灾伤，对租庸调的蠲免规定如下：“十分损四已上，免租；损六已上，免租、调；损七已上，课役俱免。若桑麻损尽者，各免调。”据此归纳有4/10、6/10、7/10以上三种标准。唐前期实行租庸调制，灾蠲的损失主要由中央财政负担；后期实行两税法，税入分为上供、送使、留州三部分，灾蠲的损失由中央与地方共同承担，当中央政府负担过重时，不得不减少开支。中央与地方常围绕灾蠲多寡展开财赋争夺，唐末藩镇多以受灾为借口，减少和截留上供钱物，使中央政府陷入严重财政危机。尽管唐后期灾蠲依然执行，但其实效无法与前期相比。②

---

① 陈业新：《灾害与两汉社会研究》，上海人民出版社2004年版，第293页。

② 阎守诚主编：《危机与应对：自然灾害与唐代社会》，人民出版社2008年版，第300、306—312页。

北宋以元丰元年（1078）为界，此前灾蠲根据受灾程度以十分计，按分数等级免税，有二分、三分、四分、五分、六分、七分、十之二、十之三、十之六、十之七等。元丰以后，受灾放免租税与青苗法放贷相结合，灾伤以七分为界，七分以上者，蠲免夏税；不及七分，检复如常法。绍兴二十八年（1158）以后，更定灾伤五分成为是否蠲赈的标准。①

明洪武时期，地方遭遇水旱，税粮即予蠲免。成化时期，被灾之地以十分为率，减免三分。弘治时期，全荒者免七分，九分者免六分，依次递减，至被荒四分免一分而止。② 万历四十三年（1615），确定灾免事例："凡遇夏秋灾伤，取勘是实，除三分以下者不免外，全灾者免七分，九分者免六分，八分者免五分，七分者免四分，六分者免三分，五分者免二分，四分者免一分。"③ 虽然明代灾蠲分数与清代接近，但明政府为保证国家财政收入，先蠲免存留，次及起运；甚至还规定灾蠲只免存留，不准混入起运。

综合考虑清代赋役制度的发展与白银货币化程度，田赋在国家财政收入中的比重，灾蠲于起运和存留项下均减，灾蠲分数多元化，灾蠲与恩蠲配合等因素，清代灾蠲及其实践堪称历史的突破。缓征制度晚于灾蠲制度，大致始于唐代韩愈的"遇旱停征"、宋代的"倚阁"之议。唐代以后，缓征颇多，但具体实施及其影响，因史料缺失难以窥其全貌。清代缓征制度内容周详，实施的规模与力度最大。

蠲缓制度与税收直接相关，故清代蠲缓制度及其实践与国家财政演变是一个问题的两个方面。随着清前期国家财政实力不断增强并达到鼎盛，蠲缓制度也在乾隆朝臻于成熟完善，无论是其制度表达抑或实践，从国家的视角看，确属"亘古所无"。这是清前期诸帝自信与自诩的"历史功绩"，也是此后君臣乐道和怀念的"历史遗产"。18 世纪后期，清朝国家财政的危机逐渐在政治、经济和社会诸领域表现出来，但乾隆帝及其大臣沉醉于"盛世"的迷

---

① 李华瑞：《宋代救荒史稿》上册，天津古籍出版社 2014 年版，第 397—400 页。

② 《清世宗实录》卷六七"雍正六年三月癸丑"条，《清实录》第 7 册，第 1020 页。

③ （明）祁彪佳：《救荒全书》，载李文海、夏明方、朱浒主编《中国荒政书集成》第 2 册，第 787 页。

梦中，既昧于世界大势，也不正视“盛世”下的隐忧，[①] 依旧粉饰太平，忙于上演禅让的“历史活剧”。禅让之际，乾隆帝普免全国钱粮的同时还普免全国积欠，又为其执政功绩涂抹了浓重的一笔。这次普免积欠银粮总数多达2000余万两/石，超过此前历次蠲免积欠数额，且当时外省钱粮亏空已渐露端倪，但朝野或因户部银库存银尚多，或因“君恩浩荡”“普天同庆”，更或震慑于乾隆帝钳制言论的淫威，且洞悉暮年君主喜谀恶直的心态，无人敢针对再次凸显的积欠与亏空问题犯颜直谏。

进入19世纪，成熟完善的蠲缓制度因国家财政实力转衰而在实施期间出现困境和变异，主要表现在：一是常规的灾蠲分数额外加增之例基本消失，二是因灾缓征导致积欠激增，三是普免新赋转向普免积欠。在清统治者坚持“列圣成法”和“养民”祖训的情况下，完善的蠲缓制度呈现的悖论和矛盾之处在于：导致严重积欠而使国家财政收入锐减的田赋缓征，被完整保留并严格执行；清统治者明知普免积欠替代普免新赋将无法保证农民受益，却不能从根本上阻断积欠与亏空的关联；以“养民”“不加赋”为出发点的定额财政体制“反噬”蠲缓制度，使旨在减轻民众田赋负担的蠲缓制度名实脱节。

以史学研究者的后见之明来看，18世纪清朝统治者应至少从两个方面变革财税制度，才有可能避免19世纪的财政危机：一是在18世纪中期商品经济大发展的情况下，对税制进行结构性改革，将流通领域作为课税的重点；[②] 二是只有全面重组财政分配制度，政府才有希望和腐败的官僚制度作斗争，但这意味着要摒弃作为清朝统治合法性赖以存在的一些基本的善政原则。[③] 前一个方面，清政府直至19世纪中期在内忧外患的逼迫下才开始转型。后一个方面，雍正帝之后的清代诸帝均不敢摒弃一些善政原则，拒绝背负“屯膏”之名；财政分配制度的改革迟缓且艰难，近代中国中央与地方财政划分思想最

---

① “盛世”下的隐患主要有：人口膨胀、物价持续上涨、失去制衡的专制皇权，其中极端专制是历史上的老问题，也是“盛世”的最大隐患，对清朝国势转衰有直接作用，影响更深远；人口膨胀、物价持续上涨是18世纪的新问题。参见郭成康《康乾盛世的成就与隐患》，载《清代政治论稿》，第316—344页。

② ［日］山本进著：《清代社会经济史》，李继锋、李天逸译，第61页。

③ ［美］曾小萍著：《州县官的银两——18世纪中国的合理化财政改革》，董建中译，第68页。

早萌芽于光宣之际，但仅限于字面和言论，未及实行，清朝已亡。

清代蠲缓制度引发的严重田赋积欠问题在中国史和世界史上均属独特、罕见。明代税粮逋欠较少以缓征的形式出现，而是直接拖欠。崇祯五年（1632），有340个县的税收拖欠达到50%以上，其中134个县全部拖欠。这种情形表明明朝税收征纳有一个明确的最高限度，一旦超过这个限度，将导致财政体系的崩溃。① 18—19世纪的英国不存在"醒目的税收豁免"。18世纪前后的英国财政，主要靠商业税尤其是海外贸易。1895年，英国政府为缓解地方税的压力，将土地税和住宅税收入转移给地方。② 17世纪法国遭遇了农民欠税而使国家陷于严重财政危机，但其表现形式和处理方式与清朝大相径庭。法国国王因火灾、冰雹、洪涝等，恩赐短期的免税待遇，但同时调整行政区的各种税收，使税收总额不变。村级直接税的加重导致皇家税收与地租之间争夺农民的收益，这一竞争在17世纪三四十年代造成严重的欠税问题，农民拒绝纳税达到惊人的地步。军队承担征税任务后，皇家税收体系陷入恶性循环：不诉诸武力，赋税无法征收；动用军队收税进一步恶化与农民的关系，也无法缓解财政困难，军队常劫走收取的税收。法国经历了一场相当于总破产的严重危机。③

积（民）欠问题在清朝顺康之际、康熙后期，以及乾隆后期至清末均很严重，各时期的治理措施与效果不同。康熙帝改革的重点在民欠，强化催征和慷慨的赋税蠲免。雍正帝即位后，着手处理康熙后期的民欠，改革重点发生显著变化，对外省亏空和官吏侵贪予以正面打击。④ 乾隆帝晚年否认外省亏空，将积欠普免了之。嘉道时期，面对积欠问题，御史尚能建言献策，但统治者对废止缓征制度之言拒不采纳，也未因此而对蠲缓制度进行调整；此时

① ［美］黄仁宇著：《十六世纪明代中国之财政与税收》，阿风等译，第451页。

② ［英］马丁·唐顿（Martin Daunton）著：《信任利维坦：英国的税收政治学（1799—1914）》，魏陆译，上海财经大学出版社2018年版，第7、299页。

③ ［美］詹姆斯·B. 柯林斯（James B. Collins）著：《君主专制政体下的财政极限：17世纪上半叶法国的直接税制》，沈国华译，上海财经大学出版社2016年版，第70、182—196页。

④ ［美］曾小萍著：《州县官的银两——18世纪中国的合理化财政改革》，董建中译，第73—74页。

期的财政治理措施主要是有限度地清厘官亏、吏蚀与民欠，对外省钱粮亏空的清查由秘密走向公开；为提高田赋收入，自道光初年实施“三年比较清单”制度，但上述措施成效有限。咸同时期，清廷仅普免积欠而极少对其展开治理，外省亏空更加恶化。光绪前期迎来财政治理的重要机遇期，面对长期以来的积欠、亏空与赋税积弊，言官再度活跃，计臣亦积极作为。光绪十年，清廷先是对蠲缓制度进行改革和修订，核心内容是将有关蠲缓的详细信息在基层公开；次年底，又将在民间慈善事业中发展完善、行之有效的财务公开形式——征信录引入赋税征缴领域，在全国推行征信册制度，试图以“征信于民”的方式革除官吏中饱，增加国家财政收入。这在当时具有积极的“历史超前”意义。与之相对照，19世纪英国的税收制度与地方财政发生重要转变，而且国家重新获得人民的信任，其重要原因之一，是税收征管注重发挥民间力量的作用。英国将中央集权的官僚制度（专业管理者）和地方性的外行控制相结合，将土地税的征管责任转移给纳税阶层，通过一个“志愿的中间机构”征税，相当于在国家和纳税人之间建立一个缓冲地带，有助于确保纳税人对税收的一致认同和信任。① 清代赋税征缴领域诸多积弊的复杂性及征信册自身带来的负面影响等，注定征信册制度无法担负起廓清田赋征收积弊的重任。嘉道以降，清政府整顿田赋积欠、治理外省亏空的措施与改革，呈现出制度规定愈趋细密而积弊日益深重的悖论，财政治理和制度改革陷入魏特夫所说的“行政效果递减法则”的窘境。② 清统治者一向奉“有治人无治法”为行政圭臬，晚清国家财政治理的实践却更多表现出有改革之策而无贯彻落实改革之人。“有治法赖有治人”的历史教训，洵为殷鉴。

清代田赋积欠难治的深层原因不在荒政而在财政，主要有二：一是前述田赋管理与征收之混乱；二是财税结构、中央和地方的财政关系处理不恰当，中央与地方在田赋的划分和归属上不合理。现代财政学指出，“土地税与政治

① ［英］马丁·唐顿（Martin Daunton）著：《信任利维坦：英国的税收政治学（1799—1914）》，魏陆译，第189—204页。

② ［美］卡尔·A. 魏特夫著：《东方专制主义——对于集权力量的比较研究》，徐式谷等译，中国社会科学出版社1989年版，第107页。

统治的联系使得它传统上由中央政府征收。当然，土地所有的地方性特色、高度密集的需要以及分散的土地管理促使它为地方政府所有"[①]。清代民国的财税实践也证明这一点。1912年，各省都督都力争田赋应划归地方，但袁世凯只界予田赋附加税。袁世凯死后，各省军阀将田赋"托故截留，以多报少"，充作地方经费。类似清代田赋积欠的现象再度出现。马寅初认为，田赋不可由中央办理，而必须由地方办理。中央对地方情形不熟，而土地所在地之居民近在咫尺，几于无事不晓。倘中央把持田赋，必遭失败，"田赋之短收，必有不堪设想者"。[②] 1928年，南京国民政府第一届全国财政会议将田赋划为地方税。虽然田赋的归属问题已厘定，但由于田赋管理与征收混乱的问题未根本解决，地方财税结构也未有实质性的近代化变革，此前作为国家财政问题的田赋积欠转变为地方财政问题，仍如同清代那样再次通过"合法制度"而凸显。民国云南省的事例可反推佐证清代田赋征收的"合法制度"为赋税拖欠和官吏舞弊留下空间。

一是田赋分忙征收制度。为便于考核征收官吏，云南田赋征收分上、下两忙，而"人民完纳田赋则于两忙期内一次完纳，无所谓上忙下忙之分，是则征期延长，受惠于人民者少，而反予征收官吏一种拖延取巧之机会"。1930年之后，云南省财政厅为增加征税效率，取消分忙而统称"征期"，规定每年十月初一日开征，次年二月底截止。[③]

二是田赋蠲缓制度。各国土地税"本无灾歉蠲免办法，收入既甚确实，征收官自无从舞弊。我国勘报灾歉旧例，虽云久成习惯，骤难革除"。蠲缓制度立意本善，"按照被灾状况，蠲免几成，缓征几成，体恤民艰，慎重税收，可谓兼筹并顾"，但"施行既久，精义全失"。一方面，征收官吏以缓征为名侵蚀赋税，"各县仍不按期征解，以图侵蚀"，"甲年之赋，往往至乙年报解，而乙年之赋，则延至丙年报解。国家税款，一任经征官吏之侵蚀，其害曷可胜言"。另一方面，缓征者多不能带征缴纳，"完纳本年税款，已属拮据难筹，

① ［英］肯耐斯·戴维著：《地方财政》，滕忠勤、周顺明等译，第62页。
② 马寅初：《财政学与中国财政——理论与现实》上册，第171、201—203页。
③ 黄振钺：《云南田赋之研究》下卷，第11684—11685页。

焉有余力再完旧赋？无形之中，缓征亦等于蠲免，蠲免亦与缓征无别，故结果积欠甚多”。因此，民国学人提出废除缓征制度，仅办蠲免，“较之空有缓征之名，而无带征之实者，强胜多矣”。[①] 这个意见与1820年前后御史袁铣的建言如出一辙，它虽然指出问题之所在，但未被政府采纳。田赋及其积欠问题的解决，仍有待于田赋管理与征收的根本整顿和国家财税结构的近代化演进。

2006年1月1日，中华人民共和国宣布取消农业税，这标志着在中国历史上延续了2600余年的“皇粮国税”——农业税从此退出历史舞台。现代中国与传统中国在财税结构上的一个重大区别是，农业税不再是国家财政收入的主要来源。这也摆脱了中国几千年历史上困扰国家与社会的田赋难题。虽然田赋已成为历史陈迹，但如何统筹推进财税体制改革，处理好中央与地方、国家与社会的财政关系，既能保证国家财政用度，又能增加地方自主财力，发挥好财政在国家治理现代化进程中的基础性与支柱性作用，不断增进民生福祉，增强各族人民的国家认同，维护国家长治久安等中心议题，仍将持续讨论下去。历史如果重复自己，代价就会上升。就此而言，历史时期以田赋为核心的财政、荒政与国家治理实践，可为中国建立现代财税体制，推进国家治理体系和治理能力现代化提供前车之鉴与经验智慧。

① 黄振钺：《云南田赋之研究》下卷，第11768、11851、11859—11860页。

附　　录

附表 1　清代各省区灾竈州县次

省区 年份	直隶	山东	河南	山西	陕西	甘肃	江苏	安徽	江西	浙江	福建	湖北	湖南	广东	广西	四川	贵州	云南	东北	新疆	蒙古	总计
1646	7								78			10										95
1647		78		14	54																	146
1648		1		75																		76
1649	61	10		73																		144
1651			8																			8
1653	1	69					25	28				35	23									181
1654	131	46			2		5	3		22		1										210
1655	32	24	2	4	73	32		1	23	34		46	6									277
1656	10		3	12	4							4	5									38
1657	30		13						10	8			10	6								77
1658	8		1	1						13		10										33

续表

省区/年份	直隶	山东	河南	山西	陕西	甘肃	江苏	安徽	江西	浙江	福建	湖北	湖南	广东	广西	四川	贵州	云南	东北	新疆	蒙古	总计
1659	9	12	13		5		25	18	45			5	8	4			68					212
1660	4	4	13				[illegible]					2										30
1661	4	2			5		27		4	29	12	3										86
分计	297	246	53	179	143	32	89	50	160	106	12	116	52	10			68					1613
1662			7		51				65	5	12	7				7						154
1664				20					41													61
1665	1	104		94																		199
1666					1		2		35	6		12										56
1667						6					5											11
1668	51					10	14															75
1669	50	1	2		2	32	20			2												109
1670	43	38	9				24	8		5		6										133
1671	3	1					24	18														46
1672		6					11															17
1673	13		1				47			1			3									65
1674	10	52	6				15		12													96
1675							24	18														42
1676							20															20
1677	1						15	4	57	19	57											153

续表

年份＼省区	直隶	山东	河南	山西	陕西	甘肃	江苏	安徽	江西	浙江	福建	湖北	湖南	广东	广西	四川	贵州	云南	东北	新疆	蒙古	总计
1679	66																					66
1680	14																					14
1681	1			12																		13
1682	69			36																		105
1683		1				1																2
1684	20		3	5			1		17			15										61
1685	137	2					6															145
1686	71	2					6															79
1687	69	1		2					10													82
1688								3	12	1		7						1				24
1689	100						10		32			29										171
1690	100	104	53			1	15			5		29						2				309
1691	77		49	7	21		8		1				3					10				176
1692			106	2	40		14		2									1				165
1693	38			18	79		61	58		77												331
1694	69	1		40	40		5				3			3								161
1695	21			2					3										9			35
1696	80						33					9										122
1697	27	104		11			20	1	9	1												173
1698	1	27		94	12		9	11		4	3	7										168
1699	6						30	11		2	3											52

续表

年份＼省区	直隶	山东	河南	山西	陕西	甘肃	江苏	安徽	江西	浙江	福建	湖北	湖南	广东	广西	四川	贵州	云南	东北	新疆	蒙古	总计
1700							25	8														33
1701	4		1		26			3						7								41
1702		6	3			37	4	1		1		1										53
1703	26	100	22				3		6	13		5	7									182
1704		104										1	2	6								113
1705	2						11		4		3	17		2								39
1706	2				1		12	1	2													18
1707	6	7					21		4	16	3											57
1708							25	7		20												52
1709		4	6			14	77	57	78	79	2			5								322
1710	7	4	6				19			8												44
1711	1	4					15	9		3												32
1713						6				6	1			5								18
1714			26				54			17		10										107
1715	79				5	28	18						4									134
1716	5	6				33	15		3			19	8									89
1717	36						1				3											40
1718												19										19
1719						70	8			23												101
1720	5				7		5					8										25
1721					1						3											4

续表

省区/年份	直隶	山东	河南	山西	陕西	甘肃	江苏	安徽	江西	浙江	福建	湖北	湖南	广东	广西	四川	贵州	云南	东北	新疆	蒙古	总计
分计	1311	679	300	343	286	238	748	218	393	314	98	201	27	28		7		14	9			5214
1723		49												2								51
1725	74																					74
1726										1												1
1727	1									2		10										13
1728	1									1						1						3
1729	1																	1				2
1730		12					3															15
1731	3																		1			4
1732		51				17		7														75
1733							6															6
1734					3	4																7
1735						52	3	9		4						9						77
分计	80	112			3	73	12	16		8		10		2		10		1	1			328
1736			1				14			4		2	2					5				28
1737			4	5	13	3	4	13				2										44
1738		1	4		8	2	47	1		7			1			3	4		4			82
1739	57	8	1		19	23	6	19		4												137
1740	10			4	3	3	10	1				3				3						37
1741	5		3	1		3	38	3		9	1		2	2								67
1742							55	20	25			13	31	25								169

续表

年份＼省区	直隶	山东	河南	山西	陕西	甘肃	江苏	安徽	江西	浙江	福建	湖北	湖南	广东	广西	四川	贵州	云南	东北	新疆	蒙古	总计
1743	8	1				7	45	10			3					1		2				77
1744	11	50					5	17		32				7				1				123
1745	11	2	12	18	2	7	25	18	1	30			5	10				1				142
1746	12			2		12	24	18			6	1		4					2			81
1747	32	91	28	13		12	16	11		8	1			4								216
1748	5	19		6		9	12			5	9	6	1									72
1749	25	21	16	2			1	8			8	4										85
1750	17	2		19			8	23		12				11								92
1751	28	7	6	15	9		13	29		6			1						1			115
1752		15	1	11		39	10	23		54			3	3								159
1753	10				39	1	26	27		3		1										107
1754	3					15	35	3			3											59
1755	6						15	15		1		5										42
1756				2			10	13		13												38
1757		5	12				10	11														38
1758			4	4	1	15	11			15	4											54
1759	1	14		68						5									1			89
1760	2	3																				5
1761	74	41	43			32	21	14					4									229
1762	22					6	11			17												56
1763	2	35				12	18					2										69

续表

省区 年份	直隶	山东	河南	山西	陕西	甘肃	江苏	安徽	江西	浙江	福建	湖北	湖南	广东	广西	四川	贵州	云南	东北	新疆	蒙古	总计
1764	2	7				32	3		1				2					5				52
1765						26	6	16	3			7	1						1			60
1766	19	55			3	13	33	17		3									9			152
1767	2	3		1		36	11	27	13													93
1768	50		7					16				5								1		79
1769	4	1			1	26		30														62
1770	49					33				4								1				87
1771	73	1		1		28																103
1772						25																25
1773				4			7											1				12
1774	25		5			24	23	14				15										106
1775	52					1	43	41										2				139
1776		27				31	46	9														113
1777	23					29		1														53
1778		19	3			32		5														59
1779			19	1		66	3						15									109
1780	113		11			36	12					5	15									192
1781						15	1	9		16									11			52
1782	9	1	6	1			24	23											1			65
1783		2	16				19	13														50
1784	5		6		8		7	10				4										40

续表

省区/年份	直隶	山东	河南	山西	陕西	甘肃	江苏	安徽	江西	浙江	福建	湖北	湖南	广东	广西	四川	贵州	云南	东北	新疆	蒙古	总计
1785			42			12	43	54														156
1786	4							14														18
1787	7		6	9	3		41	18														84
1788			5					30				15							7			57
1789	96		1															5				102
1790	69	55				3	3												9			139
1791	1		5																5			11
1792	117																					117
1794	32	16	25	3							5	8										89
1795											8											8
分计	1093	502	292	190	109	669	825	644	43	248	48	98	83	66		7	4	23	51	1		4996
1796												2										2
1797	8											4										12
1799							1															1
1800	8						2												1			11
1801	90	16		12						5								3				126
1802	22						2		3									2	1			30
1803	5	14	10									38						3				70
1804	5																	1				6
1805	7		14	26								5										52
1806	6																	1	4			11

续表

省区/年份	直隶	山东	河南	山西	陕西	甘肃	江苏	安徽	江西	浙江	福建	湖北	湖南	广东	广西	四川	贵州	云南	东北	新疆	蒙古	总计
1807	10						9						5									24
1808	7						14															21
1809	1																					1
1810	8						6	3											1			18
1811			4				3	6		4										2		19
1812	2																	1				3
1813	1		26					7		4												38
1814	7																		6			13
1815		2																				2
1816	1																					1
1817	24																		3			27
1818	28	2						3														33
1819	10									17			7									34
1820																			5			5
分计	250	34	54	38			37	19	3	30		49	12					11	21	2		560
1821		2																				2
1822	3	5	1									2										11
1823	27											3										30
1824	1							31														32
1825	1																					1
1827				1																		1

续表

年份＼省区	直隶	山东	河南	山西	陕西	甘肃	江苏	安徽	江西	浙江	福建	湖北	湖南	广东	广西	四川	贵州	云南	东北	新疆	蒙古	总计
1828						1																1
1829	9							2														11
1830	8									1		5							5			19
1831	5																					5
1832	2																		1			3
1833	5			5						1												11
1834																		10				10
1835	1			5																		6
1836	3																					3
1837	2																					2
1838	14						3															17
1839	5																	2				7
1840																			1			1
1842	4						11															15
1844	4																					4
1845	5																					5
1847	3									1												4
1848								16														16
1850	7																					7
分计	109	7	1	11		1	14	49		3		10						12	7			224
1851	6														54		1	2	1	1		65

续表

省区 年份	直隶	山东	河南	山西	陕西	甘肃	江苏	安徽	江西	浙江	福建	湖北	湖南	广东	广西	四川	贵州	云南	东北	新疆	蒙古	总计
1852						1				48									4			53
1853						1																1
1855				2																		2
1856	8									23												31
1857								9				2										11
1861									1													1
分计	14			2		2		9	1	71		2			54		1	2	5	1		164
1862	4								28													32
1863	4						8												1			13
1864	3				2																	5
1865	3									1												4
1866	3							55										13				71
1867					45																	45
1868																			1			1
1869	4							17														21
1870	3																					3
1871	13	2																				15
1873		1																				1
1874	5																					5
分计	42	3			47		8	72	28	1								13	2			216
1875	14			6	1		24			63			9									117

续表

省区/年份	直隶	山东	河南	山西	陕西	甘肃	江苏	安徽	江西	浙江	福建	湖北	湖南	广东	广西	四川	贵州	云南	东北	新疆	蒙古	总计
1876	3	10		4			24			38					21							100
1877	6		27	76	1					39									1			150
1878		4	51	42	2		5			48	1		12		19				1			185
1879	13		19	26	1		24			59									10			152
1880	4	4		95						27			8									138
1881	12	4		95			29			33			5		9							187
1882	2	7		95			8	3		129					25							269
1883	50	17		50			26	13		27							3					186
1884					1								8									9
1885	9	59															1		2			71
1886	34	75		22	3					33			9		31				10			217
1887	33																2					35
1888								12														12
1889			16							46									23			85
1890	6													1				2				9
1891																		5				5
1892	41						25										4	11				81
1893	39				14										3			15				71
1894	52																	4				56
1895	4																		2			6
1896						9												2				11

续表

年份\省区	直隶	山东	河南	山西	陕西	甘肃	江苏	安徽	江西	浙江	福建	湖北	湖南	广东	广西	四川	贵州	云南	东北	新疆	蒙古	总计
1897														2								2
1898												22						2				24
1899																		7				7
1900																		1				1
1901	82						61	38		37												218
1902	14	16	1	45	67	11	27	27	9	23		1						2	2			245
1903	15	19				1														2		37
1904						1				37								3			1	42
1905	4				1		30									6			2	1		44
1906	17	3																5				25
1907																		1				1
1908													2					14				16
分计	454	218	114	556	91	22	283	93	9	639	1	23	53	3	108	6	10	74	53	3	1	2814
1909						1	7					5						6	2			21
1910					1	9				9					20		1	3	3			46
1911							8						1					6				15
分计					1	10	15			9		5	1		20		1	15	5			82
合计	3650	1801	814	1319	680	1047	2031	1170	637	1429	159	514	228	109	182	30	84	165	154	7	1	16211

附表 2　清代各省区灾缓州县次

省区 年份	直隶	山东	河南	山西	陕西	甘肃	江苏	安徽	江西	浙江	福建	湖北	湖南	广东	广西	四川	贵州	云南	东北	新疆	总计
1697							24	3													27
1704		94																			94
1708										8											8
1715	15																				15
1721	4	89																			93
分计	19	183					24	3		8											237
1723		16	19																		35
1724							15														15
1725		43																			43
1726	160	53										17		11							241
1727	1											17									18
1732										4											4
1733										45											45
1735							4	9		7											20
分计	161	112	19				19	9		56		34		11							421
1736		2	12	4	2		52	15				13						5			105
1737		16	12	8	33	6	1				10			10			3				99
1738	7	32		5	6	10				7	2		1			6					76
1739	7		3		2		6	26		6											50
1740				2	10	2	13	1		14		7									49
1741		28					16	14		21	2	4									85

续表

年份\省区	直隶	山东	河南	山西	陕西	甘肃	江苏	安徽	江西	浙江	福建	湖北	湖南	广东	广西	四川	贵州	云南	东北	新疆	总计
1742			19			3						7	9								38
1743		14	7				2	19			3	8		1		2					56
1744	16	20		2			2	6	4	2				4		16					72
1745	113	10	5	24	16		17	41		6			2	15	2						251
1746		52		22			7	1				16	2	30							130
1747	15	141		3		10	11	6		3								3			192
1748		8			35	9	25	10			3								2		92
1749		16	16	24		27	6	11			9	11									120
1750		7		34			3			13		3									60
1751		85	23	7	4			9		58	2	1		8				4			201
1752			4	11	25	37	23					20									120
1753	12	8	5				31	8			2										66
1754				5		5	20	25			3										58
1755		17		2	8	10	31	27		39	3	6							7		150
1756		23		2		8		10		31											74
1757			4			11	26	14													55
1758	9	10		13	17		16			7	12										84
1759	4	14		56	19														4		97
1760								10													10
1761		64				10		6		7		8									95
1762		41	11			14				7											73

续表

省区 / 年份	直隶	山东	河南	山西	陕西	甘肃	江苏	安徽	江西	浙江	福建	湖北	湖南	广东	广西	四川	贵州	云南	东北	新疆	总计
1763						5				16											21
1764						35						20	10								65
1765	13	21				21	7	1		9		13									85
1766		62			11	24		22											5		124
1767	13	3							13			23							5		57
1768			7			14	16	32				5							4		78
1769	27				1	21	49		13	8		23	2								144
1770		92	19		2	34												1			148
1771	24	51				20															95
1772						5															5
1773	4		2			3	8	10				1						1			29
1774		11	5			22															38
1775						31	4			1											36
1776						61							5								66
1777			3		29	40	2					2									76
1778	17	21	64				34	27		5		71	14		9						262
1779			19				8					9									36
1780			2			41	10	9		13											75
1781		17	13						1			15									46
1782		26	16		19			11													72
1783		37			8							8									53

续表

年份＼省区	直隶	山东	河南	山西	陕西	甘肃	江苏	安徽	江西	浙江	福建	湖北	湖南	广东	广西	四川	贵州	云南	东北	新疆	总计
1784	8	10	33		3				6		3										63
1785	43	34	106	17	3	10	51	11		17		47									339
1786	4	41		6				68													119
1787	29	70	6	9	3	23	5				14		1							2	162
1788	81	54	13	22		5	1	35		1		22	6								240
1789	2		18									4							4		28
1790		42				1		5													48
1791	19	11	21				14														65
1792	72	62	31		29	10			9										1		214
1793	20	26	2						12	6											66
1794	107	59	25		5		12				8	8									224
1795				6	33	10	1				13	1									64
分计	666	1358	526	284	323	598	530	490	58	297	89	376	52	68	11	24	3	14	32	2	5801
1796		11				11		12				7									41
1797	34	10			12	9	6	10		10		36									127
1798	1	23	6				19	7													56
1799		42	1				22	3				20									88
1800	43		2	2	40	21	22	24	8					4							166
1801		32	4	19	57	47	8	14	4	11			2						3		201
1802	43	93	2	4	31	58	31	23	63	23		47									418
1803	11	20	44			2	15	11				2						1	1		107

续表

省区 年份	直隶	山东	河南	山西	陕西	甘肃	江苏	安徽	江西	浙江	福建	湖北	湖南	广东	广西	四川	贵州	云南	东北	新疆	总计
1804	6	27		38		8	48	32	9			8	1					1			178
1805		20	36	35	52	52	20	29		15		11	1					4			275
1806	22	20	15	31	2	5	5	12			2	5	3			4					126
1807	117	1	6	27	8	6		35		3		35	8		20						266
1808	20	1	4			13		5	9			10	2				1				65
1809	30	1	3		25	8	50		3	3	3		4								130
1810	40	15	1		9	36	26		3			4	1			1					136
1811	25	83	98	9	13	6	16	4	7	18	1	29							3		312
1812	54	136	12	13	6		13	9	8		4		1	1					17		274
1813	109	58	63		27		20	19	5				3	18					4		326
1814	120	35	10	7	16	6	17	16	11	21		17	1						3		280
1815	69	20	8	21	11	8	20					12				9					178
1816	31	31	10	6	7	5	39	31	2		3	22							1	1	189
1817	84	45	3	36	16	11	20		3				1	2				4			225
1818	99	23	12	13	2	16	26	21													212
1819	44	29	36	1	7	4	56	13				8		3							201
1820	73	65	12		2	10	29	29	23	33		17	2						4		299
分计	1075	841	388	262	343	342	528	359	158	137	13	290	30	28	20	14	1	10	36	1	4876
1821	35	51	16		7	25	34	32				8							2		210
1822	54	69	33		1	12	14	7	1	4		1	1						1		198
1823	69	74	16	1		13	25		14	3		1	1						1		218

续表

省区/年份	直隶	山东	河南	山西	陕西	甘肃	江苏	安徽	江西	浙江	福建	湖北	湖南	广东	广西	四川	贵州	云南	东北	新疆	总计
1824	82	27	25		2	24	47	24		1			1								233
1825	9	60	23		8	8	18	14	2	1		14	2						2		161
1826	30	54	50		1	17	44	24	3	1		16	5						7		252
1827		9	3			3	28	22					2								67
1828	16	46					37					12	11						2		124
1829	12	41	12		20	15	40	24		5		13		2					3		187
1830	43	23	12			14	48	30	16	9		16	5					1	5		222
1831	29	34			5	24	51	42	23	13		29	8				2		8		268
1832	60	50	40	1		15	19	39	12	21	3	26	13						7		306
1833	66	70	26	7	17	30	61	40	22	14		29		11					1	3	397
1834	51	37	18	1	8	29	74	34		15		1	9	9					2		288
1835	99	55	13	1	33	28	58	36	50	33		32	13							1	452
1836	48	138	11	1	13	15	50	32	43		1	13	9						1		375
1837	41	81	21	24	2	22	57	37	2			21	5						4		317
1838	45	80	11	44	16	20	58	34	22			22	7						1		360
1839	52	72	22		17	19	61	32	23	4		25	8						5		340
1840		93	17	13	12	24	28	42	20												249
1841	51	77	54	6	18		44	30	22	9		30	7						4		352
1842	23	91	27		10	27	61	38	24	12	3	30	8						2		356
1843		41			3	26	7												9	1	87
1844	33	82	29	3	1	22	58	38	24	19			10						8		327

续表

年份＼省区	直隶	山东	河南	山西	陕西	甘肃	江苏	安徽	江西	浙江	福建	湖北	湖南	广东	广西	四川	贵州	云南	东北	新疆	总计
1845	59	78	26	12	2	22	64	35		15		25	5						5		348
1846	51	130	57	10	26	17	95	37	25	46		27	5						13		539
1847	39	143	64	37	44	23	51	39	21	15		27	4						1		508
1848	58	104	50	3		22	6			30											273
1849	14	82	48		2	21	66	24				9							7		273
1850	48	100	48	2		12	68	46	21	48		30	10						1		434
分计	1217	2092	772	166	268	549	1372	832	390	318	7	457	149	22			2	1	102	5	8721
1851		125	18			15			13	28	2	28							2		231
1852	71	57	32			20		1	5										1		187
1853	68	120	16			22													2		228
1854	71	104	49	5		17			40		39										325
1855	53	56		1	1	17			20	1										1	150
1856	59	73	65	4			7														208
1857	82	86	64		2	23	70					21									348
1858	69	68	53		1	18	56					19									284
1859		47							7										2		56
1860	62			5		16															83
1861	70	86	1	3		19															179
分计	605	822	298	18	4	167	133	1	85	29	41	68							7	1	2279
1862	58	58		6		21					1	22									166
1863	1	8		2	6	11				4									1		33

续表

省区/年份	直隶	山东	河南	山西	陕西	甘肃	江苏	安徽	江西	浙江	福建	湖北	湖南	广东	广西	四川	贵州	云南	东北	新疆	总计
1864	30	71		1	1	13	51			4	10								1		182
1865	40			3		7				5		9									64
1866	44	45		6				66				30							2		193
1867	25			2	1			67	27												122
1868	6	57						48	26			22							1		160
1869	49	55	62		1			37											2		206
1870	23	55	71	8	19			54											3		233
1871	55	41		6				41				25									168
1872	87	50			1			42	26			27									233
1873	38	39						45													122
1874	48	41	79					55	27			39									289
分计	504	520	212	34	29	52	51	455	106	13	11	174							10		2171
1875	48	60	75				36	36	16			25							1		297
1876	45	57		5				47	24			22							1		201
1877	64	59	52		89		34	46	34			26	10								414
1878	70	48	21	3	90		26	47	26			26		5					1		363
1879	43	28	35					46	24			43	10								229
1880	70	49	91		1		31	45	29			43							3		362
1881	67	76	77		2		34	42	30			25							3		356
1882	46	2		46	4		41	46				24	11								220
1883	50	34	84	9			34					20	10						2		243

续表

年份＼省区	直隶	山东	河南	山西	陕西	甘肃	江苏	安徽	江西	浙江	福建	湖北	湖南	广东	广西	四川	贵州	云南	东北	新疆	总计
1884	31	53	79				31	37	36			21									288
1885	1		83	19	1		31	43	32			46	13						1		270
1886	75	47			2		34	28	32			25							1	5	249
1887		36					30	40	30	33		21							2		192
1888	59		81						24			43							1		208
1889		20	4					34	30	62									3		153
1890	1							36	19			50						7	2		115
1891	98	63	53		5			37	19			44									319
1892	6	43		7	7	13		65	20			20									181
1893	20	7			30			31										1			89
1894	64	45						81	21												211
1895	23	56						60	20			21									180
1896						2		33	26												61
1897	49	51	54					38	18			20	10			19					259
1898	43	48					4	38	28	13							4		4		182
1899	1	50	16		7		33	74	29			55									265
1900	16	43	64	126	22			33	19			29									352
1901	33		4	37				45	32			23									174
1902	36	57	1					2				1									97
1903	2	1							30										2	1	36
1904	1	1																			2

续表

省区 / 年份	直隶	山东	河南	山西	陕西	甘肃	江苏	安徽	江西	浙江	福建	湖北	湖南	广东	广西	四川	贵州	云南	东北	新疆	总计
1905	4	1																			5
1906	1	1			4		30		26									1			63
1907	1	3						32	8	9					25			2	3		83
1908	20							40	22	74					20			2	2		180
分计	1088	1039	874	252	264	15	429	1182	704	191		673	64	5	45	19	4	13	32	6	6899
1909	2	1					30	41	36												110
1910									12												12
1911	1	1																1	1		4
分计	3	2					30	41	48									1	1		126
合计	5338	6969	3089	1016	1231	1723	3116	3372	1549	1049	161	2072	295	134	76	57	10	39	220	15	31531

附表3　清代各省区蠲缓州县次

省区 / 年份	直隶	山东	河南	山西	陕西	甘肃	江苏	安徽	江西	浙江	福建	湖北	湖南	广东	广西	四川	贵州	云南	东北	新疆	蒙古	总计
1736	1			4																		5
1737																			2			2
1738			8				51			6							3					68
1739							23															23
1740				1												3						4
1741								15		13												28
1742					1		21	19						2								43

续表

年份\省区	直隶	山东	河南	山西	陕西	甘肃	江苏	安徽	江西	浙江	福建	湖北	湖南	广东	广西	四川	贵州	云南	东北	新疆	蒙古	总计
1743		17	21	12			14	10				3							1			78
1744	1	2		3		35	11			30												82
1745	24	2		27		3	13					5			2							81
1746		1																				1
1747	6						40				2											48
1749	19			5			21															45
1750	46	2		3			2			2									7			62
1751			17	1			3	3		74			3	2				2	1			106
1752				2				8		6								2				18
1753				4		29		37		23	2	3										98
1754	15					13	14				2											44
1755						7	64			13												84
1756					5		67			13												85
1757		20				22	18															60
1758				5	8		24			6												43
1759	47			10	9	35	56	15		20									7			199
1760	7						21						12									40
1761	4	22	44					7		11		6	3									97
1762	63	34				1	14															112
1763	10																					10
1764							12	16	1													29

续表

省区/年份	直隶	山东	河南	山西	陕西	甘肃	江苏	安徽	江西	浙江	福建	湖北	湖南	广东	广西	四川	贵州	云南	东北	新疆	蒙古	总计
1765				1						3												4
1766						3	2		9	1			6									21
1767		3				34		28	16			13	3									97
1768			7				1					2							4			14
1769						25		16	13	16												70
1770						21				8												29
1771	50			2																		52
1773			2		2	10	8	12														34
1774	20					2	23	16														61
1775			1			15	41	32										2				91
1776							9	8														17
1778						54							14		7							75
1779						35		11					3									49
1780										1												1
1781								19														19
1782			16				19	13														48
1783					8		3															11
1784								7														7
1785	16	9		6				51					7									89
1786							19	50														69
1787	7			11		8																26

续表

年份＼省区	直隶	山东	河南	山西	陕西	甘肃	江苏	安徽	江西	浙江	福建	湖北	湖南	广东	广西	四川	贵州	云南	东北	新疆	蒙古	总计
1788								31	15			36										82
1789								5														5
1790		27				3	3	16														49
1792			41		14																	55
1793		20																				20
1794												1										1
1795											7	8										15
分计	336	159	157	97	47	355	622	445	54	246	13	77	51	4	9	3	3	6	22			2706
1796		3					23															26
1797					7		2															9
1798		10			28		10												8			56
1799																			1			1
1800						3			4		7											14
1801			1			44	7		11													63
1802	14							5				19										38
1803		30						8														38
1804		11				8	43			15												82
1805			9		11		12															32
1806			2				14						5						9			30
1807							14															14
1808	23						27			13												63

续表

省区/年份	直隶	山东	河南	山西	陕西	甘肃	江苏	安徽	江西	浙江	福建	湖北	湖南	广东	广西	四川	贵州	云南	东北	新疆	蒙古	总计
1809								16														16
1810							2	21											1			24
1811			4		24		23	30		10									1			92
1812							16															16
1813																			1			1
1814								15		21												36
1815	2			1		1	2	32														38
1816	34									13			4					2				53
1817	49						19	20										4				92
1818	67	26	34				1															128
1819	43	40	36			1																120
1820	23	26	22																2			73
分计	255	146	108	1	70	57	220	147	15	72	7	19	9					6	23			1155
1821	26	14					34	32		3									1			110
1822	48	39	1				34			4								1	3			130
1823	53	19	5			1	28	42		21		15	5						1			190
1824						1	22															23
1825	15						18															33
1826							44	24					5						1			74
1827							41					15							1			57
1828								26		17												43

续表

省区/年份	直隶	山东	河南	山西	陕西	甘肃	江苏	安徽	江西	浙江	福建	湖北	湖南	广东	广西	四川	贵州	云南	东北	新疆	蒙古	总计
1829								24		5												29
1830	34											7							3			44
1831							66	42		13		29	8				1		2			161
1832	17			8		1	55	39		21		26	6						7			180
1833	11			5			61	41	22	14		29	7									190
1834	58			1					25	15		26	8						2			135
1835				7		1				33			13				1		2	1		58
1836	12			11																		23
1837	41			10									5						3			59
1838	23												7						2			32
1839				8				32	23			25	8									96
1840	34			1			64			4		27	7									137
1841			9	2			61	43	23	9		30	8									185
1842				3			5			12		28	8									56
1843	27	1	15	8			59	37					5						4			156
1844	33			3								29							8			73
1845				2																		2
1846	35	4		12						44			5						13			113
1847	36		64	11				39					5									155
1848	52						62	40	20			30	9									213
1849	38			3			65		21	21			10				1					159

续表

省区/年份	直隶	山东	河南	山西	陕西	甘肃	江苏	安徽	江西	浙江	福建	湖北	湖南	广东	广西	四川	贵州	云南	东北	新疆	蒙古	总计
1850				2						68			10									80
分计	593	77	94	97		4	719	461	134	304		316	139				3	1	53	1		2996
1851	27	6					55	34					9									131
1852	49	6		1			55	95		67		28	9						9			319
1853	61	7		1		1				76			16						4			166
1854	54	10	58	3			66			62			7		36							296
1855	66	84	40	1			63	19		62			20							1		356
1856	64	20		3			116	23		65		30	11						1	2		335
1857	63	86	67	1			70			65			11									363
1858	35	78	61					25	24	73	43		9							1		349
1859	56	80	76	2			58	20		65	36	20	9									422
1860	8	73	47				39	23	32			22	9									253
1861	5	127	48				33	11		33			9						2			268
分计	488	577	397	12		1	555	250	56	568	79	100	119		36				16	4		3258
1862	8	123	86								1		10									228
1863	27	115	75				28		20		1		15									281
1864	36	75	66				67		19	28			15									306
1865	21	149	66	1			55	27		45			10									374
1866	6	84	85		32		52		49	50		24	15		39							436
1867	64	71	79	1			67			60		22	9		33							406
1868	48	137	45	8			62			62		22										384

续表

省区/年份	直隶	山东	河南	山西	陕西	甘肃	江苏	安徽	江西	浙江	福建	湖北	湖南	广东	广西	四川	贵州	云南	东北	新疆	蒙古	总计
1869	58	67		7			70	35		61	14	30	22		31							395
1870	55	65		5			35		35	62		30	10									297
1871	84		75	5			64		27	65			9									329
1872	80	71		5			65			67			11		28							327
1873	70	72	77	6			66		28	66		24	10									419
1874	48	75	1	5			63			64			9									265
分计	605	1104	655	43	32		654	62	178	630	16	152	145		131							4447
1875	36	67		9			63	42					11		18							251
1876	66	74	73	8			59			63			11		20				1			375
1877	75	79	86	78			64			65			10						1			458
1878	95	83	156	1	55		64			49		25	12		18				25			583
1879	81	82	101	34			61		28	40			10						3			440
1880	64	78		32	67		63		29	66			10									409
1881	42	78					93			69			9		21							317
1882	100	109		10	4		67	88		9		24	11									422
1883	165	4	85	32			29	13	34			27							4			393
1884	38	75		20			66			66		24	10		16							315
1885	108	122		17	16	15	63			66			13						13			438
1886	62	78			5	17	63	64		64			10		62				12			437
1887	94	117	79	27	9		67	38		64		25	11		20					1		552
1888	45	76		18	6	5	97	70					10		8				17	5		357

续表

年份 \ 省区	直隶	山东	河南	山西	陕西	甘肃	江苏	安徽	江西	浙江	福建	湖北	湖南	广东	广西	四川	贵州	云南	东北	新疆	蒙古	总计
1889	80	131	50	19	12		36			72		26	11									437
1890	147	64		16	6		98			94			10		9							444
1891	21	80		20	8		66			64									3	4		266
1892	38	84	56	46	28		29			70		26	20		8				10	7		422
1893	57	75	54	27	19	7	103			69		25	9		7				2	3		457
1894	59	81	3	17			62			70		25	11					6	9			343
1895	163	87	54	28	12		97			71		27			1			3	16			559
1896	6	145	55	20		6	61			71		28	16		21				24			453
1897	49	76		10		2	62					30			9			2	6	2		248
1898	52		3	16			65	34		69			11					1	2	1		254
1899	39	91	58	18	31	5	96			70					11			3	2			424
1900		77		3		12	62						16		1					3		174
1901	101	84	62	46	54	22	36			93		29	24				11	1		2		565
1902	32	102	1	45	2	13	2		2	2			1					1				203
1903	41	86											1		50			6	3			187
1904	51	86		1	3															3		144
1905	28	92	40	24	1	2		28				25							7		1	248
1906	36	93	44	27	1	31	91	1		72		28	14						11			449
1907	38	91		12	7	6			26	106		26						3	4			319
1908	44	143		14	11	7	68		27	23		29	21					4	4			395
分计	2153	2890	1060	695	357	150	1968	378	146	1637		449	303		300		11	30	179	31	1	12738

续表

年份\省区	直隶	山东	河南	山西	陕西	甘肃	江苏	安徽	江西	浙江	福建	湖北	湖南	广东	广西	四川	贵州	云南	东北	新疆	蒙古	总计
1909	45	87	41	8	21	5	34	39	14	28	2	30	9	11	22			3	22	8		429
1910	38	91	42	41	22		63		12	29		28	10		20			6	8	2		412
1911				1		8	63	37		29			13		18			4	6	2		181
分计	83	178	83	50	43	13	160	76	26	86	2	58	32	11	60			13	36	12		1022
合计	4513	5131	2554	995	549	580	4938	1819	609	3543	117	1171	798	15	536	3	17	56	329	48	1	28322

附表 4　1815—1911 年山东省秋案蠲缓州县数与村庄数

年份	州县数	村庄数	资料来源
1815	21	1536	《嘉庆道光两朝上谕档》(20)，页 465
1816	22	3280	《嘉庆道光两朝上谕档》(21)，页 502
1817	33		《嘉庆道光两朝上谕档》(22)，页 2、350、480；(23)，页 474
1818	23		《嘉庆道光两朝上谕档》(23)，页 8、375、473
1819	30	3579	《嘉庆道光两朝上谕档》(24)，页 288；嘉庆二十四年十月二十四日山东巡抚程国仁折，朱批 04-01-35-0052-004
1820	33		《嘉庆道光两朝上谕档》(25)，页 109、162—163、445—446
1821	65	10864	《嘉庆道光两朝上谕档》(26)，页 365、448—449
1822	97	21401	《嘉庆道光两朝上谕档》(27)，页 312—313、472—473、537—538
1823	26	2005	《嘉庆道光两朝上谕档》(28)，页 217、352—353、404
1824	24		《嘉庆道光两朝上谕档》(29)，页 109、240、345
1825	56		《嘉庆道光两朝上谕档》(30)，页 143、281—282、325—326

续表

年份	州县数	村庄数	资料来源
1826	42		《嘉庆道光两朝上谕档》（31），页 142、169、298
1827	15		《嘉庆道光两朝上谕档》（32），页 2、89、146、271
1828	34	2708	《嘉庆道光两朝上谕档》（33），页 101、257、302、311
1829	21	1342	《嘉庆道光两朝上谕档》（34），页 372—373
1830	23		《嘉庆道光两朝上谕档》（35），页 314—315
1831	36	3852	《嘉庆道光两朝上谕档》（36），页 227、396—397
1832	50		《嘉庆道光两朝上谕档》（37），页 531、576—577
1833	33	3031	《嘉庆道光两朝上谕档》（38），页 451—452
1834	28	1951	《嘉庆道光两朝上谕档》（39），页 366—367
1835	37	4160	《嘉庆道光两朝上谕档》（40），页 433—434
1836	61		《嘉庆道光两朝上谕档》（41），页 479—481
1837	61	6434	《嘉庆道光两朝上谕档》（42），页 368—369
1838	42		《嘉庆道光两朝上谕档》（43），页 201、369—370
1839	40		《嘉庆道光两朝上谕档》（44），页 168、401—402
1840	43	12636	《嘉庆道光两朝上谕档》（45），页 405—407、436
1841	36		《清实录》（38），页 494
1842	21	1499	《嘉庆道光两朝上谕档》（47），页 320—321
1843	20	1720	《嘉庆道光两朝上谕档》（48），页 449、514
1844	45	3080	《嘉庆道光两朝上谕档》（49），页 368—370、429
1845	32	3644	《嘉庆道光两朝上谕档》（50），页 436—437
1846	71	9930	《嘉庆道光两朝上谕档》（51），页 302、326—328、403

续表

年份	州县数	村庄数	资料来源
1847	63	11457	《嘉庆道光两朝上谕档》（52），页368—369、447
1848	46	4233	《嘉庆道光两朝上谕档》（53），页327—328、370—371
1849	17	2237	《嘉庆道光两朝上谕档》（54），页177、396—397
1850	62		《嘉庆道光两朝上谕档》（55），页270—271、450—451
1851	134	10308	《咸丰同治两朝上谕档》（1），页219、404—406、464—465
1852	69	12711	《咸丰同治两朝上谕档》（1），页532—533；（2），页246—247、359—362、382—383、402—403
1853	82	13615	《咸丰同治两朝上谕档》（3），页258、381—386、419
1854	77	11365	《咸丰同治两朝上谕档》（4），页307—309、368—370
1855	95	30521	《咸丰同治两朝上谕档》（5），页389—392、420—424
1856	115	30642	《咸丰同治两朝上谕档》（6），页195、297—302、324—327
1857	90	38636	《咸丰同治两朝上谕档》（7），页269、415—423
1858	90	11201	《咸丰同治两朝上谕档》（8），页321、474—480、589—590
1859	135	19277	《咸丰同治两朝上谕档》（9），页356—357、583—590、729
1860	107	17212	《咸丰同治两朝上谕档》（10），页458—459、669—675；（11），页153
1861	151	69245	《咸丰同治两朝上谕档》（11），页153—154、287、454—457、559—564；（12），页147—151
1862	128	52289	《咸丰同治两朝上谕档》（12），页151—153、397—399、586—591、734；（13），页45
1863	139	38372	《咸丰同治两朝上谕档》（13），页367—369、548—553、650、664
1864	81	10528	《咸丰同治两朝上谕档》（14），页382—385
1865	113	19022	《咸丰同治两朝上谕档》（15），页422—423、528—531、602—603
1866	92	17795	《咸丰同治两朝上谕档》（16），页206、329—333、421—423
1867	76	24163	《咸丰同治两朝上谕档》（17），页368—371；（18），页97—100

续表

年份	州县数	村庄数	资料来源
1868	152	22968	《咸丰同治两朝上谕档》（18），页96—97、311—312、392—395、433—437
1869	72	10900	《咸丰同治两朝上谕档》（19），页208、334—337
1870	87	16352	《咸丰同治两朝上谕档》（20），页102、316—319
1871	45	10970	《咸丰同治两朝上谕档》（21），页328—333
1872	81	9894	《咸丰同治两朝上谕档》（22），页137、244—248
1873	77	10916	《咸丰同治两朝上谕档》（23），页251—255
1874	82	11138	《咸丰同治两朝上谕档》（24），页366—370、428
1875	73	9046	《光绪宣统两朝上谕档》（1），页344—347
1876	77	19168	《光绪宣统两朝上谕档》（2），页252—253、359—363
1877	91	11390	《光绪宣统两朝上谕档》（3），页202、364—367
1878	93	5943	《光绪宣统两朝上谕档》（4），页223、326—328、288
1879	89	8576	《光绪宣统两朝上谕档》（5），页203、351—355、417—419
1880	83	6749	《光绪宣统两朝上谕档》（6），页294—299
1881	83	6018	《光绪宣统两朝上谕档》（7），页301—303
1882	90	8357	《光绪宣统两朝上谕档》（8），页175、344—347
1883	95	14497	《光绪宣统两朝上谕档》（9），页197、397—402
1884	80	9932	《光绪宣统两朝上谕档》（10），页371—376
1885	84	11327	《光绪宣统两朝上谕档》（11），页281—286
1886	87	10313	《光绪宣统两朝上谕档》（12），页454—459
1887	76	9615	《光绪朝朱批奏折》（65），页746—752
1888	81	11163	《光绪朝朱批奏折》（66），页29—35
1889	101	15847	《光绪朝朱批奏折》（66），页229—237

续表

年份	州县数	村庄数	资料来源
1890	101	21393	《光绪宣统两朝上谕档》（16），页 328—336
1891	84	8702	《光绪朝朱批奏折》（66），页 546—552
1892	89	11438	《光绪朝朱批奏折》（66），页 706—713
1893	80	7991	《光绪朝朱批奏折》（67），页 40—47
1894	86	10749	《光绪朝朱批奏折》（67），页 243—250
1895	91	15772	《光绪朝朱批奏折》（67），页 475—484
1896	82	8831	《光绪朝朱批奏折》（67），页 708—715
1897	80	8234	《光绪朝朱批奏折》（68），页 3—10
1898	95	17554	《光绪朝朱批奏折》（68），页 218—227
1899	96	5590	《光绪朝朱批奏折》（68），页 407—417
1900	81	5920	《宫中档光绪朝奏折》（13），页 862—867
1901	89	9050	《光绪朝朱批奏折》（68），页 739—746
1902	102		《清实录》（58） 页 715。缓征十府二直隶州，按各府所属，计 102 州县
1903	86		《清实录》（58） 页 925
1904	86		《清实录》（59） 页 169
1905	94		《光绪宣统两朝上谕档》（31），页 202
1906	93	9580	光绪三十二年十一月初七日清单，录副 03-6288-070
1907	91	8198	光绪三十三年十一月十五日清单，录副 03-7114-058
1908	91		《清实录》（60） 页 66
1909	89		《光绪宣统两朝上谕档》（35），页 503
1910	96	9738	宣统二年十一月三十日清单，录副 03-7501-033
1911	96	9738	取宣统二年数额
总计	7040	963038	

附表 5　1796—1911 年江苏省蠲缓地丁与漕粮州县次

藩司 / 年份	苏州藩司		江宁藩司		资料来源
	地丁州县次	漕粮州县次	地丁州县次	漕粮州县次	
1796			25	23	《清实录》(28)，页 204
1797			8	2	《清实录》(28)，页 274、276
1798	5	5	22	22	《嘉庆道光两朝上谕档》(3)，页 120、134
1799	1	1	24	20	《嘉庆道光两朝上谕档》(4)，页 315、338
1800	2	2	25	22	《嘉庆道光两朝上谕档》(5)，页 443
1801			12	12	《嘉庆道光两朝上谕档》(6)，页 412
1802			28	25	《嘉庆道光两朝上谕档》(7)，页 339、427
1803			18	15	《嘉庆道光两朝上谕档》(8)，页 385
1804	31	27	24	21	《嘉庆道光两朝上谕档》(9)，页 436
1805	13	13	23	19	《嘉庆道光两朝上谕档》(10)，页 573
1806			14	14	(清）昆冈:《(光绪）大清会典事例》卷二八〇《户部一二九・蠲恤一五・蠲赋三》
1807	7	7	6	6	《嘉庆道光两朝上谕档》(12)，页 486
1808			31	28	《嘉庆道光两朝上谕档》(13)，页 580
1809	2	2	22	22	《嘉庆道光两朝上谕档》(14)，页 624
1810	4	4	28	25	《嘉庆道光两朝上谕档》(15)，页 508、559
1811			26	23	《嘉庆道光两朝上谕档》(16)，页 606—607
1812			17	17	《嘉庆道光两朝上谕档》(17)，页 366—367
1813			23	20	《嘉庆道光两朝上谕档》(18)，页 380、429
1814	41	41	29	29	《嘉庆道光两朝上谕档》(19)，页 324、749—750
1815			22	22	《嘉庆道光两朝上谕档》(20)，页 497—498

续表

藩司 年份	苏州藩司		江宁藩司		资料来源
	地丁州县次	漕粮州县次	地丁州县次	漕粮州县次	
1816			25	22	《嘉庆道光两朝上谕档》（21），页436、523
1817			22	19	《嘉庆道光两朝上谕档》（22），页396—397
1818	1	1	32	28	《嘉庆道光两朝上谕档》（23），页465、615
1819	19	19	29	26	《嘉庆道光两朝上谕档》（24），页575
1820	6	6	27	23	《嘉庆道光两朝上谕档》（25），页47、469
分计	132	128	563	505	
1821	4	4	32	32	《嘉庆道光两朝上谕档》（26），页455
1822	9	9	23	22	《嘉庆道光两朝上谕档》（27），页553
1823	37	32	40	35	《嘉庆道光两朝上谕档》（28），页393
1824			25	22	《嘉庆道光两朝上谕档》（29），页385
1825			21	18	《嘉庆道光两朝上谕档》（30），页335
1826	10	10	34	31	《嘉庆道光两朝上谕档》（31），页339
1827			25	22	《嘉庆道光两朝上谕档》（32），页333
1828	8	8	34	30	（清）昆冈：《（光绪）大清会典事例》卷二八四《户部一三三·蠲恤一九·缓征三》
1829	8	8	24	21	《嘉庆道光两朝上谕档》（34），页406
1830	12	12	25	22	《嘉庆道光两朝上谕档》（35），页409
1831	36	32	37	33	《嘉庆道光两朝上谕档》（36），页450—451
1832	6	6	32	28	《嘉庆道光两朝上谕档》（37），页607
1833	36	32	33	30	《嘉庆道光两朝上谕档》（38），页532、591、609
1834	15	12	29	26	《嘉庆道光两朝上谕档》（39），页434

续表

藩司 / 年份	苏州藩司		江宁藩司		资料来源
	地丁州县次	漕粮州县次	地丁州县次	漕粮州县次	
1835	17	15	30	26	《嘉庆道光两朝上谕档》（40），页 482
1836	23	20	28	24	《嘉庆道光两朝上谕档》（41），页 498
1837	12	9	25	21	《嘉庆道光两朝上谕档》（42），页 439
1838	23	17	25	21	《嘉庆道光两朝上谕档》（43），页 425
1839	29	26	34	30	《嘉庆道光两朝上谕档》（44），页 469
1840	28	25	37	33	《嘉庆道光两朝上谕档》（45），页 452—453
1841	28	25	34	30	《嘉庆道光两朝上谕档》（46），页 329
1842	55	47	47	43	《嘉庆道光两朝上谕档》（47），页 335—336、358、414、458
1843	32	28	30	26	《嘉庆道光两朝上谕档》（48），页 572
1844	23	20	32	28	《嘉庆道光两朝上谕档》（49），页 422
1845	33	29	28	24	《嘉庆道光两朝上谕档》（50），页 526
1846	31	27	34	31	《嘉庆道光两朝上谕档》（51），页 407—408
1847	20	18	23	20	《嘉庆道光两朝上谕档》（52），页 439—440
1848	44	34	24	18	《嘉庆道光两朝上谕档》（53），页 373—374
1849	39	32	34	25	《嘉庆道光两朝上谕档》（54），页 507—508
1850	29	24	32	23	《嘉庆道光两朝上谕档》（55），页 511—512
分计	647	561	911	795	
1851	25	22	36	28	《咸丰同治两朝上谕档》（1），页 513—515
1852	26	23	35	28	《咸丰同治两朝上谕档》（2），页 444—445
1853	41	41	9	9	《咸丰同治两朝上谕档》（3），页 377—378

续表

藩司 年份	苏州藩司		江宁藩司		资料来源
	地丁州县次	漕粮州县次	地丁州县次	漕粮州县次	
1854	40	29	34	22	《咸丰同治两朝上谕档》（4），页 386—387、405；《清实录》（42），页 676
1855	37	22	34	24	《咸丰同治两朝上谕档》（5），页 468—470；（6），页 21；《清实录》（42），页 1071—1073
1856	79	29	50	24	《咸丰同治两朝上谕档》（6），页 351、391；《清实录》（43），页 368
1857	39	29	40	24	《咸丰同治两朝上谕档》（7），页 429—430、442—443、469；《清实录》（43），页 728
1858	32	22	32	21	《咸丰同治两朝上谕档》（8），页 571—572、580；《清实录》（43），页 1214
1859	33	23	31	24	《咸丰同治两朝上谕档》（9），页 673；（10），页 759；《清实录》（44），页 417、443
1860	46	4	39	24	《咸丰同治两朝上谕档》（10），页 758；（11），页 23—25、542—543
1861	36	35	53	21	《咸丰同治两朝上谕档》（11），页 606—607；（12），页 20—23
分计	434	279	393	249	
1862	34	34	31	24	《咸丰同治两朝上谕档》（12），页 21—22；（13），页 90—94
1863	37	32	31	23	《咸丰同治两朝上谕档》（14），页 3—4
1864	32	27	32	24	《咸丰同治两朝上谕档》（14），页 463—466；《清实录》（47），页 4
1865	31	26	35	25	《咸丰同治两朝上谕档》（15），页 606、610；（16），页 76
1866	29	24	33	25	《咸丰同治两朝上谕档》（16），页 390—393、397—398；《清实录》（49），页 441、444

续表

藩司 / 年份	苏州藩司		江宁藩司		资料来源
	地丁州县次	漕粮州县次	地丁州县次	漕粮州县次	
1867	44	28	33	25	《咸丰同治两朝上谕档》（17），页 422—424、441—445；《清实录》（49），页 879、892
1868	32	27	40	35	《咸丰同治两朝上谕档》（18），页 477—480；《清实录》（50），页 463—464
1869	39	34	40	30	《咸丰同治两朝上谕档》（19），页 384—385、409—410；《清实录》（50），页 777、791
1870	37	32	39	30	《咸丰同治两朝上谕档》（21），页 32—34
1871	34	29	40	31	《咸丰同治两朝上谕档》（21），页 364—365、380
1872	34	29	41	31	《咸丰同治两朝上谕档》（22），页 230—232、263；《清实录》（51），页 527、547
1873	35	30	40	32	《咸丰同治两朝上谕档》（23），页 241—242、260—261；《清实录》（51），页 752、757—758
1874	31	27	40	32	《咸丰同治两朝上谕档》（24），页 377—378、418；《清实录》（51），页 943；（52），页 83
分计	449	379	475	367	
1875	42	32	40	31	《光绪宣统两朝上谕档》（1），页 336—338、500；《清实录》（52），页 329、358
1876	43	28	40	31	《光绪宣统两朝上谕档》（2），页 367—369、414；《清实录》（52），页 621

续表

藩司 年份	苏州藩司		江宁藩司		资料来源
	地丁州县次	漕粮州县次	地丁州县次	漕粮州县次	
1877	37	28	41	36	《光绪宣统两朝上谕档》（3），页 195—196、427—428、455；《清实录》（52），页 850、870
1878	28	28	41	31	《光绪宣统两朝上谕档》（4），页 345—346、380—381；《清实录》（53），页 244、274
1879	30	25	41	31	《光绪宣统两朝上谕档》（5），页 380—382、426；《清实录》（53），页 538、560
1880	31	27	41	31	《光绪宣统两朝上谕档》（6），页 318—319、353—355；《清实录》（53），页 782、799
1881	36	31	40	31	《光绪宣统两朝上谕档》（7），页 294—295、366；《清实录》（53），页 985、1014
1882	38	34	41	31	《光绪宣统两朝上谕档》（8），页 353—355、412—414；《清实录》（54），页 174、205
1883	29	29	41	31	《光绪宣统两朝上谕档》（9），页 413—414、458；《清实录》（54），页 452
1884	35	30	40	31	《光绪宣统两朝上谕档》（10），页 381—382、451；《清实录》（54），页 807、843
1885	37	32	37	31	《光绪宣统两朝上谕档》（11），页 293—295、331；《清实录》（54），页 1074、1102
1886	27	27	40	31	《光绪宣统两朝上谕档》（12），页 463—464、503；《清实录》（55），页 176、193

续表

藩司 / 年份	苏州藩司		江宁藩司		资料来源
	地丁州县次	漕粮州县次	地丁州县次	漕粮州县次	
1887	36	32	39	30	《光绪宣统两朝上谕档》（13），页440—442、514—515；《清实录》（55），页359、378
1888	37	32	40	30	《光绪宣统两朝上谕档》（14），页429—431、484—486；《清实录》（55），页515、533
1889	40	38	41	30	《光绪宣统两朝上谕档》（15），页428—430；（16），页13—14；《清实录》（55），页712、733
1890	37	32	39	30	《光绪宣统两朝上谕档》（16），页350—351、395；《清实录》（55），页882、892
1891	41	36	41	30	《光绪宣统两朝上谕档》（17），页325—326、346—347；《清实录》（55），页1033、1042
1892	32	28	38	29	《光绪宣统两朝上谕档》（19），页2—5；《清实录》（56），页145
1893	39	34	39	30	《光绪宣统两朝上谕档》（19），页307—309、347；《清实录》（56），页245、258
1894	32	28	39	30	《光绪宣统两朝上谕档》（20），页643—645；《清实录》（56），页650—651
1895	36	31	39	31	《光绪宣统两朝上谕档》（21），页489—490、501—502；《清实录》（56），页987、991
1896	32	27	38	30	《光绪宣统两朝上谕档》（22），页343—344、366；《清实录》（57），页207、213

续表

藩司 年份	苏州藩司		江宁藩司		资料来源
	地丁州县次	漕粮州县次	地丁州县次	漕粮州县次	
1897	28	27	40	30	《光绪宣统两朝上谕档》（23），页377—380；《清实录》（57），页406
1898	33	29	39	30	《光绪宣统两朝上谕档》（24），页643—645；《清实录》（57），页739—740
1899	38	33	37	30	《光绪宣统两朝上谕档》（25），页376—379；《清实录》（57），页1013—1014
1900	27	27	39	30	《清实录》（58），页292；光绪二十六年十二月十一日清单，录副03-6269-016
1901	27	27	40	30	《光绪宣统两朝上谕档》（27），页278—279；《清实录》（58），页509
1902	30	27	37	30	《清实录》（58），页726。据相近年之估算值
1903	30	27	37	30	《清实录》（59），页32。据相近年之估算值
1904	30	27	37	30	据相近年之估算值
1905	35	30	37	31	《光绪宣统两朝上谕档》（32），页5—6；《清实录》（59），页345
1906	28	28	37	30	《光绪宣统两朝上谕档》（32），页283、293—294；《清实录》（59），页520、525
1907	28	28	30	30	《光绪宣统两朝上谕档》（34），页6—7；《清实录》（59），页740—741
1908	35	35	38	30	《光绪宣统两朝上谕档》（35），页2—3；《清实录》（60），页109
分计	1144	1014	1324	1038	

续表

年份＼藩司	苏州藩司		江宁藩司		资料来源
	地丁州县次	漕粮州县次	地丁州县次	漕粮州县次	
1909	28	28	39	30	《光绪宣统两朝上谕档》（36），页 8—9；《清实录》（60），页 533
1910	33	28	40	30	《光绪宣统两朝上谕档》（37），页 8、10；《清实录》（60），页 861—865
1911	33	28	40	30	据相近年之估算值
分计	94	84	119	90	
合计	2900	2445	3785	30[illegible]4	

附表 6　1888—1908 年江苏省蠲缓地丁等银额

单位：两

年份＼藩司	苏州藩司			江宁藩司			江苏合计	资料来源
	注缓银	荒灾蠲减银	分计（1）	荒缺银	蠲缓银	分计（2）	（1）+（2）	
1888	556	399532	400088	101170	287069	388239	788327	《江苏财政史料丛书》第 1 辑（1），页 282—283
1889	532	373753	374285	100802	241646	342448	716733	《宫中档光绪朝奏折》（4），页 826—827；（5），页 280—281
1890	671	180816	181487	102989	224339	327378	508865	《宫中档光绪朝奏折》（5），页 808—809；（6），页 241
1891	202	221624	221826	99718	264714	364432	586258	《宫中档光绪朝奏折》（6），页 707；（7），页 79—80
1892	627	265787	266414	101942	282351	384293	650707	《光绪朝朱批奏折》（66），页 734—735、838—839
1893	222	320829	321051	99292	201166	300458	621509	《光绪朝朱批奏折》（67），页 167—168

续表

藩司 年份	苏州藩司			江宁藩司			江苏合计	资料来源
	注缓银	荒灾蠲减银	分计（1）	荒缺银	蠲缓银	分计（2）	（1）+（2）	
1894	222	331651	331873	98794	205317	304111	635984	《江苏财政史料丛书》第1辑（1），页293
1895	223	273117	273340	100809	188288	289097	562437	《光绪朝朱批奏折》（67），页472—473、609—610
1896	222	262712	262934	96801	193363	290164	553098	《光绪朝朱批奏折》（67），页701—702、827—828
1897	283	280031	280314	91393	197639	289032	569346	《光绪朝朱批奏折》（67），页903—904；（68），页114—115
1898	360	249753	250113	97703	234828	332531	582644	《光绪朝朱批奏折》（68），页200—201、307—308
1899	358	159439	159797	90275	165431	255706	415503	《江苏财政史料丛书》第1辑（1），页297
1900	360	176900	177260	92281	194679	286960	464220	《江苏财政史料丛书》第1辑（1），页299—300
1901	358	213913	214271	89406	201925	291331	505602	《宫中档光绪朝奏折》（14），页599；（15），页355—356
1902	158	134503	134661	88905	154889	243794	378455	《宫中档光绪朝奏折》（16），页348—349；（17），页89—90
1903	159	*115088	115247	90128	151517	241645	356892	《江苏财政史料丛书》第1辑（1），页303、357。*标识估算值
1904	158	95673	95831	84801	146155	230956	326787	《宫中档光绪朝奏折》（20），页708—709；（21），页491—492
1905	158	111999	112157	83571	146466	230037	342194	《宫中档光绪朝奏折》（22），页734—735；（23），页164
1906	159	239119	239278	86308	354894	441202	680480	《宫中档光绪朝奏折》（24），页107—108、573

续表

藩司 / 年份	苏州藩司			江宁藩司			江苏合计	资料来源
	注缓银	荒灾蠲减银	分计（1）	荒缺银	蠲缓银	分计（2）	（1）+（2）	
1907	318	107928	108246	82051	146744	228795	337041	《宫中档光绪朝奏折》（25），页292—293、722—723
1908	158	＊110000	110158	82014	146744	228758	338916	《宫中档光绪朝奏折》（26），页681—682。＊标识估算值
总计	6464	4624167	4630631	1961153	4330214	6291367	10921998	

附表 7 光绪朝江宁藩司所属灾歉面积与蠲缓银粮额

单位：顷（面积）、两（银）、石（粮）

年份 / 地区	1888			1890			1892			1899			1900		
	面积	蠲缓银	蠲缓粮	面积	蠲缓银	蠲缓粮	面积	蠲缓银	蠲缓粮	面积	蠲缓银	蠲缓粮	面积	蠲缓银	蠲缓粮
上元	1751	10874	3989	509	3111	1401	1838	11280	4647	798	4769	2140	2133	12999	5505
江宁	1493	7470	4354	807	4255	2472	1608	8475	4925	847	4264	2582	2126	11213	6515
句容	2717	17658	8055	897	5856	2575	3121	22444	10120	132	887	397	1643	10847	4770
溧水	1329	11622	788				951	8403	570				355	3178	215
高淳	271	1943	84										229	1642	71
江浦	2111	8728	5222	244	1160	692	1421	6749	4026	866	3943	2459	1281	6100	3639
六合	4081	14660	13476	1043	3879	3456	2413	8919	7973	560	1984	1860	694	2553	2293
山阳	2911	16027	6510	2625	14750	6004	2728	15325	6238	2206	12360	5040	2213	12431	5060
阜宁	11640	14930	4746	3150	9356	3929	2929	8807	3685	2087	6728	2725	2003	6587	2642
清河	1246	4342	944	938	2198	655	785	2694	559	471	1576	318	465	1561	315

续表

年份 地区	1888			1890			1892			1899			1900		
	面积	蠲缓银	蠲缓粮	面积	蠲缓银	蠲缓粮	面积	蠲缓银	蠲缓粮	面积	蠲缓银	蠲缓粮	面积	蠲缓银	蠲缓粮
桃源	4930	7038	1295	2876	4995	1016	2571	4476	919	2526	3673	667	3301	4804	889
安东	12262	15068	181	11484	15227	196	11359	15342	201	7422	9285	113	7213	8461	102
盐城	6858	9879	6694	3610	3204	3523	6161	8882	6013	3154	4544	3079	4306	6207	4202
淮安卫	357	1515	445	332	1450	433	355	1594	486	317	1530	480	331	1557	481
大河卫	800	2036	982	748	1997	970	789	2023	976	807	2169	982	800	2160	982
扬州卫	1582	6350		1263	5072		1840	7409		744	2987		771	3091	
徐州卫	2238	4542		2248	4552		2233	4492		2242	4590		2228	4559	
高邮	4226	6457	620	1003	1279	448	1342	3020	599	3167	4198	401	3148	4106	397
泰州	2042	12936	12741	1379	8878	8832	1423	9183	8850	1182	7644	8012	1149	7480	7806
东台	1319	7838	8338	1093	6810	7439	1417	9005	9636	784	4695	5724	770	4656	5624
江都	3585	22355	3643	2982	15276	4447	2753	13528	211	689	3518	1132	601	3133	1004
甘泉	5796	21096	4886	4337	16900	3980	5616	22067	5220	1331	4780	1140	1263	4551	1071
仪征	1695	10960	1170	678	4741	573	1162	8121	981	516	3480	436	598	4183	505
兴化	8031	14248	5647	6355	11954	4535	7185	13514	5127	2118	3977	1511	2458	4624	1754
宝应	710	8134	2443	480	6381	2289	496	6535	2344	641	7029	2066	652	7251	2118
铜山	13457	23705	9288	12683	22430	8766	12622	22323	8724	12954	22846	8954	12864	22750	8891
丰	4624	5991	1315	5228	6603	1490	4615	5828	1315	4493	5662	1281	4706	5943	1341
沛	4461	8443	2500	6760	12783	3798	4448	8412	2499	4447	8396	2499	4367	8259	2454
萧	6666	9683	4711	7047	10251	4980	7261	10562	5132	8216	11935	5807	7554	10987	5339
砀山	9007	11882	4813	9007	11917	4813	9007	11917	4813	9126	12039	4877	9126	12075	4877
邳州	4641	13240	1045	5318	15274	1200	5140	14756	1159	3496	10003	786	3609	10311	809
宿迁	2708	10235	2369	1642	9603	2215	2767	10063	2320	2321	8390	1941	2257	8202	1892

续表

年份 / 地区	1888			1890			1892			1899			1900		
	面积	蠲缓银	蠲缓粮	面积	蠲缓银	蠲缓粮	面积	蠲缓银	蠲缓粮	面积	蠲缓银	蠲缓粮	面积	蠲缓银	蠲缓粮
睢宁	3780	9999	542	3592	9526	528	3711	9840	545	3620	9576	532	3592	9526	528
海州	3133	4977	2334	2279	3635	1703	1856	3224	1550	1321	1697	748	797	1303	619
沭阳	4541	8888	3776	3678	8906	4107	4507	10987	5071	1755	3732	1685	1979	4364	1982
赣榆	2653	6840	2443	1292	3337	1190	1326	3425	1221	884	2280	814	816	2107	751
通州	1328	5255	759	503	2401	590	612	2740	719	707	3039	764	733	3001	751
海门厅	3287	5155		663	551		669	636		667	556		611	525	
如皋	1748	3286	241	1148	919	236	1217	982	250	805	579	165	853	617	175
靖江				300	2560	696									
合计	152015	386285	133389	112226	273977	96177	124254	337982	119624	90419	205340	74117	96595	239904	88369

附表 8　1799—1911 年云南省蠲缓州县次

年份	州县次	资料来源
1799	1	《嘉庆道光两朝上谕档》（4），页 441
1801	3	《嘉庆道光两朝上谕档》（6），页 355、479
1802	24	《嘉庆道光两朝上谕档》（7），页 336、386；（8），页 10
1803	41	《嘉庆道光两朝上谕档》（8），页 335、503；（9），页 3
1804	1	《嘉庆道光两朝上谕档》（9），页 432
1805	4	《清实录》（29），页 1105
1806	1	《嘉庆道光两朝上谕档》（11），页 905

续表

年份	州县次	资料来源
1812	3	《嘉庆道光两朝上谕档》（17），页363、458
1816	2	《嘉庆道光两朝上谕档》（21），页550
1817	4	《嘉庆道光两朝上谕档》（22），页481；嘉庆二十二年十月十二日云贵总督伯麟折，朱批04-01-35-0048-004、04-01-35-0048-005
1818	2	《嘉庆道光两朝上谕档》（23），页293
分计	86	
1821	1	《嘉庆道光两朝上谕档》（26），页594
1822	1	《嘉庆道光两朝上谕档》（27），页491
1823	7	《嘉庆道光两朝上谕档》（28），页425；道光三年九月二十六日云贵总督明山折，朱批04-01-35-0057-043
1830	1	《嘉庆道光两朝上谕档》（35），页479
1833	10	《嘉庆道光两朝上谕档》（39），页174
分计	20	
1851	2	《咸丰同治两朝上谕档》（1），页416—417；咸丰元年闰八月二十三日清单，录副03-4338-020
1853	4	《咸丰同治两朝上谕档》（3），页394
1857	2	《咸丰同治两朝上谕档》（8），页597
分计	8	
1866	13	《咸丰同治两朝上谕档》（17），页462；同治六年九月二十六日清单，录副03-4852-056
1871	38	《咸丰同治两朝上谕档》（22），页43
分计	51	
1881	8	《光绪朝朱批奏折》（67），页662—663
1883	4	《光绪朝朱批奏折》（68），页540—542
1884	4	《光绪朝朱批奏折》（68），页540—542
1885	4	《光绪朝朱批奏折》（68），页540—542

续表

年份	州县次	资料来源
1886	4	《光绪朝朱批奏折》（58），页 540—542
1887	4	《光绪朝朱批奏折》（58），页 540—542
1888	5	《光绪朝朱批奏折》（56），页 125、264、312、338、348
1889	5	《光绪宣统两朝上谕档》（16），页 31、74；《光绪朝朱批奏折》（66），页 355、357、364、476—477
1890	19	《光绪朝朱批奏折》（56），页 458、477—478、481、496、504—506、515—518、522—523、545、616、629
1891	5	《光绪朝朱批奏折》（56），页 616、629
1892	23	《光绪朝朱批奏折》（56），页 775—776、805、814、816、832；（67），页 25
1893	38	《光绪朝朱批奏折》（57），页 139、146—147、160—161、170—171、185、206、236—237
1894	7	《宫中档光绪朝奏折》（8），页 789—790；（9），页 55、403
1895	5	《宫中档光绪朝奏折》（9），页 636、757、803、861
1896	4	《光绪朝朱批奏折》（57），页 806、818—819
1897	7	《光绪朝朱批奏折》（58），页 19、78、97、104、108、128—129
1898	1	《光绪宣统两朝上谕档》（25），页 86
1899	12	《光绪朝朱批奏折》（58），页 484、485、496、535—536；《宫中档光绪朝奏折》（12），页 643
1901	6	《光绪朝朱批奏折》（58），页 795；《宫中档光绪朝奏折》（15），页 341、763
1902	1	《宫中档光绪朝奏折》（16），页 305
1903	9	《光绪朝朱批奏折》（59），页 195、273、347、354、374
1905	11	《光绪朝朱批奏折》（59），页 583、605、635、638、642、656、670、671、698、734
1906	8	《光绪朝朱批奏折》（59），页 704、741、742、816、866；（70），页 10、22
1907	28	《光绪朝朱批奏折》（59），页 918；（70），页 13、21—23、28、30、34—36、38—40、44、73—79、91、95、164
1908	4	《清实录》（59），页 865；（60），页 25
分计	226	
1909	3	《清实录》（60），页 298、469

续表

年份	州县次	资料来源
1910	7	《清实录》(60)，页 618、767、959
1911	4	《清实录》(60)，页 1077—1078
分计	14	
总计	405	

附表 9　1801—1907 年云南省蠲缓州县数与银粮额

年份	州县数	蠲缓银（两）	蠲缓粮（石）	资料来源
1801	3	1038	678	《嘉庆道光两朝上谕档》(6)，页 355、479
1804	1	406	244	《嘉庆道光两朝上谕档》(9)，页 432
1806	1	882	755	《嘉庆道光两朝上谕档》(11)，页 905
1812	3	2999	54	《嘉庆道光两朝上谕档》(17)，页 363、458
1816	2	1705	685	《嘉庆道光两朝上谕档》(21)，页 550
1817	4	4162	1736	《嘉庆道光两朝上谕档》(22)，页 481；嘉庆二十二年十月十二日云贵总督伯麟折，朱批 04-01-35-0048-004、04-01-35-0048-005
1818	2	1168	373	《嘉庆道光两朝上谕档》(23)，页 293
1822	1	78	117	《嘉庆道光两朝上谕档》(27)，页 491
1823	7	3328	2516	《嘉庆道光两朝上谕档》(28)，页 425；道光三年九月二十六日云贵总督明山折，朱批 04-01-35-0057-043
1830	1	234	416	《嘉庆道光两朝上谕档》(35)，页 479
1833	10	14700	4434	《嘉庆道光两朝上谕档》(39)，页 174

续表

年份	州县数	蠲缓银（两）	蠲缓粮（石）	资料来源
1851	2	11022	5619	《咸丰同治两朝上谕档》（1），页416—417；咸丰元年闰八月二十三日清单，录副03-4338-020
1857	2	1233	1349	《咸丰同治两朝上谕档》（8），页597
1866	13	18597	12340	《咸丰同治两朝上谕档》（17），页462；同治六年九月二十六日清单，录副03-4852-056
1881	8	1466	1401	《光绪朝朱批奏折》（67），页662—663
1883	4	2063	1484	《光绪朝朱批奏折》（68），页540—542
1884	4	2063	1484	《光绪朝朱批奏折》（68），页540—542
1885	4	2063	1484	《光绪朝朱批奏折》（68），页540—542
1886	4	2063	1484	《光绪朝朱批奏折》（68），页540—542
1887	4	2063	1484	《光绪朝朱批奏折》（68），页540—542
1888	5	4454	1846	《光绪朝朱批奏折》（66），页125、264、312、338、348
1889	5	10310	5031	《光绪宣统两朝上谕档》（16），页31、74；《光绪朝朱批奏折》（66），页355、357、364、476—477
1890	19	3164	2505	《光绪朝朱批奏折》（66），页458、477—478、481、496、504—506、515—518、522—523、545、616、629
1891	5	3340	944	《光绪朝朱批奏折》（66），页616、629
1892	23	9297	7007	《光绪朝朱批奏折》（66），页775—776、805、814、816、832；（67），页25
1893	38	12320	8091	《光绪朝朱批奏折》（67），页139、146—147、160—161、170—171、185、206、236—237
1894	7	4103	2019	《宫中档光绪朝奏折》（8），页789—790；（9），页55、403
1895	5	1262	848	《宫中档光绪朝奏折》（9），页636、757、803、861
1896	4	144	207	《光绪朝朱批奏折》（67），页806、818—819
1897	7	5035	1875	《光绪朝朱批奏折》（68），页19、78、97、104、108、128—129
1898	1	805	455	《光绪宣统两朝上谕档》（25），页86

续表

年份	州县数	蠲缓银（两）	蠲缓粮（石）	资料来源
1899	12	4405	3617	《光绪朝朱批奏折》（68），页 484、485、496、535—536；《宫中档光绪朝奏折》（12），页 643
1901	6	658	517	《光绪朝朱批奏折》（68），页 795；《宫中档光绪朝奏折》（15），页 341、763
1902	1	38	33	《宫中档光绪朝奏折》（16），页 305
1903	9	3665	2277	《光绪朝朱批奏折》（69），页 195、273、347、354、374
1905	11	3268	2199	《光绪朝朱批奏折》（69），页 583、605、635、638、642、656、670、671、698、734
1906	8	2827	2082	《光绪朝朱批奏折》（69），页 704、741、742、816、866；（70），页 10、22
1907	28	10397	6110	《光绪朝朱批奏折》（69），页 918；（70），页 13、21—23、28、30、34—40、44、73—79、91、95、164
合计	274	152825	87780	

附表 10　1796—1911 年山东、江苏、云南三省田赋蠲缓额

单位：两（银）、石（粮）

省区/年份	山东		苏州藩司（1）		江宁藩司（2）		江苏（1）+（2）		云南	
	银	粮	银	粮	银	粮	银	粮	银	粮
1796	17778	5832			198406	56626	198406	56626		
1797	14815	4860			61048	4924	61048	4924		
1798	38519	12636	12675	485	167882	54164	180557	54649		
1799	139261	45684	2535	97	183144	49240	185679	49337	558	320
1800			5070	194	190775	54164	195845	54358		
1801	94816	31104			91572	29544	91572	29544	1038	678
1802	251855	82620			213668	61550	213668	61550	13392	7680
1803	100742	33048			137358	36930	137358	36930	22878	13120

续表

省区／年份	山东		苏州藩司（1）		江宁藩司（2）		江苏（1）+（2）		云南	
	银	粮	银	粮	银	粮	银	粮	银	粮
1804	82964	27216	78535	2619	183144	51702	261729	54321	406	244
1805	59260	19440	32955	1261	175513	46778	208468	48039	2232	1280
1806	59260	19440			106834	34468	106834	34468	882	755
1807	5926	1944	17445	679	45786	14772	63231	15451		
1808	5926	1944			236561	68936	236561	68936		
1809	5926	1944	5070	194	167882	54164	172952	54358		
1810	47408	15552	10140	388	213668	61550	223808	61938		
1811	266670	87480			198406	56626	198406	56626		
1812	432598	141912			129727	41854	129727	41854	2999	34
1813	355560	116640			175513	49240	175513	49240		
1814	115557	37908	103935	3977	221299	71398	325234	75375		
1815	28093	9216			167882	54164	167882	54164		
1816	59991	19680			190775	54164	190775	54164	1705	685
1817	97779	32076			167882	46778	167882	46778	4162	1736
1818	68149	22356	2535	97	244192	68936	246727	69033	1168	373
1819	65460	21474	48165	1843	221299	64012	269464	65855		
1820	97779	32076	15210	582	206037	56626	221247	57208		
分计	2512092	824082	334320	12416	4296253	1243310	4630573	1255726	51420	26905
1821	198703	65184	50088	55244	342976	123712	393064	178956	558	320
1822	391424	128406	112698	124299	246514	85052	359212	209351	78	117
1823	36671	12030	463314	441952	428720	135310	892034	577262	3328	2516

续表

省区/年份	山东		苏州藩司（1）		江宁藩司（2）		江苏（1）+（2）		云南	
	银	粮	银	粮	银	粮	银	粮	银	粮
1824	71112	23328			267950	85052	267950	85052		
1825	165928	54432			225078	69588	225078	69588		
1826	124446	40824	125220	138110	364412	119846	489632	257956		
1827	44445	14580			267950	85052	267950	85052		
1828	49529	16248	100176	110488	364412	115980	464588	226468		
1829	24545	8052	100176	110488	257232	81186	357408	191674		
1830	68149	22356	150264	165732	267950	85052	418214	250784	234	416
1831	70453	23112	450792	441952	376586	127578	827378	569530		
1832	148150	48600	75132	82866	342976	108248	418108	191114		
1833	55437	18186	450792	441952	353694	115980	804486	557932	14700	4434
1834	35684	11706	187830	165732	310822	100516	498652	266248		
1835	76086	24960	212874	207165	321540	100516	534414	307681		
1836	180743	59292	288006	276220	300104	92784	588110	369004		
1837	117678	38604	150264	124299	267950	81186	418214	205485		
1838	124446	40824	288006	234787	267950	81186	555956	315973		
1839	118520	38880	363138	359086	364412	115980	727550	475066		
1840	231112	75816	350616	345275	376586	127578	727202	472853		
1841	106668	34992	350616	345275	364412	115980	715028	461255		
1842	27417	8994	688710	649117	503746	166238	1192456	815355		
1843	31459	10320	400704	386708	321540	100516	722244	487224		
1844	56332	18480	28806	276220	342976	108248	371782	384468		

续表

省区/年份	山东		苏州藩司（1）		江宁藩司（2）		江苏（1）+（2）		云南	
	银	粮	银	粮	银	粮	银	粮	银	粮
1845	66649	21864	413226	400519	300104	92784	713330	493303		
1846	181620	59580	388182	372897	364412	119846	752594	492743		
1847	209549	68742	250440	248598	246514	77320	496954	325918		
1848	77422	25398	550968	469574	257232	69588	808200	539162		
1849	40915	13422	488358	441952	364412	96650	852770	538602		
1850	183706	60264	363138	331464	342976	88918	706114	420382		
分计	3314998	1087476	7842534	7747971	9724138	3073470	17566672	10821441	18898	7803
1851	188533	61848	267225	74614	384804	95506	652029	170120	11022	5619
1852	232484	76266	277914	96784	374115	117824	652029	214608		
1853	249018	81690	438249	172528	96210	37872	534459	210400	2232	1280
1854	207866	68190	427560	83808	363426	63491	790986	147299		
1855	558229	183126	395493	92576	363426	100992	758919	193568		
1856	560442	183852	844431	184840	534450	152760	1378881	337600		
1857	706652	231816	416871	93457	427560	77238	844431	170695	1233	1349
1858	204866	67206	342048	92576	342048	88368	684096	180944	162193	112405
1859	352576	115662	352737	68997	331359	72447	684096	141444	162193	112405
1860	314807	103272	491694	20668	416871	124010	908565	144678	162193	112405
1861	1266491	415470	384804	147280	566517	81554	951321	228834	162193	112405
分计	4841964	1588398	4639026	1128128	4200786	1012062	8839812	2140190	663259	457868
1862	956366	313734	363426	143072	331359	110370	694785	253442	162193	112405
1863	701824	230232	395493	134656	331359	96784	726852	231440	162193	112405

续表

省区/年份	山东		苏州藩司（1）		江宁藩司（2）		江苏（1）+（2）		云南	
	银	粮	银	粮	银	粮	银	粮	银	粮
1864	192557	63168	342048	113616	342048	86499	684096	200115	162193	112405
1865	347912	114132	331359	109408	374115	112809	705474	222217	162193	112405
1866	325471	106770	309981	100992	352737	153884	662718	254876	180790	124745
1867	441941	144978	470316	117824	352737	87858	823053	205682	162193	112405
1868	420085	137808	342048	113616	427560	147280	769608	260896	162193	112405
1869	199361	65400	416871	143072	427560	126240	844431	269312	162193	112405
1870	299078	98112	395493	134656	416871	126240	812364	260896	162193	112405
1871	200641	65820	363426	122032	427560	130448	790986	252480	183397	124565
1872	180961	59364	363426	122032	438249	130448	801675	252480	162193	112405
1873	199654	65496	374115	126240	427560	134656	801675	260896	162193	112405
1874	203714	66828	331359	113616	427560	134656	758919	248272	162193	112405
分计	4669565	1531842	4799361	1594832	5077275	1578172	9876636	3173004	2148310	1485765
1875	165451	54276	343518	140576	374440	94085	717958	234661	153685	106097
1876	350583	115008	351697	123004	374440	126100	726137	249104	145185	99788
1877	208323	68340	302623	123004	383801	109260	686424	232264	136685	93479
1878	108697	35658	229012	123004	383801	98466	612813	221470	128185	87170
1879	156855	51456	245370	109825	383801	86745	629171	196570	119685	80861
1880	123439	40494	253549	118611	383801	98093	637350	216704	111185	74552
1881	110069	36108	294444	136183	374440	94085	668884	230268	104151	69644
1882	152850	50142	310802	149362	383801	87621	694603	236983	94185	61934
1883	165150	86982	237191	127397	383801	109945	620992	237342	87748	57109

续表

省区 / 年份	山东		苏州藩司（1）		江宁藩司（2）		江苏（1）+（2）		云南	
	银	粮	银	粮	银	粮	银	粮	银	粮
1884	181656	59592	286265	131790	374440	88472	660705	220262	79248	50800
1885	207171	67962	302623	140576	346357	90223	648980	230799	76926	49611
1886	255394	66940	220833	118611	374440	81983	595273	200594	74605	48431
1887	206811	66082	294444	140576	365079	91050	659523	231626	72284	47251
1888	186215	73669	456180	140576	448879	133389	905059	273965	72354	46433
1889	384954	89750	434925	166934	404604	92705	839529	259639	75889	48438
1890	443503	135955	237579	140576	386502	96177	624081	236753	66422	44732
1891	157005	8645	283982	158148	426588	91050	710570	249198	64277	41991
1892	231659	72560	314926	123004	441901	119624	756827	242628	67913	46874
1893	199603	48886	380175	149362	359582	91050	739757	240412	68615	46778
1894	175748	74454	380385	123004	363235	91050	743620	214054	58077	39526
1895	261460	91731	327916	136183	348221	94085	676137	230268	52915	37175
1896	146857	52948	311446	118611	347772	91050	659218	209661	49476	35354
1897	130881	47765	322762	118611	349672	91050	672434	209661	52046	35842
1898	313128	100203	300141	127397	391655	91050	691796	218447	45495	33242
1899	120217	44520	217405	144969	311798	74117	529203	219086	46774	35224
1900	114908	76718	218192	118611	346084	88369	564276	206980	40048	30427
1901	152842	64069	255203	118611	351971	91050	607174	209661	38385	29764
1902	302226	99144	180141	118611	299886	91050	480027	209661	35444	28100
1903	254818	83592	160727	126505	297737	91050	458464	217555	36750	29164
1904	254818	83592	141311	88590	287048	91050	428359	179640	30764	25707

续表

省区/年份	山东		苏州藩司（1）		江宁藩司（2）		江苏（1）+（2）		云南	
	银	粮	银	粮	银	粮	银	粮	银	粮
1905	278522	91368	165217	99968	286129	94085	451346	194053	34032	27906
1906	101318	40629	281726	226274	497294	91050	779020	317324	33591	27789
1907	79156	38751	150694	123004	274275	91050	424969	214054	41161	31817
1908	269633	88452	163218	104476	286366	91050	449584	195526	32852	26887
分计	6951920	2306441	9356622	4454544	12393641	3232329	21750263	7686873	2427037	1675897
1909	263707	86508	229012	123004	365079	91050	594091	214054	32438	26667
1910	99802	39686	269907	123004	374440	91050	644347	214054	34670	27947
1911	178108	58428	269907	123004	374440	91050	644347	214054	32996	26987
分计	541617	184622	768826	369012	1113959	273150	1882785	642162	100104	81601
总计	22832156	7522861	27740689	15306903	36806052	10412493	64546741	25719396	5409028	3735839

参考文献

一、史料

1.《大清五朝会典》，线装书局 2006 年版。

2.《甘肃秦州直隶（州）礼县光绪十六年带征十四五年民欠仍未完粮石征信册》，清光绪十六年（1890）刻本。

3.《光绪十三年整顿当税史料》，《历史档案》1991 年第 3 期。

4.《国家图书馆藏清代税收税务档案史料汇编》，全国图书馆文献缩微复制中心 2008 年版。

5.《户部奏稿》，全国图书馆文献缩微复制中心 2004 年版。

6.《晋政辑要》，《续修四库全书》第 883 册，上海古籍出版社 2003 年版。

7.《京报（邸报）》，全国图书馆文献缩微复制中心 2003 年版。

8.《厘剔官吏经征钱粮积弊折》，中国科学院国家科学图书馆藏。

9.《林则徐全集》，海峡文艺出版社 2002 年版。

10.《钦定户部则例》，载故宫博物院编《故宫珍本丛刊》，海南出版社 2000 年版。

11.《清朝通典》，浙江古籍出版社 2000 年版。

12.《清朝通志》，浙江古籍出版社 2000 年版。

13.《清朝文献通考》，浙江古籍出版社 2000 年版。

14.《清朝续文献通考》，浙江古籍出版社 2000 年版。

15.《清代起居注册·康熙朝》，联经出版事业公司 2009 年版。

16.《清末民国财政史料辑刊》，国家图书馆出版社 2007 年版。

17.《清末民国财政史料辑刊补编》，国家图书馆出版社2008年版。

18.《清圣祖御制诗文》，载故宫博物院编《故宫珍本丛刊》，海南出版社2000年版。

19.《清实录》，中华书局1985—1987年版。

20.《清史稿》，中华书局1976年版。

21.《请行钱粮民欠征信册折》，中国科学院国家科学图书馆藏。

22.《山西省曲沃县光绪十二年各样钱粮征信册》，清光绪十三年（1887）山西布政司活字印本，中国科学院国家科学图书馆藏。

23.《停办安省征信各册兴办清丈事宜详奏各原稿并恭录朱批上谕行知札文四件》，中国科学院国家科学图书馆藏。

24.《政治官报》第1066号，宣统二年九月十四日。

25.《直隶安平县光绪十四年催征六七两年地粮银两民欠并原缓征信册》，中国科学院国家科学图书馆藏。

26.《(康熙）山东通志》，《中国地方志集成·省志辑·山东》，凤凰出版社2010年版。

27.《(乾隆）浙江通志》，清乾隆元年（1736）刻本。

28.《(道光）厦门志》，《中国方志丛书》第80号，成文出版社1967年版。

29.《(道光）重纂福建通志》，清同治十年（1871）正谊书院刻本。

30.《(光绪）清会典事例》，中华书局1991年版。

31.《(光绪）桐乡县志》，清光绪十三年（1887）刻本。

32.《(光绪）兴国州志》，清光绪十五年（1889）刻本。

33.《（宣统）山东通志》，《中国地方志集成·省志辑·山东》，凤凰出版社2010年版。

34.《(民国）庐陵县志》，《中国地方志集成·江西府县志辑》（62），江苏古籍出版社1996年版。

35. 上海人民出版社编：《清代日记汇抄》，上海人民出版社1982年版。

36. 本书编写组编：《清代名人书札》，北京师范大学出版社2009年版。

37.（元）马端临：《文献通考》，中华书局1986年版。

38.（清）岑毓英撰，黄振南、白耀天标点：《岑毓英集》，广西民族出版社2005年版。

39. （清）陈康祺：《郎潜纪闻初笔二笔三笔》，中华书局 2008 年版。

40. （清）陈廷敬著，王道成点校：《午亭文编》，人民出版社 2017 年版。

41. （清）冯桂芬著，陈正青点校：《校邠庐抗议》，上海书店出版社 2002 年版。

42. （清）葛士濬辑：《皇朝经世文续编》，国风出版社 1964 年版。

43. （清）贺长龄辑：《皇朝经世文编》，台联国风出版社 1989 年版。

44. （清）贺长龄著，雷树德校点：《贺长龄集》，岳麓书社 2010 年版。

45. （清）柯悟迟：《漏网喁鱼集》，中华书局 1959 年版。

46. （清）李光地著，陈祖武点校：《榕村语录　榕村续语录》，中华书局 1995 年版。

47. （清）李清植纂辑：《文贞公年谱》，清道光五年（1825）刻本。

48. （清）林绍年撰，康春华、许新民校注：《林文直公奏稿校注》，中国书籍出版社 2013 年版。

49. （清）刘声木：《苌楚斋随笔续笔三笔四笔五笔》，中华书局 1998 年版。

50. （清）刘岳云：《光绪会计表》，教育世界社 1901 年版。

51. （清）钱泳：《履园丛话》，中华书局 1979 年版。

52. （清）谭钧培撰，康春华校注：《谭钧培治滇奏疏》，云南美术出版社 2014 年版。

53. （清）王庆云：《石渠余纪》，北京古籍出版社 1985 年版。

54. （清）王延熙、王树敏辑：《皇清道咸同光奏议》，文海出版社 1969 年版。

55. （清）魏源：《圣武记》，岳麓书社 2011 年版。

56. （清）吴振棫：《养吉斋丛录》，中华书局 2005 年版。

57. （清）阎敬铭：《抚东奏稿》，载中国社会科学院近代史研究所《近代史资料》编辑部编《近代史资料》总 121—129 号，中国社会科学出版社 2010—2014 年版。

58. （清）阎敬铭著，张永江主编：《晚清廉吏阎敬铭手札》，北京燕山出版社 2018 年版。

59. （清）叶梦珠：《阅世编》，中华书局 2007 年版。

60. （清）张应昌编：《清诗铎》，中华书局 1960 年版。

61. （清）赵烈文撰，廖承良标点整理：《能静居日记》，岳麓书社 2013 年版。

62. 蔡鸿源主编：《民国法规集成》，黄山书社 1999 年版。

63. 陈锋主编：《晚清财政说明书》，湖北人民出版社 2015 年版。

64. 陈蒲清主编：《陶澍全集》，岳麓书社 2010 年版。

65. 陈义杰整理：《翁同龢日记》，中华书局 2006 年版。

66. 邓洪波编著：《中国书院章程》，湖南大学出版社 2000 年版。

67. 樊楚才编：《樊山公牍》，上海大达图书供应社 1935 年版。

68. 冯雷、王洪军整理：《阎敬铭友朋书札》，凤凰出版社 2021 年版。

69. 故宫博物院明清档案部编：《李煦奏折》，中华书局 1976 年版。

70. 故宫博物院明清档案部编：《清末筹备立宪档案史料》，中华书局 1979 年版。

71. 顾廷龙、戴逸主编：《李鸿章全集》，安徽教育出版社 2008 年版。

72. 洪焕椿编：《明清苏州农村经济资料》，江苏古籍出版社 1988 年版。

73. 华开荣整理：《青浦县光绪十二年地漕民欠征信册》，载中国社会科学院近代史研究所近代史资料编辑组编《近代史资料》总 57 号，中国社会科学出版社 1985 年版。

74. 黄振钺：《云南田赋之研究》，载萧铮主编《中国地政研究所丛刊·民国二十年代中国大陆土地问题资料》（24），成文出版社 1977 年版。

75. 江苏省博物馆编：《江苏省明清以来碑刻资料选集》，生活·读书·新知三联书店 1959 年版。

76. 江苏省财政志编辑办公室编：《江苏财政史料丛书》，方志出版社 1999 年版。

77. 李华编：《明清以来北京工商会馆碑刻选编》，文物出版社 1980 年版。

78. 李书源整理：《筹办夷务始末（同治朝）》，中华书局 2008 年版。

79. 李文海、夏明方、朱浒主编：《中国荒政书集成》，天津古籍出版社 2010 年版。

80. 李文治编：《中国近代农业史资料》第 1 辑（1840—1911），生活·读书·新知三联书店 1957 年版。

81. 李荫乔：《贵州田赋研究》，载萧铮主编《中国地政研究所丛刊·民国二十年代中国大陆土地问题资料》（1），成文出版社 1977 年版。

82. 李允俊主编：《晚清经济史事编年》，上海古籍出版社 2000 年版。

83. 廖伟章、牛贯杰编：《广东谘议局》，载胡绳武主编《清末立宪运动史料丛刊》第 26 册，山西人民出版社 2020 年版。

84. 林钦辰：《山东田赋研究》，载萧铮主编《中国地政研究所丛刊·民国二十年代中国大陆土地问题资料》（14），成文出版社 1977 年版。

85. 刘园生编著：《刘秉璋年谱》，上海古籍出版社 2017 年版。

86. 罗振玉辑，张小也、苏亦工等点校：《皇清奏议》，凤凰出版社 2018 年版。

87. 马鸿谟编：《民呼、民吁、民立报选辑》（1），河南人民出版社 1982 年版。

88. 年子敏编注：《李鸿章致潘鼎新书札》，中华书局 1960 年版。

89. 祁寯藻集编委会、中国第一历史档案馆合编：《祁寯藻集》第 3 册，三晋出版社 2011 年版。

90. 任保罗（任廷旭）：《筹捐必刻征信录说》，《万国公报》1904 年第 188 期。

91. 上海博物馆图书资料室编：《上海碑刻资料选辑》，上海人民出版社 1980 年版。

92. 沈桐生辑：《光绪政要》，文海出版社 1985 年版。

93. 沈晓敏编：《浙江谘议局》，载胡绳武主编《清末立宪运动史料丛刊》第 23 册，山西人民出版社 2020 年版。

94. 苏州博物馆、江苏师范学院历史系、南京大学明清史研究室合编：《明清苏州工商业碑刻集》，江苏人民出版社 1981 年版。

95. 苏州市地方志编纂委员会办公室、苏州市档案局编：《苏州史志资料选辑》第二辑，1984 年（内部发行）。

96. 台北故宫博物院编：《宫中档光绪朝奏折》，台北故宫博物院 1973—1975 年版。

97. 台湾“国史馆”校注：《清史稿校注》，台湾商务印书馆 1999 年版。

98. 台湾银行经济研究室编：《清经世文编选录》，《台湾文献丛刊》第 229 种，台湾银行 1966 年版。

99. 汤志钧编：《康有为政论集》，中华书局 1981 年版。

100. 汪林茂编：《中国近代思想家文库 · 汤寿潜卷》，中国人民大学出版社 2014 年版。

101. 汪林茂主编：《浙江辛亥革命史料集》第四卷，浙江古籍出版社 2014 年版。

102. 王国平、唐力行主编：《明清以来苏州社会史碑刻集》，苏州大学出版社 1998 年版。

103. 王文甲：《历城县田赋之研究》，载萧铮主编《中国地政研究所丛刊 · 民国二十年代中国大陆土地问题资料》（23），成文出版社 1977 年版。

104. 王锺翰点校：《清史列传》，中华书局 1987 年版。

105. 席裕福、沈师徐辑：《皇朝政典类纂》，文海出版社 1982 年版。

106. 夏东元编：《郑观应集》上册，上海人民出版社 1982 年版。

107. 谢俊美编：《翁同龢集》，中华书局 2005 年版。

108. 杨天宇:《周礼译注》,上海古籍出版社 2004 年版。

109. 袁林:《汉籍全文检索系统》 (第四版),陕西师范大学历史文化学院,2004 年。

110. 袁英光、童浩整理:《李星沅日记》,中华书局 1987 年版。

111. 云南省财政厅、云南省档案馆编:《民国时期云南田赋史料》,云南人民出版社 2002 年版。

112. 张磊主编:《朱执信文存》,中华书局 2018 年版。

113. 张枬、王忍之编:《辛亥革命前十年间时论选集》第一卷(下册),生活·读书·新知三联书店 1960 年版。

114. 张枬、王忍之编:《辛亥革命前十年间时论选集》第二卷(下册),生活·读书·新知三联书店 1963 年版。

115. 张枬、王忍之编:《辛亥革命前十年间时论选集》第三卷,生活·读书·新知三联书店 1977 年版。

116. 张正明、[英] 科大卫、王勇红主编:《明清山西碑刻资料选》(续一),山西古籍出版社 2007 年版。

117. 张正明、[英] 科大卫、王勇红主编:《明清山西碑刻资料选》(续二),山西经济出版社 2009 年版。

118. 章开沅、罗福惠、严昌洪主编:《辛亥革命史资料新编》,湖北人民出版社 2006 年版。

119. 赵春晨编:《丁日昌集》,上海古籍出版社 2010 年版。

120. 赵德馨主编:《张之洞全集》,武汉出版社 2008 年版。

121. 中国第一历史档案馆、北京师范大学历史系选编:《辛亥革命前十年间民变档案史料》,中华书局 1985 年版。

122. 中国第一历史档案馆编:《雍正朝汉文朱批奏折汇编》第 13 册,江苏古籍出版社 1990 年版。

123. 中国第一历史档案馆编:《光绪朝朱批奏折》,中华书局 1995 年版。

124. 中国第一历史档案馆编:《光绪宣统两朝上谕档》,广西师范大学出版社 1996 年版。

125. 中国第一历史档案馆编:《乾隆朝上谕档》,中国档案出版社 1998 年版。

126. 中国第一历史档案馆编:《咸丰同治两朝上谕档》,广西师范大学出版社 1998

年版。

127. 中国第一历史档案馆编:《嘉庆道光两朝上谕档》,广西师范大学出版社 2000 年版。

128. 中国第一历史档案馆编译:《康熙朝满文朱批奏折全译》,中国社会科学出版社 1996 年版。

129. 中国第一历史档案馆藏《题本》《朱批奏折》《录副奏折》《灾赈档》等。

130. 中国史学会主编:《中国近代史资料丛刊·辛亥革命》,上海人民出版社 1957 年版。

131. 朱寿朋编:《光绪朝东华录》,中华书局 1958 年版。

二、著作

1. 鲍晓娜:《耕耘集》,中共中央党校出版社 1998 年版。

2. 常建华:《清代的国家与社会研究》,人民出版社 2006 年版。

3. 陈春声:《市场机制与社会变迁:18 世纪广东米价分析》,中国人民大学出版社 2010 年版。

4. 陈登原:《中国田赋史》,上海书店 1984 年版。

5. 陈登原:《地赋丛钞》,中国财政经济出版社 1987 年版。

6. 陈锋:《清代军费研究》,武汉大学出版社 1992 年版。

7. 陈锋:《清代财政政策与货币政策研究》,武汉大学出版社 2008 年版。

8. 陈锋:《清代财政史论稿》,商务印书馆 2010 年版。

9. 陈锋:《中国财政经济史论》,武汉大学出版社 2013 年版。

10. 陈锋:《清代财政史》上册,湖南人民出版社 2015 年版。

11. 陈锋、蔡国斌:《清代财政史》下册,湖南人民出版社 2015 年版。

12. 陈桦:《18 世纪的中国与世界·经济卷》,辽海出版社 1999 年版。

13. 陈桦、刘宗志:《救灾与济贫——中国封建时代的社会救助活动(1750—1911)》,中国人民大学出版社 2005 年版。

14. 陈业新:《灾害与两汉社会研究》,上海人民出版社 2004 年版。

15. 陈业新:《明至民国时期皖北地区灾害环境与社会应对研究》,上海人民出版社 2008 年版。

16. 陈支平：《清代赋役制度演变新探》，厦门大学出版社 1988 年版。

17. 陈支平：《民间文书与明清赋役史研究》，黄山书社 2004 年版。

18. 戴逸：《乾隆帝及其时代》，中国人民大学出版社 1992 年版。

19. 戴逸：《18 世纪的中国与世界・导言卷》，辽海出版社 1999 年版。

20. 邓绍辉：《晚清财政与中国近代化》，四川人民出版社 1998 年版。

21. 邓拓：《中国救荒史》，北京出版社 1998 年版。

22. 杜树章：《中国皇权社会的赋税研究》，中国财政经济出版社 2009 年版。

23. 方铁：《方略与施治：历朝对西南边疆的经营》，社会科学文献出版社 2015 年版。

24. 冯尔康：《清史史料学》，故宫出版社 2013 年版。

25. 冯柳堂：《中国历代民食政策史》，商务印书馆 1993 年版。

26. 冯贤亮：《明清江南地区的环境变动及其社会控制》，上海人民出版社 2002 年版。

27. 高翔：《康雍乾三帝统治思想研究》，中国人民大学出版社 1995 年版。

28. 龚浩：《清前期地方财政亏空治理研究——以江苏为例》，上海社会科学院出版社 2022 年版。

29. 关晓红：《从幕府到职官：清季外官制的转型与困扰》，生活・读书・新知三联书店 2014 年版。

30. 郭成康：《18 世纪的中国与世界・政治卷》，辽海出版社 1999 年版。

31. 郭成康：《清代政治论稿》，生活・读书・新知三联书店 2021 年版。

32. 郭道扬编著：《中国会计史稿》，中国财政经济出版社 1988 年版。

33. 郭松义：《民命所系：清代的农业和农民》，中国农业出版社 2010 年版。

34. 郭蕴静：《清代经济史简编（1644—1840）》，河南人民出版社 1984 年版。

35. 何炳棣：《中国历代土地数字考实》，联经出版事业公司 1995 年版。

36. 何烈：《清咸、同时期的财政》，“国立编译馆”中华丛书编审委员会 1981 年版。

37. 何平：《清代赋税政策研究：1644—1840 年》，中国社会科学出版社 1998 年版。

38. 何平：《传统中国的货币与财政》，人民出版社 2019 年版。

39. 和文凯著：《通向现代财政国家的路径：英国、日本和中国》，汪精玲译，香港中文大学出版社 2020 年版。

40. 胡克诚：《逋赋治理与明代江南财赋管理体制的变迁》，科学出版社 2019 年版。

41. 金其桢：《中国碑文化》，重庆出版社 2002 年版。

42. 康沛竹：《灾荒与晚清政治》，北京大学出版社 2002 年版。

43. 李伯重：《理论、方法、发展趋势——中国经济史研究新探》，清华大学出版社 2002 年版。

44. 李汾阳：《清代蠲恤制度研究》，文海出版社 2006 年版。

45. 李华瑞：《宋代救荒史稿》，天津古籍出版社 2014 年版。

46. 李晋林、畅引婷：《山西古籍印刷出版史志》，中央编译出版社 2000 年版。

47. 李文海、林敦奎、周源、宫明：《近代中国灾荒纪年》，湖南教育出版社 1990 年版。

48. 李文海、周源：《灾荒与饥馑（1840—1919）》，高等教育出版社 1991 年版。

49. 李文海：《世纪之交的晚清社会》，中国人民大学出版社 1995 年版。

50. 李文海：《近代中国灾荒史论》，江苏人民出版社 2023 年版。

51. 李文治、江太新：《清代漕运》（修订版），社会科学文献出版社 2008 年版。

52. 李细珠：《地方督抚与清末新政——晚清权力格局再研究》，社会科学文献出版社 2012 年版。

53. 李向军：《清代荒政研究》，中国农业出版社 1995 年版。

54. 梁方仲编著：《中国历代户口、田地、田赋统计》，中华书局 2008 年版。

55. 林钧跃：《社会信用体系原理》，中国方正出版社 2003 年版。

56. 林满红：《银线：19 世纪的世界与中国》，詹庆华、林满红等译，江苏人民出版社 2011 年版。

57. 刘凤云：《钱粮亏空：清朝盛世的隐忧》，中国社会科学出版社 2021 年版。

58. 刘俊文主编：《日本学者研究中国史论著选译》第 6 卷（明清），中华书局 1993 年版。

59. 刘伟：《晚清督抚政治——中央与地方关系研究》，湖北教育出版社 2003 年版。

60. 刘增合：《“财”与“政”：清季财政改制研究》，生活·读书·新知三联书店 2014 年版。

61. 刘志伟：《在国家与社会之间：明清广东地区里甲赋役制度与乡村社会》，中国人民大学出版社 2010 年版。

62. 刘志伟：《贡赋体制与市场：明清社会经济史论稿》，中华书局 2019 年版。

63. 罗尔纲：《师门五年记·胡适琐记》（增补本），生活·读书·新知三联书店1998年版。

64. 罗玉东：《中国厘金史》，商务印书馆2010年版。

65. 马大英、汪士杰、刘国明、王廷超编：《田赋史》，正中书局1944年版。

66. 马珺、高培勇主编：《国家治理与财政学基础理论创新》，中国社会科学出版社2017年版。

67. 马寅初：《财政学与中国财政——理论与现实》，商务印书馆2005年版。

68. 倪玉平：《清朝嘉道财政与社会》，商务印书馆2013年版。

69. 倪玉平：《从国家财政到财政国家——清朝咸同年间的财政与社会》，科学出版社2017年版。

70. 牛平汉主编：《清代政区沿革综表》，中国地图出版社1990年版。

71. 彭泽益：《十九世纪后半期的中国财政与经济》，中国人民大学出版社2010年版。

72. 瞿同祖著：《清代地方政府》，范忠信、何鹏、晏锋译，新星出版社2022年版。

73. 全国重大自然灾害调研组编著：《自然灾害与减灾600问答》，地震出版社1990年版。

74. 全汉昇：《中国近代经济史论丛》，中华书局2011年版。

75. 全汉昇：《中国经济史论丛》，中华书局2012年版。

76. 申学锋：《晚清财政支出政策研究》，中国人民大学出版社2006年版。

77. 沈晓敏：《处常与求变：清末民初的浙江咨议局和省议会》，生活·读书·新知三联书店2005年版。

78. 史志宏、徐毅：《晚清财政：1851—1894》，上海财经大学出版社2008年版。

79. 史志宏：《清代户部银库收支和库存统计》，福建人民出版社2009年版。

80. 孙绍骋：《中国救灾制度研究》，商务印书馆2004年版。

81. 汤象龙著，刘新渼编：《中国近代财政经济史论文选》，西南财经大学出版社1987年版。

82. 王林：《山东近代救济史》，齐鲁书社2012年版。

83. 韦庆远：《明清史新析》，中国社会科学出版社1995年版。

84. 魏光奇：《有法与无法——清代的州县制度及其运作》，商务印书馆2010年版。

85. 魏光奇：《清代民国县制和财政论集》，社会科学文献出版社2013年版。

86. 魏秀梅编：《清季职官表（附人物录）》，中华书局 2013 年版。

87. 吴晗、费孝通等：《皇权与绅权》，天津人民出版社 1988 年版。

88. 吴琦：《漕运与中国社会》，华中师范大学出版社 1999 年版。

89. 吴四伍：《清代捐纳与国家治理》，社会科学文献出版社 2021 年版。

90. 吴兆莘：《中国税制史》，上海书店 1984 年版。

91. 夏明方：《近世棘途：生态变迁中的中国现代化进程》，中国人民大学出版社 2012 年版。

92. 夏明方：《文明的"双相"：灾害与历史的缠绕》，广西师范大学出版社 2020 年版。

93. 萧凌波：《气候、灾害与清代华北平原社会生态》，科学出版社 2021 年版。

94. 熊月之：《冯桂芬评传》，南京大学出版社 2004 年版。

95. 许倬云著，陈宁、邵东方编：《历史分光镜》，中华书局 2015 年版。

96. 阎守诚主编：《危机与应对：自然灾害与唐代社会》，人民出版社 2008 年版。

97. 晏才杰：《田赋刍议》，共和印刷局 1915 年版。

98. 杨德才：《中国封建王朝周期性兴衰——基于新制度经济学视角的研究》，中华书局 2023 年版。

99. 杨杭军：《走向现代化——清嘉道咸时期中国社会走向》，中州古籍出版社 2001 年版。

100. 杨乙丹：《中国古代灾荒赈贷制度研究》，商务印书馆 2023 年版。

101. 叶依能：《中国历代盛世农政史》，东南大学出版社 1991 年版。

102. 游子安：《善与人同——明清以来的慈善与教化》，中华书局 2005 年版。

103. 张丕远主编：《中国历史气候变化》，山东科学技术出版社 1996 年版。

104. 张祥稳：《清代乾隆时期自然灾害与荒政研究》，中国三峡出版社 2010 年版。

105. 张玉法：《中国现代化的区域研究：山东省（1860—1916）》，"中央研究院"近代史研究所 1987 年版。

106. 章有义编著：《明清及近代农业史论集》，中国农业出版社 1997 年版。

107. 赵崔莉：《清代皖江圩区社会经济透视》，安徽人民出版社 2006 年版。

108. 赵晓华：《救灾法律与清代社会》，社会科学文献出版社 2011 年版。

109. 赵轶峰：《明代的变迁》，上海三联书店 2008 年版。

110. 郑起东：《转型期的华北农村社会》，上海书店出版社 2004 年版。

111. 周健：《维正之供：清代田赋与国家财政（1730—1911）》，北京师范大学出版社 2020 年版。

112. 周琼：《清前期重大自然灾害与救灾机制研究》，科学出版社 2021 年版。

113. 周育民：《晚清财政与社会变迁》（修订本），浙江古籍出版社 2023 年版。

114. 周志初：《晚清财政经济研究》，齐鲁书社 2002 年版。

115. 朱浒：《地方性流动及其超越——晚清义赈与近代中国的新陈代谢》，中国人民大学出版社 2006 年版。

116. 朱浒：《洋务与赈务：盛宣怀的晚清四十年》，中国人民大学出版社 2021 年版。

117. ［法］魏丕信著：《十八世纪中国的官僚制度与荒政》，徐建青译，江苏人民出版社 2006 年版。

118. ［美］白凯著：《长江下游地区的地租、赋税与农民的反抗斗争（1840—1950）》，林枫译，上海书店出版社 2005 年版。

119. ［美］曾小萍著：《州县官的银两——18 世纪中国的合理化财政改革》，董建中译，中国人民大学出版社 2005 年版。

120. ［美］费正清、刘广京编：《剑桥中国晚清史（1800—1911 年）》，中国社会科学院历史研究所编译室译，中国社会科学出版社 1985 年版。

121. ［日］夫马进著：《中国善会善堂史研究》，伍跃、杨文信、张学锋译，商务印书馆 2005 年版。

122. ［美］哈罗德·M. 格罗夫斯（Harold M. Groves）著，唐纳德·J. 柯伦（Donald J. Curran）编：《税收哲人：英美税收思想史二百年》，刘守刚、刘雪梅译，上海财经大学出版社 2018 年版。

123. ［美］何炳棣著：《明初以降人口及其相关问题研究（1368—1953）》，葛剑雄译，生活·读书·新知三联书店 2000 年版。

124. ［美］黄仁宇著：《十六世纪明代中国之财政与税收》，阿风、许文继、倪玉平、徐卫东译，生活·读书·新知三联书店 2007 年版。

125. ［美］黄宗智：《华北的小农经济与社会变迁》，中华书局 1986 年版。

126. ［美］卡尔·A. 魏特夫著：《东方专制主义——对于集权力量的比较研究》，徐式谷等译，中国社会科学出版社 1989 年版。

127. ［美］李明珠著：《华北的饥荒：国家、市场与环境退化（1690—1949）》，石涛、李军、马国英译，人民出版社 2016 年版。

128. ［美］马立博著：《虎、米、丝、泥：帝制晚期华南的环境与经济》，王玉茹、关永强译，江苏人民出版社 2011 年版。

129. ［美］王业键著：《清代田赋刍论（1750—1911）》，高风等译，高王凌、黄莹珏审校，人民出版社 2008 年版。

130. ［美］詹姆斯·B. 柯林斯（James B. Collins）著：《君主专制政体下的财政极限：17 世纪上半叶法国的直接税制》，沈国华译，上海财经大学出版社 2016 年版。

131. ［美］詹姆斯·C. 斯科特著：《国家的视角——那些试图改善人类状况的项目是如何失败的》，王晓毅译，社会科学文献出版社 2004 年版。

132. ［日］岸本美绪著：《清代中国的物价与经济波动》，刘迪瑞译，社会科学文献出版社 2010 年版。

133. ［日］加藤繁著：《中国经济史考证》，吴杰译，中华书局 2012 年版。

134. ［日］酒井忠夫著：《中国善书研究》（增补版）下卷，孙雪梅译，江苏人民出版社 2010 年版。

135. ［日］岩井茂树著：《中国近代财政史研究》，付勇译，社会科学文献出版社 2011 年版。

136. ［英］埃德蒙·柏克著：《法国大革命反思录》，冯丽译，江西人民出版社 2015 年版。

137. ［英］肯耐斯·戴维著：《地方财政》，滕忠勤、周顺明等译，湖北人民出版社 1989 年版。

138. ［英］马丁·唐顿（Martin Daunton）著：《信任利维坦：英国的税收政治学（1799—1914）》，魏陆译，上海财经大学出版社 2018 年版。

139. ［日］山本进著：《清代社会经济史》，李继锋、李天逸译，山东画报出版社 2012 年版。

140. Yeh-chien Wang，*An Estimate of the Land-Tax Collection in China，1753 and 1908*，Harvard University Press，1973.

三、论文（集）

1. 阿利娅：《清代新疆自然灾害研究（1759—1911）》，北京师范大学博士学位论文，2010 年。

2. 曹月堂：《谈康熙朝的钱粮蠲免》，载南开大学历史系编《南开史学》1982 年第 1 期。

3. 常建华：《乾隆朝蠲免钱粮问题试探》，载南开大学历史系编《南开史学》1984 年第 2 期。

4. 陈崇凯：《简析乾隆时期整顿发展西藏经济的政策措施》，《西藏大学学报》（社会科学版）2002 年第 1 期。

5. 陈锋：《清代"康乾盛世"时期的田赋蠲免》，《中国史研究》2008 年第 4 期。

6. 陈锋：《清代的清查亏空》，《辽宁大学学报》2008 年第 5—6 期。

7. 陈文祥：《膏肓之医：晚清民欠征信册制度考论》，《福建论坛》（人文社会科学版）2014 年第 9 期。

8. 陈支平：《清初地丁钱粮征收新探》，《中国社会经济史研究》1986 年第 4 期。

9. 崔岷：《"抗粮"与"敛费"：咸同之际山东田赋锐减的团练因素》，《山东师范大学学报》（人文社会科学版）2012 年第 4 期。

10. 戴逸：《在清代经济宏观趋势与总体评价学术研讨会上的发言》，《清史研究》2008 年第 3 期。

11. 范金民：《清代雍正时期江苏赋税钱粮积欠之清查》，《中国经济史研究》2015 年第 2 期。

12. 范金民：《清代乾隆初年江苏积欠钱粮清查之考察》，《苏州大学学报》（哲学社会科学版）2016 年第 1 期。

13. 付庆芬：《清代蠲免制度研究》，北京大学博士学位论文，2004 年。

14. 付庆芬：《十八世纪江南土地占有关系的一个旁证——以乾隆四年江南蠲免贫户案为中心》，《江苏社会科学》2005 年第 3 期。

15. 高建国、贾燕：《中国清代灾民痛苦指数研究》，载李文海、夏明方主编《天有凶年——清代灾荒与中国社会》，生活·读书·新知三联书店 2007 年版。

16. 葛全胜、王维强：《人口压力、气候变化与太平天国运动》，《地理研究》1995 年第 4 期。

17. 谷文峰、郭文佳：《清代荒政弊端初探》，《黄淮学刊》（社会科学版）1992 年第 4 期。

18. 顾建娣：《19 世纪中期安徽的田赋征收制度》，载中国社会科学院近代史研究所编《中国社会科学院近代史研究所青年学术论坛·2005 年卷》，社会科学文献出版社 2006 年版。

19. 郭松义、李新达：《清代蠲免政策中有关减免佃户地租规定的探讨》，载中国社会科学院历史研究所清史研究室编《清史论丛》第八辑，中华书局 1991 年版。

20. 郭永钦：《清嘉道时期地丁数字核算模式初探——兼论财政地丁类抄档使用问题》，《中国史研究》2018 年第 4 期。

21. 郭永钦：《晚清地方蠲灾钱粮考成的常见术语及核算技术》，《近代史研究》2018 年第 6 期。

22. 郝春文：《东晋南北朝时期的佛教结社》，《历史研究》1992 年第 1 期。

23. 何汉威：《清季中央与各省财政关系的反思》，载《“中央研究院”历史语言研究所集刊》第 72 本第 3 分，2001 年。

24. 何平：《论康熙时代的赋税减免》，《中国人民大学学报》2003 年第 6 期。

25. 胡春帆、花瑜、黄十庆、温奇：《试论清前期的蠲免政策》，载中国人民大学清史研究所编《清史研究集》第 3 辑，四川人民出版社 1984 年版。

26. 华桂玲：《清代蠲恤则例研究》，福建师范大学硕士学位论文，2007 年。

27. 贾允河：《嘉庆朝钱粮亏空的原因》，《西北师大学报》（社会科学版）1993 年第 5 期。

28. 贾允河：《清朝钱粮亏空的财政制度根源初探》，《西北师大学报》（社会科学版）1998 年第 1 期。

29. 贾允河、李瑛：《清朝吏治与钱粮亏空》，《河北师范大学学报》（哲学社会科学版）1998 年第 2 期。

30. 经君健：《论清代蠲免政策中减租规定的变化》，《中国经济史研究》1986 年第 1 期。

31. 李凤珍：《试论清朝蠲免政策》，《西藏研究》1989 年特刊。

32. 李根蟠：《荒政研究中的拓荒之作——〈清代荒政研究〉》，《中国社会科学》1996 年第 3 期。

33. 李光伟：《清代田赋蠲缓研究之回顾与反思》，《历史档案》2011 年第 3 期。

34. 李光伟：《晚清田赋蠲缓研究》，中国人民大学博士学位论文，2013 年。

35. 李光伟：《嘉庆以降钱粮缓征与积欠之衍生——基于宏观角度的分析》，《清史研究》2013 年第 3 期。

36. 李光伟：《晚清赋税征缴征信系统的建设》，《历史研究》2014 年第 4 期。

37. 李光伟：《清代普免制度的形成及其得失》，《历史研究》2021 年第 4 期。

38. 李文海：《清末灾荒与辛亥革命》，《历史研究》1991 年第 5 期。

39. 李文海：《中国近代灾荒与社会稳定》，载国家教委高校社会科学发展研究中心组织编写《中外历史问题八人谈》，中共中央党校出版社 1998 年版。

40. 李文海：《清史研究八十年》，《清史研究》1999 年第 1 期。

41. 李向军：《清代荒政研究》，北京师范学院博士学位论文，1991 年。

42. 李映发：《清代州县财政中的亏空现象》，《清史研究》1996 年第 1 期。

43. 林齐模：《旧制度的危机——太平天国战争对安徽田赋征收的影响》，《安徽史学》2002 年第 3 期。

44. 林正成：《清代荒政之研究——救荒政策与备荒措施》，《东海学报》（35），1994 年 7 月。

45. 刘翠溶：《清初顺治康熙年间减免赋税的过程》，载《“中央研究院”历史语言研究所集刊》第 37 本（下），1967 年。

46. 刘德美：《清代地方财政积弊个案探讨——嘉庆年间安徽钱粮亏空案》，《师大学报》1982 年总第 27 期。

47. 刘桂林：《清世宗清理钱粮亏空浅论》，载《平准学刊》第 1 辑，中国商业出版社 1985 年版。

48. 刘克祥：《太平天国后清政府的财政“整顿”和搜刮政策》，载《中国社会科学院经济研究所集刊》第 3 集，中国社会科学出版社 1981 年版。

49. 刘克祥：《十九世纪五十至九十年代清政府的减赋和清赋运动》，载《中国社会科学院经济研究所集刊》第 7 集，中国社会科学出版社 1984 年版。

50. 刘森文：《清代嘉道时期的蠲免研究》，北京师范大学硕士学位论文，2011 年。

51. 刘增合：《知识移植：清季预算知识体系的接引》，《社会科学研究》2009 年第 1 期。

52. 罗仑、范金民：《清前期苏松钱粮蠲免述论》，《中国农史》1991 年第 2 期。

53. 罗玉东：《光绪朝补救财政之方策》，《中国近代经济史研究集刊》第 1 卷第 2 期，1933 年。

54. 吕长军：《光绪朝顺直地区蠲恤状况述论》，河北师范大学硕士学位论文，2005 年。

55. 马国英：《晚清粮食收成分数研究（1875—1908）——以山西省为例》，《西北师大学报》（社会科学版）2015 年第 3 期。

56. 倪玉平：《试论清代的荒政》，《东方论坛》2002 年第 4 期。

57. 彭雨新：《太平天国战争时期清王朝的财政措施》，载武汉大学历史系编《史学论文集》第一集，1978 年。

58. 彭雨新：《辛亥革命前夕清王朝财政的崩溃》，载中华书局编辑部编《纪念辛亥革命七十周年学术讨论会论文集》中册，中华书局 1983 年版。

59. 彭雨新：《鸦片战争前清政府对苏松地区的减赋和治水》，《江汉论坛》1984 年第 6 期。

60. 彭雨新：《清道咸年间田赋征收的严重弊端》，载北京太平天国历史研究会编《太平天国学刊》第二辑，中华书局 1985 年版。

61. 彭云：《清代云南田赋初步研究》，云南大学硕士学位论文，2012 年。

62. 《〈清代的财政〉学术讨论会综述》，《中国经济史研究》1989 年第 1 期。

63. 任智勇：《晚清财税结构的转型》，《中国社会科学》2022 年第 11 期。

64. 施由民：《清代江西的钱粮蠲免述论》，《农业考古》1993 年第 3 期。

65. 孙百亮、梁飞：《清代山东自然灾害与政府救灾能力的变迁》，《气象与减灾研究》2008 年第 1 期。

66. 汤象龙：《咸丰朝的货币》，载陶孟和、汤象龙主编《中国近代经济史研究集刊》第 2 卷第 1 期，1933 年 11 月。

67. 王明东：《清代云南赋税蠲免初探》，《思想战线》2010 年第 3 期。

68. 王树林：《清代灾荒：一个统计的研究》，《社会学界》1932 年第 6 卷。

69. 乌仁其其格：《清代呼和浩特地区社会救济事业初探》，《内蒙古大学学报》（人文社会科学版）2007 年第 3 期。

70. 吴承明：《中国近代农业生产力的考察》，《中国经济史研究》1989 年第 2 期。

71. 吴琦：《清代漕粮在京城的社会功用》，《中国农史》1992 年第 2 期。

72. 吴晓玲、张杨：《论清代灾后赈济制度及其成效》，《南昌大学学报》（人文社会科学版）2010 年第 5 期。

73. 伍丹戈：《赋税的蠲免》，《文汇报》1961 年 11 月 16 日。

74. 武汉大学中国三至九世纪研究所编：《中国前近代史理论国际学术研讨会论文集》，湖北人民出版社 1997 年版。

75. 夏明方：《从清末灾害群发期看中国早期现代化的历史条件——灾荒与洋务运

动研究之一》,《清史研究》1998 年第 1 期。

76. 夏明方:《近代中国粮食生产与气候波动》,《社会科学战线》1998 年第 4 期。

77. 夏明方:《中国早期工业化阶段原始积累过程的灾害史分析——灾荒与洋务运动研究之二》,《清史研究》1999 年第 1 期。

78. 夏明方:《救荒活民:清末民初以前中国荒政书考论》,《清史研究》2010 年第 2 期。

79. 夏明方主编:《新史学》第 6 卷,中华书局 2012 年版。

80. 夏鼐:《太平天国前后长江各省之田赋问题》,《清华学报》第 10 卷第 2 期,1935 年。

81. 谢美娥:《近年来台湾的中国经济史研究概况(续)》,《中国经济史研究》1999 年第 4 期。

82. 徐建青:《清代康乾时期江苏省的蠲免》,《中国经济史研究》1990 年第 4 期。

83. 杨继业:《乾隆时期甘肃通省蠲免的历史地位》,《农业考古》2016 年第 6 期。

84. 杨双利:《福惠天下:清代筹赈问题研究》,中国人民大学博士学位论文,2018 年。

85. 杨振姣:《康雍乾蠲免政策研究》,山东大学博士学位论文,2004 年。

86. 殷崇浩:《叙乾隆时的漕粮宽免》,《中国社会经济史研究》1987 年第 3 期。

87. 殷崇浩:《乾隆时漕粮宽免的原因及其作用》,《武汉大学学报》(社会科学版)1988 年第 4 期。

88. 俞玉储:《清代前期漕粮蠲缓改折概论》,《历史档案》1990 年第 2 期。

89. 张海瀛:《论清代前期的奖励垦荒与蠲免田赋》,《晋阳学刊》1980 年第 1 期。

90. 张杰:《清代康熙朝蠲免政策浅析》,《古今农业》1999 年第 1 期。

91. 张小聪、黄志繁:《清代江西水灾及社会应对》,载曹树基主编《田祖有神——明清以来的自然灾害及其社会应对机制》,上海交通大学出版社 2007 年版。

92. 张晓仙:《清前期云南财政研究》,云南大学硕士学位论文,2013 年。

93. 章有义:《近代中国人口和耕地的再估计》,《中国经济史研究》1991 年第 1 期。

94. 赵思渊、申斌:《明清经济史中的"地方财政"》,《中山大学学报》(社会科学版)2018 年第 1 期。

95. 赵艳:《清代贵州田赋研究》,贵州大学硕士学位论文,2015 年。

96. 周健:《嘉道年间江南的漕弊》,《中华文史论丛》2011 年第 1 期。

97. 周健:《清代财政中的摊捐——以嘉道之际为中心》,《中国经济史研究》2012 年第 3 期。

98. 朱诚如:《嘉庆朝整顿钱粮亏空述论》,载《明清论丛》第 1 辑,紫禁城出版社 2001 年版。

99. 朱建:《明清之际的赋役问题和阶级关系——与伍丹戈先生商榷》,《文汇报》1961 年 11 月 26 日。

100. 庄吉发:《清世宗与钱粮亏空之弥补》,《食货月刊(复刊)》第 7 卷第 12 期,1978 年 3 月。

101. [日] 土居智典:《从田赋地丁看晚清奏销制度》,载北京大学历史学系编《北大史学》第 11 辑,北京大学出版社 2005 年版。

102. [日] 百濑弘:《清朝的财政经济政策》,郑永昌译,载"中央研究院"近代史研究所社会经济史组编《财政与近代历史论文集》下册,"中央研究院"近代史研究所 1999 年版。

103. Roxann Prazniak, "Tax Protest at Laiyang, Shandong, 1910: Commoner Organization versus the County Political Elite", *Modern China*, Vol. 6, No. 1 (Jan. 1980).

104. Wang Yu-Ch'uan, "The Rise of Land Tax and the Fall of Dynasties in Chinese History", *Pacific Affairs*, Vol. 9, No. 2 (Jun. 1936).

跋　往事历历在心头
——怀念恩师李文海先生

2008年9月，我考入中国人民大学清史研究所，忝列李文海先生博士弟子门墙；2013年6月，博士毕业，是李先生招收的统招统分博士生中学习年限最长的一位。

清史研究所每年都举办气氛热烈的毕业生欢送会，但2013年的欢送会因先生的溘然长逝而格外肃穆。原本安排我发言时谈谈恩师对我的教育和培养，但因心情悲恸，发言数次哽咽而作罢。我的博士学位论文一直缺少后记，本想用心写一写对恩师和其他师长的追忆和感谢，但恩师永远也看不到了，后来也因情绪低落而始终无法下笔。先生走得太突然，有时感觉仍在我们身边，只是长时间不联系了。一转眼，先生离开我们十多年了，请允许我用笨拙的笔记叙这段师生情缘，作为对先生永远的怀念。

一

最早知晓恩师名讳，还是2003年蒙山东师范大学历史系王林教授的介绍，那时我正读本科三年级。王老师是龚书铎先生的弟子，专治中国近代文化史与社会史，尤其是近代灾荒史和慈善史。由于有着共同的研究领域，王老师对李先生的论著与治学精神推崇备至。有一次，王老师说在他所熟悉的研究领域，以坚实史料做基础，能踏实做学问的首推李文海先生。在被保送为山东师范大学历史系中国近现代史专业硕士研究生后，王老师和学位点负责人田海林老师（1962—2023）建议我日后可以报考李文海先生或龚书铎先生的博士生，但当我知道李先生曾担任中国人民大学校长且时任中国史学会会长后，惊为天人，望而却步。成为先生的学生，似乎是遥不可及的事情。

因为是保送生，老师们对我格外“青睐”，希望我继续攻读博士学位，走上学术研究的道路。田海林老师每次与我谈及考博事宜，均力主我报考李先生的博士生。早在1985年，田老师即与李先生结识。那时，李先生受中国近代思想文化史研究名家胡思庸教授邀请，前往河南大学历史系为青年教师进修班授课，前后近一个月，在此期间的接送吃住，均由刚毕业留校的田老师负责，二人从此建立了密切的联系。1991年，他给李先生写信，想报考先生的博士生，得到回信鼓励，但后来因担心中国人民大学考博英语太难，而改考湖南师范大学林增平教授的博士生并被录取。田老师曾对我说：“我到长沙读书之后，写信给李先生解释，李先生又专门回信鼓励！”田老师2009年3月7日（那时我已考入李先生门下）在给我的回信中对坚持让我报考李先生博士生的原因做了详细说明：

> 李文海先生是我平素最敬仰的著名史学家、教育家和理论家，他在1991年和1993年写给我的两封来信，我迄今一直珍藏着……
>
> 我认定李先生最值得我们后学心仪追慕之处在于：1. 有强烈的国家政治观念、社会忧患意识与民族文化使命感；2. 有丰厚圆融的理论修养和高妙正道的学理辨析鉴判水平；3. 治学博约恰适，术业有专攻之特长，史料功夫坚实贯通；4. 善于创榛辟莽而开创史学新领域，灾荒史研究此其一显例也；5. 别具识人慧眼与树人法力，注重提掖中青年后进。
>
> 我当年因为特殊原因没有成为李先生的及门博士弟子，我引以为平生之大憾，但是我把自己最欣赏的高材硕士生推荐给他门下读博士，也算是聊补此憾于万一了。

2007年10月初，我决定报考李先生的博士研究生，并斗胆手写一封自荐信于国庆节后寄出。为了增加被录取的概率，我同时还报考了复旦大学和北京师范大学，也给相应的导师寄去了自荐信。信寄出后，我天天盼望着能有回音。其实，导师们工作繁忙，而且报考的学生那么多，哪有时间一一回复。田老师每次上完课，总去教研室转转，了解学生近况。得知我已将自荐信寄出后，说："别的导师我不能确定给你回复，但李先生肯定会给你答复。"直到今天，我依然对田老师那肯定的语气和神情记忆犹新。果不其然，10 月 27 日（星期六）10:52，我收到李先生发来的电子邮件，"李光伟同志：信悉。欢迎你报考我的博士研究生。希望你在完成硕士学位论文的同时，抓紧准备，争取考出好的成绩。李文海"。德高望重、事务繁忙的李先生竟然给我这个素不相识的学生回信了。这封回信言简意赅却又充满鼓励，让我终生感念。

2008 年 3 月，博士生入学初试结束的第二天，学院安排考生与导师见面。因成绩未出，所以只是一个简短的师生见面会。那时我心情紧张激动，一直都是李先生问，我回答。先生很认真地翻阅了我的报考材料，包括硕士学位论文、已发表成果，以及两封专家推荐信。在这个过程中，先生问："感觉考得怎么样?"我答："感觉还可以。"又问："以前读过马列经典著作中的哪些篇章?"这对大多数青年学生而言可能是个比较难以回答的问题。我快速地思索着，怯声答道："《德意志意识形态》《矛盾论》《实践论》《中国革命和中国共产党》。"心想：如果再接着让我谈谈其中主要内容的话，我肯定"原形毕露"了。先生或许已经觉察到我"心虚"，没有继续追问。随后又问："你对历史虚无主义思潮有什么看法?"如果今天让我回答这个问题，自然会说出很多；但当时，我对"历史虚无主义思潮"这个概念还没有清楚的认识，也不知道究竟何谓"历史虚无主义思潮"。我硬着头皮答："一种思潮的出现有着社会历史根源，它的存在也有一定的合理性。我们在研究、批判这种思潮的时候，应该也要看到它合理性的一面。"我的回答文不对题，但先生当时没有说我回答得怎样，只是让我回去后注意加强经典理论著作的阅读和学习。

后来，我以初试成绩第一名进入复试，再次与先生见面。复试安排在上午 8:30 开始。在我们等候复试的时候，先生也提前来到办公室。我走上前问好，没想到先生跟我说："来我办公室一下，我有话跟你讲。"进门后，先生亲切地让我挨着他坐在沙发上，说：

有一件事，我想在正式复试前跟你谈谈。上次见面谈话后，我感觉你的一些观点、看法和我不一样，尤其是在史观方面。现在史学界思想比较多元，也有些混乱，其中涌现出了一股以“创新”“翻案”“重新反思历史”为幌子，企图否定革命、否定历史、颠倒历史的“历史虚无主义思潮”。这个错误思潮不仅在史学界有市场，还蔓延到文艺界。前几年热播的电视剧《走向共和》，以及最近上映的电影《色戒》就表现出这种思潮。通过上次的谈话，我觉得你对什么是历史虚无主义思潮还不是很了解。

既然你报考我的博士生，想必你对我的学术思想和立场有一定了解，当然也可能有一些不了解。我的学术思想和立场用一句话概括就是坚持唯物史观。在这个问题上我从来都是旗帜鲜明的，不怕别人议论。我知道现在很多人都称我为“历史学家”，而且还在前面加了两个字“左翼”。我对这个问题不做任何辩解，别人怎么说没关系，我始终坚持唯物史观。我举一个例子：北京师范大学有一位在经济学界很有名的老先生，叫作陶大镛。他曾说：“文化大革命”时期，人们都批判我的学术思想与立场太右；改革开放后，人们又批评我的学术思想与立场太“左”。其实，我自己心里最清楚，我的学术思想与立场始终如一，没有什么右不右、“左”不“左”的。

现在报考我的学生里面，有三个上线的。你是第一名，如果正式录取你的话，你能不能接受我的学术思想和立场？如果做我的学生，在史观上必须和我保持一致，这是个原则性问题。当然，导师和学生之间是双向选择的，不合适就不能勉强。今年有的导师没人报考，或报考了没人过线。如果你觉得在史观方面不好接受，那你可以选择别的导师，而且我可以帮你推荐，调过去。现在还有点时间，这个问题你可以考虑考虑再做决定。

听了先生一番话后，我不假思索地回答：“这个问题不用考虑了，我跟您读。”

考生的复试顺序是按照初试成绩排的，我第一个走进复试考场。紧张落座之后，首先是简短介绍自己的基本情况，然后是导师组提问。先生第一个发问：“你对近期上映的电影《色戒》有什么看法？”其实，这个问题在和先生谈话后，我已经知道从反对“历史虚无主义思潮”的角度作答，但由于一方面尚不清楚“历史虚无主义思潮”的内涵和外延，另一方面那时也确实没看过《色戒》，在这个正式复试现场，不敢再硬着头皮“胡诌”了。只好如实交代：“由于忙于入学考试的复习和准备，还没来得及看《色戒》，对剧情不了解。”先生似乎也在替我打圆场，笑着说：“没关系，这个问题问得离专业知识有点远了。我再问个别的问题。”好在其他问题回答得还算顺利。

复试结束后，我一直在场外等候，心中因不确定是被先生录取还是被调给其他导师而忐忑不安。待先生走出会议室，我急忙上前询问能否跟他读。先生很爽快地说“能”，一语结定师生缘。

硕士毕业之际，我打算利用暑期到北京查阅资料。先生知道后，于 2008 年 6 月 23 日上午回复电邮：“暑假拟来北京查资料，很好。到京后可同我联系，面谈一次。来京后的生活问题，可同吴四伍联系，看能否在学生宿舍找个住的地方。有了住处，其他都好办了。”但由于当时北京奥运会尚未结束，未能成行。

二

9 月入学后，先生让我到他在国家清史编纂委员会的办公室，指导我如何利用好博士三年时间，告诫我在博士学位论文选题确定之前，一定要多看书，不能仅满足于老师在课堂上教的，更重要的是课下自学和广泛涉猎。那时先生基本不再给博士生上课，为了增进师生的了解，如无特殊事情，由我每隔三四周向他汇报读书心得。作为学生，理应向导师汇报，导师予以指点，学生谨遵，但先生总是很谦虚地用“交流”这个词，从不把自己的观点强加于人，将师生之间的对话看作一种平等的学术交流。这算是入学后先生给我上的第一课。就是在这次谈话中，先生给我布置了两份作业。一是为了“便捷”地学习经典理论著作，让我认真、用心地阅读一本叫作《马克思、恩格斯、列宁、斯大林论历史科学》的书，并且要选择比较“厚”的版本，不要看删节本；看完后，就其中的某个问题写一篇读书笔记上交。二是让我自由选题，写一篇符合学术规范的论文交给他审阅。这两个任务，一个是加强我对经典理论的了解和掌握，另一个是考察我撰写学术论文的基本功。

我将读书笔记和论文一并提交后，过了段时间，先生专门找我谈话，指出文章的缺点和不足，还让我将读书笔记和论文再打印一份，交给夏明方老师，请他提意见。后来，我知道先生之所以这么做，是为了让夏老师了解我的情况。当时夏老师负责的《清史·灾赈志》课题组正缺人手，急需补充人员。

博士一年级的第二学期，需要把学位论文选题确定下来。先生让我自己设计几个感兴趣的题目，附带简单的论证和大致框架，交给他看。在看了我的选题设计后，先生说那几个题目都可以做，而且特别针对我硕士学位论文研究的对象，肯定其有进一步探索的必要，但又不主张我在攻读博士学位期间继续研究下去。先生认为博士生的三年时间十分有限、十分宝贵，是一生中不可多得的全身心学习、提高的大好机会，与其再接着硕士学位论文的选题深入做，不如拓展自己的研究视野，转换新的研究领域。虽然这样做一开始比较困难，但坚持下来，对以后的学术研究大有裨益。

在博士学位论文选题方面，先生给我两个建议。第一，在我所论证的题目中选一个做。第二，参加《清史·灾赈志》课题组，在服从课题组安排的同时，积累研究材料，确定博士学位论文题目。加入课题组，首先要完成项目任务，需要付出一定的时间和精力，但对我也是个很好的锻炼机会，不仅可以共享前期积累的资料和成果，而且能得到组内老师的集体指导，还能获得科研经费支持。这些都是个人“单打独斗”做研究所不具备的。

本着自愿的原则，我加入了《清史·灾赈志》课题组，负责补充、完善清代田赋蠲免与缓征方面的资料，并完成相关统计，最终将《晚清田赋蠲缓研究》作为博士学位论文题目。之前硕士学位论文研究的是民国新兴宗教与慈善救济方面的内容，而博士学位论文转向清代灾荒和社会经济史，一切从零开始，面临很大的困难和挑战。读博期间，我一再延期，是李先生、夏老师给了我莫大的信任、鼓励和宽容。我清楚地记得，在告知先生自己第二次延期的打算后，他用温和、鼓励的口气说：“好好做，也不要太紧张，时间还是够的。”一向对学生“严厉”的夏老师也替我“解压”，“先把几个关键问题解决，其他的可以放一放，不要贪多求全”，并讲述自己当年撰写博士学位论文的经验教训，让我少走弯路。

博士学位论文虽然最后完成了，但离李先生、夏老师的要求还有不小差距。2013 年 5 月 18 日，先生抱病为我组织了博士学位论文答辩，听取答辩委员（虞和平研究员、赵云田研究员、陈桦教授、夏明方教授、赵晓华教授）的修改建议。答辩通过后，先生又专门找时间跟我谈论文的修改事宜，鼓励我早日出版。对我而言，这算是先生的遗愿之一吧。弹指一挥十余年，惭愧且遗憾的是，论文因篇幅所限还不能以“足本”出版。

在五年学习过程中，先生始终十分注意对我进行唯物史观的训练，或指定一些经典理论著作的篇目，让我反复精读；或时常带一些马克思主义中国化的最新理论成果摘编让我学习。先生还先后送我几本自己的论文集，谦虚地说：“之所以送你论文集，不是因为我写的文章有多么好，一定要你学习，而是为了让你更好地了解我的思想和主张。”其实，先生的生花妙笔学界有目共睹。在有的人眼里，先生或许是“左翼史学家”，但真正了解先生的人称许他是“高妙正道”的史学家。在我遵照先生的嘱咐认真阅读《马克思、恩格斯、列宁、斯大林论历史科学》时，收到硕士研究生导师郭大松老师的电邮：

> 李老师给你的任务是有针对性的。在他看来，你们以及我们这些人的马克思主义基本理论很不扎实，这会影响以后的发展，关系文章灵魂。我个人的意见，马列经典理论是必须熟悉的。对待这些经典著作的态度，一是要认真理解其本来意义，二是应该历史地、发展地看待其基本观点。现在的学术界，像李老师这样的人已经很少了，他有自己的为人做事准则，我很欣赏他的那些准则。我不认为李老师是多么“左”的史学家，他是做学问的，在按照自己的认识做学问。

田海林老师也回信说：

> 你既然已经入李文海先生之门，就不要再听信别人那些不适合你发展道路的建议。在当代中国，李文海先生是历史学界最智慧、最有才华和最富能量的学术大师，他走的道路就是作为主流学者

“正取”最应该走的积极道路。“逆取”就是靠“打擦边球”吃饭，猎奇斗艳而已矣。

追随先生以唯物史观为治史圭臬是我无悔的选择。对我思想影响较深刻的，还是先生指导我结合社会现实反对“历史虚无主义思潮”所撰写的几篇文章。

为庆祝中华人民共和国成立60周年，2009年8月下旬，中国社会科学院当代中国研究所与中国史学会、中华人民共和国国史学会在北京联合举办“中华人民共和国建立的划时代意义”学术研讨会。先生时任中国史学会会长，推荐我撰写论文《新中国的成立是历史的必然》与会。这个会议邀请的大都是史学名家，作为一名在读的博士生，能得到参加如此高级别学术会议的机会十分幸运。2009年4月24日，先生托人带给我相关会议材料和与会专家名单，并附亲笔信一封：

> 昨日中国史学会及国史学会领导开会研究了庆祝建国60周年学术讨论会的筹备工作。你已被正式确定为参会人员，文章亦已列入计划，现将有关材料寄上，供参阅。从材料可以看出，与会人员的规格是很高的，你能得到这一机会，十分难得。望你珍惜这一机会，认真把文章写好，并按时交稿。写作中请注意一点，务必要同历史虚无主义的那些观点划清界限。此点至关重要，因为召开此次讨论会的主要宗旨，就是要坚持唯物史观的指导，对中国近现代史做出科学的、正确的认识和解读。

几天后，先生找我面谈，指导我如何撰写这篇文章。先生带给我一本学习出版社出版的《李文海自选集》，让我参考他在庆祝新中国成立50周年时写的《艰难求索　悲壮实践——走向新中国的百年历程》，叮嘱我不要面面俱到地罗列、分析史实，而是要在高度概括百余年来发生的重大历史事件的基础上，梳理出近代中国的历史走向。经过一个多月的思考和写作，我完成了《走向新中国的必由之路——庆祝中华人民共和国成立60周年》。先生阅改后，于6月1日复信：“稿子看了一遍，大体可以。只是自己的话太少了，但也不必再改，可以寄给会议筹备组。临近国庆时，投到刊物发表，到时再商量。”后来，这篇文章以《走向新中国的必由之路》为题，发表于《高校理论战线》2009 年第 11 期。

2011 年是辛亥革命 100 周年，社会各界以不同形式和内容隆重举行各种纪念活动。辛亥革命史中的两个重要人物——孙中山、袁世凯历来是史学界的研究重点。曾几何时，学术界、文艺界对袁世凯的历史评价越来越高，甚至多有“超拔”“溢美”之论，认为他是“共和元勋”“中华民国的缔造者”；与此相应，对孙中山的研究却“挖掘出”越来越多的“负面”影响，认为他应该为民国初年的社会动乱负主要责任。这些言论偏离了历史的本来面貌，混淆视听。针对这种“扬袁抑孙”的历史虚无主义思潮，先生命我探讨孙中山与袁世凯在辛亥鼎革之际的不同政治表现。

由于学界涉及这个主题的研究成果较为丰富，加之时间有限，先生指点我要找准问题，找到关键史料，一语中的。这个要求非常高。先生看完我提交的论文提纲和基本史料后，将论文结构重新调整，理出三个具体明确的问题：第一，分析袁世凯从假立宪到伪共和的“骑墙”表现；第二，辨别究竟是谁使帝制中国走向共和；第三，描述袁世凯作为“共和”总统摧毁共和的一系列史实。若没有先生高屋建瓴的点拨，我难以抓住问题的要害。文章初稿完成后，先生又帮我修改、润色。

宪政是在理论界、学术界争论较多的问题。一般而言，宪政指的是以宪法为中心的民主政治，但有一些人套用西方的“宪政”概念，将西方的宪政作为“普世价值”来衡量、批评中国的政治体制改革，别有用心地把中国共产党的领导和社会主义制度同中国的民主政治和法治建设对立起来。针对这种争论和错误观点，先生又让我对近代以来宪政在中国的实践与困境进行探析，说明西方的宪政道路为什么在中国走不通。先生指导我以活跃在近代中国政治舞台上的几种不同政治力量开展的宪政活动为主线，对清末预备立宪、立宪派的君主立宪、革命派的民主立宪，以及北京政府“宪政”外衣下的独裁活动进行分析。先生还分别用四个成语概括、形容上述四派政治力量的宪政活动特征，即南辕北辙、缘木求鱼、与虎谋皮和暗流汹涌。

三

李先生不仅在学术研究上与学生平等地交流看法，以理服人，而且在日常生活中平易近人，给人以亲人般的温暖和关怀。

先生很少在师门内过生日，不想麻烦学生，更不想“兴师动众”。据说，先生70岁时曾在师门小范围内过了一个“很不讲究”的生日：招呼几个学生在学校附近的小餐馆吃了一顿饭。此后的10年间，除每年教师节师门聚会一次，再也没一起过生日。2011年2月底，在几位同门的倡议下，几经与先生商量，先生才勉强同意在师门内过80岁生日，但一再要求形式务必简单，不能铺张浪费。那次生日给大家留下了深刻印象，先生和师母都很高兴，师门少长咸集，其乐陶陶。生日过后，我们刻录了生日活动的光盘，还制作了师门通讯录。在制作通讯录时，我们曾想在先生的信息中加上某个“名号”，诸如“著名史学家”“近代灾荒史的开拓者”等，但一时拿不定主意，觉得先生肯定反对。在将通讯录信息交先生审正时，又提出这个问题，先生当即说：“那些都是别人的评价，不必写。就写中国人民大学历史学院教授吧。”言毕，在通讯录的工作单位、职称栏内做了填写。当看到通讯地址上写的是“中国人民大学清史研究所”时，说：“这个地址不太直接。通讯录既然是为了方便师门互相联系，还是改成我在世纪城的住址吧。”

2010年，凝聚着以先生为首的中国人民大学灾荒史课题组十几年心血的《中国荒政书集成》告成出版。次年初，《中国文化报》以一个整版特别介绍中国灾荒史研究，并对先生做了专访。记者描述：“2011年2月15日的午后，我们见到了李文海老师。冬日和暖的阳光温柔地泻下光晕，让这位本就和蔼谦逊的大学者更显平易近人。”采访末了，记者问如何在文中介绍具体职务时，“‘就写人民大学教授吧。’半天也未能从书桌中找到一张名片的李文海平淡地说。”记者的报道千真万确，那时我正在国家清史编纂委员会编审组担任学术助手，亲历了记者采访的全过程。我见过先生的名片，那是一张很普通的白色纸片，上面印着先生的姓名，还有“中国史学会会长”及联系电话等。名片是黑白色，没有任何图饰，也没有多余的“头衔”。其实，在史学界，先生的“头衔”很多，但先生从不以此相标榜。那张简易的名片也只是因工作之需而备，实际使用很少。

先生进入古稀之年后，立下了一个少写长文、多写短文的心愿。先生以惊人的精力和毅力，凭着自己深厚的学养和功力，在短短几年间又写下大量既具深知灼见又脍炙人口的论文与杂谈，并于2012年8月结集为《从民族沉沦到民族振兴》《清代官德丛谈》，由中国人民大学出版社出版。在这两部书稿编校期间，先生已感身体不适，一度住院，委托我从出版社取回清样并核对书稿的引文和注释。由于先生写作时十分细致、认真，错误极少，我用了不足两天就将两部书稿核对完毕，送呈先生审阅。当我再去先生家取书稿清样，准备送往出版社时，先生不顾身体不适，在“前言”的最后一段加了一句话：“李光伟同志为核对资料，花了不少心血，在这里谨表谢忱。”别人为先生做的点滴之事，先生都记着，亲近如学生者亦如此。

先生晚年服用常规药物控制血糖，每月亲自去校医院取一次药。我曾多次表示可以代取，先生都婉拒，后来因为工作繁忙或身体不适，才委托我取药，但每次都客气地说麻烦我。其实，代为取药很容易，挂号后基本不用排队，只需跟医生说需要哪种药即可。即使如此，先生还是很郑重地亲笔写了一封委托书，向校医院说明情况。这也是先生尊重他人、平易近人，做事有原则、不逾矩的写照。

四

先生在生命的最后时刻仍然笔耕不辍。这就是后来为学界所熟知的先生的绝笔——《〈聊斋志异〉描绘的官场百态》。我大概是唯一清楚该文写作来龙去脉的人。2013年5月上旬，我到先生家聆听其关于清代政治文明，尤其是官员贪腐与治理问题的看法。那时，党中央已经高度重视官员贪腐问题，并出台了相关举措。先生对时代发展新命题与历史研究的新拓展十分敏锐。谈话间，先生提到清代小说中有很多鲜活生动的材料反映了当时的官场现象，突出表现之一是蒲松龄的《聊斋志异》。这部书是先生出院在家休养期间随手翻阅的，没想到越看越有趣，边看边摘录。先生还将摘抄资料用的本子拿给我看，翻开后，隽秀、飘逸的字迹映入眼帘。除了反映官场贪腐的资料外，有关民俗信仰、社会风习等内容的资料也分门别类地予以抄录，厚厚的一个本子，差不多用去了三分之一。先生还特意分析了几则典型史料的内容和反映的问题，说正在写一篇从《聊斋志异》看清代官场问题的文章。那天，先生的兴致很高，侃侃而谈，如数家珍。

5月22日上午，先生发来电邮，还是一如既往的客气：

> 有两件事，想请你帮忙办一下。一是我写了一篇小文，因有近七千字，不适宜在报纸上发，所以想给《清史研究》，但我不知道《清史研究》的邮址，也不知道应该寄给谁。现我把文章寄给你，请你打听一下，然后寄给他们。二是学校要组织科研经费自查，其实除个别的外，均已结项，有的账上只剩几块钱，而且我完全按照制度使用，没有需要“自纠”的问题，但填表很麻烦，所以想请你帮我处理一下。关于自查的通知和表格在网上有，你如找不到，可到办公室问一下。老是麻烦你，很不安，谢谢你！

信中的“小文”就是《〈聊斋志异〉描绘的官场百态》。以先生的身份和地位，如果想要快速发表这篇文章并不难，但先生还是守规矩、走程序，托我代为投稿。先生对这篇文章很下功夫，不仅视角与取材新颖独特，就是遣词造句也经过仔细斟酌、校对。因为就在同一天下午，我又收到先生的电邮：“上午寄去的稿，第9页第7行，‘演绎’误写作‘演译’，请改正。”这是用电脑拼音输入法而产生的错字。之后的几天，先生仍然对这篇文章推敲打磨。5月29日上午，先生发来电邮：

> 上次我寄上的关于《聊斋志异》的文章，第5页最后一段引文(关于夏姓商人事)，我解释得不够准确，所以第6页开头几句需要改一下。改为：“贪官对老百姓财富的掠夺完全是竭泽而渔的方针，不让有涓滴的‘漏匿’，这位夏姓商人在贪官面前，被逼交出了在自己院墙下掘出的全部白银，才避免了一场更大的祸患。”稿子不知道你交给谁了，他们有什么回音吗？

其实，我将文章送交《清史研究》编辑部后，应该立即跟先生说一声，但疏忽了。看到邮件后，我立即回复："对夏姓商人的引文解释，已在电子版上改正。上周我将文章打印稿送交《清史研究》编辑部，有一个值班的博士生收下稿子并做了登记。过段时间，《清史研究》编委会将开会讨论所收文稿的刊发意见，有消息后我第一时间向您汇报。"

再后来，夏明方老师的追忆可作补充：

> 6月7日下午3时左右，从急匆匆赶来的朱浒那儿得知李老师病危的消息，其时清史所的几位学术委员会委员正在传阅李老师头一天交付《清史研究》的稿件，题为《〈聊斋志异〉描绘的官场百态》。这是他近几年极为关切的话题，而且已经出版了新书《清代官德丛谈》。他的目的很简单，就是希望人们能够从中国古代政治生活中汲取教训。我手执此文拜读，正在担心李老师的身体如何吃得消，未料竟成绝笔。

先生逝世后，《清史研究》编辑部曾决定将该文于2013年第3期刊发，但考虑到《清史研究》是季刊，第3期于9月刊出，距先生逝世时间太久。经黄兴涛老师联系，先生的绝笔于6月19日在《光明日报》首发。其后，《中国文化报》《博览群书》《新华文摘》，以及各大媒体纷纷转载此文。

其实，先生在完成7000字的《〈聊斋志异〉描绘的官场百态》之前，还于2013年4月下旬完成了一篇长达2.2万余字的文章，这就是与我联合署名、发表于《史学月刊》2013年第7期的《史学要关注现实，尊重历史——李文海教授访谈录》。名家访谈录是《史学月刊》的特色栏目。2013年3月2日，我收到《史学月刊》主编郭常英教授的电邮：

> 我刊拟为李文海老师做一次"学者访谈录"。知道您是李老师信任的学生，与李老师非常熟悉，我们也因此信任您。李老师曾说，"口述同写成文字发表，还是有很大区别的。口述一定要放开一些，随便一些，自由一些，不一定那样严谨，那样拘束，而写成文字，还是要内容集中一些，逻辑性强一些，文字讲究一些"，我想您对老师的意思一定领悟较深，很适合做这次访谈。由您做访谈并写成访谈文稿的意愿，我们已与李老师初步沟通，不知您意下如何？……

> 关于访谈的内容，一般为受访学者的求学经历、治学方向、研究内容和主要成就；访谈主题，以受访学者的学术研究内容和主要研究成果为中心。……相信您会根据李老师个人的不同经历进行深度挖掘，写出更加精彩的访谈文章。文稿以2万字为宜，也可根据访谈内容的多少适当调整，稍多一些无妨。若能早些完成文稿当然很好，最迟5月底交稿如何？

我将邮件内容向先生汇报后，先生和我面谈了两次，商定了访谈的题目和主要内容，并对访问的问题做好了设计，主要包括：历史与现实的关系、历史学的功能、传统中国史学的优秀遗产、反对历史虚无主义思潮、中国灾荒史研究的现状与学科发展倡议等。先生考虑到我当时正忙于找工作，如果再从头找材料，撰写文章，会占去很多时间和精力，而先生对访谈内容的材料非常熟悉，且手头已经积累了相当一部分，因此先生完全出于照顾我的考虑，将我们二人的分工调换：文章由他主笔，完成初稿后给我看，提出修改建议。先生的写作速度很快，不到一个月就写了一万余字，只是由于身体不适，有所间断。4月3日，先生发来电邮：

> 《访谈录》我断断续续已写了将近一半。只是近日身体不好，写点东西，就觉得心慌憋气，所以就不敢再写下去了，先停一停再说。现将已写出部分发给你，一是你看看这样写法路子是否可以，二是告诉一下我的工作进度。另外请你考虑一下：如果我身体仍不太好，又如果你论文答辩结束后，有点时间，能不能我和你详细谈一次，你大体按此风格把余下的一半写完？我知道这种事是很麻烦的，每个人有自己表达意见的习惯和风格，所以不必着急，等等再说，如果身体好起来，还是我自己完成。

我知道，如果不是身体原因，先生不会随意改变自己的既定计划。先生在这时候提出打算调整写作计划，由我接着写完剩下的部分，说明他的身体状况不容乐观。我立即回复邮件："信收到了。老师一定要保重身体，手边的事情先放一放。4月6日我参加完教育部直属事业单位统一考试后，就没什么紧要事情了。老师可随时通知我。"

之后，先生的病情有所好转，坚持把余下的内容写完。先生的工作效率非常高，将身体不适的时间算在内，半个月又完成了一万余字。4 月 19 日上午，先生发来电邮：

> 寄上《访谈录》稿，22000 字，正好符合编辑部的要求。请你对全稿看一看，不妥处可直接修改，改后告诉我一下即可。改定后请即寄《史学月刊》编辑部。

先生讲信用、重承诺，总是按时甚或提前完成工作任务。这次在身体不适的情况下，仍比约稿初定期限提前了一个多月。我在阅读此文期间，4 月 21 日 8：58，又收到电邮："我对稿子又作了一点小的改动，现发给你，请以此稿为准。"可见，先生早饭后的第一件事就是修改几天前完成的文章。

先生讲信用、重承诺对我的最大影响是在就业问题上。博士毕业前，经先生推荐，我通过层层笔试、面试，先是收到教育部高等学校社会科学发展研究中心的录用通知，并答应前去工作；稍后又收到中国社会科学院近代史研究所的录用通知。从内心讲，我更愿意选择后者，投身学术研究。当我将想法告诉先生时，先生说了两个方案：一是若按照他的原则，应信守承诺，先答应的哪家单位就去哪家，以后如果有更好选择，还可以调动；二是如果实在想反悔，就正式和对方解释清楚并表示歉意。我从先生的表情和语气中看出他既坚持原则，又不想让我为难。最后，我还是信守承诺，去教育部高等学校社会科学发展研究中心任职。我虽然于 2018 年调回中国人民大学任教，但在原单位工作期间得到很好的历练和成长，也收获了深厚情谊。

五

先生与我邮件往来的最后一封信是在 2013 年 6 月 1 日。之前，《人民日报》"足音"栏目约稿，撰写名家的学术小传，清史研究所安排我写 2000 字。这天，我将写好的文稿通过电邮发给先生审定。先生当天回信：

> 稿子看了，没有什么意见。只是在第一页第 16、17 行，有一句话稍作改动。原文为"在这个问题上，有人认为由于各种主客观原因，历史的'绝对真实'是很难做到的。还有人担心……"。这样写

容易使人误解为我反对或批评这种观点，是否改为“由于各种主客观原因，历史的‘绝对真实’确实很难做到。也有人担心……”。

请酌。

因先生逝世，《人民日报》未刊发这篇文章。后来，文章以《以求实之笔治经世之学——李文海学术思想侧记》为题，发表于2013年7月22日的《中国社会科学报》。

先生生前与我最后一次见面是6月6日。那天下午有点阴天，先生打电话问我有没有电子版的《清实录》，想在家里的电脑上安装，用着方便，还一再叮嘱不必着急，哪天时间方便再去不迟。我还是立即乘车前往先生家中。那天先生精神气色特别好，安装完毕后，先生亲自操作了一遍，说很好用。同时，我还带去了博士毕业的相关培养材料，因6月10日是交材料的最后期限，需要导师签字的地方，均请先生签名。先生名副其实地完成了对我的培养。无法逆料的是，隔天竟成永诀。

6月7日，我原本打算到文津街国家图书馆查资料，但瓢泼大雨无法成行。心想，这么糟糕的天气，先生的身体会不会不舒服？因怕打扰先生休息，就没有打电话问。没想到，下午接到李岚师姐的电话，哽咽着说先生正在北医三院抢救，情况很不好……一切都来得那么突然。当我泣不成声地将噩耗告诉先生的好友王玉璞先生时，王先生悲痛地说“太可惜了”“太可惜了”……

先生总是为自己考虑得少，为别人做得多。求学五载，不能报师恩于万一。每念及此，引以为憾。“薪火传承”，先生虽永远离开了，但他留下的论著、治学精神、学者风度与高贵品格是永不磨灭的，时刻影响、教育、激励着我在学术道路上勇毅前行。

2014年6月初稿

2024年4月修订